Karen Duve, Thies Völker
Lexikon der berühmten Tiere

SERIE
PIPER

Zu diesem Buch

Der Bärenmarke-Bär ist drin, Miss Piggy auch, sogar mit Bild, und daß Kinohelden wie Gromit und der weiße Hai nicht fehlen dürfen, versteht sich von selbst: Das »Lexikon der berühmten Tiere« katalogisiert alle wichtigen animalischen Stars aus Geschichte, Film, Märchen, Literatur und Mythologie, die uns im Lauf unserer Kulturgeschichte lieb und teuer geworden sind. Hier erfährt man, wann der Erdalfrosch auf die Dose hüpfte, wie Donald Duck zu seinen Neffen kam, ob sich Fritz Thiedemann mit seinem Rekordpferd Meteor eigentlich verstanden hat oder seit wann es Lakritzkatzen gibt. Ein wunderbares Kompendium mit zwölfhundert Tieren aus Wirklichkeit und Fiktion: beschrieben, abgebildet, mit Witz und Sachkunde erklärt – zum Blättern, Staunen, Schmunzeln.

Karen Duve, geboren 1961, lebt als Schriftstellerin in Hamburg. 1999 erschien ihr erster Roman: »Regenroman«.
Thies Völker, geboren 1956, studierte Jura und Geschichte und lebt in Hamburg.

Karen Duve
Thies Völker

Lexikon der berühmten Tiere
Von Alf und Donald Duck bis Pu der Bär und Ledas Schwan

Mit zahlreichen Abbildungen

Piper München Zürich

Weitere außergewöhnliche Lexika in der Serie Piper:
Walter Krämer/Götz Trenkler: Lexikon der populären Irrtümer (2446)
Walter Krämer/Michael Schmidt: Lexikon der populären Listen (2591)

Durchgesehene Taschenbuchausgabe
Piper Verlag GmbH, München
August 1999
© 1997 Eichborn GmbH & Co. Verlag KG,
Frankfurt am Main
unter dem Titel »Lexikon berühmter Tiere«
Umschlag: Büro Hamburg
Andreas Rüthemann, Julia Koretzki
Umschlagabbildungen: Cinetext und Archiv für Kunst und Geschichte, Berlin
Fotos Umschlagrückseite: Thomas Müller
Satz: Fuldaer Verlagsanstalt, Fulda
Druck und Bindung: Clausen & Bosse, Leck
Printed in Germany   ISBN 3-492-22684-1

Vorwort

Das erste Bild, das der Steinzeitmensch auf seine Höhlenwand malte, war – ein Tier. Das Tierbild half bei der Beschwörung einer erfolgreichen Jagd, es gehörte zum Beutezauber. Der Steinzeitmensch hätte auch einen Pilz zeichnen können, als Sammelzauber sozusagen. Aber er malte lieber Stiere als Pilze, lieber Hirsche als Nüsse und lieber Bären als Beeren. Diese Vorliebe fürs Tier hat sich durch die Jahrtausende erhalten. Nicht nur als Beute. Als Gott und Dämon, als mythischer Weltenschöpfer und Ahnherr des Menschengeschlechts hielt es Einzug in die Religionen und Legenden unzähliger Stämme und Völker. Künstler bildeten es ab. In Fabeln und Märchen traten Tiergestalten stellvertretend für menschliche Eigenschaften und menschliches Handeln auf. Oder sie erschienen dort als Freunde des Menschen, als Verbündete, aber auch als schreckliche, zu überwindende Gefahr, über die am Ende triumphiert wurde.

Heute sind das Tier und sein Abbild allgegenwärtig. Städte, Industrieanlagen und Autobahnen umgeben den modernen Menschen, doch aus sämtlichen Medien schnattert, krächzt, bellt und wuselt es uns entgegen, als wären wir noch mittendrin im ungerodeten Urwald. Es scheint, als wolle der Mensch, je weiter er sich von der Natur entfernt, um so dringlicher ein Stück von seinem verlorenen Paradies sichern. Der Bär, den der Steinzeitkünstler so gern auf seine Höhlenwand malte, ist in deutschen Wäldern längst ausgerottet. Aber als Plüschversion sitzt er millionenfach auf Kinderbetten, als Wappentier grüßt er Berlinreisende, in der Werbung treibt er sich Milchkannen schwenkend auf Almwiesen herum oder verteilt Hustenbonbons, im Nachmittagsfernsehen steht er als »Mein Freund« Ben einem dicklichen kleinen Jungen zur Seite, und im Disney-Dschungel singt seine Zeichentrickversion »Balu« von »Ruhe und Gemütlichkeit«. Tiere und Tierabbildungen gehören so eng zu unserem Leben, daß einige von ihnen zu richtigen Berühmtheiten geworden sind, deren Bekanntheitsgrad es mit dem von Spitzensportlern allemal aufnehmen kann.

Dieses Buch ist eine alphabetisch geordnete Zusammenstellung lexikalischer Artikel der wichtigsten und interessantesten Tiere, die uns in Literatur, Religion, Mythologie und in Redewendungen, auf Gemälden, Wappen und Polohemden, als Comic- und Kühlerfiguren, Werbemaskottchen und als schlappohrige Fernsehmoderatoren begegnen. Tiere, die Schlagzeilen gemacht haben, denen ein Denkmal gesetzt wurde oder die sich im Zusammenhang mit historischen Ereignissen hervorgetan haben. Echte, lebendige Tiere, die als Schauspieler aufgetreten sind, wie Lassie und Flipper, und Tiere, bei denen es sich um menschliche Schauspieler in Fellkostümen handelt. Wir, die Autoren, haben den Begriff »Tier« im weiteren Sinn aufgefaßt und auch tierähnliche Außerirdische, antike Mischwesen aus Mensch und Tier und politische Gruppierungen, Theaterstücke, Autos, Panzer, Schiffe und Flugzeuge mit Tiernamen dazugerechnet.

Wie zu erwarten war, findet sich im ganzen Lexikon keine einzige berühmte Qualle. Die menschliche Vorliebe für alles Putzige, Flauschige und Drollige produzierte statt dessen haufenweise berühmte Bären, (Comic-)Enten, Hunde, Katzen und Pferde. Ruhm ist etwas, das sich nur in der Menschenwelt erlangen läßt. Folglich sind jene Tierarten, die es zu einem menschenähnlichen Status als Heimtier gebracht haben, auch besonders häufig vertreten.

Das Heimtier hat im Zuge der allgemeinen Auflösung starker Familienbindungen an Bedeutung gewonnen. Immer mehr Leute ersetzen ihre lästigen Angehörigen durch einen sympathischen Hund oder eine freundliche Katze. Nicht, weil sie keine eigenen Kinder bekommen oder keinen menschlichen Partner finden können, sondern weil das Tier einen verläßlicheren emotionalen Halt zu bieten scheint als ein Mensch, der mit sich selbst genausowenig im reinen ist wie man selbst. Hundebesitzer sonnen sich in der uneingeschränkten Bewunderung und der stürmischen Zuneigung, mit dem der beste Freund des Menschen auch das unerfreulichste Herrchen überschüttet. Katzenliebhaber loben die Unabhängigkeit und den Stolz ihrer »Samtpfötler«, meinen die eigene Unabhängigkeit und Liberalität und fühlen sich Leuten, die es offenbar nötig haben, sich abschlecken zu lassen, überlegen. Jeder findet in seinem Lieblingstier, was er sucht, und jeder sucht bloß sich selbst.

Das gilt erst recht für das öffentlich präsente und berühmte Tier. Ähnlich soll es uns sein, womöglich den aufrechten Gang beherrschen oder wenigstens besonders drollig und kuschelig aussehen. Natürlich sehnen wir uns auch nach der Natur – in kleinen Dosen, versteht sich. Allzu wilde und authentische Animalität ist weniger gefragt. Das Tier wird nicht als Tier in seinem eigenen Seinsbereich beliebt und berühmt, sondern als Freund aller Kinder, Schrecken aller Verbrecher und Beschützer von Witwen und Kleinsäugern. Comic-Tiere tragen sogar Kleidung, fahren Autos und können sprechen. Ihr Leben gleicht bis ins Detail dem in der Menschenwelt, nur daß es mit dem Zuckerguß einer Niedlichkeit überzogen ist, die das Kindchenschema bis zum Anschlag ausreizt. Wir haben den alten totemistischen Naturglauben, nach dem die Menschen von verschiedenen Tieren abstammen, umgekehrt und infantilisiert. Tiere, so wie sie in unserer Massenkultur dargestellt werden, stammen eindeutig vom Menschen ab.

Bei einem derart irrationalen Tierverständnis waren die Quellen, mit denen wir, die Autoren, es zu tun hatten, entsprechend dürftig, zweifelhaft und widersprüchlich. Historiker, Wissenschaftler und seriöse Biographen schwiegen sich zum Thema »Berühmtes Tier« oft aus oder beschränkten sich auf die Nennung wissenschaftlich relevanter Fakten. Ausführlichere Beschreibungen berühmter Tierindividuen stammten meist von eher sentimental und überschwenglich veranlagten Charakteren, deren Ergüsse nur mit Vorsicht und Zurückhaltung zu gebrauchen waren. Wir haben uns bemüht, möglichst viele Informationen zusammenzutragen, haben die verfügbaren Quellen miteinander verglichen und versucht, den tatsächlichen Ereignissen so nahe zu kommen, wie es irgend ging. Wo trotzdem noch Zweifel angebracht sind, haben wir das im Text kenntlich gemacht. Vollständigkeit wurde nicht angestrebt. Über eventuelle Berichtigungen und Ergänzungen unserer Artikel freuen wir uns jedoch und möchten ausdrücklich dazu auffordern.

Karen Duve, Hamburg, März 1997

Danksagung

Ohne die Unterstützung unserer Freunde und vieler weiterer hilfsbereiter Menschen hätte das Buch nicht in dieser Form und in diesem Umfang geschrieben werden können.

Ganz besonders danken möchten wir Helmut Postel, dessen auserlesene Privatbibliothek uns mit anderweitig nicht erhältlichen Bücherschätzen auch über abgelegenste Wissensgebiete versorgte. Dreifacher Dank gilt Friedemann Sittig. Zum ersten, weil die Idee, dieses Buch zu machen, in seiner Wohnung entstanden ist. Zum zweiten, weil er uns bei der Recherche in maßgeblicher Weise geholfen hat. Und zum dritten, weil er den Beitrag über Man Ray, den Hund des Fotokünstlers William Wegman, verfaßt hat. Bei unserem Freund und Fotografen Thomas Müller bedanken wir uns für die schmeichelhaften Autorenfotos.

Mit dem Bedauern, die für uns aufgewendete Zeit und Mühe an dieser Stelle leider nicht angemessen würdigen zu können, danken wir außerdem: unserem Lektor Matthias Bischoff, Olaf Dose, Ansgar Fischer, unserer Agentin Karin Graf, Alice Grimsmann, Jan de Haan, Dirk Heidinger, Andreas Christen, Carsten Kloock, Ronald Krieter, dem Tarzan-Experten Detlef Lorenz, Johanna von Mirbach, Ursula Neeb vom Deutschen Filmmuseum in Frankfurt, Jürgen Paasch, Dietmar Pokoyski, Katharina Portenier, Sabine Rühmann, Marvin Säuberlich, Amanda de Sola Pinto, Christa Wagner, Markus Weber, Marc Wortmann und den Mitarbeitern vieler Firmen, Fernsehsender, Werbeagenturen, Verlage und Behörden, die für uns in ihren Archiven wühlten – insbesondere den Mitarbeitern des WDR, deren grenzenlose Hilfsbereitschaft uns immer wieder ermutigt hat.

Über 1 200 Tiere finden in diesem Lexikon Erwähnung. Dennoch ist es nicht ausgeschlossen, daß Sie Ihr Lieblingstier vermissen. Bitte schreiben Sie an den Verlag. Wir werden versuchen, fehlende Tierberühmtheiten in späteren Auflagen zu berücksichtigen.

Die Verfasser

A

Abayyah, Saqlawiyah, Kuhaylah, Hamdaniyah und Hadbah
Die folgsamen Stuten Mohammeds

*»Für Pferde ausgegebenes Geld ist in den Augen
Gottes ein ihm eigenhändig gegebenes Almosen.«
(Mohammed, der Prophet)*

Im Jahre 622, als Mohammed, »der Prophet des allbarmherzigen
Gottes Allah«, von Mekka nach Medina floh, gerieten er und seine
Begleiter in einen schweren Sandsturm. Abends gelangte die Kara-
wane zu einem Wüstenbrunnen, und die erschöpften und durstigen
Pferde stürzten los. Der Prophet rief sie zurück, aber nur fünf Stuten
kehrten pflichtbewußt um.

Nach einer Variante dieser Legende ließ Mohammed absichtlich
eine Stutenherde drei Tage lang dursten und rief die zu einem Fluß
stürmenden Pferde mit einem Trompetensignal, das zum Kampf
blies, zurück. Jedenfalls war das Ergebnis das gleiche. Mohammed
segnete Abayyah, Saqlawiyah, Kuhaylah, Hamdaniyah und Hadbah
und legte, um sie zu zeichnen, jeder seinen Daumen in den Nacken,
wo sich daraufhin kleine Haarwirbel bildeten. Solche Wirbel werden noch heute Daumenzeichen des Propheten genannt, und die
Pferde, die es besitzen, sollen besonders edel sein. Mohammed
begründete mit den fünf Stuten eine konsequente arabische Zucht,
deren Regeln mit religiösen Gebräuchen und Anschauungen durchsetzt war. Von den edelsten Linien des Arabischen Pferdes wird
gesagt, daß sie auf die »Khamsa al-Rasul Allah«, auf die »Fünf des
Propheten Allah« zurückgehen, und nur sie dürfen sich »asil« (reinen Blutes) nennen.

Lit.: Adolf Furler / Fritz Klein, *In Sattel und Sulky. Alles über den Pferderennsport*,
1976; H. H. Isenbart / E. M. Bührer, *Das Königreich der Pferde*, München und Luzern 1983.

Abendgrußtiere
Herr Fuchs, Frau Elster, Pittiplatsch und Schnatterinchen

»Sandmann, lieber Sandmann, hab' nur nicht
solche Eil', dem Abendgruß vom Fernsehfunk
lauscht jeden Abend alt und jung, sei unser Gast derweil.«
(Sandmännchenlied)

Mit dem Abendgruß sind drei DDR-Kindergenerationen zu Bett geschickt worden. Er ist als eindeutiges Signal gedacht, das Kinder vom Abendprogramm fernhalten soll. Der erste Abendgruß wurde am 8. Oktober 1958 ausgestrahlt. Die Rahmenhandlung mit dem Sandmännchen kam erst am 22. November 1959 dazu. Das Gerücht lief um, im Westfernsehen würde demnächst ein Sandmännchen erscheinen. Dem wollte man zuvorkommen. Sandmännchen-West wurde aber erst 1962 ins ARD-Programm genommen und tastete die Beliebtheit des ersten Sandmännchens – wie oft man sonst auch nach drüben umschaltete – nicht an. Der Westkollege galt als Plagiat und erschien bloß wochentags. Den Abendgruß gab es täglich. Seine Sendezeit, 18.50 bis 19.00 Uhr, war ein fast unumstößliches Heiligtum, das nur bei wirklich außergewöhnlichen Programmverpflichtungen verschoben werden durfte.

Die manchmal etwas betulichen Geschichten des Abendgrußes sollten der Erziehung dienen. Wenn nicht gerade Trick- oder (ab 1975) kleine Reportagefilme liefen, übernahmen Puppenfiguren die pädagogische Verantwortung. Die Handpuppenbeiträge entstanden im Defa-Studio für Dokumentarfilme. Generationenübergreifend besonders beliebt waren (und sind) jene, die von Anfang an dabei waren. Solche Veteranen sind zum Beispiel das ewig streitende Puppenpaar **Herr Fuchs** und **Frau Elster** oder **Pittiplatsch** und **Schnatterinchen**. Pittiplatsch, der von Puppenspieler Heinz Schröder bewegt wird, sieht aus wie eine lebendig gewordene Kaffeebohne mit Wuschel auf dem Kopf. Schnatterinchen ist eine Ente. Beide haben übergroße runde Köpfe und nölige hohe Quiekstimmen. In ihren Dialogen reden sie sich penetrant mit ihren seltsamen Namen an.

»Du, Pittiplatsch ...« – »Ja, Schnatterinchen?«

Auch nach der Wende behielt der Ost-Sandmann seine alte Anziehungskraft. Gerüchte über die Abschaffung von Abendgruß und Sandmännchen lösten massive Zuschauerproteste aus. Die letzte Folge im Deutschen Fernsehfunk lief am 31. Dezember 1991. Es war eine Wiederholung von 1984, in der Herr Fuchs und Frau Elster sich über den Sylvesterkarpfen ausließen. Danach übernahm der ORB die Federführung bei der Sandmännchen-Ausstrahlung. Weiterhin verbreiten der Sandmann und seine Abendgrußbelegschaft täglich in ORB und MDR und wochentags in Nord 3 ein Gefühl von Geborgenheit.

Lit.: Filmmuseum Potsdam, *Sandmann auf Reisen,* Berlin, o. J.

Able und Baker
Die ersten Affen, die lebend aus dem Weltraum zurückkamen

Nach dem Zweiten Weltkrieg begannen amerikanische und sowjetische Forscher damit, Fliegen, Pflanzen, Mäuse, Hamster und auch größere Tiere mit Raketen in Höhen zu schießen, die nach medizinisch-biologischen Maßstäben bereits als Weltraum anzusehen waren. Bei den größeren Tieren, die auf dem Weg zum bemannten Weltraumflug geopfert wurden, bevorzugten die Russen Hunde (→ **Laika**) und die Amerikaner Affen. Bedauerlicherweise – für die Forscher und noch bedauerlicher für die Affen – hatten die Amerikaner lange Zeit mit einem Problem zu kämpfen. Runter kamen die Affen immer, bloß nicht lebend. Wenn die Rakete ihre Maximalhöhe erreicht hatte und zu stürzen begann, trennte sich die Spitze mit der druckfesten Affenkabine vom Rumpf. In einer Höhe von 8 km sollte sich dann der Fallschirm öffnen und für eine sanfte Landung sorgen. Aber die Fallschirme zerfetzten bei ihrer Öffnung, und die Raketenspitzen zerschmetterten beim Aufprall. Immer wieder das gleiche: geglückter Raketenstart, geglückte Absprengung der Tierkabine, zerfetzender Fallschirm, zermatschter Affe. »Nach monatelangen Versuchen« hatten die amerikanischen Fallschirmexperten ein »verfeinertes Bremsfallschirmsystem« entwickelt. Zwei Fallschirme! Der erste war aus groben Bändern statt aus Fallschirmseide und fing einen Großteil der Gewalten ab, bevor sich der zweite, der Hauptschirm, in sechs Kilometern Höhe öffnete. Beim nächsten Versuch landete die Raketenbesatzung, ein Affe und zwei Mäuse, sanft im Wüstensand von Neu-Mexiko. Leider brauchten die Suchtrupps so lange, bis sie die Tierkabine fanden, daß der Affe (vermutlich Kapuzineräffchen **Gordo**) vorher in der Hitze gestorben war.

Aber dann: Am 28. Mai 1959 startete eine Jupiter-C-Rakete mit dem Rhesusaffen Able (3kg, weiblich) und dem Seidenäffchen Baker (500g, weiblich) an Bord. Die Rakete beschrieb eine ballistische Flugbahn von 2500km Länge, erreichte dabei eine Höhe von 500km und landete schließlich im Atlantischen Ozean. Able trug einen Raumanzug mit Helm und Minimeßgeräten für Puls, Temperatur usw. und war auf einem Fiberglasbett angeschnallt. Bei Start und Landung war dieses Bett derart gekippt, daß Able mit dem Gesicht nach unten und mit dem Rücken zur Raketenspitze lag bzw. hing. Diese Position sollte sie die Beschleunigung besser ertragen lassen. Während des Fluges mußte Able eine Morsetaste drücken. Baker war ohne Schutzkleidung und in einer Extrakabine untergebracht. Sie war mit hochgezogenen Beinen auf ein Schaumgummipolster geschnallt worden. Die Bewegungen der beiden Affen standen unter Kameraüberwachung. Able und Baker überlebten die Landung im Atlantischen Ozean und wurden deswegen in dem Time-Life-Buch »Vorstoß ins All« als »die ersten Tiere, die lebend aus dem Weltraum geborgen wurden« gefeiert. Nun wurden allerdings während der Moskauer »Weltjugendfestspiele« auf einem »Abend der Technik und der wissenschaftlichen Phantastik« bereits im Oktober 1957 drei kleine Hunde gezeigt, die mit russischen Raketen nicht nur einmal, nein, jeder gleich mehrmals ins All geschossen worden sein sollen. In Kapseln und an Fallschirmen waren sie danach sicher zur Erde zurückgeschwebt. Nachprüfen ließ sich das – mitten im kalten Krieg – freilich nicht. Daß die Russen in der Weltraumforschung die Nase vorn hatten, war aber nach den Starts von Sputnik I und II nicht mehr zu leugnen.

Able starb eine Woche nach ihrer Landung an einer Operation. Weitere »Versuchstiere« stiegen ins All auf, u. a. der Schimpanse **Ham** und am 5. Mai 1961 der Astronaut Alan Shepard, der sich selbst als »Bindeglied zwischen Ham und dem Menschen« bezeichnete. Das konnte Amerika aber auch nicht über Juri Gagarins sensationellen Kreisbahnflug vom 12. April desselben Jahres hinwegtrösten. Schimpanse **Enos** umkreiste dann im November 1961 für Amerika zweimal die Erde und erhielt während seines Flugs dafür Bananenpillen und Elektroschocks, je nachdem, ob er seine Aufgaben richtig oder falsch löste.

Lit.: Jürgen Cieslik, *So kam der Mensch ins Weltall,* Hannover 1970; Life-Wunder der Wissenschaft, *Mensch und Weltraum,* o. O., o. J.; *Der Spiegel* vom 13. November 1957.

Abraxas
Der Rabe der kleinen Hexe
Gnostische Gottheit

Otfried Preußler (geboren 1923) hat den Hauptfiguren seiner frühen Kinderbücher »Der kleine Wassermann«, »Die kleine Hexe« und »Das kleine Gespenst« Tiere von bedächtigem Temperament beigesellt, die als Ratgeber, Tröster und Erzieher wirken. Da gibt es den Karpfen **Cyprinus** (= lat. Wort für Karpfen), der den kleinen Wassermann ermahnt, den distinguierten Uhu **Schuhu**, der sich um das kleine Gespenst sorgt, und es gibt den Raben Abraxas.

Abraxas ist der Name einer gnostischen Gottheit. Dargestellt wird sie mit dem Rumpf und den Armen eines Menschen, mit dem Kopf eines Hahns (**Phronesis**) und mit zwei Schlangen als Beinen (**Logos** und **Nus**). Die Buchstaben des Namens Abraxas ergeben nach griechischer Zählung den Zahlenwert 365. (A-1, B-2, R-100, A-1, X-60, A-1, S-200). So viele Tage hat nicht nur das Jahr, sondern so viele Himmel vermuten die Anhänger des betreffenden Glaubens auch im All. Und der Herr über allem ist Abraxas, Personifikation des unsagbar höchsten Seienden als Urgrund von ebenfalls genau 365 Geistwesen, in denen er Gestalt annimmt.

Kein Wunder, daß der Rabe gleichen Namens sich ein bißchen als der Vormund der kleinen Hexe aufspielt. Die kleine Hexe ist gerade mal einhundertsiebenundzwanzig Jahre alt, »und das ist ja für eine Hexe noch gar kein Alter«. Abraxas unterstützt sie bei ihren Bemühungen, innerhalb eines Jahres eine gute Hexe zu werden, um an der Walpurgisnacht teilnehmen zu dürfen. Er ist ein nörgeliger Rabenjunggeselle, der aus Bequemlichkeit nicht geheiratet hat und der »kein Blatt vor den Schnabel« nimmt. In seiner oberlehrerhaften und überängstlichen Art pocht er immer wieder auf Einhaltung der Hexengesetze, zum Beispiel, daß am Freitag nicht gezaubert werden darf. Allerdings unterliegen sowohl er als auch die kleine Hexe dem Mißverständnis, eine gute Hexe würde Gutes tun. Wie sich am Schluß des Buches herausstellt, ist aber nur die eine »gute Hexe«, die möglichst viel Böses anrichtet. Zur Strafe für ihr Versagen soll die kleine Hexe das Feuer für die Walpurgisnacht vorbereiten. Bei dieser Gelegenheit verfeuert sie alle Zauberbücher und fliegenden Besen der großen Hexen und hext ihnen auch noch die Zauberkräfte weg, so daß sie als einzige Hexe übrigbleibt.

Das 1957 erschienene Buch wurde in 40 Sprachen übersetzt. Viele ausländische Ausgaben übernahmen auch die Illustrationen von Winnie Gebhardt-Gaylor. Die Auflage der deutschen Ausgabe beläuft sich inzwischen auf 1,3 Millionen Stück. Obwohl »Die kleine Hexe« in der DDR als »Buch gegen Duldsamkeit und Resignation« gelobt worden war, warf die Kinderliteraturbewegung der 70er Jahre Preußler vor, »die faschistoide Mentalität der kleinbürgerlichen Familienserien der deutschen Fernsehanstalten und ihrer Nachmittagsprogramme« fortzusetzen. Aber auch die aufgeregten Verfechter des antiautoritären und emanzipatorischen Kinderbuchs mit gesellschaftlich relevantem Inhalt kriegten sich wieder ein, und heute zählen Preußlers Bücher zur »in romantischen Traditionen verhafteten internationalen Literatur der Kindheitsautonomie«.

Lit.: Susanne Barth, *Aufmüpfig und doch brav. Otfried Preußlers »Die kleine Hexe«*, in: Klassiker der Kinder- und Jugendliteratur (hrsg. von Bettina Hurrelmann), Frankfurt am Main 1995; Hans Biedermann, *Handlexikon der magischen Künste*, Graz 1973.

Abul Abaz
Opfer mittelalterlicher Diplomatie

Der erste Elefant, der im Mittelalter aus dem Morgenland nach Mitteleuropa kam, war der unglückliche Abul Abaz. Als Zeichen seines Interesses an gedeihlichen Beziehungen zum gerade entstehenden römisch-fränkischen Kaiserreich schickte Kalif Harun al-Raschid seinem Kollegen Karl dem Großen kurz vor dessen Kaiserkrönung im Jahr 800 einen Elefanten nach Europa. Das Geschenk wurde gebührend bestaunt und gewürdigt, doch hatten die kaiserlichen Stallknechte natürlich keine Ahnung, wie man das exotische Tier pflegen und ernähren mußte. Folglich ging der Elefant bald ein. Möglicherweise ist er auch ertrunken, denn einer Überlieferung nach soll seine Leiche um 803 den Rhein hinunter Richtung Nordsee getrieben sein.

Lit.: Donald Bullough, *Karl der Große und seine Zeit,* München 1979; Fred Kurt, *Das Elefantenbuch,* Hamburg 1992.

Adebar
Klapperstorch

»Storch, Storch, guter,
Bring mir 'n Bruder,
Storch, Storch, bester
Bring mir e Schwester.«

Der Weißstorch galt bereits den Völkern der Antike als heiliger Vogel und als Sinnbild der Liebe zwischen Eltern und Kindern. In niederdeutschen Gebieten wird er auch Adebar genannt. Der Name hat vermutlich seinen Ursprung im germanischen auda (= Heil) und bera (= bringen). Der Storch gilt nicht nur als Frühlingsbote, sondern auch in mehrerer Hinsicht als Glücksbringer. Unter anderem wird er als lebender Blitzableiter geschätzt: Häuser, auf denen er nistet, werden angeblich vom Blitzschlag verschont. Da er mutmaßlich giftige Schlangen und Kröten schluckt, schrieb ihm die Volksmedizin antitoxische Qualitäten zu. Storchenblut, -fett und -fleisch sollte heilende Wirkung haben.

Sein Job als Babykurier ist relativ neu. In der Antike wußte man davon noch nichts. Bis in jüngste Zeit wurden heikle Kinderfragen nach den Geheimnissen der Zeugung damit abgetan, daß der Storch die Kinder aus dem Brunnen oder dem nächsten Tümpel holt. Und Mama liegt im Bett, weil der Storch sie ins Bein gebissen hat. Mit dem langen roten Schnabel. Basta.

Etwas sublimer ist die Vorstellung, daß Adebar Zugang zum Brunnen des Lebens hat, in dem die Kinder beziehungsweise deren Seelen zwischengelagert werden, und daß er sie von dort zu ihren Müttern bringt.

Lit.: Hanns Bächtold-Stäubli (Hrsg.), *Handwörterbuch des deutschen Aberglaubens*, Band 8, Berlin/New York 1937–1987; Manfred Lucker (Hrsg.), *Wörterbuch der Symbolik*, Stuttgart 1988.

Die Affen von Gibraltar
Europas einzige freilebende Affen

Waren es früher strategische Überlegungen, die Großbritannien an seiner mittlerweile letzten Kronkolonie auf europäischem Boden festhalten ließen, so ist es heute der erklärte Wille der Bevölkerung, der Gibraltar britisch bleiben läßt. In mehreren Referenden haben sich die etwa 35 000 Gibraltians dagegen ausgesprochen, Spanier zu werden. Ihr Vertrauen, daß die britische Fahne auf dem berühmten Felsen nicht gestrichen wird, setzen die Einheimischen aber nicht nur in die Politik, sondern auch in die Garnison von Gibraltar. Dabei spielen martialische Überlegungen keine Rolle mehr. Seitdem die Briten den Spaniern 1704 den sechs Quadratkilometer großen Südzipfel ihres Landes abgenommen haben, kam es hier zwar immer wieder zu militärischen Auseinandersetzungen, doch sind diese Zeiten im Zeichen von NATO und EU lange vorbei. Für das englandtreue Felsenvölkchen liegt die Bedeutung des britischen Militärs heute vor allem in deren Funktion als offizielle Schützer der etwa sechzig in Gibraltar freilebenden Berberaffen. Der Sage nach würde es nämlich mit der britischen Präsenz in Gibraltar vorbei sein, wenn es keine Affen mehr auf dem Felsen gibt.

Bei den zwei Rudeln halbzahmer Berberaffen, die in Gibraltar leben, handelt es sich um die einzige freilebende Affenpopulation Europas. Die zur Gattung der Makaken gehörenden schwanzlosen Berberaffen oder Magots (macaca sylvanus) sind in den lichten Waldbeständen der nordafrikanischen Felsengegenden heimisch. Frühere Bestände in Südspanien und der portugiesischen Algarve sind lange vor der Eroberung Gibraltars durch die Briten ausgestorben. In Reisebeschreibungen aus der Mitte des 18. Jahrhunderts wird erstmals von einer neuzeitlichen Affenbevölkerung in Gibraltar berichtet. Es gilt als sicher, daß afrikanische Magots von Soldaten als Maskottchen in die Kolonie gebracht worden sind und zunächst in Gefangenschaft gehalten wurden. Einigen Affen scheint die Flucht gelungen zu sein, vielleicht wurden sie auch ausgesetzt. Auf dem schütter bewaldeten Felsen fanden sie ideale Lebensbedingungen. Der Ursprung der Sage, nach der das Verschwinden der Affen das Verschwinden der Briten in Gibraltar zur Folge hätte, ist unbekannt, aber sie sicherte den Magots seitdem ihr Leben. Die Armee stellt seit etwa 200 Jahren eigens einen Offizier ab, der für den Schutz der Affen zu sorgen hat. Aus Sorge um die landwirtschaftlichen Kulturen werden die Affen von der Armee gefüttert. Soldaten bewachen die Affenreviere und verscheuchen zu neugierige Touristen oder hungrige Raubvögel. Trotz dieser Fürsorge waren und sind die beiden Rudel zu klein, um auf Dauer die notwendige Reproduktion sicherstellen zu können. Unfälle, Krankheiten und Inzucht machen einen regelmäßigen Import von Artgenossen, insbesondere aus Marokko, notwendig. Während des Zweiten Weltkriegs war die Frage der Affenkopfzahl sogar einmal Chefsache in Downing Street Nr. 10. Der damalige Premierminister Churchill ordnete höchstpersönlich an, daß die Armee die Kopfzahl der symbolträchtigen Affenhorde nicht unter 24 sinken lassen dürfe. Damals war ernsthaft zu befürchten, daß der Hitlerfreund und spanische Diktator Franco einen Angriff auf das als Felsenfestung ausgebaute Gibraltar versuchen würde. In dieser Situation hätte es sicher keine günstigen Auswirkungen auf die Moral der Garnison gehabt, wenn die Affen ausgestorben wären.

Lit.: *Gibraltar Guidebook,* Grendon, 1991; William G. Jackson, *The Rock of the Gibraltarians. A History of Gibraltar,* Rutherford 1987. Paul Gallico, *Die Affen von Gibraltar,* Hamburg 1963.

Äffle
siehe Pferdle, Äffle und Schlabbinsche

A-Hörnchen und B-Hörnchen
**Donald Ducks ärgste Gegner
in der Tierwelt**

Obwohl → **Donald Duck** und die Seinigen eigentlich selbst Tiere
(Enten) sind, wenn auch anthropomorphe, verfügt Entenhausens
Umgebung noch über eine zusätzliche Fauna, deren Individuen kei-
ne Kleidung tragen. Zu ihnen gehören die Backenhörnchen A-
Hörnchen und B-Hörnchen, die in einem hohlen Baumstamm wohnen und im Englischen **Chip 'n' Dale** heißen, was ein Einfall des
Disney-Mitarbeiters Bea Selck war. Sie sind klein und braun und
haben einen schwarzen und einen weißen Streifen auf dem Rücken.
A-Hörnchen (Chip) ist der mit der schwarzen Nase. Er ist der sensiblere von beiden. Der freche B-Hörnchen (Dale) hat eine rote Nase.
Ihre Namen und die Fähigkeit zu sprechen erhielten sie 1947 in
dem Film »Chip 'n' Dale« (»Donald und die Eichhörnchen«), mit
dem die Dauerfeindschaft zwischen Donald und ihnen erst so richtig begann. Ihre Stimmen wurden ihnen von Jim Macdonald und
Dessie Flynn verliehen und durch schneller abgespielte Tonaufnah-
men in Kleinstnager-Stimmlage hochgejagt. Vorher, als sie bloß
unartikuliertes Quieken von sich gaben, belästigten sie außer Donald Duck auch noch → **Micky Maus** und → **Pluto**. Hauptsächlich
scheint Jack Hannah, unter dessen Leitung die meistgelobten Donald-Filme entstanden, sie aber deshalb erfunden zu haben, um dem
hartgeprüften Enterich das Leben noch schwerer zu machen. Entweder vergreifen die Nager sich an Donalds Erdnüssen, Äpfeln,
Pfannkuchen, Weihnachtsplätzchen und Popcornvorräten, oder sie
stören seine Freizeitaktivitäten oder sabotieren sein Rendezvous mit
Daisy (→ **Daisy Duck**). Natürlich ist auch Donald kein Unschulds-
engel. Die eifrigen kleinen Backenhörnchen wecken seine sadistischen Neigungen, er triezt und foppt sie gern oder bedient sich beim
Brennholzsammeln an ihrem Baum. Wenn die Backenhörnchen
dann zurückschlagen, beginnen stürmische Verfolgungsjagden mit

Flur- und Wohnungsschäden. Immer wieder versucht Donald, den Wohnbaum seiner Gegner zu fällen. Aber am Ende bleiben stets die Backenhörnchen Sieger; zu Weihnachten wird auch schon mal Frieden geschlossen. In den Bildergeschichten treten A- und B-Hörnchen ab und zu in Gastrollen auf, können auch einige Comic-Titel vorweisen. Donalds Leben vergällen sie jedoch vor allem in Filmen, u. a. in: »Donalds Urlaub« (»Donald's Vacation«, 1940), »Donald und die Eichhörnchen« (»Chip 'n' Dale«, 1947) und »Donald der Bruchpilot« (»Test Pilot Donald«, 1951). Micky Maus und Pluto nervten sie u. a. in: »Siedlerrechte« (»Squatter's Rights«, 1946) und »Plutos Weihnachtsbaum« (»Pluto's Christmas Tree«, 1952). Insgesamt bringen sie es auf mindestens 23 Filme.

Lit.: Uwe Anton / Ronald M. Hahn, *Donald Duck. Ein Leben in Entenhausen,* München 1994; Walt Disney Productions, *Donald Duck – 50 Jahre und kein bißchen leise,* Remseck bei Stuttgart 1984; Jeff Rovin, *The Illustrated Encyclopedia of Cartoon Animals,* New York 1991.

Aktäon (Aktaion)
Antiker Jägersmann,
der in einen Hirsch verwandelt wurde

Der vom weisen Zentauren → **Chiron** erzogene Aktäon durchstreifte in mythologischer Zeit mit seinen Jagdhunden die Wälder der mittelgriechischen Landschaft Böotien. Als er dabei zufällig an eine Badestelle gelangte, wo die Jagdgöttin Artemis mit einigen Nymphen splitternackt im Fluß herumplanschte, zog er sich nicht diskret zurück, sondern beobachtete das nicht für menschliche Augen bestimmte göttliche Badevergnügen. Die zum Jähzorn neigende Artemis entdeckte den Voyeur und verwandelte ihn in einen Hirsch: »Magst du es kund tun, daß ohne Gewand du mich schautest, wenn du es kund tun kannst.« Dazu kam Aktäon aber nicht mehr. Seine Hunde erkannten ihren Herrn in dieser radikalen Verwandlung nicht wieder, hetzten ihn und zerrissen ihn schließlich.

Lit.: Hans Biedermann, *Knaurs Lexikon der Symbole,* München 1989; Jost Perfahl (Hrsg.), *Wiedersehen mit Argos,* Mainz 1983.

Alcmene, Biche und die anderen
Windhunde des Alten Fritzen

Für Bewunderer ist der preußische König Friedrich II. (1712–1786) ein genialer Staatsmann, einmaliger Feldherr und erfolgreicher Aufklärer; Gegner sehen in ihm einen zynischen Blutsäufer und politischen Hasardeur. Einigkeit herrscht immerhin darüber, daß Friedrich der Große im zwischenmenschlichen Umgang ausgesprochen schwierig war. Nur wenige Zeitgenossen, wie etwa Voltaire, genossen seine Hochachtung; gegenüber kaum jemanden aus seiner Umgebung empfand er Sympathie. Aber selbst der bereits in frühen Jahren zum unbeliebten »Alten Fritzen« mutierte Misanthrop brauchte anscheinend Schmusepflaster für seine verkrüppelte Seele. Diese Funktion füllten seine Italienischen Windspiele aus. Seit den ersten Regierungsjahren hielt er sich ständig eine größere Meute dieser freundlichen, loyalen und im Winter ewig bibbernden Luxushunde. Seine jeweiligen Lieblinge waren meist Hündinnen, von denen Alcmene, Biche und **Arsinoe** am bekanntesten geworden sind.

Die Windspiele lebten in Potsdam und hatten zur Verzweiflung der königlichen Bediensteten auf dem Gelände und im Schloß von Sanssouci absolute Narrenfreiheit. Sie tobten ungestraft durch die Rabatten, dreckten die kostbare Inneneinrichtung des Schlosses ein und nagten an den unbezahlbaren Bezügen der königlichen Sitzmöbel herum. Wurden die Tiere in irgendeiner Weise in ihrem körperlichen Wohlbehalten beeinträchtigt, und wenn es auch nur versehentlich geschah, fiel der Verursacher in sofortige Ungnade beim König. Der anspruchslose Preußenherrscher, dessen persönlicher Hofstaat selten mehr als sechs Lakaien umfaßte, stellte extra für seine Hunde einen Diener ab, der die ihm anvertrauten Tiere nicht duzen durfte, sondern respektvoll anzureden hatte. Bei schlechtem Wetter führte er die kälteempfindlichen Zitterhunde in den Schloßräumen umher. Es dürfte wohl kaum andere Hunde (und nur wenige Menschen) in den preußisch-brandenburgischen Staaten gegeben haben, die damals so aufwendig ernährt worden sind: Braten, Kuchen, Butterbrötchen und Milch waren der übliche, wenn auch ziemlich ungesunde Standard. Alcmene oder Biche, oder wer gerade sein Lieblingshund war, durfte bei Friedrich an der Tafel sitzen und wurde von ihm persönlich gefüttert. Während die Meute abends zur Nachtruhe in ihren komfortablen Zwinger gebracht wurde, erlaubte der König seiner Lieblingshündin, im Bett bei ihm zu schlafen. Die Favoritin begleitete ihn praktisch überall hin, auch ins Feldlager. Bei Ausritten trug er das schmächtige, meist nicht mehr als vier Kilo schwere Windspiel in seinem Mantel eingerollt auf dem Arm. Der Verlust eines dieser Tiere konnte diesen verknoteten Mann, der auf dem Schlachtfeld ungerührt den von ihm zu verantwortenden Tod Tausender Soldaten beobachtete, zum Weinen bringen. Bestattet wurden die Lieblingshündinnen in unmittelbarer Nähe seiner eigenen Gruft neben dem Schloß von Sanssouci. Jede bekam eine kleine Sandsteinplatte mit ihrem heute kaum noch zu entziffernden Namen aufs Grab: Biche (gestorben 1752), Alcmene (gestorben 1763), Arsinoe, **Thysbe, Phillis, Diana, Thysbe II, Diana II, Pax, Superb, Amourette.**

Lit.: Hans-Joachim Giersberg, *Die Ruhestätte Friedrichs des Großen zu Sanssouci,* Berlin 1991; Gustav Golz, *Das Sanssouci Friedrichs des Großen,* Berlin/Leipzig 1926; Georg Holmsten, *Friedrich II. in Selbstzeugnissen und Bilddokumenten,* Reinbek 1969; Harald Müller, *Ein Tag Friedrichs des Großen in Sanssouci,* Berlin 1993.

Alf
Außerirdische Lebensform

»Null Problemo!« (Alf)

Zwischen 1986 und 1990 hat der US-amerikanische Fernsehsender NBC 123 Folgen einer Sitcom produziert, deren Titelfigur Alf heißt und wie ein zweibeiniges Erdferkel mit orangebraunem Zottelfell aussieht. Alf, das bedeutet »Alien Life Form«, oder in freier deutscher Übersetzung: »Außerirdische Lebensform«. Und diese außerirdische Lebensform platzt mit einem Knall in das Leben der amerikanischen Durchschnittsfamilie Tanner (Pa Willie, Ma Kate, Tochter Lynn, Sohn Brian und Kater **Lucky**). Alf stammt vom Planeten Melmac, der aber zum Zeitpunkt von Alfs Bruchlandung auf der Tanner'schen Garage bereits explodiert ist. Der heimatlose

Raumfahrer quartiert sich bei den Tanners ein und sorgt fortan mit seinen exotischen Verhaltens- und Sichtweisen für Dauertrubel. Alf räumt mit dem Vorurteil auf, alle Besucher aus dem All müßten über außergewöhnliche intellektuelle, technische oder parapsychologische Fähigkeiten verfügen. Er ist zu dusselig, sein Raumschiff zu reparieren, kein bißchen an den Letzten Dingen und den Großen Fragen interessiert, großmäulig, rüpelhaft, verfressen – aber dabei immer charmant. Seinen Heißhunger auf Katzenpizza versucht er – zumindest was Lucky betrifft – des lieben Friedens wegen zu zügeln. Die Bemerkungen, mit denen er seine Gastfamilie oft zur Verzweiflung bringt, wie »Ich hab den Grill angesteckt, Leute. Am geilsten brennen die Räder«, werden im Original von Paul Fusco und in den deutsch synchronisierten Episoden von Tommy Piper gesprochen, der seitdem als Alfs Stimme abgestempelt ist. Die kleinkindergroße Figur wird meistens von einer Handpuppe dargestellt, in einigen Sequenzen verleiht ein kleinwüchsiger Schauspieler im Fellkostüm der Figur Leben.

Besonders im deutschsprachigen Raum besitzt Alf eine enthusiastische Fangemeinde, die für jede Wiederholung von Folgen wie »Die Nacht, als die Pizza kam« oder »Die Wolfshungerdiät« dankbar ist.

1995 kam als Nachläufer der US-Film »Alf – The Movie« (Regie: Dick Lowry) in die Kinos.

Lit.: *Cinema* 5/1996; Christian Haderer / Wolfgang Bachschwöll, *Kultserien im Fernsehen,* München 1996.

Alfred Jodocus Quak
Ente mit holländischem Akzent

»Warum bin ich so fröhlich, so fröhlich, so fröhlich ...«
(Alfred Jodocus Quak im gesungenen Nachspann
der Zeichentrickserie)

Am 8. August 1985 fand im Hamburger Schauspielhaus die Welturaufführung der antiautoritären Märchenoper »Die seltsamen Abenteuer des Alfred Jodocus Quak« statt. Es war so etwas wie eine Ein-Mann-Performance. Das holländische Vielfachtalent Herman van

Veen sang und erzählte mit Unterstützung einer Band und eines Symphonieorchesters die Geschichte der Ente Alfred Jodocus Quak.

Als Alfred in einer Zeitung liest, daß in »Ohne-Wasser-Land« die Tiere verdursten müssen, will er ihnen einen künstlichen See oder einen Bewässerungskanal graben lassen. Für dieses Unternehmen spart und sammelt er Geld. Auch der König von »Großwasserland«, ein Löwe, hat Sorgen. Die geschrumpften Staatsfinanzen decken nicht mehr die Kosten für die von ihm so heißgeliebten Limonaden-Bäder. Als er von Alfreds Erspartem hört, leiht er sich von der vertrauensseligen Ente 100 Goldstücke. Er sagt, daß er sie in vier Wochen mit Zinsen zurückzahlen will, aber nach zwanzig Wochen hat Alfred immer noch nichts von ihm gehört. Stocksauer machen sich Alfred und seine Freunde auf zum Schloß, um das Geld zurückzufordern. Nach vielen Abenteuern wird Alfred zum König von Großwasserland gewählt. Er ist natürlich »ein außergewöhnlich guter König, der nicht nur für seine eigenen Untertanen sorgt, sondern vor allem auch für all jene, die von allem nur ein ganz kleines Bißchen haben ...«

Außer Tonträgern erschien im selben Jahr auch das Buch »Die Ente Quak« mit Texten von Herman van Veen und Illustrationen von Annet Kosen, knapp zwei Jahre später folgte das Comic »Die seltsamen Abenteuer der Ente Alfred Jodocus Quak«, und schließlich kam die 26teilige Zeichentrickserie »Alfred J. Kwak« ins Nachmittagsprogramm des ZDF. Alfred ist darin gelb befiedert, schielt stark und trägt, wenn er ausgeht, einen roten Schal. Weißes Federkleid plus Matrosenmütze hatte der Unterhaltungsriese »Disney« sich verbeten, der damit eine allzu große Nähe zu Donald Duck hergestellt sah. Alfred J. wohnt mit seinem Freund, dem Maulwurf, zusammen. Er spricht nicht mehr mit Herman van Veens Stimme, hat aber immer noch einen holländischen Akzent.

Lit.: *Hamburger Morgenpost* vom 23.5.1985; *Quick* vom 31.10.1990; Jürgen Schmidt-Missner, *Erzähler, Clown, Stimmwunder,* in: Der Tagesspiegel vom 14.8.1985; *WamS* vom 1.12.1985; *Die Welt* vom 23.5.1985.

Alien
Außerirdisches Schleimmonstrum

»Du bist schon so lange in meinem Leben,
daß ich mich an nichts anderes mehr erinnere.«
(Ripley zum Alien in »Alien 3«)

Schleim, Eier, Entwicklungsstadien, Umklammerung, dumpfe Herzschläge, die im Hintergrund dröhnen, ein Monster, das aus einem menschlichen Leib herausplatzt, und ein Computer, der »Mutter« heißt – »Alien« (GB 1979, Regie: Ridley Scott, dt. Titel: »Alien – das unheimliche Wesen aus einer fremden Welt«) ist der richtige Film für jeden, der ein Geburtstrauma hat oder eines bekommen will.

Science-fiction-Filme über Aliens, über fremde Wesen aus dem All gibt es viele. Selbst der Plot – außerirdisches Monster gelangt in ein Raumschiff von der Erde und bringt ein Besatzungsmitglied nach dem anderen um, bis der letzte Astronaut es erledigt – hat einen »Bart ..., der bis in die Urzeit der utopischen Literatur zurückgeht«. Aber in dieser »epochemachenden« und »stilistisch brillanten« Version gibt es nicht nur eine »perfekte Spannungsdramaturgie«, sondern auch Spezialeffekte, die 1980 mit einem Oscar bedacht wurden.

Normalerweise haben Monsterfilme alle mit demselben Problem zu kämpfen: In dem Moment, wo das Monster zum ersten Mal sichtbar wird, lacht das Publikum erleichtert auf. Auf die Idee zu lachen kommt man bei dem nach Entwürfen des Malers H. R. Giger geschaffenen Alien nicht – egal, in welchem Entwicklungsstadium es sich gerade befindet. Es wächst und gedeiht im Laufe der Handlung nämlich prächtig und verändert viermal seine Erscheinungsform, so daß der verspannte Zuschauer auch viermal völlig unvorbereitet einer neuen Inkarnation des Grauens gegenübersteht. Erstens: unheilvollen Eiern. Zweitens: dem »**face-hugger**« (Gesichtsklammerer), ein Geschöpf ähnlich einem Pfeilschwanzkrebs aus dem Erdaltertum, das sich mit spinnenfingrigen Beinen an das Gesicht eines der Astronauten klammert. Es schlingt ihm seinen Tentakelschwanz um den Hals und schiebt dem Bewußtlosen einen Körperteil durch den Schlund, womit es ihn nicht nur beatmet, sondern ihm auch etwas injiziert. Entfernen läßt es sich nicht. Will man es herunterreißen, droht es sein Opfer mit dem Schwanz zu erwürgen, fügt man ihm eine Wunde bei, so frißt sich das Alien-»Blut«, eine stark ätzende Säure, durch sämtliche Decken des Raumschiffs »Nostromo«. Irgendwann *stirbt* es von selber und fällt ab. Der Astronaut erwacht scheinbar unversehrt und mit gesundem Appetit. Als Resultat davon erscheint drittens der **»chest-burster«** (Brustsprenger), ein spitzzahniger kleiner Schleimwurm – d. h. dafür, daß er ein Wurm ist, ist er dann doch wieder recht groß –, der dem ersten Opfer nach heftigen Wehen aus dem Leib platzt und mit fiesem Quieken abzischt – auf zu weiteren Metamorphosen. Das erwachsene Alien (Darsteller: Bolaji Badejo) ist ein durch und durch unsympathisches Monstrum. Weder ein kuscheliges Fell noch eine ordentliche Haut mildern seinen Anblick oder schaffen eine solide Grenze zwischen ihm und seiner Umgebung. Schleimfäden ziehend bietet das Alien ungehinderte Sicht auf seine interessanten Innereien, wenig glitschiges Fleisch, viel Skelett mit technischen Finessen. Das Maul ist mit einem dichten Gitter säbelförmiger Zähne bestückt, die gallertartig durchsichtig, aber nichtsdestoweniger hart und spitz wirken. Erfreulicherweise ist das Alien nur selten zu sehen.

Ellen Ripley (Sigourney Weaver) und die Raumschiffkatze sind die letzten Überlebenden der Besatzung. Im Showdown erledigt Ripley das Monstrum, indem sie die Luftschleuse öffnet. Das Alien wird ins All gerissen.

Auch in der Fortsetzung »Aliens – Die Rückkehr« (USA 1986, Regie: James Cameron), einer Parabel auf die Vietnam-Erfahrungen amerikanischer Soldaten, gibt es einen Kampf bis zur letzten Frau. Diesmal kämpft Sgt. Ripley (wieder Sigourney Weaver) gegen ganze Scharen von Aliens und rettet statt einer Katze das kleine Mädchen Newt. Lustigerweise muß die »Kämpferin gegen die Mutterschaft« (so Helmut Karasek im »Spiegel«) also selbst Mutter werden, um ins Zentrum der Angst, in den »gebärmutterähnlichen höhlenartigen« Brutraum der »Alien-Mutter« vorzudringen, die hier wie eine Ameisenkönigin thront. Die Spezialeffekte wurden wieder mit einem Oscar ausgezeichnet.

Der dritte Teil »Alien 3« (USA 1992, Regie: David Fincher) ist eine Aids-Parabel, die sich durch den sparsamen Einsatz eines einzigen Aliens von Camerons Materialschlacht absetzt und dafür weitschweifige intellektuelle Selbstreflexionen und religiöse Betrachtungen in mönchischem Ambiente bietet. Diesmal trägt Ellen Ripley (S. Weaver) selbst das Böse in sich. In ihr entwickelt sich eine neue Alien-Mutter und damit eine neue Alien-Generation. Um das zu verhindern, bringt Ripley sich selbst zum Opfer. Damit hätte die liebe Seele Ruh' haben können, aber Sigourney Weaver ließ sich auch noch zu einem vierten Teil breitschlagen. Das kleine Problem, daß Ellen Ripley doch im dritten Teil bereits gestorben ist, wird durch die Gentechnik – ein Haar von Ripley genügt, um sie aus ihrer DNS zu rekonstruieren – gelöst.

Lit.: *Aliens,* in: Cinema 11/1986; Ronald M. Hahn / Volker Jansen, *Lexikon des Science Fiction Films,* München 1992; *Lexikon des Internationalen Films,* Band 1, Reinbek 1991; Mp (Kürzel), *Jeanne d'Arc im All,* in: Splatting Image, Nr. 11, September 1992.

Aloysius
siehe Der Teddybär

Der Ameisenlöwe
Mischwesen aus Ameise und Löwe

Der Ameisenlöwe (oder das Mermecolion) wird im »Physiologus« erwähnt, einer altchristlichen Schrift, auf die sich die meisten Tierbeschreibungen des Mittelalters stützten und die dazu beitrug, das finstere Mittelalter noch finsterer zu machen. Dort stehen so spannende Sachen wie, daß Gänse in Großbritannien auf Bäumen geboren werden, junge Vipern sich von den Eingeweiden ihrer Mütter ernähren und ein Striptease gegen Schlangen hilft, weil die sich vor nackten Menschen fürchten. Jede Tierbeschreibung schließt mit einer christlichen Moral ab, und wenn die Moral es erfordert, werden die Fakten einfach verdreht, bis es paßt. Den schreibenden Klerikern war die Stärkung des Glaubens wichtig, nicht die irdische Erkenntnis. Wunder streuten sie eifrig ein, denn Wunder vergrößerten den Ruhm des Schöpfers. Eines dieser Wunder ist der Ameisenlöwe.

Sein Vater ist ein Löwe mit Vorliebe für kleine Frauen, und seine Mutter ist eine Ameise. Von ihr hat er den Körper, während der Kopf wie der Kopf seines Vaters aussieht. Der Ameisenlöwe ist bereits bei seiner Geburt zum Hungertod verurteilt, weil er kein Fleisch fressen kann »wegen der Art seiner Mutter, und nicht Spelzen wegen der Art seines Vaters«. Selbst hier irrt der »Physiologus«. Ameisen verschmähen keineswegs fleischliche Nahrung, sondern gönnen sich gern einmal einen saftigen Happen Raupe oder Regenwurm. Der Ameisenlöwe hat sich wahrscheinlich durch Aemilianus' Interpretation von Hiob 4,11 – »Der Löwe kommt um, wenn er keine Beute hat« – in den »Physiologus« eingeschlichen. Aemilianus nannte einige Löwen »Mymex« (Ameisen).

Es kam ja auch gar nicht darauf an, ob es vegetarische Ameisen gibt oder ein Paarungsakt zwischen zentimetergroßem Hautflügler und zentnerschwerem Raubtier möglich ist. Wichtig war die christliche Moral, die sich aus der Existenz eines Ameisenlöwen ableiten ließ: »So ist auch der Mann, der zwei Seelen hat, unstet auf allen seinen Wegen. Man soll nicht gehen auf zweierlei Straßen, noch zwiefältig reden im Gebet; und ist nicht gut das Ja-Nein und das Nein-Ja, sondern nur das Ja-Ja und das Nein-Nein.«

Der zoologisch korrekte Ameisenlöwe ist eine Larve der Ameisenjungfer, die Ameisenfallgruben anlegt.

Lit.: Midas Dekkers, *Geliebtes Tier. Die Geschichte einer innigen Beziehung*, Reinbek 1996; *Fabeltiere*, Time-Life-Buch, Amsterdam 1985.

Amerikanischer Adler
siehe Eagle

Amphisbaena
Satanische Doppelkopfschlange

Römische Autoren beschrieben das Amphisbaena als afrikanische Wüstenschlange mit je einem Kopf an jedem Körperende. Wenn der eine Kopf schläft, wacht der andere. Die antiken Schriftsteller warnen vor dem mutmaßlichen Gift, das sich ihrer Meinung nach reichlich in den beiden Schlangenköpfen befindet, weisen aber auch auf die medizinische Verwertbarkeit der abgestreiften alten Haut des Reptils hin.

Tatsächlich handelt es sich bei dem beschriebenen Tier um eine harmlose beinlose Eidechsenart, die sich gleichermaßen vorwärts und rückwärts bewegen kann. Ihr bei Gefahr aufgerichteter Schwanz kann mit etwas Phantasie wie ein zweiter Kopf erscheinen. Das mittelalterliche Abendland griff gern auf diese römischen Phantasien zurück und machte aus der harmlosen Pseudoschlange ein vom Satan gesandtes Ungetier, das sich seinen Opfern manchmal rasend schnell nähert. Dazu steckt es den einen Kopf in das Maul des zweiten, macht aus sich selbst einen Reifen und rollt auf sein Ziel zu.

Lit.: Beryl Rowland, *Animals with Human Faces,* London 1973.

Amtsschimmel
Synonym für Bürokratismus

»Es steht ein Pferd auf dem Flur, das ist sooo niedlich!«
(Klaus und Klaus)

Wenn auf deutschen Behördenfluren ein Pferd steht, ist es mit an Sicherheit grenzender Wahrscheinlichkeit nicht niedlich, sondern nervenstrapazierend. Es handelt sich dann nämlich um den Amtsschimmel, der Personifikation von Bürokratensturheit, Paragraphenreiterei, öffentlich-rechtlicher Inkompetenz und Amtsstubenarroganz. In Karikaturen wird er gern als weiße Schindmähre in zu kleiner Beamtenuniform und mit Ärmelschonern dargestellt. Wenn es ihm wieder einmal geglückt ist, Antragstellern das Leben schwer zu machen, Verwaltungsvorgänge unnötig zu verkomplizieren, sie zu verschleppen oder ganz versanden zu lassen, hört man sein schadenfrohes und selbstgefälliges Wiehern.

Über die Herkunft des Ausdrucks »Amtsschimmel« gibt es drei Mutmaßungen. Eine gängige Erklärung sieht seinen Ursprung in der Bezeichnung »simile« für amtliche Vordrucke in den österreichischen Verwaltungskanzleien der k.u.k. Monarchie. Kanzlisten, die nach diesem vorgegebenen Schema (und dementsprechend schematisch und oft lebensfern) vorgingen, hießen Simelereiter, wovon sich der Schimmelreiter abgeleitet haben könnte. Möglicherweise standen aber auch die Schimmel der berittenen Schweizer Amtsboten Pate. Und drittens bietet sich der von Schimmelpilzen gebildete Überzug auf lange liegengebliebenen, unerledigten Akten als Namensgeber an.

Lit.: Friedrich Kluge, *Etymologisches Wörterbuch der deutschen Sprache,* Berlin 1989; Heinz Küpper, *Illustriertes Lexikon der deutschen Umgangssprache,* Stuttgart 1982.

Andalusischer Hund
Surrealistischer Hund

»Wenn es einen Gott gibt,
soll mich auf der Stelle der Blitz treffen.«
(Luis Buñuel)

1929 hatte ein knapp halbstündiger französischer Stummfilm in Paris Premiere, der bald nach seiner Erstaufführung in den meisten europäischen Ländern als Angriff auf Kirche, Familie, Sittlichkeit, Moral und sonstige Grundwerte der bürgerlichen Gesellschaft angesehen und von der Zensur verstümmelt oder verboten wurde. Die Szenen, in denen ein Rasiermesser durch ein Auge schlitzt oder zwei katholische Geistliche, ein Konzertflügel und verweste Esel an Stricken durchs Bild gezogen werden, gehören zu den Edelsteinen der Filmgeschichte. Der von den spanischen Surrealisten Luis Buñuel und Salvador Dali in 15 Tagen gedrehte Streifen »Un chien andalou« (»Ein andalusischer Hund«) hat keinen erkennbaren Handlungsstrang und Sinnzusammenhang. Die aneinandergereihten Sequenzen beschäftigten zur diebischen Freude der beiden Filmemacher ganze Hundertschaften von ernsthaften Intellektuellen. Die intellektuelle Schnitzeljagd begann bei dem Versuch, in den Titel »Ein andalusischer Hund« eine Bedeutung zu legen. Der spanische Dichter Federico Garcia Lorca, mit dem Buñuel damals verkracht war, deutete den Titel als spöttischen Hinweis auf sich selbst. Andere vermuteten, Buñuel und Dali wollten sich über die andalusische Literatenszene in den Madrider Cafés lustig machen. Tatsächlich hatten die beiden bei der Suche nach einem Filmtitel einfach den Titel eines kurz vorher gemeinsam geschriebenen Gedichtbandes übernommen. Im ganzen Buch kommt nicht ein einziger Hund vor. Auch im Film gibt es weder Andalusier noch Hunde. »Ein andalusischer Hund« hat überhaupt keine Bedeutung, abgesehen davon, daß Buñuel und Dali den Titel »hübsch und idiotisch« fanden.

Lit.: Luis Buñuel, *Mein letzter Seufzer,* Königstein/Ts. 1983; Michael Schwarze, *Buñuel,* Reinbek 1981; Luis Buñuel, *»Wenn es einen Gott gibt, soll mich auf der Stelle der Blitz treffen«,* Berlin 1994.

Antje
NDR-Sympathieträger

Wenn zwischen zwei Sendeblöcken das melancholische Schwabbelgesicht eines Walrosses auf dem TV-Bildschirm erscheint und das massige Tier mit feuchtem Prusten und besorgniserregendem Ächzen versucht, sich über einen Beckenrand hinaufzuschieben, oder diesen Rand geräuschvoll abschlürft, dann hat man den Fernsehkanal des Norddeutschen Rundfunks (NDR) eingeschaltet. Seit 1978 dient die behäbige atlantische Riesenrobbe Antje der nördlichsten deutschen TV-Anstalt nicht nur als Pausenfüller und Sendererkennung, sondern auch als Werbeträger und offizielles Logo. Böswillige mögen einen Zusammenhang zwischen der Schwerfälligkeit des Walrosses und der manchmal dem Sender vorgeworfenen Betulichkeit konstruieren, doch NDR- und Antje-Fans dürften das ganz anders sehen.

Als der NDR sich auf der Suche nach einem hauseigenen Sympathieträger für Antje aus »Hagenbecks Tierpark« entschied, war das Flossentier zwei Jahre alt und hatte, wie auf dem stilisierten NDR-Signet immer noch zu sehen ist, bestenfalls den Ansatz von kleinen Stoßzähnen. Heute, mit mittlerweile gut zwanzig Jahren, sind ihm riesige Hauer gewachsen, die Antje trotz des weiblichen Namens eindeutig als Bullen kennzeichnen.

Lit.: H. Grewer, *Alle lieben Antje,* in: Frau im Spiegel vom 28.1.1988.

Anubis (Anpu)
Schakalköpfiger Totengerichtsgott

Anubis ist keiner der wirklich wichtigen Entscheidungsträger in der altägyptischen Götterwelt. Dennoch war er bei den Gläubigen der Pharaonenzeit populär. Er hat einen menschlichen Körper und einen Schakal- bzw. Hundekopf und ist als »Herr der Gotteshalle und der Nekropole unter anderem für die Mumifizierung der Leichen und für deren Schutz auf den – damals stadtartig angelegten – Friedhöfen zuständig. Mumifizierung und Grablegung sind nach dem Verständnis der alten Ägypter nicht das Ende einer menschlichen Existenz, sondern notwendige Rituale für den Übergang in das nächste Leben, in dem das bisherige fortgesetzt wird. Für überirdische Streitfälle innerhalb der Totengesellschaft gibt es ganz wie auf Erden ein Gericht. Nach dem altägyptischen Totenbuch verhandeln 42 Richter unter Vorsitz des höchsten Jenseitsgottes Osiris über den jeweiligen Fall. Und hier hat Anubis auch seine wichtigste Funktion inne. Als Walter Sparbier (→ **Wum und Wendelin**) des alt-ägyptischen Totenreichs beobachtet er, ob auch alles mit rechten Dingen zugeht, wenn das wissende Herz eines Angeklagten gegen die vorgegebene Norm, die Maat, abgewogen wird. Lautet das Urteil »sündig«, wird der Delinquent von der »Fresserin« **Ammut,** einem Mischwesen aus Nilpferd, Löwe und Krokodil, verschlungen, was auch für einen bereits Toten unangenehm ist. Der Vorgang löscht seine Existenz nämlich endgültig aus. Lautet das Urteil »gerechtfertigt«, darf der »Gerechtfertigte« in der Nähe von Osiris Seligkeit erleben.

Der Anubis-Kult wurde auch noch während der griechischen und römischen Zeit in Ägypten gepflegt. Manchmal stellte man ihn als zu fürchtende Gottheit mit schwarzem Kopf, manchmal als seligmachende Gottheit mit goldenem Kopf dar – je nachdem, zu welchem Wirkungskreis er gerade dazugerechnet wurde. Seine Zugehörigkeit zu Seligkeit oder Verdammnis war bei ihm weniger eindeutig als bei anderen Göttern.

Lit.: Gerhard Bellinger, *Knaurs Lexikon der Mythologie,* München 1989; Siegfried Morenz, *Ägyptische Religion,* Stuttgart 1960.

Apophis
Altägyptische Himmelsschlange

Zumindest beim Sonnenaufgang ist der Osten noch rot. Die Färbung des Himmels bringt morgens Hähne zum Krähen, und abends, wenn sich das himmlische Erröten beim Untergehen der Sonne im Westen wiederholt, blicken Liebespaare kuhäugig zum Horizont und lassen sich zu vorschnellen familienrechtlich bindenden Statements hinreißen. Für die alten Ägypter waren Morgen- und Abendröte dagegen dramatische Indizien auf einen sich ewig wiederholenden Kampf zwischen den Kräften der göttlichen Ordnung und dem Chaos. Ihrem Glauben nach fährt morgens das Sonnenschiff aus der Unterwelt aus, schippert seinen Kurs über das Himmelsgewölbe und läuft am Abend wieder in der Unterwelt ein. Ausfahrt und Einlaufen versucht der Riesenschlangendämon Apophis zu verhindern. Apophis haust in der Finsternis und verkörpert die Empörung gegen die Weltordnung. Bei seinen Enter- und Kenterversuchen bekommt er es mit dem Gott Seth zu tun. Seth wurde nach seiner Niederlage beim Kampf um die Weltherrschaft zum Wachdienst auf dem Sonnenschiff zwangsverpflichtet. Hier steht er im Bug und bekämpft Apophis jeden Morgen und jeden Abend mit Messern oder mit einer Lanze, bis sich die Riesenschlange wieder in die Finsternis zurückzieht. Das Blut, das dabei in Strömen aus Apophis' Wunden fließt, ist es, was den Himmel zum rosigen Ansichtskartenmotiv macht.

In späterer Zeit vermischten sich die Mythen um Seth und Apophis, und in einigen Überlieferungen werden die beiden sogar als ein und dasselbe Individuum angesehen.

Lit.: Wolfgang Helck, *Die Mythologie der alten Ägypter,* in: Hans-Wilhelm Haussig (Hrsg.), Götter und Mythen im Vorderen Orient, Stuttgart 1965; Manfred Lurker, *Lexikon der Götter und Dämonen,* Stuttgart 1989.

Arachne
Erste Spinne

Der griechischen Mythologie nach konnte die lydische Jungfrau Arachne nicht nur 1a-Wolle spinnen und daraus schicke Gobelins weben, sondern war dabei auch außerordentlich schnell. Das stieg ihr so zu Kopf, daß sie die Götter herausforderte und prahlte, sie sei schneller und besser als die Göttin Athene. Die göttliche Wohngemeinschaft auf dem Olymp war arbeitsteilig strukturiert, und Athene war für die Herstellung der Garderobe zuständig. Ihre sprichwörtliche Klugheit wurde manchmal von ihrer Eitelkeit und ihrem Jähzorn übertroffen, also ließ sie sich auf einen Wettbewerb im Spinnen und Weben ein – und verlor. Arachne war tatsächlich schneller und besser. Sie konnte aber nicht allzu lange triumphieren. Die beleidigte Leberwurst Athene verwandelte Arachne in die erste aller Spinnen, dazu verdammt, auf ewig Fäden aus dem eigenen Körper herauszuspinnen und damit zu weben. Nach anderer Quelle bestand Arachnes Vergehen darin, daß sie die Liebesabenteuer der Götter als Motiv in ihren Teppich hineinwebte. Die Strafe war dieselbe.

Die unglückliche Meisterspinnerin wurde die Namensgeberin für die Tierklasse der Spinnentiere, der Arachnida, zu der neben den Webspinnen u. a. auch Weberknechte, Skorpione und Milben gehören.

Lit.: Michael Page / Robert Ingpen, *Faszinierende Welt der Phantasie. Mythen, Fabeln, Zauber,* Augsburg 1991; Gert Richter / Gerhard Ulrich, *Der neue Mythologieführer. Götter/Helden/Heilige,* Gütersloh/München 1996.

Die zertretene Spinne
in Arachnophobia
Überlebende

Arachnophobie ist die Angst vor Spinnen. Die Einwohner der kalifornischen Kleinstadt im Film »Arachnophobia« (USA 1990, Regie: Frank Marshall) haben allen Grund, sich zu fürchten. Eingeschleppte »Killerspinnen-Mutanten« breiten sich aus und vermehren sich schnell.

Keine einzige Spinne sei für diesen Film gestorben, wurde den Zuschauern versichert. Nun gibt es aber eine Szene, in der der städtische Kammerjäger ganz deutlich auf ein sehr echt und lebendig aussehendes Exemplar der Ordnung Araneida tritt. Der Kniff: Der Kammerjäger hatte ein Loch in der Schuhsohle, in das die Spinne genau hereinpaßte. Nachprüfen läßt sich das natürlich nicht. Das Geräusch, das beim vorgeblichen Spinnenzertreten zu hören ist, stammt von zerbrechenden Kartoffelchips.

Lit.: *Das neue Guinness Buch Film*, Frankfurt am Main/Berlin 1993; *Lexikon des Internationalen Films*, Reinbek 1993.

Argos
Odysseus' Hund

Argos ist fast noch ein Welpe, als sein Herr Odysseus, König auf Ithaka, mit den anderen griechischen Fürsten nach Troja in den Krieg aufbricht. Der Feldzug zieht sich zehn Jahre lang hin, ein weiteres Jahrzehnt braucht Odysseus, um nach vielen homerischen Abenteuern endlich wieder auf heimatlichen Boden zurückzukehren. In der Zwischenzeit haben sich Anwärter auf den verwaisten Thron eingefunden. Odysseus gilt als tot und Königin Penelope als mutmaßliche Witwe. Es geht ziemlich drunter und drüber auf Ithaka, und um den inzwischen im biblischen Hundealter stehenden Argos, das Relikt einer vergangenen Herrschaft, kümmert sich niemand. Verwahrlost und altersschwach liegt er auf dem großen Misthaufen vor dem Stadttor »von Hundeläusen bedeckt«. Odysseus, selber so abgerissen, daß ihn niemand als den vermißten König identifiziert, erkennt in dem Hundegreis seinen Argos nicht wieder. Aber das treue Tier weiß als einziges von allen Wesen, denen Odysseus bei seiner Rückkehr begegnet, wen es vor sich hat. Er »wedelte mit dem Schwanz und senkte die Ohren, die beiden. Doch er vermochte nicht mehr, zu seinem Herrn zu kommen«.

In Homers »Odyssee« stirbt Argos im Augenblick des Wiedersehens. Etruskische und römische Schriftsteller lassen den braven Hund noch eine Weile weiterleben.

Nicht zu verwechseln mit dem hundertäugigen Riesen Argos

(lat. Argus), von dessen argwöhnischen Augen, die immer nur zur Hälfte schliefen, der Ausdruck »mit Argusaugen« herrührt. Scharf kucken konnte Odysseus' 20jähriger Hund vermutlich nicht mehr.

Lit.: Jost Perfahl (Hrsg.), *Wiedersehen mit Argos und andere Nachrichten über Hunde in der Antike*, Mainz 1983.

Aristocats
Pariser Disney-Katzen

Für Walt Disney war »Aristocats« (»The Aristocats«, USA 1970, Regie: Wolfgang Reithermann) der letzte Film, an dessen Planung er mitgewirkt hat. 1966 starb der Großmeister des Zeichentrick. Vier Jahre später kam die Geschichte um Katzenadel und Katzenplebs in die Kinos. Sie spielt im Paris der Jahrhundertwende.

»Aristocats« – die Geschichte um die Angorakatze Duchesse (rechts) war der letzte Film, an dessen Planung Meister Disney selbst beteiligt war (USA 1970).

35

Im Palais einer reichen alten Dame lebt bestens versorgt und von den Realitäten der harten Außenwelt behütet die aristokratische Angorakatze **Duchesse** mit ihren drei kleinen Kindern **Marie, Berlioz** und **Toulouse**. Nach dem Tod ihrer betuchten Besitzerin fällt der Nachlaß an die vier geliebten Tiere. Arglos hat Madame jedoch den unsympathischen Butler als Ersatzerben eingesetzt. Verständlicherweise setzt der jetzt alles daran, sich die verwöhnte Katzenfamilie vom Hals zu schaffen. Duchesse und ihre Kinder finden sich plötzlich auf der Straße wieder. Sie bekommen Kontakt mit der Unterschicht, und mit Hilfe von rauhen Straßenkatzen unter der Führung von **Thomas O'Malley** und der schlauen Maus **Roquefort** können sie ihr Erbe zurückgewinnen.

Etliche Musikeinlagen geben dem Film fast den Charakter eines Musicals. Für den Titelsong holten die Filmemacher den damals 82jährigen Maurice Chevalier noch einmal ans Mikrofon.

Lit.: *Die Filme von Walt Disney,* Cinema-Filmbuch, Hamburg 1991; *Lexikon des Internationalen Films,* Reinbek 1995.

Äskulaps Schlange
Symbol überirdischer Heilkräfte

»Rein muß sein, wer in das duftende Heiligtum eintritt.
Rein wird, wer Heiliges denkt.«
(Inschrift im Asklepieion von Epidauros)

Der Äskulapstab ist zum Wahrzeichen der Ärzte und Apotheker geworden, weil Asklepios (lat. Äsculapius), der griechische Gott der Heilkunst – so, wie wir ihn von antiken Bildsäulen her kennen – sich meist auf einen Stab stützt, um den sich eine Schlange ringelt. Asklepios war »ursprünglich ein thessalischer Heilheros«, dessen Kult sich in ganz Griechenland ausbreitete, wo er als Sohn des Apollon und damit als Enkel des Zeus galt. Er wurde bereits bei Homer erwähnt. 420 v. Chr. gelangte der Kult nach Athen. Bevor die um einen Stab gewundene Schlange sich dem Asklepios zugesellte, war sie längst in Ägypten als Emblem des Gottes Thot bekannt gewesen. Schlangen symbolisierten im ganzen Vorderen Orient Heilung und Fruchtbarkeit. In Babylon wurde seit mindestens

3000 v. Chr. der Caduceus verehrt. Der Caduceus ist ein Stab mit zwei Schlangen, die ihre Köpfe nach außen wenden – manchmal mit einer Vase dazwischen. Möglicherweise hat das ganze etwas mit dem Schlangengott Ningishzida zu tun.

Die Häutung der Schlange war in Griechenland Symbol von Wiedergeburt, ewiger Jugend und Unsterblichkeit. Die Häutung nach dem Winterschlaf (den Schlangen überhaupt nicht halten, allenfalls kann es sich um eine Kältestarre gehandelt haben) stand für körperliche Regeneration nach überstandener Krankheit. Und da die Schlange auch noch als weise und in Kräuterkunde bewandert galt, bot ihre Verwendung als Asklepios' Stockschmuck sich an.

Außerdem heißt es manchmal, daß eine Schlange ihn auf heilkräftige Pflanzen aufmerksam gemacht habe, oder er selbst wäre anfangs ein Erdgott in der Gestalt einer Schlange gewesen.

Zahlreiche Tempel wurden zu Ehren von Asklepios errichtet, die Wallfahrtsorte für Kranke waren. Im spätrömischen Reich gab es 300 Asklepieien, zu denen oft eine Heilquelle gehörte. Rituelle Reinigungsbäder waren Bestandteil des Asklepioskults. Die Asklepieien entwickelten sich zu halben Sanatorien und Kurorten, wo die Kranken von Priesterärzten behandelt wurden. Welche Rolle dabei die Tholos spielte, ein kleiner Rundbau im Inneren des Tempelbezirks, in dem die ungiftigen Äskulapnattern gehalten wurden, ist nicht geklärt. Eine von vielen in die Wand gemeißelten Heilerfolgsmeldungen berichtet von einem Mann, dessen Zeh von der Zunge einer Schlange kuriert wurde. Die berühmtesten Asklepieien waren auf der Insel Kos, in Knidos, Pergamon und Epidauros beheimatet.

Die Römer haben die Äskulapnattern in die besetzten Gebiete Germaniens mitgeschleppt. In Deutschland sind die 1,5m langen Nattern heute noch in der Nähe von Passau und Schlangenbad zu finden.

Lit.: Hans Egli, *Das Schlangensymbol. Geschichte. Märchen. Mythos,* Olten/Freiburg im Breisgau 1982; *Der große Brockhaus,* Band 1, Wiesbaden 1952; Fritz C. Müller, *Wer steckt dahinter? Namen, die Begriffe wurden,* Düsseldorf/Wien 1964.

Äsops Fabeltiere

In Äsops Tierfabeln geht es nicht um die Darstellung realen Tierverhaltens, sondern Fuchs, Wolf, Rabe, Lamm, Löwe, Esel und Pferd agieren menschlich und zeigen menschliche Schwächen auf, wobei Eigenschaften, die bestimmten Tieren allgemein unterstellt werden, für den Vergleich herhalten müssen. Namen haben diese Tiere nicht. Der gierige Wolf wirft dem sanften Lamm vor, sein Trinkwasser zu trüben, obwohl das Lamm flußabwärts von ihm trinkt, und frißt es zur Strafe. Es bedeutet: Ein Mächtiger benutzt fadenscheinige Vorwände, um zu legitimieren, was er auf Grund seiner Macht tut. Das läßt sich als politische wie als allgemeinmenschliche Parabel lesen.

Von demjenigen, der die kurzen, pointierten Geschichten erfunden hat, von Äsop oder Aisopos, ist nur wenig bekannt. Es ist noch nicht einmal sicher, ob es ihn überhaupt gegeben hat und ob er – falls er tatsächlich eine historische Figur ist – seine Fabeln selbst aufgeschrieben hat oder sie bloß erzählte. Er soll im 6. Jahrhundert v. Chr. als Sklave auf Samos gelebt haben und wegen vermeintlichen Tempeldiebstahls zum Tode verurteilt und von einem Felsen gestürzt worden sein.

Tiergeschichten mit Gleichnischarakter sind im Orient schon im 3. Jahrtausend v. Chr. erzählt worden und bis heute beliebt. Im weitesten Sinne gehören nämlich auch die Bildergeschichten aus Entenhausen dazu.

Die europäische Fabeldichtung gründet in Äsops Geschichten. Insbesondere die berühmten »Ausgewählten in Versform verfaßten Fabeln« (»Fables choisies mises en vers«) von Jean de La Fontaine (1621–1695) stützen sich im wesentlichen auf die Erzählinhalte und Tierfiguren der Äsop-Geschichten. Bei La Fontaine gewinnen Äsops stereotype Tiere erheblich an Lebendigkeit, und die Fabeln sind zu anschaulichen, teils auch satirisch angelegten Erzählungen ausgedehnt, in denen es weniger auf die Moral ankommt als auf die Darstellung des erbarmungslosen Lebenskampfes. Mitunter geht La Fontaine dabei recht unbekümmert mit der zoologischen Wirklichkeit um. So fressen bei ihm die Grillen Fleisch, und die Schlange hat einen giftigen Schwanz.

Lit.: Peter Baumann / Ortwin Fink, *Wie tierlieb sind die Deutschen?*, Frankfurt am Main 1979; Reinhard Dithmar (Hrsg.), *Fabeln, Parabeln und Gleichnisse*, München 1983; *dtv-Lexikon der Antike. Philosophie, Literatur, Wissenschaft*, Band 1, München 1970; Winfried Engler, *Lexikon der französischen Literatur*, Stuttgart 1994; *Kindlers Literaturlexikon*, Band 15, München 1974; Elmar Stuckmann, *Die Klassiker der französischen Literatur*, Düsseldorf 1986.

Asta
US-Filmfoxel

Die zwischen 1934 und 1947 gedrehten sechs Folgen der Thin-Man (Dünner Mann)-Kriminalfilmserie (nach Vorlagen von Dashiell Hammett) gehören zu den Klassikern der Filmgeschichte. Der aus Gründen der Wiedererkennbarkeit jedesmal im Titel verwendete »Dünne Mann« wird von vielen Zuschauern irrtümlich mit der Hauptfigur Nick Charles gleichgesetzt. Um den »Thin Man«, einen geheimnisvollen dünnen Mörder, geht es aber nur in der ersten Folge. In den anderen Filmen hat es das wohlhabende, geistreiche und trinkfeste Ehepaar Nick und Nora Charles (William Powell und Myrna Loy) mit anderen Morden zu tun, in die sie stets unfreiwillig verwickelt werden. Zum Beispiel, indem ihr kleiner quirliger Hund Mr. Asta eine Leiche findet. Asta ist ein Drahthaar-Foxterrier, ein Modehund jener Zeit, paßgerecht zum Lebensstil von Nick Charles, der bis zu seiner Hochzeit Privatdetektiv gewesen ist und sich nunmehr darauf beschränkt, die Finanzen seiner Frau zu verwalten und alkoholisierten Müßiggang zu pflegen. Asta, das ständig hin- und herflitzende Anhängsel von Nick und Nora, soll die gepflegt-sarkastische Redegewandtheit des Paares durch bodenständige Komik ergänzen. Außerdem dient der niedliche Foxel als Blickfänger und treibt die Handlung gelegentlich durch das Auffinden einer Spur voran.

Der erste Asta-Darsteller hieß **Skippy**. Ihm folgten eine ganze Reihe ihm wie ein Ei dem anderen ähnelnde Hunde. Skippy und seine Hundekollegen waren allesamt Profis aus dem Zwinger eines Hollywood-Trainers.

An die Popularität der Kinoproduktion knüpfte 1941 bis 1950 eine US-Radioserie an – »The Adventures of the Thin Man«. Hund

Asta kam dem Medium entsprechend hier keine besondere Bedeutung zu. Groß raus kam der Foxterrier dann wieder in der 72teiligen TV-Serie »The Thin Man« (1950–1957) mit Peter Lawford als Nick Charles. Der Asta-Darsteller, der im wirklichen Leben auch Asta hieß, erhielt zweimal den Tier-Oscar, den »Patsy Award«. Ansonsten war die Fernsehversion eher blaß, wenn auch nicht ganz so blutleer wie der 1975 gesendete letzte Aufguß, der amerikanische Fernsehfilm »Nick und Nora«.

Lit.: *Lexikon des Internationalen Films,* Reinbek 1995; David Rothel, *The Great Show Business Animals,* San Diego/New York/London 1980.

Azrael siehe Uriel

B

Babar
Braver Kinderbuch-Elefant

Um sie ruhig zu stellen, erzählte eine französische Mutter ihren beiden kranken Kindern vom Bettrand aus selbsterdachte Geschichten von einem Elefanten namens Babar. Ihr Mann, der Graphiker Jean de Brunhoff (1899–1937), hielt die Elefanten-Idee für vermarktungsfähig, bastelte an den Erzählsträngen ein wenig herum, fügte Illustrationen hinzu und gab 1931 das erste Babar-Bilderbuch (»L'Histoire de Babar«) heraus. Weitere Babar-Bände folgten. Als Brunhoff starb, setzte sein Sohn Laurent die Reihe mit weiteren Episoden bis 1966 fort. Bis dahin wurden weltweit mehr als dreieinhalb Millionen Bücher verkauft. Auch nach 1966 ist die Geschichte vom merkwürdig artigen Elefanten immer wieder neu aufgelegt worden und gehört zum Grundangebot von Buchhandlungen – obwohl die meisten Pädagogen inzwischen auf Distanz zu den von der Babar-Welt transportierten Botschaften gegangen sind.

Babar ist am Anfang ein ganz normaler kleiner Elefant, der in seinem Dschungel spielt. Sein erster Kontakt mit der Zivilisation ist grausam. Seine Mutter wird von einem Jäger erschossen. Babar kann in die von vornherein als großartig dargestellte Stadt fliehen. Dort nimmt ihn die »alte Dame« auf, die eine Art Ersatzmutter für den naiven Dickhäuter wird. Erziehungsziel der freundlichen »alten Dame« ist, aus dem primitiven, aber gutwilligen Urwaldwesen ein unauffälliges Mitglied der französischen Bürgergesellschaft zu machen. Viele kleine Episoden erzählen, wie Babar seine als minderwertig angesehenen Instinkte ablegt und zu einem richtigen Monsieur Dupont zivilisiert wird. Am Ende schafft er es, sich auf zwei Beinen fortzubewegen, lernt rechnen und trägt einen grünen Anzug mit Hut. Das alles wird als eine positive Entwicklung, vergleichbar mit dem Erwachsenwerden, dargestellt. Babar kehrt in seinen Dschungel zurück, wo er die heilbringende Zivilisation verbreitet.

Seine Artgenossen zeigen sich von dem flotten Anzug mächtig beeindruckt und machen Babar zu ihrem vernünftig und mild regierenden König.

Hier und dort findet sich in dieser Geschichte ironische Kritik an Frankreichs Gesellschaft und Kolonialpolitik. Die Bilder sind auf eine nette Weise eigenartig.

In den Kinderfilmen über Babar, zum Beispiel »Wettlauf zum Mond«, »Nichts geht über Zuhause« (Kanada/Deutschland, o. J., Regie: Bernd Liebner) erlebt der friedliche Elefant unspektakuläre Abenteuer in einer harmonischen Familie.

Lit.: Klaus Doderer (Hrsg.), *Lexikon der Kinder- und Jugendbuchliteratur*, Weinheim/Basel 1982; Ariel Dorfmann, *Der einsame Reiter und Babar, König der Elefanten*, Reinbek 1988; Jan-Uwe und Regine Rogge, *Die besten Videos für mein Kind*, Reinbek 1995.

Babe
Film-Schweinchen

»Schafe sind dumm« (Schäferhündin Fly);
»Hunde sind dumm« (Schaf Maa);
»Die Dinge stinken mir aber, so, wie sie sind« (Ente);
»Ich bin gerne dick« (Esme Hogget).

In den letzten Jahren ist der Schweinefleischkonsum in Europa und Nordamerika drastisch zurückgegangen. Ursachen dafür sind unter anderem gestiegenes Gesundheitsbewußtsein, Fleischskandale, Anprangerung von Aufzucht- und Schlachtmethoden und ... – Schweinchen Babe. Wer den kleinen Schinkenträger auf der Leinwand gesehen hat, dürfte zumindest kurzfristig auf Kotelett und Knackwurst verzichtet haben. Die unter Regie von Chris Noonan gedrehte australische Filmgeschichte (»The Gallant Pig«) vom kleinen Schwein Babe kam 1995 in die Kinos. Die literarische Vorlage lieferte das Kinderbuch »The Sheep-Pig« (»Schwein gehabt, Knirps!«) von Dick King-Smith.

Auf dem Jahrmarkt gewinnt der australische Farmer Hogget (James Cromwell) Babe, ein rosigweißes Ferkel mit schwarzen Wimpern und dunklem Haarbüschel. Hogget betreibt im hügeligen

Grün von New South Wales Landwirtschaft wie im agrarwirtschaftlichen Biedermeier, mit ein paar Kühen und Pferden, einen klapprigen Pick-up, einer Schafherde, Geflügel, einer Katze, mit Hunden und mit der drallen Bauersfrau Esme Hogget (Magda Szubanski). Babe wird schnell in den Hofbetrieb des knorrigen und gutmütigen Farmers integriert. Die Hütehündin **Fly** nimmt sich des Waisenferkels (seine Eltern sind längst im Wursthimmel) an. Ihr Mann **Rex**, der so etwas wie der Tierchef auf dem Hof ist, sieht darin eigentlich einen Verstoß gegen die Traditionen. Seiner Ansicht nach gehört jeder auf seinen vom Schicksal zugewiesenen Platz, und Babe ist Mastvieh. Doch das kümmert sich wenig um Konventionen. Sein Berufswunsch steht fest: Es möchte wie Fly und Rex Hütehund sein. Anders als die zähnefletschenden Border Collies, die die Schafe mit Bellen und Bissen in die gewünschte Richtung treiben, dirigiert das Schweinchen sie mit artigen Bitten. Hogget ist zunächst baß erstaunt, dann begeistert von seinem neuen Hütehelfer. Er tritt mit Babe zum nationalen Hütehunde-Wettbewerb an. Nach anfänglichem Hohn und Spott besteht Babe mit Bravour diese Leistungsprüfung und wird frenetisch als Champion gefeiert. In der Schlußszene gucken sich Herr und Schäferschwein glücklich in die Äuglein, und Hogget grummelt ein dankbares »Gut gemacht, Schwein«.

Babe wurde von 16 bis 18 Wochen alten Ferkeln der schnell wachsenden Large-White-Yorkshire-Rasse dargestellt. Zusätzlich wurden Dialogszenen mit computeranimierten Puppen gedreht. Damit während der sechsmonatigen Dreharbeiten jederzeit Jungschweine in Babe-Größe zur Verfügung stehen konnten, benötigte Tiertrainer Karl Lewis Miller 48 Ferkel. Nachdem sie ihre Schuldigkeit getan hatten, wurden sie verkauft und landeten vermutlich beim Schlachter, es sei denn, das eine oder andere Ferkel hatte soviel Schwein wie Babe.

Lit.: *epd-Film* 1/1996; Pressemappe United International Pictures, *Ein Schweinchen namens Babe*.

Babieca
Pferd des Cid

Spaniens Nationalheld Rodrigo (Ruy) Diaz de Vivar (um 1043–1099), genannt El Cid, und sein Pferd Babieca sind im »Poema del Cid«, einem der vier großen Epen des Mittelalters (und dem ersten bedeutenden Epos Spaniens) verewigt und verklärt worden.

Das reale Leben des Cid (vom arabischen sayyid = Herr) spielte sich vor dem Hintergrund eines besonders dramatischen Abschnitts der iberischen Geschichte ab. Es war die Zeit, als die maurische Herrschaft in Südspanien ihren machtpolitischen Höhepunkt überschritten hatte und in ein gutes Dutzend miteinander konkurrierender islamischer Kleinreiche (Taifas) zerfallen war. Diese Taifas waren sämtlich jeweils einem der fünf christlichen, ebenfalls oft untereinander verfeindeten Königreiche Nordspaniens tributpflichtig. Rodrigo Diaz de Vivar diente als Ritter am kastilischen Hof. Nach der mysteriösen Ermordung König Sanchos II. bestieg dessen Bruder Alfonso VI. den Thron. Als einziger kastilischer Ritter traute sich El Cid, die Unschuld Alfonsos am Tod seines Bruders zu bezweifeln. Der beleidigte Monarch benutzte eine Hofintrige, bei der es um angeblich von Rodrigo unterschlagene Gelder ging, als willkommenen Vorwand, um den unliebsamen Edelmann zu verbannen. El Cid diente daraufhin acht Jahre lang dem Maurenfürsten von Saragossa als Feldherr, wobei er sich beharrlich weigerte, gegen König Alfonso, den er trotz allem immer noch als seinen legitimen Herrn ansah, zu kämpfen. Damals ritt er bereits seit Jahren den Hengst Babieca, einen grauen Andalusier, der mit der Zeit immer heller, also weißer wurde. Kein Anzeichen für ein besonders sorgenvolles Gemüt, sondern bei grauen Pferden durchaus üblich. Der junge Rodrigo hatte das Fohlen von seinem Paten, einem Priester, geschenkt bekommen und es sich selbst aus einer Pferdeherde aussuchen dürfen. Die Kirche mischte in der spanischen Pferdezucht kräftig mit. Als die Wahl des künftigen Nationalhelden auf ein etwas gerupft aussehendes Fohlen fiel, rief sein Pate verärgert: »Babieca!«, was soviel wie dumm heißt. Damit hatte Rodrigo auch gleich einen Namen für sein Pferd, einen Namen, der in ganz Spanien bekannt werden sollte.

Als El Cid später seinen Babieca Alfonso VI. zum Geschenk machen wollte, lehnte der König mit der Begründung ab, daß Gott ihm verbieten würde, dieses Pferd anzunehmen, weil Babieca keinen anderen Reiter als El Cid verdiente. Sie beide zusammen wären imstande, die Mauren zu vertreiben.

Tatsächlich sind Roß und Reiter legendär geworden. Als sich die im Gegensatz zu den kultivierten und toleranten iberischen Mauren extrem fanatisch gebenden Almoraviden in die spanischen Auseinandersetzungen einmischten und König Alfonso in die Defensive zwangen, wurde El Cids Verbannung aufgehoben. Ihm wurde die Verteidigung des mit Alfonso verbündeten Maurenreiches Valencia anvertraut. Keineswegs war er der Eroberer Valencias, wie so oft zu lesen ist. Während Alfonso alle maurischen Gebiete an die Almoraviden verlor, gelang es allein El Cid, der nach dem Tod des muslimischen Fürsten auch die Regentschaft Valencias übernahm, sich zu behaupten. Als er 1099 tödlich verwundet wurde, befürchtete er, daß die Nachricht von seinem Tod die Kampfmoral seiner Truppen untergraben könnte und gab einen letzten gruseligen Befehl: Sein Leichnam sollte in voller Montur noch einmal auf Babiecas Rücken gesetzt und aufrecht im Sattel festgebunden werden, mit dem Schwert Tizona in der Hand und mit offenem Visier, damit auch jeder erkennen konnte, daß er es tatsächlich war, der da ritt. Genau um Mitternacht ritt die stabilisierte Leiche auf dem weißen Babieca an der Spitze einer Gruppe weißgekleideter Ritter, die auch noch weiße Banner trugen, zum Lager der Mauren. Die hatten bereits vom Tod ihres Feindes erfahren und flohen in panischer Angst vor dem vermeintlichen Gespenst. So jedenfalls die Legende ..., die 1961 von Hollywood noch einmal in Szene gesetzt wurde.

Babieca lebte ungefähr noch zwei weitere Jahre, und niemand hat ihn je wieder geritten. Als er starb, soll er vierzig Jahre alt gewesen sein – nicht schlecht für ein Pferd, das so zahlreiche Gefechte über sich ergehen lassen mußte. El Cids Grab befindet sich in der Kathedrale von Burgos; Babieca wurde vor den Toren des Klosters San Pedro de Cardeña beerdigt, wo El Cid sich 1081 von seiner Familie verabschiedet hatte, als er in die Verbannung ging. Auf Babiecas Grab – oder jedenfalls nicht weit davon entfernt – wurde dem Pferd 1948 ein Denkmal gesetzt. Der genaue Platz war nicht mehr bekannt.

Lit.: Elwyn Hartley Edwards, *Horses – Their Role in the History of Man,* London 1987; Derek Lomax, *Die Reconquista,* München 1980; Birgit Ott, *El Cid. Ein spanischer Mythos,* in: Damals 6/1995.

Baby Sinclair
Jüngster Sprößling der Dinofamilie

»Nicht die Mama!«

Mit seiner Geburt bzw. seinem Schlüpfen aus einem Dinosaurier-Ei beginnt die prähistorische Familienserie → »Die Dinos«. Babys Haut ist blaß und getüpfelt, er hat Augen wie Billardkugeln, und über seine Windelhose schwappt ein fetter Bauch. Baby wiegt 2 Tonnen 700g und nimmt jeden Tag rund 50kg zu. Er spricht von Geburt an, ist aber in seinem Vokabular recht begrenzt. (Die deutsche Synchronstimme gehört Edith Hanke.) Was er will, ist uneingeschränkte Aufmerksamkeit, und zwar meistens von seinem »Nicht die Mama« genannten Vater → **Earl Sinclair**.

Lit.: WDR-Pressemappe.

Backfisch
Entwicklungszustand zwischen Mädchen und Frau

Die Bezeichnung »Backfisch« gehört wie »Lichtspieltheater«, »Kolonialwaren« oder »Pampelmuse« zu den veraltenden Begriffen, deren Bedeutung zwar noch den meisten Menschen geläufig ist, die aber im allgemeinen Sprachgebrauch kaum noch benutzt werden. Backfische waren die behüteten halbwüchsigen Töchter der deutschen Mittelschicht, insbesondere von der wilhelminischen Zeit bis etwa in die 1950er Jahre. Ins enge Korsett gutbürgerlicher Anstandsregeln hineingequetscht, purzelten sie verwirrt und immer eifrig darauf bedacht, schön artig zu bleiben und nichts falsch zu machen, auf eine von Kindern, Küche und Kirche bestimmte Ehe zu. Vor der Erfüllung der ihnen zugedachten Rolle als Ehefrau und Mutter reagierten die jungen Mädchen, die sich laut Backfischliteratur untereinander anscheinend meist mit »Hört mal, Kinder ...!« ansprachen, ihre harmlos-schwülen Träume an gesitteten Schwärmereien ab.

Für die männliche Altersgruppe der Postpubertanten gab es merkwürdigerweise keine dem Gattungsnamen »Backfisch« entsprechende Gesamtbezeichnung. Dabei bezog sich der Begriff wohl ursprünglich auf junge Männer. Wahrscheinlich wurden seit dem 16. Jahrhundert Studenten der ersten Semester mit dieser mutmaßlichen Verballhornung von »Baccalarius« (niedrigster akademischer Grad) Backfische genannt. Später erfolgte dann ein Bedeutungswechsel als Bezeichnung für halbwüchsiges Mädchen. Weniger wahrscheinlich sind Erklärungen, nach denen es sich bei Backfischen um Fische handelt, die noch nicht groß genug sind, um gekocht zu werden und lediglich zum Ausbacken taugen, beziehungsweise noch zu klein zur Verwertung sind und deshalb »back« (engl. zurück) ins Meer geworfen werden. Ferner wird die Deutung angeboten, daß es sich beim »Backfisch« um die bequemere Aussprache des mit den munteren Mädchen verglichenen zierlichen und flinken »Bachfisches« handeln könnte.

Lit.: Kurt Krüger-Lorenzen, *Deutsche Redensarten – und was dahintersteckt,* Wiesbaden, o. J. (um 1966); A. J. Storfer, *Wörter und ihre Schicksale,* Wiesbaden 1981.

Baghira (Bagheera)
Dschungelbuch-Panther

»Der schwarze Panther Baghira, tintenschwarz über und über, mit Pantherzeichnung im seidigen Fell, die bei bestimmten Lichtreflexen hervortrat« – in Rudyard Kiplings erstem »Dschungelbuch« ist er es, der für Mowglis Aufnahme bei den Wölfen sorgt, indem er ihnen einen Bullen verspricht.

Einerseits spekuliert Baghira darauf, daß Mowgli der Tiergesellschaft des Dschungels eines Tages den Tiger → **Shir Khan** vom

Hals schaffen wird. Sein geheimer Grund ist aber eigentlich, daß er eine Bindung an die Menschen spürt, weil er selbst unter Menschen geboren worden ist, in den Käfigen des Königspalastes von Udaipur. Dadurch kennt sich der verschlagene Baghira auch mit den Fallen und Listen der Menschen aus. Mowgli, dem der Panther später Unterricht im Klettern erteilt, ist der einzige, der von dem kahlen Fleck unter seinem Kinn, dem Zeichen des Halsrings, erfährt. Obwohl Baghira das Menschenkind liebt, ihn verwöhnt und sich sogar einmischt, weil ihm die Erziehungsmethoden des Bären → **Balu** allzu brutal vorkommen, betont er immer wieder, daß Mowgli am Ende heimkehren wird »zu den Menschen, die da sind deine Brüder«.

In der revueartigen Disney-Verfilmung schleppt der Panther das Findelkind höchstselbst zu den Wölfen. Später wird er vom Wolfsrudel beauftragt, Mowgli zu den Menschen zurückzubringen, da sich Shir Khans Rückkehr ankündigt. Baghira ist auch bei Disney eines der eher ernsthafteren Tiere, soweit überhaupt irgendein ernsthaftes Tier bei Disney geortet werden kann. Erst im Schlußbild wagt er mit Balu ein Tänzchen auf den Hinterbeinen.

Siehe auch die **Dschungelbuchtiere.**

Lit.: siehe unter **Dschungelbuchtiere.**

Das Baku

Tapirähnliches japanisches Fabeltier, das sich von den Alpträumen der Menschen ernährt. Solche Träume müssen dem Baku mit den Worten »Verschlinge, o Baku!« angeboten werden.

Lit.: H. L. Joly, *Legend in Japenese Art,* London 1908; Stefan Reisner, *Die Ungeheuer sind unter uns,* in: GEO 10/1996.

Baloo
siehe Balu

Baltique
Mitterrands hinterbliebener Labrador

»Er winselt viel, frißt fast nichts.«
(Bild-Zeitung vom 22.1.1996)

Wer da soviel winselte, war eine Sie, Baltique, die neunjährige schwarze Labradorhündin des damals gerade verstorbenen Ex-Präsidenten Frankreichs.

Acht Jahre lang hatte sie im Elysée-Palast gelebt. Ihr Korb stand am Fußende das Präsidentenbettes. Laut »France Dimanche« trank Baltique nur Mineralwasser, fraß von kostbarem Porzellan der Sèvres-Manufaktur und wurde vom Präsidenten mit »Sie« angeredet. Allerdings siezte Mitterrand bis auf drei ganz enge Freunde sowieso jeden. Zum Gassigehen standen Leibwächter und Chauffeur bereit.

Als François Mitterrand im Januar 1996 mit 79 Jahren gestorben war, lief Baltique bei der Beisetzung in Jarnac neben dem Auto der Familie bis zum Friedhof mit und rührte halb Frankreich zu Tränen. Kurz danach brachte die gut informierte Labradorhündin ihre Erinnerungen an die Zeit mit Mitterrand in Buchform heraus: »Aboitim. Neuf années dans les secrets de François Mitterrand« (Neun Jahre mit den Geheimnissen von François Mitterrand). Aboitim ist ein Wortspiel, eine Zusammensetzung aus »aboyer«, dem französischen Wort für »bellen«, und »Verbatim«, dem Titel des Bestsellers, in dem Mitterrands Berater Jacques Attali unerlaubt Gespräche veröffentlicht haben soll (deutscher Titel: »Wort für Wort«). Auch Baltique petzt einiges aus, zum Beispiel, daß Mitterrand Affären gehabt haben soll.

Schwarze Labradore scheinen die Lieblingshunde französischer Präsidenten zu sein. Georges Pompidou und Valéry Giscard d'Estaing hatten ebenfalls einen. Mitterrand besaß gleich mehrere. Labrador **Nhil** starb 1985 an einem Gehirntumor. Labrador **Atchoum** (franz. für Hatschi) entwischte 1993 aus dem schwerbewachten Elysée-Palast, wurde übers Fernsehen gesucht und tatsächlich wiedergefunden. Eine alleinstehende Mutter hatte ihn aus einem Tierheim geholt und meldete sich. Sie bekam einen anderen Hund dafür geschenkt. Außerdem besaß Mitterrand noch den Berner Sennenhund **Epsilon**, der ihm 1984 von der Schweizer Regierung geschenkt worden war.

Baltique lebt jetzt in einer Gendarmerie-Kaserne in Satory nahe Versailles. Witwe Danielle Mitterrand (71) verschenkte die Hündin an Mitterrands Chefleibwächter.

Lit.: *Bild-Zeitung* vom 4.11.1985 und 24.1.1996; *BZ* vom 5.10.1990; *Globus* vom 25.3.1996; *Quick* vom 26.4.1984.

Balto
Schlittenhund

Sein Bronzedenkmal steht im New Yorker Central Park auf einem etwa 1,60m hohen Granitblock. Die Schiefertafel darauf widmet es nicht nur ihm, sondern allen Schlittenhunden, die 1925 daran beteiligt waren, Diphtherie-Serum von Nenana nach Nome zu bringen.

Nome, eine Stadt in Alaska, die zu Goldrauschzeiten aufgeblüht war, wurde von einer Diphtherie-Seuche heimgesucht. Täglich gab es neue Todesfälle. Die Existenz der Stadt schien auf dem Spiel zu stehen. Aus Anchorage wurde das lebensrettende Serum bis Nenana, etwa 100km vor Fairbanks, transportiert. Von dort beförderten es zwölf Hundeschlittenteams mit Eskimo- und Indianer-Musher (Hundeschlittenführer) auf den Kufen im Stafettenlauf westwärts. Tag und Nacht – durch verschneite Wälder, gefrorene Sümpfe und über Pässe, auf denen der Sturm tobte. Die Temperatur war die kälteste seit Menschengedenken. Aus Nome kamen ihnen fünf der besten Gespanne mit weißen Schlittenführern entgegen. Unter ihnen tat sich besonders Leonard Seppala hervor, der mit Leithund **Togo** und 15 weiteren Huskies die längste und gefährlichste Strecke zurücklegte – von Nome bis Shaktoolik und zurück bis Golovin, wo Charlie Olson das Paket übernahm. Um drei Stunden Zeit zu sparen, hatte Seppala die aufgeschobene Eisdecke des Norton Sound überquert und dabei sein Leben aufs Spiel gesetzt. Das Eis wurde von einem Sturm, der von der Beringsee herkam, aufgerissen. Gerade noch rechtzeitig erreichten Seppala und seine Hunde wieder festen Boden. Insgesamt brauchten die Hundeschlitten bloß 5 Tage für eine Strecke über 1100km, was unter anderem auch nur deswegen möglich war, weil Schlittenhunde ihre Notdurft in voller Fahrt erledigen können. Balto war der Leithund des Gespanns, das mit dem sehnlichst erwarteten Serum schließlich in Nome eintraf.

Seit 1973 erinnert das Iditarod Race (»I did a rod« bedeutet etwa: »Ich habe eine ganz schöne Strecke hinter mir«) von Anchorage nach Nome an dieses Ereignis.

Lit.: Hans Jürgen Burkard, *Mit allen Hunden gehetzt,* in: GEO 11/1983; Wolf Ulrich Cropp, *Hetzjagd durch Alaska. Iditarod, das härteste Hundeschlittenrennen der Welt,* München 1981.

Balu (Baloo)
Dschungelbuch-Bär

*»Probier's mal mit Gemütlichkeit,
mit Ruhe und Gemütlichkeit ...« (Balu)*

Balu, der singende, swingende Lebenskünstler aus dem Disney-Film, ist das einzige Dschungelbuchtier, das auch im Originaltext, in den »Dschungelbüchern« von Rudyard Kipling, als komische Figur angelegt ist.

Der gestrenge Lehrmeister Baloo aus Kiplings »Dschungelbuch« wurde in der Disney-Version von 1967 zu einem gemütlichen Anhänger der Laisser-faire-Pädagogik.

Hier ist der schläfrige alte braune Bär der erste, der beim Rat des Wolfrudels für die Aufnahme des Menschenkindes Mowgli stimmt. Als Gesetzeslehrer der jungen Wölfe ist er nämlich der einzig zugelassene Fremde im Rat, und sein Wort zählt. Mowgli bekommt später ebenfalls Unterricht bei ihm. Balu bringt dem Jungen nicht nur bei, daß Nüsse und Honig genausogut schmecken wie rohes Fleisch, sondern lehrt ihn auch die überlebenswichtigen Schlüsselworte der einzelnen Tierarten, die ihm Duldung und Beistand von ihnen sichern. Er rezitiert ihm in einem Singsang die Gesetze des Dschungels »alt und wahr wie der Himmel«, mit dem obersten Gebot blinden Gehorsams – ohne daß Kipling das jemals begründet. Balu schlägt seinen Menschenschüler manchmal – »sehr sanft«, wie er selber meint. Tatsächlich schlägt er den 7jährigen Mowgli »braun und blau« im Gesicht. Dennoch ist er sein Freund, der ihn innig liebt und zu Sentimentalitäten neigt. Als Mowgli von den Affen entführt wird, nimmt Balu mit dem Panther → **Baghira** die Verfolgung auf. Fett und langsam, wie er ist, wird er unterwegs hinderlich und fällt zurück. Bei der Schlacht mit den Affen erweist er sich aber allein schon durch seine Massigkeit als guter Kämpfer.

Im Gegensatz zum strengen Kipling-Balu ist der Bär in der Disney-Fassung ein Anhänger des Laisser-faire und dümpelt gern mit Mowgli auf dem Bauch im Wasser. Zusammen mit dem Panther Baghira ist er unterwegs, den Jungen zurück zu den Menschen zu bringen, obwohl er ihn viel lieber bei sich behalten würde.

Siehe auch die **Dschungelbuchtiere.**

Lit.: siehe unter **Dschungelbuchtiere.**

Bambi
Das Rehkitz schlechthin

»Bambi ist ein entzückendes Buch ...
Ich lege es besonders den Jägern ans Herz.«
(John Galsworthy)

»Bambi« wird als Synonym fürs Rehkitz benutzt wie »Tempo« fürs Taschentuch und ist als Beschützerinstinkte auslösendes Kindchenschema in die kulturelle Festplatte der euro-amerikanischen Nationen eingebrannt. Wer an Bambi denkt, denkt an Disneys kulleräugige Version. Fleischereifachgeschäfte können zwar ohne Bedenken Baby-Puten und Kalbsbraten anbieten, sollten sich aber hüten, »Frisches Bambi-Geschnetzeltes« statt »Jungrehgulasch« auf das Preisschild zu schreiben.

Dabei ist nur wenigen bekannt, daß nicht Walt Disney der geistige Vater des staksigen Waldtieres ist, sondern der österreichische Schriftsteller Felix Salten (1869–1945). Salten, der eigentlich Siegmund Salzmann hieß, war in der österreichischen Kulturszene nach dem Ersten Weltkrieg als Theaterkritiker und Feuilletonredakteur eine anerkannte Größe. Zu seinem Ärger wurden seine Novellen und Romane dagegen wenig beachtet. Eine ihm nachgesagte Autorenschaft des Skandalbuchs um die Wiener Prostituierte Josefine Mutzenbacher (1906) hat er nie bestätigt. 1923 gelang dem passionierten Jäger und engagierten Vivisektionsgegner mit dem fast beiläufigen literarischen Schnellschuß »Bambi« (abgeleitet vom italienischen »Bambino«: kleines Kind) der Durchbruch zum weltbekannten Schriftsteller.

In der Disney-Version von 1942 wurde aus dem alpinen Rehkitz des Salten-Originals ein junger Weißwedelhirsch, da es in den USA keine Rehe gibt.

Der Untertitel des Buches, »Eine Lebensgeschichte aus dem Walde«, weist auf einen Entwicklungsroman hin. Es wird das Leben eines Rehs von seiner Geburt bis ins fortgeschrittene Rehbockalter erzählt. Die Tiere können wie Menschen miteinander sprechen. Bambi wächst in seiner Sippe und mit vielen Freunden anderer Gattungen heran, lernt die Freuden des Waldes kennen und seine Gefahren, die insbesondere von den Jägern und ihren Hunden drohen. Seine Mutter wird erlegt, Bambi selbst angeschossen. Cousin **Gobo**, der einmal von Menschen aufgezogen wurde und die lebenserhaltende Scheu verlor, wird Opfer seines Vertrauens. Die Begegnungen mit dem Tod lassen Bambi zu einem ernsthaften und geachteten Patriarchen werden, der sich schließlich in die Einsamkeit zurückzieht und selbst seiner Liebe zu **Faline** entsagt. Die zu Tränen rührende Geschichte machte Bambi zu einer Berühmtheit und bescherte Salten seinen ersten nennenswerten kommerziellen Erfolg. 1940, als Salten, der Jude war, bereits aus dem von Hitlerdeutschland annektierten Österreich in die Schweiz hatte fliehen müssen, versuchte er an seinen großen Erfolg anzuknüpfen und veröffentlichte »Bambis Kinder«. Diesmal tritt Bambi als weiser »Fürst des Waldes« auf, der die Alltagserziehung der Kinder seiner Frau überläßt und eher für die Grundsatzfragen zuständig ist.

Rehleben als literarisches Motiv kommt nicht nur in Saltens Werk vor. In einer seiner früheren Erzählungen beschreibt Hermann Löns 1906 in »Achtzacks Ende« den Tod eines dreijährigen Rehbocks. In Aufbau und Thema mit Saltens »Bambi« vergleichbar, eventuell auch direkt inspiriert, streichen **Tjo** (»Die Geschichte eines Rehbocks«, 1934) des dänischen Schriftstellers Svend Fleuron, **Faun** (»Faun. Die Geschichte eines Rehbocks«, 1939) des Deutschen Kurt Knaak und als Nachzügler der englische **Capreol** (»Capreol. The Story of a Roebuck, 1973«) durchs Unterholz. Alle drei Böcke finden im Gegensatz zu Bambi den Tod. Vielleicht ist deshalb das Leserinteresse eher mäßig geblieben.

Zum Jahrhundertgeschäft wurde dagegen die Bambi-Version von Walt Disney. Er kürzte den Inhalt des Buches und paßte ihn den amerikanischen Verhältnissen an. Da es in den USA keine heimischen Rehe gibt, wurde aus dem alpinen Rehkitz ein junger Weißwedelhirsch. Der Tiergesellschaft, mit der Bambi spielt, ist das Stinktier **Blume** zugesellt und Freund **Klopfer**, der Hase, ist stärker herausgestellt. Auch Disneys Bambi lernt die Gefahren des Waldes und die todbringenden Jäger fürchten. Er besteht aber wiederum alle Abenteuer, gründet diesmal mit der jetzt Feline genannten Freundin eine Familie und wird anstelle des alt gewordenen bisherigen Leithirsches »König des Waldes«. Der Erfolg des 1942 fertiggestellten und mit vielen humoristischen Einlagen garnierten Disney-Films war riesig. Seit seiner Uraufführung in New York spielte er über eine halbe Milliarde Dollar ein. Darüber hinaus vermarktete Disney geschickt Folgeprodukte wie Bücher zum Film, Comics und Spielzeug. Salten hatte anscheinend mit den Filmrechten auch die anderen Nutzungsrechte abgetreten. Er selbst hatte nicht allzuviel von diesem Segen und mag sich ausgebootet und um die öffentliche Anerkennung als Bambi-Autor betrogen gefühlt haben. 1945 starb er in der Schweiz.

1948, bei der Stiftung des renommierten deutschen Bambi-Filmpreises, wurde Salten zwar noch würdigend gedacht, doch das konnte auch nicht mehr verhindern, daß Bambi endgültig weltweit als ein Disney-Geschöpf gilt.

Lit.: Dietmar Grieser, *Im Tiergarten der Weltliteratur*, München 1993; Widar Lehnemann, *Motivgleiche Tierromane*, Würzburg 1978; Felix Salten, *Bambi. Eine Lebensgeschichte aus dem Walde*, Frankfurt am Main 1995.

Barbou
Schmugglerpudel

Anfang des 19. Jahrhunderts, als die Ausfuhr flandrischer Spitzen mit hohen Zöllen belegt war, kam der Barbou-Trick auf, der auf den Besitzer eines Pudels mit Namen Barbou zurückgeht. Der findige Schmuggler schor seinen Pudel, umwickelte ihn mit der teuren Spitze und band die Pudellocken wieder darüber.

Lit.: Gottfried Stein, *Kurzweiliger Hundespiegel*, München 1958.

Bärchis
siehe Glücksbärchis

Der Bärenmarkenbär
Markensymbol

*»Nichts geht über Bärenmarke,
Bärenmarke zum Kaffee.« (Werbelied)*

Milchkanneschwenkend tappst der Bärenmarkenbär als brauner Riesenteddy über die knallgrünen Almwiesen des Fernsehens und tätschelt pflichtbewußte Alpenkühe. Millionen Kaffeetrinker nehmen täglich die Kondensmilchdose in die Hand, auf dessen Etikett die gezeichnete Variante dieses Bären sein Bärenbaby mit der Flasche füttert. Seit 1912 gibt es die ungezuckerte Kondensmilch mit 10% Fettgehalt und dem bekannten Markentier. Daß der Bär ein Bär ist und keine Kuh oder ein milchschleckendes Kätzchen oder

Der erste Werbe-Bär von 1912 (links) ist ein grimmiger Geselle – das heutige Logo ist dagegen deutlich abstrahierter und vor allem freundlicher.

was sich sonst noch als Symbolfigur für Milchprodukte anbieten würde, liegt daran, daß sich der Firmensitz der 1892 gegründeten »Berneralpen Milchgesellschaft« im Kanton Bern befand. Und das Wappentier der Schweizer Hauptstadt ist nun mal der → **Berner Bär**. 1917 wurde das Unternehmen in eine Aktiengesellschaft umgewandelt, nannte sich ab 1931 »Allgäuer Alpenmilch AG« und gehört heute zu Nestlé. Jährlich verkaufen sich mehr als 820 Millionen Kondensmilchprodukte von Bärenmarke. 1987, zum 75jährigen Jubiläum, erschien noch einmal eine Anzeige mit dem alten Bären von 1912, der zwar auch seinem Kind die Flasche gibt, dabei aber ausgesprochen naturalistisch und grimmig aussieht. Der heutige Etikettenbär ist gegen ihn bloß ein harmloser Grinsepetzi.

Lit.: Norbert von Frankenstein (Hrsg.), *Die Welt der Schönen Dinge,* Rastatt 1994.

Das Barometz (auch Jeduah genannt)
Tatarisches Baumwollschaf

Das harmlose Barometz (tatarisch: kleines Schaf) soll in sagenhafter Zeit am Kaspischen Meer gelebt haben. Diese Art von Wollträgern reift in Baummelonen heran und hat, nachdem die Wirtsfrüchte aufgeplatzt sind, die Form eines handelsüblichen Schafes. Traurigerweise sind diese originellen Tiere weiterhin durch ihre Nabelschnur mit dem Mutterbaum verbunden. Das bedeutet für sie, daß sie, wenn sie alles Gras in der eingeschränkten Reichweite ihrer Mäuler abgefressen haben, verhungern müssen. Für Wölfe sind sie eine leichte Beute. Ihr Fleisch schmeckt nach Fisch, das Blut ist süß wie Honig. Möglicherweise ist der Ursprung der Barometzgeschichten ein verdrehter Bericht jener Reisenden, die im Mittelalter aus der Tartarei heimkehrten und über die bislang unbekannten dort wachsenden Baumwollpflanzen berichteten.

Lit.: Henry Lee, *The Vegetable Lamb of the Tartary,* London 1887; *Fabeltiere,* Time-Life-Buch, Augsburg 1995.

Barry
Lawinenhund, Bernhardiner

»Wer ihn sieht, ziehe den Hut ab.«
(Johann Peter Scheitlin)

Schnapsbrüder machen lange Hälse, wenn in Schweizer Folkloreumzügen die Bernhardiner mit ihren Fäßchen erscheinen. Ob aber die Rettungshunde vom St.-Bernhards-Hospiz tatsächlich welche getragen haben und damit die Lawinenverschütteten erfreuten, ist fraglich. Aufgebracht hat die Geschichte mit dem Schnaps 1816 ein Schriftsteller, der Meißner hieß und von einem Fläschchen erzählte. Auch der Tierseelenforscher Johann Peter Scheitlin berichtete von »einem Körblein mit Brot und einem Fläschchen süßer stärkender Erquickung am Halse« der Tiere. Auf einem Bild wurde aus dem Fläschchen ein Fäßchen. In den Chroniken des Hospizes findet sich darüber nichts. Es finden sich dort auch keine Aufzeichnungen über einzelne Hunde, kein Wort über den berühmten Barry (1800–1814), der in 12 Jahren mehr als 40 Menschenleben gerettet und ein Kind auf seinem Rücken zu den Mönchen getragen haben soll, und der jetzt ausgestopft im Naturhistorischen Museum von Bern zu sehen ist. In den Chroniken stehen nur Eintragungen wie: »Ein Hund wurde verschüttet, mehrere Hunde wurden uns verschüttet.«

Man nannte diese Hunde Barryhüng (= Bärenhunde). Die Rassebezeichnung Bernhardiner wird erst seit 1865 benutzt. Fernsehkoch und Hundebuchautor Ulrich Klever unkt, daß Barry »sehr wahrscheinlich auch eine Legende« sei, weil es neben dem ausgestopften Barry im Museum noch einen zweiten ausgestopften Barry in der Hospizhalle gibt. Möglicherweise war »Barry« nur die Rassebezeichnung, und alle Hunde wurden so gerufen.

Aber Johann Peter Scheitlin, der im 19. Jahrhundert den »Versuch einer vollständigen Tierseelenkunde« schrieb, will Barry persönlich begegnet sein und widmete ihm – »Ja, Barry ... du höchstes der Tiere!« – den Schluß des Kapitels über Hunde.

Die Niederlassung auf dem Großen St. Bernhard ist vor rund 1000 Jahren gegründet worden. Ohne die Hilfe der Mönche wäre der Paß nur wenige Monate im Jahr und nur bei gutem Wetter gangbar gewesen. Die Bewirtung war unentgeltlich. Aufzeichnungen über Hunde im Hospiz gibt es seit dem 17. Jahrhundert. Die Mönche benutzten kurzhaarige alpenländische Hirtenhunde als Wegefinder, Schneeräumer und um die Milch zu transportieren. Langhaarige hätten sich für den Außendienst in eisiger Höhe von 2500m nicht geeignet. Es können nicht viele zur gleichen Zeit dort oben gewesen sein. Sie hätten zuviel Futter gebraucht, das mühsam herauftransportiert werden mußte. Friedrich von Tschudi berichtete vor 150 Jahren in »Tierleben der Alpenwelt« über den Sicherheitsdienst der Mönche, der heute nicht mehr existiert:

»Jeden Tag gehen 2 Knechte des Klosters über die gefährlichsten Stellen des Passes, einer von der tiefsten Sennerei des Klosters hinauf in das Hospiz, der andere hinunter. Bei Unwetter oder Lawinenbrüchen wird die Zahl verdreifacht, und Geistliche schließen sich den Suchern an, welche von Hunden begleitet werden und mit Schaufeln, Stangen, Bahren und Erquickungen versehen sind.«

War der bemerkenswerte Barry oder einer seiner Kollegen dabei, konnten sich die Mönche und Knechte auf ihrem gefährlichen Weg etwas sicherer fühlen. An dem Verhalten der St.-Bernhards-Hunde ließ es sich manchmal ablesen, wenn Lawinengefahr drohte.

1812 ging Barry in den Ruhestand und verbrachte die letzten beiden Jahre seines Lebens in Bern. Zu seinen Ehren sollen die Mönche ihre Leithunde weiterhin »Barry« genannt haben, womit auch die Existenz zweier ausgestopfter Bernhardiner mit diesem Namen erklärt wäre. Ein heroisches Standbild auf dem Cimetière des chiens, dem Pariser Hundefriedhof, zeigt Barry mit dem »Knäblein« auf dem Rücken.

Als Lawinen-Suchhunde werden heute vor allem Deutsche Schäferhunde eingesetzt. Der Gewichtsunterschied – ein Bernhardiner kann bis zu zwei Zentner schwer werden, ein Schäferhund bringt es nicht mal auf einen – ist in lawinengefährdeten Gebieten der entscheidende Vorzug.

Lit.: Ulrich Klever, *Knaurs großes Hundebuch,* München 1982; Gottfried Stein, *Kurzweiliger Hundespiegel,* München 1958; David Wallechinsky, *Irving und Amy Wallace: Rowohlts Bunte Liste,* Reinbek 1980.

Baseler Täubchen
Die »Blaue Mauritius« der Schweiz

Briefmarken sind eine relativ neue Erfindung. Die allerersten wurden 1840 von der britischen Regierung ausgegeben. Andere Staaten zogen bald nach. Wegen seiner Druckart und seines Herstellungsortes gilt das heute als Rarität gehandelte »Baseler Täubchen« als Kuriosum in der Geschichte der Philatelie. Eine aufliegende Taube mit einem Brief im Schnabel stellt das Hauptmotiv dieser ersten (1845) vom Kanton Basel-Stadt herausgegebenen Briefmarke zu 2 1/2 Rappen dar. Gleichzeitig war das »Basler Dybli« das erste Postwertzeichen, das in Deutschland, nämlich in Frankfurt am Main gedruckt wurde, und zwar im damals neuartigen Dreifarbenbuchdruck (schwarz, blau und karminrot), der zudem mit farblosem Prägedruck (Taube) kombiniert ist. Die Baseler haben der in Fachkreisen berühmten Brieftaube durch deren gußeiserne Abbildung auf offiziellen Briefkästen in ihrer Stadt eine Art Denkmal gesetzt.

Lit.: Alexander Bungerz, *Grosses Lexikon der Philatelie,* München 1923; Ulrich Häger, *Großes Lexikon der Philatelie,* Gütersloh 1978; James Mackay, *Guinness Buch der Briefmarken,* Frankfurt am Main 1985; Gottfried North, *Die Post,* Heidelberg 1988; Albert Schwenzfeger (Hrsg.), *Lexikon für Briefmarkenfreunde,* München/Luzern 1981.

Basil
Sherlock Holmes im Nagetierformat

Nach der literarischen Vorlage der Kinderbücher um »Basil of Baker Street« von Eve Titus produzierte das Walt-Disney-Imperium 1986 den aufwendig gestalteten Zeichentrickfilm »The Great Mouse Detective« (deutscher Titel: »Basil, der große Mäusedetektiv«). Der Name des gezeichneten Hauptdarstellers ist eine Hommage an Basil Rathbone, einen der großen Sherlock-Holmes-Darsteller der Vorkriegszeit.

Die Geschichte spielt im London des späten 19. Jahrhunderts in einer parallel zur Menschenwelt erdachten Gesellschaft aus viktorianisch eingekleideten Mäusen (Good Guys) und Ratten (Bad Guys). So lebt der Held der Geschichte, die schlaue Maus Basil, im Haus seines Vorbildes Sherlock Holmes in der Baker Street, trägt eine Schirmmütze und raucht Pfeife und löst wie Holmes erfolgreich detektivische Problemfälle. Unterstützt wird er von Dr. Wasdenn, dem mäusischen Gegenstück zu Dr. Watson, und von dem Mäusemädchen Olivia.

Olivias Vater wird vom Ratten-Oberschurken Professor Rattenzahn (Sherlock-Holmes-Dauerrivale Professor Moriarty läßt grüßen) in die Kanalisation entführt. Rattenzahn will mit seiner Hilfe die Mäusekönigin Maustoria – dem Gegenstück zu Queen Victoria – durch ein künstliches Double ersetzen, um die Macht im Nagerreich an sich zu reißen. Dem Schurken zur Seite stehen eine gruselige Fledermaus mit Holzbein und eine fette Katze, der Verräter und Feinde zum Fraß vorgeworfen werden. (Einige Zeichner plauderten aus, daß die Katze Elizabeth Taylor nachempfunden worden war – und zwar bevor sie eine Schlankheitskur machte.) Doch Basil und seine Freunde vereiteln den Staatsstreich in letzter Minute.

Für die Szene in einem Uhrwerk wurde zum erstenmal in einem Disney-Zeichentrickfilm ein Computer eingesetzt.

Lit.: *Basil, der große Mäusedetektiv*, in: Cinema 12/1986; *Die Filme von Walt Disney*, Cinema-Filmbuch, Hamburg 1987.

Der Basilisk
Das Ungeheuer mit dem tödlichen Blick

»Große Kraft liegt in den Augen, was sich in der Natur zeigt ...
der Basilisk tötet, wenn er zuerst sieht; er stirbt,
wenn er zuerst gesehen wird ...«
(Jacob Sprenger und Heinrich Institoris
im »Hexenhammer«, 1487)

Besonders groß ist er nicht. Das Unangenehme am Basilisken sind sein böser Blick und sein Mundgeruch. Wen der Basilisk ansieht, der fällt sofort tot um. Sein giftiger, stinkender Atem läßt das Gras verdorren und tötet selbst vorbeifliegende Vögel, die er sich auf diese Weise vom Himmel erntet. Zum Glück ist das Vieh selten, denn es müssen erst einige Merkwürdigkeiten zusammentreffen, bis ein neuer Basilisk entsteht. Gewöhnlich – aber hier ist man in verschiedenen Ländern verschiedenster Auffassung – muß ein 7, 9, 14 oder 20 Jahre alter Hahn zu Beginn der Hundstage ein Basiliskenei legen. Es ist rund, gelb oder bunt, dotterlos und wird durch eine Schlange, eine Kröte oder einen Frosch ausgebrütet. 1474 wurde ein elfjähriger Hahn, der ein Ei gelegt haben sollte, zum Tode verurteilt, am 4. August enthauptet und danach – wie auch das betreffende Ei – verbrannt. Geschehen in Basel.

Vorsorglich ließ man mancherorts einen Hahn, besonders, wenn es ein schwarzer war, gar nicht erst alt werden.

Der in letzter Zeit vernachlässigte Glaube an den Basilisken reicht bis in die Antike und bis in den Orient zurück. Bei den Ägyptern heißt er **sit** – und bei den Arabern **sif**. Im deutschen Sprachraum wurde er auch **Korneidechse** genannt. Zuerst als Schlange oder Eidechse beschrieben, nahm er – wie es uns allen ergeht – im Laufe der Zeit an Scheußlichkeit beträchtlich zu. Seit dem Mittelalter ist er ein Mischwesen, dessen Kopf, manchmal auch das ganze Vorderteil und die Füße, dem Hahn nachgebildet sind. Den Schwanz bezieht er von Schlange oder Eidechse und die Flügel vom Drachen. Oft trägt er eine Krone, und sein aus dem Griechischen stammender Name bedeutet »kleiner König«. Einige Quellen nennen ihn den König der Schlangen oder gleich aller Kriechtiere. Er bewacht verborgene Schätze, wohnt in Ruinen und finsteren Kellern, am liebsten aber in tiefen Brunnenschächten. Auch der Brunnen des Hauses in der Schönlaterngasse 7 in Wien soll Anfang des 13. Jahrhunderts mit einem Basilisken bestückt gewesen sein. Das Haus steht nicht mehr, aber zu besichtigen soll unter angegebener Adresse noch eine Sandsteinnachbildung des Tieres sein, das 1212 mit einem Spiegel getötet wurde.

Basilisk von J. Typotius (Symbola Divina et Humana, Prag 1601–03).

Denn bei aller Scheußlichkeit ist der Basilisk nicht unverwundbar. Er verträgt weder Wieselgeruch noch Hahnenkrähen, und wenn man ihm einen Spiegel vorhält, stirbt er an seinem eigenen Blick, platzt vor Schreck über seine Häßlichkeit. Nach Konrad von Megenberg soll es auch helfen, ein Sträußchen Basilikum statt auf die ewigen Mozzarellatomaten in die Jackentasche zu legen. So hält man sich alle Schlangen und den Basilisken vom Hals. Wer das aber gar nicht will, sondern jetzt erst recht auf den Geschmack gekommen ist und unbedingt selbst einen kleinen Basilisken aufziehen möchte, kann ihn auch künstlich erzeugen. Nach Paracelsus muß man dafür nur eine Glasflasche mit Menstruationsblut im Bauch eines Pferdes faulen lassen.

Bei den getrockneten und gepökelten Basilisken, die »Apotecker und andere landstreycher« im 16. Jahrhundert zum Kauf anboten, handelte es sich um → **Jenny Hanivers**, um geschickt angefertigte Fälschungen aus Rochen und anderen Fischen.

Die kleinen insektenfressenden Leguane, die ebenfalls Basilisken heißen, sind völlig harmlose und langweilige Zeitgenossen. Dafür haben sie den Vorzug, tatsächlich zu existieren.

Lit.: Hanns Bächtold-Stäubli (Hrsg.), *Handwörterbuch des deutschen Aberglaubens,* Band 1, Berlin 1927–1987; Hans Schöpf, *Fabeltiere,* Wiesbaden/Graz 1992.

Der Hund von Baskerville
Viktorianischer Killerhund

1901 veröffentlichte Sir Arthur Conan Doyle, der geistige Vater des berühmten Londoner Meisterdetektivs Sherlock Holmes, eine seiner populärsten Kriminalgeschichten: »Der Hund von Baskerville« (»The Hound of the Baskervilles«).

Ein Fluch liegt auf der Familie Baskerville, seit Sir Hugo, Herr auf Baskerville Hall, im 17. Jahrhundert Leib und Seele dem Teufel verschwor, wenn es ihm nur gelingen sollte, ein Bauernmädchen wieder einzufangen. Er hatte das Mädchen gemeinsam mit seinen trinkfesten Freunden entführt, es war ihnen aber ins Moor entkommen. Sir Hugo jagte ihr nach. Als seine Saufkumpane ihn schließlich einholten, fanden sie zwei Tote. Das Mädchen war vermutlich aus Angst und Erschöpfung gestorben, über Sir Hugo stand ein riesiger schwarzer Hund mit weißglühenden Augen und feuersprühenden Lefzen und zerfleischte ihm die adlige Gurgel. Seitdem galt das

Moor als unheimlicher Ort. Immer wieder berichteten Moorbauern, daß sie einen großen, unheimlichen Hund in der Nacht gesehen oder heulen gehört hätten. Etliche von Sir Hugos Nachfahren starben eines plötzlichen und geheimnisvollen Todes.

Auch als Sir Charles Baskerville 1899 am Rande des Moores einem Herzinfarkt erliegt, bringt man sein Ende mit dem Hund von Baskerville in Verbindung. Sein Leibarzt Mortimer ist weniger abergläubisch, hat aber den Verdacht, daß der Tod kein natürlicher war, und schaltet Sherlock Holmes ein. Nach einer verwickelten Handlung mit viel Nebel, Käuzchenrufen, schönen Frauen, zwielichtigem Hauspersonal, merkwürdigen Nachbarn, einem ausgebrochenen Sträfling, vorgeschichtlichen Moorhütten und unübersichtlichen Schloßgängen voller Spinnweben löst sich alles dank der Geisteskraft des Kriminalgenies aus der Baker Street auf. Aus Habgier erschreckte Baskerville-Erbe Stapleton den herzkranken Sir Charles, der eine Heidenangst vor dem Familienfluch hatte, mit einem scharfgemachten Bluthund-Doggenmischling zu Tode. Für den größeren Effekt bemalte Stapleton Augen- und Lefzenregion des Hundes mit leuchtender Phosphorfarbe. Er hetzt seinen kalbsgroßen Horrorköter auch auf Sir Henry, der noch vor ihm in der Erbfolge dran ist. In letzter Minute können Holmes, Watson und der Polizeibeamte Lestrade das Tier erschießen. Stapleton erwischten sie zwar nicht, aber Dr. Watson geht davon aus, daß der Mörder sein verdientes Ende im Moor gefunden hat.

Der klassisch gewordene Baskerville-Fall wurde in etlichen Versionen für Kino und Fernsehen dramatisiert. Die bekannteste und wahrscheinlich auch geglückteste Umsetzung ist dem US-amerikanischen Regisseur Sidney Lanfield gelungen. In seinem »The Hound of the Baskervilles« von 1939 spielte zum erstenmal Basil Rathbone, der Holmes-Darsteller schlechthin, die Hauptrolle. Der Hund wurde von **Chief**, einer Dänischen Dogge von 70 Kilo, dargestellt.

Lit.: Matthew Bunson, *The Sherlock Holmes Encyclopedia. A complete Guide to the World of the great Detective,* London 1994; Arthur Conan Doyle, *Der Hund von Baskerville,* Frankfurt am Main 1977; Austin Mitchelson, *The Baker Street Irregular. The unauthorized Biography of Sherlock Holmes,* London 1994.

Bast (Bastet, Pasht)
Altägyptische Katzengöttin

Die hochkomplizierte ägyptische Gesellschafts- und Staatsordnung der Pharaonenzeit basierte im wesentlichen auf ihrer Fähigkeit, die Ernährung der Bevölkerung zu sichern. Die für die damalige Zeit gewaltige Zahl seßhafter Ägypter, die sich damals wie heute auf den schmalen fruchtbaren Uferstreifen des Nils zusammendrängte, war auf regelmäßige Versorgung mit Getreide angewiesen. Um mageren Jahren, zum Beispiel bei Mißernten durch Schädlingsbefall, vorzubeugen, wurden unzählige Kornspeicher angelegt. Kein Wunder also, daß die Katze, die wahrscheinlich seit dem 3. vorchristlichen Jahrtausend als Mäuse- und Rattenfängerin engagiert wurde, ein gern gesehenes Tier war. Ihre Beliebtheit steigerte sich allmählich bis zum populären Verehrungskult. Es entstand der Brauch, gestorbene Katzen gleich Menschen zu mumifizieren und in Grabanlagen beizusetzen. Viele dieser kleinen Katzenmumien wurden auf den ausgedehnten Friedhöfen in der Nähe der Nil-Delta-Stadt Bubastis bestattet (und am Ende des 19. Jahrhunderts von einem pietätlosen britischen Unternehmer regelrecht abgebaut und als Dünger verkauft).

Bubastis war das Zentrum der der Katze zugeordneten Göttin Bast. Sie hat einen Katzenkopf und einen Menschenkörper; oft wurde sie mit einer kultischen Rassel, dem Sistrum, in der Hand abgebildet. Bast galt u. a. als Göttin der Freude und der Fruchtbarkeit und symbolisierte die positiven Kräfte der Sonne. Ihr grimmiges Gegenstück war die löwenköpfige **Sachmet**, der die zerstörerischen Sonnenkräfte zugeordnet wurden. Möglicherweise bildeten Bast und Sachmet in der schwer zu durchschauenden altägyptischen Religion verschiedene Seiten einer Doppelgottheit. Einmal im Jahr wurde Bast mit einem riesigen Volksfest in Bubastis gefeiert. Herodot berichtet von 700 000 amüsierwilligen Gläubigen, die der Freude-Göttin mit Tanz, Weinkonsum und Sex ausgelassen ihre Verehrung zeigten. Die fröhliche Orgie scheint den Hebräern, die als Nomaden sowieso nichts mit Katzen am Hut hatten, ein Dorn im Auge gewesen zu sein. Der Prophet Ezekiel sagt im Alten Testament den Einwohnern von Bubastis jedenfalls ein schlimmes Ende voraus.

Lit.: Herbert Gottschalk, *Sonnengötter und Vampire,* Berlin 1978; Ulrich Klever, *Knaurs großes Katzenbuch. Die wunderbare Welt der Seidenpfoten,* Stuttgart/München 1985.

Bauschan
Thomas Manns Lieblingshund

»Watt sall einer darbi dauhn?« sagt Bauer Jochen Nüßler, dessen zweiter Vorname Phlegma zu sein scheint, und treibt seine Frau mit diesem persönlichen Standardspruch zur Verzweiflung. Nüßler, eine Nebenfigur in Fritz Reuters ironisch-sozialkritischem Bauern- und Ackerbürger-Roman »Ut mine Stromtid« (1864) ist der fleischgewordene mecklenburgische Fatalismus, an dem alle gutgemeinten Reformversuche scheitern müssen. Nüßlers Hund **Bauschan** ist das egal, er vergöttert seinen Herrn, wie er ist, gehorcht den seltenen Befehlen aufs Wort und macht sich ansonsten keine Gedanken. Dieses selbstverständliche und einfache Herr-Hund-Verhältnis mag dazu beigetragen haben, daß der gern in bürgerlich-patriarchalischen Gleisen denkende Schriftsteller-Granseigneur Thomas Mann einen seiner Hunde ebenfalls Bauschan nannte – als Reminiszenz an Reuter, dessen Werk er als »heiter, rein und kraftbildend« schätzte. Der Ursprung des Namens ist ungeklärt. Wahrscheinlich handelt es sich um eine Verballhornung von »Bastian«.

Jener Bauschan, den Thomas Mann in der Erzählung »Herr und Hund« (1919) beschrieb, war nicht der erste und auch nicht der letzte seiner Hunde, aber sein liebster. Bauschan kam nämlich Manns Vorstellungen, wie sich ein Hund ihm gegenüber zu verhalten habe, am nächsten. Seinen Vorgänger **Motz**, einen Collie, der 1915 durch einen Büchsenschuß von Altersschwäche und diversen Krankheiten befreit wurde, nahm Thomas Mann nicht ernst. Der »harmlos geisteskranke Aristokrat« wurde als »Musterbild überzüchteter Unmöglichkeit« zwar Vorbild für die Gestalt des wahnsinnigen Hundes **Perceval** in »Königliche Hoheit« (1909), doch ging er dem Schriftsteller wegen seiner dauernden Kopflosigkeiten auf die Nerven. Auch mit Bauschans Nachfolgern war der Herr nicht zufrieden. Entweder stellte Mann Kriecherei bis zur Charakterlosigkeit fest, oder er benörgelte zuviel Selbständigkeitsstreben.

Titelbild der Erstausgabe von 1919.

1916 kam Bauschan zur in München ansässigen Familie Mann, die damals in ihrem Bad Tölzer Landhaus – nur wenig vom Ersten Weltkrieg betroffen – wie seit Jahren ihre Ferien verbrachte. Eine einheimische Gastwirtin vermittelte ein verhungertes Elend von einem sechsmonatigen, kurzhaarigen Hühnerhundmischling, der zunächst auf Thomas Mann keinen sehr positiven Eindruck machte. Doch Manns Kinder waren begeistert und setzten sich durch. Nach Anfangsschwierigkeiten gewöhnte sich Bauschan, der ursprünglich **Lux** hieß, an seine neue Umgebung und sein neues Rudel. Freundlich zu allen, schloß er sich aber besonders dem Hausherrn an, der befriedigt einen »von weither überkommenen patriarchalischen Instinkt« bei seinem Hund feststellte, der ihn – so

Laientierpsychologe Mann – bestimmte, »im Manne, im Haus- und Familienoberhaupt unbedingt den Herrn, den Schützer des Herdes, den Gebieter zu erblicken und zu verehren, in einem besonderen Verhältnis ergebener Knechtsfreundschaft zu ihm seine Lebenswürde zu finden«. Der Knechtsfreund wurde gelegentlich auch mit der Lederpeitsche geschlagen, nicht oft, da »seine Führung zu strafendem Einschreiten kaum« Anlaß bot und Thomas Mann es sich abgewöhnt hatte, von seinem Hund Kunststücke zu verlangen. »Gevatter Bauschan« war schließlich ein »vitaler Jägerbursch und kein Professor«.

Das Hunde-Herren-Glück währte nur knapp vier Jahre. Bauschan erkrankte an Staupe. Trotz rührender Pflege in der Familie und Behandlung in einer Tierklinik mußte er Anfang 1920 eingeschläfert werden. Als Grabinschrift wählte Thomas Mann – sich auf das Buch »Herr und Hund« beziehend – die etwas penetrant selbstzufriedenen Worte:

»Zwar hat auch ihm das Glück sich hold erwiesen,
Denn schöner stirbt ein Solcher, den im Leben
Ein unvergänglicher Gesang gepriesen.«

Lit.: Hans Bürgin / Hans-Otto Mayer, *Thomas Mann – eine Chronik seines Lebens,* Frankfurt am Main 1965; Joachim Müller, *Thomas Manns Sinfonie Domestica,* in: Zeitschrift für deutsche Philologie, Band 83, Berlin u. a. 1964, S. 142-170; Michael Töteberg, *Fritz Reuter,* Reinbek 1978; Siegmar Tyroff, *Namen bei Thomas Mann,* Bern/Frankfurt am Main 1975.

Bayard (Beyart, Baiart)
Wunderroß der Haimonskinder-Saga

Durch die Erneuerung der königlichen Zentralgewalt in Frankreich seit Ende des 12. Jahrhunderts verlor der bis dahin dem König machtpolitisch gleichstehende Hochadel wesentlich an Einfluß. Vor diesem Hintergrund entstand die in den Ardennen angesiedelte Saga von den Haimons-Kindern, in der Konflikte zwischen Kaiser Karl dem Großen und einer Vasallen-Familie breit angelegt dargestellt werden. Im Ursprungsland Frankreich war das Epos »La Chanson des Quatre Fils Aymon« sehr beliebt und fand bis ins

19. Jahrhundert ständig neue Fortsetzungen und Varianten. Über die Niederlande kam der Erzählstoff im 15. Jahrhundert nach Deutschland. Aus den vier Aymon-Söhnen Renaut, Aalart, Richart und Guichart wurden die vier Haimonsbrüder Reinold, Adelhart, Rittsart und Writsart. In vielen Episoden wird zunächst beschrieben, wie die Brüder, die mit Kaiser Karl im Krieg liegen, sich zunächst mit ihm aussöhnen und ihn als ihren Lehensherrn anerkennen. Ein Totschlag, an dem die Haimons unschuldig sind, führt zum neuerlichen Konflikt zwischen Kaiser und Vasallen und ist der Ausgangspunkt für viele weitere Abenteuer. Eine zentrale Rolle in diesen Erzählungen spielt das Wunderroß Bayard, das der Haup[t]held Reinold von seinem Vater, in einer anderen Version vom Kaiser, geschenkt bekommt.

Bayard ist seinem Herrn bis zur Selbstaufgabe ergeben und verfügt über außergewöhnliche Kräfte und Ausdauer. Einigen Sagenvariationen nach hat Bayard darüber hinaus auch magische Kräfte und kann sich bei Bedarf verlängern. Mehrmals rettet das Pferd den Haimons-Kindern das Leben in der Schlacht oder auf der Flucht. Selbst mit allen vier Brüdern auf dem Rücken ist es schneller als jeder Verfolger. Schließlich werden die Brüder aber doch von Kaiser Karl gestellt und müssen sich nach langer Belagerung ergeben. Der rachsüchtige Kaiser nimmt die Kapitulation nur unter der Bedingung an, daß ihm Bayard ausgeliefert wird. Er will das arme Pferd ertränken. Im Gegensatz zum französischen Epos, in dem Bayard in die Berge entkommen kann, ertrinkt er in der vielgelesenen deutschen Volksbuchausgabe von 1604 unter ausführlich beschriebenen Qualen. Für empfindsame Gemüter gibt es aber auch in Deutschland literarische Varianten mit einem Happy-End.

Lit.: Hermann Brednich (Hrsg.), *Enzyklopädie des Märchens,* Band 6, Berlin 1990; H. H. Isenbart / E. M. Bührer, *Das Königreich der Pferde,* München und Luzern 1975; Werner Jansen (Hrsg.), *Die Volksbücher,* Hamburg 1922.

Baz

Nach dem arabischen Historiker El Kelbi (8. Jh. n. Chr.) geht die Rasse des Arabischen Pferdes auf die Stute Baz zurück, die 3000

Jahre vor Christus von Noahs Groß-Großenkel, der ebenfalls Baz hieß, eingefangen wurde.

Lit.: Elwyn Hartley Edwards, *Horses – Their Role in the History of Man,* London 1987.

Beagles Boys Inc.
siehe Die Panzerknacker AG

The Beast from 20 000 Fathoms
Filmungeheuer

Bei amerikanischen Atombombenversuchen wird ein riesiger Saurier aus dem Eis der Arktis geschmolzen. Das ungehaltene Ungeheuer schwimmt mit der Meeresströmung die nordamerikanische Ostküste entlang und zerstört unterwegs einen Leuchtturm. (Diese Szene entstand nach Ray Bradburys Kurzgeschichte »The Fog« [»Das Nebelhorn«, 1951], in der ein letzter Saurier das Nebelhorn eines Leuchtturms für die Stimme eines weiteren übriggebliebenen Artgenossen hält und den Leuchtturm frustriert zerstört, als er seinen Irrtum bemerkt.) Im Hafen von New York krabbelt das Monster an Land, richtet allerlei Zerstörung an und verbreitet seine tödliche Strahlung. Schließlich gelangt es in einen Vergnügungspark auf Coney Island, wo es sich über eine Achterbahn hermacht, bis eine Allianz aus Wissenschaftler (Paul Hubschmid) und Militär es mittels einer Art Atom-Harpune und radioaktiven Isotopen erledigt.

Das Ungeheuer aus »Panik in New York« (»The Beast from 20 000 Fathoms«, USA 1953, Regie: Eugène Lourié) wird im Film als »**Rhedosaurus**« klassifiziert, eine Dinosaurierart, die es nicht gibt. Als großer vierfüßiger Raubdinosaurier hätte Rhedosaurus sich zwischen seinen mesozoischen fleischfressenden Verwandten, die bis auf ein paar urzeitliche Krokodile usw. üblicherweise auf zwei Beinen gingen, wohl auch ziemlich isoliert gefühlt. Das Vieh aus 20 000 Klafter Tiefe hat den Körperbau eines sehr großen, nach hinten etwas abschüssigen Dackels. Seine Haut ist die eines Reptils, es hat Säbelzähne, klumpige Fußzehen und einen verhältnismäßig kleinen Zackenkamm.

Geschaffen hat es Ray Harryhausen, der in diesem Film sein Monster-Tricktechniker-Debüt gab und seinen Ruhm begründete. Da nur ein eingeschränktes Budget zur Verfügung stand – vermutlich war die Wahl auch deswegen auf den noch unbekannten Harryhausen gefallen –, entwickelte er ein »Sandwich-Verfahren«, bei dem die durch Stop-Motion-Technik bewegte Monsterfigur zwischen eine Rückprojektion und einer weiteren Realfilmprojektion des Vordergrunds eingefügt wurde.

Mit »The Beast from 20 000 Fathoms« begann die amerikanische und europäische Monsterfilmwelle der 50er Jahre, in denen Tiere der unsympathischeren Gattungen durch radioaktive Strahlung zu ungeheurer Größe anschwollen (→ **Formicula** und → **Tarantula**) oder schlafende Riesenreptilien oder -kraken durch Atombombenexplosionen aufgeweckt wurden. Militärische Waffen und Wissenschaft wurden dabei nur ansatzweise kritisiert. Am Ende entließen diese Filme den Zuschauer mit der tröstlichen Gewißheit, daß Forschung und Militär ihre Scharten wieder auswetzen können und imstande sind, die von ihnen entfesselten Kräfte (mit noch größeren Waffen) auch wieder unter Kontrolle zu bringen. In Japan war »The Beast from 20 000 Fathoms« Vorbild für eine lange Reihe von → **Godzilla**-Filmen.

Lit.: Bernhard Kempen / Thomas Deist, *Das Dinosaurier-Filmbuch,* München 1993; *Lexikon des Internationalen Films,* Reinbek 1991; Georg Seeßlen, *Kino des Utopischen,* Reinbek 1980.

Beast of Bodmin
siehe Bodmin-Bestie

Beethoven
Film-Bernhardiner

Bernhardiner-Welpe Beethoven landet erst in einer Mülltonne und dann in der amerikanischen Mittelstandsfamilie Newton. Dort wächst er – nicht ohne Spuren am Mobiliar zu hinterlassen – heran und fällt dem bösen Tierarzt Dr. Varnick auf, der ein illegales Versuchslabor betreibt und gerade so einen Brocken von Köter benötigt, um neuartige Munition auszuprobieren. Kurzerhand redet er den Newtons ein, ihr Knuddelbernhardiner wäre bösartig und müßte eingeschläfert werden. Natürlich wird Beethoven schließlich doch noch gerettet. Den Namen des großen Komponisten hat der Bernhardiner nicht wegen der Ähnlichkeit erhalten, sondern weil er den Anfang von Beethovens 9. Sinfonie nachbellte.

So geschehen im Kinofilm »Ein Hund namens Beethoven« (»Beethoven«, USA 1991, Regie: Brian Levant). Die harmlose und etwas glatte Komödie wurde mit »Eine Familie namens Beethoven« (Beethoven's Second, USA 1993, Regie: Rod Daniel) fortgesetzt, einem Film, in dem der weibliche Bernhardiner **Missy** durch eine rosa Schleife zwischen den Schlappohren gekennzeichnet ist.

Chris, der zweijährige Hauptdarsteller im ersten Film, war aus einem guten Dutzend Bernhardinern ausgesucht worden und wurde von Hundetrainer Karl Miller von »Animal Action«, »Hollywoods angesehenster Wauspielschule« (TV-Today), trainiert. Acht Doubles unterstützten ihn, so daß man vielleicht auch von neun Hauptdarstellern sprechen könnte. Ihre Ausbildung für den Film dauerte 20 Wochen. Beethoven als Welpe und Halbstarker wurde von 16 verschiedenen Bernhardinerkindern gespielt.

Aus einem der Beethovendarsteller, nämlich aus **Gator**, wurde **Felix**, als er die Hauptrolle in der deutschen Fernsehserie »Felix, ein Freund fürs Leben« (Regie: Michael Keusch) übernahm, deren 13 Folgen am 2. Februar 1997 mit einem Pilotfilm starteten. Der scheinbar herrenlose Felix läuft dem Rechtsanwalt Arnold König (Alexander Pelz) vors Auto und wird in seine Familie aufgenommen. Er hilft ihm, dunklen Machenschaften in einem Tierversuchslabor auf die Schliche zu kommen.

Lit.: *Lexikon des Internationalen Films 1991–92*, Reinbek 1993; *Presseinformation* United International Pictures, Frankfurt am Main 1992; *Die Rheinpfalz* vom 18.1.1997; *TV-Today* 3/1997.

Behemoth
Mythologisches Landungeheuer

In der jüdischen Apokalyptik gilt der Behemoth als eines der beiden Chaostiere der Endzeit. In einem fürchterlichen Kampf werden sich demnach das männliche Landungeheuer Behemoth und sein weibliches Gegenstück, das Seeungeheuer → **Leviathan** gegenseitig zerfleischen. Die Gerechten der Letzten Tage werden danach das Fleisch der toten Tiere verspeisen. Nach einer anderen Deutung hat Jahwe den Behemoth als Verkörperung brutaler Gewalt auf die Welt gebracht. Es kann nicht durch die Menschen gebändigt werden, sondern nur durch Jahwe, also durch den rechten Glauben. Für die christliche Theologie des Mittelalters war der Behemoth eine der Personifizierungen des Teufels. Im Alten Testament erscheint Behemoth im Buch Hiob als Chaostier. Auch wird er mit den apokalyptischen Tieren der Johannis-Offenbarung in Verbindung gebracht. In den vielen Deutungen seiner Gestalt wird Behemoth mal als Nilpferd, als Stier oder auch als Elefant dargestellt, immer aber als Landtier.

In Thomas Hobbes' epochemachendem staatsphilosophischen Werk »Leviathan oder Der kirchliche und bürgerliche Staat« (1651) verkörpert Behemoth allein das Prinzip des Chaos. Er ist hier das Symbol für den von Hobbes angenommenen anarchistischen Naturzustand der Menschheit, in dem jeder gegen jeden Krieg führt und der Mensch des Menschen Wolf ist. Behemoth wird bei Hobbes durch eine rationalistische Staatskonstruktion bezwungen, die er Leviathan nennt.

Lit.: Gerhard Bellinger, *Knaurs Lexikon der Mythologie,* München 1989; Manfred Lurker, *Lexikon der Götter und Dämonen,* Stuttgart 1989; Carl Schmitt, *Der Leviathan,* Köln 1982.

Belferlein
Luthers Spitz

Die Frage, ob Tiere eine Seele haben oder nicht, ist immer noch ungeklärt. Auch der kleine Martin, der Sohn Martin Luthers, beschäf-

tigte sich mit diesem Problem und löcherte seinen Vater mit der
Frage nach der spirituellen Zukunft seines Spitzes Belferlein. Luther beruhigte seinen Sprößling: »Und auch für's brave Belferlein
wird einst ein Platz im Himmel sein.«

Lit.: Gerda M. Umlauff, *Unsere Spitze,* Minden 1977.

Belvedere
Cartoon-Hund

Der von George Crenshaw gezeichnete braune, schwarzgepunktete
Mischlingsrüde Belvedere erscheint in den USA seit 1974 als
Hauptfigur eines regelmäßigen Zeitungscartoons. Belvedere gehört
offiziell dem amerikanischen Vorstadtnormalo Orville Dibbles und
dessen Familie. Für Belvedere begründet dieses Besitzverhältnis
aber keineswegs eine automatische Gehorsamspflicht gegenüber den
Dibbles. Mit einem gesunden Selbstbewußtsein ausgestattet, verweigert er unter Hinweis auf seine angebliche Überqualifizierung so
niedere Arbeiten wie Die-Zeitung-ins-Haus-holen. Meist verbringt
er seine Zeit damit, seine Hundehütte aus- beziehungsweise umzu-
bauen, mit Orville auf die Jagd zu gehen oder Crocket, Golf oder
Monopoly zu spielen. Belvederes Hauptbeschäftigung ist, an Fressen und Wein zu gelangen, dabei verschluckt er manchmal auch
unverdauliche Dinge wie zum Beispiel Handgranaten. Als weitere
Tiere im Dibbles-Haushalt stehen ihm die Katze **Jezebel** und der
sprechende Papagei **Chi Chi** zur Seite. Chi Chi dient Belvedere als
Sprachtransmitter bei der Kommunikation mit Familie Dibbles.

Lit.: Jeff Rovin, *The Illustrated Encyclopedia of Cartoon Animals,* New York 1991.

Ben (Gentle Ben)
Film- und Fernsehbär

»... dann kriecht er zu mir ins Bett.
Wenn er auf seiner eigenen Seite schlafen würde,
wär's O.K.«
(Monty Cox, Bens Trainer)

Schwarzbär Ben hieß mit bürgerlichem Namen **Bruno**. Nach einigen Gastrollen in der Fernsehserie »Daktari« spielte er die Hauptrolle in dem 1966 in den USA erschienenen Film »The Gentle Giant« (deutscher Verleihtitel: »Gentle Giant«). Danach übernahm er auch die Hauptrolle in der daran anschließenden Fernsehserie, die von 1967 bis 1969 im amerikanischen Fernsehen lief und ab dem 4. März 1970 auch in Deutschland unter dem Titel »Mein Freund Ben« ausgestrahlt wurde. Das Drehbuch des Kinofilms beruht auf einem Roman von Walt Morey, der Schauplatz wurde aus Nordamerika nach Florida, in die Everglades verlegt. Das war näher an den Studios des Produzenten Ivan Tors.

Im Film schließt der siebenjährige Mark Wedloe (Clint Howard) mit dem Bärenjungen Ben Freundschaft. Als Ben von seinem Besitzer geschlachtet werden soll, brennt Mark mit ihm durch. Am Ende kaufen Marks Eltern den Bären, Ben rettet dem Vater das Leben und darf fortan in der Familie bleiben. Familienidyll mit Bär in den Everglades ist dann auch die Ausgangssituation für die 56 halbstündigen Folgen der Fernsehserie, über die sich der Kritiker Cleveland Amory in »TV-Guide« so äußerte: »Selbst wenn man diesem Programm zugute hält, daß es für Kinder produziert wurde, ist das keine Entschuldigung dafür, daß die meisten Drehbücher sogar ein Baby langweilen würden.« Aber die fernsehenden Kinder liebten Ben, der für ein Fernsehtier erstaunlich wenig Tricks auf Lager hatte. Eigentlich lümmelte er nur herum und grunzte. Floridas schwüle Hitze machte ihn schläfrig. War doch mal eine Aktion unvermeidlich, sprangen seine Doubles ein, meistens ein Bär namens **Buck**. Bens Job war es, zu Clint Howard, dem Kinderstar der Serie, freundlich zu sein und kein Risiko für ihn zu bedeuten. Das einzige, was passierte, war, daß der 650-Pfund-Bär ihm hin und wieder auf den Fuß trat und Clint dann mit den Tränen kämpfen mußte.

Ben und sein Bruder **Smokey** wurden angeblich verwaist in White Lake, Wisconsin, aufgegriffen. Halbwüchsig kamen sie auf eine Ranch namens »Afrika, USA« in Soledad Canyon in der Nähe von Los Angeles, wo wilde Tiere gezähmt und fürs Filmgeschäft ausgebildet wurden. Bens Käfig stand in der Nähe des Speisesaals, so daß er seine tägliche Futterration mit dem aufstocken konnte,

75

was sich von den Angestellten der Ranch erbetteln ließ – Cola und Donuts zum Beispiel. Bens Neigung zur Völlerei wurde später zum Problem, als eine Filmszene vorschrieb, daß er sein Essen verweigern sollte. Monty Cox, sein Trainer, stopfte vorsorglich zwölf Brotlaibe, zehn Äpfel, zehn Apfelsinen und zehn Karotten in Ben hinein und schüttete noch fast fünf Liter Milch hinterher. Aber immer, wenn Ben vor der Kamera sein Futter verweigern sollte, fraß er alles brav auf. Es half nicht einmal, Chanel Nr. 5 auf das Futter zu schütten.

1965 hätte es Ben fast erwischt. Ein oberhalb der Farm gelegener Damm brach und das Wasser spülte seinen Käfig fort, bevor Ben daraus befreit werden konnte. Alle Suchaktionen blieben erfolglos. Man fürchtete schon, daß Ben in seinem Käfig ertrunken sei, aber drei Tage später war er wieder da und saß naß und hungrig auf dem Fleck, wo einmal sein Käfig gestanden hatte. Als 1969 eine Sturmflut die Ranch vollständig zerstörte, war Ben zu seinem Glück bereits nach Homosassa Springs, Florida, umgezogen.

Lit.: David Rothel, *The Great Show Business Animals,* San Diego/New York/London 1980.

Ben
Grizzly Adams Grizzlybär

»Ich glaube, die Resonanz auf ›Grizzly Adams‹ zeigt ...,
daß die Leute blauen Himmel, Tiere und einfache,
saubere, anständige Dinge mögen.«
(Dan Haggerty)

Der zweite Bär mit Namen Ben hieß in Wirklichkeit **Bozo** und war ein neunjähriges Grizzlyweibchen. Bären gelten als die Raubtiere, die bei der Dressur am gefährlichsten sind, weil ihre Gemütsbewegung sich kaum im Mienenspiel ausdrückt. Ein Bär, der so kuckt, als ob er einen Honigbonbon von dir will, will vielleicht in Wirklichkeit dein Ohr oder ein Stück aus deiner Schulter. Die gefährlichsten und wildesten und am schwersten zu zähmenden Bären aber sind die Grizzlys. Vermutlich war Bozo der erste Grizzlybär, der vor einer Kamera agierte, ohne daß andere Zwangsmittel als Marshmallows eingesetzt werden mußten. Während der Dreharbeiten nahm sie über hundert Pfund zu. Bozo gehörte dem »Tier-Impresario« Lloyd Beebe, der sie von einem Zirkus gekauft hatte. Mehr ist über ihre Herkunft nicht bekannt. Man kann aber davon ausgehen, daß sie von klein auf wie ein Haustier gehalten worden sein muß. Nach einer Aufnahme brauchte sie bloß mit einer Leine angebunden zu werden, während ihre vier Bären-Doubles hinter Elektrozäune gesperrt wurden. Günstigerweise war sie auch noch völlig in ihren bärtigen Co-Star Dan Haggerty vernarrt, der, bevor er für »Grizzly Adams« entdeckt wurde, selbst Tiertrainer gewesen war.

Die Serie »The Life and Times of Grizzly Adams« lief vom 9. Februar 1977 bis zum 26. Juli 1978 im amerikanischen Fernsehsender NBC. (Als »Der Mann in den Bergen« war sie ab dem 12. August 1979 auch im deutschen Fernsehen zu sehen.) Die Handlung geht auf einen gewissen James Capen Adams zurück, der 1849, zur Zeit des großen Goldrausches, tatsächlich in den Bergen lebte und ab und zu in der Begleitung zweier Grizzlybären durch San Francisco schlenderte. In der Fernsehserie ist Grizzly Adams in die Berge geflohen, weil er wegen eines Verbrechens verfolgt wird, an dem er selbstverständlich unschuldig ist. Er entscheidet sich, der Zivilisation den Rücken zu kehren und für immer als Freund und Beschützer der wilden Tiere in zölibatärer Einsamkeit zu leben. Viel passiert in dieser Serie nicht. Ein simpler Handlungsstrang dient dazu, die großartigen Wasserfälle und überwältigenden Landschaften des Wasatch National Forest in Utah und einen Haufen possierlicher Tiere vorzuführen. Außer dem Bären Ben tauchen ein Esel, Biber, Stinktiere, Vögel und alles, was die heimische Fauna sonst noch hergibt, auf – über 60 verschiedene Tiere. Acht Trainer waren damit beschäftigt, sie in Schach zu halten und zur richtigen Zeit den richtigen Baum hochwetzen zu lassen.

Dan Haggerty schlug einmal vor, daß doch auch eine Liebesgeschichte stattfinden und sich zwischen ihn und den Bären Ben schieben könnte. Der Computer der Produktionsfirma Sun Classics Pictures, der daraufhin befragt wurde, behauptete aber, daß das Publikum keine Frauen in der Wildnis sehen wolle. Und wir wissen auch so, für wen der Naturbursche sich einfach, sauber und anständig entschieden hätte.

Lit.: David Rothel, *The Great Show Business Animals,* San Diego/New York/London 1980.

Benjamin
Bürgerlicher Esel auf der »Farm der Tiere«

»Esel haben ein langes Leben.« (Benjamin)

In Orwells antistalinistischer Fabel »Farm der Tiere« (»Animal Farm«, 1945) ist der Esel Benjamin das älteste Tier. Auf seine Erfahrung hält er sich allerhand zugute. Nach der Machtübernahme der Tiere auf der Manorfarm geht er weiter seiner Arbeit nach, zäh und bedächtig, ohne sich von der Begeisterung seines besten Freundes, des Pferdes → **Boxer**, anstecken zu lassen. Als der revolutionäre Aufbruch immer mehr zur Tyrannei der Schweine ausartet, überrascht ihn das auch nicht. Lediglich die Abschiebung des verbrauchten Freundes Boxer in die Abdeckerei empört ihn. Allerdings mündet diese Empörung nicht in etwaige Aktionen, das Regime zu verbessern. Benjamin wird nur noch mürrischer.

Orwell stellt in Benjamin den typischen Vertreter der teilnahmslosen Mittelschicht dar, die sich weder aufregt noch begeistert, sondern bloß über die Runden kommen will, ohne anzuecken. Engagement in Richtung Systemverbesserung hält er für unnütz, weil sich seiner Meinung nach sowieso nie etwas ändert.

Siehe auch **Napoleon.**

Lit.: siehe unter **Napoleon.**

Benjamin Blümchen
Hörspiel-Elefant

Mit einem laut gerüsselten Tööörööö! kündigt er sein Erscheinen an, Benjamin Blümchen, Elefant und Feuerwehrmann – und Pilot,

Taxifahrer, Detektiv, Ritter, Koch und Torwart. An der Auswahl seiner unzähligen Berufe kann man bereits Benjamins Faible für Kopfbedeckungen erkennen. Sehen konnten die ersten Fans des sprechenden und singenden Elefanten das allerdings höchstens auf den Kassettenverpackungen, denn Benjamin Blümchen startete als Hörspielfigur. Über 75 verschiedene Kassetten gibt es inzwischen, auf denen Benjamin und sein kleiner Menschenfreund Otto ihre Abenteuer auf hoher See, in der Steinzeit, auf dem Bauernhof oder in einem Ballon erleben. Oft arbeiten sie mit der rasenden Reporterin Karla Kolumna zusammen, und immer wieder braucht Zoodirektor Tierlieb ihre Hilfe.

Die mehrfach ausgezeichnete Kinderbuchautorin Elfie Donelly schrieb 1977 die Geschichte vom ersten Wetterelefanten der Welt, die 1978 bei der neuentstandenen Berliner Kinderhörspiel-Vertriebsmarke »Kiosk« herauskam. Über 32 Millionen Benjamin-Blümchen-Kassetten eroberten inzwischen die Kinderzimmer und halfen über ermüdende Autofahrten hinweg. Benjamins Stimme stammt von dem Schauspieler Edgar Ott, der auch den Dschungelbuchbären **Balu** synchronisiert hat. Der gutmütige und hilfsbereite Elefant ist für Kinder gleichzeitig ein großer, starker Freund und ein Kuscheltier zum Liebhaben. Brutalität sucht man in seinen Geschichten vergeblich. Erst im September 1989 gab der bescheidene Dickhäuter mit einem 45minütigen Zeichentrickfilm sein Fernsehdebüt im ZDF. Im November 1991 startete dann eine Serie von 25minütigen Zeichentrickepisoden, wieder nach Drehbüchern von Elfie Donelly. Zum lauten Trompeten und der gemütlichen Stimme des Elefanten kommen seitdem auch noch rollende Augen, ein tapsiger Gang und ein schwingender Rüssel. Längst ist Benjamin als Plüschtier erhältlich. Wem er so nicht groß genug ist, der kann im Elefantengehege des Berliner Zoos einen richtigen Elefanten mit dem Namen des Hörspielhelden finden.

Lit.: *Berliner Morgenpost* vom 28.9.1989 und 4.4.1993; *Bild-Zeitung* vom 26.9.1985; *BZ* vom 21.7.1983; *Die Rheinpfalz* vom 21.2.1994.

Benji
Promenadengemischter Filmstar

*»Gibt es einen Academy Award
für den besten Hundeschauspieler?«*
(News Sentinel, Knoxville)

Lässige Zeiten verlangen lässige Hunde. Als Anfang der 70er Jahre
Hippie-Kultur, Polyesterhemden und Klobürstenfrisuren das US-
amerikanische Lebensgefühl bestimmten, war auch die Chance für
eine neue Art von Filmhund gekommen. Die Rolle des tierischen
Hauptdarstellers im Kinofilm »Benji« (1973; deutscher Titel:
»Benji – Auf heißer Fährte«) war weder mit einem eleganten Collie
noch mit einem sportlichen Schäferhund besetzt worden, sondern
mit einem kleinen, wuscheligen Mischling. **Higgins** hieß der Hund,
der so gut zur Schlaghose paßte. Unter seinem Filmnamen Benji
kläffte er sich in die Herzen der Zuschauer. Die Handlung des Ki-
nostreifens kommt einem irgendwie bekannt vor:

Bösewichter entführen zwei Kinder und sperren sie in einem
verlassenen Gebäude ein, in dem auch der herrenlose Streuner
Benji sich häuslich niedergelassen hat. Benji durchschaut das Verbrechen und macht sich auf, Hilfe zu holen. Leider verfügen die an-
gebellten Menschen nicht über seine schnelle Auffassungsgabe,
sondern stellen sich zunächst extrem begriffsstutzig an, was zu Verwicklungen und weiteren Abenteuern führt. Aber zum Schluß
klappt es doch noch mit der Kommunikation, die Kinder werden
gerettet, die Schufte verhaftet und Benji belohnt.

Das Besondere des Films war auch nicht die Story selbst, sondern daß sie aus der optischen Perspektive des Hundes erzählt wurde
und daß Higgins sich als überaus begabt darin erwies, Gefühle für
Menschen verständlich darzustellen.

Higgins wurde in den 60er Jahren von seinem Besitzer und späteren Trainer Frank Inn aus einem kalifornischen Tierheim geholt.
Unter seinen Vorfahren müssen sich Pudel, Cocker und Schnauzer
befunden haben.

Als die Dreharbeiten für »Benji« begannen, war er schon an die
13 Jahre alt, und Frank Inn plädierte für einen jüngeren Hund. Aber
Regisseur und Produzent Joe Camp vertraute auf Higgins. Der Mil-
lionen-Dollar-Erfolg gab ihm recht. Für die 1977 gedrehte Fortset-

zung »For the Love of Benji« (»Benji in Gefahr«) sprang eine seiner Töchter ein, die ihm zum Verwechseln ähnlich sah. Higgins war nun doch schon zu alt. Er starb bald darauf. Trotzdem gab es noch weitere Benji-Filme.

Lit.: David Rothel, *The Great Show Business Animals,* San Diego/New York/London 1980.

Berliner Bär
Stadtwappen

Es gibt ihn seit 1280. Möglicherweise entschied sich der damalige Magistrat für einen Bären als Wappen- und Siegeltier, weil der bedeutende brandenburgische Markgraf Albrecht I. den Beinamen »Der Bär« trug. Das ist aber genauso spekulativ wie die These, daß sich der Bär vom Stadtnamen Berlin (Bär-lin) ableitet.

Seit 1954 schwebt über dem Kopf des Berliner Bären (West!) eine Laubkrone.

Bis 1448 stand der Berliner Bär für städtische Autonomie. Dann wurde Berlin von den Hohenzollern unterworfen und verlor seine Selbstverwaltungsrechte.

Frühbürgerliche Ohnmacht und feudale Adelsmacht zeigten sich auch auf dem veränderten Siegel: Meister Petz zuckelt lustlos auf allen Vieren, auf seinem Rücken reitet der Hohenzollernadler und schlägt ihm die Krallen ins Genick.

1710, nach dem Zusammenschluß der Städte Berlin und Cölln,

durfte der Bär wieder aufrecht und reiterlos durch die Heraldik stapfen. Er mußte sich das Wappenschild allerdings mit dem preußischen und dem brandenburgischen Adler teilen.

1839 wurde die brandenburgische Kurkrone über dem Wappen durch die bürgerliche Mauerkrone ersetzt. Als Boomtown des jungen preußisch-deutschen Kaiserreichs erhielt Berlin nach 1871 wieder wesentliche Selbstverwaltungsrechte zugestanden. Und schon verlangte der mächtig angeschwollene Bürgerstolz der Hauptstädter nach einer Reform des Wappens. Die Diskussionen zogen sich hin. Kurz vor dem Ersten Weltkrieg hatte der schwarze Bär wenigstens schon mal die Stadtfahne für sich allein; 1918 verschwanden die Adler der Hohenzollerndynastie auch aus dem Stadtwappen. Allerdings hatten strenggenommen weder Fahne noch Wappen und Siegel hoheitlichen Charakter.

Erst die Gemeindeordnung von 1935 berechtigte die Städte und Gemeinden zur Verwendung dieser Zeichen im öffentlich-rechtlichen Verkehr. Ironischerweise zu einer Zeit, als die deutschen Gemeinden im Hitlerstaat kaum noch etwas zu melden hatten und zu bloßen Ausführungsorganen der Zentrale geworden waren.

Weltweite Berühmtheit erlangte der Berliner Bär nach dem Zweiten Weltkrieg. Mit der Teilung der Stadt in zwei Gemeinwesen verdoppelte sich auch die Anzahl der Stadtwappen. Ostberlin behielt das alte Stadtwappen mit der Mauerkrone. Über dem Kopf des Westbären schwebte von 1954 an eine Laubkonstruktion, die als Volkskrone bezeichnet wurde und die die Stellung Berlins als Land der Bundesrepublik markieren sollte. Der nach Osten blickende Bär erschien manch kaltem Krieger des westlichen Lagers als wehrhaftes Freiheitssymbol für die Frontstadt Berlin. Die DDR versuchte, dem Westbären die Bedeutung eines Nationalemblems eines neben BRD und DDR dritten deutschen Staates zuzuweisen. Typisch für die Politik der damaligen Zeit sind die Unmengen von Kilometersteinen und Wegweisern mit dem symbolträchtigen Westbären.

Nach der Wiedervereinigung beider Stadthälften und der Übernahme der Westberliner Verfassung vom ersten gesamtberliner Abgeordnetenhaus (1991) nach der Wende wurde der Ostberliner Bär, der zu DDR-Zeiten im Gegensatz zum Westbären kein

Hoheitszeichen gewesen war, in Rente geschickt. Denn es kann nur einen geben ... (... und den Berliner Bären, der in Gold und Silber auf den Internationalen Filmfestspielen Berlin vergeben wird.)

Lit.: Bundeszentrale für politische Bildung (Hrsg.), *Wappen und Flaggen der Bundesrepublik Deutschland und ihrer Länder,* Bonn 1987; Georg Holmsten, *Die Berlin Chronik,* Düsseldorf 1984.

Bernard und Bianca
Mäusepolizei

Bereits zehn Jahre vor → »**Basil,** der große Mäusedetektiv« bekämpften in einem Disney-Zeichentrickfilm Mäuse das Verbrechen. Im Gegensatz zur konservativen Rollenverteilung der Geschlechter im »Basil«-Film hatte 1976 die resolute Mäuseline Bianca das Sagen, während Bernard, ihr männlicher Partner in »Rescuers« (deutscher Titel: »Bernard und Bianca – Die Mäusepolizei«), ein schüchterner zaghafter Zauderer war.

Bianca ist Delegierte und Bernard Hausmeister der Internationalen Rettungsgesellschaft der Mäuse, die sinnigerweise im Keller des New Yorker UNO-Hauptgebäudes tagt. Anders als ihr Gegenstück aus der Menschenwelt arbeitet die Mäuse-Weltorganisation schnell und effektiv, wenn es darum geht, Hilfe zu leisten. In diesem Fall gilt es, das Waisenmädchen Penny aus den Klauen von Madame Medusa zu befreien, einer modernen Hexe in Gestalt einer raffgierigen Pfandleiherin, die mit Hilfe des Mädchens einen Riesendiamanten an sich bringen will. Bernard und Bianca vereiteln diesen Plan natürlich. Bei den zahlreichen Abenteuern, die sie bis dahin erleben, stehen ihnen verschiedene Tiere zur Seite, unter ihnen auch der start- und landeschwache Albatros **Orville.** Orville, in Personalunion Eigner, Steward und einzige Maschine einer Luftlinie, wird in der deutschen Fassung von Harald Juhnke gesprochen, was die Bedenken und Ängste der Passagiere während des Flugs verständlich macht.

1991 gab es eine Fortsetzung mit dem zum großen Teil computeranimierten Streifen »The Rescuers Down Under« (»Bernard und

Bianca im Känguruhland«), in dem die Mäusepolizei einen kleinen Jungen aus der Gewalt eines verrückten Wilderers retten muß.

Lit.: *Die Filme von Walt Disney,* Cinema-Filmbuch, Hamburg 1987; *Lexikon des Internationalen Films,* Reinbek 1995.

Berner Bär
Bundesstädtisches Symbol

Zu jeder vollen Stunde kann man eine Glockenspiel-Bärenkohorte über den Torbogen des Berner Wahrzeichens Zyytglooge-Turm marschieren sehen. In der Schweizer Bundesstadt sind Bären nicht aus dem Stadtbild wegzudenken. Überall erscheint der schwarze **Mutz** mit der heraushängenden roten Zunge: auf hoheitlichen Wappen und Gebäuden, als Brunnenfiguren und Warenzeichen, an den Wänden von Privathäusern, als Kneipenschilder und als Zeitung »Berner Bär«. Leibhaftig kann er im stadteigenen Bärenzoo, dem Bärengraben, beobachtet werden. Hier herrscht der Berner Oberbraunbär **Mani** über weniger dominante Sippenmitglieder.

Den als bedächtig und behäbig belächelten Bernern wird oft eine starrköpfige Bärenmentalität nachgesagt, ein Ruf, auf den die meisten Berner bärig stolz zu sein scheinen.

Die Verbundenheit des Berner Gemeinwesens mit Meister Petz hat seinen Ursprung in der Gründungsgeschichte der Stadt. 1191 gründete Herzog Berthold (= Bärenherrscher) V. von Zähringen den Ort an der Aare als Bollwerk gegen die Burgunder. Der Sage nach soll er beim Gründungsakt gelobt haben, die neue Siedlung nach dem ersten Tier, das ihm begegnen würde, zu benennen. Es war ein Bär. Pech für den Bären. Berthold erlegte ihn und ließ ihn beim Gründungsfestschmaus verspeisen. Der Geist des Bären ging auf die ersten Berner und dann auf ihre Nachkommen über. Neben dieser totemistischen Erklärung für den Bärengeist, der in Bern herrscht, gibt es noch die Geschichte von der Edelfrau Mechthild, die im Wald an der Aare auf eine Bärin traf. Die Bärin tat der Frau aber nichts, sondern beschützte sie sogar vor einem Wolf. Dabei zog sie sich jedoch erhebliche Verletzungen zu. Aus vielen Wunden blutend führte die Bärin Mechthild und den inzwischen herangeeilten Herzog Berthold zu ihren beiden Bärenbabies in einer Höhle und starb. Berthold war so gerührt, daß er spontan an dieser Stelle eine Stadt gründete, die Bärn hieß und einen schwarzen Bären im Wappen führte. Die beiden Jungbären wurden aufgezogen und verwöhnt. Zu Weihnachten buk Frau Mechthild ihrer Retterin zu Ehren die ersten Berner Lebkuchen mit dem Motiv der Bärin. Und so wird es immer noch zu Weihnachten in Bern gemacht.

Lit.: Wolf-Dieter Storl, *Mutzopolis – Die Bärenstadt Bern,* in: Das Bärenbuch (hrsg. von Julia Bachstein), Frankfurt am Main 1996.

Bessi und Bingo
Gezeichnete Zwischenspotfiguren
des Südwestfunks

Nach einem »Kellner« (1958) und einem → »**Gestiefelten Kater**« (1959 – 1971) und 19 Jahren »**Telemiezen**« gibt es jetzt Bessi und Bingo beim SWF. Seit Sommer 1989 erscheinen die blaue Katze und der braune Hund mit dem Kartoffelgesicht zwischen den Werbespots des Vorabendprogramms. Katze Bessi übernimmt dabei den rationalen Part, Bingo löst Probleme eher aus dem Bauch heraus. Erdacht wurden sie von J. G. & Partner, Atelier für Gestaltung.

Lit.: Heidi Gronegger, *Bessi & Bingo,* in: SWF-Journal 1/1990.

Bessy
Comic-Collie

Als Comic-Gegenstück zum erfolgreichen Filmhund → **Lassie** entwickelte der flämische Zeichner Willy Vandersteen Anfang der 50er Jahre das Konzept eines im Wilden Westen angesiedelten, realistisch gezeichneten Comics um den Collie Bessy und sein Herrchen, den Rancher-Jungen Andy Cayoon. Daneben gehören zur Bessy-Welt Pa und Ma Cayoon, deren Pflegesohn Ronny, ein Adler namens **Rhawik** und einige andere menschliche und tierische Figuren. Andy und Bessy erleben ihre Abenteuer in den USA des letzten Drittels des 19. Jahrhunderts, wobei chronologisch nicht korrekt auch Ereignisse, die vor dieser Periode lagen, wie zum Beispiel die großen Trecks, Weidekriege oder die ersten Ölfunde, zur Deckung des Erzählstoffbedarfs herangezogen werden. Zentrales Thema ist das Verhältnis zwischen Weißen und Indianern, wobei die Autoren vermieden, Anstößiges und allzu Brutales darzustellen. Die Situation der Indianer in den Reservaten wird als grundsätzlich positives Ergebnis einer von einer weißen Regierung in Washington verordneten Politik dargestellt, die die Interessen der indianischen Bevölkerung sichert. Andy tut sein Bestes, um diese »Pax Americana« gegen vereinzelte kriminelle Quertreiber zu schützen. Dabei ist Bessy nicht bloßes dekoratives Anhängsel, sondern bestimmt zum Teil ganze Handlungsstränge. In späteren Folgen kann man sicher sein, daß es an irgendeinem Punkt der Geschichte einen Kampf gibt, den Bessy mit einem menschlichen Schurken oder einem gefährlichen Tier zu bestehen hat.

Insbesondere in Deutschland, wo »Bessy« seit 1962 sporadisch und dann von 1965 bis 1985 regelmäßig erschien, war die Serie ein Erfolg. Bis 1967 konnte der deutsche Bastei Verlag auf die bereits gezeichneten belgischen Bessy-Geschichten zurückgreifen, dann ging ihm das Material aus, und er griff zeitweise auf völlig anderes Bildmaterial zurück. In einer um 1963 gezeichneten Comic-Adaption von Karl-May-Geschichten wurde der Text ausgetauscht, Winnetou mutierte zum Andy-Freund »Schneller Hirsch« und der Old-Shatterhand-Figur wurde kurzerhand ein Andy-Kopf aufgepappt. In diesen Folgen, in denen der ursprünglich eher schmächtige Jugendliche Andy plötzlich wie ein früher Anabolika-Muskelmann aussah, kam Bessy lediglich am Rande vor. Das überrascht nicht, sie hatte in den präsentierten Bilder-Stories ja auch eigentlich nichts zu suchen und war nachträglich hineingezeichnet worden.

1986 begann die Albenreihe »Bessy. Rettung für die bedrohte Tierwelt«, in denen das Gespann Andy-Bessy sich in der Jetztzeit mit Öko-Schuften und Tierräubern herumschlägt. Die Hoffnung, mit diesem Projekt an den »Bessy«-Erfolg der 60er und 70er Jahre anzuknüpfen, erfüllte sich nicht.

Lit.: Bernd Dolle-Weinkauf, *Comics*. Geschichte einer populären Literaturform in Deutschland seit 1945, Weinheim 1990; Maurice Horn (Hrsg.), *The World Encyclopedia of Comics*, Band 1, New York 1976.

Bibo (Big Bird)
Großvogel aus der Sesamstraße

»Ohne die Zahl Zehn – wie sollte man da seine Finger und Zehen zählen?« (Bibo)

Seit fast 30 Jahren gilt die »Sesame Street«-Serie als Vorzeigebeispiel für gelungenes Kinderfernsehen. Der seit 1969 sorgfältig von Pädagogen, Psychologen und Showexperten ausgetüftelte Mix aus Lehrhaftem und Spaßigem stellt keine unglaubwürdigen Superhelden in den Mittelpunkt, sondern Charaktere, die als überzeugende Vorbilder für die kindliche Zielgruppe taugen. Wirken die menschlichen Akteure der Serie – Gordon, Susan, Bob, und so weiter – einseitig blaß-brav, so vereinen die von Jim Henson geschaffenen Puppenfiguren bis auf ausgesprochene Bösartigkeit so ziemlich alle guten und schlechten Eigenschaften der menschlichen Psyche. Kein Wunder, daß Ernie und Bert, → **Kermit**, **Krümelmonster** und Griesgram **Oskar** bei den Zuschauern besonders beliebt sind. Das alle anderen mit über zwei Meter Länge zumindest körperlich überragende Puppentier ist Bibo, im Original Big Bird genannt. Im Bibo-Kostüm steckt die Schauspielerin Carroll Spinney. Der männliche Riesenvogel, der als eine Art Kanarienvogel vorgestellt wurde, hat gelbe Flatterfedern, einen gelben Schnabel, Tennisballaugen, orangefarbene Storchbeine mit rötlichen Ringen und übergroßen dreizehigen Füßen. Am Ende seiner Flügel hat er dreifingrige Hände und auf dem Kopf drei besonders abstehende Federn. Sein persönlicher Entwicklungsstand entspricht dem eines Sechsjährigen. Entsprechend naiv (und ein wenig trottelig) wackelt das massige Tier durchs Leben. Bibo wohnt allein mit seinem Teddybären **Radar** in einem Nest an der Sesamstraße und wünscht sich trotz seiner vielen Freunde ab und an nichts sehnlicher als ein richtiges Zuhause. 1985 war er der Erfüllung dieses Traums im Special »Sesame Street Presents Follow That Bird« recht nahe. Durch Vermittlung der »Gefiederte Freunde Organisation« kam Bibo zu einer Dodo-Familie in der Canary Road, die ihn adoptieren wollten. Die Dodos erwiesen sich aber als so dumm, daß selbst Bibo Reißaus nahm und nach einem unfreiwilligen Gastspiel als blaugefärbter Zirkusvogel mit Hilfe seiner Freunde wieder und für immer in der Sesamstraße landete.

Siehe auch **Muppets.**

Lit.: Hans-Bredow-Institut (Hrsg.), *Begleituntersuchung zur Fernsehserie »Sesamstraße«,* Hamburg 1975; Phylis Feinstein, *Alles über Sesame Street,* München 1972; Jeff Rovin, *The Illustrated Encyclopedia of Cartoon Animals,* New York 1991.

Das Biest
Die männliche Hälfte von »Die Schöne und das Biest«, das vor der Disney-Verfilmung noch »das Tier« hieß.

Das aufklärerische 18. Jahrhundert war allem abhold, was sich nicht vernünftig erklären ließ, und machte da selbst für Märchen und Erzählformen, die auf dem Prinzip des Wunderbaren gründeten, keine Ausnahme. Allerdings gab es eine literarische Gegenbewegung. Sie wurde von der rationalistischen Kulturszene belächelt und nachsichtig geduldet und ging als »Feenwut« in die Literaturgeschichte ein. In den »Feenmärchen« fanden vornehme, tintenklecksende Damen vor allem in Frankreich eine Spielwiese, auf der sie antike Fabeln und derbe Volksmärchen zu filigranen, moralisierenden und ziemlich blutarmen Wundererzählungen umschrieben, in denen die tändelnden Umgangsformen des Rokoko gepflegt wurden. Die meisten dieser in der Regel außerordentlich umfangreichen Feenmärchen sind vergessen und verweht. Nicht so das französische Märchen, das Madame Leprince de Beaumont, die von 1711 bis ca. 1780 lebte, im Jahr 1757 veröffentlichte: »La Belle et la Bête«. Inspiriert durch die antike Geschichte »Amor und Psyche« von Apuleius, hatte sie die Geschichte von dem schönen Mädchen und dem häßlichen Tier, das die Schöne begehrt, geschrieben.

Ein Kaufmann hat drei Töchter, von denen bloß die Jüngste zu uneigennütziger Liebe fähig ist. Den beiden Älteren geht es nur um Haben-Haben und gesellschaftliches Ansehen. Sie jammern den

Parties nach, die gefeiert wurden, bevor der Kaufmann seinen geschäftlichen Niedergang erlebte, und wollen, daß ihr Vater ihnen kostbare Geschenke von seiner Reise mitbringt. Die Schöne bittet lediglich um eine Rose. Dieser Wunsch hat es allerdings in sich. Denn als der Vater die Rose aus einem verzauberten Schloßgarten stiehlt, erscheint ein nicht näher beschriebenes wildes Tier, das Biest, das in Illustrationen meist werwolf- oder bärenartig dargestellt wird, und droht dem Kaufmann mit dem Tod, falls nicht eine seiner Töchter bereit ist, zum Schloß zu kommen und an seiner Stelle zu sterben. Natürlich besteht die Schöne zur Freude ihrer eifersüchtigen Schwestern darauf, sich für den Vater zu opfern, und geht. Im Schloß ist vom Töten keine Rede mehr, dafür um so mehr vom Heiraten. Die gute Tochter führt ein angenehmes Leben in einem hübschen Zimmer, mit der kleinen Unannehmlichkeit, daß das scheußliche Biest sie täglich um ihre Hand bittet. Aber selbst diese Frage (und die Vorstellung der Folgen) verliert für die Schöne zunehmend an Schrecken, je besser sie das Tier kennenlernt. Dennoch weigert sie sich weiterhin. Als sie in ihrem Zauberspiegel sieht, daß ihr Vater krank ist, bittet sie, nach Hause gehen zu dürfen. Das Tier läßt sie ziehen, sagt aber, daß es sterben müßte, wenn sie länger als die verabredete Zeit fortbliebe. Der Vater freut sich, seine Tochter lebend wiederzusehen, doch die neidischen Schwestern halten sie mit geheuchelter Verzweiflung von der Einhaltung der Frist ab, damit sie ihr Versprechen gegenüber dem Biest bricht und es wütend auf sie wird. Am zehnten Tag zu Hause sieht die Schöne das Tier im Traum sterben. Entsetzt eilt sie zum Schloß und findet das Biest, das tatsächlich aus Liebeskummer im Sterben liegt. Sie erkennt ihre Liebe zu ihm und sagt dem armen Tier, daß sie es heiraten will, weil sie ohne es nicht mehr leben kann. Da verwandelt sich das Ungeheuer in einen schönen Prinzen. Eine böse Fee hat ihn verzaubert, und nur die Liebe eines schönen Mädchens konnte ihn retten. Die Schwestern Garstig bekommen ihre Strafe, und die Guten werden belohnt.

Die Geschichte überdauerte das 18. Jahrhundert und erfuhr zahlreiche Adaptionen in Literatur, Musik und Film. Wesentlich zum aktuellen Bekanntheitsgrad beigetragen haben Jean Cocteaus poetische Kinoversion »La Belle et la Bête« (1947) und der Disney-

Trickfilm »The Beauty and the Beast« (1991). Bei Cocteau ist das Biest, dargestellt von Jean Marais, halb Mensch, halb Raubkatze. Der Anblick der Schönen (Josette Day) besänftigt sein bis dahin mörderisches Wesen. Es wird durch die Anwesenheit und zunehmende Sympathie der Schönen sittlich erzogen und schließlich erlöst. In der kunterbunten Disney-Version befreit die Schöne den im Körper einer Bestie festsitzenden Prinzen zur Abwechslung einmal mit Hilfe lebendiger Küchengeräte.

Vom tiefenpsychologischen Gesichtspunkt aus hat das Märchen ödipalen Charakter. Das junge Mädchen ist gefühlsmäßig stark mit ihrem Vater verbunden. Ihre unbewußten Absichten (Rose pflücken!) bringen sie selbst und ihren Vater »in den Machtbereich eines Prinzips, das ... Grausamkeit und Freundlichkeit zusammen ausdrückt«. Indem sie sich für das Tier entscheidet und lernt, es »zu lieben, erwacht in ihr die Kraft der menschlichen Liebe in ihrer tierhaften (und daher unvollkommenen), aber echt erotischen Form« (Joseph L. Henderson).

Lit.: Madame Leprince de Beaumont, *Die Schöne und das Tier.* Mit einem Nachwort von Maria Dessauer, Frankfurt am Main 1977; Ulf Diederichs, *Who's Who im Märchen,* München 1995; Arnica Esterl / Wilhelm Solms (Hrsg.), *Tiere und Tiergestaltige im Märchen,* Regensburg 1991; Joseph L. Henderson, *Der moderne Mensch und die Mythen,* in: Der Mensch und seine Symbole (hrsg. von C. G. Jung), Olten/Freiburg im Breisgau 1987; Jay R. Nash / Stanley P. Ross, *The Motion Picture Guide 1917–1983,* Band 1, Chicago 1985; Heinz Rölleke, *Die Märchen der Brüder Grimm,* München/Zürich 1985.

Big Bill
Schwerster Eber

Big Bill wog 1157,5kg und war 2,75m lang und schleifte seinen Bauch auf dem Boden unter sich her. Er gehörte Burford Butler aus Jackson, Tennessee (USA). 1933 wurde das dicke Schwein eingeschläfert. Bis 1964 hat die Familie Wells, die ebenfalls aus Jackson stammt, den ausgestopften Big Bill ausstellen lassen.

Lit.: *Das neue Guinness Buch der Tierrekorde,* Frankfurt am Main/Berlin 1994.

Big Bird
siehe Bibo

Bigfoot (oder Sasquatch)
Nordamerikas Yeti

»... dann hörte ich Roger sagen:
›Oh, Gott, der Film ist aus.‹«
(Bob Gimlin, Augenzeuge)

Das haarige Ungetüm ist wie → **Nessie,** → **Yeti,** → **Mokéle-mbêmbe**
oder der → **Tatzelwurm** ein Fall für Kryptozoologen. (Kryptozoologen suchen nach »verborgenen« Lebewesen, deren Existenz nicht
belegt ist und die von der offiziellen Wissenschaft nicht ernst genommen und ignoriert werden.)

Ein Bigfoot, der auch Sasquatch genannt wird, ist 1,80m bis
etwa 2,40m groß, seine Behaarung ist kurz oder zottelig, braun, rot,
in seltenen Fällen sogar weiß, er geht aufrecht auf zwei Beinen, atmet rasselnd wie ein Asthmatiker und hinterläßt menschenähnliche
Fußabdrücke der Schuhgrößen 48 aufwärts. Das Gesicht ist affen-
oder mopsähnlich mit flacher Schnauze. Seinem Erscheinen geht
ein widerwärtiger modrig-schmutziger Gestank voraus. Er ernährt
sich von Wild und Kleintieren, Fischen, Muscheln, Früchten und
Gemüsen, Zweigen, Blättern, Wasserpflanzen und wühlt gern in
stinkenden Mülltonnen. Wenn er dabei überrascht wird, flieht der
schwer zu fassende Riese. Manchmal greift er Menschen auch an
und wirft mit Steinen nach ihnen, wobei er aber noch nie jemanden
verletzt hat. Genauso wenig ist jemals ein Bigfoot erlegt worden,
obwohl er häufig von Jägern gesehen wurde, die Gewehre bei sich
hatten. Sie wagten nicht zu schießen, weil Bigfoot so menschenähnlich aussah. Manche halten ihn für einen nahen Verwandten des Gi-
gantopithecus, der vor 500 000 Jahren durch China streifte, womit
die Frage, ob es sich um Mensch oder Tier handelt, auch nicht geklärt wäre. Es ist nämlich ebenfalls zweifelhaft, ob der Giganto-
pithecus, dessen fossile Backenzähne auf ein Lebewesen von locker
3m Größe schließen lassen, nun zu den Hominiden (Menschen)
oder Pongiden (Menschenaffen) zu rechnen ist. Diese Frage dürfte

aber erst interessant werden, wenn tatsächlich einmal Beweise für die Existenz des Bigfoot vorlägen. Bisher gibt es nur ein paar Haare von einem Stacheldraht, die keine besondere Beweiskraft zu haben scheinen, massenhaft Fußabdrücke, Fotos, die vermutlich Fälschungen sind, und den wackeligen Film, den Roger Patterson am 20. Oktober 1967 am Bluff Creek in Nordkalifornien aufgenommen hat und auf dem Zweifler nicht mehr als einen Menschen im Affenkostüm erkennen wollen. Roger Patterson ist inzwischen tot, aber sein Begleiter an jenem denkwürdigen Tag, Bob Gimlin, schwört bis heute, daß der Film einen echten Bigfoot zeigt. Gesichtet wurde Bigfoot über 1000 Mal, und zwar in Gegenden von Kanada über Washington und Oregon bis nach Kalifornien, gehäuft in den Rocky Mountains. Der erste überlieferte Augenzeugenbericht stammt noch aus dem vorigen Jahrhundert. Einen regelrechten Boom von Bigfoot-Sichtungen gab es in den 70er Jahren. Oft wird ein Bigfoot nachts gesehen, wenn er in einsamen Gegenden eine Straße überquert und plötzlich in den Lichtkegel eines Scheinwerfers gerät. Einige dieser Augenzeugenberichte sind nicht so leicht als optische Täuschungen oder Spinnereien abzutun, etwa, wenn mehrere Personen gleichzeitig dem Bigfoot begegneten, wie die vier Männer, die am 14. März 1987 in British Columbia an einem Ölbohrloch arbeiteten und von einem 2,10m großen Exemplar umkreist wurden, oder die fünf Golfer, die am 15. August 1985 einen sehr kleinen, kaum 1,80m großen Bigfoot auf dem Gelände ihres Country Clubs in Medinah, Illinois, beobachteten. Zu den skurrilen Begegnungen gehört der Bericht eines campenden Pärchens, das von einem stinkenden, abstoßend wirkenden »bärenartigen Tier« angesprochen worden sein will. Dieser Bigfoot fragte »mit einer hohen und nicht menschlich klingenden Stimme« nach ihren Namen und ihrer Erlaubnis zum Campen, forderte sie auf, sofort zu verschwinden und bewarf sie mit Steinen. Und das, obwohl das Pärchen im Besitz einer Camperlaubnis war. Da liegt dann doch der Verdacht sehr nahe, daß es sich um einen Scherzbold wie Craig Alan Brashear handelte, der 1986 in Pennsylvania zu 10 Dollar Geldstrafe zuzüglich 50,17 Dollar Gerichtskosten verurteilt wurde, weil er im Fellkostüm und mit einer Wolfsmaske vor dem Gesicht nachts in das Scheinwerferlicht von Autos gesprungen war.

Mehrmals wurde das Bigfoot-Phänomen Gegenstand einer Verfilmung, zum Beispiel 1969 in dem primitiven Horrorfilm »Big Foot« (deutscher Titel: »Big Foot – Das größte Monster aller Zeiten«) und 1987 in dem Familienfilm »Harry and the Hendersons« (deutscher Titel: »Bigfoot und die Hendersons«), in dem Bigfoot erst von Vater Henderson auf einem einsamen Waldweg angefahren und schließlich – nachdem die Hendersons ihre irrationalen Ängste vor dem Unbekannten überwunden haben – in eine rechtschaffene, uramerikanische Familie aufgenommen wird.

Siehe auch **Sasquatch**.

Lit.: *Bigfoot und die Hendersons,* in: Cinema 12/1987; Janet und Colin Bord, *Geheimnisse des 20. Jahrhunderts,* Bayreuth 1990.

Bileams Eselin
Sprechendes Grautier aus der Bibel

Als die Israeliten auf dem Weg von Ägypten nach Kanaan in Moab einzogen, sollte der Wahrsager Bileam sie im Auftrag des Moabiterkönigs Balak verfluchen, damit sie aus dem Land vertrieben werden könnten. Nach langem Hin und Her stieg Bileam auf seine Eselin und machte sich auf den Weg nach Moab. Unterwegs stellte sich ihm ein Engel mit gezücktem Schwert entgegen. Bileam konnte ihn nicht sehen, aber seine Eselin wich dem Engel aus. Beim ersten Zusammentreffen lief sie in ein Feld, beim zweiten konnte sie sich gerade noch am Engel vorbeiquetschen, wobei Bileams Fuß an eine Mauer gedrückt wurde. Bileam schlug seine Eselin, und er schlug sie zum drittenmal, als sie sich einfach auf den Boden legte, weil der Engel sich an einer Stelle postiert hatte, die ein Ausweichen unmöglich machte. Da »öffnete der Herr dem Esel den Mund«, und das Tier verwies auf seine früheren treuen Dienste und beklagte sich über die rüde Behandlung. Plötzlich konnte auch Bileam den Engel mit dem Schwert sehen. Er fiel nieder, bereute sein Verhalten und erklärte sich bereit, den Anweisungen des göttlichen Gesandten zu gehorchen.

Die Eselepisode wurde vermutlich geschrieben, um zu verdeutlichen, daß die Fähigkeiten eines heidnischen Wahrsagers nichts sind vor der Allmacht des alttestamentarischen Gottes, der – wenn es ihm gefällt – seinen Engel für einen Esel sichtbar und gleichzeitig für einen Seher unsichtbar machen kann.

Bileams Eselin (oder Esel) wurde häufig in Schnitzereien, Glasmalereien und anderen Werken abgebildet und war ein Lieblingsthema romanischer Steinmetze.

Lit.: *Die Bibel.* Einheitsübersetzung, Freiburg im Breisgau 1980; Walter Gross, *Bileam,* München 1975.

Bimperl
Mozarts Hund

Am Tag nach Wolfgang Amadeus Mozarts Tod am 5.12.1791 in Wien soll unter dessen Bett ein toter Hund gefunden worden sein. Der kleine Spitz Bimperl hatte mutmaßlich den Tod seines Herrn nicht verwunden und war an gebrochenem Herzen gestorben. Seinem Bimperl hatte der Ausnahmekomponist die – unvollendete – Arie »Du kannst gewiß nicht treulos sein, ach nein, ach nein, mein Spitz« gewidmet.

Lit.: Gerda M. Umlauff, *Unsere Spitze,* Minden 1977.

Binti Jua
Gorilla und »Schwarzer Engel«

»Um Gottes Willen, ein Kind bei den Gorillas!«
(Augenzeugin des Vorfalls)

In ihrer Gorilla-Gruppe im Primatengehege des Brookfield-Zoos (bei Chicago) ist Binti Jua die Rangniederste. Für die Besucher ist sie seit dem 16. August 1996 die Größte.

An diesem Freitag, kurz nach 14 Uhr, war ein dreijähriger Junge über das etwa ein Meter hohe Bambusgitter geklettert und acht Meter tief ins Gehege gestürzt. Die Mutter fiel in Ohnmacht. Gorillaweibchen Binti Jua (der Name bedeutet auf Suaheli »Tochter des Lichts«), die mit ihrem eineinhalbjährigen Kind **Koola** in der Nähe saß, hatte bessere Nerven. Sie nahm den bewußtlosen Jungen in die Arme und trug ihn vorsichtig zu einem der Ausgänge, schirmte ihn dabei auch gegen die anderen Gorillas ab, die neugierig herankamen. Die Tierpfleger halfen ihr dabei, indem sie die übrigen Affen aus Feuerwehrschläuchen bespritzten, so daß Binti, die außer dem Menschenkind auch noch ihr eigenes mit sich schleppte, unbehelligt zu der von ihr angesteuerten Tür gelangen konnte. Dort legte sie das Kind behutsam vor den Pflegern und vier zufällig anwesenden Sanitätern auf den Boden. Obwohl der Junge 14 Stunden lang bewußtlos blieb, kam er mit einer Gehirnerschütterung, einer Wunde im Gesicht und einer gebrochenen Hand davon.

Der Brookfield-Zoo mußte eine eigene Telefonnummer für Binti-Nachfragen einrichten und vermeldete neue Besucherrekorde. Autogrammwünsche trafen ein und Gutscheine für Eiscreme-Haushaltspackungen. Der Gouverneur von Illinois machte seine Aufwartung am Affengehege, und Präsidentengattin Hillary Clinton bezeichnete Binti als »eine echte Chicagoerin mit goldenem Herzen«. »Glückwünsche für Binti und ihr beispielhaftes Benehmen. **Yambo** würde sehr stolz auf sie sein«, faxte der Zoo der Kanalinsel Jersey. Er stellte damit nicht nur die gewagte Behauptung auf, für Gorillas rangiere die Rettung von ungebändigten Menschenbälgern im Ansehen ganz oben, sondern erinnerte gleichzeitig auch dezent daran, daß vor einigen Jahren auf Jersey ebenfalls ein Kind ins Gorillagehege fiel. Damals behütete und tätschelte der inzwischen verstorbene Gorilla Yambo den Fünfjährigen, bis die Wärter ihn herausholten.

Binti Jua ist 1988 im Zoologischen Garten von Columbus/Ohio geboren. Da ihre Mutter sie nicht ausreichend säugte, päppelte die ehemalige Rotkreuzschwester Clara Johnston das Gorillababy drei Jahre lang im Zoo von San Francisco auf. Herangewachsen zog Binti Jua in das Gorilla-Gehege des Brookfield-Zoos. Als sie schwanger wurde, erhielt sie ein spezielles Mutterschaftstraining mit Plüschpuppen. Dieses Training und die Aufzucht durch Menschen könnten mit zu den Ursachen gehören, die zu dem Engagement der Gorillamutter für ein artfremdes Kind geführt haben. Dazu kommt, daß Gorillababys sich nicht wie andere kleine Äffchen von Anfang an selbständig im Fell ihrer Mutter festklammern können, sondern Traglinge sind. Wie Menschenbabys müssen sie in den

Arm genommen werden. So sympathisch Binti Juas Geste also auch war – aus dem Häuschen zu geraten braucht man deswegen nicht. Schließlich hat das Gorillaweibchen weder einen Druckverband angelegt, noch sonst etwas sensationell Ungewöhnliches angestellt. Wenn man sich in Erinnerung ruft, daß Gorillas 1. keine menschenfressenden Killermonster sind, sondern tolerante Wesen, die friedlich an ihren Blätterzweigen lutschen, solange man sie nicht belästigt, und 2. »gleichwertige Mitgeschöpfe«, die zu »einsichtigem Handeln« durchaus fähig sind, wie Zoologe Jörg Hess es im »stern« formuliert hat, dann ist Bintis Verhalten zwar faszinierend, aber nicht besonders überraschend. Andere Tierforscher zeigten sich noch weniger beeindruckt: »Wir wissen nicht, ob es mit einem Sack Kartoffeln nicht genauso umgegangen wäre.«

Lit.: Volker Sommer, *Die Affen – Unsere wilde Verwandtschaft,* Hamburg 1989; Teja Fiedler, *Der schwarze Engel,* in: stern Nr. 37 vom 5.9.1996.

Der Bismarckhering
Marinierter Hering ohne Kopf und Gräten.
Nach Otto von Bismarck (1815–1898)

Wie der Fisch zu seinem Namen gekommen ist, darüber gibt es zwei Geschichten. Geschichte 1 behauptet, Bismarck hätte während des Krieges gegen Dänemark den Hering gerühmt, der ihm in einem Flensburger Gasthof auf den Teller kam. Der Wirt bat um die Erlaubnis, das Gericht als Bismarckhering auf die Speisekarte setzen zu dürfen, und erhielt sie. Richtig ist, daß Bismarck Ende 1864 tatsächlich in Flensburg war. Da er zu diesem Zeitpunkt aber noch gar nicht Reichskanzler war, ist es unwahrscheinlich, daß irgendein Gastwirt Interesse daran gehabt haben könnte, ein Gericht nach ihm zu benennen. Erst recht nicht in Flensburg, wo man dem damaligen preußischen Ministerpräsidenten nicht zu Unrecht unterstellte, daß er die ungeklärte Situation der Herzogtümer Schleswig und Holstein nach dem Deutsch-Dänischen Krieg dazu nutzen wollte, diese Gebiete Preußen zuzuschlagen. Da wäre ein Gericht mit dem Namen »Bismarckhering« geradezu geschäftsschädigend gewesen.

Geschichte 2 legt Bismarck die Worte in den Mund, daß, wenn der Hering so selten wie Kaviar oder Hummer wäre, man ihn als feinsten Leckerbissen gelten lassen würde. Die geschmeichelten Fischhändler hätten daraufhin den Hering nach ihm genannt. Auszuschließen ist diese Version nicht, belegt ist sie aber auch nicht.

Vermutlich kommt der Name gar nicht vom Fischhandel, sondern von der fischverarbeitenden Industrie, deren Produkt der Bismarckhering schließlich ist. 1882 verknüpfte ein Fischindustrieller aus Altona bei Hamburg den Namen des Eisernen Kanzlers mit dem marinierten Hering. Es könnte sein, daß er der erste war.

Lit.: Fritz C. Müller, *Wer steckt dahinter? Namen, die Begriffe wurden,* Düsseldorf/Wien 1964.

Black Beauty
Englisches Romanpferd

Anna Sewell (1820–1878), die Tochter eines glücklosen Geschäftsmanns, gehörte zu der breiten Mittelklasse Englands, die einerseits das Ideal des bürgerlichen Idylls und der romantischen Gerührtheit pflegte, andererseits immer auf der Kippe zum sozialen Abstieg balancierte. Soziale Sicherungssysteme waren im England des 19. Jahrhunderts fast völlig unbekannt. Wer nicht mehr für sich selber sorgen konnte oder einer der wenigen reichen Familien angehörte, geriet unweigerlich und schnell ins Elend. Diese ständige Bedrohung verarbeitete Anna Sewell in dem Roman »Black Beauty. The Autobiography of a Horse«, mit dem sie auf das bemitleidenswerte Schicksal der Gebrauchspferde aufmerksam machen wollte. Er erschien 1877, ein Jahr vor ihrem Tod, und war ihre einzige Veröffentlichung. Sewell läßt darin ein Pferd als Ich-Erzähler auftreten – Black Beauty, einen schwarzen Hengst mit einem weißen Fuß und einem weißen Stern auf der Stirn. Black Beauty wechselt im Laufe des Romans häufig die Besitzer, bei denen es sich mit wenigen Ausnahmen stets um gedankenlose, brutale oder sadistische Tierschinder handelt. Schließlich ist Black Beauty in den Händen von Fuhrunternehmern, die ihn so schlagen und überfordern, daß selbst dieser Pferdeausbund von einem Schicksalsergebenen sich nur noch wünscht, tot umzufallen, damit die Quälerei endlich aufhört. So ein Ende mutet Anna Sewell ihren Lesern aber nicht zu. Sie läßt Black Beauty doch noch zu guten Menschen kommen, die dem Pferd (und dem Leser) versprechen, es nie wieder zu verkaufen.

Uschi Glas im Spielfilm »Black Beauty« (GB, Spanien, BRD, 1971).

Das Buch traf den sentimentalen Zeitgeschmack und wurde nach Anna Sewells Tod zu einem vielverkauften Klassiker der Jugendliteratur. 1891 erschien die erste deutsche Übersetzung, in der Black Beauty auf den Namen »Schön Schwarzhärchen« hörte.

Eine läuternde Wirkung des Buches zeigte sich nicht. Zwar entwickelte sich Ende des 19. Jahrhunderts langsam eine englische Tierschutzbewegung, doch wurden die Pferde auf Londons Straßen weiterhin meist brutal behandelt.

Hollywood wäre nicht Hollywood, hätte es sich nicht auf diesen Stoff gestürzt. Meilensteine der Kinogeschichte sind die filmischen Umsetzungen des Pferdemartyriums allerdings nicht. 1921, 1933, 1946 (hier wurde er von dem späteren → **Fury** gespielt) und 1957 trabte der schwarze Hengst über die US-Leinwand. Dabei wurde mit der literarischen Vorlage recht großzügig umgegangen. So kommt im Film das Pferd seinen ursprünglichen Besitzern unter unglücklichen Umständen abhanden und wird von diesen nach langer Suche und dramatischen Abenteuern wieder gefunden. Auch Zeit und Handlungsort weichen vom Original ab. Immerhin war die 1921er Stummfilmversion für das damalige Kind Ingmar Bergman so faszinierend, daß der kleine Schwede beschloß, Regisseur zu werden. Neben Hollywood hat sich 1971 ähnlich schwach auch eine deutsch-englisch-spanische Koproduktion, mit Uschi Glas in einer reitenden und leidenden Rolle, am Thema versucht. Etwas besser gelang eine 52teilige britische TV-Serie aus den 1970er Jahren, in dem ein schwarzer Hengst im Haushalt eines viktorianischen Landarztes eine tragende Rolle spielt.

Lit.: Aletha King / Agnes Perkins, *Dictionary of British Children's Fiction,* Band 1, New York/London 1989; *Lexikon des Internationalen Films,* Reinbek 1995; David Rothel, *The Great Show Business Animals,* San Diego/New York/London 1980; Anna Sewell, *Black Beauty.* Nacherzählt von Elaine Ife, Hamburg 1993.

Black Panther

Mitglieder der »Black Panther Party for Self-Defense« (BPP), einer radikalen, parteiähnlichen Organisation schwarzer Amerikaner

»Wir werden Menschen sein. Wir werden
Menschen sein, oder die Welt wird dem Erdboden
gleichgemacht bei unserem Versuch, es zu werden.«
(Eldridge Cleaver)

Mit einem 10-Punkte-Programm ließen Bobby Seale und Huey P. Newton am 15. Oktober 1966 in einem Büroraum des Armenhilfe-Programms von Oakland, Kalifornien, die Black-Panther-Partei vom Stapel, die im Zuge der Black-Power-Bewegung entstanden war. Seale wurde Vorsitzender und Newton Verteidigungsminister der Partei. Sie hatten sich für den Namen Black Panther entschieden, weil der Panther ein Tier ist, »das niemals angreift. Aber wenn es angegriffen oder bedrängt wird, dann erhebt es sich und löscht den, der ihn angreift oder überfällt, aus – absolut, entschlossen, völlig, gründlich, ganz und gar« (Seale). Der schwarze Panther prangte auch auf der Flagge der Organisation.

Das Programm, das jede Woche in der parteieigenen Zeitung

abgedruckt war, sah so aus (die Erläuterungen zu den einzelnen Punkten – bis auf die Erläuterung zu Punkt 7 – sind weggelassen):

1. *Wir wollen Freiheit. Wir wollen die Vollmacht haben, das Schicksal unseres schwarzen Volkes zu bestimmen.*
2. *Wir wollen Vollbeschäftigung für unser Volk.*
3. *Wir wollen, daß unser schwarzes Volk nicht länger durch den weißen Mann ausgeraubt wird.*
4. *Wir wollen anständige, menschenwürdige Wohnungen.*
5. *Wir wollen für unser Volk eine Ausbildung, die das wahre Wesen der dekadenten amerikanischen Gesellschaft aufdeckt. Wir wollen eine Ausbildung, die unsere wahre Geschichte und unsere Stellung in der heutigen Gesellschaft verstehen lernt.*
6. *Wir wollen, daß alle schwarzen Männer vom Militärdienst befreit werden.*
7. *Wir wollen die sofortige Beendigung der POLIZEI-BRUTA-LITÄT und der MORDE an schwarzen Menschen.*
   Wir glauben, daß wir der Polizei-Brutalität in unseren schwarzen Wohngemeinden ein Ende setzen können, indem wir Gruppen von Schwarzen zur Selbstverteidigung organisieren, die sich der Aufgabe widmen, unsere schwarzen Gemeinden gegen rassistische Unterdrückung und Brutalität der Polizei zu verteidigen. Der zweite Zusatz zur Verfassung der Vereinigten Staaten gewährt das Recht, Waffen zu tragen. Darum glauben wir, daß sich alle Schwarzen zur Selbstverteidigung bewaffnen sollten.
8. *Wir wollen die Freilassung aller Schwarzen, die in Bundes-, Staats-, Kreis- und Stadtgefängnissen oder Zuchthäusern inhaftiert sind.*
9. *Wir wollen, daß alle Schwarzen bei Gerichtsverhandlungen von solchen Geschworenen beurteilt werden, die ihresgleichen sind oder aus ihren schwarzen Wohngemeinden stammen, wie es die Verfassung der Vereinigten Staaten vorsieht.*
10. *Wir wollen Land, Brot, Wohnungen, Bildung, Kleidung, Gerechtigkeit und Frieden; und als wichtigstes politisches Ziel eine von den Vereinten Nationen durchgeführte Volksabstimmung in der gesamten schwarzen Kolonie, an der nur schwarze*

Angehörige aus der Kolonie teilnehmen dürfen; diese Abstimmung soll über den Willen des schwarzen Volkes hinsichtlich seines nationalen Schicksals entscheiden.

Seale und Newton verteilten 1000 Abzüge des Programms in der schwarzen Wohngemeinde. Das Geld für die ersten Waffen (2 Schrotflinten) verdienten sie durch den Verkauf von Mao-Bibeln an linke – weiße – Studenten. Die Partei wuchs. Die Black-Panther-Uniform bestand aus schwarzer Baskenmütze, blaugrauem Pullover, schwarzer Lederjacke, schwarzer Hose und schwarzen Schuhen. Das offene Tragen von Waffen war von großer Bedeutung. So sah Bestsellerautor Eldridge Cleaver die Panthers aus dem Fenster seines Redaktionszimmers – wie sie mit entsicherten Gewehren weißen Polizisten ins Gesicht lachten. Er wurde ihr Informationsminister und einer ihrer entscheidenden Führer. Weitere bekannte Mitglieder waren Stokely Carmichael, H. »Rap« Brown und Angela Davis. Die Black Panther waren entschlossen, Polizeiwillkür und weiße Lynchjustiz nicht länger tatenlos hinzunehmen. Sie legten Waffenlager an, verfolgten die in den Schwarzenvierteln patrouillierenden weißen Polizisten, um »Bullenbrutalität« zu verhindern, und bereiteten sich auf den Bürgerkrieg vor, den sie nicht anfangen wollten, aber für unvermeidbar hielten. Bei der Durchsetzung ihrer Ziele griffen sie auch zu gewalttätigen Mitteln.

Die Ermordung Martin Luther Kings 1968 verstärkte die Konfrontationen zwischen Polizisten und Black Panther. Die Popularität der Bewegung erreichte gegen Ende des Jahres ihren Höhepunkt. Aber 1968 wurde auch zu dem Jahr, in dem John Edgar Hoover sein FBI mit der »Operation Gegenspionage« darauf ansetzte, die Black Panther zu unterwandern, ihre Organisation zu zersetzen und zu spalten und ihre Tätigkeit mit allen Mitteln zu neutralisieren. Spitzel wurden in die Bewegung eingeschleust und gezielt Gerüchte gestreut, die Aktivisten beschuldigten, mit der Polizei zusammenzuarbeiten. Anfang 1969 wurden dann Huey Newton, Bobby Seale und Eldridge Cleaver verhaftet, die Panther-Büros gewalttätig gestürmt, die lokalen Führer bei zum Teil provozierten Zwischenfällen erschossen oder ebenfalls verhaftet. Innerhalb weniger Monate war die Black-Panther-Bewegung führerlos. Nach zwei Jahren Untersuchungshaft mußten Seale und Newton endlich doch noch freigesprochen werden. Uneinigkeit zwischen den beiden Panther-Gründern über die Ziele ihrer Partei führte dazu, daß die Bewegung zerfiel. Der halbdokumentarische Film »Panther« (USA 1995, Regie: Mario Van Peebles) stellt außerdem die Anschuldigung auf, das FBI habe sich mit der Mafia zusammengetan und Heroin in die Schwarzenviertel der Großstädte geschleust, um den Widerstand der Black-Panther-Bewegung zu brechen.

Lit.: *Cinema* 2/1996; Eldridge Cleaver, *Seele im Feuer,* Neuhausen-Stuttgart 1980; Georg Hermann, *Schwarze Panther, weiße Bändiger,* in: Die Weltwoche vom 17.4.1974; Kai Herrmann, *Seele auf Eis.* Nachwort zur deutschen Ausgabe von Eldridge Cleaver, München 1970; Bobby Seale, *Wir fordern Freiheit. Der Kampf der Black Panther,* Frankfurt am Main 1971.

Blaubär, Käpt'n
siehe Käpt'n Blaubär

Blaues Pferd
Gemälde von Franz Marc

Ein Pferd steht in einer Landschaft. Das Pferd ist blau und die Landschaft bunt wie ein Kirchenfenster: violett, gelb, grün, blau und orangerot. Es ist »eine Welt des Lichtes und der absoluten Reinheit«, eine Traumwelt, deren Farben den Erfahrungen des Auges widersprechen. Sie tragen ihren Wert in sich selbst. Aber das menschenlose Paradies »bedeutet auch Vereinsamung und Leid. Blau ist die Farbe der Melancholie ...« (G. Lindemann). Das Blaue Pferd steht für die Sehnsucht des Menschen nach Harmonie und Vollkommenheit und für die Hoffnung und Verzweiflung, die darin liegt.

Franz Marc (1880–1916) war einer der ersten deutschen Maler, der die Farbe in völliger Freizügigkeit verwendete. 1910 traf er mit Kandinsky und August Macke zusammen. Gemeinsam gaben sie den Almanach »Der Blaue Reiter« heraus, der nach einem Bild

102

Kandinskys hieß und in dem sie die »Rückkehr zur einfachen Form und klaren Farbigkeit« forderten. 1911 traten Marc, Kandinsky, Kubin und Münter aus der »Neuen Künstlervereinigung« aus und veranstalteten eine Gemeinschaftsausstellung, die sie ebenfalls »Der Blaue Reiter« nannten. Unter diesem Namen ist die Gruppe in die Kunstgeschichte eingegangen. Marc verließ die Gruppe schon bald und widmete sich ganz seinen Tierdarstellungen, zu denen u. a. eine gelbe Kuh, »Rote Pferde« und ein Tiger, dessen natürliche Formen in geometrische Flächen zerschnitten sind, gehören. Die »anfängliche Naturmystik«, aus der heraus Franz Marc seine Bilder malte, »endete schließlich in einer völligen Entfremdung von der sichtbaren Welt« (G. Lindemann).

Im Ersten Weltkrieg meldete er sich freiwillig. Seine Briefe in die Heimat sind voller Mitleid für »die armen Pferde«, die er dort in Massen grauenhaft verenden sah. »Die Pferde sind seit unserem Abmarsch nicht mehr aus dem Geschirr gekommen«, steht in einem Brief, den er zwei Wochen, bevor er am 14. März 1916 vor Verdun fiel, schrieb.

Marcs Bilder wurden während der Herrschaft des Nationalsozialismus aus den deutschen Museen entfernt. Das Blaue Pferd ist heute im Folkwang-Museum in Essen zu sehen.

Lit.: Dietmar Grieser, *Im Tiergarten der Weltliteratur,* München 1993; Gottfried Lindemann, *Kunst, Künstler, Kunstwerke,* Essen, o. J.

Blonder Panther
Tarzanartige Dschungelheldin

Nach dem Zweiten Weltkrieg war Deutschland im Gegensatz zum übrigen westlichen Europa ein ausgesprochenes Comic-Entwicklungsland. Zwar hatte es bereits in Zeitungen und Heften der 20er Jahre und selbst im Nationalsozialismus Bildgeschichten mit oder ohne Sprechblasen gegeben, aber es handelte sich dabei durchweg um pädagogisierende, Propaganda- oder brave Witzproduktionen. Gegen die angelsächsische Comic-Kultur hatte sich Deutschland weitgehend abgeschottet. Argwöhnisch beobachteten die staatlichen und sonstigen Kulturwarte der frühen Adenauerzeit die Begeisterung, mit der sich Kinder und Jugendliche auf die von den westlichen Besatzungsmächten »eingeschleppten« bunten Heftchen stürzten. Serien wie »Blonder Panther« lieferten den Saubermännern und -frauen im sich restaurierenden Deutschland willkommenen Anlaß für ihre erfolgreiche Kampagne gegen »Schmutz und Schund«, bei der zum Schutze der Jugend so einiges gebannt wurde.

Der »Blonde Panther« kam im Februar 1950 als Lizenzausgabe des italienischen Erfolgscomics »Pantera Bionda« an die deutschen Kioske. Lange blieb er dort nicht. Die Abenteuer des vom Zeichner Enzo Magni geschaffenen »Panthers«, einer superblonden, spärlich bekleideten weiblichen Ausgabe von Tarzan, die im Dschungel von Borneo für Recht und Ordnung sorgte, erhitzte die Gemüter so sehr, daß die Serie nach nur 19 Ausgaben im Juli 1950 eingestellt werden mußte. Allerdings hielt sich der »Blonde Panther« im katholischen Ursprungsland Italien auch nicht viel länger.

Lit.: Bernd Dolle-Weinkauf, *Comics. Geschichte einer populären Literaturform in Deutschland seit 1945*, Weinheim 1990; Andreas C. Knigge, *Fortsetzung folgt. Comic-Kultur in Deutschland*, Frankfurt am Main/Berlin 1986.

Blondi
Hitlers Schäferhund

Adolf Hitlers Verhältnis zu seinen Hunden war dem zu seinem Volk nicht ganz unähnlich. Auf der einen Seite beteuerte er, sie zu lieben, doch tatsächlich waren sie für ihn Mittel zur Selbstdarstellung und zur Befriedigung seines Größenwahns. Wurde nicht pariert und der Führer nicht hündisch-dankbar angehimmelt, prügelte er mit der Knute los. In dieses Bild paßt auch, daß Hitler, der am liebsten das ganze deutsche Volk mit in den Tod genommen hätte, wenige Stunden vor seinem Selbstmord am 30. April 1945 seinen Lieblingshund Blondi umbringen ließ. Nicht, um Blondi ein eventuelles Leiden zu ersparen, sondern um sich von der Wirksamkeit der Blausäurekapseln, mit denen er auch sich töten wollte, zu überzeugen. Weinerlich bezeichnete Hitler am Ende seiner Tage Blondi als das einzige Wesen, das ihm außer seiner Geliebten Eva Braun bis zuletzt treu geblieben sei.

Die Deutsche Schäferhündin hatte im März 1945 noch Junge geworfen. Eins davon nannte Hitler nach einem frühen eigenen Pseudonym »Wolf«. Im Gegensatz zu Eva Braun durften Blondi und Wolf bei Hitler im Zimmer schlafen. Eva Braun und ihre Hunde **Stasi** und **Negus** konnten Blondi nicht ausstehen.

Hitler hatte sich immer gern mit Hunden umgeben. Sein erster Begleiter war **Foxl**, ein britischer Überläufer, der während der Grabenkämpfe im Ersten Weltkrieg die Seiten wechselte und sich den Gefreiten Hitler als neues Herrchen ausguckte. Der kleine, krummbeinige Terrier mit dem weißen Fell war drei Jahre lang der einzige Freund des bei seinen Kameraden als eigenbrötlerischer Spinner eingestuften Hitlers. Am Ende des Krieges wurde Foxl zum Kummer seines Herrn gestohlen. Als idealer Begleithund schwebte Hitler aber bereits damals nicht ein Terrier vor, sondern ein Schäferhund: »Was sind das für wunderbare Tiere! Scharf und ihrem Herrn anhänglich, tapfer, kühn und schön!« Seit Anfang der 20er Jahre besaß er stets einen oder mehrere Deutsche Schäferhunde und die dazugehörige Hundepeitsche. Nachdem er an die Macht gekommen war, beschäftigte er in seinem Hofstaat stets einen eigenen Hundebesorger. Der letzte dieser Hundepfleger riß Blondi das Maul auf, damit die tödliche Giftkapsel eingeführt werden konnte.

Lit.: Joachim C. Fest, *Hitler. Eine Biographie,* Frankfurt am Main 1973; Guido Knopp, *Hitler. Eine Bilanz,* Berlin 1995; John Tland, *Adolf Hitler,* Garden City 1976; H. R. Trevor-Rope, *Hitlers letzte Tage,* Frankfurt am Main 1995.

Boatswain
Lord Byrons Neufundländer

Der junge Lord Byron (1788–1824), romantischer Dichter und unmoralischer Romantiker, besaß zwei Hunde, die Bulldogge **Nelson** und den schwarzweißen Neufundländer Boatswain. Er hatte sie aus einer Laune heraus erstanden. Schwarzweiße Neufundländer waren Anfang des 19. Jahrhunderts in England zum Attribut der feinen Leute geworden. Es wurden so viele aus Neufundland importiert, daß dort nur die schwarzbraunen übrigblieben, bis der Modegeschmack dunkle Hunde vorschrieb. Da gab es bald auch keine schwarzen Neufundländer mehr in ihrer Heimat zu kaufen. Die Schwarzweißfarbenen wurden Landseer genannt – nach dem englischen Maler Landseer, der die schönsten und berühmtesten von ihnen porträtierte. Sie heißen heute noch so. Auch Boatswain wurde gemalt, der Künstler ist aber nicht mehr bekannt.

Byrons Vorbild war der große klassizistische Dichter Pope. Pope hatte bei seinen Erstlingsgedichten auf seine Minderjährigkeit hingewiesen. Byron setzte bei seinen Erstlingsgedichten neben seinen Namen den Zusatz: »ein Minderjähriger«. Pope hatte ein Lobgedicht auf seinen Hund **Bean** geschrieben. Byron schrieb Lobgedichte auf Boatswain. Vielleicht eignete Bulldogge Nelson sich nicht als Adressat.

Lord Byron und Boatswain (Denkmal von Richard Belt in London).

Da an der Universität Cambridge keine Hunde erlaubt waren, erschien Byron in seiner Studienzeit dort mit dem zahmen Bären **Bruin** an der Leine, der einmal einen entsetzten Professor umarmte. Nach diesem Vorfall erklärte Byron sich bereit, Bruin zurück nach Hause zu schicken.

Als Boatswain starb, fand der 20jährige Dichter, bei dem Enthusiasmus ein nicht ganz seltener Zustand war, folgende Worte für den Grabstein:

»Hier ruhen die Gebeine von einem, der Schönheit besaß ohne

Eitelkeit, Stärke ohne Übermut, Mut ohne Wildheit und alle Tugenden des Menschen ohne seine Laster. Dies Lob, unpassende Schmeichelei wär's, über menschliche Asche geschrieben; nur ein gerechter Tribut ist es zum Andenken an Boatswain, einen Hund, der geboren war auf Neufundland im Mai 1803 und starb zu Newstead Abbey am 18. November 1808.«

Lit.: André Maurois, *Byron*, München 1930; Hartmut Müller, *Lord Byron*, Reinbek 1981; Gottfried Stein, *Kurzweiliger Hundespiegel*, München 1958.

Bodmin-Bestie
Unruhestifter in Cornwall

Der **Hund von** → **Baskerville** ist das vielleicht bekannteste Horrortier in Großbritannien, das furchtsame Menschen vor einem nächtlichen Spaziergang durch Moorgebiete und einsame Gegenden schaudern läßt, aber er ist bei weitem nicht das einzige. Die Liste unheimlicher Tiere, die in den nebligen Landschaften Englands für Gruselstimmung sorgen, ist lang. Fast jede Grafschaft hat eine oder mehrere solcher Bestien als Bestandteil der Regionalfolklore. Der aktuellste Fall wird aus dem zugigen Cornwall gemeldet. Dort sorgt seit Mitte der 80er Jahre eine geheimnisvolle Großkatze immer wieder für Aufregung und Schlagzeilen. Die um das Moor von Bodmin ansässige Landbevölkerung berichtet hartnäckig von einer riesigen schwarzen Katze, die regelmäßig Schafe und Kälber reißt und in ungewöhnlicher Art und Weise zerlegt. Das »Beast of Bodmin«, kurz **B.O.B.** genannt, erscheint den Gewährsleuten als dermaßen groß und gefährlich, daß Touristen dringend empfohlen wird, sich nicht nach Einbruch der Dämmerung im Moor aufzuhalten.

Das B.O.B. verursachte so einen Wirbel in den Medien, daß sich 1995 eine offizielle Regierungskommission mit dem Fall befassen mußte. Die Experten kamen zu dem wenig aufschlußreichen Ergebnis, daß es weder eindeutige Beweise für noch gegen das Vorkommen einer wildlebenden Großkatze in Cornwall gibt. Vollkommen abwegig ist die Existenz eines schwarzen Panthers oder sehr dunklen Pumas in der Südwestecke Englands nicht. 1976 machte die britische Regierung im »Dangerous Wild Animal Act« das Halten von Wildtieren genehmigungspflichtig. In dieser Zeit galt es in bestimmten Kreisen als hip, sich mit einer Raubkatze zu schmücken. Als Reaktion auf das Genehmigungsgesetz setzten viele Tierbesitzer ihre Exoten einfach in die englische Landschaft aus. Es ist nicht ausgeschlossen, daß das eine oder andere anpassungsfähige Exemplar seine Nische im Lande Darwins gefunden hat. Vielleicht im Moor von Bodmin.

Lit.: Tatjana Dönhoff, *The Beast of Bodmin*, in: Max 8/1996.

Bonzo
Ronald Reagans Filmpartner, Schimpansin

Ronald Reagan in »Bedtime with Bonzo« (USA 1951).

1951 trat der damalige Schauspieler und spätere US-Präsident Ronald Reagan zusammen mit einem Schimpansen in dem Film »Bedtime for Bonzo« auf. Reagan spielte darin einen Psychologieprofessor, der ein Schimpansenkind wie ein Menschenkind aufzieht, um zu beweisen, daß seelische und geistige Entwicklungen Sache der Erziehung und nicht der Vererbung sind. Bonzos Rolle übernahm die Schimpansin **Peggy**, die sich so herzig daneben benahm, daß sie Ronald Reagan glatt an die Wand spielte. Folgerichtig war Peggy im nächsten Bonzo-Film »Bonzo goes to College« (1952) wieder dabei, während man nach Reagan vergeblich Ausschau halten konnte. Im zweiten Film besteht Bonzo die Aufnahmeprüfung zum College, wohnt dort bei einem Professor und wird Footballspieler im College-Team. Kurz vor Ende eines ungeheuer wichtigen Spiels macht Bonzo die entscheidenden Punkte zum Sieg. Die Rolle der Professorsfrau wurde mit Maureen O'Sullivan besetzt, die bereits als Tarzans Jane Schimpansenerfahrung sammeln durfte.

Wenn Peggy nicht in den Universal-Studios den Bonzo gab, mußte sie für Columbia Pictures als **Tamba** in den Jungle-Jim-Filmen neben Johnny Weissmuller herhalten.

Lit.: David Rothel, *The Great Show Business Animals,* San Diego/New York/London 1980.

Bonzo
Zeichentrickhund der Stummfilmzeit

Wann genau George E. Studdy zum ersten Mal diesen dicken Hund mit kurzen, plumpen Gliedmaßen, Stummelschwanz, Ballonkopf, einem schwarzen Ohr und wenigen kreisrunden schwarzen Flecken auf dem Fell zeichnete, ist unbekannt. Denn bevor Bonzo 1924 der Star der einzigen erfolgreichen englischen Zeichentrickserie der Stummfilmzeit wurde und bevor es die ersten Comicstrips mit ihm gab, schmückte er bereits Postkarten, Zigarettenbilder und Poster, war in Bilderbüchern und Illustrierten zu finden und als Spielzeug oder Aschenbecher erhältlich. Für die 26 Zeichentrickfilme arbeitete Studdy mit dem Skriptschreiber Adrian Brunel zusammen und mit William A. Ward, der für die Animation zuständig war. In den späten 20ern erschien täglich ein Bonzo-Comicstrip. 1932 wurden diese Strips in dem Buch »Bonzo: The Great Big Midget Book« zusammengefaßt. Danach erschien jedes Jahr ein »Bonzo Annual«. Als Studdy starb, sprangen andere Zeichner für ihn ein, und das »Bonzo Annual« erschien bis in die 50er Jahre.

Die frühen Bonzo-Comics, -Abbildungen und -Figuren sind inzwischen begehrte Sammelobjekte.

Lit.: Maurice Horn (Hrsg.), *The World Encyclopedia of Comics,* Band 1, New York 1976.

Bootsmann
Bernhardiner auf Saltkrokan

Bootsmann gehört zu Tjorven (Maria Johansson). Durch fünf Kinospielfilme und eine dreizehnteilige Fernsehserie begleitet der Bernhardiner das kluge, anstrengende und dicke Kaufmannskind und ihre kleine Freundin, die Nervensäge Stina – von 1964 bis 1968 und in jeder Wiederholung des unveränderlichen Ferien- und Familienidylls. Seinen größten Auftritt hat er in »Ferien auf Saltkrokan 2« – »Der verwunschene Prinz« (»Tjorven, Båtsman och Moses«, Schweden 1964, Regie: Olle Hellblom, Drehbuch: Astrid Lindgren nach ihrem Originalmanuskript), der auch unter den Titeln »Bootsmann und Moses« oder »Ferien auf der Kräheninsel« lief. Hier rettet Bootsmann Tjorven zuerst das Leben, wird dann von ihr vernachlässigt, weil ein kleiner Seehund namens **Moses** alle Aufmerksamkeit auf sich zieht, und gerät schließlich in Verdacht, gewildert und **Nickel** gefressen zu haben. Nickel ist das Kaninchen von Tjorvens Schwarm Pelle, der mit seinen Brüdern, seiner großen schönen Schwester Malin und seinem Vater, dem verwitweten Schriftsteller Melker Melkersson, regelmäßig auf Saltkrokan Ferien macht. Bootsmann soll erschossen werden, aber gerade noch rechtzeitig stellt sich seine Unschuld heraus. Tjorven bereut ihre Treulosigkeit, Malin verliebt sich, Moses wird ins Meer entlassen, und Pelle bekommt den Cockerspaniel **Jum-Jum** geschenkt.

Dieser »beste Kinderfilm« (Expressen) verkaufte sich in der ganzen bösen, harten Welt.

Lit.: Hauke Lange-Fuchs, *Einfach zu sehen. Astrid Lindgren und ihre Filme,* Frankfurt am Main 1991.

Borka
Aus der Art geschlagenes Gänschen

Die Gans **Mrs. Plumster** zieht als alleinerziehende Mutter sechs Gänschen auf. Eines von ihnen, Borka, ist anders als die anderen: Sie hat keine Federn. In der Gänsewelt kein bloßer Schönheitsfehler, sondern eine ernsthafte Bedrohung der Lebensfähigkeit. Der konsultierte Arzt kann nur den hilflosen Rat geben, dem nackten Jungvogel als Schutz gegen Erkältungen einen Pullover zu stricken. Mit dem übergezogenen Pullover sieht Borka zwar ganz nett aus, aber schwimmen kann sie mit der wollenen, saugfähigen Oberkleidung nicht. Fliegen kommt für sie ohne die aerodynamische Federgrundausstattung auch nicht in Frage. Todtraurig muß die fluguntaugliche Gans zusehen, wie Mrs. Plumster im Herbst mit ihren gefiederten Kindern ins Sommerquartier zieht. Ihrem Schicksal überlassen steckt Borka aber nicht auf und erlebt viele Abenteuer auf der Suche nach einem neuem Zuhause, das sie schließlich bei einer Gruppe von anderen ungewöhnlichen Vögeln findet. Der englische Autor John Burningham wollte mit seinem recht erfolgreichen 1963 erschienenen Kinderbuch »Borka. The Adventures of a Goose with no Feathers« all denen Mut machen, die anders sind.

Lit.: Margey Fisher, *Who´s Who in Children´s Books,* London 1975.

Der Böse Wolf
Überholter Kinderschreck

»Wer hat Angst vorm bösen Wolf, bösen Wolf, bösen Wolf?«
(Die drei kleinen Schweinchen)

Der Böse Wolf kommt in vielen Märchen der Welt vor und ist dort gleich hinter dem Teufel der Bösewicht Nr. 2. In England pustet er kleinen Schweinchen die Häuser um, und in der Disney-Version trägt er eine blaue Hose. Bei den Brüdern Grimm hat der Böse Wolf seinen berühmtesten Auftritt in »Rotkäppchen«, wo er Großmutter und Enkelin verschlingt. Ein andermal frißt er sechs der **Sieben Geißlein**. Sowohl Geißlein als auch Rotkäppchen und Großmutter werden unversehrt aus seinem Bauch herausgeschnitten. Anschließend wird er mit schweren Steinen gefüllt und wieder zugenäht, worauf der Wolf umkommt. Diese Art von Fressermärchen geht vermutlich auf Sagen über → **Werwölfe** zurück, die für Kinder entschärft wurden. Der Sinn dieser Märchen war, Kinder, die noch keine bedrohlichen Erfahrungen gemacht hatten, mit der Existenz des Bösen vertraut zu machen. Manche alte Märchentante wollte vermutlich auch bloß ein Kind durch Schreckgeschichten gefügig machen. Heutzutage, wo ihr einfach bloß böser Wolf mit Zombie-Filmen und Wrestlingkämpfen konkurrieren muß, dürfte ihr das schwerfallen. In manchen Märchen und Fabeln ist der Wolf eher ein dummes als ein böses Tier. Aber auch dort ist seine Gier das hervorstechendste Merkmal. Sie ist schuld daran, daß er immer wieder – oft vom Fuchs – überlistet wird.

Psychoanalytisch gesehen verkörpert der Böse Wolf ein undifferenziertes Begehren. So etwas kommt bei Neurosen vor, deren »Hauptproblem darin besteht, daß der Mensch aufgrund einer unglücklichen Kindheit infantil blieb« und alles haben will, was er sieht. Er ist davon regelrecht getrieben und kann niemals Zufriedenheit empfinden. In ihm ist ein stetiges bitteres, wölfisches Grollen »über das, was er nie bekam« (M. L. von Franz).

Lit.: Marie Louise von Franz, *Der Schatten und das Böse im Märchen,* München 1991; Karl Justus Obenauer, *Das Märchen. Dichtung und Deutung,* Frankfurt am Main 1959.

Boxer
Working Class Horse

»Ich will noch härter arbeiten!« (Boxer)

Das Arbeitspferd Boxer ist in Orwells Fabel »Farm der Tiere« (»Animal Farm«, 1945) ein Beispiel für den hart arbeitenden, etwas beschränkten Arbeitertypus, der sich willig für die vermeintlich hehren Ziele eines totalitären Gesellschaftssystem einspannen und ausbeuten läßt. Boxer ist ein freundlicher, außergewöhnlich kräftig gebauter Gaul. Bereits zu Zeiten des verkommenen Bauern Jones bewältigte er eine ungeheure Arbeitsleistung. Nach der Revolution der Tiere auf der Jones-Farm glaubt er bereitwillig an das

Anbrechen einer neuen, besseren Zeit. Sein geistiges Potential ist nicht allzu groß, mit dem Lesen hat er seine Schwierigkeiten, und die animalistischen Phrasen, die von der bald tonangebenden Schweineoligarchie verbreitet werden, versteht er nur zum Teil. In der naiven Überzeugung, daß die Schweinepartei schon das Richtige anordnet, wirft er sich begeistert auf die Arbeit und schiebt sogar freiwillig Sonderschichten. Ein einziges Mal wagt er einen Einwand und bekommt prompt die Brutalität des Schweineregimes am eigenen Körper zu spüren. Doch mit den Hunden, die man auf ihn hetzt, wird das Pferd spielend fertig. Seitdem läßt ihn das Regime in Ruhe. Boxer lastet diese Erfahrung nicht grundsätzlich dem System an und schindet sich weiter ab. Als seine Kraft verbraucht ist und er erschöpft zusammenbricht, lassen ihn die Schweine fortschaffen. Angeblich soll er außerhalb der Farm bei einem Tierarzt wieder aufgepäppelt werden. Zu spät erkennen Boxer und sein Freund, der Esel → **Benjamin**, die Wahrheit. Boxer wird vom Karren der Abdeckerei abgeholt.

Siehe auch **Napoleon.**

Lit.: siehe unter **Napoleon.**

Die Bremer Stadtmusikanten
Tierquartett

»Etwas Besseres als den Tod findest du überall.«
(Der Esel)

Das 1819 von den Grimm-Brüdern aufgezeichnete Märchen »Die Bremer Stadtmusikanten« erzählt die Geschichte von vier armen Geschöpfen, die, nachdem sie brav ihre Pflicht getan haben, nicht die wohlverdiente Belohnung bekommen, sondern ziemlich rabiat abgefertigt werden sollen. Ähnlichkeit mit den tatsächlichen Gepflogenheiten im Arbeitnehmer-Arbeitgeber-Verhältnis der Zipfelmützenzeit ist vorhanden. Bei den Ausgebooteten handelt es sich um einen Esel, einen Hund, eine Katze und einen Hahn, die zu einer lebensrettenden Solidargemeinschaft zusammenfinden.

Ein alter Mühlenesel, der nach Jahren mehliger Fron in die Wurst soll, macht sich vom Hof und trifft einen Hund, dessen Herr ebenfalls kein Freund sentimentaler Gnadenbrotpraxis ist. Etwas später stoßen noch eine überflüssige Katze, die durch Ertränken entsorgt werden soll, und ein Hahn, der keine Lust hat, als Suppe zu enden, zu ihnen. Der Esel überredet alle, mit ihm nach Bremen zu kommen und Stadtmusikant zu werden. Teilweise setzt er auch gleich die Instrumentierung fest. Er selbst will Laute spielen, der Hund soll Paukist werden, der Hahn hat eine gute Stimme und die Katze versteht sich sowieso schon auf die Nachtmusik. Auf ihrer Wanderschaft gelangen die vier zu einem einsamen Haus, in dem eine kriminelle Vereinigung ihr Quartier hat und am gedeckten Tisch schlemmt. Der Hund stellt sich auf den Esel, die Katze auf den Hund und der Hahn auf die Katze. Die equilibristische Pyramide schmettert aus vollem Hals ihre Musik und springt durch das Fenster in die gute Stube. Die Räuber suchen vor dem vermeintlichen Gespenst das Weite. Daraufhin gibt das nette Quartett den Bremen-Plan auf und richtet sich im eroberten Haus ein. Und wenn sie nicht gestorben sind oder geräumt wurden, leben sie heute noch dort.

Die Bremer Stadtmusikanten vor dem Rathaus in Bremen (Denkmal von G. Marcks).

114

Nicht zufällig verfielen vier abgehalfterte Arbeitnehmer der gar nicht so guten alten Zeit auf den Gedanken, ihrem Schicksal eine Wende zu geben und Kommunalmusiker zu werden, anstatt ins Gras zu beißen. Das Sozialprestige der Stadtmusikanten um 1800 war zwar nicht berauschend, aber immerhin besaßen sie als städtische Unterbeamte, die Türmerdienste zu leisten hatten sowie in der Kirche und bei offiziellen Anlässen aufspielen mußten, ein Minimum an wirtschaftlicher Absicherung. Bremen als künftigen Berufsort zu wählen, war auch sinnvoll. Bremen war eine der größten und wohlhabendsten Städte des deutschen Nordens. Obwohl die Tiere im Rahmen ihrer späten Berufsfindung Bremen nie erreicht haben, schmückt sich die Hansestadt gern mit diesem Heldenquartett und macht aus ihnen eine Art zweites Wahrzeichen.

Lit.: Ulf Diederichs, *Who's Who im Märchen*, München 1995.

Brighty
Autonomes US-Muli

Brighty ist der halbauthentische Titelheld eines in den USA populären Spätwestern-Romans, »Brighty of the Grand Canyon«, den Marguerite Henry 1953 veröffentlichte. Männliche Einsamkeit und Kampf um stolze Selbstbestimmtheit, die bekannten Versatzstücke des Westernmythos, sind auch die Zutaten dieser Geschichte, die am Anfang des 20. Jahrhunderts spielt. Aber der Held ist kein Cowboy, sondern ein recht unansehnliches, aber gewitztes Maultier. Anstatt wie die meisten seiner trittsicheren Artgenossen geduldig die Lasten des roten, schwarzen oder weißen Mannes zu tragen, genießt Brighty ein freies Leben im amerikanischen Nationalheiligtum Grand Canyon. Sein Kumpel ist ein alter schrulliger Goldsucher, Hezekiah Appleyard, der das Huftier ständig vollschwatzt und mit Pfannkuchen füttert. Das Honky-Donkey-Idyll wird jäh zerstört, als Appleyard auf eine Kupfermine stößt und daraufhin vom habgierigen Trapper Jake ermordet wird. Der einsame Brighty trifft zum Glück auf den Ranger Uncle Jimmy. Er freundet sich mit ihm an, erlebt viele Abenteuer, rettet und wird gerettet. Als Präsident Theodore Roosevelt, der wie viele Amerikaner in seiner Person rücksichtslos-blauäugige Fortschrittsgläubigkeit mit rückwärtsgewandter sentimentaler Westernsehnsucht vereint, eine Brücke über den Grand Canyon eröffnet, sind Uncle Jimmy und Brighty die gefeierten Ehrengäste und werden wie die Relikte einer besseren Zeit bestaunt. Am Ende des episodenhaft aufgebauten Romans, der 1967 verfilmt wurde, kommt es natürlich zum Showdown. Der Mörder Jake bekommt seine gerechte Strafe, Brighty wird angeschossen, erholt sich aber wieder und verschwindet, eine Legende werdend, im Grand Canyon.

Lit.: Alethea K. Helbig / Agnes R. Perkins, *Dictionary of American Children's Fiction 1859–1959,* New York/London 1985; Jay R. Nash / Stanley P. Ross, *The Motion Picture Guide 1917–1983,* Band 1, Chicago 1985.

Mrs. Brisby
Abenteurerin, Mutter und Maus

»Alle Menschen sind Opfer.« (Euripides)

Und für Mrs. Brisby gilt das auch. Die Feldmaus ist die Hauptfigur von Don Bluths Zeichentrickfilm »Mrs. Brisby und das Geheimnis von Nimh«, der Anfang der 80er Jahre in die Kinos kam und nach Bluths eigenen Angaben Elemente von Sophokles und Euripides enthält. Mrs. Brisby, der man ansieht, daß ihr Schöpfer vormals Chefzeichner in den Walt-Disney-Studios gewesen ist, steht nach dem mysteriösen Tod ihres Mannes **Jonathan** mit ihren drei Kindern erst mal allein in der Welt. Das Jüngste hat auch noch eine lebensgefährliche Lungenentzündung und kann das Bett nicht verlassen. Dabei müßte dringend die Wohnung, ein hohler Holzblock, geräumt werden. Bauer Fitz Gibbon bereitet sich vor, das Feld umzupflügen, auf dem der Holzblock steht. Auch Mrs. Brisbys Seelenfreund, der trottelige Krähenmann **Jeremy,** ist keine große Hilfe. Die Mäusemutter wagt sich in das Zentrum der Angst, zu der weisen, aber auch mäusefressenden Eule, sie sucht die Ratten von Nimh auf, die durch Drogenversuche, die im National Institut Of Mental Health an ihnen gemacht wurden, extrem intelligent geworden sind, und erlebt abwechselnd Abenteuer und Schicksalsschläge. Bis zum Schluß werden die Probleme immer gigantischer, aber natürlich wird eine Mäusefrau der 80er Jahre schließlich doch noch damit fertig.

Lit.: *Cinema* 7/1982.

Der Broiler
Volksnahrungsmittel

Grillhähnchen werden in den neuen Bundesländern Broiler genannt. Der Ausdruck kommt aus dem Englischen, wo er sowohl das Geflügel als auch den Grillrost bezeichnet. Ob mit Sättigungsbeilage im Restaurant oder an der Schnellfresse (Broilerbude) – zu DDR-Zeiten waren halbe Hähnchen in Ostdeutschland noch beliebter als im Westen. Für privat untergekommene DDR-Reisende in überlaufenen Urlaubsgebieten diente der Broiler oft als Hauptnahrungsmittel. Ostdeutsche wie Westdeutsche bezeichnen den Broiler bzw. das Grillhähnchen geringschätzig auch als **Gummiadler**.

Lit.: Horst Heidtmann (Hrsg.), *Bitterfisch. Jugend in der DDR*, Baden-Baden 1982; Bernd-Lutz Lange, *Bonzenschleuder & Rennpappe. Der Volksmund in der DDR*, Frankfurt am Main 1996.

Bubbles
Michael Jacksons Schimpanse

Im April 1989 ging die Nachricht eines schrecklichen Unglücks um die Welt. Michael Jacksons Affe Bubbles war von einem Jeep überfahren worden. Jackson war nicht dabei, als das Unglück auf seiner 1080-Hektar-Ranch bei Santa Barbara passierte. Aber er soll bitterlich geweint haben. Bubbles wurde in einem Teaksarg mit zwei Goldgriffen beigesetzt. Jackson trug schwarz, wie die Zeitungen süffisant vermerkten. Was hätte er sonst tragen sollen? Rosa? Und woher wußten die Zeitungen das, wo doch außer Jackson bloß die Insassen seines Privatzoos, die Giraffe **Jabbar**, ein Löwe, das Lama **Louise** und zwei weitere Affen bei der Beerdigung anwesend waren? (Wo Widder **Tibbs** und Frosch **Uncle Tookie** steckten, wird nicht erwähnt. Jacksons Lieblingsschlange **Muscles** war bereits verstorben.) Viele Gerüchte sind über Bubbles in den Zeitungen zu lesen gewesen. Hier eine Auswahl davon:

Bubbles Lieblingsfarbe war rot. 1985 wurde er in einem Krebsforschungslabor in Texas von dem einsamen Michael Jackson entdeckt und mit nach Hause genommen. Nach Hause, das hieß in das Märchenschloß des Superstars, wo der Affe seinen eigenen rosaroten Liegestuhl am Swimmingpool bekam und kräftig auf die Tasten des weißen Flügels hauen durfte, dessen Berührung ansonsten keinem Menschen gestattet war. Von nun an trug Bubbles über seinen Windeln Maßanzüge, die Jackson beim Schneider von Sylvester Stallone in Auftrag gab, und teilte mit seinem Herrn Bett und Tisch. Der Koch richtete beiden vegetarische Mahlzeiten zu. Wenn Bubbles zwischendurch Durst bekam, konnte er selbst den Kühlschrank öffnen, um sich einen neuen Drink zu holen. Ein Magnetsystem sorgte dafür, daß sich die Kühlschranktür auch wieder schloß. Bubbles verfügte über einen eigenen Reisepaß, der auf den Namen Bubbles Jackson ausgestellt war. In dem Paß lag ein Zertifikat, das bescheinigte, daß er HIV-negativ war. Wenn er in Flugzeugen reiste, flog er stets erster Klasse. Michael Jackson nahm den Schimpansen auch zu offiziellen Empfängen mit und besprühte ihn vorher mit dem Taylor-Parfüm »Passion«. 1987 kam das Gerücht auf, Jackson wolle Bubbles liften lassen. Der Schimpanse sollte sich einer Schönheitsoperation unterziehen, damit er Jackson ähnlicher sehe. Ein operativ verschönter Schimpanse tauchte aber niemals auf. 1988 hieß es, Jackson plane, dem Affen eine eigene Eislaufbahn bauen zu lassen. Unterricht solle Bubbles vom Eislauf-Olympiasieger Robin Cousins erhalten, dem die Lektionen mit umgerechnet 400 000 Mark vergoldet werden sollten. Auch von einer Rollschuhbahn hinter der Bühne war die Rede, auf der der Schimpanse seine Runden drehen konnte, während er auf den Sänger wartete. Aber noch im selben Jahr hieß es auch, Jackson hätte Bubbles verstoßen und in ein Tierheim abgeschoben, weil der ihn in den Arm gebissen hätte. Zu verdenken wäre es ihm nicht gewesen. Michael Jackson wollte Bubbles sogar das Beten beibringen. Aber wenn er im Tierheim schmachtete, wie konnte er dann ein Jahr später überfahren werden? Und wenn er überfahren wurde, wie konnte er dann wenige Tage nach dem Unglück in Frack und Zylinder den Gästen von Jacksons Wohltätigkeitsveranstaltung für verlassene Haustiere die Hände drücken?

David Duffy, Showreporter des »National Enquirer« verriet die Lösung: Bubbles besitzt sechs Doppelgänger. Einer führt Giraffe Jabbar und Lama Louise spazieren, einer trainiert mit Sprachwissenschaftlern, einer erhält bei einer Sexualtherapeutin Stunden, um seinen Gefühlshaushalt unter Kontrolle zu bekommen, und die anderen machen auch irgend etwas. Ob der überfahrene Schimpanse nun der Hauptaffe war und – wenn ja – ob er es von Anfang an war, oder ob der Lieblingsaffe schon mehrfach ausgetauscht wurde, läßt sich nicht mehr feststellen. Möglich ist es; Schimpansen werden mit zunehmendem Alter oft unberechenbar. Auch ob die ausrangierten Affen im Tierheim gelandet sind oder bei Jacksons Tierpfleger ein neues Zuhause fanden, ist ungewiß. Das überfahrene Tier – ob Haupt- oder Nebenbubbles – steht jetzt ausgestopft in der Schloßbibliothek. Wenigstens er hat Ruhe.

Lit.: Artikel der Zeitungen und Zeitschriften Abendzeitung, Bild am Sonntag, Bild-Zeitung, Bravo, Bunte, Hamburger Abendblatt u. a. in den Jahren 1987–1994.

Der Bücherwurm

»Eine ausgewählte Büchersammlung ist und bleibt
der Brautschatz des Geistes und Gemütes.«
(Karl Julius Weber, »Demokritos« [1832–1840])

Als Bücherwurm wird nicht nur die in Büchern lebende Larve des Klopfkäfers, sondern auch ein eifriger Bücherleser, Büchersammler oder ein versponnener Gelehrter bezeichnet. Der Ausdruck ist freundlich neckend gemeint, obwohl es durchaus unsympathische Exemplare gibt.

Thomas Rawlinson, der seine Londoner Wohnung im 18. Jahrhundert seinen unzähligen Büchern überließ und mangels Platz für sich selbst im Korridor schlief, behelligte niemanden sonst mit seiner Leidenschaft. Sir Thomas Phillipps, ein englischer Grundbesitzer aus Worcestershire, brachte mit seiner fanatischen Bibliomanie fast seine Angehörigen an den Bettelstab. Dabei hatte er 1818 ein beachtliches Vermögen geerbt. Er verwendete es jedoch fast ausschließlich dazu, Bücher und Handschriften zu kaufen. Am Ende besaß er mehr davon als die Bibliotheken der Universität Cambridge – 100 000 Bücher und 60 000 Handschriften. Das Eßzimmer seines Hauses stopfte er mit Manuskripten voll, während seine Frau und die drei Töchter in Zimmer ausweichen mußten, durch deren Fensterscheiben der Wind pfiff. Als seine Frau mit 37 Jahren starb, suchte er sofort nach einer Braut, deren Mitgift sich in neue Bücher investieren ließ, und benahm sich bei den Brautwerbungen »wie ein Viehhändler«.

Als Phillipps 1872 starb, sollte seine Sammlung versteigert werden. Die Katalogisierung und der Verkauf der staubigen Schätze konnte wegen der ungeheuren Menge jedoch erst 1946 abgeschlossen werden.

Lit.: Duden, Band 7, *Herkunftswörterbuch,* Mannheim/Wien/Zürich 1963; *Von Sonderlingen und Exzentrikern,* Time-Life-Buch, Amsterdam 1992.

Der Bückling
Gesalzener, geräucherter, nicht ausgenommener Fetthering

Der Bückling heißt eigentlich Bücking – nach dem 1397 verstorbenen holländischen Fischer Willem Beukelsz, dessen Name sich »Bökels« spricht. Beukelsz hat das Verfahren, Fische durch Einsalzen haltbar zu machen, zwar nicht erfunden, aber so verbessert, daß es wirtschaftlich bedeutend wurde. Möglicherweise ist der Bücking aber auch vom mittelniederländischen Wort »bocksharink« abgeleitet oder nach seinem »unangenehmen Bocksgeruch« benannt worden. Das geläufigere Wort »Bückling« taucht bereits im 15. Jahrhundert auf, zu einer Zeit, wo der »Bückling«, mit dem eine sehr höfliche Verbeugung gemeint ist, noch Bücking hieß. Dieser Bücking wurde erst im 17. Jahrhundert zum Bückling. Daher hat unser Räucherfisch also nicht sein »L«.

Lit.: Duden, Band 7, *Herkunftswörterbuch,* Mannheim/Wien/Zürich 1963; Fritz C. Müller, *Wer steckt dahinter? Namen, die Begriffe wurden,* Düsseldorf/Wien 1964.

Bugs Bunny
Trickfilmhase

»What's up, Doc?« (Bugs Bunny)

Der Warner-Bros.-Hase Bugs Bunny frißt Karotten im Maschinen-
gewehrtempo. Sein Hauptinteresse gilt darum auch ihrer Beschaffung, was stets zu Konfrontationen mit dem Karottenbesitzer führt.
Meistens ist es der kleine glatzköpfige und lispelnde Elmer Fudd,
der gegen Bugs den Kürzeren zieht. Ihn vergewaltigt der Bunny
gern mit nassen Küssen mitten ins Gesicht, wobei er dem armen Elmer in beide Wangen greift und seinen Kopf festhält. Weitere
Gefechte lieferte Bugs Bunny sich u. a. mit einem kleinen Indianer
(»Hiawatha's Rabbit Hunt«, 1941) und mit Herman Göring (»Herr
meets Hare«, 1945).

Der Drehbuchautor Bob Clampett und die Trickfilmzeichner
Ben Hardaway und Carl Dalton haben sich diesen grauen Hasen-
Lulatsch mit den ausgeprägten Nagezähnen ausgedacht und ihm
Ben Hardaways Spitznamen »Bugs« als Vornamen verpaßt. Bereits
1938 in dem Zeichentrickkurzfilm »Porky's Hare Hunt« trat ein
Hase auf, der als Vorläufer von Bugs angesehen werden muß, dessen Physiognomie allerdings etwas ins Rattenhafte ging. Aber erst
in »A Wild Hare« (1940) erschien Bugs, wie man ihn auch heute
kennt, mit all seinen fiesen kleinen Tricks, der süffisanten Arroganz
und mit seinem unverzichtbaren Utensil, der – niemals vollständig
aufgefressenen – Möhre.

Danach gab es eine selbständige Folge für ihn, die über Jahre
lief und an der Künstler wie Tex Avery, Chuck Jones und Friz Freleng arbeiteten. Von Tex Avery, der dafür in seinen Kindheitserinnerungen kramte, stammt der Spruch »What's up, Doc?«, mit dem
Bugs Bunny Elmer Fudd zu begrüßen pflegt. Die Stimme dazu, die
im amerikanischen Original eine Mischung aus Brooklyn- und Bronx-
Slang ist, kommt von Mel Blanc. Bis 1991 konnte Bugs bereits auf
173 Warner-Brothers-Trickfilme und elf Gastrollen in anderen Filmen
zurückblicken. Auch neben → **Roger Rabbit** tauchte er auf. In »Space
Jam« (USA 1996, Regie: Joe Pytka), einer Mischform aus Real-
und Zeichentrickfilm, hat er neben dem Basketballspieler Michael
Jordan sogar eine Hauptrolle. Gemeinsam mit den anderen

Warner-Bros.-Zeichentrickfiguren (→ **Daffy Duck**, → **Schweinchen Dick**, → **Sylvester**, → **Karl Kojote**, dem **Tasmanischen Teufel** u. a.) bestreiten sie ein Basketball-Match gegen Zeichentrick-Aliens.

Filmplakat für einen frühen Bugs-Bunny-Streifen (USA, 1946).

Seinen ersten Fernsehauftritt hatte Bugs etwa 1956 neben Porky und den anderen Warner-Bros.-Gesellen mit »Bugs Bunny Theater« und in der »Bugs Bunny Cartoon Show«. Bis heute tobt er über die Bildschirme der Welt.

Ab 1941 gab es Bugs Bunny und Genossen bei Western Publishing als Comic-Heft. Ab 1942 hatte der Hase eine Sonntagsseite für sich allein in den Zeitungen (Zeichner: Chase Craig), und ab 1948 dort sogar einen täglichen Comicstrip (Zeichner: Ralph Heimdahl, Texter: Jack Taylor).

Seine Karriere in den Printmedien setzte sich mit Comic-Heften fort, die seit 1976 durch über 20 amerikanische Einzelausgaben und Sonderausgaben zu Anlässen wie Ostern, Muttertag oder Valentinstag ergänzt wurden.

Lit.: Franco Fossati, *Das große illustrierte Ehapa Comic-Lexikon,* Stuttgart 1993; Wolfgang J. Fuchs / Reinhold C. Reitberger, *Comics. Anatomie eines Massenmediums,* Reinbek 1973; Jeff Rovin, *The Illustrated Encyclopedia of Cartoon Animals,* New York 1991.

Bukephalos (Bucephalus, Bukephalas)
Lieblingspferd Alexanders des Großen (356–323 v. Chr.)

Der makedonische König Philipp II. kaufte das Pferd Bukephalos in jenem Jahr, in dem er auch seine Olympischen Spiele in Dion veranstaltete, etwa 347 v. Chr. Er bezahlte dem Pferdehändler Philoneikos dafür 13 Talente – eine Summe, mit der man den Monatssold für 1500 Soldaten hätte begleichen können oder 351 kg Silber kaufen – und schenkte den Hengst seinem Sohn Alexander.

Bukephalos heißt Ochsenkopf. Vermutungen über die Herkunft dieses Namens gibt es mehrere: Der griechische Geograph Strabo (63 v. Chr.–20 n. Chr.) behauptet, daß das Pferd seinen Namen wegen seines breiten Schädels erhielt. Andere sagen, daß er von Bukephalos' stierköpfigem Charakter abgeleitet worden wäre, von kleinen hornartigen Auswüchsen an seinem Kopf oder endlich von einem weißen Fleck auf seiner Stirn, der die Form eines Stierkopfs gehabt haben soll. Vielleicht war Alexanders Leibpferd aber bloß eines der thessalischen Pferde, die als Brandzeichen einen Ochsenkopf trugen. Meistens wird Bukephalos als schwarzes Pferd beschrieben, mal mit einem weißen Stern auf der Stirn, mal mit verschiedenfarbigen Augen.

Alexanders des Großen außergewöhnliches Kriegsglück führte früh zu sagen- und romanhaften Ausschmückungen seiner Taten, wovon auch der Bukephalos nicht verschont blieb. So soll Alexander der einzige gewesen sein, der das neu erworbene Pferd seines Vaters hatte besteigen können. Er bemerkte, daß es der eigene Schatten war, vor dem Bukephalos scheute, und stellte das Pferd gegen die Sonne, so daß es den Schatten, der sich durch den aufsteigenden Reiter bewegte, nicht mehr sah.

Natürlich verdankte Alexander ihm auch mehrere Male Sieg und Leben. Bukephalos war ausgezeichnet dressiert und geübt darin, »den Feind mit Huf und Zahn zu packen«. Als das Pferd in der Schlacht bei Theben schwer verwundet worden war und ausgewechselt werden sollte, erbat es sich durch »Äußerungen des Zorns und Wiehern ... die Vergünstigung« (M. Graf von Hutten-Czapski), auch blutüberströmt weitermetzeln zu dürfen.

Bukephalos hat Alexander bis nach Indien getragen, wo das

Pferd im bemerkenswerten Alter von angeblich 30 Jahren am Fluß Hydaspes, einem Nebenfluß des Indus, einging – der Legende nach bei einer letzten Lebensrettungsaktion seines Herrn. In der Schlacht gegen König Porus (327 v. Chr.) durchbrach »das herrliche Roß« – mal wieder schwer verwundet – mit Alexander dem Großen die feindliche Umzingelung und trug ihn heim, exakt bis ans königliche Zelt, wo Bukephalos für immer zusammenbrach.

Alexander veranstaltete ein prächtiges Begräbnis, dem er selbst beiwohnte, und weihte seinem teuren Kampf-, Ruhm- und Legendengenossen ein erhabenes Grabdenkmal. An dieser Stelle errichtete er auch die Stadt Bukephala (Alexandria Bukephalos), heute Lahore.

Lit.: Peter Green, *Alexander der Große. Mensch oder Mythos?*, Würzburg 1974; N. G. L. Hammond / H. H. Scullard, *The Oxford Classical Dictionary*, Oxford, 2. Auflage 1970; Marian Graf von Hutten-Czapski, *Die Geschichte des Pferdes*, Leipzig 1985.

Bullet
Amerikanischer Fernsehstar der 50er, Deutscher Schäferhund

Nach seinem Debüt als Filmhund in »Spoilers of the Plains« (1951) bestritt Bullet zusammen mit Roy Rogers und dem Wunderpferd → **Trigger** einhundert halbstündige Folgen der Roy Rogers Show, die zwischen 1952 und 1957 im amerikanischen Fernsehen lief. Er hechelte, schmuste, verfolgte, apportierte, rettete – und alles in Schwarzweiß. Einzig bei den Angriffsszenen, wenn es das Drehbuch vorschrieb, daß Bullet sich in das Bein oder den Arm eines Bösewichts verbeißen sollte, mußte er gedoubelt werden. Der echte Bullet war dafür zu lieb. Das sollte er auch sein, denn es wäre riskant gewesen, einen Hund, der speziell für Kampfszenen scharf gemacht worden war, in anderen Szenen mit Kindern herumtollen zu lassen. »Es kann dir immer passieren, daß du dem Hund das falsche Stichwort gibst, und schon kaut er jemandem das Bein ab«, sagte Rogers.

Nachdem die Fernsehserie eingestellt worden war, verlebte der Schäferhund seine letzten Jahre auf Roy Rogers Ranch. Als Bullet starb, ließ Rogers ihn ausstopfen. Zusammen mit den ebenfalls ausgestopften Pferden Trigger und **Buttermilk** (Dales Pferd) steht er im Roy Rogers und Dale Evans Museum in Victorville, Kalifornien.

Lit.: David Rothel, *The Great Show Business Animals,* San Diego/New York/London 1980.

Der Bundesadler
Offizielles Wappentier der Bundesrepublik Deutschland

In seiner amtlichen Form, also im Bundeswappen, in Bundesdienstflaggen oder in Dienstsiegeln, ähnelt der Bundesadler weniger einem Adler als einem schlanken Kormoran. (Ein schlanker Kormoran, der nach einem Beutezug im Fischteich sein Gefieder zum Trocknen abspreitzt und – in der Gewißheit, unter Naturschutz zu stehen – dem erbosten und hilflosen Fischteichbesitzer die rote Zunge rausstreckt.) Dort, wo die Gestaltung nicht vorgeschrieben ist, z. B. auf Münzen oder im Plenarsaal des Bundestages, mutiert der Vogel mitunter zu einer Form, in der Spötter eine »**Fette Henne**« sehen.

Der deutsche Bundesadler in der 1950 kreierten, aktuellen Version.

Seit 1950 hält der Bundesadler seine Flügel über das bundesdeutsche Gemeinwesen gebreitet, aber seine Geschichte reicht bis ins Mittelalter zurück. Bereits Karl der Große, der sich als in der Tradition der antiken römischen Kaiser stehend sah, verwendete dementsprechend auch den römischen Adler und stellte ihn auf seinem Aachener Palas als Symbol für den Reichsgedanken auf. Ab dem 12. Jahrhundert tauchte der Adler in Wappen auf, zuerst schwarz auf goldenem Grund, wenig später auch noch mit rotem Schnabel und roten Fängen. Zeitweise galten nebeneinander ein doppelköpfiger und ein einköpfiger Adler als Herrschaftszeichen, wobei sich der doppelköpfige auf das Reich als Ganzes mit seinen außerdeutschen Gebieten und dem Anspruch, Rechtsnachfolger des römischen Imperiums zu sein, bezog. Der einköpfige Adler wurde eher als Symbol des deutschen Reichsteils gesehen. Nach dem Ende des Heiligen Römischen Reiches Deutscher Nation 1806 ging der kaiserliche Doppeladler auf das frisch eingerichtete österreichische Kaisertum über. Im Zusammenhang mit dem aufkommenden Nationalismus und der das Mittelalter verklärenden deutschen Romantik wurde der Doppeladler Symbol für die Einigungsbewegung in der ersten Hälfte des 19. Jahrhunderts.

1871, als das neue Deutsche Reich aus der Taufe gehoben wurde, war es unstrittig, auf den alten Reichsadler als Staatswappen zurückzugreifen. Da der Doppeladler bereits von Österreich geführt wurde, das vom deutschen Reich ausgeschlossen blieb, kam nur der einköpfige Wappenvogel in Frage. Der wilhelminische Adler hatte ausgesprochen imperial-protzige Ausformungen. Nach der Revolution von 1918/19 wurde er auf eine schlichte, im wesentlichen dem heutigen Bundesadler ähnelnde Form zurechtgestutzt. Die antirepublikanische Opposition verhöhnte das neue Wappen als → »**Pleitegeier**«. Die Nationalsozialisten schufen das ihnen verhaßte Symbol der Weimarer Republik sofort nach der Machtübernahme wieder ab und ersetzten es durch ihren an römischen Legionsadlern orientierten Parteivogel – mit einem kleinen Unterschied zwischen Staats- und Parteiadler: Der Staatsadler dräut vom Betrachter aus gesehen nach links, der andere nach rechts.

Bei der Errichtung der zweiten deutschen Republik wurde bei der Suche nach einem bundesdeutschen Wappen bewußt an die Tradition der Weimarer Republik angeknüpft.

Lit.: Bundeszentrale für politische Bildung (Hrsg.), *Wappen und Flaggen der Bundesrepublik Deutschland und ihrer Länder*, Bonn 1987; Arnold Rabbow, *dtv-Lexikon politischer Symbole*, München 1970.

Bunny
siehe Playboy-Bunny

Bunyip
Australisches Wasserfabeltier

Sowohl in den Legendenerzählungen der Ureinwohner Australiens
als auch an den Lagerfeuergeschichten europäischer Zuzügler wird
von einem eigenartigen etwa hundsgroßen Tier berichtet, das in tiefen Teichen und Flußarmen des Outbacks lebt. Das pelzige Bunyip
soll es auf Menschenfleisch abgesehen haben. Wenn man ein
Junges dieser gefährlichen Art fängt, läßt die Mutter aus Rache die
lokalen Gewässer dermaßen anschwellen, daß selbst die Hügel
überschwemmt werden. Die Menschen, die mit dem Wasser dieser
Wutflut in Berührung kommen, verwandeln sich sofort in schwarze
Schwäne.

Möglicherweise ist der Ursprung dieser australischen Mär im
Auftreten einzelner ins Binnenland verirrter Robben zu suchen.

Nach einer anderen Überlieferung ist der Bunyip (auch Bunyup)
ein wilder Mann, der in einem Erdloch haust.

Lit.: Bernard Heuvelmans, *On the Track of Unknown Animals,* London 1958; Christian Rätsch / Heinz J. Probst, *Namaste Yeti – Geschichten vom Wilden Mann,* München 1985.

Buridans Esel
Entscheidungsschwaches Langohr

»Der freie Mensch wird zwischen zweien Speisen,
gleich fern, gleich lockend, hungern und vergehen,
eh' er den Vorzug einer wird erweisen.«
(Dante, »Göttliche Komödie«)

Wer sich nicht entscheiden kann, ob er lieber nach Mallorca oder
nach Bella Italia fahren soll, und deswegen im Urlaub zu Hause im
verregneten Duisburg bleibt, den vergleicht man auch mit Buridans
Esel.

Dieser Esel steht zwischen zwei gleich großen, gleich verlockenden und gleich weit von ihm entfernt liegenden Heubündeln und muß verhungern, weil er nicht in der Lage ist, eine Wahl zu treffen.

Johannes Buridan, ein Philosoph des 14. Jahrhunderts, soll sich diese Parabel ausgedacht haben, um zu zeigen, daß keine Handlung ohne einen bestimmenden Willen stattfindet. Falls das stimmt, muß er es mündlich getan haben. In seinen Werken gibt es diese Stelle nicht. Auch findet sich eine solche Geschichte schon bei Aristoteles in »Über den Himmel« (II, 13), wo ein Mensch in ähnlicher Lage geschildert wird.

Lit.: Georg Büchmann, *Geflügelte Worte. Der Zitatenschatz des deutschen Volkes,* Berlin 1914.

Der Butt
Freigiebiger Märchenfisch

»Mantje, Mantje, Timpe Te,
Buttje, Buttje in der See,
myne Fru de Ilsebill
will nich so, as ik wol will.«
(Brüder Grimm, »Von dem Fischer un syner Frau«)

In dem Märchen »Von dem Fischer un syner Fru« fängt ein Fischer einen sprechenden Butt und läßt ihn wieder frei. Die Frau des Fischers schickt ihren Mann zurück ans Meer, damit er sich vom Butt die Verwandlung ihres Pißputts (der schäbigen Hütte) in ein hübsches Häuschen wünschen soll. Der Butt erfüllt den Wunsch, und Frau Ilsebill schickt ihren Mann zum zweiten Mal ans Meer, damit der Butt das Haus in ein Schloß verwandeln soll. Bis hierhin war die Fischersfrau nicht mehr als die Vorläuferin einer modernen »Konsumhyäne«, aber sie entpuppt sich auch noch als Karriereweib. Ilsebill will Königin werden, und dann Kaiserin und dann Päpstin. Alle Forderungen werden erfüllt. (Eine der äußerst seltenen Stellen in der Literatur, in der eine Frau als Papst auftritt.) Dann tut Frau Papst ihren letzten, verhängnisvollen Wunsch: Sie will werden »as de leve God«. Mit ihrem Streben nach Gottgleichheit befindet sie sich in der ehrenvollen Gesellschaft von Goethes Faust und Stammutter Eva, die ebenfalls durch frevelhafte Selbstüberhebung schuldig wurden. Der Butt hat jetzt die Nase voll. Er selbst zeigt ja keine großen Gemütsbewegungen, aber das Meer, das bei jedem erneuten Erscheinen des Fischers trüber, finsterer und bedrohlicher wird, spricht Bände: »de Himmel wör ganß pickswart ... un de See güng in so hoge swarte Bülgen as Kirchentörn und as Baarge ...« »Ga man hen«, antwortet der Butt dem Fischer wie üblich kurz angebunden, »se sitt all weder in 'n Pißputt.«

Obwohl das Märchen »Von dem Fischer un syner Fru« mit dem Fang eines geheimnisvollen, verzauberten Fisches wie ein Märchen aus 1001 Nacht beginnt, ist es in vielen Aspekten doch wenig märchenhaft und ähnelt mit dem Schluß, wo alles Gewonnene wieder verloren geht, eher einem Schwank. Ein Männerjux über Frauen, die den Rand nicht vollkriegen können und nicht wissen, wo ihr sozialer Platz ist. Auch wie sich der pantoffelheldische Fischer wiederholt beim Butt beklagt, »Myne Fru de Ilsebill will nich so, as ik wol will«, hat eher etwas von einem Schwank. Die Erlösung des Fisches, der doch von sich behauptet, ein verwunschener Prinz zu sein, kommt gar nicht erst vor.

Das Märchen im pommerschen Platt erhielten die Brüder Grimm von dem Romantiker Philipp Otto Runge, der 1806 die Erzählung einer alten Frau aufgeschrieben hat, wobei er sie vermutlich ausschmückte und strukturierte. Eine abweichende Fassung – aber ebenfalls von Runge – erschien drei Monate vor Drucklegung der Grimm'schen »Kinder und Hausmärchen« (1812) in J. G. G. Büschings »Volks-Sagen, Märchen und Legenden«. Textvarianten dieser Erzählung sind in vielen Sprachen und Mundarten zu finden, wobei die Rolle des Butts auch mal mit einem Vogel, dem heiligen Petrus, Christus oder Gottvater persönlich besetzt ist. Das Märchen von dem Wünsche erfüllenden Butt und der Frau, die nie genug hat, drängt sich als Gleichnis geradezu auf. 1814 wurde es auf den Aufstieg und Fall Napoleons, 1945 auf Hitler umgeschrieben. Häufig ist das Motiv in Karikaturen anzutreffen. Als – natürlich nicht nur, aber auch – Beitrag zur Feminismusdiskussion erschien 1977 von Günter Grass der beinahe 700 Seiten starke Roman »Der Butt«, der auf Anhieb den ersten Platz der Bestsellerlisten einnahm. Er beschreibt eine historische Reise durch die Geschichte des Geschlechterverhältnisses von der Steinzeit bis in die Gegenwart der 70er Jahre. Der Ich-Erzähler, »den man natürlich nicht mit Günter Grass gleichsetzen darf, der ihm jedoch so auffallend ähnelt, daß es fast unmöglich ist, die beiden nicht miteinander zu verwechseln« (Marcel Reich-Ranicki), berichtet seiner schwangeren Frau in neun Monaten von seinen Lebensläufen in den Jahrhunderten und seinen Erlebnissen mit Köchinnen. In einer zweiten Rahmenhandlung wird der Butt von einem feministischen Tribunal angeklagt. Der Butt tritt im Roman nicht als Wünscheerfüller auf, sondern als Inkarnation des Weltgeistes und hat sich als Berater für alle Zeiten der »Männersache« verpflichtet. Ein Kapitel handelt von einer anderen Fassung des Märchens »Von dem Fischer un syner Fru«, die angeblich existiert hätte und von den Brüdern Grimm verbrannt worden wäre. In dieser Fassung wäre auch von »männlicher Unersättlichkeit« die Rede gewesen.

Vom Butt über »**Katz und Maus**«, »**Hunde**jahre« und »**Die Rättin**« bis zu einer tagebuchschreibenden **Schnecke** – Grass machte häufig aus Tieren Titelfiguren für seine Romane.

Lit.: Ulf Diederichs, *Who's Who im Märchen,* München 1995; Karl Justus Obenauer, *Das Märchen. Dichtung und Deutung,* Frankfurt am Main 1959; Heinz Rölleke, *Die Märchen der Brüder Grimm. Eine Einführung,* Bonn/Berlin 1992; Heinrich Vormweg, *Eine phantastische Totale. Nachtrag zur »Butt«-Kritik,* in: Text und Kritik. Zeitschrift für Literatur, Heft 1/1a, Juni 1978.

Butz
Schopenhauers Pudel

»*Die vermeinte Rechtlosigkeit der Thiere, der Wahn,
daß unser Handeln gegen sie ohne moralische Bedeutung sei ...
ist geradezu eine empörende Roheit
und Barbarei des Occidents ...*« *(Arthur Schopenhauer)*

Der große Philosoph Schopenhauer (1788–1860; Hauptwerk: »Die Welt als Wille und Vorstellung«) hielt seit seiner Studentenzeit Pudel. Er gestand einmal, daß, wenn es keinen Hund gäbe, er nicht hätte leben mögen. Die Gesellschaft von Männern hingegen fand er entbehrlich, und von der Gesellschaft der Frauen wünschte er sich, daß er imstande wäre, sie entbehrlich zu finden. Berechtigt warf Schopenhauer dem Christentum vor, daß es die Tiere nicht berücksichtige. Der letzte in der Reihe seiner Pudel war der braune Butz. Butz war der Nachfolger des weißen Pudels, dessen Kopf in Gips mit langen herabhängenden Ohren über der Zimmertür in Schopenhauers Wohnung hing, wo es auch zahlreiche Hundebilder gab. Butz lagerte auf einem schwarzen Bärenfell neben dem Sofa. Er begleitete den alternden Pessimisten auf seinen täglichen ausgedehnten Spaziergängen, wo Schopenhauer seine kräftigsten Denkimpulse empfing. Der Philosoph und sein Pudel waren in Frankfurt zu einer Art Sehenswürdigkeit geworden. Schopenhauer war nicht volkstümlich – eher das Gegenteil. Er wurde scheu bestaunt oder als Sonderling belächelt, wenn er, bisweilen im Selbstgespräch vor sich hin murmelnd und immer in Hundegesellschaft, durch die Straßen eilte. Spielende Kinder warfen manchmal mit Bällen nach ihm.

Wenn Schopenhauer seinem Pudel wohlgesonnen war, titulierte er ihn »Atma« = »Weltseele«. (Schopenhauers Denken war durch

Schopenhauer und sein Pudel Butz (Zeichnung von Wilhelm Busch).

altindische Philosophie und Brahmaismus entscheidend geprägt.)
Wenn die Weltseele sich danebenbenahm, etwa im noblen »Englischen Hof«, wo der Philosoph zu Mittag aß, und Schopenhauer seinen Pudel ausschimpfen wollte, nannte er ihn »du Mensch« und
versah seine Tischnachbarn dabei mit bösen Seitenblicken. Kein
Wunder, daß hinter seinem Rücken Bemerkungen fielen, die in
Frankfurt wohl ungefähr so geklungen haben dürften: »De olle
Schopenhauer wird sei Hundele noch ebbeso deppert mache, wie he
scho selbe is!« (Hans Thum)

1859 schuf die junge Bildhauerin Elisabeth Ney, die Schopenhauer »sehr hübsch und unbeschreiblich liebenswürdig« fand, nicht
nur von ihm eine Büste, sondern verewigte zu seiner Freude auch
noch den Pudel. Im selben Jahr hatte Schopenhauer wegen Butz
Streit mit dem Hauswirt und mußte in das Nachbarhaus umziehen,
ein »viel größeres und schöneres Logis«. Dort starb der Philosoph
ein Jahr später. In seinem Testament wurde auch seine Magd Mar-
garetha Schnepp bedacht. Sie erhielt eine lebenslängliche Rente,
das gesamte Mobiliar und allerlei Krimskrams aus dem Haushalt.
Zusätzlich vermachte er ihr eine Entschädigung für die Übernahme
und Pflege des Pudels. Falls sie diesen Liebesdienst verweigerte,
sollte ein Dr. Emden einspringen und sich um den lieben Butz kümmern.

Lit.: Walter Abendroth, *Arthur Schopenhauer,* Reinbek 1967; Rüdiger Safranski,
Schopenhauer und die wilden Jahre der Philosophie, München/Wien 1988; Hans
Thum, *Mein Freund der Pudel,* München, o. J. (um 1965).

Buxtehuder Bulle
Jugendbuchpreis

In der niedersächsischen Kleinstadt Buxtehude bellen nicht nur die
Hunde mit dem Schwanz, hier wird auch einer der renommiertesten
deutschen Jugendbuchpreise vergeben.

Seit 1971 zeichnet alljährlich eine je zur Hälfte aus Erwachse-
nen und aus Jugendlichen bestehende Jury eine deutschsprachige
Jugendbuch-Neuerscheinung aus. Zu den bekannteren prämierten
Büchern gehören Alexander S. Neills »Die grüne Wolke« (1971),

Leonie Ossowskis »Stern ohne Himmel« (1978) und Michael Endes »Die unendliche Geschichte« (1979).

Der »Buxtehuder Bulle«.

Der von der Stadt finanzierte Preis ist mit 10 000 DM dotiert. Die Preisträger erhalten zudem den »Buxtehuder Bullen«, eine 12 kg schwere Stahlplastik, die eine entfernt rinderähnliche Form hat und an den friedfertigen Kampfstier aus Munro Leafs Jugendbuch »The Story of Ferdinand« (dt. → »**Ferdinand**«) erinnern soll.

Lit.: *Buxtehuder Bulle,* Informationsblatt der Stadt Buxtehude, Buxtehude 1996; Klaus Doderer (Hrsg.), *Lexikon der Kinder- und Jugendbuchliteratur,* Weinheim/Basel 1982.

Byerley Turk
Einer der drei Stammväter des Englischen Vollbluts

Unter den vielen orientalischen Pferden, die nach England importiert wurden und dort die Englische Vollblutrasse entstehen ließen, nehmen drei Hengste einen besonderen Rang ein: Byerley Turk, → **Darley Arabian** und → **Godolphin Arabian**. Byerley Turk kam als erster nach Britannien. Ein holländischer Reiter erbeutete ihn 1689 vor Wien von den Türken und verkaufte ihn für hundert holländische Gulden an den englischen Kapitän Byerley. Nach englischer Quelle, die es entweder besser weiß oder einfach nur patriotischer ist, erbeutete Robert Byerley selbst das Pferd von den Türken, und zwar in der Schlacht von Budapest. Er schickte es nach England, wo Byerley Turk als Zuchthengst eingesetzt wurde, zuerst in Middridge Hall in Co. Durham und danach in Gildsborough Hall bei York. Über seinen Sohn **Jigg** und seinen Urenkel **Tartar** ist er auch der Stammvater von **Herod**, dessen Nachkommen über tausend Rennen gewannen.

Lit.: Elwyn Hartley Edwards, *Horses – Their Role in the History of Man,* London 1987; *Hobbylexikon Pferde,* Reinbek 1980.

C

Das Camel-Kamel
Zigaretten-Werbeträger

In der im Sommer 1996 gestarteten Werbekampagne des Zigarettenherstellers R. J. Reynolds Tobacco wurde ein ehrwürdiges Werbetier mit ziemlich brachialem Humor eingesetzt: Eine Plüschversion des guten alten Camel-Kamels stürzte mit entsetzt aufgerissenen Augen und brennenden Füßen in die Tiefe einer Wolkenkratzerschlucht »Wirf keine brennenden Camels aus dem Fenster«, riet das Plakat.

Gegenüber dem Ur-Dromedar von 1913 (links) zeichnet sich das aktuelle Camel-Wappentier durch naturnahe Dreidimensionalität aus.

Begonnen hat die Geschichte des Camel-Kamels in Winston-Salem, North Carolina. Der dort ansässige Tabakproduzent Richard Joshua Reynolds brachte 1913 die bis dahin in den USA weitgehend unbekannte Fertigzigarette auf den heimischen Markt. Im Gegensatz zu Europa wurden in Amerika damals fast ausschließlich Selbstgedrehte, Pfeife oder Zigarre geraucht. Reynolds stellte für sein neues Produkt eine eigene Tabakmischung zusammen (»American Blend«) und wählte für die daraus hergestellten Zigaretten einen Markennamen, der Assoziationen an den Orient aufkommen lassen sollte: »Camel«. Auf den »Camel«-Packungen sind seit damals in fast unveränderter Form Pyramiden, Palmen und das einhöckrige Kamel in der Wüste abgebildet. Als Vorlage für den langlebigen Klassiker der Gebrauchsgraphik diente ein Foto, das **Old Joe**, ein Dromedar des 1913 in Winston-Salem gastierenden Zirkus Barnum & Bailey, zeigte. Die »Camel«-Zigarette war in den USA ein großer Erfolg. 1968 wurde die Marke, die sich zu diesem Zeitpunkt bewußt ein markant-männliches Image zu geben suchte, in Deutschland eingeführt. In der Werbung traten kernige Kerle auf, die trotz fünfmarkstückgroßer Löcher in ihren Boots meilenweit für eine Camel durch den mittelamerikanischen Dschungel stapften. Mit organisierten Abenteuerreisen und der Vermarktung von Camel-Boots, Outdoor-Textilien und Survival-Equipment zementierten die Werbeexperten die Formel »Camel gleich Abenteuer«.

1991 mußte eine gezeichnete Variante des Camel-Kamels in Kinospots surrealistische Erlebnisse durchmachen, in denen die Bildelemente der Zigarettenpackung durcheinandergewürfelt wurden und die Pyramiden plötzlich auf dem Kopf standen. Daran knüpft die aktuelle Werbekampagne mit dem brennenden Kamel, einem platt gesessenen (»Setz dich nicht auf deine Camels«) und weiteren Motiven, deren Humor auf den Geschmack von Erlebniskneipenbesuchern zu zielen scheint. Die Reklamemacher möchten diese Kampagne als Abschied vom ausschließlich abenteuerfixierten Markenimage verstanden wissen, das möglicherweise nicht mehr so ganz dem unangestrengt-lässigen Zeitgeist entspricht.

Lit.: Info R. J. Reynolds Tobacco GmbH.

Cap und Capper
Hund-Fuchs-Duo von Disney

Das Verhältnis des Hundes zum Menschen bildet eine Ausnahme in der Tierwelt: Auch Katzen, Frettchen oder Falken jagen im Dienste ihrer Besitzer, aber der Hund scheint das einzige Tier zu sein, das sich zum Büttel seines Herrn macht, um diesem zu gefallen. In Literatur und Mythologie, die Tiere oft nach menschlichen Wertmaßstäben beurteilen, wird diese eigenartige Stellung des Hundes mitunter kritisch betrachtet. In Saltens Reh-Roman → »**Bambi**« bittet der waidwunde Fuchs einen Jagdhund um Schonung und klagt seinen domestizierten Vetter des Verrats an. Der Hund beißt ihn trotzdem tot.

So hart geht es beim Unterhaltungsriesen Disney nicht zu. Im Zeichentrickfilm »Cap und Capper« löst sich der Konflikt zwischen Hund und Fuchs nach dem bewährten Zuckergußprinzip. Der Streifen von 1981 erzählt die Geschichte von Cap, einem kleinen verwaisten Fuchs, der von einer freundlichen Witwe aufgezogen wird und sich mit Capper, einem Jagdhundwelpen aus der Nachbarschaft, anfreundet. Zunächst ist Capper zum Ärger seines Besitzers, eines Hardcore-Jägers, noch sehr verspielt und sieht es eigentlich nicht ein, andere Tiere zu jagen. Doch nach einigen Wochen im Jagdhund-Wehrertüchtigungslager ist er überzeugt, daß seine Erfüllung darin liegt, seinem Herrn Wild vor die Flinte zu treiben. Zum Showdown kommt es, als Jäger und Hund auf der verbotenen Pirsch in einem Naturschutzgebiet den inzwischen dorthin ausgewilderten Cap treffen. Das Schicksal in Gestalt eines wütenden Grizzlys greift ein. Capper wird verwundet. Der Fuchs rettet dem Hund das Leben, indem er den Bären ablenkt und in ein Wildwasser hineinlockt. Obwohl auch er dadurch der Gefahr entronnen ist, greift der undankbare Jäger zur Büchse, um Cap zu erlegen. Im letzten Augenblick schleppt sich Capper vor die Mündung und verhindert so den Fangschuß. Das rührt selbst den Jägermeister, er wird weich, verschont Cap, und alles wird gut. Abspann.

Lit.: Walt Disney, *Cap und Capper,* München 1981; *Die Filme von Walt Disney,* Cinema-Filmbuch, Hamburg 1987; Fritz Salten, *Bambi. Eine Lebensgeschichte aus dem Walde,* Frankfurt am Main 1995.

Capitolinische Gänse
Wachvögel

Als gallische Krieger unter der Führung von Brennus Rom im Jahr 387 v. Chr. angriffen, hatte die Ewige Stadt noch keine Stadtmauern. Zu schwach, um den Galliern in offener Feldschlacht zu begegnen, beschloß der römische Senat, die Stadt zu evakuieren und lediglich in der Burg auf dem heiligen Hügel Kapitol (lat. Capitol, da es kein »K« gibt) eine Besatzung zurückzulassen. Auf dem Kapitol hatte auch die Göttin Juno einen Tempel, in denen Gänse als verehrte Tempeltiere lebten. Der Sage nach retteten diese Vögel die Burgmannschaft vor der Vernichtung durch die Gallier. Als die Urfranzosen nachts versuchten, sich anzuschleichen, hatten nämlich die erschöpften menschlichen Wachtposten geschlafen, aber nicht die heiligen Gänse der Juno. Ihr Geschnatter weckte die römischen Verteidiger, die den Überraschungsangriff zurückschlugen. Die Gallier brannten zwar Rom nieder und zogen sich erst nach Zahlung eines beträchtlichen Lösegelds wieder zurück, doch hatten die Gänse zumindest die vollständige militärische Einnahme Roms und damit eine gänzliche Vernichtung des römischen Staates verhindern können.

Das Beispiel vorbildlicher Gänsewachsamkeit führte in der Folge immer wieder zum militärischen Einsatz der gefiederten Wächter. Britische Kriegsschiffkapitäne ließen die Rumvorräte auf ihren Segelschiffen von Gänsen schützen, und in den Atomwaffendepots der US-Streitkräfte verlassen sich die Wachoffiziere nicht nur auf Hightech-Anlagen und Schäferhunde, sondern auch auf die Aufmerksamkeit der hellhörigen Juno-Vögel.

Lit.: Horst von Luttwitz, *Enten und Gänse halten,* Stuttgart 1987; Hans Widmer, *Römische Welt,* Biberstein 1994; Uwe Wilczek, *Sottje und Zettie,* Hamburg 1996.

Capitolinische Wölfin
Symboltier Roms

»Sieben, fünf, drei, Rom kroch aus dem Ei!« Mit diesem simplen Merkreim wurden Generationen desinteressierter Schüler in die Anfänge der römischen Geschichte eingeführt. 753 vor Christi Geburt als angebliches Gründungsjahr Roms ist dann auch für viele ehemalige Pennäler die einzige Jahreszahl der Antike, die sich noch abrufen läßt. Manchmal reicht die Erinnerung auch noch so weit, daß mit dem Ereignis der Gründung Roms das Bild einer ein Zwillingspaar säugenden Wölfin auftaucht. Diese auch uns Neuzeitmenschen immer noch faszinierende Vorstellung von der Aufzucht unserer eigenen Art durch die Bestie Wolf ist ein wichtiger Bestandteil der römischen Gründungslegende und des davon beeinflußten Denkens. Der Sage nach wurde Numitor, der König von Alba Longa, von seinem heimtückischen Bruder Amulius gestürzt und die Königstochter Rhea Silva in den zölibatären Dienst als Vesta-Priesterin gezwungen. Dadurch hoffte Amulius, etwaigen rachedurstigen Nachwuchs zu verhüten. Dem Kriegsgott Mars paßten diese dynastischen Unsauberkeiten nicht. Er schwängerte Rhea Silva, die darauf die Zwillinge Romulus und Remus gebar. Der um seinen wackeligen Thron besorgte Amulius ließ die beiden Knirpse auf dem Tiber aussetzen, überzeugt, damit sein Problem gelöst zu haben. Mars, dem im Kultus der Wolf als heiliges Tier zugeordnet war, machte dem bösen Großonkel aber einen Strich durch die Rechnung und schickte eine Wölfin, die die hungrigen Zwillinge am Tiber-Ufer barg und an ihren Zitzen sattrinken ließ. Später kommen noch ein gutherziger Hirte und seine Frau ins Spiel, die die Zwillinge aufziehen. Selbstverständlich bekommt Amulius mit seinen Neffen heftigen Ärger und Opa Numitor seine Krone zurück. Romulus und Remus dürfen als Belohnung dort, wo sie von der Wölfin gerettet wurden, eine eigene Stadt gründen. Die beiden frischgebackenen Kleinkönige bekommen sich bereits in der Stadtplanungsphase dermaßen in die Haare, daß es zum tödlichen Bruderkampf kommt. Romulus überlebt, und die neue Stadt heißt nach ihm Rom.

Auch als Marssymbol, aber speziell in ihrer Funktion der tierischen Personifikation der sowohl rührenden als auch blutrünstigen Ursprungssaga, ging die säugende Wölfin als zentrale Figur in die römische Mythologie ein. Als »Mater romanorum« (»Mutter der Römer«) verehrt, wurden ihr zahlreiche Standbilder gewidmet. Das berühmteste ist die »Capitolinische Wölfin«, eine lebensgroße Bronzestatue von 1,14 Meter Länge und 75cm Höhe, die wahrscheinlich zu italisch-etruskischer Zeit im frühen 5. Jahrhundert für ein Mars-Heiligtum geschaffen worden ist und später nach Entstehung der Romulus- und Remus-Legende mit der säugenden Mutterwölfin gleichgesetzt wurde. Cicero berichtet von einer auf dem heiligen Hügel Kapitol aufgestellten Wölfin, die im Jahre 65 v. Chr. vom Blitz getroffen wurde. Ob es sich dabei um die heute bekannte

Capitolinische Wölfin handelt, ist fraglich. Auch ist nicht geklärt, ob bereits in der Antike der Wölfin – wie heute – zwei bronzene Kindernackedeis, die am Euter saugen, zugesellt waren und später in der Renaissance durch ähnliche Figurinen ersetzt wurden, oder ob diese Metallkinder überhaupt das erste Mal im 15. oder 16. Jahrhundert der Plastik hinzugefügt worden sind. Die Wölfin mit ihrem menschlichen Anhang ist im Konservatorenpalast, einem römischen Museum, das natürlich auf dem Kapitol steht, zu bewundern.

Lit.: *Lexikon der alten Kulturen*, Mannheim 1993; Hans Widmer, *Römische Welt*, Biberstein 1994.

Caramelo
Kampfstier

»Spanier sind fromme Christen
gegen Satan sind immun sie
trotzen mancherlei Gelüsten –
aber Tiere quälen tun sie.
›Tiere haben keine Seele‹,
so wird nämlich dort gepredigt,
›drum ist's gut, daß man sie quäle,
bis sie tot sind und erledigt‹.« (Heinz Erhardt)

Für Hemingway war Stierkampf »kein Sport«, sondern »eine Tragödie, eine Symbolisierung der Fehde zwischen Mann und Ungeheuer«. Der Anthropologe Manuel Delgado Ruiz sieht darin eine soziale Parabel auf die Unterwerfung des spanischen Mannes »unter das matriarchale Gesetz«, wobei der Stier den Part männlicher Gewalt und sexueller Verführbarkeit übernimmt, während der Torero mit Tuch und Körper wie eine Frau reizt. Der Tod des Stieres steht für das Ende männlicher Freiheit. Für Caramelo war Stierkampf die Weise, wie er starb.

Im 19. Jahrhundert wurden in Spanien neben den regulären Corridas auch noch Kämpfe zwischen Stieren und Löwen oder Tigern gezeigt. Der Löwe saß in der Mitte der Arena in einem Eisenkäfig, der durch einen Gang mit der Box des Stieres (dem chicero) verbunden war. Am 15. August 1848 tötete Caramelo, ein Kampfstier der Ganadería Manuel Suárez Jiménez aus Coria del Rio, seinen Löwen so schnell, daß der Löwe gar nicht erst dazu kam, sich zu wehren, und dem Publikum enttäuschend wenig Kampf und Schmerz geboten wurde. Man ließ noch einen Tiger auf Caramelo los, den er mit nur wenig mehr Aufwand erledigte. Brausender Applaus erhob sich. Ein Peón (Gehilfe des Matadors), Angel Lopez, mußte den Stier mit Capa-Schwüngen wieder in den chicero zurücklotsen, denn ein echter toro bravo (besonders tapferer Kampfstier) weicht nicht freiwillig von der Seite seiner Gegner, auch wenn sie bereits tot sind.

Ein paar Tage später mußte Caramelo in einer regulären Corrida, also gegen Menschen, kämpfen. In der restlos ausverkauften Arena wurde er mit enthusiastischem Beifall empfangen. Caramelo nahm 12 Varas (Lanzenstiche vom Pferd aus, die die Nackenmuskulatur des Stieres aufreißen und ihn schwächen, damit er den Kopf niedriger tragen muß und langsamer wird) und tötete drei Pferde. Das fand das Publikum wieder ganz großartig und forderte Caramelos Begnadigung. Dem Wunsch wurde stattgegeben. Vorläufig. Noch im selben Jahr trat Caramelo abermals auf. Um seinen Hals hingen Girlanden, und nachdem er ein paarmal in die Capa (ein traditioneller Umhang, der dazu dient, den Stier zu täuschen) hatte rennen dürfen, wurde er zum zweiten Mal begnadigt. Vorläufig. Im nächsten Jahr tötete ihn Angel Lopez, der dadurch, daß er Caramelo von dem Löwen und dem Tiger weggeführt hatte, berühmt geworden war. Es geschah in Bilbao, und Angel Lopez soll seine Sache schnell und gut gemacht haben.

Caramelos Name fand Eingang in die Liste der berühmtesten Stiere, die in den 30er Jahren von Cossío zusammengestellt wurde. »Toros célebres« war die Überschrift, unter der insgesamt 1427 Toros beschrieben wurden, die sich zumeist durch besonders viel Aggressivität und Mut ausgezeichnet hatten. In dieser Liste befindet sich auch ein zweiter **Caramelo,** der aus der Zucht des Marquis von Saltillo stammte und am 17. Juni 1867 in der Arena von Cádiz 27 Lanzenstößen standhielt, dabei vier Lanzen zerbrach, neun Pferde tötete und zwei Picadores verletzte. »Wie schlafend« stand er danach über den toten Pferden, stürzte sich aber sofort auf jeden Menschen, der sich ihm näherte. Das Publikum forderte Begnadigung, doch der Präsident, der die Corrida leitete, wollte Caramelos Tod. Und Caramelo starb, nicht ohne vorher dem Matador, der mit der

141

undankbaren Aufgabe betraut war, ihm den Degen ins Kreuz zu stoßen, einen Arm aufzuspießen. Weitere berühmte Stiere von der Liste »Toros célebres« sind: → **Civilón**, → **Jaquetón**, → **Cucharero** und **Pamado**.

Lit.: Lorenz Rollhäuser, *Toros, Toreros,* Reinbek 1990.

Care Bears
siehe Glücksbärchis

Cäsar
Plattenjockey und Fernsehhase

»Bitteschööööön!« (Hase Cäsar)

Seinen ersten Auftritt als Fernsehunterhalter hatte der Hase Cäsar in der Studiogeschichte »Cäsar macht Ferien« (7.8.1966). Im selben Jahr folgten »Cäsar kommt zur Schule«, »Cäsar wird Schlagersänger« und »Cäsar wird Fernsehansager«.

In »Schlager für Schlappohren«, einer WDR-Fernsehreihe für etwas ältere Kinder, stellte der Hase Cäsar ab Juni 1967 gängige

Einst Deutschlands beliebtester Discjockey: Plattenhase Cäsar.

Schlager- und Beatmelodien vor und erklärte auch ein bißchen die technische Seite der Musikproduktion. Der Hase Cäsar war eine fusselige weißbraune Handpuppe mit Spiegeleiaugen, schwarzer Nase, weichen Stoffnagezähnen und Klappmaul, das immer dann besonders gut zur Geltung kam, wenn Cäsar es unmittelbar vor dem Starten eines neuen Schlagers aufriß und »Bitteschöööön!« brüllte. Genäht hatte ihn Anni Arndt, die Frau des Spielleiters der Hohnsteiner Puppenbühne. Cäsars Aktionsraum war die meiste Zeit auf die obere Kante eines Tonmischpults beschränkt, hinter dem sich Puppenspieler Wolfgang Buresch verstecken konnte. Am Mischpult bediente Cäsar die Regler und wackelte nach Kasperpuppenart hin und her, daß die Ohren nur so schlappten. Entweder summte er dabei zufrieden in sich hinein, oder er kicherte mal wieder meckernd: »Hähähä!« Sein Ansprechpartner war ein Ton-ingenieur namens Arno (Arno Görke), mit dem er sich duzte. Gemeinsam veralberten sie einige Schnulzen, wobei Cäsar meistens die treibende Kraft war. Die Schallplattenindustrie nahm das wiederholt übel und beschwerte sich, statt dem Hasen die nichtvorhandenen Füße dafür zu küssen, daß hier neues Käuferpotential angefüttert wurde. Nach 34 Schlappohren-Folgen wechselte Cäsar vom WDR zum NDR. Dort legte der Hase sich einen Doktortitel zu und führte Anfang der 70er Jahre als Dr. h.c. Cäsar eine Arztpraxis mit Arno als Sprechstundenhilfe. In der darauffolgenden Serie »Zwei alte Hasen entdecken ...« erkundeten Arno und Cäsar Hamburgs Umgebung.

Lit.: Hans Dieter Erlinger u. a. (Hrsg.), *Handbuch des Kinderfernsehens,* Konstanz 1995; *Informationsbrief* von Siegmund Grewenig/WDR; *Lexikon der Kinder- und Jugendliteratur,* Band 2, Weinheim/Basel 1984.

Cats
Katzenphantasie in Buch und Musical

»The Naming of Cats is a difficult Matter.«
(T. S. Eliot)

Der schrullige britisch-amerikanische Literaturnobelpreisträger und Verlagsdirektor von Faber & Faber, London, Thomas Stearns Eliot (1888–1965) war bekannt für seine Unlust, sich in der Öffentlichkeit zu zeigen oder Besuch zu empfangen. Von seinen Freunden wurde er deswegen nach dem englischen Ausdruck »to play the possum« (= sich totstellen) »Old Possum« (»Alte Beutelratte«) genannt. Eliot verkehrte nur mit wenigen Menschen und zog ansonsten die Gesellschaft von Katzen vor. Wegen dessen Hymne an den Kater **Geoffrey** war der heute vergessene Christopher Smart (1722–1771) einer der Lieblingsautoren Eliots. Wie Smart hielt T. S. Eliot die Katze für den idealen, weil unaufdringlichen Mitbewohner und für die Verkörperung einer nachahmungswerten Mischung aus Würde und Drolligkeit. Diese Liebe zu den Stubentigern schlug sich in vielen kleinen Gedichten über Katzen mit originellen Namen wie **Rum Tum Tugger, Macavity, Mungojerrie, Skimbleshanks** oder **Jellylorum** nieder. Als Gelegenheitsprodukte ließ der kinderlose Dichter sie zunächst seinen Patenkindern zukommen. 1939 veröffentlichte er sie gesammelt als »Old Possum's Book of Practical Cats«.

Die gefallene Katze **Grizzabella**, die im Mittelpunkt eines Eliot'schen Gedichtfragments steht, sucht man in »Old Possum's Book« vergeblich. Der Autor fand die Geschichte wohl für Kinder unpassend. Katzenfreund Andrew Lloyd Webber dagegen brachte Grizzabella auf die Bühne und machte sie durch seinen Musical-Dauerbrenner »Cats« weltberühmt. Webber, der bereits durch Erfolgsmusicals wie »Jesus Christ Superstar« und »Evita« Furore gemacht hatte, verwurstete die nicht zusammenhängenden Katzengedichte aus der Feder Eliots zu einem dünnen Handlungsstrang um Katzen verschiedenen Charakters, die in einem Londoner Hinterhof ihren alljährlichen Ball des Jellicle-Vollmondes feiern. Bei diesem Fest wird jedes Jahr von der ältesten Katze bestimmt, wer ein zweites Leben im Katzenhimmel haben soll. Alle Katzen, die gerne wiedergeboren werden möchten, stellen sich jetzt vor und versuchen, sich singend und umhertanzend ins günstige Licht zu setzen. Die Einkatzenjury **Old Deuteronomy** entscheidet am Ende des Singspiels überraschend für die verblühte Schönheit Grizzabella, die vom einstmals gefeierten Star zur Strichkatze heruntergekommen ist.

1981 war die Uraufführung von »Cats« in London und seitdem läuft und läuft und läuft das Musical in London, New York, Wien,

Hamburg und anderswo. Durch die Tantiemeneinnahmen konnte sich Eliots alter und kränkelnder Verlag Faber & Faber sanieren, und die gereiften Patenkinder des Dichteronkels bekamen auch ihren Anteil ab.

Lit.: Dietmar Grieser, *Im Tiergarten der Weltliteratur*, München 1993; Ulrich Klever, *Knaurs großes Katzenbuch. Die wunderbare Welt der Seidenpfoten*, Stuttgart/München 1985.

Champion
»World's Wonder Horse«

Gene Autry und Roy Rogers waren die berühmtesten der in Amerika eine Zeitlang sehr beliebten singenden Cowboys. Ihre Pferde, Rogers' → **Trigger** und Autrys Champion, waren nahezu genauso berühmt. Sie trugen ihre Reiter nicht nur durch den Wilden Westen, sondern beherrschten außerdem noch einige Tricks und griffen dadurch in die Filmhandlung ein. Champion bekam sogar seine eigene Fernsehserie, in der Gene Autry gar nicht mehr auftauchte. Er begnügte sich damit, sie zu produzieren. »The Adventures of Champion« beruht auf der Comic-Heftserie »Gene Autry's Champion« und lief in 26 halbstündigen Folgen zwischen 1955 und 1956 auf CBS.

Die Episoden spielen auf einer Ranch in den 80er Jahren des 19. Jahrhunderts. Der Hengst Champion ist dort mit dem 12jährigen Ricky North (Barry Curtis), dessen Onkel Sandy (Jim Bannon) und mit einem Schäferhund namens **Rebel** befreundet. In Wirklichkeit konnten Pferd und Hund sich nicht ausstehen. Jedenfalls konnte *dieses* Pferd den Hund nicht ausstehen. Gene Autry besaß anscheinend eine ganze Herde braunroter Pferde mit breiten Blessen und jeweils vier weißen Strümpfen. Ein Champion hatte sogar bloß drei weiße Beine. Autry rückte mit diesem desillusionierenden Umstand natürlich genauso ungern raus wie alle anderen Filmcowboys, die im Besitz von Wunderpferden waren. Der erste Champion (möglicherweise der mit bloß drei weißen Strümpfen) starb etwa 1944 an einem Herzschlag und wurde auf Autrys »Melody Ranch« beerdigt. Ihm folgten **Champion Jr.** und **Little Champ**. Vermutlich gab es auch mehrere Pferde mit Namen Champion gleichzeitig, die für verschiedene Filmszenen eingesetzt wurden. Die Hengste, mit denen Autry im Film arbeitete, waren nicht mit jenen identisch, mit denen er leibhaftig in Shows oder bei Rodeos auftrat. Eines dieser Showpferde war nur ausgeliehen. Es hieß **Lindy**, weil es am selben Tag geboren war, als Lindbergh den Atlantik überflog, und es hatte Erfahrung als Double. Unter Tom Mix hatte es bereits so getan, als wäre es das Wunderpferd → **Tony**.

Lit.: David Rothel, *The Great Show Business Animals,* San Diego/New York/London 1980.

Charadrius
Diagnostischer Vogel

Im Mittelalter galt der lerchengroße Schnepfenvogel Regenpfeifer (Charadrius) als christliches Symbol für die Eigenschaft Jesu, die Welt von der als Krankheit empfundenen Sünde erlösen zu können. Über diesen Ansatz fand der Charadrius Eingang in die damalige Heilkunde. So wie das Erscheinen eines Raben am Krankenbett als untrügliches Vorzeichen für den baldigen Exitus angesehen wurde, hielten die mittelalterlichen Mediziner den Charadrius für fähig, durch sein Verhalten eine Diagnose zu stellen. Setzte sich der Regenpfeifer nämlich in der Nähe eines Kranken nieder und wendete diesem seinen Kopf zu, gab es eine Chance auf Heilung. Sah er ihn nicht an, konnte der Patient alle Hoffnung fahren lassen und eigentlich genauso gut gleich sterben – was Sensiblere in einem Akt von »Selffulfilling Prophecy« nach dem Schreck über solche Vorhersage dann auch taten.

Daneben wurde dem Charadrius von einigen Ärzten dieser Zeit auch therapeutische Wirkung zuerkannt. Bei Gelbsucht konnte er allein dadurch, daß er in das Gesichtsfeld des Erkrankten gelangte, das Krankheitsgift aus dem Körper ziehen.

Lit.: Hans Biedermann, *Handlexikon der magischen Künste,* München 1976.

Charlene Sinclair
Dino-Tochter

Dinosauriertochter Charlene aus der Fernsehserie → »**Die Dinos**« ist 12 Jahre alt und interessiert sich für alles, was man kaufen kann, insbesondere für Mode und Schmuck. Auf dem Kopf trägt sie einen Plattenpanzer in der Form einer → **Shell-Muschel**. Ihre deutsche Synchronstimme stammt von Daniela Reidies. Weiteres Interessengebiet von Charlene: männliche Dino-Teenager.

Lit.: WDR-Pressemappe.

Charly Pinguin
Meckis Freund

Wie der chaotische → **Donald Duck** als Gegenpart der eher braven → **Micky Maus** entwickelt wurde, so hat auch → **Mecki**, der artige Comic-Igel der deutschen Fernsehzeitschrift »Hörzu«, einen exzentrischen Begleiter. Charly Pinguin ist im von Reinhold Escher erfundenen Mecki-Kosmos seit 1951 dabei. Der anthropomorphe Antarktisvogel ist stets korrekt mit Frack und Melone gekleidet. Seine Eitelkeit wird nur noch von seiner maßlosen Selbstüberschätzung übertroffen. Der sich selbst als »Herkules des Gehirns« bezeichnende Choleriker hat durchaus solide Fähigkeiten als Erfinder und Detektiv, doch stellt er sich durch seine Überheblichkeit regelmäßig selbst ein Bein, und nur dem vernünftigen Mecki ist es dann zu verdanken, daß die jeweilige Episode nicht in einer Katastrophe endet. Die Phasen von Selbsterkenntnis und Zerknirschung, die Charly als Folge seiner Niederlagen durchlebt, insbesondere wenn er von der dauerangebeteten Pinguin-Bardame Chilly wieder einmal einen Korb bekommt, halten nie lange an. Immer wieder gibt es eine Schnaps-idee, die sein manisches Vogelhirn ausgebrütet hat, um ihn aus seinem Stimmungstief zu reißen und in neue von vornherein zum Scheitern verurteilte euphorische Projekte zu treiben.

Lit.: Eckart Sackmann, *Mecki. Maskottchen und Mythos,* Hamburg 1986.

Ch. Ch'erh of Alderbourne
Teuerster Hund

1907 bot der amerikanische Finanzier und Industrielle J. Pierpont Morgan 32 000 englische Pfund für den Pekinesen von Lady Clarice Ashton. Das entspricht etwa heutigen 3 Millionen DM. Doch die aus Ascot stammende Britin rückte ihren Liebling nicht raus. Darauf bot ihr Morgan einen Scheck, auf dem der Betrag offen war. Lady Astons Liebe zu ihrem Pekinesen war nicht verkäuflich. Sie behielt Ch. Ch'erh of Alderbourne. Die teure Töle lebte von 1904 bis 1914.

Lit.: *Das neue Guinness Buch der Tierrekorde*, Frankfurt am Main/Berlin 1994.

Checkers
Nixons geschenkter Hund

1952 veröffentlichte die »New York Post« einen Bericht, wonach Nixon, der damals republikanischer Senator für Kalifornien und Kandidat um die Vizepräsidentschaft unter Eisenhower war, 18 000 Dollar Spendengelder von vermögenden Parteifreunden angenommen hatte – »angenommen, ausgegeben und nicht versteuert«. Die erste Reaktion in der Öffentlichkeit war eine Woge moralischer Entrüstung. Daraufhin hielt Nixon eine Rechenschaftsrede, die von 750 Rundfunkstationen und 62 Fernsehsendern übertragen wurde. Er gab mit keinem Wort zu, einen Irrtum begangen zu haben, erläuterte nur sehr vage, wofür er empfangene Spenden zu verwenden pflegte, und ging auf den entscheidenden Punkt, ob solche Spenden juristisch oder moralisch überhaupt statthaft seien, überhaupt nicht ein. Dennoch gelang es ihm, die Zuhörer auf seine Seite zu ziehen, indem er sich als Mann gab, der sich zu Unrecht in die Enge getrieben sieht und tapfer zu verteidigen versteht. Außerdem habe er bloß die Steuerzahler entlasten wollen. Und als er versicherte, das einzige, was er je geschenkt bekommen hätte, wäre ein Spaniel von einem Mann aus Texas gewesen, schmolzen die Herzen vor den Fernsehern und Radios.

»Es war ein kleiner Cockerspaniel«, sagte Nixon, »... schwarz mit weißen Flecken. Und unsere kleine Tochter – Tricia, die Sechsjährige – nannte ihn Checkers. Und sie wissen ja, meine Kinder lieben den Hund, wie alle Kinder ihre Hunde lieben, und deshalb will ich das hier gleich ganz deutlich sagen: Egal, wie die Leute das finden, wir werden ihn behalten.«

Das Rührstück verfehlte seine Wirkung nicht. Nixon blieb Kandidat und Checkers wurde der bekannteste Hund Amerikas seit → **Fala.**

Lit.: *Christ und Welt* vom 2.10.1952; *Die Neue Zeitung, Neue Zürcher Zeitung* und *Times* vom 25.9.1952; David Wallechinsky, Irving und Amy Wallace: *Rowohlts Bunte Liste,* Reinbek 1980.

Cheetah
Tarzans Schimpanse

»Ich Tarzan, du Cheetah.«

Fast alle Film-Tarzans hatten einen Affen an ihrer Seite – Cheetah. Cheetahs Aufgabe war es, die Pausen zwischen den Action-Szenen mit schimpansigen Späßen zu füllen. Meistens waren die Scherze derart, daß sich nur sehr schlichte Gemüter daran freuen konnten, aber es gab auch Sternstunden, z. B. als Cheetah Frühstückseier holen sollte und mit einem Straußenei zurück ins Baumhaus kam, das Jane dann in die Pfanne schlug.

Das passierte in einem jener Tarzan-Filme, in denen es weniger um »darwinistischen Überlebenskampf« ging als darum, Tarzans und Janes kleines asexuelles Eheglück im Urwald vorzuführen. Schimpanse Cheetah machte das »Quasi-Kind«.

Ein Ausnahmetarzan war Jock Mahoney, der 1962 in »Tarzan Goes to India« (»Tarzan erobert Indien«) und 1963 in »Tarzan's Three Challenges« (»Tarzans Todesduell«) ohne Jane und Cheetah auskam. Mahoney war darüber sehr erleichtert, jedenfalls was Cheetah betraf. Er hielt Schimpansen für die dreckigsten und gemeinsten Tiere, mit denen sich überhaupt arbeiten ließ. Tatsächlich wurden die Filmaffen auch häufig ausgewechselt, weil Schimpansen nach einigen Jahren übellaunig und unberechenbar werden. Mike Henry, der 1966 in »Tarzan and the Valley of Gold« den

Herrn des Dschungels gab, geriet mit Cheetah-Darsteller **Dinky** aneinander, als er zu ihm herüberlief und ihn aufhob, wie es die Rolle
vorschrieb. Dinky schlug ihn bei dieser Gelegenheit ins Gesicht und
verletzte ihn so ernsthaft, daß Henry drei Wochen krank war und
sein Gesicht mit 20 Stichen genäht werden mußte. Dinky wurde
ausgetauscht, und Henry verklagte die Produktionsfirma.

Ein Cheetah allerdings blieb über dreißig Jahre im Geschäft und
stand bis 1967 in 49 Filmen 2500 Tage vor der Kamera. 1933 wurde dieser Schimpanse, den man vielleicht auch als *den* Cheetah bezeichnen kann, von Tony Gentry aus dem Dschungel Liberias geholt. Cheetah war erst wenige Monate alt, und die näheren Umstände seiner Entführung darf man vermuten. Seinen ersten Auftritt
hatte er gleich neben dem berühmtesten Tarzandarsteller Johnny
Weissmuller in »Tarzan and his Mate« (»Tarzans Vergeltung«),
seinen letzten mit Rex Harrison in »Dr. Doolittle«. Zwischendurch
mischte er immer wieder in Shows oder im Zirkus mit. Nachdem
Cheetah 60 Jahre mit Tony Gentry zusammen gewohnt hat, lebt er
heute bei dessen Neffen Dan, malt Bilder, die sich teuer verkaufen
lassen, blättert in Zeitschriften oder fährt mit Dan auf dem Motor-
rad aus. Mit 64 Jahren ist Cheetah vermutlich der älteste Schimpanse der Welt.

In den 28 Tarzanromanen von Edgar Rice Burroughs
(1875–1950), der die Figur des bei den Riesenaffen aufgewachse-
nen jungen Lord Greystoke erfunden hat, kommt Cheetah gar nicht
vor. Der Schimpanse ist eine Erfindung des Kinofilms. Tarzans Ad-
optivmutter im Buch, **Kala,** gehört einer unbekannten, besonders
intelligenten Sorte Primaten an, die Burroughs Phantasie entsprun-
gen ist. Als Freunde stehen Tarzan dort der Elefant **Tantor**, der
»goldene« Löwe **Jad-bal-ja,** und der Affe **N'kima** zur Seite. Auch
N'Kima ist kein Schimpanse, sondern ein Äffchen mit einem Greifschwanz. Allerdings erledigt er wie Cheetah hin und wieder Boten-
gänge und holt Hilfe, wenn es brenzlig wird.

Lit.: Detlef Lorenz, *Alles über Tarzan,* Braunschweig 1982; Jonathan Margolis,
Cheetah, in: Zeitmagazin vom 12.4.1996; Hans-Joachim Neumann, *Abenteuer und
Action,* in: Film, Literatur und Comics, Frankfurt am Main/Berlin 1987; David Ro-
thel, *The Great Show Business Animals,* San Diego/New York/London 1980.

Cheshire Cat
siehe Grinsekatze

Chewbacca
Wookiee

»Krieg der Sterne« (»Star Wars«, USA 1976, Regie und Buch:
George Lucas), der erste Teil der Star-Wars-Trilogie, ist einer der
finanziell erfolgreichsten Filme aller Zeiten. Er erhielt 6 Oscars und
einen Haufen schlechter Kritiken in Kontinentaleuropa. Aber selbst
die Verrisse kamen nicht daran vorbei, die Qualität der Spezialeffekte zu würdigen. Hauptsächlich wurden dem Weltraummärchen
»die exzessiv gezeigten Raumschlachten« vorgeworfen, in denen
»ganze Scharen gesichtsloser Gegner abgeknallt« und der jugendliche Held »nach einer Orgie zerplatzter Flugzeuge mit Atombomben
einen ganzen Planeten hochgehen läßt« (»Unsere Zeit«). »Der Spiegel« maß »Krieg der Sterne« an Stanley Kubricks »2001: Odyssee
im Weltraum«, gegen den Lucas' Film »ein Ramschladen« sei, »in
dem es Westernsaloons im Orient gibt, die von Mickeymäusen,
maskierten Rittern und wallend gewandeten Mönchen bevölkert
werden«.

Und außerdem gibt es auch noch den Wookiee Chewbacca, ein
Affenwesen im Flokatifell, satte zwei Meter groß, mit einem Patro-
nengurt um die Schulter, der nur in gutturalen Grunzlauten spricht.
George Lucas hat sich beim Schreiben des Drehbuchs folgende
Vorgeschichte für seinen Liebling ausgedacht:

Wookiees sind Säugetiere; die Weibchen haben sechs Brüste
und bringen 1,20m große Junge zur Welt. Diese können 2,40m groß
und bis dreihundertfünfzig Jahre alt werden. Wookiees haben ein
natürliches Einfühlungsvermögen für Pflanzen. Die Öko-Affen
lebten ursprünglich in Horden auf einem Dschungelplaneten und
wohnten in Baumhäusern. Ihre Gesellschaft war patriarchalisch
organisiert und besaß eine antimaterialistische Religion. Das Idyll
endete mit »einer imperialen Invasion«, bei der die Wookiees in
Gefangenschaft gerieten und anschließend als Sklaven im ganzen
Imperium verkauft wurden. Chewbacca befand sich in einer Gruppe

Wookiees, die eines Tages vom zynischen und »charmanten Tauge-
nichts« Han Solo (Harrison Ford) befreit wurde.

Im Film bekommt der Zuschauer davon nichts zu sehen. Wenn
Chewbacca hier zum ersten Mal auftaucht, ist er bereits Han Solos
riesiger Freund und Kopilot. Nach der Ermordung von Lukes Eltern
chartern Luke Skywalker (Mark Hamill) und Obi-Wan Kenobi
(Alec Guinness) am »örtlichen Raumhafen« Solos Überlicht-Jet,
den **Millenium-Falken,** samt den beiden Piloten. Nachdem Prinzessin Leia Organa (Carrie Fisher) befreit worden ist, Obi-Wan Kenobi
von Darth Vader (David Prowse) entkörperlicht wurde und Chewbaccas Zottelfell bei dem Kampf gegen ein Krakenmonster in »den
Müllkavernen des Todessterns« soviel Müllgestank absorbiert hat,
daß der Geruch bis zum Ende der Dreharbeiten nicht wieder vollständig herausgeht, entschließt sich Luke Skywalker, an dem »Ka-
mikaze-Angriff der Rebellen auf den Todesstern« teilzunehmen.
Han Solo und Chewbacca tun für Geld zwar fast alles, aber sterben
wollen sie dann doch nicht. Sie verdrücken sich vorher, bekommen
aber Gewissensbisse, kehren »im entscheidenden Augenblick« um
und mischen in der Schlacht tüchtig mit, bis der Todesstern vernichtet ist. Bösewicht Darth Vader entkommt allerdings, denn es
gibt ja noch zwei weitere »Star-Wars«-Folgen, in denen alle wieder
dabeisein sollen.

Bei der Erfindung eines Wesens wie Chewbacca hatte Regisseur
Lucas sich von dem Anblick inspirieren lassen, den **Indiana**, der
Alaskahund seiner Frau Marcia, bot, wenn der Hund im Auto auf
dem Vordersitz neben ihr saß. Er wirkte dann auf ihn »wie eine riesige behaarte Kreatur aus einer anderen Welt«. Chewbacca stellte
Lucas sich als ein Zwischending aus diesem Hund, einem Bären
und einem Affen vor. (Marcias Hund mußte auch als Inspirations-
quelle herhalten, als ein Name für den Helden in »Jäger des verlorenen Schatzes« gesucht wurde.) Den Namen »Wookiee« für die Gattung Chewbaccas hatte Lucas bereits seit sieben Jahren mit sich
herumgetragen. Der Ausdruck war dem Discjockey Terry Mc Govern beim Tonschnitt während des Improvisierens von Dialogen
herausgerutscht – »Ich glaube, ich bin hier über einen Wookiee ge-
stolpert.« –, ohne daß Mc Govern sagen konnte, was ein Wookiee
sei. Lucas merkte sich diesen Namen.

Für die Rollen von Chewbacca und Darth Vader wurden große Schauspieler gebraucht. »Der Kandidat erster Wahl war David Prowse, ein über zwei Meter großer Gewichtheber«, der schon mal Frankensteins Monster gespielt hatte. Er entschied sich für Darth Vader. Besonders verlockend war die Aussicht, zwölf Stunden pro Drehtag in einem Kostüm aus Angorawolle und Yakhaar zu stecken, ja auch nicht. Dafür wurde schließlich Peter Mayhew gefunden. Der Portier eines Krankenhauses hatte bereits in »Sinbad and the Eye of the Tiger« mitgespielt und besaß nicht nur das erforderliche Längenmaß, sondern mit Schuhgröße 16 auch noch die größten Füße Englands. Ihm gefiel, was Lucas ihm über Chewbacca erzählte – daß der Wookiee »zwar stark sei, aber auch unheimlich liebenswert und ein weiches Herz habe«. Der große Mann mit der leisen Stimme spielte Chewbacca als intelligentes und emotionales Wesen, das sich bei Wut seinen Gefühlen hingibt, wild aufheult und den Kopf schüttelt, daß die Zotteln nur so fliegen.

Lit.: Ronald M. Hahn / Volker Jansen, *Lexikon des Science Fiction Films,* München 1992; Dale Pollock, *Sternenimperium. Das Leben und die Filme von George Lucas,* München 1983.

Chhudi

Der Chhudi ist so etwas wie ein Zwerg- → **Yeti**. Er soll 90cm bis 1,20m groß sein und in Sikkim leben.

Lit.: Christian Rätsch / Heinz J. Probst, *Namaste Yeti – Geschichten vom Wilden Mann,* München 1985.

Chien andalou
siehe Andalusischer Hund

Die Chimäre
Dreiteiliges Ungeheuer

Die dämonische Chimäre (vom griech. »chimaira« = Ziege) der griechischen Mythologie ist die Tochter des hundertköpfigen Monsters Typhon, das von Zeus unter dem Ätna begraben wurde und dort bei vergeblichen Befreiungsversuchen Vulkanausbrüche verursacht. Vom Vater hat die Chimäre die Fähigkeit geerbt, Feuer zu speien. Wie bei ihrer Mutter **Echidna**, einem in der Unterwelt hausenden Mischwesen aus Viper und Frau, besteht der Chimären-Körper zum Teil aus einer Schlange. Weitere Teile stammen von Löwe und Ziege. Was wo sitzt, darüber sind sich die Überlieferungen allerdings nicht einig. Homer stellt die Chimäre in seiner »Iliade« als Wesen dar, das vorne den Körper eines Löwen hat und hinten den einer Ziege. Der Schwanz wird von einer Schlange gebildet. Nach Hesiod hat die Chimäre auf einem nicht näher beschriebenen Tierkörper drei Köpfe, je einen von einem Löwen, von einer Ziege und von einer Schlange. Im Mittelalter wurde das zusammengestoppelte Wesen auch mit dem Gesicht eines schönen Mädchens abgebildet. Uneinigkeit herrscht ebenfalls bei der Festlegung des chimärischen Lebensmittelpunkts. Vergil behauptete, daß die Chimäre als Schwester des Höllenhundes → **Zerberus** an einem der Eingänge des Hades leben würde, also auf dem Peloponnes, am Schwarzen Meer oder im Avernersee bei Neapel. Verbreiteter ist die Ansicht von Homer, nach der die Chimäre an der Südküste Kleinasiens, in Lykien, ihr Unwesen trieb. Möglicherweise war sie ursprünglich ein Dämon, der die vulkanischen Kräfte dieser Gegend symbolisierte. Nach Homer setzte sie das Land in Brand und vernichtete die Viehherden, bis sie der Pegasus-Reiter Bellerophon (→ **Pegasus**) zur Strecke brachte.

Die Unwahrscheinlichkeit der Gestalt der Chimäre hat ihren Namen zum Synonym für Trugbild oder Hirngespinst werden lassen. In der Fachterminologie der Biologie wird in Anlehnung an den Patchwork-Charakter der Chimäre eine Unterart der Knorpelfische als Chimäre bezeichnet. Die letzte heute noch existierende Ordnung dieser vor allem im Erdmittelalter vorgekommenen Holocephalia, die Seekatzen, haben einen dicken plumpen Kopf, der nur wenig mit ihrem schuppenlosen schlanken Körper harmoniert. Als Chimären werden auch Pflanzen bezeichnet, die – zum Beispiel aufgrund einer Mutation – gentypisch unterschiedliches Gewebe aufweisen. Aus gentypisch unterschiedlichen Teilen bestand auch das Tier, das kalifornische Wissenschaftler 1983 präsentierten. Die DNS-Bastler können den zweifelhaften Ruhm für sich in Anspruch nehmen, die erste lebende Mischung aus Ziege und Schaf hergestellt zu haben. Sinnigerweise nannten sie ihr Produkt »Chimera«.

Lit.: Gerhard Bellinger, *Knaurs Lexikon der Mythologie,* München 1989; Beryl Rowlands, *Animals with Human Faces,* London 1973; *'46–'96. 50 Jahre Springer,* Hamburg 1996; Edward Tripp, *Reclams Lexikon der Mythologie,* Stuttgart 1974.

Chipekwe
Überlebender Dinosaurier (Existenz zweifelhaft)

Aufgrund verschiedener »Eingeborenenberichte« und der Abbildung des drachenartigen → **Sirrusch** am 1902 ausgegrabenen Ischtartor von Babylon wurden in Zentralafrika überlebende Saurier vermutet, die in abgelegenem Sumpfland hausen sollten. Tierparkbesitzer Hagenbeck hätte einiges dafür gegeben, einen kleinen Dino nach Hamburg-Stellingen verschleppen zu können, und hartnäckige Romantiker glauben auch heute noch an → **Mokéle-mbêmbe**, das → **Lau** oder an Chipekwe.

Vom Chipekwe berichtet J. E. Hughes in dem Buch »18 Jahre am Bangweolo-See«. Der Sohn eines Wauschihäuptlings hatte ihm erzählt, daß sein Großvater bei einer Chipekwejagd dabeigewesen war. Das Tier hätte einen glatten dunklen Körper ohne Borsten gehabt und ein glattes weißes Elfenbeinhorn auf der Nase getragen. Es wurde mit Harpunen erlegt. Als Hughes nach dem Horn fragte, stellte sich aber heraus, daß es – was für ein Jammer – nicht aufbewahrt worden war.

Außerdem kannte Hughes einen rhodesischen Beamten, der nachts an einem See kampiert hatte, dort ein »mächtiges Wasserplantschen« hörte und am nächsten Morgen eine nie gesehene Spur fand. Auch der Großwildjäger F. Gobler brachte aus den Dilolosümpfen Portugiesisch-Westafrikas Gerüchte über Chipekwe mit. Es soll etwa 4 Tonnen wiegen und einen eidechsenähnlichen Kopf und Schwanz haben. Das Chipekwe frißt Elefanten, Nilpferde und Nashörner. Ähnliche Aussagen von jemandem, der jemandem begegnet ist, der so etwas Saurierähnliches – welchen Namens auch immer – gesehen hat, existieren noch viele. Am handfestesten, aber anscheinend äußerst zweifelhaft, ist der Bericht des Belgiers Lepage, der behauptete, 1920 ein derartiges Tier im Belgisch-Kongo selbst gesichtet zu haben.

Lit.: Gustav Büscher, *Buch der Wunder*, Frankfurt am Main, o. J.; Willy Ley, *Drachen, Riesen, Seltsame Tiere von gestern und heute*, Stuttgart 1953.

Chip 'n' Dale
Siehe A-Hörnchen und B-Hörnchen.

Chiron (Cheiron)
Weiser Zentaur

Chiron ist eines jener Mischwesen aus Mensch und Tier, von denen es in der griechischen Sagenwelt nur so wimmelt. Die Kombination von menschlichem Oberkörper und Pferdeleib hat er mit den Zentauren gemein, als deren König er in der Literatur manchmal genannt wird. Außer der Gestalt hat er allerdings wenig mit diesem rüpelhaften Stamm zu tun. Im Gegensatz zu den gemeinen Zentauren ist Chiron göttlicher Abstammung. Als sein Vater gilt der Zeus-Vorgänger Kronos, als seine Mutter die Nymphe Phylra. Der unsterbliche Chiron hat einen in der griechischen Mythologie selten angenehmen Charakter. Seine außerordentlichen Kenntnisse in der Heilkunst und dem Kriegswesen gibt er bereitwillig und freundlich weiter. Zu seinen Schülern gehören antike Prominente wie Äskulap, Achilles, Jason und Herkules. Tragischerweise wird ihm seine Freundlichkeit indirekt zum Verhängnis. Als Herkules seinen alten Mentor besucht, verletzt sich Chiron an einem von Herkules vergifteten Pfeilen. Es gibt kein Gegengift, und dem unsterblichen Pferdemenschen droht das Schicksal, ewig grausame Schmerzen ertragen zu müssen. Er bittet die Götter, ihn zu erlösen. Der Olymp hat ein Einsehen. Chiron löst sich vor den Augen des todunglücklichen Herkules auf und wird als Sternbild Schütze am Himmel installiert. Hier zielt er bis zum Ende aller Zeiten mit Pfeil und Bogen auf den giftigen Skorpion.

Lit.: *Fabeltiere,* Time-Life-Buch, Augsburg 1995.

Civilón
Schmusestier

»Estudiante, du bist gut. Töte nicht Civilón!«
(Aufschrift eines Spruchbands, an den Espada
[den Stiertöter] gerichtet)

Seiner Rasse nach war Civilón Kampfstier, und als ein solcher wurde er kurz vor Beginn des Bürgerkriegs auch nach Barcelona verkauft. Als aber die Zeitschrift »Estampa« von Civilón zu berichten wußte, daß er sich vertrauensselig von Kindern streicheln und füttern ließ und nicht einmal dann kampflustig wurde, wenn jemand sich auf seinen Rücken setzte, gewann das aus der Art geschlagene Rind die Sympathie einer ganzen Nation, insbesondere die der Frauen. Bittbriefe betreffs seiner Begnadigung erreichten den Züchter erst, als er seinen lieben Stier bereits verkauft hatte. Der Empresario in Barcelona war ein geschäftstüchtiger Mann. Er ließ sich Civilón nicht wieder nehmen, erinnerte aber daran, daß das Publikum die Macht hatte, die Begnadigung eines Stiers zu fordern. Außerdem kündigte er an, daß der Vorarbeiter der Stierzuchtfarm Civilón vor Beginn des Kampfes mit der Hand füttern werde. Je näher der Tag kam, an dem der Todeskandidat seinen großen Auftritt haben sollte, desto mehr Graffiti tauchten auf den Wänden von Barcelonas Häusern auf und baten, dem »Freund der Menschen« das ihm zugedachte Schicksal zu ersparen. Und überall Civilón-Fotos. Am Tag der Corrida hing die Plaza voller Spruchbänder für die Schonung des Stieres.

Ein bißchen kämpfte der liebe Civilón dann doch noch und zeigte sich dabei durchschnittlich tapfer. Dann kam die Nummer mit der

Fütterung, dann forderte das Publikum die Begnadigung, und dann wurde ihr stattgegeben.

»Die Frauen haben ihn gerettet«, stand am anderen Tag in den Zeitungen. Civilón wohnte bis auf weiteres im Stall der Plaza. Bis auf weiteres bedeutete vermutlich: bis zum Bürgerkrieg, der wenige Monate darauf ausbrach, und den damit verbundenen Notzeiten. Erst kommt der Bauch und dann die Sentimentalität.

Lit.: Lorenz Rollhäuser, *Toros, Toreros,* Reinbek 1990.

Clarabelle Cow
siehe Klarabella Kuh

Clarence
Londoner Wunderspatz

»Flieg nicht so hoch, mein kleiner Freund!« (Nicole)

Sein erster Flug war beinahe auch sein letzter. Am 1.7.1940 klatschte ein nacktes Spatzenküken mit blinden Glotzaugen auf das Londoner Straßenpflaster – direkt vor die Füße der Witwe Kipps. Sein Glück: Clare Kipps ist Vogelliebhaberin und Hobbyornithologin. Sie päppelt das kleine Glotzauge hoch und nennt es Clarence. Clarence hält sie für eine Art zu groß geratene Mutter und bleibt – für Spatzen untypisch – sein Leben lang auf sie fixiert. Mrs. Kipps war damals Angehörige des freiwilligen Zivilschutzdienstes (Air Raid Precaution) und betreute als Luftschutzwärterin Wachtposten und Menschen, die vor Görings Luftwaffe Schutz in Bunkern suchten. Auf ihre Dienstgänge nahm sie den quicken Clarence mit, der eine erstaunliche Gelassenheit gegenüber dem Krach und den Erschütterungen der Bombardierungen an den Tag legte. In den Schutzräumen und Unterständen führte Clarence ein Mini-Heimatfronttheater auf, das ihn bald bekannt werden ließ. Zu seinem Programm gehörten kleine Kunststücke mit Spielkarten, Haarnadeln und Streichhölzern. Sehr beliebt war die »Luftschutzkeller-Nummer«. Auf den Ruf »Fliegeralarm!« hin rannte der Spatz in einen

Bunker, den Mrs. Kipps mit ihren beiden Händen bildete. Dort verharrte er regungslos bis zum Ruf »Entwarnung!«. Aber der Knüller waren seine minutenlangen Hitlerreden. Dabei postierte Clarence sich auf einer Dose, hob den rechten Flügel, der seit seinem Jungfernflug leicht verkrüppelt war, zum Deutschen Gruß und fing zu tschilpen an. Zunächst leise, dann steigerte er sich allmählich hinein, um in einem wüsten Gezeter zu enden, bis Clarence scheinbar den Halt verlor, von der Dose plumpste und regungslos liegenblieb.

Presseberichte über ihn und Postkarten mit seinem Spatzengesicht, die zugunsten des Roten Kreuzes massenhaft verkauft wurden, steigerten seinen Bekanntheitsgrad zur Berühmtheit. Die Londoner fanden in dem zähen und selbstbewußten Vogel, der trotz seiner Schwäche und Verletzlichkeit dem deutschen Blitz unbeeindruckt gegenübertrat, eine skurrile Entsprechung ihres Selbstbildes.

Nachdem Hitlers Versuch, die britische Insel invasionsreif zu bomben, gescheitert war und die deutsche Luftwaffe ihre Angriffe im Mai 1941 einstellte, zog sich Clarence aus der Öffentlichkeit zurück. Aus unerfindlichen Gründen wurde er menschenscheu und duldete lediglich seine Ersatzmutter um sich. In seiner Abgeschiedenheit entwickelte er jetzt ein außerordentliches Gesangstalent.

Am 23. März 1952 starb Clarence im beachtlichen Alter von fast 12 Jahren.

Lit.: Constantine Fitzgibbon, *London's Burning*, London 1970; Clare Kipps, *Clarence der Wunderspatz*, Zürich 1956.

Clarence und Judy
Schielender Löwe und grinsende Schimpansin

»Nein Ralph, ich habe noch nie einen schielenden Löwen gesehen, und der Rest der Welt hat das auch nicht. Ich habe Flipper berühmt gemacht, und ich werde Clarence berühmt machen.« (Ivan Tors zu seinem Partner auf den Vorschlag, das Löwenjunge mit dem Augenfehler wegzugeben)

1965 wurde in dem MGM-Kinofilm »Clarence the Crosseyed Lion« erstmals ein schielender Löwe als Filmstar präsentiert. Die simple Geschichte um Marsh Tracy (Marshall Thompson), den Leiter des »Wameru Study Center« für Verhaltensforschung, seine haarbandtragende Tochter Paula (Cheryl Miller), den Löwen Clarence, die Schimpansin Judy und die Schlange **Mary Lou** war in Ostafrika angesiedelt und wurde in einem künstlich angelegten Dschungel abgedreht, auf Ivan Tors' und Ralph Helfers gemeinsamer Tiertrainings-Farm »Afrika, USA«. Auf dieser Farm, die etwa 60 Meilen von Los Angeles entfernt lag, war Clarence auch aufgewachsen. Als er als Jungtier dort hinkam, hieß er noch **Freddie**.

Nach dem großen Erfolg des Films wurde die Fernsehserie »Daktari« (was auf Suaheli »Doktor« bedeutet) auf CBS gestartet. Sie überdauerte drei Jahre und 89 Episoden und lief zwischen 1966 und 1969. Clarence, Judy, Marshall Thompson und Cheryl Miller waren wieder mit dabei. Neu hinzu kamen Hari Rhodes und Yale Summers, die Zoologen spielten, und Hedley Mattingley als kauziger Aufseher. Ab 1968 stießen noch Ross Hagen als Führer für Fotosafaris und die siebenjährige Erin Morin dazu. Die Personen, die sie spielten, waren Stereotypen und die Geschichten so harmlos wie der phlegmatische Clarence. Ivan Tors beschrieb ihn als »ungewöhnliches Geschöpf ohne jeden Aggressionstrieb«. Er duldete es sogar, daß die Schimpansin Judy auf ihm saß oder an seinem Schwanz zog. Beide waren die Hauptattraktionen, wobei Judy trotz lautem Gekreische und Rückwärtssalto immer ein bißchen in Clarences Schatten stand. Wenn in der »Daktari«-Serie etwas aus der Sicht des schielenden Löwen gefilmt wurde, dann »schielte« auch die Kamera und zeigte alles doppelt. Tors behauptete, daß Clarence auch in Wirklichkeit doppelt sehen würde. Angeblich hatte er einmal einen Augenspezialisten zu Rate gezogen, der diagnostiziert hatte, daß Clarences Sehfähigkeit durch eine Operation nicht verbessert werden könnte. Ob Tors die Operation sonst hätte durchführen lassen, sei dahingestellt. Judy wurde von Tors als »Wunder« bezeichnet. Sie konnte 75 Handzeichen ihres Trainers Frank Lamping auseinanderhalten und entsprechend befolgen. Beide, Schimpansin und Löwe, erhielten »Patsy Awards« (Tier-Oscars). »Daktari« wurde an Fernsehsender in der ganzen Welt verkauft. Sie war die erste amerikanische Serie, die in Rußland gezeigt wurde.

Lit.: David Rothel, *The Great Show Business Animals,* San Diego/New York/London 1980.

Cleo
Zynische Bassethündin

Zwischen 1955 und 1958 würzte Cleo die amerikanische TV-Comedy-Serie »The People's Choice« mit ihren Kommentaren.

In dieser Serie gerät der junge Stadtrat Sock Miller (Jackie Cooper) immer wieder mit dem Bürgermeister People aneinander, in dessen Tochter (Patricia Breslin) er verliebt ist. Cleo spielte Millers Hund. Sie trat nicht als sprechendes Tier auf. Es gab keine Mensch-Basset-übergreifenden Dialoge. Cleos trockene oder giftige Bemerkungen wurden aus dem Off gesprochen (von der Schauspielerin Mary Jane Croft), während die Kamera eine Nahaufnahme des reglosen schlitzäugigen, schlappohrigen Hundes mit dem abgeklärten Gesichtsausdruck zeigte. Die Kommentare fungierten als Cleos Gedanken und waren nur für die Zuschauer bestimmt. Ihren »Patsy Award« (der Tier-Oscar; »Patsy« steht für Picture Animal Top Star of the Year) erarbeitete sie also durch reine Geistesarbeit. Als die Serie eingestellt wurde, kehrte Cleo auf die kalifornische Ranch ihres Besitzers und Trainers Frank Inn zurück und ließ ihre Gedanken bloß noch um den Futternapf kreisen. Da Frank Inn laut einer Reportage von »TV-Guide« seine liebsten Hunde einzuäschern und ihre Asche aufzubewahren pflegte, ist anzunehmen, daß auch Cleo in einer Miniurne auf dem Kamin oder der Anrichte endete.

Lit.: David Rothel, *The Great Show Business Animals,* San Diego/New York/London 1980.

Colossus
Der größte in Gefangenschaft gehaltene Frosch

Der männliche Afrikanische Ochsenfrosch Colossus war 22,2cm lang, maß im Umfang 45,7cm und wog 1,89kg. Er wohnte bei Steve Crabtree aus Southsea, Hampshire (GB), und lebte von 1978 bis 1992. So steht es im Rekordbuch der Guinness-Brauerei. Allzusehr braucht man sich von Colossus nicht beeindrucken zu lassen. Erstens sind Frösche keine besonders populären Haustiere – obwohl sie sich für Katzenhaarallergiker prima eignen. Zweitens ist der menschliche Drang, sich in das »Guinness Buch der Rekorde« eintragen zu lassen, in den Ländern dieser Erde unterschiedlich stark vertreten. So ist es nicht verwunderlich, daß der größte inhaftierte und ins Buch eingetragene Frosch ausgerechnet aus England stammt. Von den in Gefangenschaft schmachtenden Rekordfröschen Kasachstans – so es denn solche gibt – wird man gar nicht erst erfahren. Die in Kamerun und Äquatorialguinea vorkommenden Goliathfrösche sind viel größer als Ochsenfrösche. Im April 1989 fing Andy Koffman aus Seattle (USA) in Kamerun im Fluß Sanaga einen Goliathfrosch, der 3,66kg wog. Hätte er ihn behalten, hätte Colossus mit seinen 1,89kg sich aber verstecken können.

Eine schwedische Kröte (südamerikanischer Herkunft) mit dem weihnachtlichen Namen **Prinsen** brachte es auf immerhin 2,65kg. Nachdem sie sich 1993 die Plautze richtig vollgeschlagen hatte, übertraf sie mit ihren 3,7kg sogar den Goliathfrosch. Prinsen wurde 12 Jahre alt. Sie starb im März 1994 in einer Tierklinik.

Lit.: *Das neue Guinness Buch der Tierrekorde*, Frankfurt am Main/Berlin 1994.

Comanche
US-Kavallerie-Pferd, einziger Überlebender der Schlacht am Little Big Horn

Die US-amerikanischen Streitkräfte waren nach dem Bürgerkrieg zu einer winzigen, vom geizigen Parlament kurzgehaltenen Berufsarmee zusammengeschmolzen und wurden von der in ihrer Mehrheit eher militärskeptischen Gesellschaft mißtrauisch betrachtet. Ihre Hauptaufgabe bestand in der blutigen Umsetzung der zahllosen Vertragsbrüche des Weißen Mannes im Umgang mit der indianischen Bevölkerung. In der Regel massakrierten die überlegenen Kavallerieeinheiten die Indianer in diesem jahrzehntelangen Kleinkrieg ohne nennenswerte eigene Verluste. Keine Regel ohne Ausnahme. General George A. Custer, der sich nach einer Blitzkarriere im Bürgerkrieg widerwillig mit dem vergleichsweise bescheidenen Posten eines Regimentskommandeurs zufriedengeben mußte, war ein Mann, der wie so viele Militärs an chronischer Selbstüberschät-

162

zung litt. Am 25. Juni 1876 führte er das 7. US-Kavallerieregiment ins Gefecht gegen Häuptling Sitting Bull. Dem war es gelungen, eine kurzfristige Allianz zwischen Sioux- und Cheyennestämmen zu erreichen und einen mäßig intelligenten Hinterhalt am Little Big Horn in Montana zu legen. Trotz der Warnungen seiner militärischen Unterführer trabte Custer in die Falle, und seine 225 ihm unterstellten Reiter trabten dummerweise mit. Diesmal waren sie es, die abgeschlachtet wurden, und ihre Pferde traf es anscheinend ebenfalls. Der einzige Überlebende dieser Unglückstruppe war der damals 13jährige Comanche, das Pferd von Captain Keogh. (Natürlich könnten auch einige Pferde lebend von den Indianern mitgenommen worden sein.) Als Tage später Armee-Scouts auf dem von Toten übersäten Schlachtfeld eintrafen, stand Comanche halbverdurstet und aus einem halben Dutzend Wunden blutend noch dort – angeblich genau über dem Leichnam seines toten Herrn. Nach Erzählungen, die behaupten, sich auf indianische Quellen zu stützen, soll das Tier nach dem Gemetzel die Leiche »wie ein Dämon mit weißschäumendem Maul« gegen sich nähernde Indianer verteidigt haben. Die staatliche Propaganda und die zumeist indianerfeindliche Presse benutzte das Pferd als Vehikel zur Umdeutung und Verklärung der stümperhaften Militäraktion am Little Big Horn. Es wurde zum Sinnbild von soldatischer Tapferkeit und Durchhaltevermögen. Die Indianer mußten Little Big Horn bitter büßen. Die aufgeputschte Öffentlichkeit machte es der Militärführung leicht, mehr Gelder für die Rüstung einzufordern. Eine neue, noch blutigere Serie von Feldzügen rottete ganze Stämme aus und brach den indianischen Widerstand endgültig.

Comanche wurde eine lebende Legende. Es gehörte zu den wenigen Pferden, die bei der US-Armee ein Gnadenbrot erhielten. Bei jeder Parade wurde es mitgeführt und genoß das Privileg, keinen Dienst machen zu müssen und auf dem Militärgelände wie eine → **Heilige Kuh** frei herumlaufen zu dürfen. Am 9. November 1893 starb Comanche in Fort Riley, Kansas, eines natürlichen Todes.

Lit.: E. Lisle Reedstrom, *Custer's 7th Cavalry,* New York 1992.

Con Voi Bon
Elefant der Völkerfreundschaft

»Bau auf, bau auf, deutsche Jugend, bau auf!« war eines der offiziellen Lieblingslieder der Jugendorganisationen der DDR. Und für die Wünsche der Kinder und Jugendlichen, die sich für den Aufbau des real existierenden Sozialismus einspannen und auf die Parteilinie einschwören ließen, hatte SED-Generalsekretär Walter Ulbricht auch schon mal ein offenes Ohr. Als 1957 Rostocker »Junge Pioniere« einen kleinen Elefanten für den gerade gegründeten Zoo ihrer Stadt erbaten, gab Ulbricht die Bitte an seinen nordvietnamesischen Genossen und Kollegen Ho Chi Minh weiter, der sie auch tatsächlich erfüllte. Allerdings nicht so ganz im Sinne der kindlichen Mecklenburger Initiatoren, die sich – wohl beraten von einem kompetenten Biologielehrer – einen halbwüchsigen Elefanten erhofft hatten, der sich leicht in Rostock eingewöhnen könnte. Statt dessen sandte das vietnamesische Brudervolk im Zeichen der Völkerfreundschaft einen repräsentativen ausgewachsenen Elefantenbullen namens Con Voi Bon, der bis dahin im tropischen Urwald gelebt hatte. Das wahrscheinlich ziemlich verstörte Tier kam nach einer langen Seereise am 6. Oktober 1957 mit seinem vietnamesischen Wärter im herbstlichen Rostock an. Der Zoo hatte mit einem wesentlich kleineren Rüsseltier gerechnet und überhaupt keine Unterbringungsmöglichkeiten für Con Voi Bon. Der Elefant sollte jetzt, Kinderwunsch hin, Kinderwunsch her, nach Leipzig gebracht werden. Bei der improvisierten, dreitägigen Fahrt nach Sachsen auf einem Tieflader erkrankte Con Voi Bon, der sich bis dahin überraschend widerstandsfähig gezeigt hatte. Die sparsamen und nicht sehr elefantenerfahrenen deutschen Begleiter wollten ihn mit einem Eimer Schnapsgrog kurieren, mußten nach dem Protest des vietnamesischen Wärters aber doch einen Tierarzt holen. Sonst hätten die Elefantenkühe des Leipziger Zoos, in dem Con Voi Bon dann schließlich ankam, wahrscheinlich auf einen stattlichen Liebhaber verzichten müssen.

Lit.: *Rostocker Zeitung* vom 9.7.1996.

Copenhagen
Herzog Wellingtons Pferd

Obwohl der englische Feldherr und Staatsmann Arthur Wellesley Herzog von Wellington (1769–1852) als das geradezu klassische Beispiel eines arroganten und zynischen Angehörigen des britischen Hochadels galt, war er – zumindest als Armeeoberbefehlshaber – beim gemeinen Volk außerordentlich populär. Seine militärischen Fähigkeiten während der napoleonischen Kriege, zunächst 1808 bis 1814 auf der iberischen Halbinsel und schließlich 1815 in Belgien, brachten seinen Gegenspieler Napoleon an den Rand der Verzweiflung und begeisterten die englischen Massen, für die Wellington kaum mehr als Verachtung übrig hatte. Diese von ihm lediglich herablassend akzeptierte Beliebtheit schloß auch sein Reitpferd Copenhagen, eine anglo-normannische Fuchsstute, mit ein. Wellington ritt das Tier bei fast allen Feldzügen. Ähnlich stoisch wie ihr Herr war Copenhagen für ihre Gelassenheit in gefährlichen Situationen bekannt. Insbesondere ihre Rolle in der entscheidenden Schlacht gegen den französischen Kaiser bei Waterloo (1815), in der das Pferd den letztlich siegreichen Wellington ununterbrochen 15 Stunden lang auf dem Schlachtfeld hin- und hertrug, machten Copenhagen zur nationalen Berühmtheit. Als die Stute 28jährig im Jahr 1836 starb, trauerte ein großer Teil der britischen Bevölkerung. Angeblich soll auch der frostig-kühle Herzog Anzeichen von Betroffenheit gezeigt haben. Copenhagen wurde auf Wellingtons Besitz Stratfiedsaye mit vollen militärischen Ehren beigesetzt.

Lit.: Elwyn Hartley Edwards, *Horses – Their Role in the History of Man,* London 1987; H. H. Isenbart / E. M. Bührer, *Das Königreich der Pferde,* München und Luzern 1975.

The Creature from the Black Lagoon
siehe Das Ungeheuer aus der schwarzen Lagune

Critters
Weltraummonster

Nach → »**Gremlins**« und »**Ghoulies**« wurde Kino-»Small Town
America« in den 80er Jahren auch noch ein drittes Mal von einer
Invasion kleiner, bösartiger Monster heimgesucht. (»Critters«, USA
1986, Regie: Stephen Herek.) Die Critters kommen aus dem Weltraum, wo sie auch nicht gerade beliebt sind und als gefährliches Ungeziefer gejagt werden. Auf ihrer Flucht vor zwei intergalaktischen
Kammerjägern landet eine Kohorte der gartenzwerggroßen, stachel-
haarigen, überhaupt nicht niedlichen Raffzähne nachts auf dem Hof
der Farmerfamilie Brown irgendwo im US-amerikanischen Mittel-
westen. Mit dem Verzehr des nur sehr kurz im Film auftretenden
Pettingpartners der Bauerntochter geben sich die Allesfresser nicht
zufrieden. Die vierköpfige Idealfamilie kann sich gerade noch in der
oberen Etage ihres Hauses verbarrikadieren und verteidigt sich mit
Bleischrot. Als die Crittersarmee sich bereits bedenklich nah an die
letzte Brown'sche Stellung herangenagt hat, erscheinen die beiden
Weltraumjäger, die ein wenig an die »Ghostbusters« erinnern. Drei
Critters entkommen jedoch dem Gemetzel des Finales.

Es war also auch nicht sehr überraschend, als ein Jahr später die
ekligen Gesellen in »Critters II – Sie kehren zurück« (»Critters II –
The Main Course«, USA 1987, Regie: New Line) dort weitermach-
ten, wo sie 1986 aufgehört hatten. Die Fortsetzung ist um manches
brutaler als die Erstausgabe, ansonsten ist der Plot nahezu identisch.
1991 folgten zwei weitere »Critters«-Folgen, die nach dem bewährten Rezept von derbem Humor und Splattertum mit nur geringer
Modifikation der Grundgeschichte angerichtet wurden.

Lit.: *Critters,* in: Cinema 12/1986; *Lexikon des Internationalen Films,* Reinbek
1995.

Cucharero und Pamado
Kampfstiere

Der von Anastasio Martín gezüchtete Stier Cucharero war so groß,
daß er bequem seinen Kopf auf die Holzwand rund um die Arena

legen konnte, wo er 1877 in Málaga kämpfen und sterben mußte. Zehnmal wurde ihm vom Pferd aus die Lanze in den Nacken gestoßen, ohne daß die erwünschte Blutung einsetzte. Statt dessen gabelte er eines der unglücklichen Pferde auf seine großen, scharfen Hörner und trug es mühelos herum. Einer der Picadores (Lanzenreiter) brach sich das Schlüsselbein, ein zweiter landete im Gang zwischen der Arena und den Zuschauerplätzen. Ohne an Kraft einzubüßen, überstand Cucharero auch den zweiten Teil des Kampfes, das Setzen der Banderillas (geschmückte Holzstäbe mit Eisenspitze und Widerhaken), bevor er im dritten Teil auf den berühmten Matador Rafael Molina »Lagartijo« traf. Lagartijo, jung und so schön, daß angeblich sein Anblick beim Einmarsch in die Kampfbahn bereits das Eintrittsgeld wert gewesen sein soll, hat die Kunst des Stierkampfs verändert: fort von der schnörkellosen orthodoxen Kunst des Tötens, dem strengen Befolgen der Regeln, hin zur stilistischen Eleganz.

Mit Grazie war einem Stier wie Cucharero freilich nicht beizukommen. Lagartijo, der seine Angst kaum beherrschen konnte, stellte sich dem Stier nicht allein, sondern erschien in Begleitung seiner Helfer. Er brachte kein einziges Manöver zustande und tötete Cucharero, ohne ihn beherrscht zu haben. Seinen Kopf, der allein hundert Kilo wog, ließ er präparieren und hängte ihn zu Hause auf. Die ausgestandene Angst trug Lagartijo dem wilden Stier noch lange nach. In angetrunkenem Zustand soll er den ausgestopften Kopf Cuchareros manchmal mit einem Stock traktiert haben.

Genauso nachtragend zeigte sich Lagartijo gegen einen Stier von Don Ildefonso Sánchez Taberno am 12. Oktober 1882. Pamado war schwarz, groß und mindestens genauso elegant wie Lagartijo: Leichtfüßig sprang er vierzehnmal über die Barrera (Holzwand der Arena), wozu noch 9 mißlungene Sprungversuche kamen. Wenn er nicht sprang, lief er, und Lagartijo scheiterte an ihm. Nach drei Verweisen wurden die Ochsen hereingelassen, um Pamado wieder in den Stall zurückzubringen, wo er geschlachtet werden sollte. Das verhinderte Lagartijo, indem er Pamado hinterrücks durch einen Stich in die Rippen tötete. Soviel zu Edelmut und Grazie des berühmten Cordobesers.

Was die Wildheit der Stiere betrifft, so sind heute aus den »toros de verdad« »toros de garantía« geworden – Stiere, die den Erfolg des Matadors garantieren, soweit sich so etwas garantieren läßt. Überraschungen sind auch nach der »genetischen Unterwerfung des Stiers« noch drin, aber es wird schon lange nicht mehr allein auf »bravura« (unermüdliche Angriffslust), sondern auch auf Folgsamkeit gegenüber dem Tuch und Gutmütigkeit – wie auch immer das zusammengehen soll – gezüchtet. Bereits Anfang dieses Jahrhunderts beklagten sich die »aficionados« (die Stierkampfbegeisterten und -verständigen) über die Degeneration der Stiere. Allerdings wäre die heutige, verfeinerte Form des Stierkampfs mit den wilden Stieren aus den Anfangszeiten gar nicht durchführbar.

Lit.: Lorenz Rollhäuser, *Toros, Toreros,* Reinbek 1990.

D

Dab-Dab
Dr. Dolittles tüchtige Ente

*»Ich weiß nicht, was ich mit dem Doktor anfangen soll ...
wahr und wahrhaftig nicht. Er hat den letzten Pfennig
aus der Sparbüchse herausgenommen – die ganzen
249 Schilling und 6 Groschen [...], und wofür,
glaubst du, hat er sie ausgegeben?
Er hat sich dafür sechs fette Schlangen gekauft« –
Dab-Dab brach in neue Tränenfluten aus – »und sie
in meine Mehlkiste getan, bis er eine richtige Lagerstätte
für sie hat.« (Hugh Lofting, »Dr. Dolittles Zirkus«)*

Dr. Dolittle, der Held in den Kinderbüchern von Hugh Lofting, hat
eine Schwester namens Sarah, die ihm lange Zeit den Haushalt geführt hat. Sie verläßt ihren Bruder schließlich, weil er sich weigert,
ein Krokodil aus dem Haus zu werfen, das Linoleum frißt und die
Patienten der Tierarztpraxis verscheucht. Daraufhin übernehmen
Dr. Dolittles Tiere die Haushaltsführung, wobei die Ente Dab-Dab
für Staub wischen und Betten machen zuständig ist. Haushälterin
wird zunächst Papageiendame → **Polynesia**, weil sie die älteste ist.
Als Polynesia in Afrika zurückbleibt, übernimmt die praktische und
umsichtige Dab-Dab automatisch diese Stellung. Durch ihre konventionelle Mütterlichkeit und ihre Tendenz zum zwangsneurotischen Putzteufel scheint sie auch dafür prädestiniert. Liebevoll
steckt sie Dr. Dolittle Sardinenschnittchen in die Tasche, bevor er
aus dem Haus geht. Nur des Doktors lässiges Verhältnis zu Besitz
und Geld zerrt an ihren Nerven, wie es auch schon die Nerven seiner Schwester Sarah angriff. Die beiden sind sich überhaupt nicht
ganz unähnlich.

Siehe auch **Doktor Dolittles Tiere.**

Lit.: siehe unter **Doktor Dolittles Tiere.**

Daffy Duck
Zweitberühmtester Comic-Erpel

»Don't let it worry you, skipper!
I'm just a crazy darn-fool duck!" (Daffy Duck)

1937 hatte der schwarzgefiederte Erpel Daffy Duck seine erste kleine Rolle in dem Warner-Brothers-Trickfilm »Porky's Duck Hunt«.
Hier trieb er den schweinischen Jäger **Porky Pig** (→ **Schweinchen
Dick**) mit seinem unberechenbaren Gehopse und vor allem mit sei-
ner geistesgestört klingenden Lache zur Verzweiflung. Daffys
»Woo-HOO! Woo-HOO!Q« begeisterte das Publikum auf Anhieb
so sehr, daß er seitdem in mittlerweile über 130 Trickfilmen die
Hauptrolle spielte. Die eindeutig verrückte Ente mit den ausgesprochen schurkischen Charakterzügen quälte zunächst seinen ewigen
Kontrahenten, das Schweinchen Porky, mit ständig neuen gemeinen
Streichen. Im Laufe der Zeit veränderte sich seine Rolle immer
öfter von der des Streichespielers zu der des Angeschmierten. Insbesondere, wenn er mit dem Warner-Brothers-Star → **Bugs Bunny**
gemeinsam in einem Film auftritt, wird ihm der Part des Verlierers
zugedacht. Allerdings ist der mit einem ungesunden Selbstbewußtsein ausgestattete Vogel selbst durch unzählige Schrotladungen (zumal er stets eine schußsichere Weste trägt) und abgeschossene
Schnäbel nie von der Überzeugung abzubringen, alle Fäden in der
Hand zu haben. Im Laufe der Jahre veränderte DD sich ein wenig.
Er wurde größer und schlanker, ihm wuchsen die charakteristischen
drei Federchen auf dem Kopf, und er begann zu lispeln. Aber er behielt seinen weißen Ring um den Hals, den Silberblick und den psy-
chotischen Charakter.

Meistens erscheint der anstrengende Enterich als Single, doch
ist er seit 1939 mit **Daphne** (mit dem geblümten Hut) verheiratet.
Die Ehe ist offensichtlich wenig glücklich und endete einmal sogar
fast vor dem Scheidungsrichter, nachdem DD ein angebrütetes Ei
seiner Frau mit einem Türknopf vertauschte. Dennoch kann sich
insbesondere das amerikanische Publikum an der Rüpelente anscheinend nicht sattsehen. Außer in seinen Trickfilmen treibt DD in
unzähligen Comic-Alben und Fernsehsendungen sein Unwesen.

Seinen letzten Kinofilmauftritt hatte er in »Space Jam« (USA

1996, Regie: Joe Pytka), einer Mischform aus Real- und Zeichentrickfilm mit dem Basketballspieler Michael Jordan in der Hauptrolle.

Lit.: Jeff Linburg, *The Encyclopedia of Animated Cartoons,* New York 1991; Jeff Rovin, *The Illustrated Encyclopedia of Cartoon Animals,* New York 1991.

Dagobert Duck (Scrooge McDuck)
Donalds knauseriger Onkel

»... mir macht es eben Spaß, wie ein Seehund
in mein Geld zu springen, und wie ein Maulwurf
darin herumzuwühlen und es in die Luft zu schmeißen,
daß es mir auf die Glatze prasselt.« (Dagobert Duck)

Dagobert Duck, nach → **Donald Duck** die wichtigste Figur in Entenhausen, hatte 1947 seinen ersten Auftritt in der 24-Seiten-Geschichte »Christmas in Bear Mountain« (1957 im deutschen MM-Heft als »Die Mutprobe« veröffentlicht), ohne vorher in einem Zeichentrickfilm aufgetreten zu sein. Er ist eine Erfindung des berühmten Zeichners Carl Barks, der sich für Onkel Dagoberts Aussehen und Charakter von der Figur »Uncle Bim« aus der Comic-Serie »The Gumps« und von Ebenezer Scrooge, dem Geizhals und Menschenfeind aus Charles Dickens' Weihnachtsmärchen inspirieren ließ. Folglich ist Onkel Dagoberts amerikanischer Name auch **Scrooge McDuck**, wobei der schottische Nachname auf Dagoberts extremen Geiz zielt.

Dagobert Duck hat eine Glatze und Koteletten, trägt Zwicker, Gamaschen, einen roten Mantel, einen Zylinder und einen Stock. Er ist die Verkörperung des Kapitalismus und gleichzeitig seine Karikatur. Eitel und selbstsüchtig, fanatisch geizig und unendlich reich, schreckt er nicht davor zurück, seine eigene Verwandtschaft über den Tisch zu ziehen, wenn er sich davon Gewinn verspricht. Das einzige Vergnügen, das er kennt, sind seine fetischistisch anmutenden Geldbäder. Den Grundstock seines unermeßlichen Reichtums, der in Trillionen, Octillionen und Phantastilliarden gezählt wird, hat er sich redlich und mit körperlicher Arbeit verdient. Später wird immer mehr das Glück zum entscheidenden Faktor, ein Glück, das Onkel Dagobert auf den Besitz seines ersten selbstverdienten Zehners bzw. Talers zurückführt, den er unter einem Glassturz aufbewahrt. Außerdem streifen Onkel Dagoberts Unternehmungen zur Beschaffung weiterer Geldes – meist müssen ihm Donald und die Neffen bei einer Schatzsuche helfen – immer wieder die Grenze zur Kriminalität.

Die größte Bedrohung seines Geldspeichers, der 1951 zum ersten Mal im Bild gezeigt wurde, sind neben Naturkatastrophen die Aktivitäten der → **Panzerknacker AG**. Die größte Bedrohung seines ersten selbstverdienten Zehners bzw. Talers ist die Hexe → **Gundel Gaukeley.**

Lit.: Uwe Anton / Ronald M. Hahn, *Donald Duck. Ein Leben in Entenhausen,* München 1994; Michael Barrier, *Carl Barks – Die Biographie,* Mannheim 1994; Gottfried Helnwein, *Wer ist Carl Barks,* Rastatt 1993; David Kunzle, *Carl Barks: Dagobert und Donald Duck,* Frankfurt am Main 1991.

Daisy
Blondies Hund

»Uhh-uhh-uhh – don't touch the dial!
Listen to ... Blonnnndie!«
(Jingle der Blondie-Radiofolgen, der in
Amerika zu einem geflügelten Wort wurde)

1930 erschuf Chic Young die Comic-strip-Figur Blondie, die anfangs eine flotte Blondine war, das, was man damals einen »Flapper« nannte. Ihr Freund Dagwood war ein nichtsnutziger Reiche-Leute-Sohn. Das änderte sich 1933, als Young Dagwood und Blondie heiraten ließ, wofür Dagwood von seinen Eltern den Geldhahn gesperrt bekam. Von nun an schlugen sie sich als jungverheiratetes Paar mit Kind(ern) und Hund in einem Vorstadthäuschen durch und teilten die Sorgen vieler amerikanischer Familien in ähnlicher Situation. Die aufgeweckte kleine Töle Daisy war auch dabei, als 1938 eine Blondie-Filmserie mit 28 Folgen begann. Eine der Spezialitäten des wuscheligen Filmhundes war, die Ohren extrem anzulüften, um Überraschung oder Ungläubigkeit zu demonstrieren. Dabei wurde mit unsichtbaren Drähten nachgeholfen. Daisy war aber nicht etwa bloß Dekoration. In »Blondie on a Budget« (1940) tritt sie als – keineswegs unglückliches – Alkoholopfer auf; in »Life with Blondie« (1945) wird Daisy erst Hunde-Pin-up bei der Navy und dann von Gangstern entführt. Aufregend. Die Filmreihe von Columbia Pictures, aus der 1939 auch Blondie-Radioepisoden abzweigten, endete 1950. 1957 und 1968 wurden Blondie-Serien im Fernsehen gestartet, denen allerdings kein großer Erfolg beschieden war.

Lit.: David Rothel, *The Great Show Business Animals,* San Diego/New York/London 1980.

Daisy
Schaf fatale

»Ich kann doch nicht mit einem Schaf reden.
Sie haben wohl ein Rad ab.«
(Dr. Ross in der deutschen Synchronisation)

Anfang der 70er Jahre thematisierte Woody Allen in einer Episode seines Films »Was Sie schon immer über Sex wissen wollten, aber nie zu fragen wagten« (»Everything You Always Wanted To Know About Sex But Were Afraid To Ask«, USA 1972, Regie: Woody Allen) ein bis dahin tabuisiertes Problem: ausbeuterischer Sex zwischen einem Menschen der New Yorker Mittelschicht und einem minderjährigen Kaukasus-Schaf.

Obwohl er weder Psychiater noch Tierarzt ist, läßt sich der jüdische Allgemeinarzt Dr. Doug Ross (Gene Wilder) von dem verstörten armenischen Hirten und Sodomiten Stavros Milos (Titos Vandis) dazu bewegen, mit dessen Freundin, dem Schaf Daisy, zu sprechen. Milos ist wegen der Kälte und Gleichgültigkeit, die ihm seine Geliebte seit einiger Zeit entgegenbringt, verzweifelt und erhofft sich von einem Arzt-Schaf-Gespräch zumindest Klarheit für sein emotionales Chaos. Fatalerweise verfällt Dr. Ross seinerseits sofort dem Charme des lockigen Luders. Zunächst kann er seine Obsession noch vor der Umwelt verbergen, doch bald gibt er sich seiner Liebe wie weiland Professor Unrat ohne Rücksicht auf Verluste hin. (Auf harte Sexszenen verzichtet Woody Allen allerdings.) Ross verliert seine Approbation, Familie und Freunde. Er behängt

Daisy mit Juwelen, kauft ihr Reizwäsche, verwöhnt die Mäh-Lolita mit Gras und bringt mit ihr sein Vermögen in Stundenhotels und Spelunken durch. Daisy, die man während des ganzen Films nicht sprechen hört (Schafe können nämlich nicht sprechen), verläßt Ross, nachdem sie ihn vollkommen ruiniert hat, und kehrt zu Milos zurück. Ross endet als Penner, der zitternd Weichspüler trinkt.

Lit.: Woody Allen, *Was Sie schon immer über Sex wissen wollten, aber nie zu fragen wagten,* Zürich 1985; Hans Gerhold, *Woodys Welten. Die Filme von Woody Allen,* Frankfurt am Main 1991.

Daisy Duck
Donalds Angebetete

»Aha, strickt Strümpfe, wie es sich
für ein ordentliches Frauenzimmer gehört.
Na, vielleicht gehe ich morgen mit ihr in den Zirkus.«
(Donald Duck)

Seit 1940, als Daisy und **Donald** (→ **Donald Duck**) in dem Film »Mr. Duck steps out« (»Herr Duck geht aus«) zum ersten Mal aufeinandertreffen, dümpeln die beiden im Vorfeld einer intimen Beziehung, ohne daß sie je geheiratet oder auch nur anständig geschmust hätten. Direkte Erotik wird in den Donald-Comics ausgeklammert. Es darf nicht einmal Söhne und Töchter geben, durch die auf stattgefundene Sexualität gefolgert werden könnte. Stets handelt es sich bei Verwandten um Nichten, Neffen, Onkel, Vettern oder Tanten (Ausnahme → **Oma Duck**). Auch Daisy und Donald sind verwandt. Sie ist seine Cousine. In den Bildergeschichten wohnt sie in seiner Nachbarschaft und hat drei Nichten, **Dicky, Ducky und Dacky**, die selten in Erscheinung treten und deren Herkunft noch dunkler ist als die von → **Tick, Trick und Track**.

Die spießige Daisy ist eine Entenversion von Doris Day. Sie trägt eine Bluse mit Puffärmeln, Pumps und eine kindische Riesenhaarschleife als Insignien der Weiblichkeit. Mit ihrem Schlafzimmerblick unter langen Wimpern bedenkt sie zu Donalds Kummer nicht nur ihn, sondern auch → **Gustav Gans**. Warum Donald und Gustav ständig um Daisy konkurrieren, ist nicht ganz nachzuvoll-

ziehen. Als bekannt schlechte Autofahrerin und verschwendungs-
süchtiger Zankteufel mit Schwäche für ausgefallene Hüte bedient
sie alle Klischeevorstellungen über Frauen und ist eine fürchterliche
Scharteke, die Donald regelmäßig demütigt. Sie kommt immer zu
spät, nörgelt, verlangt Geschenke und Hilfe bei Reparaturen im
Haushalt, wobei Donald ihre Erwartungen fast nie zur Zufriedenheit erfüllen kann. Versagen straft Daisy mit Schimpftiraden und
scheut sich nicht, auch mal handgreiflich zu werden.

Vielleicht liegt das Geheimnis von Daisys Anziehungskraft auf
Donald darin, daß ihre Launenhaftigkeit und ihre kitschige Romantik Aspekte von Donalds eigenem Seelenleben widerspiegeln. In
den späteren Heften ist Daisys Charakter etwas gemäßigt worden.
Aber obwohl sie Anfang der 70er in eine Frauenvereinigung eintritt, treffen wir sie 1976 immer noch an, wie sie Donald das Essen
kocht, während der chauvinistische Erpel in einem bequemen Stuhl
wartet.

Lit.: siehe unter **Donald Duck.**

Daniel Düsentrieb (Gyro Gearloose)
Entenhausener Erfinder

»Niemand kann eine Maschine so intelligent machen,
daß nicht doch irgendein Blödmann zu dumm ist,
sie zu bedienen.« (Daniel Düsentrieb)

Disneys »guter Zeichner« Carl Barks war es, der den Entenhausener Erfinder erfand. Weltfremd, aber edel, verrückt und genial
schafft Daniel Düsentrieb so nützliche Dinge wie das butterlose
Butterbrot, Glühbirnen, die helle Räume dunkler machen, einen
Wutwandler und einen Wunschverwirklichungsrealisator – »auf
Bestellung innerhalb von 24 Stunden« – und verkauft sie zu Spott-
preisen. Er erschien zum ersten Mal 1952 (Deutschland 1953) als
Nebenfigur in einem Comic und wurde so beliebt, daß er bald auch
zur Hauptfigur einiger Geschichten aufstieg. Düsentrieb ist keine
Ente, sondern ein weißes Huhn mit roten Haaren, das beinahe dop-
pelt so groß ist wie die erwachsenen Mitglieder der Duck-Familie.
Im Gegensatz zu den Ducks trägt er Hosen, dazu ein Hemd mit

Weste, eine Nickelbrille und einen kleinen Hut, der mit einem Gummiband gehalten wird. Seine Hilfe ist immer dann unverzichtbar, wenn → **Donald Duck** und Anhang in Zukunft, Vergangenheit oder ins Weltall reisen wollen. Pannen sind leider nicht selten, so daß Düsentrieb mehrmals vor → **Onkel Dagoberts** Wut nach Timbuktu flüchten muß. Wenn alle Stricke reißen, weiß aber immer noch Helferlein (The Helper/Little Helper), ein selbstkonstruierter Miniroboter mit Glühbirnenkopf, einen Ausweg.

Lit.: siehe unter **Donald Duck.**

Darley Arabian
Einer der drei Stammväter der englischen Vollblutrasse

Der Araberhengst wurde 1700 am Rande der syrischen Wüste geboren. Um 1705 kaufte ihn Mr. Darley in Aleppo von Scheich Mirza und importierte das Pferd, das eine Blesse auf seinem langen Kopf hatte, nach England. In Darleys Zuhause, Aldby Park in East Yorkshire, wurde der ungewöhnlich symmetrisch gebaute Hengst zu einem der wichtigsten Vererber für die Rasse des englischen Vollblutpferdes. Auf ihn geht auch die Linie von → **Eclipse**, einem der berühmtesten Rennpferde aller Zeiten, zurück.

Lit.: Elwyn Hartley Edwards, *Horses – Their Role in the History of Man,* London 1987; Marian Graf von Hutten-Czapski, *Die Geschichte des Pferdes,* Leipzig 1985.

Dino
Familie Feuersteins Haussaurier

Der Zeichentrick-Dinosaurier Dino ist violett, hat schwarze Flecken auf dem Rücken und drei einzelne Haare auf dem Kopf. Die Feuersteins halten ihn wie einen Haushund, und so benimmt sich Dino auch – nur etwas grober. Er jault, hechelt, apportiert und geht an der Leine. Sein Lieblingsfutter heißt Shlump. Für einen Saurier ist Dino zwar relativ klein, aber immer noch groß genug, um Fred Feuerstein über den Haufen zu rennen und tüchtig abzuschlecken. Das macht er regelmäßig, wenn sein Herrchen von der Arbeit nach Hause kommt. Überhaupt hat Fred am meisten unter Dino zu leiden. Brav apportiert Dino das steinerne Tageblatt, um es dann auf dem Fuß des Familienoberhaupts fallen zu lassen. Entdeckt Dino auf ihren gemeinsamen Spaziergängen etwas Interessantes, kennt er kein Halten mehr, und Fred fliegt wie ein Drachen an der Leine hinter ihm her. Trotzdem liebt Fred seinen Haussaurier. Er war untröstlich, als Dino sich einmal davongemacht hatte, um seinem großen Vorbild, dem Fernsehtier **Sassy** nachzueifern. Geläutert kehrte Dino damals zu den Feuersteins zurück und widmete sich fortan der Jagd auf eine Höhlenmaus. Dinos Originalstimme stammt von Mel Blanc, der auch Bamm-Bamm, den Sprößling von Betty und Barney Geröllheimer, spricht.

Die Fernsehserie »Familie Feuerstein« (»The Flintstones«) startete am 30. September 1960 in den USA. Sie war die erste Zeichentrickserie, die das Fernsehen zur Hauptsendezeit ausstrahlte, und die erste, deren Folgen ganze 30 Minuten lang waren.

Fred, Wilma und Töchterchen Pebbles Feuerstein leben in einer äußerst merkwürdigen Steinzeit. Prähistorische Fernseher, Drive-Ins und Laufautos ermöglichen ihnen, auch im Fellkleid das Leben einer modernen amerikanischen Durchschnittsfamilie zu führen. Fred Feuerstein ist Kranführer in einem Steinbruch. Sein Kran ist ein Brontosaurier und heißt **Hugo**. Erstaunlicher als Warzenschweinmüllschlucker und Mammutstaubsauger ist aber genaugenommen die Existenz von Dinosauriern in der Steinzeit. Säbelzahntiger wie **Baby Puss**, das Haustier der Geröllheimer, lebten etwa zu Beginn der ersten Faustkeilkulturen. Und vom ersten Faustkeil bis zur ersten TV-Fernbedienung waren es höchstens 500000 Jahre. Dinosaurier hingegen waren damals bereits seit über 60 Millionen Jahren ausgestorben.

»The Flintstones« liefen sechs Jahre lang in 166 Episoden und wurden mehrfach wiederholt. Inzwischen werden sie in 80 Ländern der Welt ausgestrahlt.

Es gibt »Flintstone«-Vergnügungsparks, Feuerstein-Comic-Hefte – darunter 20 Dino-Hefte (1973–1977, von Charlton publiziert) –, abendfüllende Feuerstein-Spielfilme und weitere Feuerstein-Serien, in denen die Sprößlinge Pebbles und Bamm-Bamm herangereift sind, oder in denen Fred, Wilma, Barney und Betty wieder in ihre Steinzeitkindheit zurückversetzt werden (»The Flintstone Kids«, 1986–1988). Dort findet sich dann auch ein entsprechender **Little Dino**. 1994 ließ Steven Spielberg als Produzent die Rollen der Zeichentrickfiguren aus den Hanna-und-Barbera-Studios von Menschen aus Fleisch und Blut spielen. John Goodman als Fred Feuerstein und Rick Moranis als Barney Geröllheimer waren zweifellos Idealbesetzungen. Dino allerdings »schien mehr dem Fundus der Augsburger Puppenkiste denn der Population des Jurassic Parks entnommen« (Holger Jenrich).

Lit.: Franco Fossati, *Das große illustrierte Ehapa Comic-Lexikon,* Stuttgart 1993; Holger Jenrich, *Yabba-Dabba-Doo,* in: Freunde fürs Leben (hrsg. von Holger Jenrich), Essen 1996; Jeff Rovin, *The Illustrated Encyclopedia of Cartoon Animals,* New York 1991.

Die Dinos

Die prähistorische Comedy-Serie »Die Dinos« (»Dinosaurs«), eine Koproduktion von Michael Jacobs Productions und Jim Henson Productions in Zusammenarbeit mit Walt Disney Productions, gehört zu den erfolgreichsten Programmen, die je produziert worden sind. Am 26. April 1991 liefen »Die Dinos« zum ersten Mal auf ABC. Jim Henson, dem die Idee zu einer Familienserie mit übermenschengroßen Dinosaurierpuppen während der Herstellung der Turtles-Puppen (→ **Ninja Turtles**) kam, erlebte die Fernsehpremiere nicht mehr. Er starb ein knappes Jahr zuvor. Sein ältester Sohn Brian wurde im Januar 1991 zum Präsidenten des Henson-Unternehmens ernannt.

Die Dinosaurierfamilie Sinclair – erst in zweiter Generation zivilisiert – wohnt in einem modern eingerichteten Haus, dessen wichtigste Einrichtungsgegenstände ein unheimlicher Kühlschrank voller lebendiger Lebensmittel und der Fernseher sind. Beheimatet sind die Sinclairs auf Pangaea, dem Großkontinent, der 60 Millionen Jahre vor unserer Zeit und dem Auseinanderdriften der Kontinentalplatten noch besteht. Regiert wird die Dinosaurierwelt vom »Rat der Ältesten«, der gleichzeitig Legislative, Exekutive und Judikative ausübt und mit seinen Regeln moderner Dinokratie einen Überwachungsstaat geschaffen hat. Die zivilisierten Dinosaurier tragen Kleidung und besitzen hochmoderne technische Errungenschaften wie Fernseher, motorisierte Rollstühle und Kühlschränke, die die Jagd überflüssig gemacht haben. Gleichzeitig wird ihr Leben aber von mittelalterlichen Anschauungen – wie daß die Erde eine Scheibe ist – und von archaischen Ritualen und dem Prinzip des Fressens und Gefressenwerdens bestimmt.

Jim Hensons Dinosaurier sehen sich als die Krone der Schöpfung, sind exzessive Verbraucher und gehen rücksichtslos mit ihrer Umwelt um. Offenen Auges stampfen sie in ihren bekannten Untergang. Das kümmert sie aber weit weniger als ihre täglichen Alltagssorgen und Familienstreitigkeiten. Kurz: Sie sind uns nicht ganz unähnlich, und darum sterben sie auch aus. Zufällig stimmen auch die Dinosauriernamen **Sinclair**, **Richfield** und **Roy Hess** mit den Namen dreier großer amerikanischer Ölkonzerne überein.

Die 17 vollbeweglichen großen Dinosaurierfiguren und 50 Handpuppen (→ **Baby Sinclair** ist z. B. eine Handpuppe) der Serie wurden in Jim Hensons »Creature Shop« in London hergestellt, bevor sie 1. Klasse zu den Filmaufnahmen nach Amerika flogen. Mit Hilfe von Animatronics, einer hochkomplizierten Technik, können sich die Gesichter von → **Earl Sinclair** und seinen Lieben zu so vielen verschiedenen Mienen wie ein lebendiges Menschengesicht verziehen. In den Köpfen der Puppen befinden sich rund 20 kleine Motoren, die von 2 bis 3 Puppenspielern durch Fernbedienung betätigt werden, während ein weiterer im Latexkostüm steckt, das bei Earl 2m hoch, 1,20m breit und 40kg schwer ist. Da die Temperaturen in der Dino-Hülle während der Dreharbeiten auf bis zu 50 Grad Celsius steigen können, gibt es einen speziell eingebauten Ventilator.

Siehe auch **Baby Sinclair, Charlene Sinclair, Earl Sinclair, Fran Sinclair, Oma Ethel** und **Robbie Sinclair**.

Lit.: WDR-Pressemappe.

Die Vögel Djän

Chinesische Sagenvögel mit grünrotem Gefieder. Sie können immer nur paarweise zusammen fliegen, weil sie jeweils nur ein Auge und einen Flügel besitzen.

Lit.: *Djin Ping Meh – Kommentare*, Zürich 1989.

Doktor Dolittles Tiere
Protagonisten eines Kinderbuchklassikers

*»... das ist ein **Wiff-Waff**. Sein richtiger Name ist
Hippocampus pippitopitus [...]. Ich will nämlich die
Sprache der Schaltiere lernen. Sie haben bestimmt
eine Sprache. Ein bißchen Haifischsprache und etwas
Tümmlerdialekt kann ich schon sprechen,
aber ich möchte die Sprache der Schaltiere, der
Muscheln, Krebse und Schnecken lernen.«
(Dr. Dolittle)*

Während des Ersten Weltkriegs erhielten die Kinder des amerikanischen Neubürgers und Schriftstellers Hugh Lofting Post aus einem der blutigsten Frontabschnitte, dem sogenannten Ypern-Bogen in Westflandern. Ihr Vater hatte sich bei Ausbruch des Krieges auf seine englisch-irische Herkunft besonnen und kämpfte jetzt in einer britischen Division. Er schrieb seinen Kindern nicht von dem, was ihn hier am meisten bewegte – daß neben hunderttausenden Soldaten auch massenhaft Pferde starben, daß verwundete Pferde nicht versorgt, sondern einfach liegengelassen wurden und bestenfalls ein Gnadenschuß ihnen einen langen Todeskampf ersparte. In den Feldpostbriefen an seine Frau Flora berichtete Lofting ausführlich davon, seinen Kindern schickte er statt dessen Geschichten über einen Tierarzt, der die Leiden aller Tiere vortrefflich zu lindern verstand. Er versah die Geschichten auch mit eigenen Illustrationen. Flora Lofting sammelt diese Briefe, und 1920 erschien das erste Dolittle-Buch »The Story of Doctor Dolittle« (»Dr. Dolittle und seine Tiere«), dem noch elf Bände folgen sollten. In Deutschland sind sie zu einer zehnbändigen Reihe zusammengefaßt. Lofting erhielt den »Newbery Medal Award«, die höchste amerikanische Auszeichnung für ein Kinderbuch. Alle Bände sind inhaltlich miteinander verknüpft und erzählen die Utopie einer Kommunikation zwischen Mensch und Tier.

Illustration von Hugh Lofting aus der Erstausgabe von 1929.

Hauptperson der etwa im viktorianischen Zeitalter angesiedelten Geschichten ist Dr. Dolittle, knollennasiger Zylinderträger, erst Menschen-, dann Tierarzt, unpraktisch und altruistisch bis zur Selbstaufgabe, der sich stets auf Reisen in tatsächliche oder erfundene Länder, einmal sogar auf dem Mond befindet. Dabei erlebt er zahlreiche Abenteuer, in denen ihm stets Tiere in letzter Sekunde aus der Klemme helfen. Fast alle Bücher beginnen und enden in Dolittles Haus in Puddleby auf der Marsch, einem Hort der Geborgenheit, wo der Doktor mit einem sich ständig vergrößernden Haufen Tiere lebt und die Ente → **Dab-Dab** den Haushalt führt. Zur Kerngruppe gehören neben Dab-Dab noch → **Jip**, der Hund, → **Polynesia**, der Papagei, → **Göb-Göb**, das Ferkel, und → **Tuh-Tuh**, die Eule. Dann gibt es die weißen Mäuse im Klavier, die Goldfische im Gartenteich, Kaninchen in der Speisekammer, ein lahmes hochbetagtes Pferd und diverse Patienten und Gäste, die für mehr oder weniger lange Zeit Aufnahme finden, z. B. → **Tschi-Tschi**, der Affe, ein gigantischer Riesenfalter und das → **Stoßmich-Ziehdich**.

Die Tiere sind keineswegs stumm, sondern »kompetente Benutzer einer jeweils ihnen eigenen Sprache«, die von Dr. Dolittle verstanden wird. Es ist nicht die eine Tiersprache, wie das oft im Mär-

181

chen arrangiert ist, sondern Dr. Dolittle muß mühsam 498 Tiersprachen und -dialekte erlernen, in einem späteren Band kommt auch noch die Pflanzensprache dazu. Der Einfachheit halber, wenn auch nicht ganz logisch, verstehen sich die verschiedenen Tiere aber immerhin untereinander. Bezeichnend für Dolittle ist, daß er selbst diese Sprachen paukt und nicht versucht, den Tieren seine eigene beizubringen. Um so mehr erstaunt bei dieser Haltung, daß der Autor Hugh Lofting, der mit Dolittle die Wanderlust und Tierliebe gemein hatte, auch einige rassistische Szenen schrieb, in denen der »unreflektiert vorgetragene Mythos von der Überlegenheit der Weißen« (K.-U. Pech) bemüht wird. So in den Episoden mit dem faulen und ungebildeten »Negerprinzen Bumpo«. Was Lofting da als Kind seiner bornierten Zeit unterlaufen ist, steht im krassen Widerspruch zu den sonstigen Inhalten der Bücher, in denen die Tiere in einer von »gegenseitiger Sorge und Aufmerksamkeit« geprägten Gemeinschaft »Emanzipation von erstarrten Verhältnissen, Unterdrückung und psychischen Deformierungen« vorführen.

Lit.: Dietmar Grieser, *Im Tiergarten der Weltliteratur,* München 1993; Hugh Lofting, *Dr. Dolittle und seine Tiere,* Zürich/London 1929; Hugh Lofting, *Doktor Dolittles Zirkus,* Berlin, o. J.; Klaus-Ulrich Pech, *Hugh Loftings »Doktor Dolittle«-Serie,* in: Klassiker der Kinder- und Jugendliteratur (hrsg. von Bettina Hurrelmann), Frankfurt am Main 1995.

Dolly
Klon-Schaf

Im Februar 1997 gaben Dr. Ian Wilmut und seine Mitarbeiter vom Roslin-Institut in Edinburg bekannt, daß es ihnen gelungen war, zum ersten Mal ein erwachsenes Säugetier zu klonen, ein Schaf. Das Ergebnis hieß Dolly und war inzwischen sieben Monate alt.

Einem Schaf waren Stammzellen aus dem Euter entnommen und in eine Eizelle implantiert worden, deren eigenen genetischen Code die schottischen Wissenschaftler zuvor entfernt hatten. Die manipulierte Zelle entwickelte sich in einer Nährlösung zum Embryo und wurde dann einem Leihmutterschaf eingepflanzt. Lamm Dolly ist jetzt die exakte Doppelgängerin des Schafs, das die

Stammzellen gespendet hat – nur ist sie jünger. Geklont haben Ian Wilmut und sein Team schon früher. Doch war ihnen das bisher nur mit kaum entwickelten Schafembryonen gelungen, deren Zellen sich noch nicht in Muskel-, Herz- und Hirnzellen differenziert hatten. Die so entstandenen Schafe heißen **Morag** und **Megan**. Vielleicht wurden mit Bedacht Schafe als Versuchstiere ausgewählt, da sie für das menschliche Auge sowieso alle gleich aussehen und die Existenz zweier identischer Tiere deswegen keinen so großen Schock auslöst. Denn wenn auch vorläufig bloß von der nun vereinfachten Herstellung genetisch veränderter Schafe, die ein bestimmtes Medikament produzieren, die Rede ist, bedeutet Wilmuts Erfolg, daß auch der Mensch geklont werden kann. Schließlich ist er bloß ein Säugetier. Der Traum oder Alptraum von der menschlichen Unsterblichkeit ist damit ein Stückchen näher gerückt. Die Rechte für die Technik (des Schafklonens) liegen bei dem Biotechnik-Unternehmen »PPL Therapeutics« in Edinburgh.

Lit.: *Hamburger Abendblatt* vom 24.2.1996.

Donald Duck
Menschgewordene Ente und entegewordener Mythos

»Ich hab's satt! Ich will nicht mehr arbeiten.
Ach, wenn ich doch eine Million hätte!«
(Donald Duck)

Donald Duck beglückte die Menschheit zum ersten Mal 1934 in dem Micky-Maus-Zeichentrickfilm »The Wise Little Hen«. Vorerst war er bloß eine Nebenfigur und galt als einer von Mickys Freunden. Irrtum – er war sein schärfster Konkurrent. 1963 hatte er die brave Maus längst vom ersten Platz auf der Beliebtheitsskala aller Comic-Figuren verdrängt – und blieb bis heute der Beliebteste. (Ausnahme: Die Micky-Maus-Armbanduhr steht im Ansehen über der Donald-Duck-Armbanduhr.) Die gequetscht-heisere Filmstimme des cholerischen Enterichs stammt von dem Tierstimmenimitator Clarence Nash, der ihn 40 Jahre lang synchronisierte.

1935 wurde Carl Barks als Zeichner in den Disney-Studios angestellt. Er arbeitete an den ersten eigenständigen Donald-Duck-

Filmen mit und zeichnete ab 1943 die Comics, deren Handlung er schließlich auch selbst erfand. Sein Stil bestimmte Donalds heutiges Erscheinungsbild, der zwar schon von Anfang an einen Matrosenanzug getragen hat, aber ursprünglich ein völlig anderes Gesicht mit einem längeren Schnabel und weniger menschliche Hände besaß. Überhaupt war er tierhafter, dünner und kleiner als heute, vom Charakter her aufdringlich, jähzornig, schlampig und faul. Während die Donald-Filme auf »dynamische Situationskomik« setzen, ist der Comic-Heft-Donald ruhiger, in seiner Persönlichkeit differenzierter und in ein Netz von sozialen und zwischenentischen Beziehungen eingebunden. Da gibt es seinen hartherzigen Onkel Dagobert (→ **Dagobert Duck**), seine ungezogenen Neffen (→ **Tick, Trick und Track Duck**), die zickige Daisy (→ **Daisy Duck**) und den Rivalen → **Gustav Gans**. Wie in den Filmen ist Donald aber auch hier ewiger Pechvogel und ohnmächtiger Verlierer – immer pleite und vom Unglück verfolgt, den eigenen Neffen geistig unterlegen, von Daisy schikaniert, von Gustav Gans gedemütigt und von Onkel Dagobert ausgebeutet.

Ab 1951 erschien »Walt Disneys Micky Maus – Das bunte Monatsheft« auch in Deutschland, und schon auf Seite 3 war Donald anzutreffen. Aus dem Monatsheft wurde bald ein vierzehntägiges und dann ein wöchentliches Heft. Die Übersetzungen besorgte Dr. Erika Fuchs, von Anfang an Chefredakteurin. Ihr ist es zu verdanken, daß die Ducks gelegentlich Klassiker zitieren und daß lautmalerische Ausdrücke wie »schluchz«, »bibber« und »ächz« in den deutschen Sprachgebrauch Einzug hielten. Sätze wie »Dem Ingeniör ist nichts zu schwör« wurden zu geflügelten Worten.

Neben den unzähligen Filmen, den verschiedenen Heften, Sonderheften, (»Lustigen«) Taschenbüchern, Bilderbüchern usw. überschwemmten auch Disney-Produkte die ganze Welt: Donald-T-Shirts, Stoff-, Gummi- und Blechfiguren, Donald-Sparbüchsen, -Lampen, -Servietten, -Aufkleber und -Mützen. Er grinst oder wütet einem von Porzellantassen, Badeanzügen, Bällen, Fanta-Flaschen, Unterhosen, Bettwäsche und überhaupt allem, was sich nur irgendwie bedrucken läßt, entgegen. Die auf der ganzen Welt erscheinenden Kindercomics mit den Ducks üben ihren Reiz auch auf Erwachsene aus. 1973 erschien in Norwegen das Fanzine »Donaldisten«, in dem Carl Barks gehuldigt wurde. Seit 1977 gibt es auch deutsche **Donaldisten** (der Hamburger Hans von Storch gab bereits 1976 eine donaldistische Zeitschrift heraus). Sie beschäftigen sich u. a. mit den Fragen, welche Geschichten von Carl Barks gezeichnet sind, ob Entenhausen in Amerika oder in einem Parallelkosmos angesiedelt ist, und ob Donald nun als »der faschistoide Kleinbürger schlechthin« oder als Linker anzusehen ist.

Lit.: Uwe Anton / Ronald M. Hahn, *Donald Duck. Ein Leben in Entenhausen,* München 1994; Klaus Bohn, *Der Bücherdonald,* Band 1: Sekundärliteratur, kommentierte Bibliographie, Hamburg 1992; Walt Disney Productions, *Donald Duck,* Stuttgart 1984; Wolfgang J. Fuchs / Reinhold C. Reitberger, *Comics – Anatomie eines Massenmediums,* Reinbek 1973; Gottfried Helnwein, *Wer ist Carl Barks,* Rastatt 1993; Klaus Ulrich-Pech, *Das industrialisierte Vergnügen. Zu Disney Corporations »Donald Duck«,* in: Klassiker der Kinder- und Jugendliteratur (hrsg. von Bettina Hurrelmann), Frankfurt am Main 1995.

Der Doppeladler
Wappenvogel

Als Sonderform des heraldischen Adlers ist der Doppeladler mit seinen zwei Köpfen uralt. Sein Ursprung ist umstritten. Wahrscheinlich übernahmen die byzantinischen Kaiser den doppelköpfigen Adler aus Persien. Die nicht eindeutig geklärte Symbolbedeutung des Zeichens könnte auf den Anspruch der oströmischen Herrscher hindeuten, als Rechtsnachfolger der römischen Imperatoren legitime Kaiser beider Welthälften, des Westens und des Ostens, zu sein. Möglicherweise sollte durch den Doppeladler aber auch der Charakter von Byzanz als sowohl weltlicher als auch geistlich-christlicher Staat ausgedrückt werden. Nach der Vernichtung des oströmischen Reiches durch die Osmanen 1453 übernahmen die russischen Herrscher 1495 das Symbol des Doppeladlers und machten damit ihren Willen deutlich, Rußland als »Drittes Rom« Hegemonialmacht und Bewahrer des wahren, orthodoxen Glaubens werden zu lassen. Zahlreiche andere Staaten und Fürsten im vom griechisch-orthodoxen Glauben geprägten Osten und Südosten Europas orientierten sich bei ihrer Wappenfindung am russischen Beispiel. Die meisten dieser Adler verschwanden zu Ostblockzeiten und erleben heute nach den politischen Umwälzungen eine Wiederbelebung. In Albanien ist der schwarze Doppeladler allerdings nie, auch nicht zu Enver Hodschas Zeiten, aus der Heraldik verbannt worden. Galt es hier zunächst als Widerstandssymbol gegen die Türken, symbolisierte es zu kommunistischer Zeit auch den Anspruch der recht bizarren Staatsführung, einen dogmatischen Sonderweg zu gehen.

Das alte Staatswappen Österreich-Ungarns – der Doppeladler mit der Kaiserkrone.

In Mitteleuropa etablierte sich der Doppeladler endgültig gewohnheitsrechtlich im 15. Jahrhundert als Herrschaftszeichen. Im Heiligen Römischen Reich Deutscher Nation nahm er bald neben seinem einköpfigen Artgenossen (→ **Bundesadler**) eine gleichberechtigte Stellung ein. Er symbolisierte auf der einen Seite den auf Stände- und Zentralgewalt beruhenden zweigleisigen Verfassungsaufbau des Reiches, auf der anderen Seite galt er als kaiserliches Zeichen – während der einköpfige Adler mit der Königswürde in Verbindung gebracht wurde. 1804 legte sich der römisch-deutsche Kaiser Franz II. zusätzlich den Titel eines Kaisers von Österreich zu. Sein neues Wappen war bis auf einige Details mit dem Reichswappen identisch, das nach Auflösung des Reiches (1806) verschwand. In Österreich wurde das imperiale, immer aufgeblähter werdende Wappentier nach dem »Ausgleich« (1867) mit Ungarn auch als Symbol für die Gleichberechtigung Österreichs und Ungarns in der k.u.k. Doppelmonarchie angesehen. 1918 schaffte die Republik den Doppeladler ab und ersetzte den pompösen Vogel durch einen schlichten Adler mit Hammer und Sichel in den Fängen. Kurzfristig erlebte der Doppeladler in der Zeit des austrofaschistischen Ständestaates 1934 bis 1938 eine Renaissance, bis er dem nationalsozialistischen Reichsadler weichen mußte. Die zweite Republik Österreich hat sich wieder für den einköpfigen Staatsadler entschieden, der trotz vieler Proteste von rechts immer noch Hammer und Sichel in den Fängen hält.

Lit.: Alain Boureau, *L´Aigle. Chronique politique d´un emblême*, Paris 1985; Peter Diem, *Die Symbole Österreichs*, Wien 1995; Hans Hattenhauer, *Geschichte der deutschen Nationalsymbole*, München 1990; Arold Rabbow, *dtv-Lexikon politischer Symbole*, München 1970; Karlheinz Weissmann, *Die Zeichen des Reichs*, Asendorf 1989.

Drache
Vielgestaltiges Märchen- und Sagentier weltweiter Verbreitung

»Anno 1503 hat man in Bayern am Himmel/ einen feurigen Drachen gesehen/ welcher gekrönet gewesen/ und das Feuer hefftig zum Hals herausgeworfen.« (Franziscus Erasmus in »Schau-Platz denckwürdiger Geschichte, und seltzamer, mehrenteils träuriger Fälle«, 1663)

Drache mit Flügeln (aus Athanasius Kircher, Mundus subterraneus, 1678).

Wenn heute von einem Drachen (griech. dracon, lat. draco, »der scharf Blickende«, »die Schlange«) die Rede ist, so denkt man – zumindest in der westlichen Welt – an etwas Saurierartiges mit

Schuppen und Fledermausflügeln, vielleicht noch einem Stegosauruskamm auf dem Rücken. Also an einen Kriechdrachen. Dieses Echsenmodell hat sich im frühen Mittelalter durchgesetzt, ist damals aber keineswegs das einzige gewesen. Während in der Antike und in frühchristlicher Zeit Drache und Schlange so ziemlich ein und dasselbe waren, wurden im Mittelalter die verschiedensten Ungeheuer unter dem Sammelnamen Drache geführt. Ihre Beschreibungen in Sage und Märchen sind ziemlich vage und ändern sich alle naselang. Außer von einem vierfüßigen Reptil kann so ein Drachen genauso gut etwas von einem Löwen haben, etwa die Tatzen, oder von einer Schlange, etwa einen schlangenförmigen Leib (→ **Lindwurm**) oder den Kopf. Der Kopf kann aber genauso gut wie der einer Katze, eines Raubvogels oder eines Krokodils aussehen, und es kann einen oder mehrere davon geben. (In Indien gibt es sogar einen elefantenartigen Drachen.) Natürlich ist so ein Ungeheuer meist riesengroß. Es hat üblicherweise eine lange gespaltene Zunge, die giftig ist, und einen langen oder dicken Leib mit Schuppenpanzer, auch mal mit ein paar Borsten oder Stacheln darauf. Entweder ist der Atem des Drachens giftig, oder er kann Feuer spucken, oder auch beides. Selten und regional begrenzt sagt man ihm mitunter etwas Freundliches nach, wie daß er lieblich singt.

Dann gibt es noch die Sonderform der Meer- und Wasserdrachen (→ **Grendel**). Mit Wasserdrachen hatten z. B. Herakles bei der Befreiung Hesiones und Perseus bei der Rettung Andromedas zu tun. Perseus ließ sich einfach von dem Drachen verschlingen und säbelte sich todbringend wieder heraus.

Der normale Durschschnittsdrache wohnt in einer Höhle, in einem Berg, einer Schlucht (Wasserdrachen in einem See), also auf irgendeine Art immer tief drinnen, im Dunkeln. Wo er geht, welkt das Gemüse und die Blümlein lassen die Köpfe hängen. Niedergedrücktes, in seltsamer Form verbranntes Gras hielten aufgeregte Gemüter damals für die Spuren herumschlurfender Drachen. Ihre heutigen Nachfahren im Geiste erklären so etwas zu Schmauchspuren gelandeter UFOs. Und wie heute immer wieder fliegende Untertassen gesichtet werden, gab es im Mittelalter fliegende Feuerdrachen am Himmel zu entdecken.

Nach einigen mittelalterlichen Behauptungen hat ein Drache

keine Drachenmutter, sondern schlüpft wie der → **Basilisk** aus dem Ei eines Hahns. Das Ei muß schwarz sein.

Ein echter Drache ist von dämonischer Bosheit. Im angenehmsten Fall hütet er bloß einen Schatz und belästigt niemanden, der ihm nicht zu nahe kommt. Oft verwüstet er ganze Landstriche und terrorisiert die Bevölkerung. Damit er Ruhe gibt, braucht es die regelmäßige Jahresgabe einer Jungfrau. Entweder reißt er sie dann gleich in Stücke, oder er hält sie gefangen bzw. sammelt sie. Seltener frißt oder sammelt er junge Männer.

So ein Drache ist der gefährlichste Widersacher, den ein Held sich nur wünschen kann. Darum steht im Mittelpunkt einer Drachensage oder eines Drachenmärchens auch der Kampf mit dem Ungeheuer. Es gibt zwar auch Sagen, in denen ein Drache bloß schnöde vergiftet oder hinterrücks von einem Haufen Bauern erschlagen wird, aber üblicherweise erledigt die Drachenbeseitigung doch ein Königssohn oder wenigstens ein Ritter. So tötete kein Geringerer als Siegfried von Xanten im Nibelungenlied den → **Fafnir**. Stellen, an denen solche Kämpfe stattgefunden haben sollen, heißen noch heute Drachenhöhle, Drachenfels usw.

Nachdem das Biest erledigt war, schnitt man ihm traditionsgemäß die Zunge bzw. die Zungen ab, damit nachher klar war, wer das Heldenstück vollbracht hatte. Auch sonst bediente man sich gern am Körper eines Drachens, der eine wahre Schatztruhe und Apotheke ist. Seine Zähne helfen gegen jedes Gebrechen, Drachenblut härtet die Haut, und wer ein Drachenherz ißt, kann die Sprache der Vögel verstehen. Der Drachenstein (Dracontias) ist nicht ganz einfach zu beschaffen. Denn er muß dem Hirn des Ungeheuers entnommen werden, solange es noch lebt und zappelt. Er ist durchsichtig und hilft gegen Vergiftungen. (Bei einem indischen Drachen ist der Drachenstein eines seiner Augen und gleichzeitig ein Edelstein, den er herausnimmt, bevor er baden geht. Er legt ihn sozusagen neben Handtuch und Seife.) Wenn man Glück hat, verliert ein Drache seinen Stein im Flug, und man braucht das kostbare Kleinod, das dann von »ein gestocktes oder gerunnen bluott, glych einer sulz« umgeben ist, nur noch aufzusammeln. Diese Art von Drachenstein ist hart, rund und von verschiedener Farbe. Er hilft gegen Pest und Pickel und dient auch als Liebeszauber. Schädlich und übelriechend ist hingegen das Drachenschmalz, das diese Tiere während des Fluges verlieren und das wie große Pfützen Ohrenschmalz in der Gegend herumliegt.

In den verschiedensten Religionen und Mythologien, die aus Zeiten stammen, wo sich das Erscheinungsbild von Drache und Schlange noch überlappte, kämpfen immer wieder auch die Götter mit Drachen. Unter ihnen sind → **Horus**, Krishna, Apollo, Thor, der assyrische Gott Ansar und der sumerische Sonnengott Ninurta, um nur einige zu nennen. In den christlichen Legenden gibt es den Erzengel Michael, der den drachegewordenen Luzifer aus dem Himmel schmeißt, und es gibt den heiligen Georg, der eine Prinzessin vom Drachen errettet. Das verwundete Untier schleift er mit ihrem Gürtel in die nächste Stadt und nutzt gleich die Gelegenheit zum Missionieren, indem er herumtönt, er habe die Kraft, den Drachen zu besiegen, vom Christengott erhalten.

Als Symbol ist der Drachenkampf mehrdeutig. Für das Christentum bedeutete er die Überwindung des Heidentums (also einer Konkurrenzreligion) oder die Überwindung des Bösen an sich. Der Drache war ein gottfeindliches Ungeheuer, manchmal sogar der Teufel selbst, der diese Gestalt gelegentlich anzunehmen pflegte. Außerdem erinnern diese Kämpfe, in denen sich ein stets junger Mann bewähren muß, an Initiationsriten.

C. G. Jung sah im Drachenkampf die Auseinandersetzung des »Ich« (= Held) mit dem Bewußtseinsschatten (= der in dunklen tiefen Höhlen hausende Drache), der die unerwünschten, verborgenen und unterdrückten Aspekte der Persönlichkeit beinhaltet (→ **Der Weiße Hai**). Die Prinzessinnen in Gefahr sind folglich die weiblichen Seeleneigenschaften des Mannes, die es zu befreien gilt.

In Kinderbüchern und -filmen werden Drachen – also die Ausgeburten der Hölle, die Symboltiere der schwarzen Seelenhälfte – seit einiger Zeit auch als liebenswert, niedlich und lustig dargestellt (→ **Elliot**). Das ist ein bißchen so, als würde man den Tod bonbonrosa mit niedlicher Knollennase und Paus-backen malen.

In manchen Ländern gilt der Drache freilich nicht nur als Bösewicht, sondern ist – als Schatzhüter – auch Symbol des Reichtums. Im Hinduismus verkörpert er »die machtvolle geistige Wesenheit, die den Trank der Unsterblichkeit hervorbringen kann«. In China und Japan gilt der Drache als ehrfurchtgebietend und ist ein gutartiges göttliches Wesen und ein Glücksbringer. Der chinesische Drache hat einen langen schlangenartigen Leib, der aber auf vier Füßen steht. Er ist ein Symbol der schützenden Wachsamkeit. Der rote Drache z. B. ist der »Hüter der hohen Wissenschaften«.

Auf Fahnen und Wappen dient der Drache sowohl in Ost wie in West als Machtsymbol. In China saß der Kaiser auf dem »Drachenthron«. Als kaiserliches Zeichen hat der Drache seit 206 v. Chr. fünf Krallen, während die Drachen des Hofstaates nur vier Krallen haben durften.

Lit.: Ulf Diederichs, *Who's Who im Märchen,* München 1995; *Djin Ping Meh – Kommentare,* Zürich 1989; C. G. Jung u. a., *Der Mensch und seine Symbole,* Olten/Freiburg im Breisgau 1986; Hans Schöpf, *Fabeltiere,* Wiesbaden/Graz 1992.

Draco
Filmdrache

»Dragonheart« (USA 1996, Regie: Rob Cohen) ist ein Fantasy-Film mit einem gutem Ritter, einem bösen Herrscher, einem hübschen Mädchen und einem erstaunlich lebensecht gestalteten → **Drachen.** Draco ist der letzte seiner Art. Er kann sprechen und fliegen, Lagerfeuer mit einem Flammenstoß aus seinem Nasenloch entzünden, und er ist es leid, ständig von Helden zum Kampf gefordert zu werden. Darum trifft er mit Ritter Bowen (Dennis Quaid) ein Abkommen, daß sie beide nur noch zum Schein kämpfen. Fortan ziehen sie zusammen durch die Lande, Bowen kassiert von den mittelalterlichen Bauern Belohnungen dafür, daß er sie von der Drachenplage befreit hat, und Draco mimt das tote Ungeheuer.

Bald müssen sie sich mit ernsteren Dingen beschäftigen. Ein tyrannischer König, dem Draco vor Jahren das Leben rettete, indem er ihm sein halbes Herz schenkte, soll erledigt werden. Durch das gemeinsame Herz ist das Leben des bösen Königs aber untrennbar mit dem Schicksal des Drachen verbunden. Sie können nur gemeinsam leben, und sie müssen gemeinsam sterben. Draco opfert sich, damit der Tyrann stirbt. Als Sternbild des Drachen leuchtet er fortan am Nachthimmel.

Das etwas fade Drehbuch ist vermutlich von Kenneth Grahams (1859–1932) Geschichte vom »widerspenstigen Drachen« inspiriert worden, der ein Täßchen Tee dem Kampf mit einem Ritter allemal vorzog, sich ebenfalls mit einem seiner Herausforderer arrangierte und die gewonnene Zeit für Poesie verwendete.

Filmdrache Draco wurde von der Firma Industrial Light & Magic computeranimiert. Er ist ein sechs Meter hohes und fünfzehn Meter langes braunes Schuppentier mit Fledermausflügeln (Spannweite 26 Meter) und einem treuherzigen Blick. Sein Gesicht und dessen nuancierte Mimik sind dem Gesicht des Schauspielers Sean Connery nachempfunden. Das zu erkennen, bedarf es allerdings einer gehörigen Portion Phantasie. Vermutlich fällt die Ähnlichkeit eher auf, wenn man den Drachen – wie in der Originalversion – auch mit Sean Connerys Stimme reden hört. Dieser Gag wurde in der deutschen Synchronisation einfach ignoriert. Statt mit Connerys Synchronstimme wird Draco von Mario Adorf gesprochen.

Lit.: Daniel Kothenschulte, *Dragonheart,* in: film-dienst Nr. 24/1996; Bärbel Schnell, *Dragonheart,* in: Kinder/Jugendfilm Korrespondenz, Heft 69, 1/1997.

Die Dschungelbuchtiere

»Ihr und ich, vom gleichen Blut.«
(Schlüsselwort in Kiplings Dschungel)

Die Geschichte von Mowgli, dem Jungen, der bei den Wölfen im Dschungel aufwächst, ist durch die Zeichentrickadaption der Disney-Studios zu einem »Trivialmythos« wie Tarzan (→ **Cheetah**) geworden.

Obwohl fast jeder den Zeichentrickfilm kennt – der der letzte war, den Disney noch persönlich überwachte und dessen Fertigstellung er nicht mehr erlebte –, haben heute nur wenige Kinder die Dschungelbücher von Rudyard Kipling (1865–1936) gelesen. Kipling war lange Zeit einer der umstrittensten englischen Schriftsteller. Zu seinen Lebzeiten hielten ihn manche für einen Dichter vom Range eines Shakespeare und Goethe, und 1907 bekam er den Literaturnobelpreis. Später mehrten sich die Kritiker, die in seinen Büchern die Stimme des brutalen Imperialismus ausmachten.

»Poesie und Ideologie« (Bettina Hurrelmann) prallen auch in seinen »Dschungelbüchern« (1894 erschien »The Jungle Book« und 1895 »The Second Jungle Book«) aufeinander, die außerdem von »Rache-, Gewalt- und aggressiven Männlichkeitsphantasien« strotzen. Die insgesamt fünfzehn Geschichten in den beiden Büchern beginnen jeweils mit einem kurzen Lied in Versform und enden mit einem mehrstrophigen. Nur acht handeln von Mowgli und seinen Dschungelkumpanen. Die anderen sieben Erzählungen, wie die von dem Mungo **Rikki Tikki Tavi**, sind inhaltlich völlig unabhängig. Es ist aber vor allem der Mowgli-Zyklus, dem die Dschungelbücher (und damit Kipling) den Weltruhm verdanken. Beide waren vom Start weg große Erfolge, Bestseller und Longseller, von denen Jugend- und Schulausgaben angefertigt wurden.

Mowgli ist ein Kind indischer Eltern, das von den Wölfen im Dschungel aufgezogen wird. Der Bär → **Balu** und der Panther → **Baghira** sind seine Freunde und Lehrer. In der Pythonschlange → **Kaa** hat er einen – wenn auch mit Vorsicht zu genießenden – Verbündeten, während die Affen und vor allem der Tiger → **Shir Khan** seine Feinde sind. Mowgli, der sich nichts sehnlicher wünscht, als ganz zu den Tieren zu gehören, bleibt immer ein Fremdling unter ihnen. Er verläßt den Dschungel, kehrt wieder zurück, weil er auch zu den Menschen nicht richtig gehört, und nimmt schließlich doch endgültig Abschied von der Wildnis, »um als Mensch unter Menschen zu leben«.

Hier findet sich eine deutliche Parallele zu Kiplings Biographie, der als Sohn englischer Eltern in Bombay geboren wurde und dort die ersten sechs Jahre seines Lebens verbrachte. Dann wurde er unvorbereitet aus seiner, von ihm als »paradiesisch« beschriebenen Kindheit mit Amme und indischen Dienern herausgerissen und zur Erziehung nach England geschickt. Er erlebte diese Zeit mit einer Pflegemutter, die eine »engherzige Methodistin« war, als äußerst qualvoll, kehrte mit 17 Jahren nach Indien zurück, lebte dort sieben Jahre als Journalist und verließ den Ort seiner Kindheit endgültig 1889.

Kiplings Kindheitstrauma der Unzugehörigkeit spiegelt sich in Mowglis »scheinbarer Bruderschaft« zu den Tieren, die mit »verdeckter Aggressivität« durchsetzt ist. Als Ersatz für die von ihm ersehnte Integration findet Mowgli Teillösung im Kampf und in der Rache an der Tier- (Shir Khan) und Menschenwelt. Das Feuer und der menschliche Blick, dem die Tiere nicht standhalten können, verwendet Mowgli, um über die zu herrschen, zu denen er niemals ganz gehören kann. Er gefällt sich darin, daß selbst Tiere wie Baghira und Balu, die ihn aufzogen, ihn »kleiner Bruder« nannten und seine Freunde sind, »ein wenig Angst vor ihm« haben. (Parallelen zu Kiplings Verhältnis zur einheimischen Bevölkerung Indiens sind gut denkbar.) Dieses hierarchische Denken, die Propagierung von Härte gegen sich selbst und die dauernde Litanei der Pflichten und Verbote boten Kipling wohl auch in seinem eigenen Leben den Panzer, mit dem er seine »Sehnsucht nach der verlorenen Kindheit, nach einfacher Zugehörigkeit, nach dem dunklen, fernen Indien« unter Kontrolle halten konnte.

In der Musical-Zeichentrickkomödie »Dschungelbuch« (»Jungle Book«, USA 1967, Regie: Wolfgang Reithermann) ist von diesem Konflikt nichts zu finden, und das ist auch gar nicht beabsichtigt. Hier verstehen sich alle prima und singen die lustigen Lieder der Brüder Sherman, die dafür einen Oscar erhielten. Niemand stirbt. Bei der Schlange Kaa muß man eben ein bißchen aufpassen, und mit der Vertreibung Shir Khans ist das einzige ernstliche Problem beseitigt. Mowgli verläßt nur deshalb seine Tierfreunde, weil der Anblick und die Stimme eines lila gekleideten Menschenmädchens, das in hellstem Sopran vom weiblichen Glück im patriarchalischen Gesellschaftssystem singt, *noch* verführerischer ist als das Dschungelleben.

Als Realfilm ist »Das Dschungelbuch« (»The Jungle Book«) bereits 1942 unter der Regie von Zoltan Kodra verfilmt worden. Als weiteren Zeichentrickfilm gibt es noch »Ufa's Dschungelbuch« (Nippon Animation Co. 1989, 17 Videokassetten mit sage und schreibe 19 Stunden Laufzeit).

Lit.: *Cinema* 12/1989; *Die Filme von Walt Disney,* Cinema-Filmbuch, Hamburg 1987; Bettina Hurrelmann, *Dunkle, bedrohte Kindheit – Rudyard Kiplings »Dschungelbücher«,* in: Klassiker der Kinder- und Jugendliteratur (hrsg. von Bettina Hurrelmann), Frankfurt am Main 1995; Rudyard Kipling, *Das Dschungelbuch,* Leipzig, o. J.

Duck, Daffy
siehe Daffy Duck

Die Ducks

siehe **Dagobert Duck**
siehe **Daisy Duck**
siehe **Donald Duck**
siehe **Oma Duck**
siehe **Tick, Trick und Track Duck**

Dumbo
Fliegender Elefant

Eines der großen Themen (nicht nur) der US-amerikanischen Kinofilme ist der ausgestoßene Niemand, der es im Laufe des Films allen zeigt und schließlich doch noch anerkannt oder sogar gefeiert wird.

Mit großen Ohren und großen Kulleraugen erfüllt Dumbo die klassischen Merkmale des Kindchenschemas (USA, 1941).

In der Disney-Zeichentrickproduktion »Dumbo« von 1941 geht es um ein Zirkuselefantenbaby, das wegen seiner gigantisch großen

Ohrmuscheln ausgelacht wird. Die übrigen Elefanten, bei denen es sich wohl um Indische Elefanten handelt, da sie mit relativ kleinen Ohren ausgestattet sind, verhöhnen es als Mißgeburt. Nur die Mutter hält zu ihrem kleinen, blauäugigen Dumbo, der so süß und niedlich wie ein klebriger Bonbon gezeichnet wurde. Als sie einen segelohrigen (!) Menschenknaben, der ihr Kind hänselt, versohlt, kommt sie jedoch als »Mad Elephant« in Einzelhaft, und Dumbo ist auf sich allein gestellt. Der traurige, tolpatschige und großohrige Rüsselträger wird zum Clown degradiert, was in der dünkelhaften Elefantenwelt den sozialen Tod bedeutet. Doch mit Hilfe seines einzigen Freundes, der Zirkusmaus **Timothy**, gelingt die Wende. Timothy, die im Gegensatz zu Dumbo, der im gesamten Film kein einziges Wort sagt, ständig quasselt, überzeugt den kleinen Elefanten mit fachlicher Unterstützung einiger Wildkrähen, seine Riesenohren als Flügel zu benutzen. In einem furiosen Finale in der Zirkuskuppel zeigt Dumbo seine frisch erworbenen Fähigkeiten und geht in die (Zeichentrick-)Zirkusgeschichte als erster und einziger fliegender Elefant ein. Er wird ein Superstar, berühmt, reich, beliebt und kann seiner – inzwischen rehabilitierten – Mutter ein Leben in Luxus bieten.

Ende der 80er Jahre hatte Dumbo noch einmal einen Gastauftritt im Film »Falsches Spiel mit Roger Rabbit«.

Lit.: *Die Filme von Walt Disney*, Cinema-Filmbuch, Hamburg 1987; *Lexikon des Internationalen Films*, Reinbek 1995; Stefano Vaj, *Der Elefant*, Grünwald 1989.

Der Dürerhase
Aquarell von Dürer

Obwohl Albrecht Dürer Tiere – mit einer Ausnahme (»**Rhinoceros**«, 1515) – nie zum Hauptgegenstand eines seiner großen Werke gemacht hat, wird er mit Recht von Kunstwissenschaftlern als ein Wegbereiter der Tierdarstellung in der deutschen Malerei betrachtet. Nach seiner ersten Italienreise 1494/95 widmete sich der durch neue Eindrücke inspirierte Maler und Zeichner aus Nürnberg intensiv der Fortentwicklung einer in Venedig üblichen Zeichnungsgattung: der bildmäßigen Naturstudie. Seine in den Folgejahren entstehenden Tierstudien als Vorarbeiten für eventuelle Gemälde bedeuten die Abkehr von den bisher in Deutschland üblichen formelhaften Musterbüchern hin zu bereits ausgearbeiteten individuellen Vorstudien. Die bekannteste dieser Studien ist sicherlich der 1502 mit Deck- und Aquarellfarben geschaffene »Feldhase«. Dürer hat ihn naturnah in der für Feldhasen typischen Stellung abgebildet. Friedlich döst Meister Lampe vor sich hin, allerdings so, daß er jederzeit von 0 auf 100 kommen kann. Dieses stete Auf-dem-Sprung-Sein ist neben der Fruchtbarkeit und der Tarnfarbe das Rezept für das Überleben dieser von so vielen Menschen, Füchsen und Hunden gehetzten Tierart.

Der berühmteste Hase der Kunstgeschichte.

Dürer gelingt es meisterlich, den fast fotorealistisch gemalten Hasen als lebendiges Wesen vorzuführen. Insbesondere durch die Augen des Hasen und dessen Blick auf eine nicht zu erkennende Umgebung wird der Eindruck vermieden, daß hier ein totes Tier abgebildet ist. Wenn man genau hinsieht, erkennt man in der linken Hasenpupille den Reflex eines sich widerspiegelnden Fensterkreuzes, der die Lebendigkeit des Auges raffiniert verstärkt.

Dürers »Feldhase« hat sicherlich dazu beigetragen, daß Lepus europaeus seinen festen Platz in Volksglauben und Folklore einnehmen konnte, z. B. als → **Osterhase**. Postkarten, Poster und Geschenkpapier mit dem Dürerhasen sind seit Jahrzehnten Klassiker im Sortiment des Papierwarenhandels. In Nürnberg ist er sogar

Werbeträger für eine dortige Brauerei. Möglicherweise kann der Feldhase schon bald zwar weiterhin auf dem 25 mal 23cm großen Dürer-Bild in der Wiener Albertina bewundert werden, aber nicht mehr in freier Wildbahn. Löffelmann steht bereits auf der »Roten Liste« für bedrohte Tiere.

Lit.: Andre Deguer, *Albrecht Dürer,* Kirchdorf am Inn 1993; *GEO* 4/1995; Heike Kraft, *Wie der Hase an den Dürer kam,* Frankfurt am Main 1981; Elisabeth Trux, *Untersuchungen zu den Tierstudien Albrecht Dürers,* Würzburg 1993.

Dusty
Kinderreichste Katze

Hauskatze Dusty aus Bonham in Texas (USA) bekam 420 Junge. Am 12. Juni 1952, als Dusty schon 17 Jahre alt war, warf sie zum letzten Mal – ein Einzelkätzchen. Damit dürfte sie die kinderreichste aller Katzen sein, die ohnehin als gebärfreudig bekannt sind. Die Fortpflanzungsphysiologie der Katze funktioniert nämlich so, daß ihr Eisprung geradewegs vom Deckakt des Katers ausgelöst wird. Die Trefferquote bei gesunden Tieren liegt somit nahe 100%. Eine Katze, die dem Liebeswerben eines Katers nachgegeben hat, wird unvermeidlich schwanger. Überbelegte Tierheime richten immer wieder flehentliche Appelle an Katzenhalter, keine neuen Rekorde anzustreben, sondern Schnurrli und Maunzerich kastrieren zu lassen.

Lit.: *Das neue Guinness Buch der Tierrekorde,* Frankfurt am Main/Berlin 1994; Bund gegen den Mißbrauch der Tiere e.V., *Das Recht der Tiere,* Nr. 2, München 1996.

E

Eagle (Amerikanischer Adler)
US-Wappenvogel

Anders als die meisten anderen Wappenadler ist der Amerikanische Adler nicht heraldisch stilisiert, sondern recht realistisch dargestellt, wenn auch in einer unnatürlich breitbeinigen Stellung. Seit 1782 ist der mittlerweile vom Aussterben bedrohte Weißkopfadler (Bald Eagle) der Wappenvogel der USA. Bereits einige Jahre vorher erschien der Adler als Unabhängigkeitssymbol auf Münzen einiger der nordamerikanischer Kolonien, die sich gegen die britische Krone erhoben. Auf dem US-Wappen hat der Adler ein Spruchband mit dem lateinischen Motto »E pluribus unum« (»Aus vielen eines«) im Schnabel. In einem Fang trägt er einen Olivenzweig und im anderen 13 silberne Pfeile. Olivenzweig und Pfeile sollen die Macht der USA in Frieden und Krieg versinnbildlichen. Der Eagle taucht unter anderem auf Uniformknöpfen, als Zeitungsname, auf Ein-Dollar-Scheinen und auf vielen Münzen auf. Die bekannteste Münze mit dem Amerikanischen Adler, das zwischen 1794 und 1934 geprägte Zehn-Dollar-Goldstück, wurde auch selbst »Eagle« genannt. Der Eagle, der die längste Reise gemacht hat, ist die Apollo-Mondfähre »Eagle«, die 1969 die US-Astronauten Armstrong und Aldrin als erste Menschen auf den Mond brachte.

Lit.: James T. Adams, *Album of American History,* New York 1944; Derkwillem Visser, *Flaggen. Wappen. Hymnen,* Augsburg 1994.

Krieg und Frieden hält der martialisch dreinblickende US-Adler in seinen Klauen.

Earl Sinclair
Dino-Vater

»Bin da – wer noch?«

Earl, ein Megalosaurus, ist das Familienoberhaupt der Dinosaurierfamilie Sinclair aus der Comedy-Serie → **»Die Dinos«**. Er wiegt
36 000 Pfund, ist 43 Jahre alt und trägt stets ein schwarzrot kariertes
Baumwollhemd über einem weißen T-Shirt. Der lieb-dümmliche
Earl arbeitet als Baumschubser, ein Job der zur untersten Berufska-
tegorie auf dem prähistorischen Großkontinent Pangaea gehört. Er
leidet unter seinem cholerischen Chef **B. P. Richfield**, einem selbstherrlichen Triceratops, und unter seiner Schwiegermutter, die ihn
verachtet, mit der Krücke nach ihm schlägt und ihn »Fettbacke«
nennt. Für → **Baby Sinclair** ist er »Nicht die Mama«. Erholung findet Earl daheim vor dem Fernseher oder in seiner Stammkneipe, der
»Meteor Tiki Bar«. Dort trifft er sich mit seinem kurzarmigen
Freund **Roy Hess**, einem Tyrannosaurus Rex. Roy ist überzeugter
Single und träumt davon, einmal als erster in die Kegelmannschaft
gewählt zu werden.

Earls deutsche Synchronstimme stammte in den ersten Folgen
von Edgar Ott. Seit dessen Tod spricht Jürgen Kluckert den Mega-
losaurier.

Lit.: WDR-Pressemappe.

Eclipse
Rennpferd

»Eclipse Erster – der Rest nirgends.«
(Überlieferter Richterspruch)

Eclipse, ein Fuchshengst, dessen Abstammung auf → **Godolphin
Arabian** und auf → **Darley Arabian** zurückgeht, wurde am 1. April
1764 geboren. An diesem Tag trat eine Sonnenfinsternis ein, der
das Fohlen, das eine Blesse und hinten rechts ein weißes Bein hatte,
seinen Namen verdankte. Aufgezüchtet im Gestüt des Duke of
Cumberland, wurde es nach dem Tod des Dukes für 75 Guineen an
die Herren Wildeman und O'Kelly verkauft. Seit Eclipse 1769 im

Hippodrom zu Epson den anderen Pferden so schnell davonlief, daß sie »distancirt«, also wegen zu großen Abstands zum Sieger disqualifiziert wurden, wuchs sein Ruf unaufhaltsam. Er entwickelte sich zum ersten Rennpferd von Weltruhm, blieb in 19 Rennen und sieben Matches ungeschlagen und mußte dafür noch nicht einmal an seine Reserven gehen. So schnell er war, so laut war er auch. Wenn das »hartschnaufige« Pferd angaloppiert kam, konnte man es schon von weitem keuchen hören. Als Deckhengst soll er dicker geworden sein und dabei »einen etwas ordinären Eindruck« gemacht haben. Er wurde Vater von 335 siegreichen Rennpferden, drei seiner Söhne gewannen das englische Derby. 1789 starb Eclipse im Alter von 26 Jahren. Sein Herz wog 13 Pfund. Inzwischen taucht sein Name bei über 80% der modernen Vollblut-rennpferde in den Pedigrees (Ahnentafeln) auf.

Lit.: Elwyn Hartley Edwards, *Horses – Their Role in the History of Man,* London 1987; *Hobbylexikon Pferde,* Reinbek 1980; Marian Graf von Hutten-Czapski, *Die Geschichte des Pferdes,* Leipzig 1985; Jasper Nissen, *Das Sportpferd,* Stuttgart 1964.

Ed
siehe Mr. Ed

Edamerkatze
siehe Grinsekatze

Eeyore
siehe I-Ah

Egertons Hunde

Francis Henry Egerton, achter Earl of Bridgewater, war ein wenig sonderlich. So zog er jeden Tag ein neues Paar Stiefel an und ließ die einmal getragenen an einer Wand aufreihen. Ausgeliehene Bücher ließ er von uniformierten Lakaien in seiner vornehmsten Kutsche zurückbringen, und als er zu schwach wurde, um auf die Jagd zu gehen, löste er dieses Problem, indem er Hunderte von Hasen, Rebhühnern und Tauben in seinem Garten aussetzen ließ, die er dann bequem schießen konnte. Als seine Künstlerfreunde sich von ihm zurückzogen, ließ der Earl of Bridgewater trotzdem weiterhin für 12 Personen decken und tafelte statt dessen mit seinen Hunden. Alle Hunde trugen Servietten, und hinter jedem Stuhl stand ein Lakai. Wer mit den Lefzen schmatzte, mußte die Tafel verlassen und mit den Dienern essen, bis sich sein Benehmen gebessert hatte. Obwohl seine Hunde teure Stiefel trugen, 2 Paar pro Hund, hinterließ der Earl kein Geld für ihren Unterhalt, als er 1829 mit 72 Jahren starb.

Lit.: *Von Sonderlingen und Exzentrikern,* Time-Life-Buch, Amsterdam 1992.

Die Eherne Schlange
Von Moses angefertigtes Schlangenbildnis

»Es gibt hier ja weder Brot noch Wasser,
und uns ekelt vor dieser erbärmlichen Speise!«
(Die Israeliten, 4. Buch Mose 21, 4)

Wieder einmal fand das auserwählte Volk auf dem Weg ins Gelobte Land etwas zu mäkeln und beschwerte sich bei Gott und Moses, daß sie mitten in eine Wüste geführt worden waren. Der Herr schickte als Antwort eine tödliche Giftschlangenplage, die den Wüstenaufenthalt zwar auch nicht angenehmer gestaltete, aber dafür sorgte, daß die Beschwerde prompt zurückgezogen wurde. Moses bat Gott im Namen der Israeliten um Verzeihung und bekam den himmlischen Auftrag, das Bild einer Schlange anzufertigen und es oben an einer Stange zu befestigen. Wenn von nun an jemand von einer Giftschlange gebissen wurde, so brauchte er bloß das Schlangenbildnis anzusehen, und er mußte nicht mehr sterben. So steht es in der Bibel.

Lit.: *Die Heilige Schrift,* Stuttgart 1931; Gert Richter / Gerhard Ulrich, *Der neue Mythologieführer. Götter/Helden/Heilige,* Gütersloh/München 1996.

Die Eichborn-Fliege
Markenzeichen des Verlages, in dem dieses Buch zuerst erschienen ist

1980 suchte Vito von Eichborn ein Markenzeichen für seinen noch zu gründenden Verlag. Als er sich statt für das naheliegende plätschernde Brünnlein unter knorrigem Baum für eine Fliege entschied, schlugen Freunde, Buchhändler und Kommunikationsexperten die Hände über dem Kopf zusammen. Der Mercedes-Stern ist der gute Stern auf allen Straßen, aber eine Fliege – die sitzt doch meistens ganz woanders!

Eichborn bestand darauf, »das listige, aber nicht wirklich gefährliche kleine Biest« mit dem Negativimage zum Logo zu machen. Dick und fett prangte es bereits auf seinem ersten Verlagskatalog, dem »Querkopf«.

Seit 1981 ist das Fliegenlogo mit dem Zusatz »Der Verlag mit der Fliege« Markenzeichen des Frankfurter Eichborn Verlages. Es wurde graphisch nicht verändert. Puristisch ist man indes nicht; mitunter werden auch fotografierte oder von Karikaturisten neu interpretierte Fliegen auf Büchern und Drucksachen abgebildet.

Quelle: Eichborn Verlag.

Das Einhorn
Das edelste aller Fabeltiere

»Also: Was ist weiß, dunkel an der Basis,
rot an der Spitze und verliert alle seine Kraft
im Schoß einer Jungfrau? Manchmal sind Symbole
so deutlich, daß niemand mehr sie zu erkennen scheint.«
(Willy Ley in seiner »Exotischen Zoologie«)

Das märchenhafte Wesen Einhorn ist von Ostasien über mittelalterliche Rittersagen bis zum modernen Zeichentrickfilm (z. B. »Das letzte Einhorn«, USA 1982, Regie: Arthur Rankin) anzutreffen. Im indischen Mythos ist es Sinnbild der Lingham-Energie, der männlichen Zeugungskraft. Das chinesische Einhorn (**Ki-lin** oder **Lin**) ist eines der vier heiligen Zaubertiere (die anderen sind → **Drache,** → **Phönix** und **Schildkröte**) und Glücksbringer. Es ist friedliebend, tritt nicht auf grünes Gras, und sein Erscheinen kündigt die Geburt eines tugendhaften Königs an. Im Mittelalter stützt sich die Vorstellung vom Einhorn auf den christlich ausgerichteten »Physiologus«, dem mittelalterlichen Lehrbuch der Zoologie, dessen griechisches Original im 2. Jahrhundert entstand. Das Einhorn ist das Symbol der Reinheit und Güte, obwohl es gleichzeitig als ein wildes, enorm starkes Tier beschrieben wird. Es ähnelt einem Pferd oder einer Ziege, und als Haupteigentümlichkeit wächst ein langes, spitzes, schneckenartig gedrehtes Horn auf seiner Stirn. Dieses Horn bzw. seine Substanz wird Alicorn genannt. Unterhalb des Horns sitzt manchen Quellen zufolge ein heilkräftiger Karfunkelstein. Das Einhorn ist einsiedlerisch, stirbt in der Gefangenschaft und kann Männer nicht ausstehen. (Letzteres behauptete jedenfalls Hildegard von Bingen.) Nur eine Jungfrau kann es zähmen. »Läßt man eine solche sich im Walde niedersetzen, so vergißt das Einhorn, wenn es herankommt, seinen ganzen Grimm und ehrt die Reinheit des keuschen, jungfräulichen Lebens dadurch, daß es sein Haupt in ihren Schoß legt und darin einschläft.«

Hirsch und Einhorn
(Musaeum Hermeticum Reformatum
et Amplificatum, Frankfurt 1678).

Und dann gibt es noch das Einhorn, das Marco Polo Anfang des 14. Jahrhunderts auf Sumatra gesehen haben will und bei dem es sich der Beschreibung nach um das Sumatranashorn gehandelt haben könnte – auch wenn Polos Behauptung, diese Einhörner würden ihre Feinde mit ihren Stachelzungen erledigen und indem sie mit den Knien auf ihnen herumdrückten, den Verdacht nahelegt, daß er das Tier gar nicht erst zu Gesicht bekommen hat. Übrigens gilt auch das »einsam wandelnde« Nashorn in der buddhistischen Symbolik als Sinnbild der Tugend, Friedfertigkeit und Weltabgewandtheit.

Daß die Existenz von Einhörnern jahrhundertelang nicht angezweifelt wurde, liegt u. a. daran, daß es im Alten Testament erwähnt wird, was allerdings bloß auf einem Übersetzungsfehler beruht. Ptolemäus II. (285–246 v. Chr.), König von Ägypten, ließ seinen 72 Gelehrten auch nur 72 Tage Zeit, um eine griechische Übersetzung der Heiligen Schrift anzufertigen. So schlichen sich zahlreiche Fehler ein. Das Tier »**Re'em**«, bei dem es sich um den Auerochsen handelte, wurde in »Monokeros«, also in »Einhorn« übersetzt.

Trotz seines phallischen Horns wurde das Einhorn Sinnbild der Reinheit, Keuschheit und Jungfräulichkeit und zum Mariensymbol. Häufig wurde es abgebildet und in Wandteppiche eingewebt, oft in Gemeinschaft mit Frauen. In vielen Wappen taucht es auf und als Giebelschmuck. Bis heute gibt es Einhorn-Apotheken. Sein Horn war nämlich nicht nur ein begehrter Talisman, aus dem Ringe und Amulette gefertigt wurden, sondern man sagte ihm auch große Zauber- und antitoxische Heilkräfte nach. Ein Becher, der daraus geschnitzt war, schützte vor jeder Vergiftung. Karl der Kühne (1432–1477) soll solche Becher besessen haben. Um die Nachfrage nach einer Ware zu befriedigen, die überhaupt nicht existierte, taten Narwalzähne gute Dienste.

1827 bewies Baron Georges Cuvier, einer der Urväter der modernen Paläontologie, daß Einhörner schon aus anatomischen Gründen nicht existiert haben könnten. Paarhufer – und paarhufig sind die Einhörner meistens abgebildet – besitzen ein in der Mitte geteiltes Stirnbein, über dessen Spalt ein Horn gar keinen Halt fände. Er behielt nicht das letzte Wort. 1933 unternahm der amerikanische Biologe Dr. Franklin Dove einen jener für das Wohl der wissensdurstigen Menschheit so unverzichtbaren Tierversuche. Er entfernte einem eben geborenen Stierkalb die beiden Hornknospen und verpflanzte sie in die Schädelmitte, wo die Hornansätze zu einem einzigen und geraden Horn zusammenwuchsen.

Lit.: Hanns Bächtold-Stäubli (Hrsg.), *Handwörterbuch des deutschen Aberglaubens,* Band 2, Berlin/New York 1986; Stefan Reisner, *Die Ungeheuer sind unter uns,* in: GEO 10/1996; Hans Schöpf, *Fabeltiere,* Wiesbaden/Graz 1992.

Elberfelder Pferde
Rechnende und klopfende Pferde

»Ig hb kein gud sdim.«
(Pferd Muhamed in geklopfter Pferde-Orthographie
auf die Frage, warum er nicht mit dem Mund redet)

Es gibt immer wieder Leute, die sich damit dicke tun, daß ihr Hund »Mama« sagen oder ihre Katze multiplizieren kann. Bei Überprüfung des näheren Sachverhalts durch neutrale Zeugen sind Bello und Mieze dann gerade nicht in Stimmung. Wenn aber jemand, wie es der Elberfelder Kaufmann Karl Krall 1908 getan hat, ein eigenes »psychologisches Laboratorium« für Pferde und einen »Stall für Unterrichtszwecke« anschafft, hohe Beträge für den Ankauf der Versuchstiere, für Stallmieten, Pferdepfleger usw. ausgibt und sein Leben darauf ausrichtet, Pferden Lesen, »Schreiben«, Rechnen, Fremdsprachen und diverses mehr beizubringen – dann verdient er doch ein wenig Interesse.

Karl Kralls Vorbild war Wilhelm von Osten, der es mit seinem rechnenden, lesenden und in allerlei weiteren Fertigkeiten bewanderten Pferd, dem → **Klugen Hans**, zu gewisser Berühmtheit gebracht hatte. Nach von Ostens Tod setzte Karl Krall den Pferdeunterricht mit eigenen Tieren fort. Die ersten der berühmten Elberfelder Pferde waren die Hengste **Muhamed** und **Zarif**, wobei Muhamed das Rechentalent war, während Zarif besser las. Die Verständigung erfolgte über Klopftritte. Später kamen noch das Shetlandpony **Hänschen**, der begabte blinde Hengst **Berto** und einige andere Pferde dazu. Zwei Araberhengste aus dem Gestüt Scharnhausen schafften es jedoch, selbst bei dem geduldigen Krall nichts zu lernen. Eine vollständige Beschreibung seiner Unterrichtsmethode veröffentlichte Karl Krall 1912 in dem Buch »Denkende Tiere«.

Wissenschaftler aus aller Welt kamen nach Elberfeld. Nur in Deutschland selbst zeigte man wenig Interesse. Die Leistungen des Klugen Hans hatte man auf unwillkürliche und unbewußte Zeichen (Ausatmen, winzige Kopfbewegungen) seines Besitzers und Lehrers von Osten zurückgeführt und setzte dasselbe auch für Herrn Kralls Pferde voraus. Viele andere Möglichkeiten gibt es auch tatsächlich nicht, es sei denn, man glaubt daran, daß Muhamed, Zafir und Berto tatsächlich selbständig denken oder Gedanken lesen konnten, oder daß sie mediumistische Fähigkeiten besaßen und Botschaften aus dem Jenseits übermittelten.

Wie auch immer: Kralls Pferde klopften auch in seiner Abwesenheit erstaunliche Antworten. Den Professoren Mackenzie (Genua) und Assagioli (Florenz) errechnete Muhamed die Quadratwurzel aus 1 874 161. (Falls Muhamed sich nicht verklopft hat, sind das 1369.) Und das, obwohl die Professoren den Stall verließen, nachdem sie die Frage gestellt hatten, und seine Antwort durch Türritzen beobachteten, so daß sie keine unwillkürlichen Zeichen gegeben haben können.

Im Ersten Weltkrieg wurden die schlauen Rösser genauso wie die dusseligsten Karrengäule requiriert. Falls sie auch dort ihre gelegentlich spontanen Klopfbemerkungen, wie »bin müde« oder »Schmerz im Bein« machten, so hätte es ihnen vermutlich nicht einmal dann etwas genützt, wenn sie verstanden worden wären. Keines von Kralls Pferden kam zurück.

Lady, eine Stute, die von den 20er Jahren bis zu ihrem Tod 1957 im Stall des Ehepaars Fonda in Richmond, Virginia, lebte, betätigte sich als Gedankenleserin und Wahrsagerin. Angeblich half sie sogar der Polizei bei der Vermißtensuche. Ihre Prognosen klapperte das vierbeinige Orakel auf einer hölzernen Pferde-Kommunikationsmaschine, die aus großen Buchstabenfeldern bestand, die Lady oder **Lady Wonder**, wie sie auch genannt wurde, mit der Nase herunterdrückte.

Lit.: Michell Rickard, *Ungelöste Rätsel der Tierwelt,* Augsburg 1993; Eleonore Thun-Hohenstein, »*Herr ist dumm«. Tiere sprechen unsere Sprache,* Wien/Hamburg 1983.

Der Elefant
Zeichentrickfigur aus den Maus-Spots der »Lach- und Sachgeschichten«

Er ist blau, hat an jedem Fuß zwei gelbe Zehen und ist noch kleiner als die → **Maus,** neben der er am 23. Februar 1975 zum ersten Mal auftauchte. Sein Erfinder und Zeichner Friedrich Streich beschreibt ihn als »schusselig, ehrlich, naiv und schlau, treuherzig, anhänglich, hilfsbereit, ungeheuer stark und immer müde«. Seit es ihn gibt, muß die Maus nicht nur praktische, sondern auch noch Beziehungsprobleme lösen. Der Elefant verkörpert das intuitive, emotionale Moment in dieser Freundschaft, hilft mit seiner Kraft aber auch häufig bei praktischen Problemlösungen. Genauso wenig wie die Maus kann er sprechen, dafür trötet er und ist schon durch sein dumpfes Trampeln nicht zu überhören. Seit die → **Ente** mitmischt, ärgert sie den Elefanten bei jeder Gelegenheit.

Lit.: Info-Material der WDR-Pressestelle.

Der Elefant im Porzellanladen
Sprichwörtliches Trampel

Würde jemals ein Elefant in aller Ruhe und aus freien Stücken einen Porzellanladen betreten, könnte sich der verantwortliche Fachverkäufer die Schweißausbrüche sparen. Denn tatsächlich bewegen sich Elefanten – insbesondere in fremder Umgebung – überaus vorsichtig. Eigentlich sollte ihre sanfte Behutsamkeit, die sie im Umgang mit Menschen oder mit ihrem Nachwuchs an den Tag legen, sprichwörtlich sein. Aber nicht diese bereits in der Antike gerühmte Eigenschaft verbindet der Volksmund heute mit den grauen Riesen, sondern eher das Bild von trompetenden Elefantensippen, die sich unbekümmert ihre Bahn durch die Vegetation trampeln, oder gar das Bild von der tödlichen Zerstörungsgewalt antiker Kriegselefanten (→ **Hannibals Elefanten**).

In einem als Versuch aufgezogenen Reklamegag bewies der Zirkus Hagenbeck Ende der 20er Jahre, wie falsch das Bild vom alles plump zerdeppernden Elefanten im Porzellanladen ist. Eine zirkuseigene Indische Elefantenkuh wurde in Anwesenheit der Presse in ein Kölner Geschäft mit Steingutwaren geführt. Das voluminöse Rüsseltier bestand die Prüfung summa cum laude und verließ den Laden, ohne auch nur eine Keramik zu zerbrechen. Auswirkung hatte dieses Experiment auf das einmal verinnerlichte Kollektivklischee vom ungeschlachten Elefanten allerdings kaum.

Vielleicht hat die sogenannte »Münchner Elefantenpanik« ein bißchen zu dieser hartnäckigen Falschbewertung beigetragen. Bei einem Festzug in der bayerischen Hauptstadt im Jahre 1888 gehörten auch ein halbes Dutzend Elefanten zur Parade. Erschreckt durch einen feuerspeienden Pappdrachen, gerieten die sensiblen Dickhäuter in Angst, rissen sich los und suchten kopflos das Weite, und zwar Richtung Innenstadt. Die Elefanten selber richteten kaum unmittelbaren Personenschaden an (lediglich einem Münchner wurde der Fuß breitgetreten), verursachten aber eine wilde Panik unter dem Publikum. Sieben Tote und hunderte Verletzte waren das traurige Ergebnis. Einer der Elefanten verlief sich in das »Hofbräuhaus«, durchquerte trotz seiner Aufgeregtheit die weltberühmte Bierschwemme mit Bedächtigkeit, ohne eine Maß, einen Dackel oder einen der sprachlosen Zecher zu beschädigen, und verließ das Lokal durch den Gegenausgang. Ein anderer Elefant hatte weniger Glück. Er brach durch eine Luke in den Keller eines Milchgeschäfts, wütete dort und wurde schließlich erschossen. Unter Umständen war es ungerechterweise dieser eine unglückliche Berserker, der das Vorurteil der öffentlichen Meinung über die plumpe Wildheit der Elefanten bediente.

Lit.: Vitus Dröscher, *Sie turteln wie die Tauben*, Hamburg 1988; Lutz Röhrich, *Das große Lexikon der sprichwörtlichen Redensarten*, Band 1, Freiburg im Breisgau 1991; Stefano Vaj, *Der Elefant*, Grünwald 1989.

Elliot
Schmunzelmonster

Die Welt der → **Drachen** läßt sich grob in zwei Abteilungen gliedern. Zum einen gibt es die bösen Ausgeburten der Hölle, die ganzen Hundertschaften von edlen Helden die Gelegenheit geben, gefangengehaltene Jungfrauen zu retten, erlaubterweise in Blut zu waten und als heilige Drachentöter in die Mythologie einzugehen. Und dann gibt es die Drachen, die viel zu lieb sind, um von einem heiligen Michael oder Georg als standesgemäßer Feind anerkannt zu werden. Dazu gehören z. B. der traurige Halbdrache → **Nepomuk** aus Michael Endes Geschichte »Jim Knopf und Lukas, der Lokomotivführer« und das verspielte → **Urmel**.

Elliot gehört auch dazu. Er hat zwar eigentlich imponierende Abmessungen (gut vier Meter hoch), kann fliegen, sich unsichtbar machen und auch Feuer speien, doch seine hervorstechendsten Eigenschaften sind seine Freundlichkeit und seine Sanftmut. Die ständig leicht debil vor sich hin lächelnde Mischung aus rosagrünem Saurier und schlappohriger Riesenfledermaus ist eine Walt-Disney-Zeichentrickfigur, der es zur Aufgabe gemacht wird, den Waisenjungen Pete zu beschützen. Bei dem Kinofilm »Pete's Dragon« (»Elliot das Schmunzelmonster«, USA 1977, Regie: Don Chaffey) handelt es sich um einen sogenannten Mischfilm, das heißt, das Zeichentrick-Antimonster Elliot ist in die Handlung eines Realfilmes hineinkomponiert worden. (Berühmte weitere Beispiele für dieses Genre sind »Falsches Spiel mit → **Roger Rabbit**« und »Mary Poppins«). Die eher belanglose Handlung um fiese Pflegeeltern, verschlagene Wunderdoktoren und Freunde in der Not führt natürlich zu einem Happy-End: Der Waisenjunge findet ein gutes Zuhause, und Elliot watschelt neuen Abenteuern entgegen.

Lit.: *Die Filme von Walt Disney,* Cinema-Filmbuch, Hamburg 1987; *Lexikon des Internationalen Films,* Reinbek 1995.

El Morzillo
Pferd und Gott

Als der Konquistador Hernando Cortez 1524/25 nach Honduras aufbrach, hatte sich die Stärke seiner Kavallerie auf 90 Andalusische Pferde erhöht. Bei der Eroberung Mexikos war er noch mit 16 Pferden ausgekommen. Cortez ritt bei seiner Hondurasexpedition den Hengst El Morzillo (der Schwarze). Der Weg führte durch tropischen Regenwald, über Berge und Flüsse und durch Sumpfland. Schlimmer konnte es für die Kavallerie gar nicht kommen. Im rauhen Bergland von La Sierra de los Pedernalos verletzte El Morzillo sich am Bein. Cortez ließ den Hengst in einem Indianerdorf, das in den Ebenen rund um den See von Petén-Itza lag, zurück und kündigte auch gleich an, daß er wiederkommen würde, um das Pferd abzuholen. Er schrieb in sein Tagebuch: »Der Häuptling versprach, sich um ihn zu kümmern, aber ich weiß nicht, ob er damit zurechtkommt oder was er mit ihm anstellen wird.«

Die Indianer taten ihr Bestes, voller Angst und Ehrfurcht vor dem fremden Tier und vor allem vor der Macht und Grausamkeit des Konquistadoren. Sie brachten El Morzillo in einem Tempel unter, servierten ihm Früchte des Dschungels und Hühnchengerichte und bezeigten ihm ihre Verehrung. El Morzillo bekam weder die Diät, auf die er gesetzt worden war, noch das Klima. Er starb. Für die Indianer, die Repressalien fürchteten, muß das eine Katastrophe gewesen sein. Vermutlich errichteten sie deswegen eine überlebensgroße Pferdestatue und plazierten sie auf einer der vielen Seeinseln – um Cortez zu beschwichtigen. Die El-Morzillo-Statue saß auf den Hinterläufen, die Vorderbeine ausgestreckt. Geschwächte Pferde sehen manchmal so aus. Cortez kehrte nie zurück. Im Laufe der Zeit verwandelte sich die Ehrfurcht der Indianer in Anbetung. El Morzillo avancierte zu Tziunchan, dem Gott von Blitz und Donner. Schließlich hatten die Spanier, die El Morzillo zurückließen, die Indianer des Dorfes ständig mit ihrem katholischen Kreuz behelligt. Und das Kreuz war den Indianern nicht neu. Ihr Symbol für den Regengott Tziunchan sah ganz genauso aus.

172 Jahre später, 1697, kamen spanische Armeen, Goldplünderer, nach Yucatan, mit Priestern im Gefolge. Zwei dieser Seelenplünderer, die Franziskanerpadres Orbieta und Fuensalida, gelangten dabei auch an den See von Petén-Itza. Sie waren ausgesprochen engagiert darin, Idole der religiösen Konkurrenz umzustürzen, und als sie auf einer der letzten Inseln des Sees, auf den großen Gott Tziunchan stießen, zerrte Vater Orbieta, erfüllt mit dem Geist des Herrn und angetrieben von dem fürchterlichen Eifer für die Ehre seines persönlichen Gottes, die Statue zu Boden und zerbrach sie

mit einem Stein, während die zusehenden Indianer laut lamentierten. Das war das zweite Ende des armen El Morzillo.

Lit.: Elwyn Hartley Edwards, *Horses – Their Role in the History of Man,* London 1987; H. H. Isenbart / E. M. Bührer, *Das Königreich der Pferde,* München und Luzern 1975.

Elsa
Die Löwin

Am 1. Februar 1956 mußte George Adamson, Wildhüter im Norden Kenias, eine angreifende Löwenmutter erschießen. Die drei verwaisten Löwenkinder – alles Mädchen – brachte er seiner Frau Joy mit. Die Adamsons zogen die drei Löwinnen bei sich zu Hause auf, ohne in ihr natürliches Verhalten stark einzugreifen. Zwei davon gaben sie später an Zoos ab. Elsa, die kleinste und schwächste, blieb. Als sie zweieinhalb Jahre alt geworden war, gewöhnten ihre Pflegeeltern sie daran, selbständig Beute zu reißen, und wilderten sie wieder aus. Nach einigen Anfangsschwierigkeiten kam Elsa mit ihrem neuen Leben gut zurecht. Sie schloß sich einem Löwen an.

Joy Adamson, eine geborene Österreicherin, die als Malerin Aufträge verschiedener Regierungen erhielt, schrieb über Elsas Jugend einen Bericht. »Frei geboren. Eine Löwin in zwei Welten« (»Born Free«, New York 1960) verkaufte sich ausgesprochen gut und wurde in mehrere Sprachen übersetzt. Als Elsa wieder am Wildhüterhaus auftauchte, um ihre drei Jungen vorzuführen, legte Joy Adamson »Die Löwin Elsa und ihre Jungen« nach.

Lit.: Joy Adamson, *Frei geboren. Eine Löwin in zwei Welten,* Hamburg 1963.

Elsie the Cow
Werbekuh

Insbesondere in den Roosevelt-Truman-Eisenhower-Jahren war Elsie allgegenwärtiges Symbol US-amerikanischer Konsumbehaglichkeit. Als gezeichnetes Werbetier des Molkereigiganten »Borden's« stand sie damals – und steht sie noch heute – für das Versprechen, daß jeder tüchtige Amerikaner sich und seine Kinder jederzeit mit Milch und Butter versorgen kann. Elsie wurde 1938 am Ende der großen Weltwirtschaftskrise erschaffen, und zwar als braune Jersey-Kuh. Die anspruchslosen Jerseys waren, bevor sie von den schwarzbunten Holstein-Frisians verdrängt wurden, die klassischen amerikanischen Milchlieferanten. Das gezeichnete Rind lächelt die potentiellen Milchkäufer mit großen Kuhaugen freundlich von Werbeplakaten oder aus Trickfilmen heraus an. Es erinnert auch den hektischen US-Großstädter an die ländlichen Wurzeln seiner Nation und daran, daß eigentlich in jedem guten Amerikaner ein Cowboy beziehungsweise eine Ma Walton steckt. Elsie muß nicht allein durchs Leben gehen. Ihr zur Seite und in ihrem Schatten stehen seit den 40er Jahren Gatte **Elmer the Bull** und seit 1957 beider Zwillinge **Beulah** und **Beauregard**.

Lit.: Jeff Rovin, *The Illustrated Encyclopedia of Cartoon Animals,* New York 1991.

Ente
Schwindelnachricht

Die »Ente« ist eine lügenhafte Nachricht, insbesondere in den Print- und elektronischen Medien. Warum ausgerechnet die Ente im Zusammenhang mit Fragen von Zuverlässigkeit und Wahrheit in der deutschen und französischen Begriffsgeschichte so schlecht wegkommt, wurde nie eindeutig geklärt. Daß die »Zeitungsente« auf Luthers Redensart von den »blau Enten predigen« (als Synonym für Lug und Trug sprechen) zurückzuführen ist, scheint wenig wahrscheinlich. Schon eher plausibel ist die Erklärung, daß das für menschliche Ohren nicht sehr aufschlußreiche Gequake der Enten so manchen an das inhaltslose Geschnatter verlogener Schwätzer erinnerte. In Frankreich wird das Entenquaken lautmalerisch »Cancan« genannt. Als »Cancan« wurde im 19. Jahrhundert nicht nur der bekannte Schenkelschwenk- und Juchzjuhee-Tanz bezeichnet, sondern auch bestimmte ironische journalistische Artikel. Daraus entwickelte sich wahrscheinlich damals in Frankreich der Begriff »Canard«, also Ente, für eine falsche Zeitungsnachricht, der auch bald als **Zeitungsente** in den deutschen Wortschatz importiert wurde – ganz unabhängig von Luthers »blauen Enten«.

Sonderformen der Ente sind die → **Seeschlange**, eine periodisch zur Sauregurkenzeit wiederkehrende, meist phantastische Nachricht, und der von außen lancierte, die Zeitungsmacher hinters Licht führende → **Grubenhund**. Als verwandte Erscheinung ist auch die → **Spinne in der Yucca-Palme** zu nennen.

Lit.: A. J. Storfer, *Wörter und ihre Schicksale,* Wiesbaden 1981.

Ente
Französischer Kleinwagen

»Ente gut, alles gut.«

Generationen von französischen Kleinbauern und deutschen Studenten war die Ente unverzichtbares Instrument, um an der mobilen Gesellschaft teilnehmen zu können. Erfunden wurde sie vom französischen Autohersteller Citroën, und offiziell heißt sie Citroën 2 CV. Ende der 30er Jahre begann der damalige Citroën-Chef Pierre Boulanger mit der Planung eines anspruchslosen Kleinwagens speziell für die ländliche Bevölkerung in Frankreich. Er sollte mindestens 60km/h schnell sein, zwei Bauern und einen Zentner Kartoffeln transportieren können und genügend Robustheit für die schlaglochgesegneten Landstraßen der Provinz haben. Die Planungsphase zog sich, von Krieg und Okkupation behindert, lange hin, aber 1948 konnte Citroën dann den endgültigen Prototyp des 2 CV präsentieren. Der französische Staatspräsident Vincent Auriol, der damals den Pariser Autosalon eröffnete, soll nur schwer die Fassung gewahrt haben, als er den als »Regenschirm auf vier Rädern« bespöttelten Pkw sah. Der erste »Döschwo«-Typ hatte schwächliche 9 PS Kraftleistung, sein luftgekühlter Zwillingsboxermotor schaffte eine Maximalgeschwindigkeit von 68km/h, sein Dach und die Kofferraumabdeckung bestanden aus Zeltplane und auch sonst war der Wagen sehr spartanisch ausgerüstet. Dennoch und trotz seiner angeblichen Häßlichkeit war die Nachfrage nach dem leichten Viersitzer enorm. Spätere Standardausführungen des

2 CV hatten etwas mehr Komfort, 35 PS und waren etwa 120km/h schnell. Bis zum Produktionsende 1990 verkaufte Citroën fünf Millionen 2 CV in elf Grundversionen und unzähligen Spezialvarianten. 350 000 von ihnen fanden in Deutschland Abnehmer. Hier wird der Wagen, der bei seiner Premiere 1948 auch als »Häßliches Entlein« bezeichnet wurde, und tatsächlich in Form und wegen seiner wackelnden Fahrbewegung an einen Schwimmvogel erinnert, liebevoll »Ente« genannt. Das Ende der Enten-Produktion löste Trauer aller Orten aus, ganz besonders in Deutschland.

Der Citroën 2 CV, in Deutschland bekannt als Ente.

Lit.: Enzyklopädie der Automobile, Augsburg 1989; Roger Gloo, Nachkriegswagen. Personenautos 1945–1960, Stuttgart 1981; James Taylor, Der Citroën 2 CV, Schindellegi 1992.

Die Ente
Die Ente aus der Sendung mit der Maus
... und dem Elefanten und der Ente

Am 2. Januar 1987 erhielten die → **Maus** und der → **Elefant**, die bislang die Zeichentrickepisoden zwischen den sonntäglichen Lach- und Sachgeschichten der ARD allein bestritten hatten, gefiederte Verstärkung. Die freche Ente ist so gelb, wie es die Zehennägel des blauen Elefanten sind; ihr Schnabel und ihre Schwimmfüße sind so orange wie der Körper der Maus. Das Gefieder wirkt etwas lotterig, und auf dem Kopf hat sie einen kleinen Federbüschel. Sie ist ungefähr so groß wie der Elefant, der wiederum deutlich kleiner als die Maus ist. Aber natürlich ist die Ente nicht so voluminös wie der Elefant, den sie gern ärgert. Daß Maus-und-Elefanten-und-Entenredakteur a.D. Enrico Platter die Ente als eine Bereicherung, die etwas Neues kann, »was die anderen noch nicht konnten« – nämlich fliegen –, herausstreicht, ist so nicht ganz richtig. Die Maus braucht bloß ihre Ohren zu Hubschrauberpropellern zu verdrehen – und schon hebt sie ab.

Lit.: Info-Material der WDR-Pressestelle.

Der Erdalfrosch
Rotfrosch

»Im Privatgebrauch an Fürstenhöfen«
(Aufschrift auf einer frühen Erdal-Dose)

Der erste Erdalfrosch war so grün, wie es sich für einen Frosch gehört. Auf dem Kopf hatte er eine filigrane, fünfzackige Krone, und statt einer goldenen Kugel hütete das feuchtglänzende Tier in den Tiefen seiner Dose eine neuartige Schuhpaste mit pflegenden Bestandteilen.

Diese Schuhpaste in der Metalldose brachte die Firma Werner & Mertz 1901 zuerst ohne Frosch und unter dem Namen »Lux« auf den Markt. Wenige Tage zuvor hatte die Firma Sunlight jedoch ausgerechnet diesen Namen schützen lassen. Die Schuhcreme wurde schleunigst in Erdal (abgeleitet von der Adresse der Fabrik, der Mainzer Erthalstraße) umbenannt. Kurz danach kam die Seitenansicht eines finster dreinblickenden, weil ja auch schließlich verwunschenen **Froschkönigs** auf den Dosendeckel. Dieses Markenzeichen hatte man sich bereits 1895 schützen lassen. Als Vater des Erdal-Frosches, der beinah ein Lux-Frosch geworden wäre, gilt Adam Schneider, Teilhaber und Geschäftsführer der Firma. Der Froschkönig bot sich als Bildmarke an, weil auch Schuhe sich zumeist auf Froschniveau befinden, weil das neue Produkt vor Wasser schützen sollte, und weil gekrönte Häupter immer etwas hermachen. Unter dem Lurchmonarchen stand auf einer der ersten Erdal-Dosen der Zusatz: »Im Privatgebrauch an Fürstenhöfen«.

Vom Naturalistischen zur Abstraktion: Erdal-Frosch von 1918 (links) und seit 1971.

Während des Ersten Weltkriegs konnte die Erdal-Schuhcreme lange Zeit nicht in der gewohnten Qualität produziert und geliefert werden. Als dann wieder Zutaten in alter Güte zur Verfügung standen, wurde der Erdalfrosch 1918 zu einem roten Frosch, um die neuen Dosen mit dem besseren Inhalt optisch von der Kriegsware abzusetzen. »Qualität wie vor August 1914« stand zusätzlich darauf.

In den 50ern prangte der **Rotfrosch** bereits auf Teppich-, Auto- und Bodenpflegemitteln. Werner & Mertz blühte und gedieh, daß sich ab 1961 auch das finstere Fröschlein nicht ein selbstzufriedenes Grinsen verkneifen konnte, wobei sein schlaffes Doppelkinn sich straffte. Nach einem Wechsel innerhalb der Geschäftsführung hatte der Frosch »die optimistische Haltung des gesamten Betriebes im Hinblick auf die Zukunft« ausdrücken sollen. Das Bild des Froschkönigs war plötzlich durch einen schwarzen Sockel ergänzt, auf dem er jetzt saß. Mit seinem neuen Gesichtsausdruck drang der Rotfrosch bis in Toilettenschüsseln vor. Er zierte neuerdings WC-Reiniger.

1971 wurde er plötzlich fürchterlich modern und mit seinem abgeschrägten Hinterteil windschnittig wie ein Porsche. Seit jenem Jahr ist das Tier stilisiert und nur noch rot-weiß. Selbst die (ursprünglich schwarze) Krone ist rot, hat nur noch drei Zacken und schwebt einen Millimeter über dem Glotzauge. Immer noch grinst der Erdalfrosch sympathisch. Er wirkt jetzt viel dynamischer und ist sicherlich auch viel besser zu verkleinern, allerdings sieht er ein bißchen glatt und seelenlos aus und viel weniger geheimnisvoll. Vielleicht braucht eine Putz- und Markenkröte kein Geheimnis.

1986 wurde die Produktfamilie »Marke Frosch« eingeführt, die umweltverträglichere Reinigungs- und Waschmittel umfaßt. Ihre Bildmarke, der **Grünfrosch**, ist dem modernen Rotfrosch recht ähnlich, nur ist er eben grün, glotzt den Käufern frontal ins Gesicht und hat das Wort »Marke« in weißen Buchstaben auf die stilisierten

Füße tätowiert. Er ist nicht adlig, sondern öko, und trägt darum auch keine Krone.

Lit.: *Presseheft* der Werner & Mertz GmbH, Mainz/Frankfurt am Main 1992.

Der Esso-Tiger
Werbetier

»Pack den Tiger in den Tank!«

Die ersten Tiger des Mineralölunternehmens Esso waren realistisch gezeichnete, laufende und aggressive Raubkatzen. Aus heute nicht mehr bekannten Gründen tauchten sie in den 20er Jahren plötzlich bei der norwegischen Tochtergesellschaft des Konzerns als Firmenzeichen auf. In den 30er Jahren übernahm auch der britische Esso-Ableger den Tiger.

Als mit Beginn des Zweiten Weltkriegs Benzin und andere Mineralölprodukte rationiert wurden, war Markenwerbung überflüssig geworden, und das gestreifte Tier verschwand wieder von der Bildfläche.

1953 wurde der Esso-Tiger reaktiviert, um im Rahmen einer großangelegten Werbeaktion in Großbritannien und anderen europäischen Ländern die Erinnerung an das minderwertige Benzin der Rationierungszeit zu verdrängen. Diese Kampagne lief bis 1959. Im selben Jahr entdeckten amerikanische Marktstrategen die Werbewirksamkeit des Tigers als Symbol für Kraft und Schnelligkeit. Sie nahmen der Großkatze ihre bisherige Grimmigkeit, indem sie ihr nach bewährter Disney-Manier ein freundliches Smiley-Gesicht verpaßten, und erfanden dazu den berühmten Slogan »Put a Tiger in the Tank!«

Der Esso-Tiger wurde einer der ganz großen Hits der US-amerikanischen Werbegeschichte und sorgte für erhebliche Umsatzsteigerungen seiner Tankstellen. »Time Magazine« erklärte das Jahr 1964 zum »Jahr des Tigers«. 1965 wurde der Tiger auch (wieder) auf Europa losgelassen. In Westdeutschland hieß es nun »Pack den Tiger in den Tank!« Zigtausendfach flatterten Tigerschwänze aus Plüsch aus den Tankklappen deutscher Pkw. Legionen von Stofftigern grinsten aus Autoheckfenstern auf die Straßenwelt hinaus. Der Reklamefeldzug mit der freundlichen Raubkatze lief zwar nur von 1965 bis 1968 und wurde dann durch andere, heute vergessene Kampagnen abgelöst, doch blieben Tier und Slogan im allgemeinen Bewußtsein zäh haften. »Pack den Tiger in den Tank!« war zum geflügelten Wort geworden, und schnell hatte es Trittbrettfahrer gegeben, die Abwandlungen wie »Pack die Bibel in die Tasche!« erfanden.

Ähnliche kollektiv-mentale Tiefenwirkung konnte Esso nur noch mit dem Anfang der 70er Jahre kreierten Spruch »Es gibt viel zu tun. Packen wir´s an.« erzielen.

Nach siebzehn tigerlosen Jahren erinnerten sich die Werbemacher an den Erfolg der frühen Jahre und schoben eine Wiederbelebung der Großkatze an. Überrascht stellten sie fest, daß die im Frühjahr 1986 weltweit gestartete Neu-Tiger-Kampagne von den Benzinkäufern überhaupt nicht als Neuerung empfunden wurde. Für die meisten Autofahrer, darunter viele, die 1968 sogar noch zu jung fürs Fahrradfahren mit Stützrädern gewesen waren, war der Esso-Tiger nie weggewesen. Daran änderte auch die Tatsache nichts, daß der wiederaufgelegte Tiger nicht mehr als gezeichneter Grinser daherkam, sondern als ein echtes Tier aus Fleisch und Pelz. Zunächst eilte er lediglich geschmeidig durch die Natur oder guckte beeindruckend als Ganzporträt in die Kamera. Mittlerweile werden in die Werbespots der immer noch laufenden Kampagne auch humorige Elemente eingebaut, wie etwa ein am Tankverschluß schnuppernder oder ein Rosen verschenkender Tiger.

Lit.: Info Esso Hamburg; Info Deutsches Werbemuseum; Esso-AG (Hrsg.), *Des Tigers Seitensprünge,* o. O., 1971.

E.T.
Außerirdischer

»Nach Hause telefonieren.« (E.T.)

Wenn Außerirdische im Film die Erde heimsuchen, landen sie aus unerfindlichen Gründen fast immer in den USA. So auch die nächtliche extraterrestrische Botanikerexpedition, die der amerikanische

Kino-Märchenerzähler Steven Spielberg 1981 in Kalifornien Station machen ließ.

Beim Pflanzensammeln überrascht, ziehen sich die Außerirdischen mit ihrem Raumschiff schleunigst wieder ins All zurück und vergessen ein Crewmitglied. Es ist knapp einen Meter groß, unbekleidet, und seine Haut erinnert an ein kaltes, angeschrumpeltes Brathähnchen. Seine dünnen Ärmchen enden in langen Spinnenfingern; dafür sind die Beine extrem kurz. Der Körper scheint direkt in die Watschelfüße überzugehen. Auf einem Teleskophals sitzt das Gesicht eines Boxerwelpen ohne Lefzen und Ohren, und mit riesigen blauen Kinderaugen. Bei Aufregung und besonderen Anlässen glüht eine rote Lampe in seinem Inneren. Ob E.T. – The Extra-terrestrial – männlich, weiblich oder etwas anderes ist, bleibt ungeklärt.

Der zehnjährige Elliot (Henry Thomas), bei dem E.T. Unterschlupf findet, behandelt ihn als männliches Wesen. Er und seine Geschwister (Robert MacNaughton und Drew Barrymore) gewöhnen sich schnell an den seltsamen Gast, der einige irdische Vokabeln lernt und sie mit überirdischen Zaubertricks mittels seines leuchtenden Zeigefingers beeindruckt. E.T. bastelt einen Sender und nimmt mit seinem Raumschiff Kontakt auf. Doch bevor er abgeholt werden kann, bemächtigen sich erkenntnishungrige NASA-Wissenschaftler seiner, und der Außerirdische verendet im Untersuchungslabor. Den traurigen Kindern wird Gelegenheit gegeben, ihren kleinen Freund noch einmal zu sehen, und siehe da! – bei der Berührung mit diesen Wesen reinen Herzens setzt sich E.T.s Lebensmechanismus wieder in Gang. Nach einer wilden Verfolgungsjagd auf Bonanzafahrrädern, die zum Schluß über einen mondbeleuchteten Himmel fliegen, kommt es zur Wiedervereinigung von E.T. und seinen Leuten. Zum letzten Mal umarmt der Außerirdische seinen menschlichen Freund und streichelt ihn mit seinen Spinnenfingern, bevor er in das Raumschiff zurückkehrt und davonfliegt.

Spätestens an dieser Stelle flossen die Zuschauertränen in Bächen. »E.T.« wurde der bis dahin kommerziell größte Kinoerfolg. Publikumswirksam sind in ihm Drolligkeit, Wunderbares und Science-fiction in eine biblische Erzählstruktur gegossen. Wie Jesus kommt auch E.T. von außerhalb des Diesseits, wird verfolgt, von Jüngern versteckt, von seinen Häschern zur neunten Stunde getötet (die Uhr im Labor steht auf neun), und wie Jesus erlebt er seine Wiederauferstehung und Himmelfahrt.

Dargestellt wurde das harmlose Alien von einem Mann, einer Frau und einem Kind. Abwechselnd zwängten sich die kleinwüchsigen Schauspieler Pat Bilou und Tamara DeTreaux in das Kostüm. Den typischen Watschelgang bekam E.T. von dem 12jährigen Matthew de Merrit, der ohne Beine geboren worden ist. Zusätzlich wurden auch pneumatisch und elektronisch gesteuerte Puppen eingesetzt.

Lit.: *Cinema* 12/1982; Rolf Giesen, *Sagenhafte Welten. Der phantastische Film,* München 1990; Ronald M. Hahn / Volker Jansen, *Lexikon des Science Fiction Films,* München 1992; William Kotzwinkle, *E.T.,* München 1982; Derek Winnert u. a. (Hrsg.), *Kino. Die große welt der filme und stars,* Niedernhausen/Ts. 1995.

Eule
Bewohnerin des Hundertsechzig-Morgen-Waldes

Die Eule aus A. A. Milnes Kinderbuch → »**Pu der Bär**« ist wie → **Kaninchen** eines der Tiere, die nicht zu Christopher Robins Stofftieren gehören, sondern ganz reelle Waldtiere sind – bloß ein bißchen anthropomorphisiert, wie Eule das vermutlich ausdrücken würde. Der etwas weltfremde und pedantische Nachtvogel, der sich aber genauso gern am Tag herumtreibt, hat nämlich eine Neigung zu schwer verständlichen und komplizierten Wörtern. Durch Eules Zischlaute beim Sprechen werden sie noch unverständlicher. Sie erzählt gern Geschichten in langen, verschachtelten Sätzen über Dinge, die jemandem, den niemand kennt, beinahe passiert sind. Das festigt ihren Ruf als weise Instanz für alle möglichen Probleme. Ihre Rechtschreibschwäche fällt bei dem weitverbreiteten Analphabetismus unter Christopher Robins Stofftieren sowieso niemandem auf. Eule wohnt in einem Baum im Hundertsechzig-Morgen-Wald, etwas abseits des Waldes, in dem Pu und seine Freunde hausen. Ihre Adresse lautet vornehm: »Zu den Kastanien«.

Lit.: siehe unter **Pu der Bär.**

Eulen von Athen
Klassische Sprichwort-Vögel

Lange vor Hitchcock machte der klassisch-griechische Bühnenautor Aristophanes (um 445–385 v. Chr.) mit einem Stück namens »Die Vögel« Furore. Aristophanes, berühmt für seine derb-geistvollen Lustspiele, griff in seiner 414 v. Chr. uraufgeführten Komödie die Zustände in Athen an. Zwei von der Politik enttäuschte Athener läßt er mit Vogelhilfe einen neuen Staat in der Luft gründen, das Wolkenkuckucksheim. Als auch eine Eule herbeifliegt, wird gefragt: »Wer hat die Eule nach Athen gebracht?« (»Wo schon so viele sind?«) Für das Publikum war diese Frage vollkommen nachvollziehbar, denn in Athen war die Eule, oder genauer das Käuzchen, ein so gewöhnlicher und oft vorkommender Vogel, wie es heute die Amsel in mitteleuropäischen Breiten ist. Sie kam aber nicht nur als lebendes Geschöpf in Griechenlands wichtigster Metropole häufig vor, sondern war als heiliges Tier der lokalen Schutzgöttin Pallas Athene in unzähligen Bildtafeln und Steindenkmälern im Stadtbild präsent.

In Anlehnung an die Klugheit der Göttin, die unter anderem auch den Beinamen »Die Eulenäugige« trug, galt der großäugige Nachtvogel als Sinnbild von Weisheit und Klugheit. Ferner war er als Stadtsymbol auf athenische Münzen geprägt, die volkstümlich »Eulen« genannt wurden. In eine Stadt, die bereits so viele Eulen zoologischer, religiöser und numismatischer Art hatte, noch mehr Eulen zu tragen, war natürlich überflüssig. In diesem Sinn des »Etwas-Überflüssiges-Tun« entwickelte sich aus der kleinen Aristophanes-Szene die Redewendung »Eulen nach Athen (tragen)«, die auch Eingang in andere Sprachen fand und bis heute verstanden wird.

Lit.: Georg Büchmann, *Geflügelte Worte* (bearbeitet von Alfred Grunow), Berlin, 31. Auflage 1964; Franz von Lipperheide, *Spruchwörterbuch,* Berlin 1907.

Ewoks
Star-Wars-Kuschelbären

Weil man Raumgleiter schlecht mit ins Bett nehmen kann und Darth-Vader- oder → **Jabba-The-Hutt**-Figuren alptraumfördernd wirken, ist es nur gut, daß im dritten (bzw. sechsten) Teil von George Lucas' »Star-Wars«-Trilogie »Rückkehr der Jedi-Ritter« (»Return of the Jedi«, USA 1982, Regie: Richard Marquand) auch noch die Ewoks vorkommen.

Die Ewoks sind ein Haufen kuscheliger Bärchen mit Piratenflair, die von kleinwüchsigen Schauspielern im Zottelfell dargestellt wurden. Sie wohnen in Grashütten. Ihr Dorf heißt Ewok und liegt in einer Gegend voller Rotholzwälder und Schlingpflanzen. Der Planet, auf dem das alles stattfindet, heißt Endor. Über dem knuddeligen Idyll schwebt jedoch der Todesstern des Imperiums. Deswegen sind auch Luke Skywalker und seine Freunde zur Stelle. Die Ewoks schlagen sich auf die Seite der Rebellen und kämpfen mit ihren Steinzeitwaffen gegen das hochtechnisierte böse Imperium. Natürlich siegreich.

Die Ewoks kamen so gut an, daß George Lucas kurz danach zwei Kinofilme herstellen ließ, in denen sie die Hauptrolle spielen. In »Die Ewoks – Karawane der Tapferen« (»Caravan of Courage«, USA 1984, Regie: John Korty) helfen sie Kindern und kämpfen gegen einen Riesen. In »Kampf um Endor« (»Ewoks and the Marauders of Endor«, USA 1985, Regie: Jim Wheat) kümmern sie sich um das Waisenkind Cindel und kämpfen gegen Echsenkrieger.

Lit.: Bodo Fründt, *Die Hexe im intergalaktischen Backofen,* in: Die großen Filmerfolge (hrsg. von Gerd Albrecht), Ebersberg 1985; *Lexikon des Internationalen Films,* Reinbek 1991; Dale Pollock, *Sternenimperium,* München 1983; *Science Fiction. Androiden, Galaxien, Ufos und Apokalypsen,* Cinema-Filmbuch, Hamburg 1988.

F

Fafnir (Fafner)
Der von Sigurd (bzw. Siegfried) erschlagene Drache

»Dort sitzt Sigurd, besudelt mit Blut,
brät am Feuer des Fafnir Herz.« (Edda)

In der nordischen Sage ist Fafnir einer der Söhne des Riesen Hreidmar und besitzt die Fähigkeit, seine Gestalt zu verwandeln. Um an den Schatz zu kommen, den die Götter Odin, Hönir und Loki als Sühne für die versehentliche Tötung von Fafnirs Bruder Otter gezahlt haben, erschlägt Fafnir seinen Vater, enthält seinem zweiten Bruder, dem Zwerg Regin, seinen Erbanteil vor und schafft das Gold in eine Höhle auf der Gnitaheide. In Drachengestalt bewacht er den mit einem Fluch beladenen Schatz.

Sein rachsüchtiger Bruder Regin stiftet den Heldenknaben Sigurd (der in Wagners Ringzyklus Siegfried heißt) an, Fafnir zu töten, um an den Hort zu kommen. Er rät ihm, eine Grube in Fafnirs Flanierroute auszuheben und den Drachen durch die ungeschützte Unterseite mit dem Schwert ins Herz zu stechen. Der sterbende Fafnir erzählt Sigurd von dem Fluch auf dem Gold, was Sigurd aber nicht sonderlich beeindruckt. Als er von dem Herz des Drachen ißt, kann er die Sprache der Vögel verstehen, die ihn vor Regins Hinterlist warnen.

Im Nibelungenlied hat der Drache keinen Namen, und Sigurds Kampf mit ihm wird nicht ausgeführt, sondern taucht nur indirekt in einer Erwähnung von Hagen auf. Dort hat Sigurd im Drachenblut gebadet und eine unverwundbare hörnerne Haut davon bekommen – bis auf die Stelle, wo das Lindenblatt hingefallen ist. In Wagners »Ring des Nibelungen« ist der schatzhütende Drache Fafner auch Sinnbild des saturierten Kapitalisten und singt: »Ich lieg' und besitz – laßt mich schlafen ...«

Lit.: *Das Nibelungenlied*, Leipzig, o. J.; Raymond I. Page, *Nordische Mythen*, Stuttgart 1993.

Fala
Roosevelt-Scottie

US-Präsident Franklin D. Roosevelt gab sich in der Öffentlichkeit gern als leutseliger Patriarch, dem Familie und Heim über alles geht. Zu dieser Heile-Welt-Attitüde, die nur zum Teil gespielt war, paßte auch Roosevelts Scotchterrier-Rüde Fala, der in Roosevelts letzten Lebensjahren fast ständig an der Seite des Präsidenten zu finden war. Das anhängliche Tier, das 1940 unter dem vollen Namen **Murray the Outlaw of Fala Hill** geboren worden war, wurde Roosevelt von seiner Cousine als Welpe geschenkt. Fala durfte in einem Spezialstuhl im Schlafzimmer des Präsidenten schlafen und bei den Mahlzeiten neben FDR sitzen. Er war der letzte in einer langen Reihe von Hunden, die Roosevelt in seinem Leben um sich gehabt hatte. Der allererste war der Spitz **Budgie** gewesen, mit dem Roosevelt als Baby gespielt hatte. Seine Liebe zu Scotchterriern entdeckte der spätere Präsident auf seiner Hochzeitsreise mit Ehefrau Eleanor in Schottland, wo sie **Duffy** in ihre Familie aufnahmen.

Im Wahlkampf 1944 versuchte die republikanische Oppositionspartei aus dieser engen Beziehung zwischen Fala und seinem Herrn politisches Kapital zu schlagen. Es wurde das Gerücht verbreitet, daß Roosevelt bei einer Visite auf den Aleuten-Inseln Fala versehentlich zurückgelassen hätte und daraufhin der US-Navy befohlen hatte, einen Zerstörer zwecks Rücktransports seines geliebten Hundes in Marsch zu setzen. Roosevelt konterte in einer gepfefferten Rundfunkansprache, daß Fala als sparsamer Schotte es nie zugelassen hätte, daß extra für ihn und mitten im Krieg Steuergelder auf diese Weise verschwendet worden wären. Roosevelt hatte damit die Lacher und die Sympathie auf seiner Seite. Wenig später wurde er zum vierten Mal in Folge zum Präsidenten gewählt.

Als Roosevelt im April 1945 zu Grabe getragen wurde, begleitete ihn sein kleiner Kumpel im Trauergefolge. Fala starb 1951.

Lit.: Peter Collier / David Horowitz, *The Roosevelts,* London 1994; Otis Graham / Meghan Wander, *Franklin D. Roosevelt,* Boston 1985; Lloyd Grossman, *Der Hund und seine wahre Geschichte,* Mürlenbach 1995.

Falada
Sprechendes Märchenpferd

»O du Falada, da du hangest.« (Königstochter)
»O du Jungfer Königin, da du gangest,
wenn das deine Mutter wüßte,
ihr Herz tät ihr zerspringen.« (Faladas Kopf)

1815 bekamen die Brüder Grimm von Dorothea Viehmann das Märchen »Die Gänsemagd« erzählt, das sie in ihre Märchensammlung aufnahmen. Es geht darin um eine wahre und eine falsche Braut. Die intrigante Zofe, die mit der Königstochter »weit über Feld« zu deren Bräutigam reist, zwingt sie, mit ihr die Rollen zu tauschen und heiratet an ihrer Stelle den Königssohn. Falada, dem sprechenden Pferd der Königstochter, läßt sie vorsichtshalber den Kopf abschlagen, um einen unliebsamen Mitwisser zu beseitigen. Die Königstochter, die inzwischen zur Gänsemagd degradiert worden ist, gibt dem Schinder heimlich Geld; wofür er ihr Faladas Kopf unter das Stadttor nagelt. Beim morgendlichen Austrieb der Gänse und bei der abendlichen Heimkehr halten Königstochter und Pferdekopf Zwiesprache, die sich allerdings darauf beschränkt, sich gegenseitig zu bedauern (siehe oben). Wie es sich für ein Märchen gehört, fliegt der Schwindel auf, die böse Zofe wird nach eigenen Anregungen zu Tode gefoltert, die Königstochter heiratet ihren Prinzen, und an den armen Falada verschwendet niemand einen Gedanken.

»... die Zofe ins Faß, und oben bleibt oben«, kommentierte Karl Krolow 1974 in »Apropos die Gänsemagd« das Happy-End.

In »Deutschland, ein Wintermärchen« (1844) erwähnt Heinrich Heine auch das Märchen mit dem sprechenden Pferd: »Die Königstochter seufzte tief .../ der Pferdekopf herunter rief ...«, und von Bertolt Brecht gibt es eine Ballade, die er »O Falladah, die du hangest« betitelte.

Der Name »Falada« könnte eventuell eine der vielen Abwandlungen des Pferdenamens **Veillantif** aus dem altfranzösischen Rolandslied sein. Das Pferd des Helden hieß dort so, und nach ihm wurden immer wieder Pferde in französischen und deutschen Heldengeschichten genannt. Auch in dem Mittelalterroman »Kinder der Finsternis« von Wolf von Niebelschütz gibt es einen Hengst namens Falada.

Sprechende Pferde sind in Märchen keine Seltenheit. Doch auch in der Wirklichkeit legte man Wert auf Pferdemeinung. Tacitus wußte zu berichten, daß die Germanen wahrsagende und warnende Rösser verehrten und die Priester ihr Wiehern zu deuten versuchten.

Lit.: Ulf Diederichs, *Who's Who im Märchen,* München 1995; Friedrich von der Leyen, *Das deutsche Märchen und die Brüder Grimm,* Düsseldorf/Köln 1964.

Die Faringdon-House-Tauben
Gefärbte Vögel

Sir Gerald Hugh Tyrwhitt-Wilson, der 14. Baron Berners, war ein ernsthafter und vielseitiger Künstler. Er schrieb fünf Romane und eine mehrbändige Autobiographie, malte Landschaften und war der einzige englische Komponist, der vom russischen Ballettmeister Sergej Diaghilew Aufträge erhielt. Aber nicht nur deswegen war er eine Berühmtheit, als er 1950 67jährig starb. Bekannt gemacht hatten ihn auch seine skurrilen Einfälle, und von denen ganz besonders jener, die weißen Tauben von Faringdon House, seinem Wohnsitz, in gelben, rosa oder malvenfarbigen Pastelltönen einzufärben. Die Tradition wurde auch nach Baron Berners' Tod fortgesetzt, und die farbigen Vögel sind noch heute auf den Fenstersimsen von Faringdon House in Oxfordshire zu bewundern.

Lit.: *Von Sonderlingen und Exzentrikern,* Time-Life-Buch, Amsterdam 1992.

Die Farm der Tiere
siehe Napoleon

Fat Freddy's Cat
Kiffer-Kater

Seine Hochzeit hatte Fat Freddy's Cat in jenen Jahren, als junge Gymnasiasten ihren Eltern noch nicht monatlich neue In-Klamotten abpreßten, sondern jahrelang in denselben verwarzten Jeans und ranzigen Parkas herumliefen – in den 70ern. Mit zufällig herumliegenden amerikanischen U-Comics von Robert Crumb oder Gilbert Shelton ließ sich der Eindruck erwecken, irgend etwas mit der Drogenszene zu tun zu haben. Gilbert Sheltons drei »Freak Brothers« Fat Freddy, Franklin und Phineas, die seit 1967 mit ihrem klapprigen VW-Bus als kiffende Kleinkriminelle durch Comic-Amerika zogen, galten als nachahmenswerte Helden. Der namenlose Kater von Freddy sah das aber anders. Für ihn waren die Brüder lediglich drei Würste, die allein dazu taugten, von ihm ausgenommen und geärgert zu werden. Der dürre orangefarbene Kater mit dem schwarzgestreiften Schwanz liebte es, Katzen nachzusteigen, sich mit anderen Katern zu prügeln oder Küchenschaben zu jagen. Er war stets auf der Suche nach Eßbarem. Seinen Durst stillte er ausschließlich aus der Kloschlüssel und war dementsprechend auf jeden sauer, der zu spülen vergaß. Viel Spaß machte es ihm, die Freak Brothers zur Weißglut zu bringen. Er pinkelte in ihre Hausschuhe, versteckte die Wochenration an weichen Drogen unauffindbar im Chaos der brüderlichen Schmuddelwohnung, oder er löste in das Heiligtum aller richtigen Freaks: in die Stereoanlage. Von 1977 bis 1980 wurde Fat Freddy's Cat durch eine eigene Comic-Serie gewürdigt: »The Adventures of Fat Freddy's Cat«.

Lit.: Andreas C. Knigge, *Fortsetzung folgt. Comic-Kultur in Deutschland,* Frankfurt am Main/Berlin 1986; Jeff Rovin, *The Illustrated Encyclopedia of Cartoon Animals,* New York 1991.

Faunus
siehe Pan

Feivel
Trickfilm-Maus

»In Amerika sind die Straßen mit Käse gepflastert.«
(Papa Mousekovitz)

1986 kam der Zeichentrickfilm »Feivel, der Mauswanderer« (»An American Tail«, USA 1986, Regie: Don Bluth) in die Kinos. Die Feivelstory beginnt in einem jüdischen Schtedtl im Rußland des endenden 19. Jahrhunderts. Im Mauerwerk der armseligen Hütte von Familie Moskowitz lebt die genauso arme vierköpfige Mäusefamilie Mousekovitz. Papa, Mama, Tanya und Feivel. So, wie die menschlichen Moskowitze sich in steter Angst vor den antisemitischen Kosaken befinden, müssen ihre mäusischen Gegenstücke ständig vor den Katzen auf der Hut sein. Nachdem die Kosaken ein Pogrom an der jüdischen Bevölkerung angerichtet haben und ihre tierischen Entsprechungen, schnauzbärtige Kosakenkatzen, unter den Mäusen gewütet haben, beschließt die Mousekovitz-Familie, nach Amerika auszuwandern. In Amerika sollen die Straßen mit Käse gepflastert sein, in jeder Wand gibt es ein komfortables Mauseloch, und vor allem: In Amerika gibt es keine Katzen. Auf der stürmischen Atlantiküberfahrt nach New York geht Mäusesohn Feivel über Bord. Er kann sich aber in eine treibende Flasche retten und gelangt etwa zeitgleich wie seine um den vermeintlich ertrunkenen Sohn trauernde Familie im Gelobten Land an. Feivel erlebt die aus Einwandererfilmen bekannten Abenteuer im gar nicht so Gelobten New York. Er muß sich mit grundschlechten Arbeitsagenten herumschlagen, schindet sich in einem Ausbeuterbetrieb, lernt Liebe und Solidarität kennen und verinnerlicht die amerikanische Maxime »Niemals aufgeben!« Natürlich gibt es doch Katzen in den USA, und zwar besonders unangenehme. Doch die Mäuse im Hafenviertel von New York halten zusammen (und erinnern stark an den Marlon-Brando-Film »Die Faust im Nacken«). Sie bauen eine furchterregende mechanische Riesenmaus. Die fiesen Katzen lassen sich von der Monsternager-Attrappe auf einen Frachter jagen und dampfen auf Nimmerwiedersehen nach Hongkong ab. (Die dortigen Mäuse werden sich gefreut haben.) Feivel findet seine Familie selbstverständlich wieder.

Verantwortlich für dieses Einwanderermelodram zeichnete der Erfolgsproduzent Steven Spielberg, der die Hymne auf das Land der Freien und Tapferen seinem eingewanderten Großvater Feivel widmete. Den Regisseur Don Bluth hatte sich Spielberg unter anderem wegen dessen Erfahrung als Disney-Mann geholt. Bluth hatte auch selbst bereits eine Mäusegeschichte inszeniert: → »**Mrs. Bris-by** und das Geheimnis von Nimh«.

1991 legte Spielberg die ähnlich gestrickte Fortsetzung »Feivel, der Mauswanderer, im Wilden Westen« (»An American Tail – Fei-vel goes West«, USA 1991; Regie: Phil Nibbelink/Simon Wells) nach. Familie Mousekovitz zieht es in diesem Streifen in den We-sten der USA. Die Straßen von New York sind eben doch nicht mit Edamer und Goudas asphaltiert. Feivel möchte gern ein berühmter Westman werden, geht beim schon recht tatterigen Wylie Burp (Originalstimme: James Stewart) in die Lehre und besteht diverse vorhersehbare Abenteuer.

Lit.: *Cinema* 6/1987; Jeff Rovin, *The Illustrated Encyclopedia of Cartoon Animals,* New York 1991; *Treffpunkt Film* 6/1987.

Felix der Kater
Comic-Katze

Der schwarze, spitzohrige Cartoon-Kater »Felix the kat« aus den USA hatte 1919/20 mit »Feline Follies« seinen ersten Auftritt auf der Kinoleinwand. Wer sein geistiger Vater war, ist nicht hundert-prozentig sicher. Höchstwahrscheinlich war es der Comic-Zeichner Otto Messmer, wenn auch in den ersten Felix-Jahrzehnten Pat Sulli-van, für den Messmer arbeitete, die Urheberschaft für sich in An-spruch nahm. In über 150 stummen Kurzfilmen erlebte Felix gro-tesk-bizarre Abenteuer. Oft ging es dabei um die Sicherung einer Mahlzeit. In einer ähnlich wie bei → **Krazy Kat** surrealen Umwelt, in der die Naturgesetze keine allzu große Rolle spielten, schlitterte Felix von einer unberechenbaren Situation in die nächste. Mit Hilfe seines Schwanzes, den er zu allen möglichen Instrumenten formen konnte, rettete sich das Cleverle stets auch aus den anscheinend ausweglosesten Lebenslagen. Neben seinem Allzweckschwanz be-nutzte er regelmäßig auch formale Bildelemente wie Satzzeichen, Buchstaben oder Bildumgrenzungen in absurder Weise als Hilfs-mittel. So greift er sich die Zahl 8 und benutzt sie als Brille oder he-belt mit einem zum Brecheisen umfunktionierten Ausrufezeichen Türen auf.

Felix war in den USA während der Stummfilmzeit ungemein populär. Die Baseballmannschaft der »New York Yankees« machte ihn zu ihrem Maskottchen, und 1927 begleitet eine »Felix«-Puppe Charles Lindbergh auf seinem berühmten Atlantik-Alleinflug. Mit dem Ende der Stummfilmära verschwand Felix aus den Kinos, weil sich Pat Sullivan weigerte, Tonfilme zu machen. Felix' Rang als beliebteste Trickfilmfigur übernahm die tönende **Mickey Mouse.** Felix behielt aber seinen Platz in den Print-Comics. 1930 hatte er die Ehre, als erstes Comic-Tier im Fernsehen aufzutreten. Damals experimentierte NBC mit einer der ersten Fernsehversuchssendungen. Seine erste Publikation in Deutschland Anfang der 30er Jahre, in der linken Berliner »Arbeiter-Illustrierten-Zeitung«, verdankte der Kater möglicherweise seinem Einsatz als Streikführer in dem Streifen »Felix Revolts« (1924). Hier brachte Felix alle Katzen dazu, das Mäusefangen zu verweigern. Erst als ihnen das tarifliche Recht zum Betreten von Küchen und Mülltonnen garantiert wurde, nahmen sie ihre Arbeit wieder auf.

Aber erst 1958 etablierte sich Felix richtig in Deutschland. Der Bastei Verlag brachte bis 1981 über 1100 »Felix«-Hefte auf den deutschen Markt. Der Charakter von Felix hatte sich im Gegensatz zu seiner absurden Genialität der Vorkriegszeit inzwischen merklich verändert. Felix war ruhiger geworden, seine Welt geordneter. Er bekam einen ständigen Wohnsitz, Auto und andere Accessoires bürgerlicher Gesetztheit. Felix, der bis dahin schwarz und sonst nichts war, wurde eine orangefarbene Nase verpaßt und bunte Klamotten angezogen. Mit dem Auftauchen zweier Neffen, **Inky** und **Dinky,** wurde Felix endgültig zu einem der üblichen Guten Onkels in der Funnies-Welt. Seine Abenteuer meisterte er nun nicht mehr mit seinem Schwanz und der Einbeziehung von Satzzeichen und ähnlichem, sondern mit Hilfe seines Wunderbeutels. Daraus konnte er je nach Bedarf alle möglichen Gegenstände zaubern, sogar Flugzeuge. Diverse Böse Buben, an der Spitze der »Professor« und dessen Bullterrier-Assistent **Rock Bottom,** versuchten, ihm diesen Beutel abzujagen. Ohne Erfolg. Der neugestylte und recht langweilig gewordene Felix hatte in den 60er Jahren ein Comeback in die Welt der bewegten Bilder. Ab 1960 sendete das amerikanische Fernsehen 260 Vierminüter mit ihm und 1989 kam er auch in einem

abendfüllenden Spielfilm wieder in die Kinos (»Felix – The Cat«
USA/BRD 1988, Regie: Tibor Hernadi).

Lit.: Bernd Dolle-Weinkauf, *Comics. Geschichte einer populären Literaturform in
Deutschland seit 1945*, Weinheim 1990; Jeff Linburg, *The Encyclopedia of Anima-
ted Cartoons*, New York 1991; Jeff Rovin, *The Illustrated Encyclopedia of Cartoon
Animals*, New York 1991.

Fenriswolf (Fenrir, Hrodvitnir)
Ein Wolf, den selbst die Götter fürchten

Der riesige Wolf Fenris (altnordisch vielleicht »Sumpf«) kommt
aus einer Familie, die sich selbst in der rauhen Götter- und Helden-
welt des mythologischen Nordens durch außergewöhnliche Bösartigkeit auszeichnet. Seine Geschwister sind die Todesgöttin Hel und
das Meeresungeheuer → **Midgardschlange**. Von der Mutter, der
Riesin Angrboda (Kummerbringerin), ist nicht viel bekannt. Sein
Vater ist Loki, ein zwielichtiger Spaßvogel in der germanischen
Götterwelt, zu der er allerdings nirgends gerechnet wird. Niemand
traut ihm, und das zu Recht – gilt er doch auch als Dämon der Vernichtung und des Weltunterganges. Mit der Ermordung des Jugend-
und Lichtgottes Baldr leitet Loki die von ihm begrüßte und wahrscheinlich auch geplante Vernichtung der göttlichen Ordnung durch
die Kräfte des Chaos ein. Lokis Sohn Fenris hat bei diesem letzten
Akt eine wichtige Rolle zu spielen. Er soll bei der Götterdämme-
rung, dem Ragnarök, den Asenchef Odin verschlingen.

Durch eine entsprechende Prophezeiung gewarnt, versuchen die
Götter, Fenris festzubinden, aber er zerreißt alle Fesseln. Erst mit
dem unkaputtbaren Gleipnir, einem von Zwergen geflochtenen,
scheinbar dünnen Bändsel aus so ausgesuchten Materialien wie
dem Geräusch eines Katzentritts, dem Bart einer Frau, den Wurzeln
eines Berges, dem Atem eines Fisches und der Spucke eines Vogels, gelingt die Sistierung des Wolfes. Allerdings beißt Fenris dem
Gott Tyr dabei die Hand ab. Zur Sicherheit spreizen die rabiaten
Götter dem Riesenwolf noch ein Schwert zwischen die Kiefer.

Doch alle Fesselungskünste sind vergeblich. Als die Götterdäm-
merung anbricht, hält nicht einmal Gleipnir mehr. Fenris reißt sich

los und verschlingt Odin. Auch Sonne und Mond werden von ihm oder einem seiner Nachkommen verschluckt. Zwar wird Fenris von Odins Sohn Vidar erschlagen, aber seine wölfische Nachkommen geben der Göttergemeinde den Rest. Auf der kalten und dunklen Erde bricht die Wolfszeit, das Ende der Welt, an.

Lit.: Herbert Gottschalk, *Lexikon der Mythologie der europäischen Götter,* Berlin 1973; Rudolf Simek, *Lexikon der germanischen Mythologie,* Stuttgart 1984.

Ferdinand
Friedfertiger Bilderbuchstier

Obwohl Ferdinand der kräftigste von allen seinen Weidekollegen ist, benimmt er sich gewöhnlich so sanft wie ein Schäfchen. Doch ausgerechnet als Kampfstiere ausgesucht werden, sticht ihn ein Insekt, und er zeigt sich von einer ganz untypischen furchterregenden Seite. Prompt landet Ferdinand in der Arena von Madrid. Dort ist mit einem friedfertigen Stier, der Blumen liebt, beim besten Willen nichts anzufangen. Ferdinand kehrt auf seine grüne Wiese zurück.

Das Bilderbuch des Amerikaners Munro Leaf (Pseudonym für John Calvert Mann) mit den karikierenden Zeichnungen von R. Lawson kam 1937 unter dem Titel »The Story of Ferdinand« heraus. Noch im selben Jahr erschien eine Übersetzung in Spanien. Walt Disney machte einen Zeichentrickkurzfilm daraus, und 1938 gab es die Ferdinand-Buchausgabe erstmals mit den Disney-Bildern unter dem Titel »Ferdinand the Bull«. Sie fand eine noch größere Verbreitung. Leafs Buch wurde zum internationalen Bestseller. In Deutschland, wo das starke und friedfertige Rind Symbolfigur für den Jugendbuchpreis → **Buxtehuder Bulle** geworden ist, heißt das Buch einfach »Ferdinand«.

Möglicherweise hat Munro Leaf sich für seinen introvertierten Pazifisten-Stier von dem real existierenden friedlichen Kampfstier → **Civilón** inspirieren lassen, der kurz zuvor in Spanien für einiges Aufsehen sorgte.

Lit.: *Buxtehuder Bulle, Informationsblatt der Stadt Buxtehude,* Buxtehude 1996; *Lexikon der Kinder- und Jugendliteratur,* Weinheim/Basel 1984.

Ferkel (Piglet)
Zweitbester Freund (nach Christopher Robin) von Pu dem Bären

»Es ist schwer, tapfer zu sein,
wenn man nur ein sehr kleines Tier ist.« (Ferkel)

Ferkel – in der englischen Originalausgabe des Kinderbuchs »Pu der Bär« ist sein Name Piglet – ist ein furchtsames kleines Stofftier von schätzungsweise 15cm Größe und mit »aufgeregten Ohren«. Seine große Angst versucht es immer zu vertuschen. Etwas besser fühlt es sich, wenn sein doppelt so großer Freund → **Pu der Bär** bei ihm ist, und noch besser in Begleitung von Christopher Robin. Ferkel ist ein bißchen eifersüchtig auf seinen Freund Pu, weil der Christopher Robins Lieblingstier ist. Dafür ist Ferkel klein genug, um in die Tasche gesteckt und mit zur Schule genommen zu werden. Dadurch hat es »mehr Bildung« als Pu mitbekommen und kann sogar etwas schreiben. Wie alle Tiere um Christopher Robin wohnt es im (nicht näher lokalisierten) Wald und zwar in einer »großartigen Wohnung inmitten einer Buche«. Neben der Buche steht ein zerbrochenes Schild, auf dem »Betreten V« steht. Laut Ferkels Auskunft ist das der Name seines Großvaters und eine Abkürzung für Betreten Victor.

Das echte, reale Ferkel – so echt, daß man es anfassen könnte, wäre es nicht zusammen mit der ganzen Stofftiermenagerie des echten, realen Christopher Robin hinter einer Glaswand in der Kinderbuchabteilung der New York Library gesichert – wurde Christopher Robin von einem Nachbarn geschenkt.

Lit.: siehe unter **Pu der Bär.**

Das Ferrari-Pferd
Cavallino rampante

Viele zählen sie zu den schönsten und schnittigsten Renn- und Sportwagen der Welt: die Ferraris. Markenzeichen der teuren Kraftfahrzeuge ist der **Hengst von Ravenna**, ein schwarzes steigendes Pferd (**cavallino rampante**) auf gelbem Grund. Der Ferrari-Legende nach soll dem Firmengründer Enzo Ferrari (1898–1988) dieses Wappentier 1923 quasi verliehen worden sein. Angeblich waren damals Graf und Gräfin Baracca so begeistert von dem Sieg des jungen Rennfahrers Ferrari beim »Großen Preis von Ravenna«, daß sie ihm anboten, den »Schwarzen Hengst« als Glücksbringer zu benutzen. Ursprünglich stammt das Tier aus dem Wappen des Piemontesischen Kavallerieregiments, aus dem viele Jagdflieger des Ersten Weltkriegs hervorgegangen waren, so auch das 1918 abgeschossene Fliegeras Baracca-Sohn Francesco, der das Wappentier als Staffelabzeichen übernommen hatte. Möglicherweise hat Ferrari das Tier auch in Erinnerung an seinen Bruder übernommen, der ebenfalls in der Baracca-Einheit gefallen war. Seit 1940 ziert das Pferd die Renn- und Sportwagen aus der Ferrari-Schmiede »Auto Aviso Costruzioni«, die seit 1947 unter dem Firmennamen »Ferrari« vertrieben werden.

Ursprünglich das Wappen des Piemontesischen Kavallerieregiments – seit 1940 auf Ferrari-Motorhauben.

Ein anderer berühmter Luxuswagenhersteller, Porsche, hat seit 1948 ebenfalls ein schwarzes steigendes oder springendes Pferd als Wappen. Wie das Porsche-Roß soll wohl auch das vom Ferrari-Hengst kaum zu unterscheidende Emblem der schwäbischen Automarke Steinwinter an das Pferd im Stuttgarter Stadtwappen erinnern.

Aber nicht nur Pferde tummeln sich auf und an den Kühlerhauben renommierter Kfz-Firmen. Neben Raubtieren wie dem → **Jaguar** oder dem bereits seit 1850 als französisches Markenzeichen registrierten **Peugeot-Löwen** setzt seit 1963 ein schnaufender Stier für den Ferrari-Konkurrenten Lamborghini zum Stoß an. Die schwedischen Saab-Scania-Pkw und -Lkw schmücken sich mit dem Wappenadler der südschwedischen Provinz Schonen, die englischen Vauxhalls führen seit 1903 den Greifen des Ritters Fulk, und die Autos der schweizerischen Marke Berna sind an dem behäbig trottenden Bären zu erkennen. Aber auch weniger eindrucksvolle Tiere fanden sich in der Welt des Automobils wieder. Für Simca flog von 1935 bis 1981 eine formschöne Schwalbe, die kurzlebige deutsche Kleinwagenmarke Spatz verwendete in den 50er Jahren einen kecken Sperling als Logo und bei den hochgezüchteten britischen McLaren-Rennwagen taucht ein harmloser Vogel auf, der wie ein Kiwi aussieht.

Lit.: Roger Hicks, *Das Ferrari-Buch,* Königswinter 1994; Harald H. Linz, *Automobil-Markenzeichen,* Augsburg 1995; Stefano Passini, *Lamborghini,* Stuttgart 1992; Gianni Rogliatti, *Eine langgehegte Idee wird wahr,* in: Faszinierender Ferrari, München 1991.

Fieseler Storch
Deutsches Kriegsflugzeug

Die menschliche Neigung, alle möglichen Dinge mit niedlichen und verharmlosenden Scherz- oder Kosenamen zu belegen, macht auch (und gerade) vor Waffen und Kriegsgerät nicht halt. Zu den furchterregenden Kriegsgeräten des Zweiten Weltkriegs gehörte er allerdings nicht, der Fieseler Storch (FI 156). Dieses maximal 170km/h schnelle deutsche Flugmaschinchen war selten bewaffnet, und selbst dann hatten seine ein oder zwei eingebauten Maschinenwaffen bei einem Luftkampf eher psychologischen Wert. Der dünnbeinige »Storch«, wie Gerhard Fieseler, der Direktor der konstruktionsausführenden Flugzeugfabrik, das kleine und leichte, hauptsächlich aus Leichtmetall, Sperrholz und Stoff hergestellte Langsam-Flugzeug getauft hatte, war keine Kampfmaschine. Seine Stärken waren seine für die dreißiger und vierziger Jahre einmaligen Flugeigenschaften, die dem Storch erlaubten, mit weniger als 25 Metern Landefläche auszukommen. Er konnte fast wie ein Hubschrauber von jedem Acker starten und bei fast jedem Wetter fliegen. Insbesondere als Kurier- und Stabsverbindungsflugzeug sicherte er die Kommunikation zwischen den einzelnen Kommandostellen und Truppenteilen. Die wegen ihres sperrigen Aussehens auch »Fliegendes Gewächshaus« genannte Maschine wurde für das Funktionieren der deutschen Kriegsmaschinerie nahezu unentbehrlich.

Zweifelhaften Ruhm erlangte der Fieseler Storch, als 1943 deutsche Fallschirmjäger den faschistischen Diktator Mussolini befreiten, der von Italienern auf dem 2000 Meter hohen Bergmassiv Gran Sasso gefangengesetzt worden war. Mit einem Fieseler Storch wagten sie den halsbrecherischen Start vom Felsplateau und flogen Mussolini in das noch deutsch besetzte Rom. Die meisten der ungefähr 2500 Störche, die zwischen 1936 und 1945 gebaut worden waren, wurden während des Zweiten Weltkriegs zerstört. Einige Dutzend flogen aber noch bis in die 50er Jahre. Insbesondere bei der französischen Luftwaffe, wo er »**Criquet**« (Heuschrecke) genannt wurde, fand der Fieseler Storch weiterhin, u. a. in Indochina, Verwendung.

Lit.: Janusz Piekalkiewicz, *Fieseler Fl 156 Storch im Zweiten Weltkrieg,* Stuttgart 1977.

Fipps
Affe

»Selten zeigt er sich beständig/ Einmal hilft er aus der Not/
Anfangs ist er sehr lebendig/ und am Schlusse ist er tot.«
(Kurzfassung der Geschichte
»Fipps der Affe« von Wilhelm Busch)

Wilhelm Busch (1832–1908), Zeichner, Dichter und – was weniger bekannt ist – auch Maler, reiste im Frühling 1878 häufig nach Hannover, um den dort seit 1865 bestehenden Zoo zu besuchen und vor dem Affenhaus Skizzen zu machen. Mit den »rein akademisch-anatomischen Skizzen« beschäftigte er sich den Sommer über auf der Nordseeinsel Borkum. Im Winter hielt er sich dann wieder in seinem Münchner Atelier auf, wo er »mit Kielfeder und Tuschpinsel«

die 12 Kapitel von »Fipps der Affe« fertigstellte. Die Bildergeschichte mit Buschs witzigen Knittelversreimen und den treffenden Konturzeichnungen wurde im Juni des folgenden Jahres ausgeliefert.

Fipps' Abenteuer beginnen damit, daß ein Afrikaner den Affen fängt und essen will, Fipps ihm aber die Nase am Nasenring zur »Qualspirale« dreht. Der weiße Affenfänger Schmidt hat mit seinem Stiefeltrick mehr Glück und entführt Fipps aus Afrika nach Bremen. Dort wütet der Affe im Friseursalon Krüll, plündert Köcks Konditorei, stört das Tête-à-tête der dicken Adele und ihres noch dickeren »Seelenfreundes« und landet schließlich im Fangeisen des Dr. Fink, der ihn zu Unrecht für einen Hühnerdieb hält, durchprügelt und die Nacht über in einen Sack einsperrt. Der geläuterte Affe wird in den Doktorhaushalt integriert. Nach einem ausgesprochen brutalen Scharmützel mit Hund und Katze des Hauses unterwerfen sich ihm beide Tiere. Liebevoll kümmert Fipps sich hingegen um das Baby Elise, rettet sie sogar einmal aus dem brennenden Haus. Schließlich stirbt er bei einem seiner destruktiven Ausflüge. Bauer Dümmel, der bereits im Friseursalon Krüll das erste Bremer Opfer des Affen gewesen ist, erschießt ihn.

Wilhelm Buschs »Fipps«.

Von Buschs gesamtem Werk ist es das achte Kapitel von »Fipps der Affe«, das die meisten Vorwürfe wegen Grausamkeit auf sich gezogen hat. Als **Schnipps** der Hund und **Gripps** die Katze dem Affen einen Knochen streitig machen, zieht Fipps der Katze die Krallen mit einer Zange aus, hängt den Hund über einen Brunnen und einen Kamin und läßt beide vom Dach stürzen, wobei der Katze der halbe Schwanz abgerissen wird. Die Grausamkeiten in Wilhelm Buschs Geschichten, in denen reichlich gequält, gelitten und gestorben wird, sind keine Karikaturen von Ausnahmefällen, sondern geben Buschs Auffassung von der grundsätzlichen Boshaftigkeit des menschlichen und tierischen Charakters wieder. »Tugend will ermuntert sein/ Bosheit kann man schon allein«, »Das Gute – dieser Satz steht fest –/ Ist stets das Böse, was man läßt!« – solche Verse tauchen immer wieder auf. Auch von Fipps heißt es: »Bosheit ist sein Lieblingsfach«. Diese Erkenntnis hatte Wilhelm Busch außer aus eigenem Erleben vor allem aus drei Quellen geschöpft, aus seinen Zeitgenossen Darwin und Schopenhauer und aus Augustinus (354–430), dem Begründer der Erbsündelehre. Augustinus' Denkweise schlägt sich bei der Fipps-Geschichte in der Bemerkung »Auch hat er ein höchst verruchtes Gelüst,/ Grade so zu sein, wie er eben ist« nieder. Wegen der starken Tabuisierung der Sexualität im 19. Jahrhundert widmete sich Busch hauptsächlich der zweiten »Dimension der Erbsünde«, der »Lust an der Gewalt«. Die erste Dimension finden aufmerksame Leser von »Fipps der Affe« in der Titelvignette. Hier gräbt Fipps lustvoll seine großen Eckzähne in einen Apfel, also in die Frucht, die nach landläufiger Vorstellung auch am Baum der Erkenntnis wuchs. Charles Darwin vermutete, daß die langen Eckzähne der Affen sich für den Kampf um sexuelle Befriedigung entwickelt hätten, und Wilhelm Busch war fasziniert vom »Atavismus«, daß sich »die Reißzähne von den Schneidezähnen« auch noch »bei den besten Menschen« deutlich unterscheiden lassen. Auch der von Darwin entdeckte »Darwin'sche Ohrknoten«, ein am Hinterrand des menschlichen Ohres häufig vorkommender kleiner Höcker, der der Spitze des Tierohres entspricht, war für Busch Thema. In Krülls Frisiersalon packt Fipps das Ohr von Bauer Dümmel mit der glühenden Kräuselzange, klemmt die Spitze ab und macht »diesen einen Knotenpunkt« zum Zentrum des Schmerzes, der der Welt alle Schönheit nimmt. Darwin untermauerte das Dogma der Erbsündelehre mit einem wissenschaftlichen Fundament, und Busch ortete die Ursache für Leid und Schlechtigkeit auf der Welt in jenem Ohrhöcker, der ein Indiz für die tierische Abstammung des Menschen und das anthropologisch Böse in ihm ist.

Was den Einfluß des Philosophen Schopenhauer (→ **Butz**) betrifft, so fiel seine pessimistische Sicht der Welt bei Busch auf fruchtbaren Boden, seine Meinung hatte dieser sich aber schon längst gebildet. Heimtückisch geht es zu. Bosheit, Gier und Neid sind die Triebfedern des menschlichen Handelns. Willkür, Gehässigkeit und Grausamkeit bestimmen das Dasein. Abgesehen davon, daß der Mann vielleicht recht hat, läßt seine Weltanschauung eine wenig erfreuliche Kindheit vermuten. Beweise gibt es nicht, aber viele Indizien. Busch beschrieb seine Eltern als »stets besorgt, nie zärtlich«. Prügelpädagogik wie in seinen Bildgeschichten, in denen Kindheit eine Kette von Ungehorsam und Strafe zu sein scheint, ist anzunehmen. Als ältestes von später insgesamt sieben Kindern wurde Wilhelm Busch mit neun Jahren wegen Platzmangels aus dem Haus gegeben, was damals nicht unüblich war. Er entwickelte sich zu einem einsamen und isoliert lebenden Mann, der normalerweise sehr zurückhaltend war, sich unter Alkoholeinfluß aber einmal selbst wie Fipps der Affe benahm. Am 1. April 1881, so wußte sein Freund Bassermann zu berichten, zog Busch »der einen Schwester Lenbachs hinterrücks den Stuhl fort, als sie sich eben setzen wollte«, bepöbelte den anwesenden Hypnotiseur als Schwindler und warf einen Käse an die Wand. Am nächsten Tag verließ er München für immer.

Lit.: Dietmar Grieser, *Im Tiergarten der Weltliteratur,* München 1991; Ulrich Mihr, *Wilhelm Busch: der Protestant, der trotzdem lacht,* Tübingen 1983; Gert Ueding, *Buschs Geheimes Lustrevier: Affektbilder und Seelengeschichten des Bürgertums im 19. Jahrhundert,* Wien 1982.

Fix und Foxi
Deutsche Comic-Füchse

»Ist man häßlich und gemein,
fällt man am Ende selber rein.«
(Fix und Foxi zu Lupo)

Titelhelden einer der wenigen deutschen Comic-Serien, die sich von den 50er Jahren bis heute neben den amerikanischen Produktionen halten konnte, sind die von Rolf Kauka entwickelten Fuchs-Brüder Fix und Foxi.

Ihren ersten Auftritt hatten sie 1953 in Heft Nr. 5 der Kauka-Comic-Reihe »Till Eulenspiegel«. Mit »Till Eulenspiegel« wollte Kauka eine spezifisch deutsche Form des Comics entwickeln, die sich insbesondere durch die Anlehnung an bekannte deutsche Figuren und Motive von ausländischen Produktionen unterscheiden sollte. In Heft Nr. 4 hat Kauka seine Zeichner bereits auf einen → **Reineke-Fuchs**-Stoff zurückgreifen lassen, in dem der → **Böse Wolf** vom Fuchs ausgetrickst wurde. Im nächsten Heft wird dieser Grundplot mit einer verdoppelten und jugendlichen Reineke-Fuchs-Variante, nämlich mit Fix und Foxi wiederholt. Der Böse Wolf entwickelte sich in der Folgezeit zu dem faulen Verlierertypen → **Lupo**. Die gezeichneten Fabeln waren so erfolgreich, daß 1955 »Fix und Foxi« als eigenständige (seit 1958 wöchentlich erscheinende) Heftreihe »Till Eulenspiegel« ablöste. Das Trio Fix, Foxi und Lupo, anfangs noch grotesk-realistisch dargestellt, wurde graphisch bald vereinfacht und – ähnlich wie die Disney-Figuren – stark verniedlicht. Der aktivere Fix trägt seitdem immer eine gelbe Hose und einen Haarschopf. Sein zurückhaltenderer schopfloser Bruder Foxi hat eine blaue Hose an. Beider Hosen werden von einem einzelnen, mit einem großen Knopf befestigten, diagonalen Träger über dem rotbefellten Oberkörper getragen. Ihre Abenteuer erlebten Füchse und Wolf mal auf dem Mond, mal unter der Erde. Stets ging es um die schlichte Grundfrage »Wer ist der Stärkere?« Und am Ende war immer der dumme Lupo der Angeschmierte.

Ende der 60er Jahre machte die Einführung der »**Onkel Fax**«-Figur der Variabilität von Zeit und Raum ein Ende und beendete damit gleichzeitig die Unbestimmtheit des Wohnsitzes. Onkel Fax, ein dicker westentragender Fuchs-Spießbürger, wohnt mit seinen Neffen in einem ordentlichen Haus und übt Erziehungsgewalt aus. Im Zuge dieser Veronkelung (nach Entenhausen-Art) verjüngten sich die »Fix und Foxi«-Charaktere erheblich. Die einst autonomen Brüder versuchen seitdem, sich gegenüber ihrem Onkel Freiräume zu erkämpfen.

Gleichzeitig mit Onkel Fax wurde das Fix-und-Foxi-Dorf eingeführt (in den 80er Jahren »Fuxholzen« getauft). In diesem deutschen Entenhausen leben außer den Füchsen und dem in einem baufälligen Turm hausenden Lupo Lupos resolute → **Oma Eusebia**, seine freche Kusine **Lupinchen**, der Erfinder → **Knox** und diverse Randgestalten.

Pauli, ein Maulwurfsjunge mit grüner Mütze und weißem Fleck auf dem Bauch, teilte in den frühen Fix-und-Foxi-Heften die Abenteuer der beiden Titelfüchse. Seit Ende der 50er Jahre hat er seine eigenen Geschichten im Heft. Er lebt mit seiner Familie in Maulwurfshausen und muß sich vor allem mit seiner kleinen Schwester **Paulinchen** herumärgern.

Das einfach gestrickte bebilderte Lesefutter legte von Anfang an Wert auf Vermittlung von Moralwerten, die Rolf Kauka vorgab. Er bot ein ziemlich konservatives Weltbild – wohl auch, weil Comics in den 50er Jahren von Sitten- und Kulturwächtern heftig angefeindet wurden. Dabei unterlief ihm auch die Entgleisung, daß Onkel Fax und andere positiv besetzte Gestalten eine Bilderverbrennung modernistischer Gemälde zum Schutz der Kunst vor solchen Schmierereien veranstalteten.

Lit.: Bernd Dolle-Weinkauf, *Comics. Geschichte einer populären Literaturform in Deutschland seit 1945*, Weinheim 1990; Andreas C. Knigge, *Fortsetzung folgt. Comic-Kultur in Deutschland*, Frankfurt am Main/Berlin 1986.

Die Fledermaus
Klassische Wiener Operette

Die 1874 in Wien uraufgeführte Operette »Die Fledermaus« von Johann Strauß (Sohn, 1825–1899) hat nichts von ihrer Beliebtheit eingebüßt. Insbesondere am Jahresende und zur Karnevalszeit sorgt das leichte Musikstück für ausverkaufte Theater und Operettenhäuser.

Die Handlung ist in den gehobenen Wiener Kreisen um 1870 angesiedelt. Im Mittelpunkt steht Gabriel von Eisenstein, der eigentlich wegen eines Kavaliersdelikts eine mehrtägige Arreststrafe antreten soll, aber lieber zum Maskenball des reichen Prinzen Orlofsky geht. Die Einladung ist Eisenstein von seinem Freund, dem

Rechtsanwalt Dr. Falke, zugespielt worden. Falke will sich an Eisenstein rächen, weil dieser nach einer gemeinsam durchzechten Karnevalsnacht den vollkommen betrunkenen und als Fledermaus kostümierten Falke auf einer Parkbank seinen Rausch hat ausschlafen lassen. Seitdem ist Falke zum Gespött der Öffentlichkeit geworden und wird »Fledermaus« genannt. Der gedemütigte Jurist rechnet damit, daß Eisenstein seiner Frau Rosalinde nichts von dem Ball bei Orlofsky erzählen, sondern sie in dem Glauben lassen wird, daß er sich zum Strafantritt im Gefängnis meldet. Falke rechnet richtig. Der zweite Teil seiner Racheintrige besteht darin, auch Frau Rosalinde eine Orlofsky-Einladung zukommen zu lassen. Als ungarische Gräfin verkleidet wird die mutmaßlich unbekannte Schöne in der folgenden rauschenden Ballnacht prompt von ihrem hier unter falschem französischen Adelsnamen segelnden Ehemann heftig umworben. Daneben gibt es eine Reihe von weiteren Handlungssträngen, die allesamt auf dem Prinzip des pikanten Irrtums und der heiteren Verwechslung aufgebaut sind. Im dritten Akt werden diese Verwicklungen in der vom angesäuselten Aufseher **Frosch** nur unzureichend bewachten Gefängnisstube aufgelöst. Mit der allgemeinen Belustigung über den gut gelungenen Streich der »Fledermaus« endet die Operette in einem letzten, alle versöhnenden Ausbruch von Walzerseligkeit.

Lit.: Stephan Pflicht / Siegmat Hohl, *Oper, Operette, Konzert,* München 1979; Hans Renner, *Renners Führer durch Oper, Operette, Musical,* München 1979; Harald Schonberg, *Die großen Komponisten,* Berlin/Frankfurt am Main 1986.

Flicka
Roman- und Filmpferd

Nach Mary O'Haras Romantrilogie »Mein Freund Flicka« (»My Friend Flicka«), »Sturmwind, Flickas Sohn« (»Thunderhead, Son of Flicka«) und »Grünes Gras der Weide« (»Green Grass of Wyoming«) entstanden in den 40er Jahren drei Verfilmungen, die sich eng an die Buchvorlagen hielten und gleichlautende (englische) Filmtitel trugen. Nur »Flicka« (»My Friend Flicka«, USA 1942, Regie: Harold Schuster) kam auch in die deutschen Kinos.

Es ist die Geschichte des Jungen Ken (Roddy McDowall, spielte auch in → »**Lassie** Come Home«), der seinem strengen Vater (Preston Foster) nie genügen kann. Als Ken sich ein eigenes Fohlen aussuchen darf und Flicka, das Fohlen einer ungeheuer schnellen, aber widerspenstigen und etwas verrückten Stute wählt, ist Daddy McLaughlen wieder enttäuscht von ihm. Doch als Flicka sich verletzt, kommen Vater und Sohn einander näher.

In »Thunderhead, Son of Flicka« (USA 1945, Regie: Louis King) hat Flicka ein weißes Fohlen, das sich – herangewachsen – zuerst durch sein Ungestüm in Mißkredit bringt, im Höhepunkt des Films aber Kens (wieder Roddy McDowall) Leben rettet und die ganze Pferdeherde der Ranch vor Entführung bewahrt. **Thunderhead** und der wilde weiße Hengst, der Thunderheads eigener Großvater ist, liefern sich einen Kampf auf Leben und Tod.

Mit völlig neuer Besetzung entstand »Green Grass of Wyoming« (USA 1948). Hengst Thunderhead lebt inzwischen als Wildpferd. Er entführt die schwarze Stute, die Rancher Robert Arthur als Traberpferd ausbildet. Arthur holt sie sich zurück, und der weiße Hengst schließt sich gleich an und kommt mit auf die Ranch. Beim großen Traberrennen gewinnt dann allerdings nicht Arthur mit seiner Stute, sondern Charles Coburn, der den Sieg auch viel nötiger hat, weil er beweisen muß, daß er endlich seine Alkoholprobleme los ist. Als sich herausstellt, daß Arthurs Stute bloß deswegen nicht in Form war, weil sie trächtig ist, sind alle restlos glücklich.

Mitte der 50er Jahre schuf Twentieth Century-Fox eine Flicka-Serie mit 39 halbstündigen Folgen. Die erste davon sendete CBS am 10. Februar 1956. »My Friend Flicka« mit Johnny Washbrook als Ken und der arabischen Fuchsstute **Wahama** als Flicka war in Farbe gedreht – für 1955 noch eine Seltenheit. Das war sicher mit ein Grund, warum die Serie so auffallend häufig (auch auf ABC und NBC) wiederholt wurde.

Lit.: *Lexikon des Internationalen Films,* Reinbek, 1991; David Rothel, *The Great Show Business Animals,* San Diego/New York/London 1980.

Die Fliege
Blinder Passagier mit Folgen

Mit einem sehr dünnen »Hiiilfe! Hiiilfe!« versucht ein schwaches Stimmchen vergeblich zu zwei ernst aussehenden Männern in der Nähe durchzudringen. Das Stimmchen gehört zu einem weißen Menschenköpfchen, das sich merkwürdigerweise auf einem Fliegenkörper befindet, der sich wiederum in einem Spinnennetz verheddert hat. Entsetzt erkennen die beiden Männer später in dem winzigen Mischwesen den von ihnen vermißten Wissenschaftler Andre – jedenfalls teilweise. In einer Reflexhandlung zermatscht es einer der Männer angeekelt mit einem Stein.

Mit dieser Szene endet der US-amerikanische Spielfilm »Die Fliege« (»The Fly«, 1958). Und so fing er an:

Wissenschaftler Andre (Al Hedison) erfindet eine elektronische Apparatur, die ihn in die Lage versetzt, Gegenstände in einer Kammer in ihre atomaren Bestandteile zu zerlegen und in eine andere Kammer zu teleportieren. Begeistert von den transporttechnischen Perspektiven macht Andre einen riskanten Selbstversuch. Dummerweise bemerkt er nicht die Stubenfliege, die ihm in die Atomisierungskammer gefolgt ist. Die Folgen sind fatal. Andre bekommt einen Fliegenkopf mit kokosnußgroßen Facettenaugen und ein insektengerechtes Bein. Im Gegenzug – in der Natur geht nichts verloren – hat die Fliege einen kleineren Andre-Kopf und ein Andre-Ärmchen. Die Chance, das technologische Unglück rückgängig zu machen, ist dahin, als die Fliege sich den verzweifelten Bemühungen, sie einzufangen, durch die Flucht in die freie Natur entzieht. Andre zieht daraufhin den Quetschtod in einer hydraulischen Presse dem Leben als Viertelinsekt vor.

Dieser frühe Science-fiction-Horrorfilm, der heutige Cineasten wegen seines Charmes des Unperfekten entzückt, war in den 50er Jahren in den USA recht erfolgreich. Ihm folgten zwei schwächere Aufgüsse (»Return of the Fly«, 1959 und »Curse of the Fly«, 1965). In Deutschland stieß die Geschichte von der Fliege damals lediglich auf mäßiges Publikumsinteresse. Wesentlich enthusiastischer reagierten die deutschen Kinogänger auf das vom Horror-Experten David Cronenberg gedrehte Remake von 1985. Der Grundplot des selbstbewußt ebenfalls »Die Fliege« (»The Fly«) betitelten Streifens ist mit dem des Urfilms identisch. Jeff Goldblum spielt den Genforscher Seth Brundle, dem das gleiche Unglück wie einstmals Andre passiert. Die Verwandlung des teleportierten Menschen ist in den 80ern aber wesentlich raffinierter dargestellt. Die Veränderungen beziehen sich nicht auf einzelne abgegrenzte Körperteile, sondern auf die DNS-Struktur als Ganzes und stellen sich erst nach und nach ein. Die ersten Veränderungen, die Brundle an sich bemerkt, sind noch durchaus angenehm. Zunahme der Körperkräfte, eine ungeheure Gelenkigkeit, Potenz und Ausdauer schreibt er erfreut irgendwelchen positiven Nebenwirkungen des Selbstversuchs zu und zeugt mit seiner Freundin Veronica (Geena Davis) noch ein Kind. Doch als er beständig zappeliger und unausstehlicher wird, ihm dicke schwarze Riesenhaare wachsen und seine Zähne ausfallen, kommt er doch ins Grübeln. Bald kann er seine Nahrung nur noch schlürfend zu sich nehmen, wenn er sie vorher durch ausgewürgten Glibber extern vorverdaut. Als Veronica von ihrer Schwangerschaft erfährt, entschließt sie sich zur Abtreibung, doch Brundle, inzwischen auf Erhaltung seiner von ihm geschaffenen Art aus, entführt sie aus dem Operationsraum, um sich mit ihr gemeinsam noch einmal zu teleportieren. In Brundles Labor kommt es zum ausführlich blutigen und matschigen Showdown. Kurzzeitig gewinnen Restbestände menschlicher Ethik die Überhand in Brundles fast vollkommen wie ein Insekt denkendem Ich, und der mittlerweile sprachlose und immer insektenähnlichere Mutant gibt Veronica zu verstehen, daß er sie um den Gnadentod bittet. Veronica tut ihm weinend den Gefallen in Form einer Flintenladung Schrot.

Dieses technisch brillante Werk, das der Regisseur in Interviews als in Szene gesetzte Parabel zum Thema Altern und körperlicher Verfall verstanden haben wollte, fand 1988 seine Fortsetzung in dem kaum überzeugenden Film »Die Fliege II – Die Geburt einer neuen Generation« (»The Fly II«). Nahtlos an die »Fliege I«-Geschichte anknüpfend, wird das von Brundle gezeugte Kind geboren und von Ärzten und Wissenschaftlern im Auftrag eines dubiosen Konzernchefs isoliert als Versuchskaninchen aufgezogen. Das mit außergewöhnlicher Intelligenz ausgestattete Kind Martin, äußerlich zunächst menschlich, reift innerhalb von fünf Jahren zum ausge-

wachsenen Mann (Eric Stoltz) heran und mutiert dann erwartungs-
gemäß zum monströsen Fliegengiganten, der in einem Finale, das
an Ekeleffekten das Ende des Vorgängerfilms noch übertrifft, seine
Peiniger vernichtet und schließlich selbst als blasiger Mus aus
Chitinmatsch und Innereien endet.

Lit.: Hans-Werner Asmus, *Das große Cinema-Filmlexikon*, Band 1, Hamburg 1991;
Cinema 1/1987; *Film Illustrierte* 1/1987; *Lexikon des Internationalen Films*, Reinbek 1995.

Flipper
... Freund aller Kinder, Große nicht minder ...

»Können Sie nicht lesen? Hier ist Schutzgebiet!«
(Porter Ricks)

»Vati, Vati. Komm schnell. Ich glaube, Flipper hat was.« Na endlich hat Bud (Tommy Norden) begriffen. Warum dauert es nur so
lange, bis bei ihm, Sandy (Luke Halpin) oder Porter Ricks (Brian
Kelly) der Groschen fällt? Das weiß doch *jeder*, daß hinter Flippers
schnatterndem Gestammel *immer* ein wichtiges Anliegen steckt.
Also ab ins Motorboot und der Rückenflosse hinterher und mit besorgten Gesichtern übers Meer geschaut. Irgendwo sind kleine
Hunde oder Kinder in Not oder Schmuggler zugange.

Außer dem Delphin, den Brüdern und dem toll aussehenden
Ranger mit den haarigen Unterarmen (aber Mädchen im Flipperal-
ter schwärmten natürlich eher für Sandy – Bud hatte zu viele Som-
mersprossen) gibt es in der TV-Serie noch einen Labrador namens
Spray und den Pelikan **Pete**. Beide sind eher Dekoration als Hand-
lungsträger. Porter Ricks ist verwitwet, was bedeutet, daß Sandy
oder Bud den Abwasch machen müssen, worum es immer wieder
Streit gibt. Wichtigstes Utensil im Haushalt ist eine Unterwasserhupe, mit der – äö, äö – Flipper herbeigerufen werden kann.

»Flipper« hatte am 19. September 1964 im amerikanischen
Fernsehen (NBC) Premiere und lief dort mit allerbesten Einschalt-
quoten bis zum 14. Mai 1967. Inzwischen kennt man den Meeressäuger aus dem »Coral Key Park« in der ganzen Welt. Als besonders spannend gelten die Episoden, in denen Flipper Haie killt und

blutige Wolken im Wasser aufquellen. Für diese Kämpfe wurden Szenen gegeneinander geschnitten, in denen a) ein lebendiger Delphin einen Fiberglas-Hai rammt, b) ein lebendiger Hai von einem Fiberglas-Delphin gerammt wird und c) ein lebendiger Hai und ein lebendiger Delphin gemeinsam zu sehen sind. Sterben mußte dabei angeblich keiner der Haie.

Der beliebteste Meeressäuger der Filmgeschichte: Flipper (USA 1963).

Vor der TV-Serie »Flipper« gab es zwei Spielfilme mit dem klugen Delphin. In »Flipper« (USA 1963, Regie: James B. Clark) wird Porter Ricks von Chuck Connors gespielt und ist ein armer Fischer und verheiratet. Sein Sohn Sandy (Luke Halpin) pflegt einen verletzten Delphin gesund, der dem Fischer später gute Fanggründe zeigt, so daß alle Not ein Ende hat. In »Neues Abenteuer mit Flipper« (»Flipper's New Adventure«, USA 1964, Regie: Leon Benson) wird Porter Ricks von Brian Kelly gespielt und ist bereits der verwitwete Aufseher im Naturschutzgebiet. Sohn Sandy (wieder Luke Halpin) flieht mit Flipper, weil er ihn nicht hergeben will. Gemeinsam retten Junge und Delphin die entführte Familie eines Millionärs aus Gangsterhand, und alle Probleme lösen sich in Wohlgefallen auf. Zu Luke Halpin als Sandy und Brian Kelly als Porter

Ricks gesellte sich in der Fernsehserie noch Tommy Norden als zweiter Sohn Bud.

Vor den Spielfilmen aber gab es erst noch den Roman »Flipper«, und vor dem Roman gab es die Idee. Und diese Idee hatte das → **Ungeheuer aus der schwarzen Lagune** bzw. der Mann, der das »**Creature from the Black Lagoon**« in den Unterwasseraufnahmen darstellte. Ricou Browning hatte außer als amphibisches Monster bereits in der Show der »Marineland Studios« in St. Augustine und als Turmspringer und Unterwasserstuntman gearbeitet. Hauptsache, der Job war naß.

Als Browning eines Tages im Fernsehen eine → **Lassie**-Episode sah, hatte er den Einfall, eine ähnliche Geschichte zu erfinden, in der er den Collie durch einen Delphin ersetzen wollte. Zusammen mit Jack Cowden, der bei einer Radiostation angestellt war, schrieb er eine Delphingeschichte, die er »Flipper« nannte.

Ivan Tors, der Produzent der Serie »Sea Hunt«, für die Browning als Unterwasserstuntman gearbeitet hatte, bekam das Manuskript zu lesen und beschloß, einen Kinofilm daraus zu machen. Er sagte Browning, daß er sich nach einem Delphin umsehen und anfangen sollte, ihn zu trainieren. Der plötzlich zum Delphintrainer avancierte Browning hatte zwar während seiner High-School-Zeit in der Show des »Marineland Studios« mit Süßwasserdelphinen zu tun gehabt – Erfahrung konnte man das aber wohl nicht nennen. Doch der Job war naß, und Browning nahm ihn an.

Delphinshows gibt es erst seit Anfang der 50er Jahre, als der Seelöwendompteur Adolf Frohn elf Delphine in einem Becken der »Marine Studios« auftreten ließ. In den frühen 60er Jahren, als Browning sich auf die Suche nach einem geeigneten Tier machte, konnte man die Zahl der Delphinarien im Amerika wahrscheinlich noch an zwei Händen abzählen. Und wie er feststellte, wurde dort vor allem außerhalb des Wassers gearbeitet, damit die Zuschauer auch was sehen konnten. Nirgends fand Browning einen Delphin, auf dem jemand ritt, der einen Menschen durchs Wasser zog oder der wenigstens nicht zu Tode erschrak, wenn ein Mensch zu ihm ins Becken kam. Dann hörte er von dem Delphinfänger Milton Santini, der Delphine an Aquarien verkaufte und sich einen – **Mitzi** – als ständiges Haustier in einem Becken hielt. Mitzi war ein Weibchen und diente dazu, beruhigend auf die frischgefangenen Delphine zu wirken, die schneller fraßen, wenn sie Mitzi in aller Ruhe fressen sahen. Sie konnte apportieren und war auch nicht scheu, wenn jemand zu ihr ins Wasser sprang. Der Vertrag wurde mit Santini ausgehandelt. Browning zog mit seinem neunjährigen Sohn Ricky in eine Hütte neben dem Becken. Ricky und der Delphin verstanden sich gut und Mitzi apportierte vortrefflich, aber mit der eigentlichen Aufgabe, Mitzi dazu zu bringen, eigenständig einen Menschen zu ziehen, kam Browning nicht vorwärts, bis er die Idee hatte, einfach seinen Sohn ins Wasser zu werfen und »Fetch!« (»Hol's!«) zu brüllen. Und Mitzi apportierte den sperrigen Jungen brav, anfangs ungeschickt, dann mit Routine, und er durfte sich auch an ihrer Rückenflosse festhalten.

Der erste »Flipper«-Film wurde mit Mitzi gedreht. Als klar war, daß auch eine TV-Serie entstehen sollte, entschied Tors, eigene Delphine anzuschaffen. Mitzi kehrte zu Milton Santini zurück, der aus ihr eine Touristenattraktion machte. Er pries sie als Flipper-Darstellerin an und nannte das Ganze »Flipper's Sea School«.

Die 3jährige Fernsehserie wurde in Miami gefilmt (mit Key Biccayne und Virginia Key) und im »Miami Seaquarium«. Für die Unterwasserszenen fuhr man wieder nach Nassau (Bahamas), wo auch die beiden Flipper-Filme entstanden waren.

Tors handelte mit dem »Miami Seaquarium« aus, daß das Seaquarium fünf Delphine fangen lassen und für Futter, Unterbringung und Tierarztkosten aufkommen würde. Als Gegenleistung sollte das »Miami Seaquarium« die Tiere anschließend zurückbekommen und durfte sich »Home of Flipper« (Flippers Zuhause) nennen. Von den fünf Delphinen, bei denen es sich wie bei Mitzi um Große Tümmler, auch Flaschennasendelphine genannt, handelte, kamen aber nur zwei zum Einsatz. **Suzy** und **Cathy** lernten so schnell und so viel, daß sie keine Doubles brauchten.

Delphine sehen aus, als wenn sie unaufhörlich vor sich hin grinsen würden, wodurch für den Zuschauer von Delphinshows oder -filmen der Eindruck entsteht, daß sie ihre Kunststücke mit Feuereifer absolvieren und dabei vor Lebenslust nur so strotzen. Aber selbst ein sterbender Delphin ist ein grinsender Delphin, und was Flipper im Film tat, tat er für Fisch. Umsonst gab es gar nichts zu fressen. Dadurch erklärt sich auch das Problem, das es mit Suzy, Delphin Nr. 1, gab und das schließlich dazu führte, daß sie gegen Cathy ausgewechselt werden mußte.

Suzys gewohntes Kunststück war, mit Bud oder Sandy an der Rückenflosse ein Stück hinauszuschwimmen, dann umzudrehen und sie wieder zum Ufer zurückzuziehen, wo der Fisch wartete. Als nun Tommy Norden einmal (dem Drehbuch gehorchend) während der Fahrt losließ und allein weiterschwamm, fürchtete Suzy um ihren Belohnungsfisch, falls sie ohne ihn zurückkäme. Also forderte sie Bud mit einem höflichen Nasenstüber dazu auf, sich wieder festzuhalten. Als er trotzdem weiterschwamm, puffte sie ihn so lange und so grob weiter, bis er es vorzog, sich doch lieber zurückziehen zu lassen. Ungeschickterweise bekam Mitzi auch noch einen Fisch für ihr Verhalten. Folglich zog sie dieselbe Nummer mit Luke Halpin durch, als der bei einer späteren Aufnahme ihre Flosse losließ. Diesmal langte Suzy gleich dermaßen brutal zu, daß der alarmierte Trainer sofort einen Fisch ins Wasser warf, um sie abzulenken. Damit hatte Suzy gelernt, daß es Fisch gab, wenn sie Luke einen Schlag mit der Nase verpaßte. Richtig gefährlich wird es erst, wenn ein wütender Delphin mit dem Schwanz zuschlägt. Browning und einer der Trainer, die später noch eingestellt wurden, holten sich bei solchen Gelegenheiten gebrochene Rippen, ein anderer Trainer eine Gehirnerschütterung. Bevor Suzy auf so ein Verhalten kommen konnte, wurde sie ins »Miami Seaquarium« zurückgegeben. Das Seaquarium tauschte sie später gegen zwei Weißseiten-Delphine ein, und Suzy landete in einer Delphinshow. Auch der dritte Flipper-Darsteller war eine Darstellerin – Cathy. Browning vermutete, daß weibliche Tiere weniger aggressiv seien. Die letzte »Flipper«-darstellerin, das Delphinweibchen **Bebe**, starb im hohen Alter von vierzig Jahren in einem Aquarium in Miami/Florida.

Die »Flipper«-Serie trat eine Lawine los. Mitte der 60er Jahre schossen in Amerika und Europa Delphinarien wie Pilze aus dem Boden. Dort vegetieren die Großen Tümmler nun in viel zu kleinen Becken in gechlortem Wasser und bekommen Breitbandantibiotika und Medikamente gegen den ständig drohenden Pilzbefall. Wer nicht das Glück hat, zu der großen Zahl zu gehören, die bereits beim Fang oder beim Transport krepiert, muß mit einer durchschnittlichen Lebenserwartung von gottlob weit unter 10 Jahren rechnen. Zwischen 1973 und 1989 gingen in den USA von insgesamt 1206 Delphinen 617 ein, das entspricht 51 Prozent. Aber ihr Charme, ihre Klugheit und ihre Niedlichkeit, die den Delphinen dieses Elend einbrockten, sind auch der Grund, warum sich Menschen für kaum ein anderes Säugetier so stark einsetzen wie für diese Meeressäuger. Der Anteilnahme am Delphinunglück in Shows und Thunfischnetzen kommt nur noch das Mitleid mit abgeschlachteten Robbenbabys gleich.

30 Jahre lang mußten Delphinfreunde sich mit den Wiederholungen der Fernsehserie begnügen, bevor Flipper sich in einem neuen Kinofilm wieder etwas zusammenschnatterte. Für »Flipper« von 1996 (USA, Regie: Alan Shapiro) haben Crosby, Stills and Nash eine Neuaufnahme des bekannten Titelsongs beigesteuert. Flipper selbst wurde von drei Delphinen – **Jake**, **Fatman** und **McGyver** – und von einem Kunststoffdelphin dargestellt. Elijah Wood spielt einen Sandy, der keineswegs begeistert ist, die Ferien bei Porter Ricks (Paul Hogan) zu verbringen, hier nicht sein Vater, sondern sein Onkel und ein ehemaliger Hippie. Sandys schlechte Laune ändert sich natürlich, als der verletzte Flipper auftaucht. Die Filmschufte sind diesmal Delphinschlächter und Umweltsünder. Natürlich werden sie zur Strecke gebracht. Am Ende des Films entschwindet Flipper im Meer und gesellt sich zu seinesgleichen. Das ist umweltpolitisch korrekt und löblich, kann aber auch nicht darüber hinwegtrösten, daß die Unterwasserhupe durch einen piependen Gameboy ersetzt worden ist.

Vermutlich ist es kein Zufall, daß sich die deutsche »Dancing Show Band« 1969 in »Flippers« umbenannte und von da an großen Erfolg hatte. 1977 gründete sich in San Francisco die Punk-Band »Flipper«. Der damalige »Flipper«-Gitarrist Richard Melville Hall soll ein direkter Nachfahre des »**Moby Dick**«-Autoren Herman Melville sein. Heute kennt man ihn in der Techno-Szene unter dem Namen Moby.

Lit.: Ralf Breier / Jörg Reiter, *Delphingeschichten*, Köln 1992; Daniel Kothenschulte, in: *film-dienst* vom 16.7.1996; David Rothel, *The Great Show Business Animals*, San Diego/New York/London 1980. F.A.Z., 7.5.1997.

Flush
Literatenhund

Der goldbraune Cockerspaniel Flush ist als Gefährte der englischen Dichterin Elizabeth Barret Browning (1806–1861) in die englische Literaturgeschichte eingegangen. Er findet nicht nur in ihren Gedichten und Briefen Erwähnung, sondern auch bei anderen Schriftstellern. 1933 erschien das Buch »Flush. A Biography« (»Flush. Die Geschichte eines berühmten Hundes«), in dem Virginia Woolf (1882–1941) das Leben und die – von ihr vermuteten – Empfindungen des Cockers beschreibt und gleichzeitig ein Porträt der kränkelnden und sensiblen Dichterin liefert.

Elizabeth Barret, die seit einem Reitunfall im Alter von 15 Jahren gelähmt war, bekam Flush von einer mütterlichen Freundin, Miß Mitford, geschenkt. Miß Mitford züchtete Hunde. Elizabeth Barret schrieb ihr später Briefe, in denen sie sich lang und breit über Flushs Wohlergehen ausließ. Während sie behauptete, der Spaniel wäre »ein echter Gentleman, der sich striegeln und herausputzen ließ« (manchmal mußte er sogar einen Turban tragen), hielt ihr Vater den Hund schlicht für weibisch. Der gleichen Meinung war anscheinend auch Hofhund **Catilina**, ein kubanischer Bluthund, der Flush zu killen versuchte. Umgebracht wurde der Cocker nicht. Allerdings wurde er dreimal in den Straßen Londons entführt, zweimal davon von einem Mr. Taylor. Taylor schnappte sich regelmäßig herumstrolchende Hunde wohlhabender Leute – und dazu gehörten die Barrets – und verdiente auf diese Weise pro Jahr etwa 3000 Pfund durch das erpreßte Lösegeld. Das plauderten jedenfalls seine Nachbarn über ihn aus.

Von Elizabeth Barret verlangte er beim ersten Mal acht Guineen und schrieb in seinem Brief weiter: »Die Herrschaften möchten künftig auf das Vieh besser aufpassen, denn das nächste Mal kostet es wenigstens zehn Guineen.« Er hielt Wort. Beim zweiten Mal verlangte er zehn. Vater Barret erfuhr von der Sache und mischte sich wutschnaubend ein, was nach einigen Verwicklungen dazu führte, daß Mr. Taylor sich mit folgenden Worten aus dem Barretschen Haus verzog. »So wahr ich selbst auf Erlösung hoffe, wird die Familie Barret ihren Hund nie wiedersehen.« Als Bruder Henry sich daraufhin einschaltete und Taylor die zehn Guineen überbrachte, nahm der Dognapper sie höflich entgegen. Flush kratzte noch am selben Abend an der Haustür. Die zwanzig Guineen, die zwei Jahre später von Hundedieben verlangt wurden, zahlte Elizabeth Barret prompt, und die Übergabe verlief daraufhin reibungslos.

Als die inzwischen berühmt gewordene Dichterin dem Kollegen Robert Browning begegnete, bewirkte das Wunder der Liebe eine Spontanheilung. Elizabeth Barret lernte allmählich wieder gehen. Die neue Fertigkeit nutzte sie dazu, mit Browning durchzubrennen und ihn zu heiraten. Ihr eigenbrötlerischer und egoistischer Vater, Herrscher über insgesamt drei Töchter und acht Söhne, verzieh ihr das nie. (Auch als Elizabeths Schwester Henriette nach fünfjähriger Verlobungszeit heiratete, bezeichnete Vater Barret das als Unverschämtheit.) Das junge Paar nahm auf seiner Flucht nur das Notwendigste mit, z. B. den anfangs arg eifersüchtigen Flush. Sie setzten auf den Kontinent über, wohnten an verschiedenen Orten und landeten schließlich in Florenz. Dort erreichte Flush »ein schönes hohes Alter und liegt in den riesigen Kel-lergewölben der Casa Guidi begraben«.

Lit.: *Kindlers Literaturlexikon,* Band 9, München 1974; Alexander von Rees, *Madame und ihr Mops. Berühmte Frauen – Berühmte Hunde,* München 1963.

Formicula
Früher Tiermutanten-Film

Formicula ist lateinisch und heißt soviel wie Ameischen. Besonders klein sind die Ameisen in »Formicula« (»Them«, USA 1954, Regie: Gordon Douglas), einem der ersten amerikanischen Monsterfilme, in dem der Grundplot für zahllose nachfolgende SF-Horrorstreifen (zum Beispiel → »**Tarantula**«) vorgegeben wurde, allerdings nicht. Atombombenversuche in der Wüste von New Mexico haben Folgen. Die radioaktive Strahlung verändert die Erbanlagen einiger emsiger Insekten. Zunächst unbemerkt entwickelt sich eine neue Ameisen-Spezies von etwa drei Metern Länge und mit etlichen Litern Ameisensäure im Stacheltank.

Als sie sich auf der Suche nach Nahrung über die spärliche

Landbevölkerung hermachen und dabei eine Spur der Verwüstung hinter sich lassen, versucht eine gemischte Gruppe von Ameisenkundlern, Polizisten und Militärs die Lage ohne öffentliches Aufsehen unter Kontrolle zu bringen. Der Versuch, die Insektenriesen mittels Bazooka und Zyangas auszurotten, klappt nur fast: Zwei Ameisenköniginnen können dem Massaker auf dem Luftweg entkommen. In der Kanalisation von Los Angeles findet eine von ihnen einen artgerechten Bau und gründet einen vielköpfigen neuen Ameisenstaat. Die Gefahr einer unübersehbaren Multiplizierung der gefährlichen Giganten droht. Jetzt muß die Bevölkerung doch informiert werden. Es entsteht aber keine Panik. Die disziplinierten US-Bürger von 1954 beschleicht zwar ein mulmiges Gefühl, doch sie vertrauen anscheinend noch ihren Oberen und werden auch nicht enttäuscht. Das Militär macht kurzen Prozeß mit den zum Glück nicht kugelresistenten Mutanten.

Lit.: Hans-Werner Asmus, *Das große Cinema-Filmlexikon,* Band 1, Hamburg 1991; *Lexikon des Internationalen Films,* Reinbek 1995.

Fortunée
Der Mops der Kaiserin Josephine

»Eine Million Küsse, selbst einen für den gräßlichen Fortunée.«
(Napoleon in einem Brief an Josephine)

Nach dem militärischen Sieg über Österreich und während des folgenden Waffenstillstands nahm der französische Kaiser Napoleon I. am 12. Oktober 1809 eine Truppenparade in Wien-Schönbrunn ab. In seiner Begleitung war Kaiserin Josephine (von der er sich noch im selben Jahr, insbesondere wegen ihrer Unfähigkeit, die napoleonische Thronfolge zu sichern, scheiden ließ). Und wo Josephine war, war auch ihr Mops Fortunée. Während Napoleon seine Truppen an sich vorüberdefilieren sah, durchbrach plötzlich ein junger Mann die Absperrung und stürzte auf den Kaiser zu. Fortunée kläffte natürlich gleich wieder los, der junge Mann zögerte irritiert – und wurde festgenommen. Es handelte sich um den 17jährigen deutschen Kaufmannslehrling Friedrich Staps, der Napoleon erdolchen wollte, um »Deutschland zu befreien«.

Bei seiner Vernehmung gab Staps an, daß ihn das Bellen des Mopses nervös gemacht hätte, er hätte dadurch die entscheidende Sekunde für die Durchführung seines Plans verloren. Ein Schoßhund rettete den Beherrscher Europas. Eine nette Geschichte. Leider ist sie nicht wahr.

Wie aus den Polizeiakten, die im Zusammenhang mit dem »Schönbrunner Attentat« angelegt wurden, und aus Augenzeugenberichten hervorgeht, war Staps nicht allzu nah an Napoleon herangekommen. Er wurde bereits im Vorfeld der Truppenparade abgefangen und verhaftet. Von dem Bellen eines Hundes ist weder in Staps' Aussagen noch in anderen Berichten die Rede.

Wenn Fortunée also auch nicht das »Erste Kaiserreich« vor einem vorzeitigen Ende bewahrt hatte, so konnte der Mops immerhin für sich in Anspruch nehmen, Napoleon oft und ungestraft geärgert zu haben. Er knurrte ihn bereits eifersüchtig an, als er noch Revolutionsgeneral war und die schöne Josephine Beauharnais gerade erst kennenlernte. Das kleine Schoßhündchen war eigensinnig und verwöhnt und pflegte mit Josephine im selben Bett zu schlafen. Dort lag es auch in der Hochzeitsnacht 1796. Napoleon wollte Fortunée hinauswerfen und mußte seine erste Niederlage einstecken. Josephine setzte durch, daß der Mops bleiben konnte. Am nächsten Morgen soll Fortunée den künftigen Weltbeherrscher ins Bein gebissen haben. Gemocht haben Mops und Kaiser sich nie.

Hochbetagt starb Fortunée im Jahre 1813, ein Jahr vor Josephine.

Lit.: Theo Aronson, *Napoleon und Josephine,* Frankfurt am Main 1992; Ernst Borkowsky, *Das Schönbrunner Attentat im Jahre 1809,* Naumburg/Saale 1943; Alexander Rees, *Madame und ihr Mops. Berühmte Frauen – Berühmte Hunde,* München 1963; James M. Thompson, *Napoleon Bonaparte,* Oxford 1988.

Fozzie Bär
Muppet-Tier

In der von 1976 bis 1981 produzierten »Muppet Show« und einigen der Muppets-Kinofilme hat die bräunliche Bärenpuppe Fozzie eine besonders undankbare Rolle abbekommen. Die übrigen → **Muppets** spielten ihm schon übel mit, lange bevor das Wort »Mobbing« überhaupt erfunden war.

Zum klassischen Prügelknaben wird er aber nicht durch sein dämliches Aussehen mit den ängstlich guckenden Augen, der Fliege und dem kleinen Hütchen auf dem zu großen Kopf. Fast alle Muppets sehen schließlich recht dämlich aus. Zur Zielscheibe hämischer Verbalpfeile machen ihn vielmehr die zwei grundlegenden Fehler aller Außenseiter, die dazugehören wollen. Er strebt an, es allen recht zu machen, und versucht, sich durch eine Fähigkeit, die er nicht beherrscht, hervorzutun: Witze erzählen. Ausgerechnet als Alleinunterhalter tritt Fozzie auf. So verzweifelt-beifallheischend er auch nach jedem Scherz sein großes Maul zu einem stummen Lachen aufreißt, nie entlockt er seinem Publikum das kleinste Kichern. Es sei denn, jemand anders macht einen Witz auf seine Kosten. Meist schafft es Fozzie noch nicht einmal, einen Witz zu Ende zu erzählen. Entweder fällt ihm Conférencier → **Kermit** ins Wort, oder Fozzie hat die Pointe vergessen und steckt sich vor lauter Verlegenheit wieder die Finger in den Mund. Nach seinen Auftritten fragt er stets Kermit, ob er gut war, und erhält jedesmal eine niederschmetternde Antwort. Manchmal landet er auch als Opfer auf **Dr. Bobs** (→ **Rowlf**) Operationstisch.

Lit.: Jack Burns u. a., *Die Große Muppet Show,* Berlin und Hamburg 1980; Deutsches Filmmuseum (Hrsg.), *Muppets, Monster und Magie. Die Welt von Jim Henson,* Frankfurt am Main 1987.

Fran Sinclair
Dino-Mutter

Fran, die Mutter aus der Saurier-Serie → »**Die Dinos**«, ist ein Allosaurus, wiegt 23 412 Pfund, hat violette Augen und liebt ihren wenig erfolgreichen und etwas trotteligen Megalosaurusgatten → **Earl Sinclair** »trotz allem«.

Befreundet ist sie mit der emanzipierten Brontosaurierin Monika von Säulenwirbel. Im Umgang mit ihrer anstrengenden Familie erwirbt Fran Sinclair genügend therapeutische Erfahrung, um einmal in einer eigenen Fernsehsendung aufzutreten, in der sie »Lebenshilfe für problembelastete Dinosaurier« gibt.

Ihre deutsche Synchronstimme spricht Kerstin Sanders-Dornseif.

Lit.: WDR-Pressemappe.

Francis
Krimikater

Kater Francis zieht mit seinem Herrchen, dem wenig erfolgreichen Schriftsteller Gustav, in eine schäbige Stadtrandvilla um. In seinem neuen Revier findet er tote Katzen, die offensichtlich von einem Artgenossen durch einen gezielten Nackenbiß ermordet wurden. Francis betätigt sich als Hobbydetektiv. Zusammen mit dem verkrüppelten Kater **Blaubart** findet er heraus, daß sein neues Zuhause früher ein Tierversuchslabor gewesen ist, in dem ein verrückter Biologe mit Katzen grausame Experimente anstellte.

Der junge Schriftsteller Akif Pirinçci verwendete für seinen Bestseller-Eintopf aus Tiergeschichte und Krimi die üblichen Thrillerzutaten: ein geheimnisvolles Verbrechen, ein zynischer Held, der nicht auf den Mund gefallen ist, sein lustiger Kumpel, ein schlauer Schuft; und (Katzen-)Sex gibt es auch. Francis und seine Artgenossen sind zwar einerseits arg vermenschlicht, können lesen und einen Computer bedienen, andererseits sind ihre Charaktere und Verhaltensweisen immer auch von katzenspezifischen Eigenarten geprägt.

Zu seinem 1989 erschienenen Millionenseller »Felidae« (lat.-biologische Bezeichnung für die Gattung der Katzenartigen) wurde Pirinçci durch seinen eigenen Kater **Cujo** inspiriert. »Ich wollte immer schon einen Detektivroman schreiben. [...] Gleichzeitig wollte ich immer etwas über Katzen schreiben, aber ich habe diese beiden Ideen niemals in Zusammenhang gebracht.« Das änderte sich, als Pirinçci einmal seinem Kater in den Garten hinterherging und beobachtete, wie Cujo herumschnüffelte und andere Katzen beobachtete.

»Felidae« und der Katzen-Folgekrimi »Francis« wurden in 17

Sprachen übersetzt und verkauften sich weltweit über zwei Millionen Mal. Sie machten Akif Pirinçci zu einem der erfolgreichsten deutschen Schriftsteller. 1994 gab es »Felidae« als Zeichentrickfilm (Regie: Michael Schaack).

Außer dem alten Cujo, der inzwischen gute 16 Jahre auf dem Katzenbuckel haben muß – falls er nicht schon den Weg allen Fleisches gegangen ist –, leben im Haushalt Pirinçci noch die Katzen **Paula** und **Lolita**.

Lit.: *Berliner Morgenpost* vom 19.11.1994; *Brigitte* 23/1994; *Cinema* 11/1994.

Franz Gans (Gus Goose)
Oma Ducks fetter Knecht

»Bei mir ist das so: Appetit gut,
aber immer müde, müde.«
(Franz Gans)

Franz Gans (**Gus Goose**) gab es schon, bevor seine Arbeitgeberin → **Oma Duck** existierte. Er hatte seinen ersten Auftritt in dem Film »Donalds Cousin Gus« (USA 1939, dt. Titel: »Donalds fetter Vetter«), in dem er als verfressener Besuch → **Donald Ducks** Vorräte plündert. Auch als Knecht hat Franzens Charakter sich nur unwesentlich geändert. Während er im Film zumindest bei der Nahrungsaufnahme äußerst agil war, ist Franz auf Oma Ducks Farm (in den Heften) nicht nur faul und gefräßig, sondern auch ständig müde. Schlaffe Haltung, dicker Hintern, der alberne kleine Hut verrutscht und die Augenlider auf halb Acht – so sieht man Franz über den Hof schlurfen, wenn er sich denn mal bewegt. Meist liegt er unter einem Baum und kaut an einem Halm. Dennoch mag Oma Duck ihn nicht missen. Ein einziges Mal hat sie ihn entlassen und durch das Energiebündel Tobby Treibauf ersetzt – mit dem Resultat, daß sie sich plötzlich überflüssig vorkam, als alle Arbeiten erledigt waren. Schnell holte sie Franz zurück. Deswegen der Theorie von Grobian Gans (= Michael Czernich) zu folgen und in Franz den rustikalen Liebhaber der alten Frau Duck zu sehen, der tagsüber seine Kräfte für die Nacht spart, bedarf einer gehörigen Portion Phantasie. Aber auch bei viel gutem Willen muß diese Idee letztlich verworfen werden. Ein guter Hahn (Ganter) wird nicht fett.

Lit.: Uwe Anton / Ronald M. Hahn, *Donald Duck. Ein Leben in Entenhausen,* München 1994; Grobian Gans, *Die Ducks – Psychogramm einer Sippe,* München 1970; Gottfried Helnwein, *Wer ist Carl Barks,* Rastatt 1993.

Fred
Ältester Goldfisch

Außer 41 Jahre alt zu werden, hat Goldfisch Fred keine nennenswerten Heldentaten vollbracht. Und sooo selten soll seine Leistung auch nicht sein. In China wurden Goldfische angeblich schon über 50 Jahre alt.

Fred starb am 1. August 1980. Sein Besitzer, dem das Kunststück gelang, Freds Alter auch nachzuweisen, war Mr. A. R. Wilson aus Worthing (GB).

Lit.: *Das neue Guinness Buch der Tierrekorde,* Frankfurt am Main/Berlin 1994.

Fred
Schildkröte mit Erbschaft

Haustier bei Dorothy Duffin aus Hull (GB) zu sein, war lebensgefährlich. Einem Zeitungsbericht zufolge ließ sie einmal 15 Katzen an einem einzigen Tag *einschläfern,* wie das Abspritzen von lästigen Tieren gern euphemistisch bezeichnet wird – um am nächsten Tag zwei neue zu kaufen. Eine Ente, die bei Dorothy Duffin eine Zeitlang Streicheltier gewesen war, wurde an einem sehr warmen Platz entsorgt. Sie landete in der Bratröhre. Bei Schildkröten denkt man oft, daß ihnen die Gefangenschaft gut bekommt, weil sich ihr Sterben über Jahre hinziehen kann. Die Schildkröte Fred muß allerdings ganz besonders zäh gewesen sein. Trotz Ausfahrten im Kinderwagen war sie bereits 34 Jahre alt geworden, als Dorothy Duffin 61jährig 1990 starb und Fred 50 000 Dollar (in englischen Pfund) hinterließ. Duffins Schwester und ihre Brüder erbten 1000 Dollar (in englischen Pfund) und die Fotoalben.

Genaugenommen ging Freds Erbschaft an den Tierschutzverein mit der Auflage, ihn bis an sein Lebensende zu versorgen. Die Schildkröte wurde von einer der geprellten Verwandten, von Duffins Nichte Susan Kirkwood, in Obhut genommen, die den Schicksalsschlag mit Fassung trägt und vom Tierschutzverein mit 50 Dollar Unterhaltsgeld jährlich abgespeist wird.

Lit.: *Von Sonderlingen und Exzentrikern,* Time-Life-Buch, Amsterdam 1992.

Freddie, Fungie und andere
Delphine mit Menschenanschluß

Niemand weiß mit Bestimmtheit zu sagen, warum sie es tun. Warum suchen wilde Delphine den Kontakt zu Menschen? Ist es nur die Hoffnung, einen Fisch abzustauben – wie vermutlich bei den angefütterten wilden Delphinen von Monkey Mia in Australien – oder leitet die Tiere eine artenübergreifende Sympathie?

Bereits aus der Antike sind uns Geschichten und Überlieferungen erhalten, laut denen Delphine Schiffbrüchige retteten, Fischern bei der Arbeit halfen oder Knaben auf sich reiten ließen. Manche begingen aus Kummer über den Tod ihres menschlichen Freundes sogar Selbstmord. Daß nicht sämtliche Geschichten vollständig erfunden sein müssen, zeigen Vorfälle jüngeren Datums, in denen Delphine – fast immer sind es Einzelgänger – Schlagzeilen machten, verschlafene Fischerstädtchen in Wallfahrtsorte für Delphinbesessene verwandelten und die übliche Produktion von Delphinschlagern, Delphinsouvenirs und delphinfömigem Gebäck in Gang gesetzt haben.

→ **Pelorus-Jack,** ein Rundkopf-Delphin, der im 19. Jahrhundert berühmt geworden ist, begnügte sich damit, regelmäßig die Fähre zwischen der Nord- und der Südinsel Neuseelands zu begleiten. **Opo,** ein einjähriges Tümmlerweibchen, das vielleicht seine Mutter verloren hatte, tauchte 1955 an der Westküste der neuseeländischen Nordinsel auf. Anfangs begleitete sie bloß die Fischerboote, die aus dem Hokianga-Hafen des Badeortes Opononi ausliefen. Dann stellte Opo fest, wie angenehm es war, mit einem Besen oder Ruder Bauch und Rücken geschrubbt zu bekommen und folgte den Booten bis zu den Anlegestellen. Später war sie so zahm, daß sie zwischen den Badegästen herumtollte, wobei sie Jill Baker, ein dreizehnjähriges Mädchen aus Oponino, allen anderen deutlich vorzog. Jill durfte sogar auf ihr reiten.

In den 60er Jahren tauchte Tümmler **Charlie** zwischen den Badegästen des schottischen Seebads Elie auf und ließ sich von ihnen anfassen. 1972 strömten Tausende in das Meer vor der spanischen Hafenstadt La Corogna – in der Hoffnung, einmal das Delphinweibchen **Nina** berühren zu können. Während der 80er Jahren häuften sich die Berichte über menschenfreundliche Delphine. **Jojo** schloß bei der Karibikinsel Providenciales nicht nur Freundschaft mit dem Kalifornier Dean Bernal, sondern vergnügte sich auch mit einem Hund, einem Labrador, im Wasser. 1988 gab es allein in den europäischen Meeren sieben von diesen furchtlos-verspielten Tieren. Großbritannien scheint für einzelgängerische Meeressäuger mit Interesse an Menschen besondere Anziehung zu besitzen. Von 1982 bis 1984 alberte Tümmler **Percey** vor der Küste von Portreath, Cornwall, herum, im walisischen Fischerhafen Solva tauchte **Simo** auf, vor »Amble by the Sea« erschien Freddie und im Hafen des westirischen Dingle Fungie.

Freddie ist ein ziemlich abgewetztes Exemplar von einem Großen Tümmler, 3 Meter lang und um die 30 Jahre alt. Große Sprünge macht er nicht mehr. Er begleitet die Fischerboote und begrüßt die Touristen, die sich zu ihm hinausfahren lassen. Wenn ihm danach zumute ist, gibt er sich auch mit jenen ab, die sich in Neoprenanzügen bei ihm aussetzen lassen.

Etwa 350 000 Touristen fahren jährlich nach Dingle, um den dreieinhalb Meter langen Tümmler Fungie zu sehen. Sicherlich nicht zur Freude sämtlicher Einwohner. Probleme mit dem Delphin-Tourismus gab es schon vor beinahe 1900 Jahren. Rund 100 Jahre n. Chr. tauchte laut Plinius dem Jüngeren vor dem Fischerort Hippo Diarrhytus an der nordafrikanischen Küste ein zahmer Delphin auf, der einen Jungen auf sich reiten ließ. Unter den Schaulustigen, die es nach Hippo Diarrhytus zog, waren auch viele Honoratioren, die umsonst bewirtet werden mußten. Diese Kosten bereiteten einigen Bürgern des Ortes soviel Verdruß, daß sie die Ursache dafür beseitigten: Sie töteten den Delphin.

Lit.: Ralf Breier / Jörg Reiter, *Delphingeschichten. Von Freunden und Feinden. Mythen und Sprache. Wildnis und Showbusineß*, Köln 1992.

Die Friedenstaube
Symbolvogel

Im Zeichen der weißen Taube auf blauem Grund marschierte die europäische Friedensbewegung der 80er Jahre. In der DDR galt das Tragen des weißblauen Taubensymbols staatlicherseits als zumindest verdächtig. Dabei wurde die Friedenstaube in der kommunistischen Bildpublizistik so gern und häufig abgebildet, daß Öko-pax-Kritiker manchmal einen Zusammenhang zwischen real existierendem Staatssozialismus und westlicher Friedensbewegung konstruierten.

Die Taube als Friedenszeichen ist religiösen Ursprungs. Als Sinnbild des Heiligen Geistes und als Noahs Botin, die nach der Sintflut mit dem frischen Olivenzweig als Zeichen göttlicher Versöhnung zur Arche zurückkehrt, wird der Taube besondere Friedfertigkeit nachgesagt. Die zoologische Realität sieht anders aus. Tauben tragen in freier Wildbahn durchaus Revierkämpfe aus. Doch kommt es dabei nie zu ernsthaften Verletzungen, da sich ein unterlegener Vogel schnell zurückzieht. Bei in Käfigen gehaltenen Tauben kann es durchaus vorkommen, daß ein stärkeres Tier ein schwächeres tötet. Das dauert allerdings Stunden, weil Schnäbel und Flügel der Tauben eher schwächliche Waffen sind. Eine generelle Tötungshemmung wie bei anderen, gefährlicher bewaffneten Tierarten gibt es bei den angeblich so sanftmütigen Vögeln nicht.

Lit.: Vitus Dröscher, *Mit den Wölfen heulen. Fabelhafte Spruchweisheiten aus dem Tierreich,* Düsseldorf 1978; Urs Egli, *Tauben,* Zürich 1992.

Fritz the Cat
Freak-Kater

Fritz the Cat wurde 1959 von dem damals 16jährigen Robert Crumb, dem späteren Guru der amerikanischen Underground-Comic-Szene, geschaffen. Fritz ist ein sexbesessener und drogenkonsumierender, ziemlich hohlköpfiger und oberflächlicher Cartoon-Kater. Er lebt in einer nur von Tieren bevölkerten Welt, die Ähnlichkeit mit Amerika hat. Über Fritz' Vergangenheit ist wenig bekannt. Nachdem er aus der Schule flog, haute er aus seinem schäbigen Elternhaus ab. Und seitdem treibt er sich als großmäuliger, asozialer Pseudoanarchist herum. Schnell von halbgaren Projekten zu begeistern, gerät Fritz ständig in Schwierigkeiten und oft in Konflikt mit der von ihm gehaßten Staatsgewalt, die natürlich als Schweine in Polizeiuniform gezeichnet sind. 1972 ließ ihn Crumb wie einst Trotzki mit einem Eispickel im Kopf sterben. Fritz wird Opfer einer seiner schäbigen Frauengeschichten. Die eifersüchtige Straußin **Andrea** erschlägt ihn. Den Großteil der »Fritz«-Episoden

Die erste garantiert nicht jugendfreie Comic-Katze: »Fritz, the Cat« (USA 1969).

zeichnete Crumb zwischen 1960 und 1965. Die meisten davon sind aber erst in der Nach-Woodstock-Zeit veröffentlicht worden. 1971 versuchte der Zeichentrickfilm »Fritz the Cat« (USA, Regie: Ralph Bakshi) die ätzend-grinsende Satire auf das weiße Establishment und auf dessen oft gleichermaßen verbiestert-engstirnige Gegner für das Leinwandpublikum aufzubereiten. Mit mäßigem Erfolg. Fritz-Vater Crumb distanzierte sich jedenfalls von diesem Versuch.

Lit.: *Lexikon des Internationalen Films,* Reinbek 1995; Jeff Rovin, *The Illustrated Encyclopedia of Cartoon Animals,* New York 1991.

Frosch
Erkrankung der Mundschleimhaut

Den **Frosch im Hals** kennt jeder. Er befällt insbesondere lampen-fiebrige Schauspieler, nervöse Examenskandidaten und verliebte Menschen, die dem Objekt ihrer Begierde mit besonders gelunge-nen Wortperlen imponieren wollen. Aus pathologischer Sicht ist er harmlos und leicht zu heilen. Räuspern genügt. Daneben versteht der Volksmund unter »Frosch« eine bestimmte ernsthafte Erkran-kung der Mundhöhle, medizinisch als Ranula oder Fröschleinge-schwulst bezeichnet. Es handelt sich um eine zystische Geschwulst unter der Zunge, die meist durch die entzündliche Erweiterung ei-nes Speichelkanals oder eines Follikels in der Unterzungenschleim-haut entsteht. Die Geschwulst bildet einen mit zäher Flüssigkeit prall gefüllten, nußgroßen Balg, der unter der durchscheinenden Schleimhaut gut zu sehen ist. Er erinnert an den glatten Bauch eines unter dem Eis erstickten und auf dem Rücken treibenden Frosches. Die schmerzlosen Fröschleingeschwulste sind nicht lebensbedro-hend, führen aber beim Sprechen und Essen zu Beschwerden und werden meist durch Ausschälung entfernt. Als Ursache hat der Aberglaube den Frosch (den aus dem Tümpel) ausgemacht, der sich nachts auf den Mund des Schlafenden setzt.

Lit.: Hanns Bächtold-Stäubli (Hrsg.), *Handwörterbuch des deutschen Aberglaubens,* Band 3, Berlin/New York 1927–1987; A. J. Storfer, *Wörter und ihre Schicksale,* Wiesbaden 1981.

265

Froschkönig
Zum Lurch verwunschener Prinz

*»Das ganze zurück, ich möchte sofort
wieder ein Frosch sein.«
(Untertitelung eines Froschkönigswitzes
im »Playboy«)*

»Der Froschkönig« ist das Eröffnungsmärchen in der Grimm'schen
Sammlung, die zuerst 1812 erschien. Sein vollständiger Titel lautet:
»Der Froschkönig oder der eiserne Heinrich«, und es fußt hauptsächlich auf einer mündlichen Überlieferung, die Wilhelm Grimm
von der Apothekerfamilie Wild erzählt bekam. An keinem Märchen
hat Wilhelm Grimm so viel herumgefeilt wie an diesem, das eins
der ältesten und beliebtesten ist und voller offener und versteckter
sexueller Anspielungen steckt.

»In den alten Zeiten, wo das Wünschen noch geholfen hat«, fällt
einer Prinzessin ihre goldene Kugel ins Wasser. Ein Frosch holt sie
ihr wieder herauf gegen das Versprechen, mit ihm Tisch und Bett
zu teilen und ihn als Gesellen anzunehmen. Das ist unvorsichtig
von der Prinzessin. »Geselle« war nämlich seit dem Minnesang ein
Ausdruck für »Liebhaber«.

Prompt steht der alte Wasserpatscher auch am nächsten Tag vor
der Tür und pocht auf Einlösung der Versprechen. Der Vater der
Prinzessin schlägt sich auf seine Seite. Also läßt die Prinzessin den
Frosch von ihrem Teller essen und kriegt vor Ekel keinen Bissen
herunter. Anschließend muß sie ihn mit ins Schlafzimmer nehmen.
Dort droht das dreiste Biest, sie beim König zu verpetzen, falls er
nicht mit in ihr Bett darf. Auf seinen Erpressungsversuch bekommt
er die einzig richtige Antwort – er wird an die Wand geklatscht. Daraufhin verwandelt er sich in einen Königssohn »mit schönen freundlichen Augen«. Aus unerfindlichen Gründen scheint die Vorgehens-
methode, wie Frösche in Prinzen zu verwandeln sind, bei den
meisten Lesern und Leserinnen nicht ganz richtig angekommen zu
sein. Jedenfalls ist der Glaube weit verbreitet, sie müßten zu diesem
Zweck geküßt werden. Ein verhängnisvoller Irrtum, wie die zunehmende Zahl der Scheidungsprozesse belegt, die heute meist von
Frauen eingeleitet werden. Dem entgegen geht es in den Froschkö-
nigswitzen, auf die man noch häufiger trifft als auf die vielen Paro-

dien, Dramatisierungen, Nachdichtungen und Psychogramme, üblicherweise um männliche Enttäuschung über weibliche Häßlichkeit. Trotz seines unerlösten Zustandes balanciert der Froschkönig auf bildlichen Darstellungen gern ein nicht ganz logisches Krönchen. So taucht er auch in der Werbung immer wieder auf. Ein ganz früher Vertreter ist der → **Erdalfrosch**. Sah man den gekrönten Frosch früher vor allem als Wasserspeier oder Gartenzwergverstärkung, findet man ihn heute auch als Zuckerdose, Abflußstopfen, Radiergummi und was immer sich in diese Form pressen läßt.

Lit.: Ulf Diederichs, *Who's Who im Märchen,* München 1995; Walter Scherf, *Lexikon der Zaubermärchen,* Stuttgart 1982.

Fuchur
Glücksdrache aus der »Unendlichen Geschichte«

»Mach schnell, Fuchur, das Nichts ist überall.«
(Atréju in der Drehbuchfassung vom 15. Februar 1983)

Glücksdrachen sind selbst im Märchenland Phantásien eine Seltenheit. Sie sind riesengroß, besitzen einen schlangenhaft langen Leib, der mit hunderttausend perlmuttfarbenen (Atem-)Schuppen besetzt ist, haben eine silberweiße Mähne, ein löwenartiges Maul mit Barten, einen fransigen Schweif und rubinrote Augen. Aus Luft und Feuer gemacht, brauchen sie auch keine andere Nahrung als Luft und Wärme, können Feuer spucken und wiegen trotz ihres großen Körpers nicht mehr als »eine Sommerwolke«. Deswegen sind sie auch ohne Flügel ausgezeichnete Flieger, die von der Erde aus leicht mit Blitzen verwechselt werden können und die sogar in der Luft schlafen. Glücksdrachen sind fast immer vergnügt und optimistisch, denn sie wissen, daß sie Glück haben und Glück bringen werden. Wasser kann ihnen allerdings gefährlich sein. Sie können darin ersticken oder erlöschen, weil sie teilweise aus Feuer gemacht sind. Das Beeindruckendste an den Glücksdrachen ist ihr unvergeßlicher Gesang, der wie »das goldene Dröhnen einer großen Glocke« ist.

Bei seinem ersten Auftritt in Michael Endes Buch »Die unendliche Geschichte« (Stuttgart 1979) ist der Glücksdrache Fuchur in den Netzen des Ungeheuers **Ygramul** gefangen, das sich aus zahllosen kleinen Insekten zusammensetzt und deswegen ständig seine Form verändern kann. Aber Fuchur wäre kein Glücksdrache, wenn ihm nicht auch in dieser scheinbar ausweglosen Situation ein günstiger Zufall zu Hilfe käme. Die Grünhaut Atréju, im Auftrag der kindlichen Herrscherin unterwegs zu einem Orakel, um Phantásien vor dem Nichts zu retten, trifft ein. Zwar hilft Atréju nicht aktiv, entlockt aber Ygramul zufällig das Geheimnis, wie Fuchur entkommen kann. Grünhaut und Drache schließen Freundschaft und bestehen gemeinsam einige Abenteuer. Dabei rettet Fuchur wiederum Atréju aus den Fängen des Werwolfs **Gmork**. Gmork, »pechschwarz und groß wie ein Ochse«, ist ein Wanderer zwischen der Welt der Menschen und der Welt der Phantasie und nirgendwo zugehörig. Er ist die Inkarnation des Bösen, aber nicht von ihm geht die Gefährdung Phantásiens aus, sondern vom Nichts.

Alle diese Geschichten, die Fuchur und Atréju mit Ygramul, Gmork, den Zweisiedlern und vielen anderen Einwohnern Phantásiens erleben, liest ein kleiner dicker Junge in einem geklauten Buch, in dessen Sog er immer mehr gerät, bis er sich schließlich selbst als Figur darin befindet. Er rettet Phantásien, indem er der kindlichen Herrscherin einen neuen Namen gibt. Über die Abenteuer, die ihn hier erwarten, vergißt Bastian Balthasar Bux beinahe sein altes Leben, aber mit der Hilfe der Grünhaut Atréju und dem Glücksdrachen Fuchur schafft er – gereift – die Rückkehr in die Wirklichkeit.

Michael Endes Buch-im-Buch-Märchen voller *Accents aigus* war für Kinder gedacht, traf aber einen Zeitgeist, der für Appelle an die Phantasie und romantische Fluchten aus der Realität empfänglich war. Millionen Erwachsene lasen das naiv-philosophische Werk über Phantasie und Wirklichkeit und der Kraft in uns selbst. Jahrelang hielt »Die unendliche Geschichte« sich auf den vorderen Plätzen der Bestsellerlisten. Sie wurde u. a. mit dem renommierten Jugendbuchpreis → **Buxtehuder Bulle** ausgezeichnet. Das Buch wurde in 23 Sprachen übersetzt.

Für das Erscheinungsbild des Glücksdrachen hat Michael Ende sich offensichtlich von den Darstellungen chinesischer → **Drachen** bis ins Detail inspirieren lassen. Wie Fuchur haben die chinesischen Drachen wenig mit den bösartigen Ungeheuern Europas zu tun, sondern sind friedfertige Glücksbringer. Wasserscheu sind sie allerdings nicht. Sie werden im Gegenteil mit Wolken, Brunnen und Quellen in Verbindung gebracht. Der weiße Drache ist in China ein »Mondsymbol der Nacht«.

Als Drehbuchvorlage fiel »Die unendliche Geschichte« in die Hände des Regisseurs Wolfgang Petersen (»Das Boot«) und des Produzenten Bernd Eichinger. Michael Ende, der die geplante Kinoadaption anfangs noch gegen aufgebrachte Leser verteidigt hatte, distanzierte sich schließlich vom »teuersten Film Deutschlands« (»Die unendliche Geschichte«, BRD 1983).

Der Glücksdrache, der im Kinofilm zum Einsatz kam, wog etwas mehr als »eine Sommerwolke«, nämlich zehn Zentner. Er entstand nach Entwürfen des »Conceptual Artist« Ul de Rico und war 15 Meter lang. Sein riesiger Kopf sah aus wie der eines zottigen Hundes mit Schlappohren. Bis zu 18 »Operators« waren gleichzeitig damit beschäftigt, seine Bewegungen zu koordinieren. Die Unmengen von Plastikschuppen auf seinem Rücken hielten erst beim zweiten Anlauf der Hitze unter den Studiolampen stand und mußten »in einem 50stündigen Gewaltakt« ausgewechselt werden.

Außer dem großen vollständigen Fuchur gab es noch ein »Ausschnittsmodell« für die Flugaufnahmen von ihm, das aus Vorderfüßen, Hals und Kopf bestand, und ein 40 Zentimeter kleines Trickmodell.

In der amerikanischen Fassung heißt Fuchur »**Falcor**«, denn »Fuchur« von einem Amerikaner ausgesprochen hätte zu sehr an das Wort »Future« (Zukunft) erinnert und für Verwirrung gesorgt.

Lit.: *Cinema* 4/1984; Michael Ende, *Die unendliche Geschichte,* Stuttgart, o. J; Ulli Pfau, *Phantasien in Halle 4/5,* München 1984; Hans Schöpf, *Fabeltiere,* Wiesbaden/Graz 1992.

570
Zuchtsau mit Weltrekordwurf

Das Schwein mit dem lieblosen Namen brachte am 21. September 1993 auf der Farm der Familie M. P. Ford in Eastfield bei Melbourne, York (GB) 37 Ferkel zur Welt. (12 Ferkel sind auch schon ein guter Wurf.) Eines war gleich tot. Von den 36 lebendgeborenen überlebten 33 – allerdings vermutlich auch nur die Zeit, die einem Schwein heute bis zur Schlachtreife zugestanden wird. In der Fleischproduktion wird das Hundert-Tage-Schwein angestrebt, das heißt ein Schwein, das in hundert Tagen von 25kg auf 100kg gemästet werden kann.

Lit.: *Das neue Guinness Buch der Tierrekorde,* Frankfurt am Main/Berlin 1994; Privatauskunft von Oskar Sodux.

Fury
Die Pferdeversion von Lassie

»Na, Fury, wie wär's mit einem kleinen Ausritt?« (Joey)

Am 15. Oktober 1955, es war ein Sonnabend, und es war vormittags, galoppierte zum ersten Mal Fury durch das amerikanische Kinderprogramm des NBC.

In dieser ersten Folge, die »Joey Finds A Friend« heißt, bekommt Waisenjunge Joey (Bobby Diamond) von dem jungen Witwer Jim Newton (Peter Graves) ein Heim auf der Broken Wheel Ranch angeboten, wo außer Jim auch noch der knittergesichtige Pete (William Fawcett) lebt und den Kochlöffel schwingt. Der Stadtjunge hat Schwierigkeiten, sich auf der Pferderanch einzuleben, bis er mit Fury Freundschaft schließt.

In den nächsten 113 Schwarzweißfolgen, die bis 1960 produziert wurden, erleben Joey und sein geliebter schwarzer Hengst diverse Abenteuer mit Schuften und Sheriffs und anderen Pferden und propagieren das einfache Landleben. Jede dieser halbstündigen Episoden beginnt damit, daß Joey sein Pferd ruft, und kaum hört Fury seinen Namen, kommt er aus den Bergen angeprescht. Joey schlägt einen Ausritt vor, und Fury knickt in den Vorderbeinen ein, damit sein Freund leichter aufsitzen kann. Nach diesem Vorspann kommt die eigentliche Geschichte, aus der man meist eine Moral ziehen kann. Am Schluß versorgt Joey dann seinen Pferdekumpel, Jim und Pete stehen daneben und geben Weltweisheiten von sich, Fury nickt dazu mit dem Kopf, und alle müssen lachen. Eigentlich war »Fury« keine Kinderserie, sondern ein Ritual.

Die Hauptrolle in diesem Ritual wurde von einem Hengst namens **Beauty** gespielt. Er war ein schwarzes American-Saddle-Horse (eine besonders schöne und leistungsfähige Rasse) und kam aus Missouri. Bevor Beauty zu Fury wurde, hatte er bereits reichlich Filmerfahrung gesammelt. 1946 hatte er → **Black Beauty** gegeben, 1954 in »Gypsy Colt« (dt. »Treue«) die Hauptrolle gespielt und dafür einen »Patsy Award« (so etwas wie ein Oscar für Tiere) eingeheimst, 1952 in »Lone Star« (»Mann gegen Mann«) neben Clark Gable gespielt und 1954 in »Johnny Guitar« neben Joan Crawford. 1956 war er außer in der »Fury«-Serie auch mit Elizabeth Taylor in »Giant« (»Giganten«) zu sehen. Pro »Fury«-Episode brachte das fitte Pferd seinem Trainer und Besitzer Ralph McCutcheon 1500 Dollar ein. Mit den Gagen für die Kinofilme kamen so einmal innerhalb von acht Jahren über eine halbe Million Dollar zusammen. Fury/Beauty wurde 29 Jahre alt, die er – aus Sorge, daß er sonst seine mühsam erlernten Tricks vergessen könnte – in der Verdammnis ewigen Zölibats verbringen mußte.

1987 gründete sich in Hannover eine Musikgruppe, die sich »Fury in the Slaughterhouse« nennt, womit geschlachtete Kindheitsillusionen gemeint sind. Sänger Kai-Uwe Wingenfeld weinte in seiner Jugend nämlich nur bei zwei Gelegenheiten: wenn seine Mutter Zwiebeln schnitt und wenn Fury im Fernsehen lief.

Lit.: David Rothel, *The Great Show Business Animals,* San Diego/New York/London 1980.

G

Gabriel Ratchet
Todesprophet in Hundegestalt

Nach einer populären nordenglischen Volkssage lebt hoch über den Wolken für menschliche Augen unsichtbar der Geisterhund Gabriel Ratchet. Bei heftigem Sturm kann man sein fürchterliches Gekläff, das angeblich das Wehklagen der Seelen ungetaufter Kinder ist, hören. Die Unglücklichen, denen das Geheul von Gabriel Ratchet ins Ohr dringt, müssen damit rechnen, daß sie selbst oder einer ihrer nahen Angehörigen bald sterben werden.

Lit.: Katherine Briggs, *The Anatomy of Puck*, London 1959.

Gallischer Hahn
Personifikation Frankreichs

Außer durch eine attraktive junge Frau, die Marianne, wird Frankreich auch noch durch den Gallischen Hahn personifiziert. Wie die Marianne und wie das wichtigste Nationalsymbol Frankreichs, die Trikolore, hat der Gallische Hahn seinen Ursprung in der Zeit der französischen Revolutionen zwischen 1789 und 1848. Im Gegensatz zum deutschen Adler ist der Hahn der Franzosen nie ein offizielles Wappentier gewesen, sondern ein zunächst antikönigliches Kampfzeichen, später ein allgemein akzeptiertes nationales Identifikationssymbol. Nach Abschaffung des verhaßten Lilienwappens der Bourbonen-Könige verzichtete die junge Republik darauf, es durch ein neues Wappen zu ersetzen. Den Revolutionsmachern schien die Trikolore als Staatssymbol ausreichend. Inoffiziell setzte sich aber bald der Hahn als Verkörperung französischen Nationalbewußtseins und revolutionären Kampfgeistes durch.

Diese Ehre verdankt der Hahn weniger seinem zwar imponierenden, aber auch etwas gespreiztem Aussehen, als vielmehr der lateinischen Namensgleichheit von »Gallus« = Hahn und »Gallus« =
der Gallier. Vielfach wurde er als symbolische Darstellungen
Frankreichs, besonders in Karikaturen, verwendet. Eine gewisse offizielle Anerkennung hat er als Motiv auf französischen Briefmar-
ken-Dauerserien und Kriegsdenkmälern und als Emblem an den
Stahlhelmen bestimmter Armee-Einheiten erhalten.

Lit.: Arnold Rabbow, *dtv-Lexikon politischer Symbole*, München 1970.

Ganescha (Ganesch, Ganapati, Binajaka)
Indischer Elefantengott

Zu den populärsten Hindu-Gottheiten gehört der massige und vier-
händige Ganescha (Sanskrit »Herr der Scharen«). Ganescha, der
auch Eingang in die buddhistische Götterwelt fand, hat den Körper
eines dicken Kindes und den Kopf eines Elefanten. Sein Kopf, der
meist mit nur einem Stoßzahn abgebildet wird, symbolisiert den
Makrokosmos (das All), für den es dann auch schon ein Elefantenkopf sein muß. Der Körper steht für den von den Menschen erfaßbaren Mikrokosmos. Ferner wird der Kopf in Indien mit der Unver-
gänglichkeit gleichgesetzt, dagegen wird der Körper als Hinweis
auf die menschliche Sterblichkeit gedeutet. Ganescha stellt also die
verkörperte Verbindung elementarer Gegensätze dar.

Dieses vielschichtige Mischwesen ist der Sohn vom gefürchteten
Hindu-Hauptgott Shiwa und dessen Gattin Parwati. Parwati ließ Ganescha aus etwas Schorf, das sie sich abrubbelte, entstehen, um einen
Wächter für ihre Badezimmertür zu haben. Sie störte nämlich die Angewohnheit ihres Mannes, immer dann in die Naßzelle zu platzen,
wenn sie sich wusch. Das paßte wiederum dem jähzornigen Shiwa
nicht. In seiner Götterehre gekränkt, packte er das unglückliche
Wächterlein Ganescha, dessen Kopf damals noch nicht einem Elefantenschädel ähnelte, und säbelte ihm den Kopf ab. Als Shiwas Jähzorn
verflogen war, wollte er die Sache schnell wieder in Ordnung bringen. Er enthauptete kurzerhand das erste Wesen, das ihm über den

Weg lief, und setzte dessen Kopf auf den verwaisten Körper seines Sohnes. Es war ein Elefantenkopf.

Der auf einer Maus reitende Elefantengott Ganescha gilt gleichermaßen als Personifikation der Verfressenheit und der Klugheit. In der Götterwelt ist er der mutige Anführer des Gefolges seines Vaters. Bei der indischen Bevölkerung genießt er vor allem als Schutzpatron für unternehmerische Aktivitäten hohes Ansehen. Daneben verkörpert Ganescha auch die Förderung von Bildung und Wissenschaften.

Lit.: Giorgio Coppin (Hrsg.), *Der Elefant,* Grünwald 1989; Helmut Freydank u. a., *Erklärendes Wörterbuch zur Kultur und Kunst des Alten Orients*, Hanau 1986.

Garfield
Egoistischer Comic-Kater

»Big, fat hairy deal!« (Garfields Lieblingsspruch)

Garfield ist ein asozialer, selbstgefälliger und nur auf den eigenen Vorteil bedachter übergewichtiger Hauskater. 1978 ist diese von Jim Davis geschaffene US-Comic-Figur zum erstenmal erschienen und genießt seitdem weltweit enorme Popularität. Jim Davis hat seinen Negativhelden nach seinem Großvater James A. Garfield Davis benannt.

Schauplatz des Garfield-Lebens ist das Vorstadthaus von Jon Arbuckle, einem freundlich-harmlosen Cartoonisten, der auch das Herrchen vom langhalsigen Hund **Odie** ist. Odies Verbrechen, die ihn zum Haßobjekt von Garfield machen, sind sein Bellen und die Art, wie er sich hinlegt. Der Kater piesackt den armen Hund dafür unablässig: Er läßt Odie gegen eine Wand rennen, schrillt ihm mit einer Hundepfeife direkt ins Ohr oder bewirft ihn mit Blumentöpfen. Das einfältige Opfertier trägt seinem Peiniger nie etwas nach und überlebt die regelmäßigen Attacken ohne bleibende Blessuren. Im Gegensatz zu Odie haben andere Hausgenossen den Haß von Garfield nicht überlebt. Das Küken **Nadine** endet als Beilage in einer Nudelsuppe, **Herbie**, der Frosch, wird von Garfield gefressen, und das Schmusekaninchen **Slippers** in eine Mausefalle gelockt. Am liebsten würde das mörderische Dickerchen auch die zuckrigliebliche Zwergkatze **Nermal** um die Ecke bringen. Doch gehört das »niedlichste Kätzchen der Welt« Arbuckles Eltern, deren Wut Garfield nicht provozieren möchte. Zumal er in steter Sorge lebt, daß die Arbuckle-Familie auf die Idee kommen könnte, er sei unnütz. Aus diesem Grund protegiert er die Maus **Squeak** und deren Familie, um so eine ständige Existenzberechtigung als Mäusefänger konstruieren zu können. Den einzigen Tieren, denen Garfield, der Spinnen fürchtet und die »hirnlosen« Hunde verabscheut, so etwas wie Sympathie entgegenbringt, sind seine Katzenfreunde **Arlene, Fluffy** und **Guido**. Seine Kumpels Fluffy und Guido hat er während eines kurzen Aufenthalts im Tierheim kennengelernt. Bei Arlene, einer Schönen aus der Nachbarschaft, versucht er Eindruck zu schinden, ist aber regelmäßig von ihrer Art, Konversation treiben zu wollen, genervt.

Neben seinen Treffen mit Arlene, Fluffy und Guido, den bösen Streichen gegenüber unliebsamen Hausgenossen und dem Jagen von Postboten und Eiswagen verbringt Garfield den Tag zum größten Teil mit Schlafen, Fressen und der oft einfallsreichen Beschaffung von Nahrung. Katzenfutter widert ihn an. Dagegen liebt er menschliche Kost, besonders kalorienreiche Lasagne so sehr, daß er für seine mittlerweile über acht Kilo Lebendgewicht entschieden zu klein geworden ist.

Lit.: Ron Goulart (Hrsg.), *The Encyclopedia of American Comics,* New York 1990; Jeff Rovin, *The Illustrated Encyclopedia of Cartoon Animals*, New York 1991.

Gaucho
Heinos Adler

»Die Tierschützer sollen sich besser um Menschen kümmern, denen es schlecht geht. Gaucho ist ein TV-Profi!« (Heino-Manager Dieter Mauritz laut »Bild-Zeitung« vom 30.9.1996)

Adler Gaucho (6), der in Wirklichkeit gar kein Adler, sondern ein Blaubart-Bussard sein soll, hatte bereits TV-Erfahrung im »Forsthaus Falkenau« gesammelt, als er mit Heino (57) von Fernsehauftritt zu Fernsehauftritt zu reisen begann, wo der blonde Schlagersänger sein aktuelles Lied »Adler flieg hinaus« vorstellte. Bei den Proben zur »Volkstümlichen Hitparade« (ZDF) geschah es dann: Hitze, Hektik, Licht und Lärm waren einfach zuviel. Gaucho mußte schon kotzen, bevor Heino richtig loslegen konnte. Sofort wurde er nach draußen getragen. An der frischen Luft erholte er sich von seinem Kreislaufkollaps.

Tierschützer tobten, Heinz Sielmann und die Sprecherin von Brigitte Bardot äußerten sich erbost, und Professor Dr. Klaus Sojka, Bundesvorsitzender des Welttierschutzbundes, drohte mit Anzeige, falls Heino auch weiterhin mit dem Adler auftreten würde. Der Zoll ermittelt, wie der Bussard-Adler nach Deutschland gekommen ist. Ausgang der Auseinandersetzungen noch offen.

Lit.: *Bams* vom 15.9.1996, 22.9.1996 und 19.1.1997; *Bild-Zeitung* vom 2.10.1996.

Gédéon
siehe Gideon

Geist der Steppe
Mustang

»Lewwer duad üs Slaav!«
(Detlev von Liliencron, »Pidder Lüng«)

In den Jahren nach 1870 gab es einen wilden milchweißen Mustang, der mit seiner Herde durch Südtexas streifte. »Geist der Steppe« nannten die Mustangjäger den Hengst wegen seiner Farbe und weil er so schnell war, daß ihn niemand fangen konnte. Im März 1882 hetzten ihn zwei Büffeljäger vier Tage lang und wollen ihn dabei fast fünfhundert Kilometer weit verfolgt haben. Schließlich stellten sie ihn tatsächlich an einem Steilhang vor einer mit alkalihaltigem Schlamm gefüllten Bodensenke. Ohne auch nur zu zögern, stürzte sich der »Geist der Steppe« in das giftige Schlammloch und versank.

Kurz danach gab es wieder einen »**Geist**«. Es war ein blaugrauer Hengst mit silberner Mähne und silbernem Schweif, der in den 80er

Jahren auch einmal in einem Pferch gefangen wurde, aber entkam, wobei er vier Pferdejäger angriff und einen Zaun aus Baumstämmen durchbrach. In den »Badlands« von Montana wurde er immer wieder nachts von Cowboys gesehen, wie er auf einem Bergrücken vor dem Mond stand und Scherenschnitt spielte. Nur Mähne und Schweif schimmerten. Manchmal wurde er innerhalb von wenigen Tagen an verschiedenen Stellen gesehen, die Hunderte von Kilometern auseinanderlagen. Und eines Tages war er ganz verschwunden.

Lit.: *Das Große Reader's Digest Tierbuch*, Stuttgart/Zürich/Wien 1965.

Gentle Ben
siehe Ben

Gertie
Gilt als erstes Zeichentrick-Tier

1914 (nach anderen Quellen schon 1912 oder bereits 1909) stampfte die Brontosaurierin Gertie über die Leinwand. Der US-amerikanische Zeitungs-Cartoonist Winsor McCay hatte sie zum Leben erweckt. McCay, der sich nicht ganz zu Unrecht als »Schöpfer des Zeichentrickfilms« bezeichnete, trat mit seinem Zehnminuten-Streifen »Gertie the Dinosaur« im Varieté auf.

Als Brontosaurier-Bändiger stand er peitschenknallend vor der Leinwand und ließ Gertie einen ganzen Baum fressen, tanzen, brachte sie zum Weinen und warf ihr einen Kürbis zu, den sie mit dem Maul auffing. Als Höhepunkt der Show hoppste McCay auf den Rücken des Tieres und wurde dann von Gertie davongetragen. Tatsächlich war der reale McCay lediglich hinter die Leinwand gesprungen und ein gezeichneter Doppelgänger vollendete den Sprung. Die Wirkung auf das trickfilmunerfahrene Publikum war verblüffend. Obwohl der Film nur aus schwarzen Strichzeichnungen bestand und nicht einmal flächendeckende Schattierungen, geschweige denn Farben vorweisen konnte, hatte er damals für viele Zuschauer ausgesprochene Gruselschocker-Qualität und wurde ein großer kommerzieller Erfolg. Anscheinend gab es auch noch eine Version, in der Gerties Auftritt in eine Realfilmhandlung gebettet war und die auch ohne McCays leibhaftige Anwesenheit vorgeführt werden konnte. Dieser Film erklärte gleichzeitig, wie Zeichentrickfilm funktioniert.

Brontosaurierdame Gertie gilt allgemein als erstes Zeichentrick-Tier der Filmgeschichte, obgleich es bereits vor 1914 einige, kaum bekannte Vorläufer gegeben hat (zum Beispiel den Moskito in Winsor McCays »The Story of a Mosquito«, 1912).

Lit.: Bernhard Kempen / Thomas Deist, *Das Dinosaurier-Filmbuch*, München 1993; Leonard Maltin, *Der klassische amerikanische Zeichentrickfilm*, München 1982; Jeff Rovin, *The Illustrated Encyclopedia of Cartoon Animals*, New York 1991.

Der Gestiefelte Kater
Märchenkater

Bei der Verteilung des väterlichen Nachlasses wird der jüngste von drei Müllerssöhnen mit einem Kater abgespeist. Der nicht gerade lachende Erbe überlegt, ob er dem Tier nicht die Haut abziehen soll, um daraus ein Paar verkäufliche Handschuhe zu schneidern. Der Kater erweist sich als der menschlichen Sprache mächtig und macht einen besseren Vorschlag. Etwas nebelhaft verspricht er seinem Besitzer eine gesicherte Zukunft. Dafür braucht er aber ein Paar Stiefel, um sich unter Leuten sehen lassen zu können. Der perplexe Müllerssohn gibt seine letzte Barschaft für die Anfertigung von Katzenstiefeln aus, und der gestiefelte Kater hält sein Versprechen. Als erstes gelingt es ihm durch raffinierte Täuschungen, jeden, einschließlich des Königs, davon zu überzeugen, daß der arme Müllerssohn ein vermögender Graf ist. Danach legt er einen reichen Zauberer rein, indem er ihn an der Eitelkeit packt und behauptet, daß der Zauberer nicht in der Lage sei, sich in ein mauskleines Tier zu verwandeln. David Copperfields Vorgänger beweist ihm das Gegenteil, woraufhin der schlaue Kater die Maus vernascht. Des Zauberers Schloß und Vermögen gehen in den Besitz des Müllerssohns. Der soziale Aufsteiger bekommt die Hand der Prinzessin und wird Thronfolger. Und der gestiefelte Kater kriegt ein Ministeramt.

»Der gestiefelte Kater« (Radierung von Otto Speckter, 1823).

Dieses Märchen haben die Brüder Grimm 1812 in ihrer ersten Sammlung von Kinder- und Hausmärchen veröffentlicht. Sie bearbeiteten die Variante eines in Frankreich verbreiteten Märchens, das ihnen von der hugenottisch-deutschen Bürgerstochter Jeanette Hassenpflug erzählt worden war. Dabei ließen die Grimms Elemente des 1797 von Ludwig Tieck veröffentlichten Märchenspiels »Der gestiefelte Kater, ein Kindermärchen in drey Akten« einfließen. Die französische Vorgabe geht auf Charles Perrault zurück, in dessen Sammlung sogenannter Feenmärchen 1697 auch »Le Maître Chat ou le Chat botté« erschienen war. Perrault war ein hoher Beamter am Hofe Ludwigs XIV. Seine Märchen wendeten sich an gebildete Erwachsene und hatten durchgängig einen erotischen Touch. Noch ältere schriftliche Fassungen des Stoffes sind im italienischen Sprachraum nachgewiesen (Giovanni Francesco Straparola 1553; Giambattista Basile 1634). Das Märchen vom listig-frechen Kater, der den lethargischen Müllerssohn nicht mit märchenüblicher Zauberei, sondern durch geschickte Dreistigkeit und Täuschung eines trotteligen Herrschers zum Glück verhilft, schien den Brüdern Grimm wohl doch nicht so recht für Kinder geeignet. Aus ihrer Märchenbuch-Gesamtausgabe von 1819 ist »Der gestiefelte Kater« entfernt. Trotzdem ist diese Aufstiegsphantasie für Unter- und Mittelschichtler zu einem der populärsten Märchen in Deutschland geworden, das in unzähligen Büchern auftaucht und vielfach vertont, verfilmt und auf die Bühne gebracht wurde.

Lit.: Walter Brednich (Hrsg.), *Enzyklopädie der Märchen*, Band 3, Berlin 1993; Doris Jedamski, *Der Gestiefelte Kater als Kolonisationshelfer. Europäische Märchen in indonesischen Bearbeitungen der 20er Jahre,* Frankfurt am Main 1988; Walter Scherf, *Lexikon der Zaubermärchen*, Stuttgart 1982.

Gideon (Gédéon)
Französische Bilderbuchente

1923, elf Jahre vor der Geburt von → **Donald Duck,** schuf der französische Starkarikaturist Benjamin Rabier (1864–1939) eine Cartoon-Ente, die für die französischen Kinder der III. und IV. Republik ähnlich prägend war wie der Elefant → **Babar**. Anders aber als Babar war der gelbe Enterich nicht immer brav, sondern stellte sein Gerechtigkeitsgefühl über irgendwelche Konventionen. Seinem Organisationstalent und seiner Schlauheit verdankten es die Tiere des Waldes und des kleinen Dorfes, in denen die Gideon-Geschichten angesiedelt waren, daß sie einigermaßen sicher ihr Leben genießen konnten. Störenfriede wie der aufgeblasene Fuchs, der brutale Wolf oder menschliche Tierquäler wurden von Gideon trickreich in diverse Fallen gelockt und bestraft. Die etwa 20 Gideon-Bücher waren noch keine Comics im heutigen Sinn, sondern reichillustrierte Bilderbücher mit wenigen Textblöcken. 1976 wurden die Gideon-Abenteuer als Zeichentrickserie für das französische Fernsehen aufbereitet.

Lit.: Benjamin Rabier, *Gideon im Wald*, Zürich 1979.

Gigi
Kalifornischer Grauwal

Gigi galt als der einzige jemals in Gefangenschaft gehaltene (und später wieder freigelassene) Großwal. 1971 wurde das 5,5 Meter lange und knapp zwei Tonnen schwere Grauwalmädchen vor der kalifornischen Küste mit einer speziellen Tauschlinge eingefangen und nach San Diego geschleppt. Im Sea-World-Vergnügungszentrum mußte sie nicht wie ihre bedauernswerte Kleinwal-Verwandtschaft Kunststücke vorführen, sondern war allein durch ihre Präsenz Kassenmagnet. Wissenschaftler unterzogen Gigi zahlreichen Tests und gewannen wichtige Erkenntnisse für die Walforschung. Erst nach zwei Wochen begann das so abrupt aus seiner gewohnten Umgebung und von seiner Mutter gerissene Walkalb wieder zu fressen. Dann nahm Gigi allerdings so explosionsartig zu, daß es abzusehen war, wann sie auch aus dem größten der Sea-World-Becken herauslappen würde. Nach genau einem Jahr Gefangenschaft wurde sie etwa acht Kilometer vor San Diego wieder in die Freiheit gelassen. Die Grauwalin wurde markiert und mit einem Sender ausgestattet, mit dessen Hilfe man ihren Aufenthaltsort zu lokalisieren hoffte. Gigi ist später noch einige Male gesichtet worden, und allem Anschein nach hat sie auch Anschluß an eine Herde gefunden.

Die Aktion stieß in der amerikanischen Öffentlichkeit nicht nur auf Zustimmung. Die 70er Jahre waren die Zeit, in der die Gesellschaft sich verstärkt für Fragen des Artenschutzes zu sensibilisieren begann. Unter anderem hatte Gigi auch wegen der Proteste gegen ihre Gefangenschaft keine Nachfolger. Bis 1996 – da strandete ein vier Tage altes und 758kg schweres, mutterloses Grauwalbaby im Hafen von Marina Del Rey und wurde ebenfalls in den Sea-World-Meerestierpark von San Diego verfrachtet.

Lit.: Richard Ellis, *Mensch und Wal. Die Geschichte eines ungleichen Kampfes*, München 1995.

Gizmo
siehe Gremlins

Gladstone Gander
siehe Gustav Gans

Globi
Schweizer Ur-Comic-Papagei

Zu den langlebigsten Comic-Figuren der Welt gehört ein vermenschlichter Papagei, der stets mit einer Baskenmütze auf dem
Vogelhirn herumläuft und nie ohne seine karierte Hose zu sehen ist.
Globi, der Titelheld der ersten schweizerischen Comic-Serie, ist
1932 ursprünglich als Werbefigur der Warenhauskette Globus kre-
iert worden. Nachdem der komische Vogel zunächst für Rasierklin-
gen, Seife und Bleistifte Reklame gemacht hatte, wurde er bald wegen seines Erfolgs bei den comicunerfahrenen Schweizerkindern
zur eigenständigen Hauptfigur einer Serie von Bildgeschichten aufgebaut. Globi, dem seit 1988 mit **Globine** ein weibliches Pendant
zur Seite gestellt wurde, ist ein rechter Schelm, der mit harmlosen
Scherzen und jugendverträglichen Streichen seine Umgebung ein
wenig im Rahmen des Erlaubten ärgert. Dabei wird in einer Mischung aus Pantomimen-Comic – statt der heute allgemein üblichen
Sprechblasen sind die Bilder mit einem gereimten Text unterlegt –
und Malbuch allerlei betulich Pädagogisches abgesondert. Konservative Schweizer haben keine Bedenken, ihren Kindern den »Globi« in die Hand zu geben.

Seit 1935 sind über 60 »Globi«-Bände erschienen mit Titeln wie
»Globis Weltreise«, »Globi wird Bauer« oder »Globi und Wilhelm
Tell«; Gesamtauflage: über sechs Millionen Exemplare. Der Longseller wurde auch ins Ausland exportiert, doch so richtig populär
war und ist Globi lediglich in der Schweiz.

Lit.: Franco Fossati, *Das große illustrierte Ehapa Comic-Lexikon*, Stuttgart 1992;
Schweizer Lexikon, Luzern 1992.

Die Glücksbärchis (Bärchis, Care Bears)
Wenn Bären zu sehr lieben

*»Brumm-Bärchi ... ich möchte dir
einen Herzblumenstrauß schenken!
Bitte, lach doch wieder! Ich hab' dich auch so lieb!«
(Freundschafts-Bärchi)*

Bereits ihre Namen lassen Schlimmstes befürchten. Sie heißen **Schmuse-Bärchi, Glücks-Bärchi, Sonnenschein-Bärchi, Geburtstags-Bärchi, Brumm-Bärchi, Freundschafts-Bärchi, Hurra-Bärchi, Lieb-mich-Bärchi, Geheimnis-Bärchi, Wunsch-Bärchi, Gewinner-Bärchi** und so weiter und so fort. Das Symbol ihres Namens und ihrer Funktion tragen sie deutlich sichtbar auf den runden Bäuchen – Geheimnis-Bärchi hat dort ein aufgemaltes Vorhängeschloß, Freundschafts-Bärchi einen Regenbogen und Geburtstags-Bärchi das Bild eines Geburtstagskuchens. Bei den meisten Symbolen ist irgendwie ein Herz mit eingearbeitet. Selbst die Nasen der ganzen bonbonfarbenen Blase haben Herzform.

Präzise auf Kinderwünsche abgestimmt: »Der Glücks-Bärchi-Film« (USA 1884).

283

Ihre Geschichten werden weltweit von etwa hundert Millionen Kindern gelesen oder im Fernsehen betrachtet. Lange bevor das Animationsstudio Nervelana den ersten von mehreren Kinofilmen mit ihnen produzierte (»Der Glücks-Bärchi-Film« [»The Care Bears Movie«], USA 1985, Regie: Arna Selznick), waren die Bärchis als Spielzeug und Glückwunschkartenmotive überaus präsent.

Sie wohnen über den Wolken im Herzbärchiland, wo die Bäume voller Herzen hängen und weitere Pastelltiere mit Namen wie **Watschel Paddelherz** oder **Jumbo Großherz** sanftes Glück verbreiten. Im Herzbärchiland gibt es eine Glocke, die immer dann anschlägt, wenn sich ein Kind auf der Erde verlassen fühlt und die Unterstützung der Bärchis braucht. Dann sind sie mit Trost, drolligen Späßen und kaum auszuhaltender Niedlichkeit zur Stelle. Etwas Erleichterung erfahren die Zuschauer durch Bösewichte mit magischen Kräften. In »Glücks-Bärchis 2« (»Care Bears Movie II«, USA 1986, Regie: Dale Schott) ist das der finstere Dark Heart, der verschiedene Gestalt annehmen kann und die Glücksbärchis ausrotten will. Es gelingt ihm, die Babys der Bärchis zu entführen. Diabetiker wegschauen! Die gewindelte Brut ist noch putziger. Doch mit Hilfe von Regenbogenstrahlen aus Bärchibäuchen siegt wie immer die Liebe.

Lit.: Bärchis. *Ein Freund lernt lachen,* Bergisch Gladbach 1987; Cinema 3/1986,12/1986, 12/1987.

Göb-Göb
Dr. Dolittles freches Ferkel

»Keine Pastinaken?« (Göb-Göb)

Lebenslustig und triebgesteuert, ständig in Aufregung, ein wenig naiv und schnell zu begeistern – besonders, wenn es etwas zu fressen gibt – auch dem Wein nicht abhold, so ist Göb-Göb, eines von Dr. Dolittles Lieblingstieren in den Büchern von Hugh Lofting. Wenn die Situation brenzlig wird, ist es schnell hinderlich, muß getragen werden oder niest im falschen Augenblick. Göb-Göb ist memmenhaft weinerlich und strapaziert damit die Geduld aller. Der Affe → **Tschi-Tschi** droht ihm deswegen einmal sogar Prügel an. Wenn die vielen Abenteuer mit Doktor Dolittle es zulassen, hält

Göb-Göb um vier sein Nachmittagsschläfchen. Es schwärmt fürs Kasperletheater. Seinen eigenen Auftritt hat es gemeinsam mit dem Hund → **Jip** und der Ente → **Dab-Dab** in Dr. Dolittles Tieroper.
Siehe auch **Doktor Dolittles Tiere.**

Lit.: siehe unter **Doktor Dolittles Tiere.**

Godolphin Arabian
Einer der drei Stammväter des englischen Vollbluts

Der Berberhengst, der später den Namen Godolphin Arabian erhielt, wurde 1724 im Jemen geboren. Der Bey von Tunis schenkte ihn Ludwig XV. Die Legende sagt, daß am französischen Hof niemand mit **Sham**, wie der Hengst zuerst hieß, fertig werden konnte, und er deshalb weggegeben wurde. Wahrscheinlicher ist, daß der Hengst, der sowieso keine Schönheit war und mit anderen geschenkten Pferden den Weg von Tunis nach Paris zu Huf machen mußte, in einem so erbarmungswürdigen Zustand ankam, daß er gleich an einen Fuhrhalter verkauft wurde. In der Legende ist es natürlich gleich ein Pariser Abfallkarren, vor dem der edle Hengst ging. Jedenfalls erwarb ihn der englische Quäker Edward Coke und importierte ihn nach England. Dort gelangte das Pferd nach Cokes Tod in den Besitz von Lord Godolphin, der ihm die frustrierende Aufgabe eines Probierhengstes zugedacht hatte. (Probierhengste sind die armen Pferdekerle, die sich Tritte und Bisse abholen dürfen, wenn sie antesten, ob eine Stute aufgelegt ist, sich decken zu lassen, und die bei positivem Ergebnis dem Zuchthengst Platz machen müssen. Jetzt setzt wieder die Legendenbildung ein. Entweder soll die Stute **Roxana** darauf bestanden haben, sich mit keinem anderen Hengst als Godolphin Arabian einzulassen, oder es soll Godolphin Arabian selbst gewesen sein, der die Sache mit dem Zuchthengst erfolgreich auskämpfte. Am wahrscheinlichsten ist, daß Hauptbeschäler **Hobgoblin** nicht aufgelegt war. Jedenfalls erwies sich Godolphin Arabians Nachkomme **Lath** als eines der erfolgreichsten Rennpferde seiner Epoche, und Papa Godolphin Arabian wurde als ausgezeichneter Vererber anerkannt. Durch seinen Sohn

Regulus ist er Urgroßvater von → **Eclipse** und durch seinen Sohn **Cade** Großvater von **Matchem**. George Stubbs tat sein Bestes, als er den als ungewöhnlich häßlich geltenden Godolphin Arabian malte, und auf seinem Bild sieht der Hengst, der Schweinsohren, einen Speckhals und einen ordinären Ramskopf hatte, dann auch sehr elegant aus. Nach diesem Bild dürfte Godolphin Arabian kein Araber, sondern ein Berber gewesen sein, müßte also besser **Godolphin Barb** genannt werden. Godolphin Arabian, der seine Box in gegenseitiger Zuneigung mit einer Katze teilte, starb 1753 im Alter von 30 Jahren.

Lit.: Elwyn Hartley Edwards, Horses – *Their Role in the History of Man,* London 1987; *Hobbylexikon Pferde,* Reinbek 1980; Marian Graf von Hutten-Czapski, *Die Geschichte des Pferdes*, Leipzig 1985; Jasper Nissen, *Das Sportpferd,* Stuttgart 1964.

Godzilla
Japanisches Trash-Kult-Monster

»Godzilla ist auf dem Weg hierher – vom Fujijama.«
»Wie kann man dem nur ein Ende machen?«
»Sie wollten aus Habgier die Erde zerstören.
Jetzt zahlt sie es ihnen heim.«
»Das ist mit dem Verstand nicht zu erklären, mein Junge.«
(Sätze aus dem Film »Godzilla – Kampf der Saurier«)

Dieser tapsige Saurier ist so groß wie ein Wolkenkratzer, schnaubt Feuer und hellblaue radioaktive Strahlen und hat (in seinen ersten Filmen) nur ein Ziel: eine japanische Großstadt zu zerstören. Ein Streichorchester unterstützt ihn darin. In seinem Aussehen soll Godzilla eine Mischung aus Tyrannosaurier und Allosaurus sein, mit den dreieckigen dicken Knochenplatten eines Stegosaurus auf dem Rücken. Wenn er beschossen wird, zeigt er seine sehr vielen, sehr weißen, sehr spitzen Zähne und läßt ein herzzerreißendes und etwas metallisches Miauen hören. Ob vor Schmerz oder nur aus schlechter Laune ist nicht ganz klar.

Während der amerikanische Monsteraffe → **King Kong** von der Sehnsucht nach einer Frau zu seinen Zerstörungsanfällen getrieben wird, dient Godzilla (oder **Gojira**, wie er in Japan heißt) noch nicht einmal als erotische Projektion einer parallellaufenden Liebesgeschichte. Liebe, Triebe, Sehnsucht sind nichts für ihn. Er ist die Rache der durch die Technologie bedrohten Natur, und damit hat er vollauf zu tun. Seine Wege sind weit. Lange bevor er erscheint, hört man ihn von fern heranstampfen.

Im Originaltitel haben die Papp-Ungeheuer mit Frankenstein nichts zu tun:
»Godzilla versus Gigan« (Japan 1971).

Seinen ersten Filmauftritt hatte er 1954 in »Gojira« (dt. »Godzilla«).

Atombombentests wecken ein prähistorisches Ungeheuer, das sich daraufhin nach Tokyo aufmacht, große Verwüstungen anrichtet und erst durch eine neue Superbombe zu stoppen ist. Der Erfinder der Bombe begeht gleichzeitig Selbstmord, damit diese Waffe nie mehr hergestellt werden kann.

Die radioaktive Urweltechse, die hier als triviales Symbol des japanischen Atombombentraumas (die Bombenabwürfe auf Hiroshima und Nagasaki waren noch nicht einmal zehn Jahre her) wütet, war überraschenderweise gar keine japanische Idee, sondern entstammte der amerikanischen B-Film-Industrie. (Da Amerika als Absender der Atombomben sein eigenes Trauma zu verarbeiten hat, ist dieser Umstand vielleicht doch nicht so überraschend.) Tomoyuki Tanaka, Produzent der Toho-Filmgesellschaft, hatte sich von »**The Beast from 20 000 Fathoms**« (dt. »Panik in New York«, USA 1953, Regie: Eugène Lourié) inspirieren lassen. Dort stapft ein durch Atomtests geweckter Saurier durch Manhattan. Tanaka unterbreitete dem Toho-Direktorium seine Idee. Regisseur dieses ersten Godzilla-Films (wie auch einiger der folgenden) war Inoshiro Honda. Die Special Effects wurden Trickspezialist Eiji Tsuburaya übertragen, der zuerst eine Riesenkrake als Monster im Sinn hatte, sich aber den Vorstellungen der Toho-Direktion beugen mußte. Für den Namen Gojira stand ein Angestellter der Filmgesellschaft Pate, dessen Spitzname Gojira war, was soviel wie Gorillawal bedeutet. Statt wie Harryhausen, der Trickspezialist des Filmvorbildes »The Beast from 20 000 Fathoms«, ausschließlich auf Monstermodelle und Stop-Motion-Technik zu setzen, packte Tsuburaja die jungen Schauspieler Haruo Nakajima und Katsumi Tetsuka in ein Gummikostüm und ließ sie in Zeitlupe gefilmt durch eine Miniaturkulisse von Tokios Wolkenkratzerdistrikt Shinjuku watscheln. Das Godzilla-Kostüm stammte von Sadami Toshimitsu und Kanzi Yagi. Der Kopf des Schauspielers steckte in Godzillas Hals, das Maul war ferngesteuert, und der Schwanz wurde mit Drähten bewegt. Bei einigen Szenen wurden auch Modelle und sogar Godzilla-Handpuppen verwendet.

Der Erfolg des bösen Riesenurmels aus der Tohoer Puppenkiste war so groß, daß fortan Unmengen von Monstren das Kinopublikum durch die Zerstörung fast sämtlicher japanischer Großstädte außer Hiroshima und Nagasaki beglückten. In den 60er Jahren stellte die Toho-Filmgesellschaft durchschnittlich 12 Monsterfilme pro Jahr her. Godzilla, das Original, erfuhr allein bis 1984 fünfzehn Fortsetzungen. Deutsche Verleihfirmen kamen dabei auf den seltsamen Einfall, immer wieder den Namen Frankenstein in den deutschen Titeln unterzubringen. (Wobei Frankensteins künstlicher Mensch ja nun wirklich nicht allzuviel mit einem radioaktiven Saurier zu tun hat.) Wenn Godzilla nicht gerade Städte zertrampelte, kämpfte er gegen immer neue Gegner wie **Angurus**, den Igeldrachen, **Radon**, den Flugsaurier, **Mosura,** den Riesenschmetterling, und **Mothra** und **Battra**, zwei Riesenmotten oder -schmetterlinge. Menschen wurden kaum angegriffen. Sie waren bloß die fassungslosen Zuschauer von Gigantenkämpfen, in denen man, wenn man will, auch eine Parabel auf den Konkurrenzkampf japanischer Großkonzerne sehen kann. Selbst King Kong mischte mit. 1968 war das Jubiläum des 20. Toho-SF-Monsterfilms zu feiern, und in »Kaiju Soshingeki« (»Frankenstein und die Monster aus dem All«) traten sämtliche hauseigenen Monster der Firma Toho, inklusive Godzillas unglaublich albern aussehendem Sohn **Minya,** gemeinsam auf. Der stammt aus dem Ei, das Godzilla 1967 in »Frankensteins Monster jagen Godzillas Sohn« gelegt hat. Demnach ist der Saurier ein Weibchen oder wenigstens ein Zwitter, falls man die Eiablage nicht als Spätfolge von Godzillas dauernder Radioaktivität ansehen will.

Als er (bzw. sie) 1971 gegen **Hedora**, die Verkörperung der Umweltverschmutzung, und 1974 gegen UFOs aus dem All kämpfte, war Godzilla bereits zum Welt- und Kinderretter mutiert. Degradiert, befand Sayuri Takano, Manager des japanischen Godzilla-Fanclubs, dessen 40 000 Mitglieder größtenteils einen bösen, gefährlichen Godzilla vorgezogen hätten. Zehn Jahre mußten sie warten, bis ihr Lieblingssaurier in alter Frische und Boshaftigkeit und 30 Meter größer wieder auferstand, um in »Return of Godzilla« (Japan 1984, Regie: Koji Hashimoto), einem Remake des ersten Godzilla-Films plus »zeitkritischen Dreingaben« erneut Tokyo angriff. Während der langen Godzilla-Film-Abstinenz konnten die Fans sich jedoch durch »voll lizensierte und unheimlich schön gemachte« (Prospekt) Godzillafiguren mit oder ohne brüllendem Bewegungsmelder trösten. Auch die Monsterfreunde der 90er Jahre brauchen nicht ohne neue Godzilla-Filme auszukommen. Und die in diesen Filmen immer wieder gestellte Frage »Wie kann man dem nur ein Ende machen?« muß vermutlich mit »Gar nicht« beantwortet werden.

Lit.: Cinema 7/1985; *Lexikon des Internationalen Films*, Band 3, Reinbek 1987; Georg Seeßlen, *Kino des Utopischen,* Reinbek 1980; Wolfgang Ueding, *Urschrei-Therapie,* in: Freunde fürs Leben (hrsg. von Holger Jenrich), Essen 1996.

Goethe-Elefant
Studienobjekt

1773 kaufte Landgraf Friedrich II. von Hessen-Kassel für seine Menagerie einen jungen Elefanten. Wie fast alle deutschen Fürsten versuchte Friedrich, den pomphaften und extrem kostspieligen Repräsentationsstil von Versailles zu kopieren. Dazu gehörte auch der Besitz und das Vorführen von exotischen Tieren. Der Name des Prestigeelefanten ist nicht überliefert. Er zeigte nur wenig Neigung, sich für die landgräfliche Eitelkeit bei Triumphzügen und Opernspektakeln einspannen zu lassen. Quasi zur Strafe für seine Unbotmäßigkeit wurde das teure Stück dann zum Arbeitstier im Kasseler Hofgarten degradiert. Dabei erlag der Elefant 1780 den Folgen eines Arbeitsunfalls. Er war am Hang eines Weinbergs abgestürzt. Sein Skelett wurde präpariert und erregte als kurioses Ausstellungsstück im Kasseler Naturalienkabinett einiges Aufsehen. Selbst Goethe hörte davon. Das dilettierende Universalgenie beschäftigte sich neben seinen musischen und administrativen Tätigkeiten auch intensiv mit den Naturwissenschaften und hier besonders mit der Anatomie. 1783 hielt sich Goethe eine Woche in Kassel auf und war so begeistert von dem zu besichtigenden Elefantenschädel, daß er sich ihn ausborgte. Durch Untersuchungen an diesem Objekt konnte er seine in der Fachwelt aufsehenerregenden Studien zum Zwischenkieferknochen, den er ein Jahr später auch beim Menschen nachwies, entscheidend vorantreiben.

Lit.: Stephan Oettermann, *Die Schaulust am Elefanten. Eine Elephantographia curiosa*, Frankfurt am Main 1982.

Gojira
siehe Godzilla

Der Goldene Esel (Asinus aureus)
Antiker Romanheld

»Merk auf, Leser; du wirst deinen Spaß haben!« (Apuleius)

Der Goldene Esel ist die Titel- und Hauptfigur eines in der Antike außergewöhnlich populären komischen Romans (auch »Metamorphosen« betitelt) des römischen Juristen und Esoterikers Lucius Apuleius (um 125 bis um 180). Apuleius schildert die Odyssee eines jungen, leichtsinnigen Mannes, Lucius, der sich in der Hoffnung, sich in einen Vogel zu verwandeln, mit einer Wundersalbe einreibt. Zu Lucius' Entsetzen besteht das Wunder aber darin, daß er zu einem Esel wird. Auf der Suche nach einem Gegenmittel zieht Lucius in der Gestalt eines Esels durch Griechenland und erlebt teilweise sehr deftige und skurrile Abenteuer, bis er durch Aufnahme in den Isis- und Osiris-Kult geläutert und zurückverwandelt wird. Im Buch werden alle denkbaren Sexvariationen vom Sadomasochismus bis zur Sodomie ausführlich dargestellt. Um die Haupthandlung des verzauberten Lucius herum hat Apuleius eine Vielzahl mit dem Grundplot meist lediglich lose verbundener Novellen und Erzählungen gruppiert, bei denen es im wesentlichen um die Abgründe menschlicher Leidenschaften geht. Die bekannteste dieser Nebengeschichten ist die Allegorie »Amor und Psyche« (→ **Das Biest**).

Apuleius' Buch hat großen Einfluß auf die Literaturgeschichte gehabt. Die Wissenschaft sieht unter anderem direkte Verbindungen zwischen dem Goldenen Esel und den Schelmenromanen der Frühen Neuzeit (»Don Quijote«, »Simplicissimus«) zu Boccaccios »Decamerone« und zum höfischen Roman.

Lit.: Lucius Apuleius, *Der Goldene Esel,* Stuttgart 1960; *Kindlers Literaturlexikon,* München 1974; Bernhard Kytzler, *Die Klassiker der römischen Literatur,* Düsseldorf 1987.

Die Goldene Gans
Märchenvogel, der jeden Sekundenkleber übertrifft

Die goldene Gans aus dem gleichnamigen Schwankmärchen, das die Brüder Grimm 1812 auftaten, ist das Geschenk eines zauberkundigen »alte[n] graue[n] Männchen[s]«. Nach Märchenart erhält es der zurückgesetzte und verspottete Dummling, weil er im Gegensatz zu seinen beiden älteren Brüdern bereit ist, seinen Proviant mit dem Männchen zu teilen. Er findet die goldene Gans in den Wurzeln eines umgelegten Baumes, wobei nicht ganz einsichtig ist, wieso plötzlich die Baumwurzeln freiliegen sollen, nachdem der Baum mit der Axt gefällt wurde. Mit der Gans hat es folgende Bewandtnis: Jeder, der sie berührt, bleibt daran kleben und auch der, der den Anfassenden berührt (außer dem Dummling).

Das Hängenbleiben ist ein häufiges Märchenmotiv. Bei den derben mittelalterlichen Pfarrerschwänken finden sich auch erotischkomische Abwandlungen, in denen ein Penis nicht mehr losgelassen werden kann, oder ein ehebrecherischer Pfarrer nebst einigen Frauen an des Pfarrers Nachttopf festgehext sind.

In dem Märchen von der goldenen Gans werden die drei Töchter eines Wirts, die der Gans eine Feder ausrupfen wollten, ein Pfarrer, ein Küster und zwei Bauern Opfer der zauberischen Eigenart des Tieres. Mit diesen sieben, die hinter ihm und seiner goldenen Gans herstolpern müssen, erscheint der Dummling vor der Königstochter. Sie erweist sich als Anhängerin des schlichten und schadenfrohen Humors und lacht. Da noch niemand sie zuvor zum Lachen bringen konnte, hat der König sie demjenigen zur Braut versprochen, dem das Kunststück doch noch gelänge. Jetzt versucht er, sich um sein Versprechen zu drücken und stellt dem unliebsamen Schwiegersohn drei weitere (scheinbar unlösbare) Aufgaben. Der Dummling erfüllt sie jedoch mit Hilfe des alten Männleins und heiratet in den Hochadel ein.

Das Märchen ist vermutlich sehr alt. Es finden sich sogar Anklänge an die Edda (isländisches Sagenbuch aus dem 13. und 14. Jahrhundert) darin. In England ist das Motiv aus »The Golden Goose« seit dem 15. Jahrhundert (»The Tale of the Basyn«) bekannt.

In Deutschland gelangte die goldene Gans auch als Schwan – in der Bechsteinversion »Schwan, kleb an« (1845) – zu Popularität.

Lit.: Ulf Diederichs, *Who's Who im Märchen*, München 1995; Brüder Grimm, *Kinder- und Hausmärchen,* München 1977; Friedrich von der Leyen, *Das deutsche Märchen und die Brüder Grimm*, Düsseldorf/Köln 1964.

Das Goldene Kalb
Götzenbild

Irrtümlich wird die Geldgier und die Verehrung des Reichtums auch als Tanz um das goldene Kalb bezeichnet. Dabei mußten die Israeliten sich zuerst ganz selbstlos von ihren Ohrringen trennen, bevor sie das Stierbild – wörtlich ist im 2. Buch Mose von einem »gegossenen« Kalb die Rede – umtanzen konnten.

Als Moses mit seiner Rückkehr vom Berge Sinai auf sich warten ließ, forderte das jüdische Volk den Hohepriester Aaron auf, ihnen einen Gott zu machen, der vor ihnen herziehen könnte. Aaron machte ihnen aus ihrem Schmuck ein Stierbild, das gerade umtanzt wurde, als Mose mit zwei Gesetzestafeln in der Hand zurück ins Lager kam. Mose zertrümmerte vor Wut Gottes Originalmanuskripte und zwang sein Volk, das pulverisierte und in Wasser aufgelöste Kalb zu trinken.

Lit.: Georg Büchmann: *Geflügelte Worte. Der Zitatenschatz des deutschen Volkes,* Berlin 1914; *Die Heilige Schrift,* Württemberg 1931.

Der Goldesel
Märchentier

Der Goldesel ist eine Belohnung, die der mittlere von drei Brüdern für seine Dienste in einer Mühle erhält. Er trägt keine Säcke und »zieht nicht am Wagen«, aber auf das Stichwort »Bricklebrit« speit er Goldstücke aus, hinten und vorn. So in dem Märchen »Von dem Tischgen deck dich, dem Goldesel und dem Knüppel in den Sack« (1812), das die Brüder Grimm von Johanna Isabella Hasenpflug und in einer zweiten Version von Dortchen Wild erzählt bekamen und später in »Tischchendeckdich, Goldesel und Knüppel aus dem Sack« umbenannten. Im unbereinigten Volksmärchen werden die Dinge noch beim Namen genannt, und der Esel speit nicht nur, sondern er scheißt das Gold auch. In Bechsteins Märchen »Tischlein deck dich, Esel streck dich, Knüppel aus dem Sack« wird noch nicht einmal gespuckt. Da niest Münzmeister Langohr auf das Kommando »Eselein streck dich!« die Dukaten.

Lange hat der mittlere Bruder aber in keinem der Märchenvari-
anten etwas von dem kostbaren Durchfall bzw. Auswurf. Ein hab-
gieriger Wirt, der auch schon dem ältesten Bruder sein praktisches
Tischchendeckdich abgenommen hat, beobachtet den mittleren
Bruder und seinen Esel beim Goldmachen und tauscht nachts das
Zaubertier gegen einen gewöhnlichen Esel aus. Erst der jüngste
Bruder, der seine Lehrzeit bei einem Drechsler gemacht hat und mit
einem Sack inklusive Knüppel darin belohnt wird, kann Tisch und
Esel zurückgewinnen, indem er den Wirt von seinem selbständigen
Zauberprügel durchbleuen läßt.

Die Reihenfolge, in der die Zaubergaben in diesem Märchen
vergeben werden, weist sicher nicht bloß zufällig eine Parallele zu
den drei Phasen der Sexualentwicklung, die ein Kind nach psychoanalytischer Einsicht bis zum 4. Lebensjahr durchläuft. Die früh-
kindliche Sexualentwicklung beginnt mit der oralen Phase (Tischchendeckdich), in der das Kind autoerotisch an sich selber lutscht,
geht mit dem Durchbrechen der ersten Zähne in die anal-sadistische
Phase (Bricklebrit!) über, das sogenannte »Trotz- oder Kaputtma-
chealter«, in dem auch die Lust an den eigenen Ausscheidungen
entdeckt wird, und tritt dann in die phallische Phase (Knüppel aus
dem Sack) ein, in der sich das Interesse des Kindes auf den Penis
oder die Klitoris richtet.

Lit.: *Bechsteins Märchen,* Stuttgart, o. J.; Ulf Diederichs, *Who's Who im Märchen,*
München 1995; Ludwig Knoll / Gerhard Jaeckel, *Lexikon der Erotik,* Reinbek 1978.

Goofy
Tölpel-Töle und klassischer Nebendarsteller
im Schatten von Micky Maus

»Yuk, yuk, yuk!« (Goofy)

Angeblich hat Walt Disney Mickys tolpatschigen Kumpel nie richtig gemocht. Warum eigentlich nicht? Goofy mit den grabstein-
großen Vorderzähnen ist doch ein sympathischer Hund – zumeist
heiter und entspannt, und kein Fünkchen Ehrgeiz trübt sein sonni-
ges Gemüt. Zugegeben, er ist ein bißchen unkoordiniert, schlapp
und begriffsstutzig. Wäre so etwas in Entenhausen nicht unvorstell-

bar, könnte man ihn für einen schlaksigen Kiffer mit zu langen Ohren halten. »Goofy ist der Typ, der sehr lange und sehr gründlich
nachdenkt, bevor er etwas tut. Und dann macht er es falsch«, cha-
rakterisierte ihn der Zeichner Art Bobbit.

Goofys Funktion ist es, Mickys Überlegenheit zu bewundern
und ihn noch überlegener wirken zu lassen. Abgesehen von verein-
zelten Geistesblitzen ist Goofy bei den Abenteuern der Übermaus
einfach bloß dabei oder im Weg. Aber immer lustig. Wenn →
Micky Maus vielleicht auch nicht mit Dean Martin zu vergleichen
ist, hat Goofy doch viel von Jerry Lewis.

Das erste, was von Goofy existierte, war seine seltsame Art zu
lachen. Walt Disney hörte dieses »Yuk-yuk-yuk« bei einem seiner
Mitarbeiter und befand, daß ein adäquates Zeichentricktier dafür zu
erfinden sei. 1932 erschien die neue Figur in dem Film »Mickeys
Revue«. Sie trat als erdnußmampfender und lachender Zuschauer
auf, hatte Streichholzbeinchen, einen Stummelschwanz, Bart und
Brille und trug nichts am Leib außer einer kurzen, geschlossenen
Weste, einem kaktusartigen Hut und großen Schuhen. Ihr Name
war **Dippy Dawg** (etwa Tölpel-Töle). Aus Dippy Dawg wurde
Goofy, der in über 50 Kurzfilmen mitspielte und sich als Haustier
die Grille **Wilbur** hielt. Berühmt sind die Lehrfilme mit ihm, in
denen ein Erzähler aus dem Off Goofy dazu mißbraucht, zu demonstrieren, wie man etwas nicht machen soll. (»How to Play Base-
ball«, 1942, »How to Swim«, 1942 usw.). Bereits ein Jahr nach
seiner Filmpremiere wurde Goofy von Floyd Gottfredson in die Comic strips aufgenommen. Dort löste er → **Rudi Roß** ab, der bisher
den glanzlosen Freund von Micky Maus abgegeben hatte. Der
schlaksige Hund wurde neu eingekleidet. Er erhielt geflickte blaue
Hosen, lange braune Schuhe, einen roten Pullover, eine schwarze
Weste, die er offen trägt, und einen blauen Hut, der wie eine Kreuzung aus einem Blütenstempel und einer Erdnuß aussieht.

Diesen Hut trägt er auch, wenn er in rotwollener Unterwäsche
mit Popo-Klappe als **Super-Goof** unterwegs ist. Super-Goof gibt es
dank Paul Murry seit 1965. Mit Hilfe von speziellen Erdnüssen, die
er in seinem geeignet geformten Hut aufbewahrt, kann Goofy vorübergehend über Superkräfte verfügen, fliegen und seiner gewöhnlichen Einfältigkeit entrinnen. Außerdem ist er noch als **Indiana-**

Goof unterwegs und stellte bereits verschiedene Figuren der Weltgeschichte wie Kolumbus, Leonardo da Vinci oder Galileo Galilei dar.

Auf seinen ersten abendfüllenden Film »Goofy. Der Film« (USA 1995, Regie: Kevin Lima) mußte er über sechzig Jahre warten. In der Zeichentrick-Gegenwartskomödie geht es um einen alleinerziehenden Vater (Goofy), der sich die Achtung und Liebe seines renitenten und pubertierenden Sohnes (**Maximilian**) erwirbt, wobei die psychologische Ausgestaltung der Charaktere weit über das übliche Maß in Zeichentrickfilmen hinausgeht. Daß ausgerechnet Goofy für die Rolle des Vaters ausgesucht wurde, erklärt sich möglicherweise daraus, daß er bereits Anfang der 50er Jahre als sexuelles Wesen, das mindestens einmal Geschlechtsverkehr gehabt haben mußte, geoutet wurde. Obwohl man in der sexualfreien Zone Entenhausen üblicherweise nur onkel- und tantenhaft miteinander verwandt ist, hatte Goofy in dem Film »Fathers are People« bereits 1951 Frau (**Mrs. Goofy**) und Sohn (**Goofy Jr.**). Ein Schock für Goofy-Puristen muß es allerdings sein, daß Goofy gar nicht mehr in Entenhausen wohnt, sondern in irgendeiner modernen amerikanischen Kleinstadt. Ein noch größerer Schock, daß Lebenskünstler Goofy, der außer verschiedenen sportlichen Betätigungen und kleinen Intermezzi in der Historie oder als Mounty in Kanada noch nie einer Arbeit oder einer sinnvollen Beschäftigung nachging, jetzt als Porträtfotograf in einem Kaufhaus angestellt ist.

Lit.: Cinema 8/1996; *Ein Mann ... Goofy*, in: Brigitte 18/1996; Franco Fossati, *Das große illustrierte Ehapa Comic-Lexicon*, Stuttgart 1992; Michael Hopp, *Goofy – der Tolpatsch kehrt zurück*, in: TV-Movie 17/1996; Jeff Rovin, *The Illustrated Encyclopedia of Cartoon Animals*, New York 1991.

Gorgo
Filmmonster

Gorgo, ein mehrere Meter hoher Raubsaurier mit lappigen Ohren, wird eingefangen, nach London verfrachtet und in ein mit Elektrozäunen gesichertes Betongehege gesperrt. Ein besorgter Wissenschaftler warnt, daß es sich bei dem gefangenen Exemplar um ein

Gorgosaurier-Junges handelt, das seine Größe, bis es ausgewachsen ist, verzigfachen wird. Natürlich stößt er auf taube Ohren, denn Gorgo ist ein Kassenmagnet. Aber die Gorgosaurier-Mutter pflügt bereits mit Kurs auf England durchs Meer, um ihr Kind zu retten. Keine noch so moderne Waffe kann sie aufhalten. Doch das Problem löst sich nach der Zerstörung diverser Londoner Wahrzeichen von selbst. Als die Sauriermutter ihr Kind befreit hat, watscheln beide in einer rührenden Szene nebeneinander in die Themse, wobei der Größenunterschied noch einmal so recht deutlich wird. Während dem ausgewachsenen Saurier nicht einmal die Knie umspült sind, muß Klein-Gorgo schon paddeln. Ohne dem von ihnen angerichteten Chaos noch einen einzigen Blick zu schenken, schwimmen sie fort.

»Gorgo« (GB 1959, Regie: Eugène Lourié) ist ein Film über ein unschuldiges Ungeheuer. Gorgos (sprich: seiner gleichnamigen Mutter) Absicht ist nicht die Zerstörung Londons, er nimmt sie nur gleichgültig in Kauf, um sein eigentliches Ziel, die Befreiung des Jungen zu erreichen.

Angeblich entschied sich Regisseur Lourié dafür, das Ungeheuer mit heiler Haut davonkommen zu lassen, weil seine Tochter über den Tod des Sauriers in seinem früheren Monsterfilm »Panik in New York« (»**The Beast from 20 000 Fathoms**«, USA 1953) in Tränen ausgebrochen war. Er versprach ihr deswegen einen Monsterfilm mit besserem Ende.

Gorgosaurier hat es im Mesozoikum tatsächlich gegeben. Sie standen allerdings nur geschätzte vier Meter hoch (bei acht Metern Länge) und besaßen weder Gorgos Fledermausohren noch die kräftigen Arme, mit denen der Filmsaurier die Towerbridge so elegant zerschmettert, daß er wie ein Klavierspieler aussieht, der seine Hände schwer auf die Tasten fallen läßt. Als naher Verwandter des Tyrannosaurus rex hatte Gorgosaurus libratos die für Raubsaurier typischen Stummelärmchen. Seine Knochen wurden 1914 vom Paläontologen Lawrence Lambe in Kanada gefunden. 1970 bewies sein Kollege Dale Russell, daß der Gorgosaurier mit dem bereits 1905 entdeckten Albertosaurier identisch ist.

Der Film-Gorgo ist mit keinem Tier, das jemals gelebt hat, identisch, erinnert aber stark an → **Godzilla**, was daran liegen könnte,

297

daß auch Gorgo von einem im Gummikostüm steckenden Schauspieler dargestellt wird. Die Godzilla-Produzenten haben wiederum bei Eugène Louriés »The Beast from 20 000 Fathoms« abgekupfert, womit sich der Kreis schließt.

Lit.: Bernhard Kempen / Thomas Deist, *Das Dinosaurier-Filmbuch*, München 1993; *Lexikon des Internationalen Films*, Reinbek 1991; Z. V. Spinar, *Leben in der Urzeit*, Brugg/Stuttgart/Salzburg 1973.

Grabowski
Maulwurf

»Wie behaglich, wie geruhsam.« (Grabowskis Gedanken nachts beim Säubern seiner Grabkrallen)

Maulwurf Grabowski lebt zufrieden und anspruchslos unterhalb der Grasnarbe einer »großen bunten Wiese«. Dort sollen jedoch Hochhäuser mit Tiefgaragen entstehen. Von einer Baggerschaufel ans Tageslicht gerissen, muß Grabowski sich nach einer neuen Heimat umsehen. Relativ zügig findet er ein neues Idyll.

Auch wenn der österreichische Bilderbuchgraphiker und politische Karikaturist Luis Murschetz behauptet, »Ich will nur unterhalten, nicht erziehen«, läßt sein Bilderbuch »Der Maulwurf Grabowski« (Erstausgabe 1972), keinen Zweifel daran, ob Wiesen vorzuziehen sind oder Hochhäuser mit Tiefgarage. Der farbig und in Schraffurtechnik bebilderte Aufruf zum Erhalt von Grünflächen und Maulwurfshügeln wurde in mindestens zehn Sprachen (u. a. Japanisch) übersetzt. 1976 brachte Murschetz ein zweites Bilderbuch heraus, in dem der Hamster **Radel** der Laufrad-Fron im Schaufenster einer Apotheke entkommt und damit ein Zeichen für alle übrigen Hamster der Stadt setzt. Auf ihrer gemeinsamen Flucht kommen sie auch an einem Feld vorbei, in dem der Maulwurf wühlt.

Lit.: *Lexikon der Kinder- und Jugendliteratur*, Band 2, Weinheim/Basel 1984; Luis Murschetz, *Der Maulwurf Grabowski*, Zürich 1977.

Grandma Duck
siehe Oma Duck

Grani (Grane)
Edda-Pferd des Helden Sigurd (bzw. Siegfried)

Sigurd, der größte aller germanischen Helden und der Drachentöter aus der nordischen Sagengeschichte, hat einen guten Berater, als er sich ein Pferd von der Weide wählt. Es ist Gott Odin selbst, der ihm dazu rät, sich Grani auszusuchen, der von Odins eigenem Lieblings- und Wunderpferd Sleipnir abstammt. Grani ist so stark, daß er den ganzen Schatz des Drachen → **Fafnir**, für dessen Gewicht eigentlich drei Pferde nötig wären, und noch Sigurd dazu tragen kann. Mit ihm überwindet Sigurd die Waberlohe, so daß er die Walküre Brünhild aus ihrem Schlaf erlösen kann.

Im Nibelungenlied ist Siegfrieds Pferd namenlos, aber Komponist Wagner baute Grani in seinen »Ring des Nibelungen« wieder ein, zunächst als Brünhilds, später als Siegfrieds Pferd Grane.

Lit.: Raymond I. Page, *Nordische Mythen*, Stuttgart 1993.

Graue Panther
Seniorenschutzbund

»Hände weg von unseren Renten, heute wir –
morgen ihr.« (Graue Panther)

Nach dem amerikanischen Vorbild der damals seit etwa fünf Jahren existierenden »Grey Panthers« entstand 1975 in Deutschland der »Seniorenschutzbund (SSB) Graue Panther«. Vorsitzende ist bis heute die Mitbegründerin Gertrud (Trude) Unruh. Die Bundeszentrale mit dem Kulturhaus und einer Bundesakademie für Geriatrieforschung befindet sich in Wuppertal.

Die Grauen Panther setzen sich für die Rechte alter Menschen ein. Sie machen auf Mißstände beispielsweise in der Sozialversorgung aufmerksam, bieten Hilfe zur Selbsthilfe, veranstalten Demonstrationen, schreiben Offene Briefe, streiten mit Politikern und kontrollieren Alten- und Pflegeheime. Als Alternative zum Leben im Heim bieten sie eine neue Wohnform in ihren »generationsübergreifenden Lebenshäusern« an, in denen alte und junge Menschen nicht nur miteinander wohnen, sondern auch füreinander da sind. Gegner bezeichnen die kämpferischen Rentner gern als Querulanten.

Ganz und gar nicht greisenhaft wirkt das dynamische Logo des Seniorenschutzbundes.

Bereits 1985 gab es 15 000 aktive Mitglieder in 170 Außenstellen der ganzen Bundesrepublik. Allerdings hatten sich die Hamburger Grauen Panther schon fünf Jahre zuvor vom Bundesverband abgespalten, weil sie den »diktatorischen Führungsstil« ihrer Vorsitzenden nicht länger ertragen mochten. In der Tat ist Trude Unruh berühmt-berüchtigt für ihren rüden Umgangston. Andererseits sorgte sie als schillernde Leitfigur für Publizität und schloß 1983 mit den Grünen einen »Sprachrohrvertrag«, so daß die Interessen der Grauen Panther auch im Bundestag vertreten waren.

1989 gründete sie ihre eigene Partei, »Die Grauen«, die bei den Bundestagswahlen 1994 aber bloß 0,5% Stimmenanteil erreichte.

Lit.: *Frankfurter Rundschau* vom 24.5.1996; *Hamburger Abendblatt* vom 18.1.1990; *Süddeutsche Zeitung* vom 14.9.1995; *Der Tagesspiegel* vom 9.10.1995; *Die Welt* vom 7.10.1995.

Gregor Samsa
Der Käfer in Kafkas »Die Verwandlung«

*»Als Gregor Samsa eines Morgens
aus unruhigen Träumen erwachte,
fand er sich in seinem Bett zu einem
ungeheuren Ungeziefer verwandelt.«
(Anfangssatz aus »Die Verwandlung«)*

Der Tuchwarenvertreter Gregor Samsa, aufopfernd bis zur Selbstaufgabe, ernährt die ganze Familie und zahlt überdies die Schulden seines Vaters ab. Damit ist es vorbei, als er sich eines Morgens in einen riesigen Käfer verwandelt hat. Die Familie reagiert mit unverhohlener Abscheu, der Vater sogar brutal. Käfer Gregor wird in seinem Zimmer versteckt gehalten. Als der Vater ihn einmal außerhalb des Zimmers antrifft, wirft er Äpfel nach ihm. Einer davon dringt »förmlich in Gregors Rücken ein«, bleibt dort stecken und verursacht eine schwere Verletzung, an der Gregor fortan dahinsiecht. Vater, Mutter und Schwester müssen jetzt selbst arbeiten, was ihnen bemerkenswert gut bekommt. Nur den großen Käfer wären sie gern los. Der willfährige Sohn und Bruder tut ihnen auch diesen Gefallen und stirbt.

Franz Kafkas (1883–1924) absonderliche Erzählung »Die Verwandlung« erschien 1915. Sie handelt von einer unterdrückten und ausgebeuteten Existenz, die in einer Käfergestalt ihren Ausdruck findet bzw. sich in eine Käfergestalt flüchtet. »Die Verwandlung« beleuchtet unschöne Aspekte gesellschaftlich installierter Hierarchien und bürgerlicher Familienverhältnisse, in denen jemand wie Gregor Samsa oder Franz Kafka es unvermeidlich auf der Lunge kriegen muß. Die brutale Herrschernatur des Vaters spiegelt Kafkas Leiden am eigenen Vater wider. Das Ganze wird in einer nüchternen, präzisen Sprache ausgebreitet und ist voller detailversessener Beschreibungen und traumähnlicher Bilder, die geheimnisvoll-unergründlich daherkommen und jeden Psychoanalytiker entzücken müssen.

Lit.: Franz Kafka, *Die Verwandlung*, in: Von Werwölfen und anderen Tiermenschen. Dichtungen und Dokumente (hrsg. von Klaus Völker), München 1977; *Kindlers Literaturlexikon*, München 1974.

Greif
Fabeltier aus dem Altertum

Man nennt ihn den Vogel Greif, obwohl er den Körper eines Löwen hat, mit vier Füßen, von denen die vorderen allerdings auch oft wie Raubvogelklauen dargestellt werden. Kopf und Hals stammen ebenfalls vom Adler, und aus seinen Schultern wachsen mächtige Flügel. Manchmal besitzt er noch spitze Ohren. Der Greif ist ein sagenhaft schneller Flieger und ein gewaltiges Tier. Nach einer Beschreibung ist er so groß wie acht Löwen und stärker als hundert Adler. Er frißt bevorzugt Menschen, Pferde, Ochsen und bewacht Goldschätze. Der Greif ist sehr klug – in Märchen weiß er auf jede Frage eine Antwort –, und er verfügt über seherische Fähigkeiten.

Greif (J. Boschius, Symbolographia, Augsburg 1701).

Das altorientalische Fabeltier findet sich bereits in der Kunst Ägyptens und Mesopotamiens. Von dort gelangte es nach Griechenland, wo es als Attribut den Göttern Apollo und Artemis beigesellt wurde. Über orientalische Sagen gelangte die Vorstellung vom Greifen auch in andere Teile des Abendlands, wo der Vogel sich in der Märchen- und Sagenwelt breit machte. Hier dient er als fliegendes Reittier für Märchenhelden. Der Besitz einer seiner Federn verleiht Zauberkräfte. Von seinem Löwenhinterteil ist meist gar nicht mehr die Rede.

Der doppelgestaltige Greif galt im Mittelalter als Symbol für Christus, denn »Christus ist Löwe, weil er herrscht und die Kraft besitzt: Adler, weil er nach der Auferstehung in den Himmel steigt« (Isidor von Sevilla). Was die mittelalterlichen Apotheker nicht davon abhielt, dubiose Greifenklauen und Greifeneier – hierbei handelte es sich aller Wahrscheinlichkeit nach um Straußeneier – zu mindestens ebenso dubiosen Medizinen und Pulvern zu verarbeiten.

Als Ausdruck von Macht und Herrschaft wurde der Greif zum beliebten Wappentier. Er ist z. B. Schildhalter im Wappen von Baden-Württemberg und findet sich in vielen Stadtwappen.

Lit.: *Buchers Bestiarium. Berichte aus der Tierwelt der Alten*, Gesammelt und vorgelegt von Rolf Beiderbeck und Bernd Knoop, Luzern/Frankfurt am Main 1978; *Der große Brockhaus*, Wiesbaden 1954; Hans Schöpf, *Fabeltiere*, Wiesbaden/Graz 1992.

Gremlins
Quälgeister

Weihnachten in der US-Kleinstadt Kingston Falls. Papa will seinem Sohn Bill ein besonders schönes Geschenk unter den Tannenbaum legen und kauft bei Mr. Wong, einem chinesischen Kuriositätenhändler, den Mogwai **Gizmo**. **Mogwais** sind kleine kulleräugige flauschige Schmusewesen irgendwo zwischen lebendigem Teddybär und Plüschmaus. Dem entzückten Vater werden drei wichtige Verhaltensregeln mit auf den Weg gegeben: Mogwais dürfen auf keinen Fall mit Wasser in Berührung kommen, niemals nach Mitternacht gefüttert werden und vor allem nie ans Sonnenlicht gelangen. Als Ergebnis der drehbuchzwingenden Mißachtung aller dieser Regeln entstehen aus Wasserspritzern in Gizmos Fell Dutzende kleiner, nicht mehr ganz so niedlicher Gizmos, die sich nach einer fahrlässigen Nachmitternachtsspeisung in haizähnige, bösartige Kleinmonster verwandeln. Diese gewalttätige Meute, Gremlins (= Quälgeister) genannt, beginnt randalierend und rülpsend die Weihnachtsstimmung in Kingston Falls empfindlich zu stören. Am Ende eines Amoklaufes, bei dem unter anderem etliche brave Bürger auf sehr drastische Weise vom Leben zum Tode befördert werden, haben die Gremlins die halbe Ortschaft in Schutt und Asche gelegt. Versuche von Billys Mutter, sie nach Hausfrauenart zu bekämpfen, führen zwar zu einigen hübschen Szenen, in denen fiese Gremlins in der Haushaltsmaschine als Püree enden oder dekorativ in der Mikrowelle zerplatzen, stacheln die Quälgeister aber nur noch mehr auf. Das Chaos hat erst ein Ende, als Billy das Kino, in dem sich die Horde gemeinsam Disneys »Schneewittchen und die sieben Zwerge« ansieht, in die Luft sprengt. Die bitterböse Horrorparodie »Gremlins – Kleine Monster« (»Gremlins«, USA 1983, Regie: Joe Dante) kam beim Kinopublikum so gut an, daß 1989 die Fortsetzung »Gremlins 2 – Die Rückkehr der kleinen Monster« (»Gremlins – The New Batch«, USA, Regie: Joe Dante) produziert wurde. Der Grundplot blieb der gleiche. Diesmal verwüsten die Miniungeheuer einen Wolkenkratzer in New York (mit dabei »Dracula« Christopher Lee als obskurer Veterinärwissenschaftler Dr. Catheter).

Gremlins sind aber nicht erst in den 80er Jahren erfunden worden, sondern haben eine weitaus ältere Ursprungsgeschichte. Bereits im Ersten Weltkrieg berichteten Piloten der britischen Marineluftwaffe von der Existenz kleiner Quälgeister in ihren Maschinen. Offiziell werden sie das erste Mal 1922 erwähnt, als ein britischer Flieger beim Flug über den Ärmelkanal um eine Wettermeldung beim Flughafen Le Bourget bittet und die Antwort gefunkt bekommt: »Gremlins sur la Manche.« Die Bezeichnung ist abgeleitet vom altenglischen Wort »gremian« (= ärgern, quälen, schikanieren). Bei den britischen Luftstreitkräften und bald auch bei den zivilen Fliegern kursieren seitdem unzählige Geschichten über die Gremlins, die für ihre bösen Scherze bekannt werden. Die knapp einen halben Meter großen Gremlins sehen nach übereinstimmenden Berichten wie ein Mix aus Bullterrier und Hase aus, manchmal haben sie Schwimmhäute zwischen ihren Zehen und Flossen an den Fersen. Immer tragen sie einen harten Hut und Schuhgamaschen. Dazu bevorzugen sie meistens eine grüne Hose und ein rotes Jacket. Gremlins wohnen in weitverzweigten Höhlensystemen unter Flugplätzen. Sie haben zwar keine Flügel, aber sie lieben es zu fliegen. Deshalb schmuggeln sie sich bei jeder sich bietenden Gelegenheit in Flugzeuge ein. Hier bringen sie die Besatzung und die Passagiere mit Vorliebe zur Verzweiflung, indem sie gruppenweise durch das

Flugzeug rennen und es so aus der Balance bringen. Auch ihre Angewohnheit, während des Fluges Saufgelage zu veranstalten und dabei ihr Lieblingsgetränk, Flugzeugbenzin, aus den Tanks abzuzapfen, wird von den Piloten überhaupt nicht gern gesehen. Wenn die Situation zu brenzlig wird, steigen sie aus, benutzen ihre riesigen Füße als Fallschirme und sinken kopfüber zur Erde zurück. Ihre Hüte federn dann den Aufprall ab. In der Frühzeit der Aeronautik haben die Gremlins Sternbilder verschoben, um die damaligen Navigatoren zu verunsichern. Mittlerweile gilt es in Fliegerkreisen als gesichert, daß sich die modernen Gremlins der technischen Entwicklung angepaßt und Zugang zu den elektronischen Steuerungs- und Sicherungssystemen gefunden haben.

Lit.: Richard Barber / Anne Riches, *A Dictionary of Fabulous Beasts,* Ipswich 1971; Cinema 11/1984; *Lexikon des Internationalen Films,* Reinbek 1995; Tom Milne, The Aurum Film Encyclopedia of Horror, London 1985.

Grendel
Sagenhaftes Wassermonster

Im altenglischen Heldenepos »Beowulf«, das im 8. oder 9. Jahrhundert verfaßt worden ist, treibt das amphibische Monster Grendel sein Unwesen im Lande des guten Königs Hrothgar. Tagsüber lebt Grendel mit seiner Mutter, die von Kain abstammen soll, in abgelegenen Gewässern. Nachts steigt er in die königliche Burghalle ein, um sich einige schlafende Gefolgsmänner von Hrothgar zu holen, die er dann zusammen mit seiner Frau Mama unter Wasser verputzt. Anscheinend fällt dem König keine wirksame Schutzmaßnahme ein, denn dieses Drama wiederholt sich allnächtlich. Bevor die königliche Mannschaft ganz ausgerottet ist, greift der Held Beowulf ein und tötet zunächst das Muttermonster und enthauptet nach hartem Kampf auch Grendel. Der abgehackte Kopf ist so schwer, daß vier Männer ihn nur mit Mühe tragen können.

Ähnliche Geschichten – ohne daß das Monster Grendel heißt – erzählen auch zwei isländische Sagas aus dem 14. Jahrhundert.

Lit.: Rudolf Simek, *Lexikon der germanischen Mythologie*, Stuttgart 1984.

Greyfriar's Bobby
Treuer Terrier

Als Musterexemplar eines treuen Hundes gilt Greyfriar's Bobby. Bobby, der wahrscheinlich ein kleiner Skye Terrier war, gehörte einem alten schottischen Schafhirten namens John Gray, genannt Auld Jock, der in der Mitte des 19. Jahrhunderts Schafe auf den Weiden vor Edinburgh hütete. Regelmäßig fanden sich Herr und Hund in der Speiseschänke bei der Greyfriar's-Kirche ein. Als der arme Lohnschäfer 1858 starb, wurde er auf dem Greyfriar's-Kirchhof beerdigt und wäre wohl im selben Moment, in dem die letzte Schaufel Erde auf seinen schlichten Sarg fiel, vergessen gewesen, wenn nicht sein kleiner Hund gewesen wäre. Bobby verbrachte nämlich den Rest seines Lebens – ganze 14 Jahre – in der Nähe des Grabes. Alle Vertreibungsversuche der Friedhofsverwaltung fruchteten nicht. Unterstützt wurde Bobby von dem Wirt der nahegelegenen Schänke, der für die Hundemahlzeiten sorgte. Bobbys Verhalten rührte die Menschen an, und er wurde populär. Der Oberbürgermeister von Edinburgh zahlte aus seiner Privatschatulle die örtliche Hundesteuer, damit der trauertragende Hund nicht mehr als Streuner verfolgt werden konnte.

Bronze-Bobby als Brunnenzier in Edinburgh.

Als Bobby 1872 starb, wurde er in einem Blumentrog nahe dem Grab seines Herrn bestattet. Tausende rührselige Zeitgenossen des viktorianischen Großbritanniens defilierten am Hundegrab vorbei und seufzten entzückt über soviel bewiesene Treue. Lady Burdett-Coutts spendierte einen kostspieligen Trinkwasserbrunnen aus Granit mit einem Bronze-Bobby auf der Spitze. Dieser Brunnen in der Candlemaker's Row ist mittlerweile ein Wahrzeichen Edinburghs geworden.

Aus Bobbys Geschichte entstand ein entsprechend rührseliger Disney-Film (»Greyfriar's Bobby«, GB 1961, Regie: Don Chaffey). Hund im Geiste Bobbys ist auch → **Hachiko.**

Lit.: Denis Gifford, *The British Film-Catalogue* 1895–1970, Newton Abbot 1973; Michell Rickard, *Ungelöste Rätsel der Tierwelt*, Augsburg 1993.

Griffon
siehe Greif

Grinsekatze (Cheshire Cat, Edamerkatze)
Wunderland-Bekanntschaft von Alice

»Ich bin die Grinsekatze:
Manchmal strecke ich alle Viere von mir
und lasse Fünfe gerade sein.« (Die Grinsekatze)

Charles Ludwige Dodgson (1832–1898) – im Brotberuf Dozent der Mathematik – veröffentlichte 1865 unter dem Pseudonym Lewis Carroll die märchenhafte Geschichte »Alice im Wunderland« (»Alice's Adventures in Wonderland«). Das kleine Mädchen Alice fällt im Traum (oder vielleicht in einer anderen Wirklichkeit) aus dem viktorianischen England heraus in eine bizarre Welt tief unter der Erdoberfläche. Dort trifft das Mädchen auf eine Reihe von absonderlichen Geschöpfen, die auf eine völlig andere Art denken und von denen viele Tiergestalt haben. Neben dem → **Märzhasen und dem Weißen Kaninchen** ist sicher die Grinsekatze, die im Original Cheshire Cat heißt, das bekannteste Tier des Kinderbuchklassikers. Der getigerte, ständig grienende Hauskater vermittelt Alice mit seinen logisch-unlogischen Wortspielen den Eindruck, daß er verrückt sei. Als verwirrend empfindet Alice auch die Angewohnheit der Grinsekatze, sich zeitweilig ganz oder teilweise in Luft aufzulösen. Als das Tier in Anwesenheit des Spielkartenkönigs und seiner Herzdame nur den feixenden Kopf sichtbar bleiben läßt, fühlen sich die monarchischen Herrschaften beleidigt und verlangen die Enthauptung der despektierlichen Katze. Daraufhin kommt es zu einer unfruchtbaren Diskussion, ob man jemanden, der nur aus Kopf besteht, überhaupt köpfen kann. Bevor sich der Spielkarten-Königshof über diese Frage geeinigt hat, schafft die Grinsekatze Tatsachen und löst sich ganz auf.

Wahrscheinlich hat sich Carroll bei der Benennung seiner schrulligen Märchenkatze von Wirtshausschildern seiner Heimatgrafschaft Cheshire inspirieren lassen, auf denen im 19. Jahrhundert häufig »Grinsende Löwen« als Motiv abgebildet wurden. Einige deutsche Übersetzer brachten offensichtlich »Cheshire« mit der englischen Käsespezialität in Verbindung und haben den Katzenname in »Edamerkatze« eingedeutscht.

Lit.: Martin Gardner, *The Annotated Alice*, New York 1960; Sergius Golowin, *Göttin Katze*, München 1989; Alethea Helbig / Agnes Perkins, *Dictionary of British Children´s Fiction*, New York und London 1989; Sidney H. Williams / Falconer Madan, *The Lewis Carroll Handbook*, London 1970.

Grisu
Zeichentrickdrache

Der kleine Drache Grisu lebt mit seinem Vater **Fumé** in einem abgelegenen Tal in Schottland. Abgesehen davon, daß er auf zwei Beinen geht, sieht Grisu ganz genau wie ein richtiger → **Drache** aus. Er hat einen riesigen Nilpferdkopf, der fast so groß wie der Rest seines Körpers ist und einen Zackenkamm auf Rücken und Schwanz. Grisu entstammt auch einem ruhmreichen Drachengeschlecht, das sich bis auf den Hofdrachen von König Arthus zurückführen läßt. Alles prächtige Feuerspeier. Vater Fumé spuckt seine Flammen inzwischen für Touristen. Nur Grisu ist aus der Art geschlagen und schämt sich seines Feuers. Für ihn bedeutet es bloß Vernichtung. Der Blumen und Gedichte liebende Drachensohn hat es sich zu Fumés Kummer in den Kopf gesetzt, Feuerwehrmann zu werden. Doch wenn Grisu aufgeregt ist, schlagen immer wieder unkontrolliert Flammen aus seinem Maul – meist im unpassendsten Augenblick.

Die Zeichentrickserie »Grisu, der kleine Drache« wurde von dem Italiener Toni Pagot gezeichnet. 1977 erschien sie erstmals im deutschen Fernsehen. Die zuerst siebenteilig gezeigte ZDF-Serie wurde später auf volle 28 Folgen ausgedehnt, in deren Verlauf der kleine Drache lernte, das Feuer in sich zu akzeptieren und positiv zu besetzen.

Lit.: *Hörzu* vom 2.7.1977 und 9.5.1986; *Sat 1* Presse-Info vom 28.8.1993.

Gromit
Knet-Hund

Wallace und Gromit gehören zusammen. Beide sind aus Plastilin, und beide sind schrullige, manchmal etwas hysterische Engländer. Wallace, der Mensch, trägt gern Puschen und einen grünen Strickpullunder und hat eine Vorliebe für Cheddarkäse. Gromit ist ein weißer Hund mit braunen Ohren und einem schwarzen Nasenknopf, vermutlich ein Beagle. Er kann zwar nicht sprechen, ist aber praktisch veranlagt. Gromit strickt, putzt Fenster und steht seinem Freund auch sonst in nichts nach. Mensch und Hund gehen partnerschaftlich miteinander um.

Im ersten ihrer gag- und temporeichen Kurzfilme »Wallace & Gromit und der gute alte Mond« (»Grand Day Out«, GB 1989, Regie: Nick Park), der im Fernsehen als »Wallace & Gromit – Alles Käse« lief, reisen sie mit einer Rakete zur Käsebesorgung auf den Mond. Im zweiten Film »Wallace & Gromit: Die Techno-Hose« (»The Wrong Trousers«, GB 1994, Regie: Nick Park) schenkt Wallace dem wenig begeisterten Gromit zum Geburtstag einen Roboter, der bloß aus einem Unterleib besteht und ihn allein Gassi führen kann. Doch dann verstellt ihr hinterhältiger Untermieter, ein Pinguin, der die Kronjuwelen stehlen will, das Programm. »Die Techno-Hose« wurde als bester animierter Kurzfilm mit einem Oscar ausgezeichnet. In »Wallace & Gromit unter Schafen«

(»Wallace & Gromit: A Close Shave«, GB 1995, Regie: Nick Park) haben sie es mit einem bösartigen, Schafe entführenden Knetbulldog zu tun, der es auch auf das bei ihnen wohnende Schaf **Shaun** abgesehen hat. Als Gromit im Verlauf der Handlung ins Gefängnis geworfen wird und dort ein Päckchen auspackt, in dem er ein 2000-Teile-Puzzle findet, bricht der Hund, der seine Gefühle sonst eher sparsam zeigt, in Tränen aus. Dann aber findet er auf dem zusammengesetzten Puzzle die Botschaft, daß seine Befreiung bevorsteht.

Der Knethund Gromit kann sogar stricken (»Wallace & Gromit«, GB 1995).

Wallace und Gromit kommen aus London, aus Europas erfolgreichstem Knetfiguren-Trickstudio. »Aardman Animations« stellten u. a. das Peter-Gabriel-Video »Sledgehammer« her. Chefregisseur und Plastilinspezialist Nick Park begann bereits während seines Studiums an der »National Film and Televison School« in Beaconsfield mit der Arbeit an »Grand Day Out«.

Lit.: *Cinema* 11/1994 und 3/1996; *TV-Today* 12/1996.

Grubenhund
Untergeschobene Falschmeldung

Der Grubenhund ist eine Spezialform der → **Ente**, also einer von den Medien gedruckten oder gesendeten Falschnachricht. 1911 saß eine Wiener Tageszeitung der Zuschrift des Ingenieurs Artur Schütz auf, die sich auf ein wenige Tage zuvor passiertes Erdbeben im mährischen Bergbaugebiet bezog. Schütz fabulierte unter anderem von einem schlafenden Grubenhund, der bereits eine halbe Stunde vor Beginn des Bebens plötzlich erwacht war und sich im höchsten Grad aufgeregt gezeigt hatte. Die Redakteure glaubten die Mär und veröffentlichten sie als Beispiel für die verblüffenden und immer noch nicht gänzlich erforschten Fähigkeiten von Tieren. Dabei übersahen sie aber, daß im Bergbau ein Grubenhund nicht das hündische Gegenstück zum unter Tage schuftenden Grubenpferd ist, sondern die Bezeichnung für einen kleinen Förderwagen. Schütz wollte sich mit seinem Streich, dem später noch unzählige ähnliche folgten, nicht nur einen Jux machen, sondern seine Aktion auch als Protest gegen die angemaßte Autorität der Druckerschwärze und als Beitrag zum Abbau der Kritiklosigkeit beim Zeitungsleser verstanden wissen. Seitdem heißen solche gefälschten Nachrichten, die von außen an eine Redaktion herangetragen und von dieser dann gutgläubig veröffentlicht werden, Grubenhunde.

Lit.: A. J. *Storfer, Wörter und ihre Schicksal*e, Wiesbaden 1981.

Gucky
Science-fiction-Mausbiber

»Perry Rhodan« ist mittlerweile mit einer Milliarde verkaufter Hefte und Bücher die erfolgreichste deutsche Science-fiction-Serie auf dem Paraliteratur-Markt. Der Titelheld, ein Mensch von der Erde, erlebt seit 1960 in gigantisch angelegten Erzählzyklen interstellare Abenteuer. Ihm zur Seite stehen eine Vielzahl von oft schwer vorstellbaren Geschöpfen, die allesamt mit außergewöhnlichen, oft parapsychologischen Fähigkeiten gesegnet sind. Zu diesen eigenartigen All-Wesen, die zusammen das sogenannte »Mutantenkorps« im

»Solaren Imperium« beziehungsweise in der »Kosmischen Hanse« bilden, gehört ein besonders spaßiger Freund und Kampfgeselle des Großadministrators Perry Rhodan, nämlich Gucky der **Ilt**. Die auf dem Planeten Tramp beheimateten Ilts sind mausähnliche, etwa einen Meter große intelligente Wesen, die wegen ihres breiten abgeplatteten Biberschwanzes allgemein als Mausbiber bekannt sind. Gucky, ein freundlicher Vertreter seiner Spezies, verfügt über enorme Fertigkeiten als Telekinese, Telepath und Teleporter, schreddert ständig mit seinem Solitär von einem Nagezahn an Mohrrüben herum und füllt ansonsten die Rolle des anständigen, Possen reißenden, treuen Freundes in der zweiten Reihe hinter dem übermenschlichen Helden aus. Dieser intergalaktische Hadschi-Halef-Omar-Mausbiber ist verheiratet, hat ein Kind und ist, da er wie alle Helden der Schalttafelrunde des Großadministrators Zugang zu zellregenerierenden Wunderduschen hat, praktisch unsterblich.

Lit.: Horst Hoffmann, *Perry Rhodan Lexikon*, Rastatt 1983; Rainer Stache, *Perry Rhodan. Überlegungen zum Wandel einer Heftromanserie*, Tübingen 1986.

Guinan, Palermo, Pauli, Senta und alle anderen dicken Keksschnapper und Sesselzerkratzer
Wichtige Tiere

Nicht jedes Tier besitzt außergewöhnliche Talente. Die Kratzspuren, die der schwarze Kater Pauli, benannt nach einem Hamburger Fußballverein, an Mobiliar und Wänden hinterlassen hat, sind auch mit größtem Wohlwollen nicht als moderne Kunst zu deuten. Dennoch ist seine Besitzerin überzeugt, daß er in dieses Lexikon gehört. Golden-Retriever-Hündin Guinan wälzt sich mit Begeisterung in halbverwesten Kadavern. Ist sie deshalb weniger wichtig als eine frischgefönte → **Lassie**? Münsterländerhündin Senta ist fast eine richtige Berühmtheit. Ihr Foto erschien in einem Dithmarscher Lokalblatt, weil sie die Handtasche ihres Frauchens trug. Doggenmischling Palermo ist hingegen bloß Doggenmischling Palermo, in dieser Funktion allerdings überaus präsent.

Für ein Foto von **Mieze, Hasso, Butschi, Hamster Hansi, Pony Bubi** und was es sonst noch an sympathischen Tieren gibt, die alle zweifellos in dieses Lexikon gehören, haben wir oben einen Platz reserviert.

Guinefort
Heiliger Windhund

Stephan von Bourbon, ein Dominikaner im Dienste der Inquisition, stieß Mitte des 13. Jahrhunderts nördlich von Lyon auf einen ganz speziellen Kult. In einem von der örtlichen Bevölkerung als heilig betrachteten Wäldchen befand sich ein Grab, das Mittelpunkt des Kultes um den Lokalheiligen **St. Guinefort** war. Als der Kirchenmann, immer auf der Suche nach ketzerischen Riten, nachforschte, erfuhr er zu seinem dominikanischen Entsetzen, daß es sich bei St. Guinefort nicht um einen frommen Einsiedler oder adligen Heidenschlächter gehandelt hatte, sondern um einen Windhund. Der Legende nach hatte dieser Hund das Söhnchen seines Herrn, des Ritters Neuville, vor einer Schlange gerettet. Beim Kampf mit dem Reptil war wohl die Inneneinrichtung des ritterlichen Kinderzimmers verrückt worden und Blut wird auch gespritzt haben. Als der Vater nach Hause kam und die Bescherung sah, glaubte er, daß der Hund sein Kind angegriffen hätte, und erschlug das unschuldige

Tier. Als er seinen Irrtum bemerkte, muß er ziemlich zerknirscht gewesen sein. Aus Reue legte er den Hain an und bestattete den schlecht belohnten Babysitter in einem feudalen Grab. Dem Volksglauben nach bewirkte Guinefort fortan aus dem Grab heraus Wunder. Insbesondere soll er kranke Kinder geheilt haben. Es etablierte sich ein regelrechter Heiligenkult, halb christlicher, halb heidnischer Art (inklusive Priesterinnen), der von der katholischen Kirche natürlich nicht genehmigt war. Stephan, der Kirchenpolizist, ließ erzürnt den Grabhügel des Hundes abtragen, den Wald vernichten und den Kult bei Androhung der üblichen rabiaten Strafen verbieten. Ohne viel Erfolg. Die Einheimischen fügten sich scheinbar, verehrten ihren heilbringenden Hund aber weiter als **Guy le Fort**. Noch um 1930 soll die letzte St.-Guy-le-Fort-Priesterin tätig gewesen sein.

Es ist fraglich, ob dieser Kult seinen Ursprung in Südfrankreich gehabt hat oder importiert worden ist. Die Überlieferung vom treuen Tier, das Menschen beschützt oder sogar rettet, in falschen Verdacht gerät und dann unverdienterweise umgebracht wird, ist in vielen Kulturkreisen bekannt. Möglicherweise ist diese Geschichte in Nordindien entstanden und hat sich von da verbreitet. So sind in Frankreich über fünfzig und in Italien etwa zehn **Sanctus Guinifortus**-Schreine nachgewiesen worden. Auch weiter nördlich hat die Legende ihre Spuren hinterlassen. Nach einer populären walisischen Überlieferung erschlug der nordwalisische Fürst Llewelyn seinen blutbefleckten Windhund **Gelert,** der Llewelyns Sohn gegen einen Wolf verteidigt hatte. Das angebliche Grab des braven Tieres ist im Dorf Beddgelert zu bestaunen.

Lit.: Michell Rickard, *Ungelöste Rätsel der Tierwelt*, Augsburg 1993.

Gummibärchen
Süßwarenklassiker

Der klassische Gummibär ist 2,2cm groß und in den Farben Rot, Rosa, Orange, Gelb, Grün und Weiß erhältlich. Blaubären gibt es nicht. Nach den Ergebnissen psychologischer Tests werden sie angeblich nicht akzeptiert. Individualisten müssen halt Gummischlümpfe kauen. Der Job des Gummibären ist es, Kinder froh zu machen und Erwachsene ebenso. Er besteht hauptsächlich aus Zucker, was schlecht für die Zähne, und Gelatine, was gut für die Knochen ist. Dazu kommen noch Aromen und Säuerungsmittel. All die leckeren künstlichen Farbstoffe in ihm wurden Ende der 80er Jahre – als das Bundesgesundheitsministerium den gelben Farbstoff Tartrazin (E 102) beschuldigte, gesundheitsschädlich zu sein – durch färbende Auszüge aus Früchten und Pflanzen ersetzt. Danach leuchteten die Bären weniger bunt, was ihrer Beliebtheit insgesamt aber nicht schadete. Jedes Jahr werden in Deutschland so viele **Goldbären** verzehrt, daß sie stehend aneinandergereiht dreimal die Erde umgürteln könnten.

Die ersten Gummibären wurden 1922 in der Firma Haribo (**Ha**ns **Ri**egel **Bo**nn) hergestellt. Sie waren etwas größer und schlanker und hießen **Tanzbären**. Das junge Ehepaar Riegel goß sie noch von Hand mit einer Kanne in die Formen. In den 50er Jahren wurde die Rezeptur verändert und Gummiarabikum durch Gelatine ersetzt. Die Gelatinebären – wie sie genaugenommen heißen müßten – waren kleiner und rundlicher, und man nannte sie **Teddybären**. Ihr heutiger Name ist **Goldbären**. Sie werden außer in Deutschland noch in Frankreich, England, Dänemark, Österreich, Spanien und in Baltimore (Maryland, USA) hergestellt.

Wie jeder Klassiker wurde und wird der Goldbär vielfach kopiert.

Lit.: *Presse-Info* der Firma Haribo; Eckart Sackmann / Uwe Scheutzel, *Ursus Latex. Das Gummibärchen-Buch*, Hamburg 1990.

Gundel Gaukeley (Magica de Spell)
Dagobert Ducks hexende Gegenspielerin

Seit Gundel Gaukeley (Magica de Spell = Magierin des Zauberspruchs) Onkel Dagoberts ersten selbstverdienten Zehner bzw. Taler zu sehen bekommen hat (→ **Dagobert Duck**), setzt sie all ihre unheilvollen Energien dazu ein, den Glückszehner bzw. -taler in ihren Besitz zu bringen. Sie erhofft sich davon ähnliches Glück und Reichtum, wie das legendäre Geldstück dem Familienoberhaupt der

Ducks beschert hat. Die entschlossene Hexe mit krimineller Energie gehört wie Dagobert den Entenartigen an. Mit ihren glatten schwarzen Haaren und der dunklen Kleidung weist sie deutliche Ähnlichkeit mit der Mutter der »Addams Family« auf. Neben ihrem sprechenden Raben **Nimmermehr**, der sie über seine Luftbeobachtungen auf dem Laufenden hält, setzt sie »Bombastik-Buff-Bomben« ein und kann ihr Aussehen durch Zauberei verwandeln. Wie Onkel Dagobert ist auch Gundel Gaukeley eine Erfindung des Zeichners Carl Barks. Barks wollte die bisherige ständige Bedrohung von Dagoberts Geldspeicher, die → **Panzerknacker AG**, nicht überstrapazieren und entlastete sie durch Gundels Aktivitäten, die sich statt auf den gesamten Reichtum auf seine mystische Ursache, den besagten Glückszehner/-taler richten.

Gundel Gaukeley hatte ihr Debüt in »The Midas Touch« (»Uncle Scrooge«, Heft 36, Dez. 1961–Feb. 1962). Nach der sehr gewagten These des Donaldisten Wolfgang Flößner ist Frau Gaukeley eine »radikale Feministin, die, vermutlich durch konservativen Gegendruck in den Untergrund getrieben, nun in ihrem abseits gelegenen Chalet am Hange des Vesuvs ... terroristische Anschläge gegen die bürgerliche Gesellschaft vorbereitet«.

Lit.: Uwe Anton / Ronald M. Hahn, *Donald Duck. Ein Leben in Entenhausen*, München 1994; Klaus Bohn, *Der Bücherdonald*, Band 1: Sekundärliteratur, kommentierte Bibliographie, Hamburg 1992.

Gus Goose
siehe Franz Gans

Gustav Gans (Gladstone Gander)
Entenhausener Glückspilz

»Der Pilz des Glückes wartet fein. Es können
Dinge sich ergeben, die ihn der Arbeit ganz entheben.«
(Gustav Gans)

Das Leben ist ungerecht. Eine Existenz wie Gustav Gans beweist das. Was kann für einen ewigen Verlierer wie → **Donald Duck** schlimmer sein als ein Nebenbuhler, der das Hätschelkind des Schicksals ist? Gustavs Glück ist märchenhaft und unverdient. Kauft er ein Los, wird er unweigerlich gewinnen. Selbst wenn ihm irgend etwas schiefgeht, wird sich das Malheur im nachhinein als noch größeres Glück herausstellen.

Disney-Zeichner Carl Barks stellte den schnöseligen Gamaschenträger zum ersten Mal 1948 im Comic vor. Obwohl sein Nachname ihn als Ganter ausweist, ähnelt er viel mehr einer Ente. Möglicherweise handelt es sich bei ihm um eine Enten-Gänse-Kreuzung. Gustav Gans hat eine Lockenfrisur, die heutzutage nur noch bei erzkonservativen Adligen zu finden ist. Er trägt Hut, Mantel, Fliege oder Halstuch, gern eine Nelke im Revers. Gelegentlich schwingt er ein Spazierstöckchen. Er benutzt Parfüm, und er arbeitet nicht.

Daß er einmal »in einem Augenblick geistiger Umnachtung« (so Gustav Gans) gearbeitet hat, ist der große geheime Schandfleck in seinem Leben, dessen Entdeckung Tränenfluten bei ihm auslöst. Wie Donaldist Boemund von Hunoltstein akribisch recherchiert hat, gehört Gustav Gans zwei Vereinen an, dem Verein der Glücksritter und einem Gesangsverein. Mit Donald hat er die Neigung für Daisy gemein, was immer wieder zu Konflikten führt. Trotz seines Glücks kommt er bei ihr allerdings auch nicht weiter als sein Rivale. Wie bereits erwähnt, bedeuten Fehlschläge bei Gustav aber üblicherweise bloß, daß es ein größeres Glück ist, in diesem Fall zu verzichten (→ **Daisy Duck**).

Lit.: Uwe Anton / Ronald M. Hahn, *Donald Duck. Ein Leben in Entenhausen*, München 1994; Michael Barrier, *Carl Barks – Die Biographie*, Mannheim 1994; Walt Disney Productions, *Donald Duck*, Stuttgart 1984; Gottfried Helnwein, *Wer ist Carl Barks*, Rastatt 1993.

Gyro Gearloose
siehe Daniel Düsentrieb

H

Hachiko
Treuer Japan-Hund

Wie seine schottische Entsprechung → **Greyfriar's Bobby** hielt Hachiko seinem Herrn bis über den Tod hinaus die Treue und wurde dadurch berühmt.

Hachiko war ein Akita-Inu, ein Exemplar der japanischen Nationalhunderasse. Jeden Morgen begleitete er sein Herrchen zum Tokyoter Vorortsbahnhof Shibuya. Das Herrchen, ein Universitätsprofessor, fuhr zur akademischen Arbeit ins Stadtzentrum und kehrte jeden Nachmittag um 17 Uhr wieder zurück. Sein treuer Hund erwartete ihn dann bereits am Bahnsteig. 1925 starb der Professor während seiner Dienstzeit an einem Herzinfarkt und konnte folglich nie mehr seinen gewohnten Pendlerzug zurück nach Shibuya nehmen. Hachiko aber pilgerte wie gehabt jeden Spätnachmittag zum Bahnhof, setzte sich auf seinen üblichen Platz und wartete auf den gewohnten Zug. Täglich. Und täglich vergeblich. Zehn Jahre lang wiederholte Hachiko dieses Ritual – bis zu seinem Tod im Jahr 1935. Ob es ihm dabei jedesmal vor Sehnsucht das Herz zerriß oder ob es sich bloß um eine dumpfe Angewohnheit von ihm handelte, oder ob es seine Art war, sich den Tag zu strukturieren – wer kann das schon sagen?

Für große Teile der japanischen Öffentlichkeit war Hachiko ein Vorbild der Beständigkeit und Treue. Besonders Kindern wurde Hachikos Verhalten als nachahmenswertes Beispiel uneigennütziger Loyalität dem Ranghöheren gegenüber ans Herz gelegt. Nach seinem Tod errichtete man dem inzwischen außerordentlich populären Hund ein Standbild – dort, wo er zehn Jahre vergebens gewartet hatte.

Hachikos Treue und Durchhaltevermögen scheint einzigartig, ist es aber nicht. Bis auf den heutigen Tag wartet ein Blindenhund im südspanischen Cadiz vor dem Krankenhaus »Puerta del Mar«, in dem sein Herrchen vor sieben Jahren einem Herzinfarkt erlag. Die ersten drei Jahre soll er sich überhaupt nicht vom Fleck gerührt haben, später erweiterte er seinen Radius etwas, kam aber immer wieder zum Krankenhauseingang zurück. Ladenbesitzer und Anwohner versorgten ihn mit Wasser und Futter und tauften den inzwischen etwa 10jährigen Rüden wegen seiner Fellfarbe auf den Namen **Canelo** (zimtfarben). Als Canelo ins Tierheim gesteckt werden sollte, zahlten sie 22 000 Peseten (ca. 260 DM), um ihn wieder herauszuholen, ließen ihn impfen und spendierten auch noch eine Hundeplakette.

Ein Denkmal hat Canelo noch nicht; die Anwohner denken aber schon darüber nach.

Lit.: Richard Dawes, *Das Tagebuch für Hundefreunde*, Augsburg 1994; *dpa-Meldung* vom 29.1.1997.

Hahn von Barcelos
Glückbringendes Symbol und Portugal-Mitbringsel

Kommt die liebe Verwandtschaft von der Portugalreise zurück, wird der Daheimgebliebene fürs Blumengießen und Wellensittichfüttern mit einem leuchtendbunten Hahn beglückt. Und ist das Souvenir ein authentisches Tier, so ist es aus Ton hergestellt und stammt aus Barcelos, einer Stadt im Norden Portugals.

Im Norden Portugals, in der Provinz Minho lebte auch »vor langer, langer Zeit« ein armer Bauer, der eines Tages zu Unrecht des Mordes beschuldigt wurde. Am Tage seiner Hinrichtung bat er sich aus, vor den König geführt zu werden. Der König saß gerade beim Mittagessen. Es gab Hähnchen.

»Mein König«, sagte der Bauer, »dieser Brathahn dort wird meine Unschuld beweisen, indem er lebendig wird und dreimal kräht.« Der Heiterkeitserfolg war beträchtlich. Aber das Wunder geschah, der → **Broiler** hob sich aus der Schüssel und krähte. Dreimal. Seitdem ist der Hahn glückbringendes Symbol in Portugal.

Lit.: *ICEP* – Portugiesisches Touristik- und Handelsbüro.

Hai
Unglücks-U-Boot

Als das deutsche Unterseeboot U 2365 Anfang 1945 in Dienst gestellt wurde, gehörte es mit seinen Schwesterbooten des Typs XXIII zu den modernsten U-Booten der Welt. Die knapp 250t kleinen Kriegsschiffe waren die ersten U-Boote der Welt, die unter Wasser schneller waren als bei Überwasserfahrt. Genützt hat das U 2365 und seiner Besatzung aber nichts. Am 8. Mai 1945, wenige Stunden vor dem Ende des Zweiten Weltkriegs in Europa, kollidierte es bei einem Luftangriff im Kattegat mit einem anderen Schiff und sank mit Mann und Maus. Neunzehn Besatzungsmitglieder kamen dabei um.

Als die Bundesrepublik Mitte der 50er Jahre eine neue Seemacht aufbaute, war die Erstausstattung recht kümmerlich. Zum Teil wurde auf Veteranenschiffe der Kriegsmarine zurückgegriffen. 1956 wurde U 2365 gehoben, instandgesetzt und 1957 als Schulboot »U Hai« (NATO-Bezeichnung S 170) in die Bundesmarine eingegliedert. Am 14. September 1966 abends geriet die altersschwache U Hai bei rauhem Wetter auf der Doggerbank in der Nordsee in Seenot. Ihre sowieso nur noch sehr bedingte Hochseetauglichkeit war durch unbemerkten Wassereintritt in den wahrscheinlich fahrlässig geöffneten Schnorchelschacht noch mehr eingeschränkt worden. Trotz abgebrochenen Funkkontakts ging die Kommandostelle zunächst nicht von einer kritischen Lage aus. Als sie endlich Suchflugzeuge losschickte, lag die U Hai bereits fünf Stunden auf dem Grund der Nordsee. Neunzehn Mann waren mit dem Boot untergegangen oder einer nach dem anderen in der kalten See schwimmend an Unterkühlung gestorben. Als einziger Überlebender des bisher schwersten Bundesmarineunglücks wurde Obermaat Peter Silbernagel nach zwölf Stunden von einem britischen Trawler aus dem Meer gefischt. U Hai wurde noch im selben Monat gehoben und schließlich abgewrackt. Die Bootsglocke wurde 1973 in der Ehrenhalle des Marineehrenmals in Laboe aufgestellt.

Lit.: Siegfried Breyer / Gerhard Koop, *Die Schiffe und Fahrzeuge der deutschen Bundesmarine 1956–1976*, München 1978; Hans H. Hildebrand / Albert Röhr / Hans-Otto Steinmetz, *Die deutschen Kriegsschiffe. Biographien. Ein Spiegel der Marinegeschichte von 1815 bis zur Gegenwart*, Ratingen, 1979 ff.; *Der Spiegel* 9/1967.

Haiopeis
Comic-Haie

»Ach Mann! Das Leben hat keinen Gin mehr ...«
(Betrunkener Haiopei)

Viele TAZ-Leser fanden sie so lustig, daß es die Haiopeis-Comic-
strips aus der linken Tageszeitung inzwischen auch in Buchaus-
gaben gesammelt gibt, nebst Haiopei-Kalendern, -T-Shirts, -Knud-
delfiguren usw. Der Bildgeschichten angeblich »populärer, aber
dennoch intelligenter Witz«, der zum nicht geringen Teil aus aufge-
wärmten Uraltkalauern, Wortspielen und dem Allzu-wörtlich-Neh-
men einer Aufforderung besteht, überfordert niemanden und wird
inzwischen in diversen Zeitungen und Zeitschriften von der »Bild«
bis zum »Blinker« geschätzt. 2minütige Fernsehspots sind bereits
produziert und warten auf ihre Ausstrahlung.

Die eigensüchtigen, verfressenen Haiopeis leben in einer menschenähnlich funktionierenden und bestückten Unterwasserwelt,
wo sie in Bars versacken, mit dem Gesetz in Konflikt geraten, Tele-
banking machen und in Kantinen gehen. Manche Pointen beziehen
den Umstand, daß es sich um Haie handelt, mit ein. Regelmäßig
wiederkehrende Haiopeis sind der **Dödel-Hai** mit Pudelmütze, der
korrekte, mehr oder weniger vernünftige **Brillen-Hai**, der **Punk-Hai**
und ein lässiger Hai mit Sonnenbrille und Zigarette im Mundwin-
kel. Seltener erscheint **Bruno**, der Riesenhai.

Außer den eigensüchtigen, verfressenen Haien hat Thomas
Siemensen auch die Comics mit **Ingo Pien**, dem Pinguin, geschaffen.

Lit.: *Presse-Info* des Achterbahn Verlag; Thomas Siemensen, *Haiopeis 4. Oh! Kä-
sehäppchen!*, Kiel 1996.

Halla
Wunderstute

»Da kam das Wunder – Halla übernahm die Führung.«
(Erich Glahn)

Das erfolgreichste deutsche Springpferd der Nachkriegszeit war

321

maßgeblich am Wiederaufstieg des deutschen Turniersports beteiligt. Es hatte eine abenteuerliche Abstammung:

Hallas Mutter hieß Helene. Sie war eine Fuchsstute, die ein deutscher Offizier, Oberst Hauck, während des Zweiten Weltkriegs als Beutepferd aus Frankreich mitbrachte. Weil sie ein besonders gutes Pferd war, nahm er Helene nicht auf den nächsten Feldzug Richtung Osten mit, sondern stellte sie bei seinem Freund Gustav Vierling in Darmstadt auf der Domäne Hofmeierei unter. Diesmal kam Oberst Hauck nicht mit Beutegäulen zurück. Er starb in Rußland. Seine Erben verkauften Helene für 680 Reichsmark an Vierlings.

Hallas Vater war der Hengst Oberst, ein von der Fürstin zu Wied auf französischer und amerikanischer Grundlage gezogener Traber, der mit Springen überhaupt nichts am Hut hatte.

*Halla und
Hans Günter Winkler
1955 bei der WM in
Aachen.*

Am 16. Mai 1945, also kurz nach Kriegsende, kam Halla zur Welt, ein braunes Fohlen mit einem weißen Fleck auf der Stirn. Da sie fast wie ein Vollblütiger aussah und sich bald herausstellte, daß sie schnell war und springen konnte – wenn auch bislang nur über Hecken und Drahtzäune –, kam sie 1948 als Halbblutrennpferd zu Trainer Fritz Rinkleib nach Frankfurt-Niederrad. Mit wechselnden Erfolgen startete sie in Jagdrennen (Rennen über feste Hindernisse wie Gräben oder Hecken), und am 12. Dezember 1948 gewann sie dann auch ein Dreijährigen-Rennen über 3400m in Frankfurt.

Hier fiel die im Verhältnis zu den Vollblütern großrahmige und kräftige Stute Oberlandstallmeister Dr. h.c. Gustav Rau auf, dem damaligen Leiter des Landgestüts Dillenburg. Rau begann gerade damit, den Stall für das Deutsche Olympiadekomitee für Reiterei (DOKR) neu aufzubauen. Vierling stellte Halla dem DOKR zur Verfügung. Nach zwei weiteren Rennen kam sie nach Dillenburg, um zum Militarypferd ausgebildet zu werden.

Die kurze Rennbahnkarriere und das Eingesperrtsein im Stall waren nicht spurlos an Halla vorbeigegangen. Sie war nervös und unruhig, schaukelte im Stall an ihrem Platz hospitalistisch hin und her und fraß schlecht, meist nur nachts, wenn alles ruhig war. Eines Nachts war es nicht ruhig. Der Traberhengst **Sylvester** riß sich los und nutzte die kurze Freiheit, um Halla den Hals an beiden Seiten so furchtbar zu zerbeißen, daß die Narben ihr Leben lang zu sehen blieben.

Im Mai 1950 hatte Halla ihren ersten Militarystart unter Ausbilder Herbert Schönfeld und wurde Zwölfte. Am 13. Juli 1950 saß Hans Günther Winkler zum ersten Mal auf ihr. Er hatte kurzfristig ein Telegramm vom DOKR bekommen, daß er Halla am 14. Juli in der Military in Bad Hersfeld reiten sollte. Sie wurden zweite.

Der DOKR zog nach Warendorf um, und Winkler zog mit seinen Pferden mit, die er beim DOKR unterstellen durfte. Morgens ritt er seine eigenen Pferde oder auch Halla, für nachmittags hatte er eine kaufmännische Anstellung gefunden.

Halla kam ins engere Olympia-Aufgebot und nahm an der Olympia-Vorbereitungs-Military im Herbst 1951 in Bielefeld teil. Weil Winklers Amateurstatus noch umstritten war, kam er für die Olympischen Spiele 1952 in Helsinki noch nicht in Frage, und Halla wurde von Otto Rothe geritten. Sie ging in der Dressur so schlecht, daß sie nicht einmal die Mindestpunktzahl erreichte und damit eigentlich schon ausschied. Obwohl sie die anderen Teilprüfungen dann doch noch absolvierte, stand das Urteil des DOKR fest: untauglich für den Leistungssport.

Züchter und Besitzer Gustav Vierling gab aber noch nicht auf und wandte sich an Winkler, der immer mit Halla zurechtgekommen war. So kam die Stute in Winklers Stall, um ein Springpferd zu werden. Halla wurde zwar immer von Winkler geritten, gehörte ihm aber nie, sondern blieb in Gustav Vierlings Besitz. Lediglich ein Handschlag besiegelte die erfolgreiche Partnerschaft.

Winkler gewöhnte Halla ihre Unarten ab. Er band sie in der Box an, so daß sie nicht mehr hin und her schaukeln konnte, ließ sie hungern, bis sie zu jeder Tageszeit alles fraß, was sie vorgesetzt bekam, und nahm ihr ihre Wildheit, indem er sie mit stupiden Aufgaben langweilte. »In den ersten Wochen bekam mein Pfleger den Auftrag, sie mit Ausbindezügeln, so daß sie nicht viel in der Gegend herumgucken konnte, immer ruhig auf dem Zirkel zu traben.« Problem Nr. 1 blieb bis zuletzt, daß Halla manchmal zu schnell wurde und dann mit einer viel zu flachen Kurve sprang.

»Irgendwann hat es ›klick‹ gemacht zwischen uns.« Der unaufhaltsame Aufstieg von Halla und HGW begann. In ihrer zwölfjährigen Laufbahn errang Halla 125 Springsiege, deren größte Erfolge waren:

3 Siege (Goldmedaillen) bei *Olympischen Reiterspielen* (2 Goldmedaillen 1956 in Stockholm, 1 Goldmedaille 1960 in Rom)

2 Siege in *Weltmeisterschaften* (1954 in Madrid, 1955 in Aachen)

8 Siege in *Preisen der Nationen* (1954 in Dortmund und Luzern, 1955 in Aachen, 1957 in Genf, 1958 in Luzern, Harrisburg, New York und Toronto)

1 Sieg in der *Deutschen Meisterschaft* (1959 in Berlin)

1 Sieg im *Deutschen Springderby* (1955 in Hamburg)

1 Sieg im *Internationalen Championat des Springpferdes* (1957 in Aachen)

1 Sieg im *Großen Preis von Aachen* (1957)

1 Sieg im *Großen Preis von Rom* (1959).

1958 stellten sie mit 2,20m den deutschen Hochsprungrekord auf (der 1965, als **Exakt** unter Alwin Schockemöhle 2,25 hoch sprang, überboten wurde).

Legendär wurden Halla und HGW durch ihren Ritt im zweiten Umlauf des Springens am Schlußtag der Olympischen Spiele am 17. Juni 1956 in Stockholm. Der Reitsport hatte in Stockholm seine Olympischen Spiele für sich, weil wegen der unerfüllbaren Quarantäne-Bestimmungen die Austragung der reiterlichen Disziplinen in Melbourne nicht möglich war.

Während des ersten Umlaufs hatte Winkler sich verletzt. Am 13. Hindernis, dem vorletzten Sprung – einem 1,60m hohen Steilsprung aus Strohgeflecht – »schnickte« Halla »in der Luft derart aus dem Rücken heraus«, daß Winkler blitzschnell die Beine schließen mußte, um nicht aus dem Sattel geworfen zu werden. Dabei zog er sich einen Muskelriß in der Leistengegend und an der Bauchdecke zu. Mit einem »unvorstellbaren Schmerz« hing er im Sattel, und Halla machte am letzten Hindernis einen schweren Fehler.

Am Nachmittag begann der zweite Umlauf. Fritz Thiedemann (auf **Meteor**) und Alfons Lütke-Westhues (auf **Ala**) ritten einen großen Vorsprung heraus. Deutschland führte mit 40 Fehlerpunkten vor England (52 Fehlerpunkte) und Italien (66 Fehlerpunkte). Hans Günther Winkler mußte nur noch durchs Ziel kommen und nicht alle Hindernisse umwerfen, dann war die Goldmedaille in der Mannschaftswertung sicher. Winkler aber konnte sich vor Schmerzen nicht auf den Beinen halten, und wenn er nicht antrat, gab es gar nichts. Obwohl er einige Pervitintabletten geschluckt hatte, wurde er beim Probespringen auf dem Abreiteplatz beinahe ohnmächtig. Er verlangte eine Spritze, bekam aber statt dessen ein Zäpfchen, das in fünf Minuten wirken sollte. Beim nächsten Probesprung mußte er wieder vor Schmerzen schreien. Erst jetzt gaben die Ärzte ihm eine Morphiumspritze. Damit er geistig nicht völlig abtrat, schlürfte Winkler eine ganze Kanne starken Kaffee.

Über den folgenden 0-Fehler-Ritt, der nicht nur Gold für die deutsche Mannschaft, sondern auch Gold für Winkler in der Einzelwertung brachte, ist viel dummes Zeug geredet worden. Kein Sportereignis der Nachkriegszeit – außer dem Sieg in der Fußballweltmeisterschaft 1954 – echauffierte die Deutschen mehr. Gläubig verbreiteten selbst Fachleute die Mär von dem tierpsychologischen Wunder: Winkler hätte »völlig passiv« im Sattel gekauert, »förmlich am Hals von Halla gebaumelt«, und Halla hätte sich ihren Weg allein gesucht, weil ihr die Goldmedaille für Deutschland so am Herzen lag. Seither galt dieser Ritt als klassischer Beweis für die Springfreudigkeit der Pferde, für ihre Passion, bis Horst Stern Anfang der Siebziger die Legende demontierte und an Hand in Einzelphasen zerlegter Bilder aus der Deutschen Wochenschau bewies, daß HGW jederzeit mit den Zügeln die Verbindung zum Pferdemaul gehalten und alle gewohnten Hilfen gegeben hatte.

Hans Günther Winkler selbst sagte mit einem Abstand von mehr als 20 Jahren darüber: »Mit einem anderen Pferd als Halla wäre diese Leistung nicht möglich gewesen ...« (Aber) »Ich war jederzeit in der Lage, ihr die nötigen Hilfen zu geben. ... Ich habe sie ideal an den Absprung herangeführt. Nur springen mußte sie allein. ... Wir waren ein eingespieltes Paar – das war die Basis. ... Aber ohne diese Hilfen wäre Halla sicher zum Ausritt zurückgaloppiert. ... Tabletten, Zäpfchen und Spritze hatten mir den Schmerz weitgehend genommen. Zwischen den Hindernissen und selbst in den ansteigenden Phasen der Sprünge verspürte ich kaum Schmerzen. Weh tat es erst über den Stangen und beim Aufsprung. Da habe ich wohl auch ein paarmal geschrien.« Viele Zuschauer hatten diese Schreie zuerst als Aufmunterungsrufe für Halla gedeutet.

Eigentlich hatte also eher Wunder-Winkler als Wunder-Halla das deutsche Gold gerettet. Trotzdem erhielt die Stute Briefe aus aller Welt – »Liebe Halla, wie geht es Dir« – und bekam an ihren Geburtstagen genug Zucker geschickt, daß man eine ganze Pferdeherde damit hätte vergiften können. Die Anschrift »An Halla, Warendorf« genügte, und die Post kam an.

Am 25. Oktober 1960 bestritt Halla bravourös ihr letztes Turnier, siegte im Großen Preis von Brüssel und verließ Warendorf, ihren langjährigen Pfleger Hans Nietschke und Hans Günther Winkler, für den sie das Pferd seines Lebens gewesen war. Mit keinem anderen konnte er den Erfolg, den er mit Halla gehabt hatte, auch nur annähernd wiederholen.

Halla ging in die Zucht, ins Füchtorfer Gestüt Lindenhof, nahe Warendorf. Sie bekam acht Fohlen, sieben braune, deren Namen alle mit Ha ... begannen (**Ha**lley, **Ha**lme usw.) und einen Schimmel (**Ho**llunder). Alle waren kerngesund. Keines wurde je berühmt.

326

Halla hingegen blieb unvergessen. Aus Meißner Porzellan gibt es sie 17cm hoch (Auflage 1000) und von Hutschenreuther in einer Größe von 40cm (Auflage 500). 1978 wurde ein lebensgroßes Bronzedenkmal von ihr in Warendorf enthüllt, das »20 000 Mark mehr kostete, als Halla an Summen in Springen gewann: das waren 130 000 Mark« (C. H. Dömken).

Im Februar 1979 kehrte Halla wieder zu Vierlings auf die Weide der Domäne Hofmeierei zurück. Dämpfigkeit und Altersknoten machten ihr bereits seit längerem zu schaffen. Am 19. Mai 1979 starb sie im Alter von 34 Jahren und 3 Tagen in der Box, in der sie auch geboren worden war.

Lit.: Dieter Ludwieg, *Hans Günther Winkler*, Warendorf, o. J.; Eckhard F. Schröter, *Das Glück dieser Erde ... Leben und Karriere deutscher Springreiter*, Hamburg 1977; Horst Stern, *Bemerkungen über Pferde*, Reinbek 1974; Hans Günther Winkler, *Springreiten*, Reinbek 1979; Hans Günther Winkler / Carl Heinz Dömken, *Halla, die Olympia-Diva*, Friedberg 1981.

Hannibals Elefanten
Karthagische Kriegselefanten

»Hannibal ante portas!«

Als sich der karthagische Feldherr Hannibal 211 auf den Marsch auf Rom machte und die Bürger der Ewigen Stadt dadurch in helles Entsetzen stürzte, hatte er möglicherweise auch Kriegselefanten bei seinen Truppen. Allerdings war höchstwahrscheinlich keiner der grauen Riesen mehr dabei, die sieben Jahre vorher mit ihm die Pyrenäen überschritten hatten. Damals, im Anfangsjahr des zweiten Punischen Krieges (218–201 v. Chr.), hatte Hannibal die römischen Gegner mit einer kühnen Aktion überrascht. Statt wie erwartet direkt übers Meer zu kommen und von Sizilien aus anzugreifen, setzte Hannibal von Afrika zuerst nach Spanien über und marschierte mit dem Gros seiner Truppen über die Pyrenäen in das heutige Südfrankreich. Sein Plan war es, über die Alpen in das römische Norditalien einzudringen, den Krieg bis nach Rom selbst zu bringen und so die Entscheidung zu erzwingen. Als er durch Südfrankreich marschierte, standen ihm neben Infanterie und Kavallerie auch eine

Elefanterie von 37 Elefanten zur Verfügung. Elefanten im Militärdienst waren im Altertum nichts Außergewöhnliches. Zuerst wurden Elefanten in Indien als antike Sturmtanks eingesetzt. Ihre Stärke und Massigkeit zeitigten beim geschlossenen Trampelangriff verheerende Wirkungen – nicht zuletzt auf die Psyche der Soldaten, die diese Kolosse auf sich zukommen sahen. Die Pferde der Kavallerie gerieten nicht nur durch den Anblick der Elefanten, sondern auch durch ihren Geruch in Panik.

Alexander der Große stellte nach indischem Vorbild Elefanteneinheiten auf und brachte diese Waffe nach Europa. Im Gegensatz zu ihm und seinen Nachfolgern verwendeten die Karthager in der Regel keine indischen Elefanten, sondern die damals noch in Nordafrika heimischen Elefanten der Spezies Loxodonta africana cyclotis. Diese auch Waldelefanten genannten Tiere sind wesentlich kleiner als ihre afrikanischen Vettern und Kusinen, die Buschelefanten, und auch noch etwa einen halben Meter kleiner als ihre indischen Verwandten.

Wie viele der 37 Elefanten den Marsch durch Frankreich und vor allem den von andauernden Kämpfen begleiteten Übergang über die frühwinterlichen Alpen überlebt haben, ist nicht überliefert. Immerhin müssen es noch einige gewesen sein, denn bei der für Hannibal siegreichen Schlacht an der Trebia im Dezember 218 v. Chr. spielte der Einsatz von Kriegselefanten eine nicht unwesentliche Rolle. Für die Zeit danach finden sich in den antiken Quellen nur noch Hinweise auf höchstens sieben Überlebende des Elefantenkorps. Als Hannibal im Jahr 217 v. Chr. den Arno überquerte, ritt er auf dem letzten seiner Militärelefanten. Allem Anschein nach handelte es sich dabei um den von Plinius dem Älteren als besonders tapfer gepriesenen **Surus.** Möglicherweise war Surus einer der wenigen indischen Elefanten in der karthagischen Armee. Aber auch er starb wohl bald darauf. In den Berichten über die Schlachten am Trasimenischen See (217 v. Chr.) und von Cannae wird er jedenfalls nicht mehr erwähnt. Einige Jahre später stießen eventuell mit karthagischen Verstärkungstruppen wieder Elefanten zur Hannibal-Armee in Italien. Aber sicher ist das nicht.

Der Krieg ging für Karthago nach langem Hin und Her verloren. In der Entscheidungsschlacht bei Zama (202 v. Chr.) setzte Hannibal achtzig Elefanten ein. Ihr Einsatz brachte aber nicht den erhofften Erfolg. Im Gegenteil. Die inzwischen mit Elefantenangriffen vertrauten Römer machten nicht den Fehler, in geschlossener Phalanx dem Angriff der Elefanterie begegnen zu wollen. Der römische Feldherr Scipio Africanus gruppierte seine Truppen so in Karrees, daß die Elefanten in die Lücken zwischen den einzelnen Einheiten brausten und jetzt von allen Seiten angegriffen werden konnten. Das Schwenken von brennenden Fackeln, infernalisches Getute und Geblase und ein Hagel von Pfeilen und Wurfgeschossen verwirrte die Dickhäuter so sehr, daß sie ihren Lenkern nicht mehr gehorchten und in wilder Panik rückwärts in die eigenen Reihen rasten. Der karthagische rechte Flügel wurde durch dieses militärische Eigentor fast völlig vernichtet. Im folgenden Friedensvertrag mußte Karthago seine überlebenden Kriegselefanten an Rom abliefern und auf die Indienststellung neuer Dickhäuter verzichten. Die Römer setzten ihre erbeuteten Elefanten, die sich als zu unsichere Waffe erwiesen hatten, aber nur noch zu Repräsentationszwecken ein.

Lit.: Nigel Bagnall, *Rom und Karthago*, Berlin 1995; A. E. Johann, *Elefanten, Elefanten*, Gütersloh 1974; J. F. Lazenby, *Hannibal's War. A military History of the Second Punic War*, Warminster 1978; Tassilo Schmitt, *Hannibals Siegeszug*, München 1991.

Hanno
Diplomatischer Elefant

Im 16. Jahrhundert war das an Einwohnerzahl und Größe eigentlich eher schwächliche Portugal durch seine Kolonial- und Handelspolitik zu einem der reichsten europäischen Länder geworden. Die damaligen portugiesischen Könige liebten es, ihren neuen Reichtum zu zeigen. König Manuel I. fielen 1513 nach einem Sieg über einen vorderindischen Fürsten sieben Elefanten in die Hände, die er nach Lissabon bringen ließ. Seitdem sorgte er dafür, daß ständig mindestens fünf Elefanten an seiner Residenz gehalten wurden, um ihn zum Staunen der Bevölkerung bei Umzügen und Prozessionen zu begleiten. Zum ersten Schub von 1513, dem ständig neue folgten, gehörte der Elefant Hanno. Ungeklärt ist, ob die Benennung sich an

329

den karthagischen Feldherrennamen Hanno anlehnte oder eine Verballhornung des vorderindischen »ana« (»Elefant«) war. Um dem
neugewählten Papst Leo X. von der Bedeutung Portugals zu überzeugen und so wichtige diplomatische Punkte zu sammeln, schickte
Manuel I. eine prunkvoll ausstaffierte Gesandtschaft nach Rom.
Prachtstücke unter den Geschenken für den Heiligen Vater waren
ein Nashorn und Hanno. Das Rhinozeros ertrank bei der Überfahrt
nach Italien, aber Hanno erreichte Rom. Hier erregte er enormes
Aufsehen, und als er chevaleresk dreimal vor dem Papst in die Knie
ging, war ihm das Wohlwollen seiner Heiligkeit gewiß. Manuel
hatte seitdem beim Papst ein Stein im Brett, und damit war die diplomatische Mission nicht zuletzt dank Hanno ein voller Erfolg.
Der gelehrige Elefant wurde zum Lieblingstier des Papstes und bekam einen komfortablen Stall in den Gärten des Vatikans. Trotz aller päpstlichen Fürsorge starb der Elefant bereits 1516 im Alter von
sieben Jahren (am selben Tag starb unter mysteriösen Umständen
auch sein Wärter Alfonso). Möglicherweise hatte sich Hanno bei
einem Festzug über einen Böllerschuß so erschreckt, daß er in den
Tiber fiel und ertrank. Möglicherweise starb er auch an einer
Lungenentzündung. Der Papst war untröstlich und Papstgegner,
zum Beispiel Luther, verspotteten die »Elefantenliebe«.

Lit.: Stephan Oettermann, *Die Schaulust am Elefanten*, Frankfurt am Main 1982.

Hans Huckebein
Unglücksrabe

»Es duftet süß. – Hans Huckebein
Taucht seinen Schnabel froh hinein.« (Wilhelm Busch)

Wilhelm Buschs Bildergeschichte vom gefiederten Bösewicht erschien 1867 in vier Folgen in der von Eduard Hallberger (Gründer
der Deutschen Verlagsanstalt) herausgegebenen Zeitschrift »Über
Land und Meer«.

Hans Huckebein, ein noch nicht flugfähiger Jungrabe mit Stum-
melflügeln und einzelnen Borsten auf dem Schädel, wird vom Knaben Fritz gefangen und gibt ein kurzes, aber beeindruckendes Gastspiel im Haushalt von Fritzens Tante. Als erstes dämpft er Tante

Lottes Sympathien, indem er sie in den Finger beißt, dann triumphiert er im Kampf um ein Schinkenbein über Spitz und Kater, stempelt die Bügelwäsche mit Fußabdrücken aus Heidelbeerkompott, beißt die Tante auch noch in die Nase, leert ein Glas Likör und erhängt sich im Suff an einem Strickzeug.

Hans Huckebein war ein Vorläufer von → **Fipps** dem Affen, der ganz ähnliche Abenteuer in größerem Rahmen erleben sollte.

Rücksichtslos und gierig verfolgt der Rabe seine Interessen und stiftet Unheil. Wenn auch Vogelschützer durchaus ein Opfer in ihm sehen können, für Wilhelm Busch war er nur eine weitere von vielen Inkarnationen des Bösen, das nach seiner Auffassung in jedem Menschen und Tier steckte – und Huckebein wird auch mehrfach und ausdrücklich so bezeichnet: »Der größte Lump bleibt obenauf«, »... – der Böse taumelt«, »Die Bosheit war sein Hauptpläsier ...« usw.

Hans Huckebein –
Wilhelm Buschs tragischer Rabe.

Sein Ende mobilisierte damals eine von einem Herrn Dr. Weber angeführte Gruppe, bei der es sich um einen Stammtisch oder eine Schulklasse gehandelt haben könnte. In einem Gedicht mit 21 Unterschriften beklagte man den unschönen Tod. Aus Buschs Antwort wurde später die Einleitung für die Buchfassung von »Hans Huckebein der Unglücksrabe«. Sie beginnt so: »Obwohl sein Ende mich bewegt/ Ich durft es anders nicht vermelden/ Er stirbt, denn tragisch angelegt/ War der Charakter dieses Helden.«

Die Inspiration zu dieser Geschichte hat möglicherweise der zahme Rabe eines Wolfenbüttler Gärtners geliefert, der den Hühnerhof mit dem Geflügel teilte und eines Tages alle frischgeschlüpften Küken tötete, indem er sie immer dann, wenn sie sich zum Trinken über die Wasserschale beugten, auf den Kopf pickte. Busch erfuhr die Geschichte vom Gärtner, als er gerade bei seinem Bruder Gustav in Wolfenbüttel zu Besuch war. Ob er sich – falls sie ihn überhaupt beeinflußt hat – mit dieser Information begnügte, oder ob er noch auf dem betreffenden Hühnerhof Skizzen vom Kükenmörder anfertigte, ist nicht bekannt.

Lit.: Dietmar Grieser, *Im Tiergarten der Weltliteratur*, München 1991; Ulrich Mihr, *Wilhelm Busch: der Protestant, der trotzdem lacht*, Tübingen 1983; Gert Ueding, *Buschs Geheimes Lustrevier: Affektbilder und Seelengeschichten des Bürgertums im 19. Jahrhundert*, Wien 1982.

Hanuman (Hanumat)
Halbgöttlicher indischer Affe

Die Inselkette Adamsbridge, die Sri Lanka mit dem südindischen Festland verbindet, ist der Rest einer Landbrücke, die der Sage nach von Hanuman (Sanskrit »der mit den Kinnbacken«) erbaut wurde, als er im Krieg gegen den Dämonenfürsten Ravana nach Sri Lanka übersetzen mußte. Von diesem Krieg, in dem Hanuman Prinz Rama beim Sieg über die Kräfte der Finsternis und des Bösen half, erzählt das indische Epos »Ramayana« aus dem 2. nachchristlichen Jahrhundert.

Möglicherweise ist Hanuman ursprünglich in frühindischer Zeit ein Affengott. Später wird er wie viele andere Götter in veränderter Form vom Hinduismus übernommen. In der »Ramayana« taucht er als affenköpfiger Berater des Affenkönigs **Sugriva** auf. Sein Vater soll der Windgott Pavana sein. Gleich nach seiner Geburt greift Hanuman nach der Sonne, worauf ihm der erzürnte Obergott Indra mit einem Donnerkeil eine Kinnbacke zerschlägt. Vater Pavana ist nicht bereit, die Züchtigung seines Sohnes ohne weiteres hinzunehmen und schlägt Indra und anderen Göttern so lange in den Magen, bis diese einlenken und als Entschuldigungsgeste Hanuman die Unsterblichkeit verleihen.

Hanuman ist besonders bei den unteren indischen Kasten eine der Lieblingsgestalten. Er gilt als Personifikation von Treue, zugreifender Kraft und Verläßlichkeit, ist sowohl der Schutzheilige des Dorfes als auch der Gelehrsamkeit.

Lit.: Helmut Freydank u. a., *Erklärendes Wörterbuch zur Kultur und Kunst des Alten Orients,* Hanau 1986; Volker Moeller, *Die Mythologie der vedischen Religion und des Hinduismus,* in: Götter und Mythen des indischen Subkontinents (hrsg. von Hans-Wilhelm Haussig), Stuttgart 1984.

Harpyien
Altgriechische böse Frauenvögel

Spätantike Autoren beschrieben die Harpyien (Harpyiai, griech. »Rafferinnen«) entweder als geierähnliche Vögel mit furchterregenden Frauengesichtern oder als ausgemergelte Frauenkörper mit Flügeln, Köpfen und Klauen von großen Vögeln. Die Anzahl der Harpyien schwankt je nach Überlieferung zwischen zwei und vier. Auch ihre individuellen Namen sind in den Berichten unterschiedlich. Meist nehmen diese Namen Bezug auf ihre Personifikation verheerender Sturmwinde: **Aello** (Sturmwind), **Podarge** (Schnellfuß), **Okypete** (Schnellflügel), **Kelaino** (Dunkelheit). Sie sahen nicht nur abstoßend aus, sondern stanken auch noch nach Aas und Verwesung. Man traute ihnen fast jede Schlechtigkeit zu. Insbesondere das unerklärliche Verschwinden von Dingen und Menschen wurde den Harpyien gerne in die Schuhe geschoben.

In der griechischen Mythologie haben die fliegenden Damen, die von ewigem Heißhunger geplagt werden, vor allem einen Platz als »Hunde des Zeus« bekommen. Zeus (nach anderen Autoren war es Apollon) fühlte sich vom thrakischen Königs Phineus beleidigt und schickte ihm zur Strafe die Harpyien-Staffel ins Haus. (Es werden aber auch andere Gründe für diese göttliche Strafe berichtet.) Immer, wenn Phineus essen wollte, schnappten ihm die Harpyien die Nahrung vom Mund weg und machten mit ihrem Kot das übrige Essen ungenießbar. Als der Heros Jason auf seiner Kreuzfahrt zum Goldenen Vlies in Thrakien Station machte, um dem bekannten Seher seine Aufwartung zu machen, schwankte ihm ein verzweifelter

König entgegen, der seine unfreiwillige Nulldiät kaum noch aushalten konnte. Die Söhne des Nordwindes, Zetes und Kalais, die Jason auf dessen Reise begleiteten, stiegen auf und vertrieben die »Hunde des Zeus«. Der Göttervater machte der anschließenden Verfolgungsjagd über den strophadischen Inseln ein Ende, da die Harpyien in einem Luftkampf mit den Nordwindsöhnen trotz ihrer metallenen Flügel offensichtlich den kürzeren gezogen hätten. Immerhin hob Zeus die Strafe für Phineus wieder auf, und die Harpyien kehrten in ihre Heimathöhle auf Kreta zurück. Später sollen sie noch einmal Aeneas und seine Truppe in Angst und Schrecken versetzt haben.

In Südamerika erinnert die Bezeichnung für einen dortigen habichtartigen Tropenvogel, der Harpyie (Harpia harpyia), an die auf Kreta lauernden Schwestern Fürchterlich.

Lit.: Richard Barber / Anne Riches, *A Dictionary of Fabulous Beasts*, Ipswich 1971; Edward Tripp, *Lexikon der Mythologie*, Stuttgart 1974.

Harvey
Kaninchen und Freund

Ein Pooka ist ein guter Geist aus der keltischen Sagenwelt. Pooka Harvey hat die Gestalt eines 2,10m großen Kaninchens. Allerdings ist er für jedermann unsichtbar – außer für Elwood P. Dowd, einen wohlhabenden Junggesellen Ende vierzig, der gern mal einen hebt. Harvey ist Elwoods bester Freund und sein ständiger Begleiter. Jedenfalls glaubt Elwood das.

Seine Schwester und seine Nichte hingegen glauben, daß Elwood ein Problem hat. Sie wollen ihn in eine Nervenheilanstalt einweisen lassen. Doch der Psychiater, sein Assistent und sogar Tante und Nichte sehen schließlich ein, daß Elwood mit Kaninchenhalluzination besser dran ist als ohne. Am Ende glauben Elwoods Schwester und der Psychiater sogar selbst, Harvey zu sehen.

Mary Coyle Chase (1907–1981), die Autorin der amerikanischen Komödie »Mein Freund Harvey« läßt offen, ob das Riesenkaninchen nun tatsächlich vorhanden ist oder bloß Elwoods Einbildungskraft entspringt.

Am 1.11.1944 erlebte das Theaterstück in drei Akten seine Uraufführung im New Yorker »48th Street Theatre«. 1945 bekam Chase dafür den Pulitzer-Preis. Es wurde in mehrere Sprachen übersetzt. Die deutsche Erstaufführung war 1950 im Berliner Renaissancetheater. Im selben Jahr erschien »Mein Freund Harvey« auch als Verfilmung mit James Stewart in der Hauptrolle (»Harvey«, USA 1950, Regie: Henry Koster).

Lit.: *Kindlers Literaturlexikon*, München 1974; *Lexikon des Internationalen Films*, Reinbek 1991.

Hasenhans und Hasengretchen
Häschenschüler

»Auf dem Rücken sitzt das Ränzchen,
hinten wippt das Hasenschwänzchen.«

Neben dem »Struwwelpeter« ist die 1924 erschienene »Häschenschule«, ein Bilderbuch von Fritz Koch-Gotha zu Versen von Albert Sixtus, bevorzugtes Feindobjekt heutiger Kinderbuchkritiker. Neben dem Vorwurf, unkritisch bürgerliche Vorstellungen zu transportieren, nimmt man Fritz Koch-Gotha, der inzwischen als »exzellenter Zeichner anerkannt« ist, übel, daß er sein Talent für die angeblich zu starke Anthropomorphisierung der Hasen verwendete. Falls man das tatsächlich für einen Mangel halten will, ist die Sache trotzdem halb so wild. Während auf den rechten Seiten des Bilderbuches Hasenhans und Hasengretchen in menschlicher Kleidung ihren menschenähnlichen Schulalltag absolvieren, sind die Verse auf den linken Seiten mit Scherenschnitten geschmückt, die realistisch dargestellte Hasen in den jeweils vergleichbaren Situationen zeigen. Gibt auf der rechten Seite der dicke, bebrillte Hasenlehrer in Hosenträgern Unterricht im Hakenschlagen, sieht man auf der linken Seite einen Hasen, der nichts als sein Fell trägt, zum Laufen alle vier Beine benutzt und vor einem Jäger und seinem Hund flieht. Neben Sportunterricht gibt es in der Häschenschule Pflanzenkunde, Tiergeschichte, Eiermalen, Musik und Gärtnern. Vor dem Unterricht wird gebetet und zwischendurch immer wieder vor dem Fuchs gewarnt. (Daß der Fuchs einen Hasen erwischt, kommt in der Dichtung häufiger vor als in der Natur. Gesunde Hasen sind bedeutend schneller als Füchse. Auch wenn 20 bis 40% der Junghasen letztlich vom Fuchs und seinen räuberischen Kollegen gefressen werden, handelt es sich dabei oft um Kadaver, die zuvor von Mähmaschinen und Autos erlegt wurden.) Das Buch beginnt und endet in Hasenhans' und Hasengretchens Elternhaus, das dem Kleinbürgertum zuzurechnen ist. Für ein Bilderbuch der damaligen Zeit ist diese Kulisse genauso ungewöhnlich wie die Kleidung des Klassenrüpels Hasenmax, die ihn als Proletarierkind ausweist. Üblicherweise beschäftigte man sich dort mit den Kindern besserer Leute.

Koch-Gothas andere Bilderbücher, wie »Das Hühnchen **Sabinchen**« und »**Waldi**«, die Geschichte eines ungezogenen Dackelbengels, der zur Strafe nichts zu Weihnachten bekommt, waren lange Zeit ebenfalls sehr beliebt. Aber nur Koch-Gothas Erstling, »Die Häschenschule«, ist heute noch allgemein bekannt. Außer zwei Worten wurde nichts daran verändert. Hasenmax, der Bösewicht, muß heute nicht mehr in »den Karzer« (eine inzwischen unbekannte Einrichtung – die Arrestzelle in der Schule), sondern in »die Ecke muß er nun. Ei, da kann er Buße tun!«

Lit.: Erwin Koch, *Ein Feldherr auf dem Rückzug*, in: GEO 4/1995; Fritz Koch-Gotha / Albert Sixtus, *Die Häschenschule*, Hamburg o. J.; R. Raecke / U. D. Baumann (Hrsg.), *Zwischen Bullerbü und Schewenborn*, München 1995.

Das Häßliche Entlein
Schwan

»Es schadet nichts, in einem Entenhofe geboren zu sein,
wenn man nur in einem Schwanenei gelegen hat.«
(H. C. Andersen)

»Das häßliche junge Entlein« ist ein Märchen des dänischen Dichters Hans Christian Andersen. Es erschien 1843 in der 1. Sammlung zum 1. Band »Neue Märchen«. Der Inhalt ist folgender:

Ein Schwanenei ist in das Gelege einer Ente geraten. Als der junge Schwan schlüpft, wird er für ein plumpes schwarzgraues Entenjunges gehalten und wegen seiner Größe, seiner Häßlichkeit und

Außergewöhnlichkeit von allen Tieren verfolgt und verhöhnt. Nach einem Jahr voller Abenteuer, Entbehrungen, Demütigungen und Einsamkeit fliegt das häßliche Entlein auf eine Gruppe Schwäne zu, um sich von den »königlichen Vögeln« totschlagen zu lassen. Da sieht es sein Spiegelbild im Wasser und erkennt, daß es selbst ein Schwan und der »schönste aller schönen Vögel« geworden ist.

Andersen selbst war ein häßliches Entlein. In Armut geboren, fühlte er sich oft verkannt und ausgestoßen. Friedrich Hebbel beschrieb ihn in seinem Tagebuch als »eine lange, schlotterige, lemurenhaft-eingeknickte Gestalt mit einem ausnehmend häßlichen Gesicht«. Körperlich wurde Andersen mit zunehmendem Alter natürlich auch nicht schöner, aber seine Märchen verschafften ihm Weltruhm.

Lit.: Nielsen Erling, *Hans Christian Andersen in Selbstzeugnissen und Bilddokumenten*, Reinbek 1958.

Hatatitla, Iltschi und die anderen
Karl-May-Tiere

In Karl Mays Abenteuergeschichten wimmelt es von Raubkatzen, Bären, Wölfen, Hunden und vor allem Reittieren. Der sächsische Vielschreiber May (1842–1912) geht bei der Darstellung dieser Tiere angenehm human zu Werke. Sie werden in ihrer jeweiligen Eigenart von ihm als Teil der Schöpfung beschrieben. Raubtiere werden auch in ihrer Funktion als tötende Beutemacher akzeptiert. Lediglich Schlangen und »feige« Kojoten und Hyänen scheint Karl May nicht zu mögen. In seinen Büchern empört sich May über Tierquälereien wie die Bisonabschußorgien seiner Zeit, begrüßt die Einrichtung von Tierreservaten und achtet darauf, daß seine Helden verwundeten Tieren stets den Gnadenschuß geben. Achtung vor der Kreatur gehört zu Mays Bild vom Edelmenschen. Die meist namenlosen May-Tiere entwickeln in den Abenteuergeschichten keine eigene Persönlichkeit wie etwa → **Lassie** oder → **Fury**, sondern sind lediglich Beiwerk für die Bestätigung der positiven Charakterzüge von Kara Ben Nemsi, Old Shatterhand, Winnetou und Co. So sind die Reittiere der May-Helden durchweg von außerordentlicher

Schnelligkeit, Treue und Gelehrigkeit. Dabei werden neben Kara Ben Nemsis → **Rih** insbesondere Old Shatterhands Hatatitla (»Blitz«) und Winnetous Iltschi (»Wind«) hervorgehoben. Die beiden Rapphengste mit ihren seltenen roten Nüstern und den charakteristischen Vollbluthaarwirbeln sind im ganzen Wilden Westen bekannt. Wie Silberbüchse, Henrystutzen und Bärentöter-Flinte sind die zwei edlen Mustangs Teil des Shatterhand-Winnetou-Mythos. Ein Diebstahl der Pferde durch schurkische Komantschen wie in »Old Shatterhand und Häuptling Schwarzer Mustang« kommt einem Sakrileg nahe. Natürlich lassen sich diese Ausnahmepferde nicht so ohne weiteres verschleppen. Gut dressiert befreien sie sich bald und kehren zu ihren Herren zurück, die ohne Pferde beinahe wie kastriert wirken. Ob die ausführlichen Ausführungen zu Art und Weise des Reitens und des Schenkeldrucks beim Zähmen der Pferde – wie Arno Schmidt vermutet – auf eine homoerotische Beziehung zwischen Winnetou und Old Shatterhand hinweisen soll, wird wohl nicht zu klären sein. Sex und Tier hat May jedenfalls manchmal in Verbindung gebracht. Eine Milchstute in »Orangen und Datteln« hat den Blick einer Huri, und die Formen des berühmten Rennkamels **Maschurah** sind »weiblich voll und rund«.

Ferner wird auch die Skurrilität eher bizarrer Figuren in der Karl-May-Welt durch zugeordnete Tiere unterstrichen. Das Ersatzskalp tragende Westmann-Unikum Sam Hawkens reitet zum Beispiel kein Vollblutroß, sondern eine hellbraune Maultierstute namens **Mary.** Obwohl es zu einer von Pferdesnobs verachteten Bastardart gehört, ist Mary ein überraschend intelligentes und mutiges Tier. Vergleichbar mit Mary ist **Tony**, die Pferdestute eines anderen Prärieoriginals: Sans-Ear. Äußerlich eine klapperige, schwanzlose Mischung aus Gaul, Dromedar und Esel erweist sich Tony als ebenso kräftig und listig wie der Survivalexperte Sans-Ear.

Lit.: Viktor Böhm, *Karl May und das Geheimnis eines Erfolges,* Wien 1979; Karl May, *Old Shatterhand und Häuptling Schwarzer Mustang*, München 1996 (Erstausgabe 1896); Karl May, *Winnetou III*, Bamberg 1982 (Erstausgabe 1893); Arno Schmidt, *Sitara und der Weg dorthin*, Karlsruhe 1963; Gert Ueding (Hrsg.), *Karl-May-Handbuch*, Stuttgart 1987.

Hatifnatten
Spargelähnliche Elektrowesen der Muminbücher

»Arme Hatifnatten! Und da habe ich in meiner
Bucht gesessen und fand, daß sie etwas Besonderes
und so frei waren, bloß, weil sie nichts sagten
und nur immer weiter fuhren. Sie hatten nichts zu sagen,
sie hatten kein Ziel ...« (Muminvater)

Die geheimnisvollen elektrischen Hatifnatten entstehen aus Hatif-
natt-Samen, der aber nur am Johannisabend gesät werden kann.
Dann keimen die Hatifnatten und sprießen aus dem Boden. Sie sind
klein und weiß und sehen aus wie Spargel, am unteren Ende etwas
ausgefranst, mit starren, runden farblosen Augen und kleinen we-
delnden Händchen an der Seite. Sie haben weder Arme noch Beine,
auch kein Gesicht und können weder hören noch sprechen. Vermutlich können sie jedoch Gedanken lesen.

Obwohl Hatifnatten sich um niemanden kümmern, gelten sie
als halb gefährlich, weil sie elektrisch aufgeladen sind, Stromstöße
austeilen und trockene Sachen in Brand setzen können. Dem
Snorkfräulein (→ **Die Mumins**) sengen sie einmal die Ponyfransen
ab. Gefährlich können sie auch Salon- und Verandabewohnern und
all jenen werden, die jeden Tag dasselbe tun. Denn Hatifnatten
sind ewige Wanderer, die bei seßhaften Wesen Fernweh auslösen.
Sie fahren auf Segelschiffen, immer in ungerader Zahl, wollen
bloß weiterkommen, sonst nichts; ihre leeren Augen haben sie stets
auf etwas weit Entferntes gerichtet. Hatifnatten sind »stark geladen, aber hilflos eingeschlossen«. Sie empfinden nichts, sie haben
keine Ansichten und keine Interessen außer ihrer ewigen Suche.
Nur ein großes Gewitter kann sie lebendig machen, dann haben sie
große heftige Gefühle und lassen einen dünnen »Mückengesang«
hören.

Lit.: Tove Jansson, *Eine drollige Gesellschaft*, Ravensburg 1974; Tove Jansson, *Das
große Muminbuch*, Zürich/Köln, o. J.; Tove Jansson, *Herbst und Winter im Mumintal*, Zürich/Köln 1983; Tove Jansson, *Komet im Mumintal*, Ravensburg 1973; *Lexikon der Kinder- und Jugendliteratur*, Weinheim/Basel 1984.

Heffalump
Geheimnisvolles und vielleicht nicht ungefährliches Tier

»... und als es [Ferkel] näher kam, war es sicher,
daß eins drin war, denn es konnte hören,
wie in der Grube ganz heftig geheffalumpt wurde.«
(A. A. Milne, »Pu der Bär«)

Kurz nachdem Christopher Robin beiläufig erwähnt, daß er ein Heffalump (im englischen Originaltext heißt es ebenfalls Heffalump) gesehen hat, beschließt → **Pu der Bär,** eines zu fangen. → **Ferkel** hilft ihm, eine Grube zu graben, ohne daß einer von den beiden weiß, was ein Heffalump macht oder wie es aussieht. Das geben sie aber nicht zu, sondern stellen voreinander gewagte Behauptungen auf, wie: daß Heffalumps kaum jemals gefangen werden oder daß sie kommen, wenn man pfeift. Das Rätsel um das Heffalump wird nicht gelöst. Obwohl Pu einen Honigtopf in die Grube stellt, fängt sich kein solches Tier. Das großköpfige Ungeheuer, vor dem Ferkel so tief erschrickt, entpuppt sich als Pu der Bär, der mit dem Kopf im Honigtopf stecken geblieben ist.

Der Zeichner Ernest H. Shepard illustrierte Pus nächtliche Zwangsvorstellungen von Heffalumps, die sich lefzenleckend über seinen Honig hermachen, mit einem Tier, das zum Verwechseln einem Elefanten gleicht.

Genauso erfolglos wie die Heffalumpjagd erweist sich Pus und Ferkels Verfolgung der Spuren erst eines, dann zweier, dann dreier – »falls sie das sind« – **Wuschel** und eines – »falls es das ist« – **Wischels.** Christopher Robin gibt den entscheidenden Tip auf den Zusammenhang zwischen der Vermehrung der Fußspuren und der Anzahl von Pus und Ferkels Umkreisungen eines Dickichts.

Lit.: A. A. Milne, *Pu der Bär*, Hamburg 1987.

Heilige Hühner

»Dann sollen sie eben saufen!«
(Angeblicher Ausruf Publius Claudius Pulchers, als er die appetitlosen
heiligen Hühner ins Meer werfen ließ)

Im alten Rom wurden heilige Tiere gehalten, aus deren Verhalten die Auguren (Wahrsager/Vogelschauer) die Zukunft herauszulesen vermeinten. Vorzugsweise handelte es sich um Hühner, und besonders wichtig war ihr Appetit bei Sonnenuntergang. Schlechter Appetit bedeutete Unheil und war ein Grund, beispielsweise Schlachten zu verschieben.

Auch im ersten Punischen Krieg (Rom gegen Karthago, 264–241 v. Chr.) ließen die Auguren dem Konsul Publius Claudius Pulcher, der die römische Flotte befehligte, ausrichten, daß die mitgeführten heiligen Hühner nicht fraßen. Claudius befahl, die – vermutlich seekranken – Hühner über Bord zu werfen. Er verlor die entscheidende Schlacht. 93 römische Schiffe mit 30 000 Mann Besatzung gingen unter. Vielleicht hatte auch das schlechte Vorzeichen dazu beigetragen, indem es die Kampfmoral der römischen Soldaten drückte.

Lit.: Juri Dmitrijew, *Mensch und Tier*, Moskau 1988.

Heilige Kühe
Göttliche Tiere

Im Westen neigt man dazu, den Kult, den die Hindus um die Kuh machen, mit spöttischen oder verächtlichen Kommentaren zu belegen und ihn womöglich mit den Hungerzuständen, unter denen große Teile der indischen Bevölkerung zu leiden haben, in Zusammenhang zu bringen. Das umgangssprachliche Bild von der »Heiligen Kuh« als etwas überflüssiger- und schädlicherweise Beschütztem spiegelt diese eurozentrische Sichtweise wieder. Dabei wird übersehen, daß die Probleme Indiens sicher nicht durch die Schlachtung einiger zehntausend Rinder, die zum Stadtbild von Bombay und Kalkutta gehören, gelöst würden. Eine radikale Umstellung der eher vegetarischen Ernährung des Durchschnittsinders auf den ökologisch wenig sinnvollen Rindfleisch- und Milchkonsum nach westlichem Vorbild würde eher das Gegenteil bewirken.

Außerdem zeugt diese Sichtweise von einer ignoranten Überheblichkeit gegenüber den religiösen Traditionen der Inder. Vielen hinduistischen Göttern sind Kühe oder Stiere als Symboltier zugeordnet. Kühe sind es auch, die die Toten sicher über den vor Krokodilen wimmelnden Totenfluß Vaitarani ziehen. Vor allem aber gilt die Kuh, die »Aghnya« (»nicht zu Tötende«) genannt wird, als Sinnbild nahrungsspendender Natur. Sie bewirkt rituelle Reinheit und verkörpert die Grundprinzipien »Ahimsa« (»Nichtverletzung«) und »Adroha« (»Wohlwollen«). Für einen gläubigen Hindu ist es ähnlich unvorstellbar, eine Kuh zu essen oder zu melken, wie es der Normaleuropäer ablehnen würde, Menschenfleisch zu essen oder in einer katholischen Kirche mit Weihwasser anzustoßen.

Lit.: Hans-Wilhelm Haussig (Hrsg.), *Götter und Mythen des indischen Subkontinents*, Stuttgart 1984.

Hein Blöd
Schiffsratte bei Käpt'n Blaubär

»Wie ich nun seinerzeit als Äquatorkontrolleur unterwegs war,
trafen wir auf Käpt' n Seekrank und die blödeste Crew,
die je 'ne Beule in den Äquator gesegelt hat. Das Schiff ging unter,
aber wir konnten einen Leichtmatrosen retten:
Hein Blöd, den ollen Dösbaddel. Unentbärlich beim
Dummfischschuppen und sonstigen leichten Arbeiten,
wo man nix im Kopf zu haben braucht.« (Käpt' n Blaubär)

Der »ausgemusterte Leichtmatrose« Hein Blöd ist eine ziemlich dünne und ziemlich große Ratte. Sie ist genauso groß wie ihr Chef → **Käpt'n Blaubär** und schielt auch genauso stark. Hein Blöd hat ein braungelbes Fell, fusselige Hände, vorstehende Nagezähne und Schnurrbarthaare, die wie verbogene Drähte aussehen. Seiner maritimen Bestimmung entsprechend trägt er ein blaugeringeltes, langärmeliges T-Shirt und eine – sehr kleine – rote Pudelmütze. Er ist ein bißchen blöd und sagt nicht viel. (Wenn er etwas sagt, leiht ihm Edgar Hoppe seine Stimme.) Seit 1995 ist er vom Forscherdrang befallen und erfindet im Schiffsrattenlabor nützliche Dinge wie Nasentelefon und Reimschleim.

Hein Blöd wird von den Puppenspielern Andreas Förster (Kopf), Marta Petö (Hände) und Daniel Bischoff (Augen) bewegt.

Lit.: Info-Material der WDR-Pressestelle.

Hemule
Trolle aus den Muminbüchern

»Er war und blieb nur ein Hemul, der sein Bestes tat,
ohne daß es wirklich gut wurde.«
(Tove Jansson, »Herbst im Mumintal«)

Äußerlich sind Hemule den nilpferdartigen Mumintrollen nicht
ganz unähnlich. Sie sind nur etwas schlanker, hochgewachsener
und haben schmalere Nasen. Ihre Charaktere könnten jedoch nicht
unterschiedlicher sein. Im Gegensatz zu den gutmütigen, verspielten → **Mumins** tut ein Hemul »nichts, weil es Spaß macht, sondern
nur, weil es getan werden muß, und erzählt einem die ganze Zeit,
was man selbst hätte tun sollen« (Muminvater). Hemule haben auch
keinen Humor. Sie sind pflichtbewußte, gesetzestreue Pedanten, die
gern sammeln, ordnen und katalogisieren. Herrisch mischen sie sich
in das Leben anderer ein und wollen auch dort alles organisieren.
Von Beruf sind sie häufig Wächter, Wärter, Aufpasser, Kartenab-
knipser, Botaniker oder Sammler. Da sie keine Hobbys haben, ist
bei ihnen auch das Sammeln ein Beruf. Außer anderen Hemulen hat
ein Hemul kaum Freunde.

Lit.: Tove Jansson, *Eine drollige Gesellschaft*, Ravensburg 1974; Tove Jansson, *Das
große Muminbuch*, Zürich/Köln, o. J.; Tove Jansson, *Herbst und Winter im Mumintal*, Zürich/Köln 1983; Tove Jansson, *Komet im Mumintal*, Ravensburg 1973; *Lexikon der Kinder- und Jugendliteratur*, Weinheim/Basel 1984.

Herr Bozzi
In einen Hund verwandelter Rechtsanwalt

Rechtsanwalt Bozzi (Peter Ustinov) schikaniert die armen Bewohner eines Brooklyner Miethauses und zeigt sich auch in anderen Situationen herzlos.

Bittsteller pflegt er von seiner Tür zu vertreiben, indem er hinter
der geschlossenen Tür wie ein bösartiger Köter knurrt und bellt.
Das macht er einmal zu oft und wird zur Strafe in einen großen
Hund verwandelt. Nur die Zuneigung eines Menschen kann ihn
zurückverwandeln. Nach einer Zeit des Hungers und der Demütigungen nimmt sich der Junge Filippo seiner an. Als der vormals

mürrische Herr Bozzi seine menschliche Gestalt wiederbekommt, hat er seine Lektion gelernt und den Wert von Freundschaft begriffen.

Der Hund, der den verwandelten Rechtsanwalt im Schwarzweißfilm »Der Hund, der Herr Bozzi hieß« (»Un angel volo sobre Brooklyn«, Spanien/Italien 1957, Regie: Ladislao Vajda) gab, war ein bernhardinergroßer glatthaariger Hund mit Schlappohren, weißer Schnauze, weißen Pfoten und weißem Kragen. Er hieß **Caligula**. Seine weite Haut legte sich im Gesicht zu vielen kummervollen Falten und die »verblüffend wechselvolle ... Physiognomie« (Ev. Filmbeobachter) sowie eine nicht zu leugnende Ähnlichkeit mit Peter Ustinov machten ihn zu einer idealen Besetzung.

Lit.: Gudrun Lukasz-Aden / Christl Strobel, *Der Kinderfilm von A bis Z*, München 1988; Jan-Uwe und Regine Rogge, *Das beste Video für mein Kind*, Reinbek 1995.

Herr Nilsson und Kleiner Onkel
Pippi Langstrumpfs Tiere

»Tritt nicht immer in den Teig, Herr Nilsson.«
(Pippi Langstrumpf)

Als Pippi Langstrumpf – Heldin eines der berühmtesten Kinderbücher überhaupt – von Bord der »Hoppetosse« geht, nimmt sie zwei Dinge mit: einen Handkoffer voller Gold und den Affen Herr Nilsson. Herr Nilsson ist eine kleine Meerkatze mit blauen Hosen, gelber Jacke und einem Strohhut, den er immer dann schwenkt, wenn er richtig zufrieden ist. Er schläft in einem Puppenbett. Am selben Tag, an dem Pippi in die Villa Kunterbunt einzieht, kauft sie auch für eines ihrer Goldstücke ein Pferd. Da es in der Küche nur im Wege wäre, wohnt es auf der Veranda. Wenn Pippi dort ihren Nachmittagskaffee trinken will, hebt sie es in den Garten hinaus. Das Pferd bleibt in Astrid Lindgrens Büchern (»Pippi Långstrump«, Schweden 1945; in Deutschland: »Pippi Langstrumpf«,1949; zwei weitere Bände, »Pippi geht an Bord« und »Pippi in Taka-Tuka-Land« folgten) namenlos. In der bekanntesten Verfilmung, »Pippi Langstrumpf« (BRD/Schweden 1968/69, Regie: Olle Hellblom), der bis 1973 drei weitere Pippi-Filme von Olle Hellblom folgten, heißt es Kleiner Onkel. Es ist einfarbig weiß mit einzelnen dunklen Punkten, die so rund und so gleichmäßig über den ganzen Körper verteilt sind, daß sofort der Verdacht aufkommt, da hätte der Maskenbildner mit dem Filzstift nachgeholfen. Möglicherweise brauchte er das gar nicht oder bloß ein bißchen korrigieren. Im benachbarten Dänemark ist die Pferderasse »Knabstrupper« beheimatet, unter denen es sehr gleichmäßig getupfte Exemplare gibt, die (unsinnigerweise) Volltiger oder (treffender) auch Leopard genannt werden.

Obwohl die Verfilmung ein Kinderfilmklassiker geworden ist, wird sie in einem amerikanischen Buch über die schlechtesten Filme der Welt genannt, unter anderem deswegen, weil die Hauptdarstellerin Inger Nilsson wie Alfred E. Neumann in »MAD« aussehe und weil die Filmtricks so schlecht ausgeführt seien, daß man eine blaue Linie rund um das Pferd erkennen könne, wenn Pippi es über den Kopf hebt.

Lit.: Hauke Lange-Fuchs, *Einfach zu sehen. Astrid Lindgren und ihre Filme*, Frankfurt am Main 1991; Astrid Lindgren, *Pippi geht an Bord*, Hamburg 1967; Astrid Lindgren, *Pippi in Taka-Tuka-Land*, Hamburg 1971; Astrid Lindgren, *Pippi Langstrumpf*, Hamburg 1971; Jan-Uwe und Regine Rogge, *Die besten Videos für mein Kind*, Reinbek 1995; Ursula Schmidt-Basler, *Pferde aus Licht und Schatten*, Berlin und Hamburg 1992.

Hobbes
Comic-Tiger

»Bei Gefahr wegzulaufen, beeindruckt die Mädchen nicht, doch macht es keinen Sinn, die Mädchen zu beeindrucken und dabei getötet zu werden.« (Hobbes)

In seiner Heimat USA gehört der Tiger Hobbes seit seinem Erstererscheinen 1985 zu den beliebtesten Comic-Figuren. Hobbes ist der beste Freund und ständige Begleiter von Calvin aus der von Bill Watterson geschaffenen Comic-Serie »Calvin und Hobbes«. Möglicherweise beziehen die beiden Namen sich auf zwei Geistesgrößen der frühen Neuzeit: den rationalistischen Philosophen Thomas Hobbes und den protestantischen Reformatoren und Feuerkopf Johannes Calvin. Der gezeichnete Calvin ist ein sehr phantasievoller, vorlauter sechsjähriger Junge, für den seine Träume und Einbildungen so real sind wie das wirkliche, wenig aufregende Schul- und Familienleben. Hobbes, in dem alle außer Calvin (und den Lesern) lediglich einen etwa 50cm großen Stoff-Spielzeugtiger sehen, ist für Calvin fast zwei Meter groß, lebt und kann sprechen. Hobbes ist so etwas wie der stabilisierende Gute Geist des oft überdrehten und zu unklugen Handlungen neigenden Knirpses und bremst, wenn es nötig wird, mit treffenden Sprüchen oder mit roher Gewalt. Auf der anderen Seite macht der Textiltiger viele der Streiche seines Kumpels mit und fängt gerne mit ihm ausgedehnte, das Fell nachhaltig verschmutzende Raufereien an, die Calvin eine Standpauke von dessen Mutter einbringen und Hobbes eine Trommelrunde in der Waschmaschine.

Lit.: Ron Goulart (Hrsg.), *The Encyclopedia of American Comics*, New York 1990; Jeff Rovin, *The Illustrated Encyclopedia of Cartoon Animals*, New York 1991.

Hopps
Lurchis Froschfreund

»Aber Hopps, der freche Tropf,
Spielt – wie dumm! – am Starterknopf.«

Der leichtsinnige wilde Laubfrosch Hopps ist der beste Freund von → **Lurchi**, der Hauptfigur aus den Kinder-Werbeheften der Schuhfirma Salamander. Außer den unverzichtbaren braunen Markenschuhen trägt der Grüne keine Kleidung. In Heft Nr. 2 trat er erstmals als alter Frosch mit Fußschmerzen auf. In der Neuauflage dieser Geschichte wurde aus Hopps **Vater Hopps**, so daß unter dem wild herumtobenden Frosch der Folgehefte sein Sohn Hopps Junior verstanden werden darf. Abenteuer wie das Schildkrötenrennen, das Hopps von Lurchi mit einem Fliegenpilz gesattelt gewinnt, wären für einen rekonvaleszenten Froschgreis sonst ein wenig heftig. Irgendwo endet auch die Macht der Salamander-Schuhe.

Lit.: siehe unter **Lurchi**.

Horace Horsecollar
siehe Rudi Roß

Horus
Altägyptischer Falkengott

Horus (ägyptisch »der Ferne, der oben Befindliche«) gehört zu den
ältesten und wichtigsten Gottheiten in der ägyptischen Mythologie.
Wahrscheinlich verband sich ursprünglich mit der Gestalt des
Horus ein Himmelsgott, der als riesiger Falke in der Luft schwebte
und seine Flügel von Horizont zu Horizont schützend über die Erde
und ihre Menschen ausbreitete. Mond und Sonne sind seine Augen.
Später sah man im König, die irdische Entsprechung des himmlischen Falken, gleichsam eine Horus-Verkörperung. Der sagenhafte
erste Pharao heißt demnach auch Horus Aha (= »kämpfender
Horus«).

Im Osiris-Mythos, der aus der Mitte des dritten vorchristlichen
Jahrtausends stammt, kämpft Horus gegen seinen finsteren Bruder
Seth. Es geht um die Weltherrschaft, die Seth, nachdem er den
Obergott und Horusvater Osiris getötet hat, an sich reißen will. Im
Getümmel verliert der göttliche Falke sein Mondauge, findet es
aber später, allerdings beschädigt, wieder. Seth ist übler dran: Ihm
reißt Horus die Hoden ab und siegt im Kampf um das väterliche
Erbe. Er kann seinen Vater durch das Opfer des Mondauges
(»Horusauge«) wieder zum Leben erwecken. Der Alte begnügt sich
aber mit einem vergleichsweise bescheidenen Posten als Jenseits-
welt-Chef und beläßt seinem gefiederten Sohn die Herrschaft über
die Erde.

Zur Familie Horus gehören neben Osiris und dessen Gemahlin
Isis Horus' manchmal kuhgestaltige Frau **Hathor** und die vier
Horuskinder, die die vier Himmelsrichtungen personifizieren und
als Schutzgötter der Leichname und der einbalsamierten Eingeweide gelten. Die Kinder haben im Gegensatz zum Vater, der manchmal als kompletter Falke, manchmal als falkenköpfiger Mann dargestellt ist, immer menschliche Körper mit Tierköpfen darauf: **Hapi**
hat einen Affenkopf, **Duamutef** einen Hundekopf und **Kebehsenuef**

– ganz der Papa – einen Falkenkopf. Mit einer Ausnahme: Imsets menschlicher Körper wird durch einen ebenfalls menschlichen Kopf vervollständigt.

Neben der Haupt-Falkengottheit gab es zahlreiche Sonderformen des Horus. Die heute wohl bekannteste Horus-Ableitung ist Harmachis (»Horus im Horizont«), die **Sphinx** von Gizeh.

Lit.: Helmut Freydank u. a., *Erklärendes Wörterbuch zur Kultur und Kunst des Alten Orients*, Hanau 1986.

Howard (Howard the Duck)
Comic-Ente

»Waaugh!« (Howard)

Zu Hause ist der zigarrerauchende Enterich Howard in Duckworld, einer Parallelwelt, in der die Evolution etwas anders abgelaufen ist als in der Hier-Dimension. Nicht Menschen, sondern Enten sind auf dem Duckworld-Planeten die Krone der Schöpfung und verbringen den Feierabend vor dem Fernseher. Durch das interdimensionale Verbrechen eines Obergangsters plumpst Ente Howard aus seinem Fernsehsessel direkt in die Florida Everglades, die so eine Art Knotenpunkt der Zeiten und Welten zu sein scheinen. Bei dem Versuch, in seine Welt zurückzukehren, muß sich Howard mit den Widrigkeiten der USA der 70er und 80er Jahre auseinandersetzen und sich mit diversen Fantasyhelden herumschlagen. Zum Glück ist Howard überaus smart und Meister im Kampfsport Quak-Fu.

Diesen Plot dachte sich der bei Marvel-Comics angestellte Autor Steve Gerber aus und ließ ihn zeichnerisch von Frank Brunner und Gene Colan umsetzen. Diese mit zahlreichen Seitenhieben auf den American Way of Life garnierten Comic strips waren Parodien auf die Superhelden und Superschurken der Marvel-Welt. 1972 wurden sie das erste Mal veröffentlicht. Von 1976 bis 1979 hatte Howard eine eigene Comic-Heftserie bei Marvel. Später kamen zwölf Alben dazu.

Der äußerlich → **Donald Duck** nicht unähnliche Howard trägt gewöhnlich korrekte Straßenkleidung, mal mit, mal ohne

Hosen, ist etwa einen halben Meter groß, rund 20 Kilo schwer und hat Arme statt Flügel. Wegen Howard focht Gerber einen für die Comic-Welt wichtigen Grundsatzrechtsstreit mit Marvel um Urheberrechte aus, der die Gilde der Cartoon-Zeichner zuungunsten der Verlage gestärkt entließ. Der in den 70er Jahren bei der intellektuellen Comic-Leserschaft populäre Howard erlitt 1986 mit seinem Ausflug auf die Leinwand Schiffbruch. Die ziemlich blutleere Verfilmung seiner Abenteuer in »Howard – ein tierischer Held« (»Howard the Duck«, USA, Regie: Willard Huyck) war einer der bis dahin größten wirtschaftlichen Flops der Filmgeschichte. Im Film wurde er von den als Enten kostümierten Schauspielern Paul Guilfoyle und Jordan Prentice dargestellt, Richard Dreyfuss lieh ihm im Original seine Stimme.

Lit.: *Cinema* 12/1986; Henri Filippini, *Dictionnaire de la bande dessinée*, Paris 1989; Jeff Lenburg, *The Encyclopedia of Animated Cartoons*, New York 1991; *Lexikon des Internationalen Films*, Reinbek 1995.

Huaso

Der immer noch gültige Hochsprungweltrekord für Pferde wurde bereits 1949 aufgestellt. Der Vollblüter Huaso übersprang in Santiago de Chile eine Höhe von 2,47m und schleppte dabei auch noch Capitano Alberto Larraguibel Moralés im Sattel mit. Toll. Nicht so toll: die Vorstellung von (geschätzten) 12 Zentnern Pferd + Reiter, die aus einer Höhe von 2,47m auf ein einzelnes dünnes Vorderbein und seine Sehnen krachen.

Lit.: *Hobbylexikon Pferde*, Reinbek 1980; Horst Stern, *Bemerkungen über Pferde*, Reinbek 1984.

Huberta
Ruheloses Nilpferd

Flußpferde sind keine Zugvögel, und sie sehen auch nicht so aus. Eher wie feiste Sofas. Normalerweise nehmen derart schwerfällige

Tiere nicht die Unbequemlichkeiten des Reisens auf sich. Ein Flußpferd ist seinem Fluß, seinem See oder seiner Suhle so treu wie ein Schrebergärtner seiner Parzelle. Hubertas Eigensinn aber triumphierte über ihre dicken Gene. 1928 startete sie aus ihrer Lagune in Südafrika zu einer drei Jahre dauernden und 1600 Kilometer langen Wanderung, die sie berühmt machen sollte. Sie begann damit, die Küstenprovinz Natal in südlicher Richtung zu durchqueren, fraß sich durch Zuckerrohrfelder, sorgte in Gärten und im Durban Country Club für Aufruhr, blockierte Autostraßen und hopste zwischendurch auch mal in die Meeresbrandung. Schon bald hefteten sich Fotografen und Angestellte des Johannisburger Zoos an ihre runden Füße. Hubert, wie dieser Teufelskerl von einem Flußpferdmädchen anfangs irrtümlich genannt wurde, konnte aber niemals gefangen werden. Ihre Reise endete 1931, als Huberta beim Baden im Keiskamma River bei Kingwilliamstown von drei Jägern, die in ihr nicht die Nationalheldin erkannten, erschossen wurde.

Heute steht sie ausgestopft am Eingang der naturgeschichtlichen Abteilung des historischen Kaffrarian Museum in Kingwilliamstown. Die südafrikanische Bildhauerin Sonja Zytkow errichtete Huberta außerdem in den 70er Jahren in Sausalito, Kalifornien, ein Denkmal. Bis Amerika wäre Huberta allerdings auch unter glücklicheren Umständen nicht gelangt. Das Denkmal wurde 1989 bei einem Erdbeben zerstört.

Lit.: *Wundersames aus der Tierwelt*, Time-Life-Buch, Amsterdam, o. J.

Der Hubertushirsch
Jägermeisters Legendenhochwild

»O Sente huprechtz sy mir genadig!«
(Deckelinschrift des Einschreibebuchs der Brüderschaft
vom hl. Hubertus, 16. Jahrhundert)

Die meisten Zeitgenossen denken bei einem Hirschen, dem zwischen den beiden Stangen seines Geweihs ein lichtweißes Kreuz schwebt, an einen Kräuterlikör aus Wolfenbüttel. Der Ursprung dieses Bildes hat aber nichts mit Alkohol zu tun, sondern mit christlichen Bekehrungslegenden. Im Mittelpunkt dieser frommen Geschichten stehen St. Eustachius und St. Hubertus. Eustachius war der Legende nach ein römischer Offizier, der bei der Jagd einen besonders schönen und großen Hirschen in die Enge trieb. Zwischen dem Geweih des Tieres erschien »die Gestalt des heiligen Kreuzes, das gab einen Glanz lichter denn die Sonne, daran hing das Bild des Herrn; der hub durch des Hirsches Mund zu ihm zu reden an«. Das bekehrte den bis dahin heidnischen Eustachius zum Christentum. Gleichzeitig hörte er mit dem Jagen auf. Seitdem verhielten sich wilde Tiere ihm gegenüber harmlos und zutraulich wie kleine Kätzchen. Als er wegen seines Glaubens etwa um das Jahr 130 in der Arena von Löwen zerrissen werden sollte, weigerten sich die Raubkatzen angeblich zuzubeißen, und Eustachius mußte in einem eisernen Stier verbrannt werden. Die Anhänger des seit dem 8. Jahrhundert in Rom bekannten Eustachius-Kults verehrten den Märtyrer, der der Jagd abgeschworen hatte, merkwürdigerweise als Schutzheiligen der Jäger. Sein Bekehrungserlebnis wurde im späten Mittelalter auf einen anderen Heiligen übertragen: auf St. Hubertus. Hubert war erster Bischof von Lüttich und Missionar der Ardennenbewohner. Ihm wurde die Wunderfähigkeit nachgesagt, mit seinem Schlüssel Menschen heilen zu können, die von tollwütigen Tieren gebissen worden waren. Nach seinem Tod 728 heiliggesprochen, avancierte er schnell im ganzen christlichen Westeuropa zum Schutzheiligen der Jäger. Am 3. November 1444, am Hubertustag, gewann Gerhard II., Herzog von Jülich, eine Schlacht und gründete aus Dankbarkeit für den Heiligen dieses Tages einen nach Hubertus benannten Ritterorden. Um der ganzen Sache eine größere religiöse Bedeutung zu verleihen, ließ Gerhard die Legende in die Welt setzen, daß Hubertus so wie Eustachius durch einen kreuztragenden Hirschen zum Glauben bekehrt worden sei. Nach dieser Version war der junge, hochgeborene Hubertus ein eitler Geck und vergnügungssüchtiger Prahlhans. Statt an christlichen Feiertagen demütig zu beten und sich zu kasteien, zog er lieber durch die Wälder und jagte alles, was ihm vor die Saufeder kam. Als er eines Sonntags, oder Karfreitags, wieder einmal auf der Jagd war, stand er plötzlich vor einem Hirsch, der ein Kreuz zwischen seinem Geweih trug. Das Tier schnauzte ihn an: »Wenn du dich nicht wahrhaft zum Herrn bekehrst, so wirst du bald zur Hölle fahren!« Hubertus fuhr zunächst einmal ein höllischer Schrecken in die Glieder. Er gelobte Besserung und schlug die kirchliche Laufbahn ein. Diese Geschichte hatte zwar nichts mit der wahren Biographie des Bischofs Hubertus zu tun, wurde aber bereitwillig von der mittelalterlichen Zuhörerschaft geglaubt und ließ die ältere Eustachiuslegende bald in Vergessenheit geraten. Auch die Mönche der Abtei St. Hubert in den Ardennen, die es eigentlich besser hätten wissen sollten, verbreiteten eifrig die Mär, um das Ansehen ihres Klosters zu steigern. Weniger bekannt als der Hubertushirsch sind die zahlreichen kreuztragenden Hirsche, die bestimmten Persönlichkeiten im Wald erschienen sein sollen, um sie dazu anzuhalten, an diesem Ort ein Kloster oder eine Kirche (zum Beispiel den Lübecker Dom) zu bauen.

Die immer noch gepflegte Verbundenheit der Jägerschaft mit dem Symbol des kreuztragenden Hubertushirsches soll die barbarisch-heidnische Note des tödlichen Hobbys überdecken. Allerdings können sich die Grünröcke dann doch nicht dazu überwinden, die Hirsche wie ihr Schutzheiliger zu verschonen. Immerhin wurde es Brauch, am Hubertustag die Schonzeit für bestimmte Wildarten beginnen zu lassen.

Lit.: Michael Bath, *The Image of the Stag*, Baden-Baden 1992; Matt Cartmill, *Tod im Morgengrauen. Das Verhalten des Menschen zu Natur und Jagd*, Zürich 1993; Lutz Mackensen, *Hanseatische Sagen*, Leipzig 1928; Arno Paffrath, *Die Legende vom heiligen Hubertus*, Hamburg 1979.

Hucky (Huckleberry Hound)
Zeichentrickhund

»Oh, my darlin' oh, my darlin' oh, my darlin'
Clementine!« (Hucky)

Ein Bluthund mit blauem Fell und schwarzen Ohren ist der Star der Zeichentrickserie »Huckleberry Hound Show«, die von 1958 bis 1961 produziert wurde. Namensgeber für den Hund, der eine der ersten in Eigenregie entwickelten Figuren der Hanna & Barbera Studios war, ist natürlich Huckleberry Finn gewesen, mit dem Hucky ansonsten aber nichts mehr gemein hat. Hucky verfolgt als Mounty kriminelle Schufte in den kanadischen Weiten, bekämpft als Ritter feuerspeiende Drachen, tritt als spanischer Matador auf oder beweist sein Können auf einem Surfbrett. Hat er einmal kein Kostüm an, trägt er Strohhut und rote Fliege. Obwohl Bluthund, ist Hucky kein blutrünstiger Hackenbeißer, sondern verkörpert den Typus des freundlichen, leicht melancholischen und bescheidenen Virginia-Gentlemans mit dem für den Süden typischen langsam-breiten Akzent. Auch in brenzligen Situationen verliert er nie die Contenance und die stoische Neigung zur Untertreibung. 1959 wurde er dafür mit dem Fernseh-Oscar Emmy belohnt. Etwas anstrengend war allerdings seine Angewohnheit, bei jeder Gelegenheit »Oh, my darlin' Clementine ...« zu singen. Einige Teile der 55 Hucky-Episoden wurden später in → **Yogi**-Serien eingebaut.

Nach dem Start der Zeichentrickserie kamen auch Comic-Hefte heraus, in denen Hucky die Geschichten selbst präsentierte.

Lit.: Franco Fossati, *Das große illustrierte Ehapa Comic-Lexikon*, Stuttgart 1993; Jeff Lenburg, *The Encyclopedia of Animated Cartoons*, New York 1991; Jeff Rovin, *The Illustrated Encyclopedia of Cartoon Animals*, New York 1991.

Huey, Dewey und Louie Duck
siehe Tick, Trick und Track Duck

Huginn und Muninn
Odins Raben

Die Raben Huginn und Muninn sitzen in der germanischen Mythologie auf der Schulter des Götterchefs Odin. Aber nicht immer. Morgens schwirren sie ab, um die ganze Welt zu umfliegen und dabei die neuesten Tagesnachrichten zu erfahren. Zurückgekehrt von diesem Erkundungsflug setzen sie sich wieder auf Odins Schultern und krächzen ihm brühwarm ins Ohr, was Neues passiert ist. Huginn und Muninn sind altnordische Bezeichnungen für »Gedanke«. Wegen dieser Namenswahl vermuten einige Forscher, daß das Rabenpaar die geistigen Kräfte Odins personifizieren. Andere Germanenexperten weisen auf die mögliche Funktion der Raben als tiergestaltige Helferlein bei Odins Tätigkeit als göttlichem Heiler hin.

Lit.: Rudolf Simek, *Lexikon der germanische Mythologie*, Stuttgart 1984.

Hustinetten-Bär
Werbetier

»Nehmt den Husten nicht so schwer,
jetzt kommt der Hustinetten-Bär ...«

Als Beiersdorf 1966 die Kräuter-Lutschbonbons Hustinetten auf den Markt brachte, zierte ein kleines Emblem die Pappschachtel, auf dem ein ansonsten realistisch aussehender grüner Bär mit einer Kiepe auf dem Rücken zu sehen war. 1968 wurde aus dem Bären ein comicartiges und weit größeres, aber immer noch grünes Tier mit einer schwarzen Nasenspitze. Als Symbol für Kraft, Sympathie, Natur und Hilfe bei Erkältungen wurde der Hustinetten-Bär Mittelpunkt einer bis in die 80er Jahre dauernden Werbekampagne in Fernsehen, Funk, Illustrierten, Tageszeitungen und auf Plakaten. In den verstärkt zur Erkältungssaison gesendeten 20sekündigen TV-Zeichentrickspots kam der Hustinetten-Bär mit einer Hustinettenpackung im Arm, die halb so groß wie er selber war, aus dem Wald gestapft. Er sang sein eingängiges Lied, und sowie er auf einen hustenden Verkehrspolizisten, Kellner, Opernsänger, Skiläufer oder eine hustende Eiskunstläuferin traf, schnippte er aus seiner Riesenschachtel einen runden Bonbon in den betreffenden Mund und rettete dadurch die Situation. Mitunter bekamen alle Umstehenden auch gleich eine Hustinette verabreicht. Die Kampagne hatte durchschlagenden Erfolg. Hustinetten waren jahrelang Deutschlands meistverkaufte Hustenbonbons. Kinder sangen das Lied auf der Straße. 1972 war der Hustinetten-Bär die drittbeliebteste deutsche Werbefigur hinter dem HB-Männchen und den Mainzelmännchen.

Leider aus der deutschen Werbelandschaft verschwunden: Hustinetten-Bär.

Als Beiersdorf 1986 den Vertrieb der Hustenbonbons an die All Sweet B. V. übergab, verschwand der grüne Hustinetten-Bär aus der Werbelandschaft. Heute ist er nur noch auf der Bonbontüte anzutreffen.

Lit.: Beiersdorf-Archiv.

Huutsch
Tom Hanks Filmpartner

*»... nicht knabbern, nicht sabbern,
nicht am Geschlechtsteil riechen.«
(Scott Turners Instruktionen für Huutsch)*

Huutsch (gespielt von Bordeauxdogge **Beasly**) ist ein grobschlächtiger, Sabberfetzen versprühender, mahagonibrauner Schrottplatzhund. Da er der einzige Augenzeuge beim Mord an seinem Herrchen war, muß sich der pingelige Polizeidetektiv Scott Turner (Tom Hanks) mit ihm abgeben und ihn schließlich sogar mit nach Hause nehmen. Huutsch verwüstet den steril-sauberen Haushalt des zwangsneurotischen Putzteufels und bringt Leben in die Bude. Nebenbei verkuppelt er Turner mit einer Tierärztin, die im Besitz einer Hündin ist. Aus der gegenseitigen Abneigung von Hund und Polizist wird allmählich Freundschaft. Gemeinsam lösen sie das von

Rauschgiftschmugglern begangene Verbrechen auf. Huutsch rettet Turner das Leben, erliegt aber seiner eigenen Schußwunde. Ein kleiner Trost bleibt. Die Hündin der Tierärztin bekommt Junge, von denen einer Huutschs Aussehen und Charakter geerbt hat.

Die Handlung des Films »Scott & Huutsch« (»Turner & Hooch«, USA 1989, Regie: Roger Spottiswoode) ist ein wenig dürftig, aber Freunde ewig sabbernder, molossoider Hunde kommen auf ihre Kosten. Faszinierende Zeitlupenaufnahmen zeigen, wie bei einer laufenden und springenden Bordeauxdogge die großzügig bemessene Faltenhaut um den Körper schwabbelt und wabert, wie sich in den Lefzen Lufttaschen bilden und der Schaum aus dem Maul nach allen Seiten spritzt.

Lit.: Meinolf Zurhorst, *Tom Hanks. Der weise Tor*, München 1995.

Hydra
Mehrköpfige Wasserschlange aus der griechischen Mythologie

Meist ist von neun Köpfen die Rede. Der Geschichtsschreiber Dioderus gesteht der Hydra sogar hundert Köpfe zu. Schlägt man einen davon ab, so wachsen an dessen Stelle sofort zwei neue nach. (Darum symbolisiert die Hydra seit dem Altertum ein wucherndes Problem, das bei dem Versuch seiner Bewältigung immer schlimmer wird, bzw. das Böse, das immer wieder sein Haupt erhebt.) Die Köpfe sollen menschlich aussehen, werden in Abbildungen aber auch oft als Schlangen- oder Drachenköpfe dargestellt – so wie der Körper der Hydra dort auch als der eines vierfüßigen Drachen erscheint.

Die Hydra war eine Tochter der Echidna und des Typhon. Sie lebte in einem Sumpf vor Lerna. Dort vergiftete sie allein mit ihrem Atem Wasser und Felder. Wer ihr zu nahe kam, fiel gleich tot um.

Die Erledigung der **lernäischen Schlange** war die zweite Aufgabe, die Herkules von König Eurystheus gestellt wurde. Das war auch der Grund, warum Göttin Hera das Ungeheuer herangezogen hatte: damit Herakles eine angemessene Gegnerin vorfinden würde. Herakles nahm sich für das gefährliche Unternehmen seinen Neffen Iolaos als Assistenten mit. Im Teamwork erledigten sie die Hydra.

Herakles schlug die Köpfe ab, Iolaos brannte die blutigen Halsstümpfe aus, so daß keine Doppelköpfe mehr nachwachsen konnten. Den mittleren Kopf, der unsterblich war, deponierte Herakles unter einem großen Stein. Dort soll er noch heute liegen und vor sich hin giften. Mit dem gefährlichen Hydrablut präparierte Herakles seine Pfeile, die fortan unheilbare Wunden verursachten.

Hydra von J. Typotius (Symbola Divina et Humana, Prag 1601–03).

Wenn man es der unsympathischen Hydra vielleicht auch nicht zutraut, so hat sie doch einen Freund gehabt. Es war ein großer Krebs, der ihr von Hera zu Hilfe geschickt wurde und Herakles in die Ferse zwackte. Herakles zertrat ihn, und Hera versetzte den **Krebs** ehrenhalber als Sternbild an den Himmel.

Für Konrad von Megenberg und den »Physiologus« (das christliche Tierbuch des Mittelalters) ist die Hydra ein Geschöpf, das es vor allem auf Krokodile abgesehen hat. Sie schleicht sich in das offene Maul des dösenden Tiers, läßt sich verschlucken und beißt und reißt sich durch die Eingeweide wieder heraus.

Lit.: Gert Richter / Gerhard Ulrich, *Der neue Mythologieführer. Götter/Helden/Heilige*, Gütersloh/München 1996; Hans Schöpf, *Fabeltiere*, Wiesbaden/Graz 1992.

I

I-Ah (Eeyore)
Depressiver Kinderbuchesel

»Mir scheint es schon seit längerer Zeit
überhaupt nicht mehr gegangen zu sein.«
(I-Ah auf Pu des Bären Frage, wie es ihm geht.)

Der alte graue Stoffesel I-Ah ist ein Freund von → **Pu der Bär** aus dem gleichnamigen Buch von A. A. Milne. I-Ah hat wenig Talent zum Glücklichsein. »Nicht jeder kann es, und mancher läßt es ganz«, stellt er selbst resigniert fest. Seine Grundstimmung ist düster und verbittert. Offensichtlich fühlt er sich nicht genug geliebt. Ständig klagt er, unterbrochen nur von den Beteuerungen, daß er sich ja gar nicht beklagen würde, »aber so ist es nun mal«. Obwohl es sehr schwer ist, dem Miesepeter etwas recht zu machen, gelingt es Pu manchmal, seinen traurigen und mürrischen Freund kurzfristig aufzuheitern, so als er den verlorengegangenen Schwanz des Esels wiederfindet, ihm ein Geburtstagsgeschenk macht oder ihm ein neues Haus baut. Wie viele depressive Charaktere kompensiert I-Ah den Schmerz seines Gefühls der Nichtzugehörigkeit mit Verachtung gegen »sonstiges herumwuselndes Kroppzeug« oder moderne Neuerungen wie Hinter-den-Ohren-Waschen.

Lit.: siehe unter **Pu der Bär.**

Idefix
Der Hund von Obelix

»Wir befinden uns im Jahre 50 v. Chr.
Ganz Gallien ist von den Römern besetzt ...
Ganz Gallien? Nein!«
(Intro der »Asterix«-Bände)

Die Serie der Asterixhefte begann 1959. Der Autor René Goscinny und der Zeichner Albert Uderzo schufen eine Comic-Antike, in der ein schlicht »Gallisches Dorf« genanntes Gemeinwesen an der Atlantikküste standhaft Cäsars imperialistischen Bemühungen trotzt. Dank eines von ihrem Druiden gebrauten Zaubertranks sind die Dörfler superstark und praktisch unverwundbar. Helden der »Asterix«-Geschichten sind der kleine, schlaue Asterix und der massige (»Dick? Wer ist hier dick?«) Hinkelsteinhersteller Obelix. Den beiden ungleichen gallischen Freunden gesellte sich 1965 ein winziger weißer Terrier mit dunklen Schwanz- und Ohrspitzen zu. In Band V »Tour de France« (in Deutschland Band VI) schließt sich der damals noch namenlose, etwas dickliche Kleinhund den beiden Helden an, als diese in Lutetia (Paris) Rast machen. Ohne von Asterix und Obelix bemerkt zu werden, begleitet er sie während ihrer folgenden Abenteuer. Erst in einem der letzten Bilder des Bandes, als die Geschichte dem obligatorischen Festmahl im Gallierdorf entgegenstrebt, bemerkt Obelix den inzwischen merklich schlanker gewordenen Begleiter und schließt ihn sofort in sein Herz. Seitdem sind beide unzertrennlich. Als Ergebnis eines Leserwettbewerbs der Comic-Zeitschrift »Spirou« bekam das Hündchen den Namen Idefix, abgeleitet von Idée fixe, das man in etwa mit fixe Idee übersetzen kann. (In den USA heißt er **Dogmatix**). Obelix versucht, dem Terrier das Hinkelsteinapportieren beizubringen, und Idefix erweist sich als treuer Freund und Helfer bei der Römer- und Wildschweinjagd. Er haßt es jedoch, wenn Bäume, diese natürlichen Notdurftstationen für Hunde, ausgerissen oder gefällt werden.

Weil der Ehapa Verlag die ursprüngliche Reihenfolge der ersten Asterix-Hefte vertauscht hat, tauchte Idefix in Deutschland schon im zweiten Band (»Asterix und Kleopatra«) auf und fehlt dann in einigen späteren Bänden plötzlich wieder.

Lit.: *Das Große Asterix-Lexikon*, Band 1, Stuttgart 1990; Jeff Rovin, *The Illustrated Encyclopedia of Cartoon Animals*, New York 1991; Sven Siebert, *Acht Amphoren Zaubertrank*, in: Freunde fürs Leben (hrsg. von Holger Jenrich), Essen 1996.

Igelmann
Einer von Lurchis Freunden

Igelmann aus den »Lurchis Abenteuer«-Heften der Schuhfirma Salamander ist ein eher unauffälliges Gruppenmitglied. Immer fröhlich mit dabei, spielt er nur selten eine tragende Rolle, die dann meist mit seinem Stachelkleid zusammenhängt. Im Aussehen ähnelt Igelmann stark dem »Hörzu«-(→)**Mecki**. Wie → **Mäusepiep** und Zwerg Piping trägt er rote Socken. Passend dazu die roten Träger seiner Beutelhose. Als Igel müßte er Lurche und Mäuse eigentlich fressen, statt mit ihnen Feten zu feiern. Im ersten Salamander-Heft taucht auch so ein feindlicher Igel auf, der erst von → **Lurchi** mit Schuhen umgestimmt werden muß. Igelmann ist jedoch selbst nicht größer als Frosch und Salamander und stellt darum keine Gefahr da. Er ernährt sich wie seine Freunde von Kuchen und Würsten und was sonst so auf den zivilisierten Tisch kommt.

Lit.: siehe unter **Lurchi**.

Ikea-Elch
Ehemaliges Firmenlogo des unmöglichen Möbelhauses

Von 1974 bis 1985 lugte ein Tier mit Schaufelgeweih, kleinen Schlappohren und hängender Unterlippe auf jeder Ikea-Anzeige über die Marke mit dem Firmennamen und erinnerte an Schweden. Als Ikea das rustikale Kiefernimage ablegen wollte – »hin zum kompetenten Einrichtungsanbieter« –, trennte es sich auch vom Elch. Der trotzdem noch in den Kundenköpfen herumspukt.

In den 70er Jahren umwarb IKEA mit dem Jeans-Elch die junge, trendbewußte Käuferschicht.

Quelle: IKEA-Deutschland (Public Relations).

Iltschi
siehe Hatatitla

Incitatus
Lieblingspferd Caligulas

Etlichen römischen Kaisern, zum Beispiel Tiberius und Nero, wird ein extrem brutales Schreckensregime und bizarre persönliche Vorlieben nachgesagt. In den meisten Fällen können diese populären Urteile durch seriöse wissenschaftliche Forschungsarbeiten nicht bestätigt werden. Gewaltanwendung und Ausschweifungen der Kaiser haben sich in der Regel im zeit- und ortsüblichen Rahmen gehalten.

Kaiser Caligula (Regierungszeit 37–41 n. Chr.) galt aber wohl selbst für die damaligen rauhen Sitten als außergewöhnlich despotisch und verschwenderisch. Sein Größenwahn, der wahrscheinlich von einer Hirnverletzung herrührte, führte zum Konflikt mit dem mächtigen senatorischen Adel und letztlich zu seinem Sturz. Unter anderem plante Caligula die Abschaffung des Senats, der durch seine Existenz den pseudorepublikanischen Charakter des faktisch längst zur Monarchie gewordenen römischen Staates zumindest zum Schein aufrechterhielt. Um den Senat zu provozieren, hat er möglicherweise versucht, seinem Lieblingspferd Incitatus (lat. Heißsporn) die höchste republikanische Würde, nämlich die eines Konsuls, zu verleihen. Incitatus, angeblich ein besonders fähiges Rennpferd, soll neben einem marmornen Stall und einer Krippe aus Elfenbein einen eigenen Palast und eigene Sklaven gehabt haben. Dieser Luxus und der Konsulplan sind allerdings nur in einer einzigen Quelle überliefert: Suetonius' »Leben der Caesaren«. Suetonius Tranquillius (um 70–140 n. Chr.) gilt zwar als durchaus glaubwürdiger Chronist, doch hat er bei seinen Darstellungen oft auch Klatsch und Anekdoten aus von ihm benutzten Schriften einfließen lassen.

Ob nun ein Incitatus-Konsulat geplant war oder nicht, Caligula hatte auf jeden Fall den Bogen überspannt und wurde im Jahr 41 von Verschwörern getötet.

Lit.: Karl Christ, *Geschichte der Römischen Kaiserzeit,* München 1988.

Isegrimm
Wolf

Um das Jahr 1100 herum tauchten in (Tier-)Sagen und Erzählungen zum ersten Mal Tiere mit Eigennamen auf. Mehr oder weniger bekannt sind heute noch der Hasenname (Meister) **Lampe**, was eine Kurzform von Lamprecht ist, der Name **Hinz** (von Heinrich) für einen Kater und der berühmte → **Reine(c)ke Fuchs**. Der Wolf erhielt – vermutlich zuerst in Flandern – den altdeutschen Heldennamen Isegrim bzw. Isangrim, der »Eisenhelm« bedeutet. Isegrim ist es – jedenfalls in Goethes »Reineke Fuchs«-Version –, der vor dem König der Tiere als erster Klage gegen Reineke führt.

Seit dem 18. Jahrhundert wurde der Name Isegrim, wohl weil die zweite Silbe an die Wörter »Grimm« und »grimmig« erinnert, auch für einen Mann von mürrischer, finsterer Gemütsart gebraucht.

Siehe auch **Der Böse Wolf**.

Lit.: Duden, Band 7, *Herkunftswörterbuch*, Mannheim/ Wien/ Zürich 1963.

J

Jabba The Hutt
Weltraumkröte

Bereits in »Krieg der Sterne« (USA 1977, Regie: George Lucas), dem ersten Teil der »Star-Wars«-Trilogie ist mehrfach von Jabba die Rede, der aber nie in Erscheinung tritt. Er ist eine grüngelbe larvenähnliche Kreatur, etwa 5m groß. Die basedowschen Augen, das große Maul und die kleinen Froschhände verleihen ihm eine krötenhafte Ausstrahlung. Ununterbrochen läuft ihm Schleim und Rotze aus Nase und Maul. Gern nimmt er einen Drink aus dem frischgepreßten Saft eines Insekts.

In »Die Rückkehr der Jedi-Ritter« (»Return of the Jedi«, USA 1982, Regie: Richard Marquand) haust der feiste Schleimhaufen in einem Höhlenpalast. Mitsamt seinen häßlichen Hofschranzen lagert er auf Kissen und läßt menschliche Bauchtänzerinnen, die an lange Ketten gelegt sind, vor sich auftreten. Im Keller der Höhle wartet das Monster **Rancor** darauf, daß ihm Feinde oder Bauchtänzerinnen vorgeworfen werden. Auch Prinzessin Leia Organa ist in Jabbas Gewalt. Aber Luke Skywalker kommt natürlich, um sie zu retten, und der geile Krötenpotentat wird von der Prinzessin mit ihrer Sklavenkette erdrosselt, bis ihm die Zunge heraushängt. Ein schweres Stück Arbeit, da Jabba The Hutt keinen Hals besitzt.

Die Special Effects des dritten Teils (bzw. sechsten) der »Star-Wars«-Trilogie schuf wieder die Firma Industrial Light and Magic, wobei Phil Tippett die »Creatures« entwickelte. Fünf Männer mußten das Latexgeschöpf, das Jabba The Hutt darstellte, bewegen. Je einer für jede Hand und jedes Auge, und in den Schwanz war ein Kleinwüchsiger hineingekrochen. Ein Regieassistent war allein dafür abgestellt, Schleim anzurühren (grünen für Jabbas Nase und braunen für sein Maul) und die Sekretabsonderungen des fiesen Krötenbiestes zu überwachen. Der intergalaktische Zoo um Jabba herum bestand zum Teil aus Puppen, zum Teil aus kostümierten Schauspielern.

Lit.: Bodo Fründt, *Die Hexe im intergalaktischen Backofen*, in: Die großen Filmerfolge (hrsg. von Gerd Albrecht), Ebersberg 1985; Dale Pollock, *Sternenimperium*, München 1983; *Science Fiction. Androiden, Galaxien, Ufos und Apokalypsen*, Cinema-Filmbuch, Hamburg 1988.

Jack
Pavian und Assistent eines Streckenwärters

Im letzten Viertel des 19. Jahrhunderts gab es in Südafrika einen beinamputierten Streckenwärter namens James Wide, dem ein Tschakma-Pavian bei der Arbeit assistierte. Pavian Jack schob Herrn Wide im Rollstuhl zur Arbeit und bediente unter seiner Aufsicht selbständig die Signalhebel. Nach neunjähriger Pflichterfüllung starb Jack 1890.

Lit.: David Wallechinsky, *Amy und Irving Wallace: Rowohlts Bunte Liste*, Reinbek 1980.

Jägermeisterhirsch
siehe Der Hubertushirsch

Jaguar
Britische Nobelkarosse

Neben dem Rolls Royce gilt der Jaguar als der klassische Repräsentant solider und exklusiv-teurer englischer Automobiltechnik. Die Ursprungsgeschichte des Jaguar ist allerdings eher proletarisch. 1922 taten sich zwei junge Mechaniker in Blackpool zusammen, um als »Swallow Sidecar (SS) Company« Beiwagen für Motorräder zusammenzuschrauben. Zehn Jahre später hatte sich aus dieser Klitsche ein respektabler mittelständischer Betrieb, inzwischen in Coventry, entwickelt, der neben Beiwagen auch Autos baute. 1935 brachte die Firma den SS 100 heraus, ein Zweisitzer-Sportcabriolet mit sechs Zylindern und mehr als 100 Meilen/h (160km/h) Spitzengeschwindigkeit. Dieser Flitzer wurde Jaguar getauft. Der Erfolg veranlaßte die Firma, seitdem alle Modelle ihrer Produktion Jaguar zu nennen. 1945 verschwand das schwer belastete Kürzel SS und »Jaguar Cars« wurde der neue Firmenname. Das bisherige Markenemblem, ein Sechseck mit den Buchstaben SS, wurde durch einen fauchenden Jaguarkopf im Rund und durch eine stilisierte springende Raubkatze als Kühlerfigur ersetzt. Die Nachkriegsjaguare der XK-Reihe und der Glamourwagen der 60er Jahre, der langnasige Jaguar E, gelten heute als Legenden des Automobilbaus. An diese Tradition versucht das neueste Modell der inzwischen zum »Ford«-Konzern gehörenden Edelfirma anzuknüpfen. Interessenten müssen für den 1996er XK 8 mit einem Grundpreis von etwa DM 120 000,– rechnen.

Dynamik und Noblesse: Jaguar.

Lit.: *Enzyklopädie des Automobils. Marken. Modelle. Technik*, Augsburg 1989; Harald H. Linz, *Automobil-Markenzeichen*, Augsburg 1995; Pete Lyons, *Jaguar*, Königswinter 1992; *Welt am Sonntag* vom 29.9.1996.

Jaquetón
Kampfstier

»›Sieh nicht die Pferde an, nachdem der Stier
sie aufgeschlitzt hat‹, sagte ich zu Brett.
›Sieh zu, wenn er angreift, und sieh, wie der
Picador versucht, den Stier abzuwehren.
Aber dann sieh erst wieder hin, wenn das Pferd tot ist.‹«
(Ernest Hemingway, »Fiesta«)

»Du kannst dich zurückhalten von den Leiden der Welt,
das ist dir freigestellt und entspricht deiner Natur,

aber vielleicht ist gerade dieses Zurückhalten
das einzige Leiden, das du vermeiden könntest.«
(Franz Kafka)

Jaquetón war einer der sechs Stiere aus der Zucht von Don Agustín
Solís aus Trujillo, die 1887 in Madrid außerordentlich Eindruck
machten. Der schwarzweiß gefleckte, eher schmale Stier mit den
kurzen Hörnern tat sich dabei ganz besonders hervor. Kaum war er
in der Arena erschienen, brachte er den ersten Picador (Lanzenreiter), »Sastre«, zu Fall und tötete sein Pferd. Dann machte er das gleiche mit dem Picador »Fuentes« und tötete das zweite Pferd. Sastre,
Picador Nummer Eins, hatte sich inzwischen ein Ersatzpferd be-
schafft, das Jaquetón als drittes erledigte. Der vierte Angriff galt
Picador »Canales« bzw. dessen Pferd. Roß und Reiter blieben standhaft, und der Stier bekam die Lanze in den Nacken gerammt. Bei
Picador »Manitas« hatte Jaquetón dann wieder mehr Erfolg: Sturz
des Picadors, Tod des Pferdes. Dann war wieder Picador Fuentes mit
neuem Pferd an der Reihe. Sturz des Picadors. Tod des fünften Pferdes. Beim nächsten Angriff stürzte auch Picador Canales.

Das Pferd flüchtete, wurde aber von Jaquetón eingeholt und tödlich verletzt. Das Publikum war so begeistert, daß es die Begnadigung des Stieres verlangte. Der Begnadigung wurde auch stattgegeben, aber als Jaquetón sein letztes Pferd fertig gemacht hatte, war er
dabei von einem Huf am Kopf getroffen worden. Jetzt wurde er von
Krämpfen geschüttelt und konnte nicht in den Stall zurückgebracht
werden. Matador »Currito« tötete ihn an Ort und Stelle. »Jaquetón«
wurde zu einem Synonym für einen besonders angriffslustigen
Stier. Man sagte: »Er ist ein Jaquetón« oder »Er ist nicht gerade ein
Jaquetón«, wenn man einen Kampfstier beschrieb.

Natürlich erscheint Jaquetón in der Liste »Toros célebres« (→
Caramelo). Weitere berühmte Pferdekiller dort sind **Gordito** und
Estrellaíto. Gordito tötete 1869 sogar 21 Pferde (18 vor Ort, 3 weitere starben in den Ställen). Auch er wurde begnadigt, was ihm aber
ebenfalls nichts mehr nützte. Er starb an den Verletzungen, die ihm
bereits durch die Lanzen zugefügt worden waren. Estrellaíto tötete
1882 in Valencia alle vorhandenen Pferde des Veranstalters, so daß
die Picadores nicht weitermachen konnten und das Publikum einen
Tumult anzettelte.

Jaquetón, Gordito und Estrellaíto waren Ausnahme-Toros, aber auch sonst war es bis 1928 durchaus üblich, daß in den Stierkampfarenen mehr Pferde als Stiere verreckten. Erst dann schrieb ein königlicher Erlaß schützende Baumwollpolster an den Pferdekörpern vor. Damit sollten die Gefühle ausländischer Besucher geschont werden, die sich daran störten, wenn die Pferde ihre Füße in den eigenen Eingeweiden verwickelten. Auch ein Teil der Spanier fühlte sich durch den Anblick graublauer Gedärme, die aus einem Pferdebauch quollen, plötzlich belästigt, seit Stierkampf mehr und mehr zum ästhetischen Ereignis geworden war. Um Mitleid ging es wohlgemerkt nicht – das ästhetische Empfinden war gestört, man ekelte sich etwas.

Lit.: Lorenz Rollhäuser, *Toros, Toreros*, Reinbek 1990.

Jenny Haniver
Imitiertes Ungeheuer, meist aus einem Rochen gemacht

»Die Apotecker und andere landstreycher gestaltend
die leyb der Rochen in mancherley gestalt
nach iren gfallen mit abschneyden, krümmen,
zersperren in Schlangen, Basilischgen und Tracken gestalt.
Solcher gestalt eine ist hierhär gesetzt,
damit nachher sölcher trug und bschiß gemerckt werde.«
(Aus dem »Fischbuch«, Zürich 1575, von Konrad Gesner
in der deutschen Übersetzung von Dr. Konrad Forer)

Um den Bedarf der Menschheit an Wunderbarem zu befriedigen und in klingende Münze zu verwandeln, wurde im 16. Jahrhundert die Herstellung von Jenny Hanivers zu einem weitverbreiteten Geschäft, besonders in Flandern, Frankreich und Italien. Haniver, der zweite Teil des Namens, dessen Bedeutung und Ursprung niemand mehr kennt, könnte eine Entstellung des Städtenamens »Anvers« (franz. für Antwerpen) sein, wo vermutlich besonders viele Jenny Hanivers hergestellt wurden. Das Rohmaterial für diese Fälschungen von Ungeheuern und Miniaturdrachen waren bestimmte Fische. Besonders gut eigneten sich Rochen, deren Unterseiten im Naturzustand schon merkwürdig genug aussahen. Das menschliche Gesicht mit dem Schmollmund, das man zu sehen glaubt, wenn man die Nasengruben für Augen hält, der lange Schwanz und lauter kleine Merkwürdigkeiten wie angedeutete Hinterpfötchen oder eine Schleife am nicht vorhandenen Hals, brauchten ja aus dem wunderbar flächigen Tier nur noch ausgeschnitten zu werden wie aus einem Bastelbogen. Dann ein bißchen gezerrt und gedrückt, ein paar künstliche Augen in die Nasengruben gesteckt, und dann das Ganze in eine bestimmte Stellung bringen, mit Bindfäden umwickeln und trocknen, und zusammenhutzeln lassen, bis keine Schnittstellen mehr zu erkennen sind. Fertig war zum Beispiel ein → **Basilisk** mit Flügeln. Daß es »echte« tote Basilisken zu kaufen gab, verlängerte natürlich die Lebenszeit der Sage von diesem Ungeheuer und beeinflußte die Vorstellungen, die man sich von ihm machte. Da nützte es auch nichts, daß fast jedes Fischbuch der damaligen Zeit über Jenny Hanivers und ihre Herstellung zu berichten wußte. Die Ungeheuer, die von geschickten Rochenkünstlern verkauft wurden, sahen einfach zu echt aus.

Selbst in den Jahren 1929 und 1933 tauchten noch einmal künstliche Ungeheuer auf. Als Hersteller wurden zwei Fischer überführt, die noch nie zuvor von einer Jenny Haniver gehört hatten und einfach von der Seltsamkeit des Fisches verführt worden waren, ihn noch seltsamer zu gestalten. Im weitesten Sinne könnte man vielleicht auch die aus vielen verschiedenen Kleinsäugern zusammengesetzten ausgestopften → **Wolpertinger** zu den Jenny Hanivers rechnen.

Lit.: Willy Ley, *Drachen, Riesen, seltsame Tiere von gestern und heute*, Stuttgart 1953.

Jerry Lee
Partner mit kalter Schnauze

Michael Dooley (James Belushi), Zivilfahnder in San Diego, läßt sich von der Polizeihundeabteilung K-9 den Drogenspürhund Jerry Lee zuteilen. Der Deutsche Schäferhundrüde ist mindestens so eigenwillig und schrullig wie sein neuer Partner. Jerry Lee frißt Chili con carne und tiefgefrorene T-Bone-Steaks, rülpst nach dem Essen und zerbeißt Billardkugeln, Spraydosen und Autoradios. In der Kriminalfilmkomödie »Mein Partner mit der kalten Schnauze« (»K-9«, USA 1988, Regie: Rod Daniel) schließen sich die beiden Polizisten nach Anfangsschwierigkeiten gegenseitig ins Herz, retten einander das Leben und erledigen am Ende der Geschichte gemeinsam den bösen Drogenboß. Jerry Lee wurde von **Rando von der hohen Erle** aus Sindelfingen dargestellt.

Lit.: *Fischer Film Almanach 1990*, Frankfurt am Main 1990.

Jiminy Grille (Jiming Cricket)
Pinocchios Gewissen

»Wehe den Kindern, die sich gegen ihre Eltern auflehnen
und mutwillig das Elternhaus verlassen!
Es wird ihnen auf dieser Welt nie gutgehen,
und früher oder später haben sie es bitter zu bereuen!«
(Die sprechende Grille in Carlo Collodis »Pinocchio«)

In der Disney-Verfilmung von »Pinocchio« (USA 1940, Regie: Ben Sharpsteen/Hamilton Luske) wird die Holzmarionette gleichen Namens von einer kurvenreichen Fee zum Leben erweckt. Da Pinocchio aber noch nicht mit einem Gewissen ausgestattet ist, beauftragt die Fee die todschick gekleidete Grille Jiminy mit der undankbaren Aufgabe, quasi als ausgelagertes Gewissen des Holzbengels herzuhalten. Jiminy trägt Zylinder, Gehrock, Weste, ein Hemd mit Vatermörder-Kragen und Halstuch, Kniehosen, Gamaschen und hat einen Miniaturregenschirm bei sich. In dieser Ausstattung bleibt er Pinocchio und den Zuschauern den ganzen Film hindurch erhalten.

Carlo Collodis (= Carlo Lorenzinis) »Le Avventure di Pinocchio. Storia di un burrattino« erschien ab 1881 als Fortsetzungsgeschichte in der Kinderzeitschrift »Giornale dei Bambini« und 1883 zum ersten Mal in Buchform. Auch bei Collodi gibt es eine sprechende Grille, deren Verfallsdatum aber erheblich früher datiert ist. Kaum ist das moralisierende Insekt im 4. Kapitel aufgetaucht, wirft ihm Pinocchio gleich einen Holzhammer an den Kopf, was kein noch so dicker Chitinpanzer aushält. Steif und tot klebt die Grille an der Wand. Dafür taucht in späteren Kapiteln der »Schatten der sprechenden Grille« auf, um »mit einem wunderfeinen Stimmchen, das aus einer jenseitigen Welt zu kommen« scheint, ihre Ratschläge an die Holzpuppe zu bringen.

In der sehr freien deutschen Pinocchio-Bearbeitung von Otto Julius Bierbaum »Zäpfel Kerns Abenteuer« (1905), in der andauernd umarmt, geweint und gedankt wird, ist die Rolle des sprechenden Insekts mit **Professor Maikäfer** besetzt.

Bei Anton Grumann, der sich mit »Die Geschichte vom hölzernen Bengele von C. Collodi« (1913) auch reichlich Freiheiten herausnimmt, gibt es statt dessen ein **Lispel-Heimchen**.

Lit.: Carlo Collodi, *Pinocchio*, Bayreuth 1972; Klaus Doderer, *Klassische Kinder- und Jugendbücher*, Weinheim/Basel/Berlin 1970; *Die Filme von Walt Disney*, Cinema-Filmbuch, Hamburg 1987; Claudia Nölling-Schweers, *Zeitlos und international. Carlo Collodis »Die Abenteuer des Pinocchio«*, in: Klassiker der Kinder- und Jugendbuchliteratur (hrsg. von Bettina Hurrelmann), Frankfurt am Main 1995.

Jimmy das Gummipferd
Aufblasbares Heldentier

1953 beschloß die Leitung der Illustrierten »stern« ihr Blatt um eine ständige Kinderbeilage, das »Sternchen« (»Kinder haben Sternchen gern – Sternchen ist das Kind vom Stern«), zu erweitern. Zum »Sternchen« gehörte von Anfang an der regelmäßige Comic strip »Jimmy das Gummipferd« (später in »Julios abenteuerliche Reisen« umbenannt). Dafür schuf der Zeichner Roland Kohlsaat die wahrscheinlich skurrilste Heldenpaarung der deutschen Comic-Geschichte: ein südamerikanischer Cowboy und sein aufblasbares Pferd. In einer Art Dauerodyssee versucht der Gaucho Julio nach Hause zu kommen und erlebt dabei zahllose abenteuerliche Geschichten in einer mit Liebe zum Detail dargestellten phantastischen Welt, die so absurd ist wie Julios treuer Begleiter Jimmy. Jimmy ist ein ganz normales Pferd, wenn man davon absieht, daß er aus Gummiplanen besteht und je nach Bedarf zum Ballon aufgeblasen oder entlüftet zusammengefaltet werden kann. Der unverwüstliche Jimmy trabte bis in die 70er Jahre hinein durchs »Sternchen«. Dann wurde die Serie von den Wikinger-Strips »Hägar« ersetzt, weil Kohlsaat aus gesundheitlichen Gründen nicht mehr zeichnen konnte.

Lit.: Andreas C. Knigge, *Fortsetzung folgt. Comic-Kultur in Deutschland*, Frankfurt am Main/Berlin 1986; Achim Schnurrer, *Jimmy das Gummipferd – Ein Plädoyer für die Phantasie*, in: Comixene 21/1978.

Jinshin Uwo
Japanischer Erdbebenfisch

Nach einer japanischen Sage liegt Nippon auf dem Rücken des riesigen Jinshin Uwo. Dieser gigantische Fisch liegt regungslos schlafend in der Tiefe des Meeres. In einem Garten in Kashima ist ein großer Felsen zu sehen, der die Verbindungsniete zwischen Japan und seinem Tragetier sein soll. Wenn der Kashima-Stein zerstört werden würde, würde die Heimat von Sushi und Sake unweigerlich ins Meer abstürzen. Einen Vorgeschmack von den Schrecken, die das Inselkaiserreich dann erwarten würde, erleben die Japaner regelmäßig, wenn Jinshin Uwo träumend seinen Schwanz bewegt. Dadurch werden gefährliche Schwingungen erzeugt, die Wissenschaftler als See- oder Erdbeben bezeichnen.

Lit.: Richard Barber / Anne Riches, *A Dictionary of Fabulous Beasts*, London 1971.

Jip
Dr. Dolittles tapferer Hund

»Ich halt nicht viel von diesen Adlern [...].
Sie sind bloß mächtig hochnäsig und eingebildet.« (Jip)

Jip, ein Hund, auf dessen Rasse nicht näher eingegangen wird, ist eindeutig das männlichste Tier aus dem Umfeld des Kinderbuchhelden Dr. Dolittle: von britischem Sportsgeist durchdrungen, etwas mürrisch, leicht mal wütend und nicht für Zärtlichkeiten zu haben. Seine wegwerfende Art, die Leistungen anderer Tiere abzutun und ihnen Arroganz zu unterstellen, deutet auf einen ausgeprägten Minderwertigkeitskomplex hin. Jips größter Konkurrent ist der schottische Schäferhund daheim in Puddleby, den er natürlich auch für eingebildet hält. Als Jip durch seinen guten Geruchssinn einen von Piraten auf einer einsamen Insel ausgesetzten Fischer aufspürt und dafür mit einem goldenen Halsband samt Gravur »Für Jip, den klügsten Hund der Welt« ausgezeichnet wird, ist folgerichtig das erste, was er bei seiner Heimkehr von der Schiffsreise macht, dem schottischen Schäferhund das Halsband vorzuführen.

Siehe auch **Doktor Dolittles Tiere.**

Lit.: Hugh Lofting, *Dr. Dolittle und seine Tiere*, Stuttgart, o. J.

Jolly Jumper
Lucky Lukes Pferd

Für einen Cowboy, der schneller zielt als sein Schatten – und das mittlerweile seit 50 Jahren –, kommt als Reittier nur etwas ganz Besonderes in Frage: Lucky Luke hat sich deshalb für Jolly Jumper entschieden. Genaugenommen war es natürlich Lucky Lukes geistiger Vater, der belgische Zeichner Morris (mit bürgerlichem Namen Maurice de Bévère), der 1946 den einsamen Cowboyhelden auf seinem Apfelschimmel zum erstenmal durch den Wilden Westen der Comic-Welt reiten ließ.

Jolly Jumper ist mehr als ein Fortbewegungsmittel, er ist die zweite Hälfte eines optimal eingespielten Paares. Wenn Lucky Luke auf einem seiner Feldzüge für die Gerechtigkeit die Flucht vor bösen Buben ergreifen muß, kann er hundertprozentig sicher sein, daß Jolly Jumper genau unter dem Fenster steht, aus dem er springen wird. Das kluge Pferd kann selbständig einkaufen, beherrscht Schach und Würfelspiele, und vor allem kann es sprechen. So ganz ernst nimmt Jolly Jumper seinen menschlichen Partner allerdings nicht. Vielmehr sieht er es als seine Aufgabe an, auf den tapferen Cowboy aufzupassen, ihn falls nötig zu warnen und gegebenenfalls aus der Bredouille zu holen. Dabei kann sich der Schimmel aber nie verkneifen, mit sarkastischen Spitzen versehene trockene Kommentare abzugeben. Jedes Lucky-Luke-Comic-Album, jeder Lucky-Luke-Kino- oder -Fernsehfilm endet mit einer zugleich beruhigenden wie auch melancholisch stimmenden Wiederkehr des ewig

Gleichen. Die beiden Freunde reiten bzw. traben in den Sonnenuntergang.

Jolly Jumper beherrscht Schach und Würfelspiele. Szene aus »Lucky Luke« (Belgien 1971).

Lit.: Gabriel Bonnert, *Der Mann, der schneller zielt als sein Schatten*, in: Die Welt vom 14.9.1996.

Die Möwe Jonathan (Jonathan Livingston Seagull)
Vogelmessias

*»Oh Mensch, du wirst nie nebenbei
der Möwe Flug erreichen!« (Christian Morgenstern)*

1970 erschien im New Yorker Verlag MacMillan das Buch »Jonathan Livingston Seagull« (in Deutschland heißt es »Die Möwe Jonathan«) von Richard Bach. Es bestand zum größten Teil aus Möwenfotos von Russell Munson, einem Freund des Autoren, die den Umfang des schmalen Bändchens auf 93 Textseiten aufbliesen. In salbungsvollen, pathetischen Worten erzählt Richard Bach die mystische Heldengeschichte einer Möwe, die anders sein will als ihre bloß aufs Brot erpichten Artgenossen. Jonathan perfektioniert den Hoch- und Kunstflug. Der konservative Möwenschwarm schließt den Abweichler daraufhin aus. Bei einer edlen Tat wird Jonathan getötet, erlebt jedoch seine Auferstehung und wird zu einer Art Möwenmessias.

Hartnäckig verbreitete Richard Bach eine dubiose Entstehungslegende zu seiner Möwensaga. Sie beginnt 1959. Damals will Bach als Dreiundzwanzig-jähriger bei einer einsamen, nächtlichen Wanderung am Belmont-Strand von Long Beach eine männliche Stimme von rechts hinten gehört haben, die klar und deutlich »Jonathan Livingston Seagull« zu ihm sagte. Als er sich umblickte, stand dort aber niemand. Zu Hause setzte Bach sich hin und wandte sich mit folgenden Worten an das unbekannte Geistwesen: »Ich habe keine Ahnung, was du willst. Wenn du also etwas willst, dann sag's mir.« Daraufhin diktierte ihm die Stimme die Geschichte von der Möwe, deren Vorname zufällig mit dem Namen des amerikanischen 30er-Jahre-Rennfahrers Jonathan Livingston identisch ist. Allerdings hörte die Stimme schon an der Stelle auf, an der Jonathan aus der Möwengemeinschaft ausgeschlossen wird. Danach schwieg sie acht Jahre lang, und allein wagte Bach nicht, den Miniroman zu beenden. Der begeisterte Flieger verbrachte die Zeit damit, die Zahl seiner Kinder auf sechs zu erhöhen und diverse Berufe auszuprobieren, von denen viele mehr oder weniger mit der Fliegerei zu tun hatten. Er war Kampfflieger, Telefonbuchzusteller, Schmuckhändler, Charterpilot, Ausrufer für Rundflüge, arbeitete bei Lockheed und Douglas und schrieb für Flugfachzeitschriften. Erst als er im Alter von 31 Jahren sein Leben völlig umkrempelte, sich von seiner Frau und seinen sechs Kindern trennte, seinen Dienst bei der National Air Guard quittierte und aus der Kirche austrat, meldete sich die Stimme wieder. Richard Bach hatte gerade einen Artikel für eine Flugfachzeitschrift geschrieben, der von Möwen handelte. Es hieß darin, daß Möwen von ihrem Körperbau her zum Kunstflieger geschaffen wären, wenn sie nur den Mut hätten, es einmal auszuprobieren. In der folgenden Nacht verfolgten die Möwen Bach auch in seinem Traum, und als er um fünf Uhr früh erwachte, war die Stimme plötzlich wieder da und erzählte ihm den Rest der Geschichte. In den

Fliegermagazinen »Private Pilot« und »Soaring« wurden Auszüge davon abgedruckt. Aber erst drei Jahre später erschien »Jonathan Livingston Seagull« auch als Buch. Doch der Zeitpunkt war genau richtig. 1970 hatten religiöse Heilslehren Hochkonjunktur, und Bachs universalreligiöser vielfach deutbarer Psychococktail von einer gleichzeitig perfektionistischen und philosophischen Möwe wurde begierig aufgesogen. Obwohl der Verlag kaum Werbung machte, verkauften sich Jonathans verschwommene Lebensauffassungen über eine Million Mal. Übersetzungen in diverse Sprachen folgten. Richard Bach gründete eine eigene Verwertungsfirma, die Creature Enterprises Inc., die u. a. ein Strandrestaurant, das sich nach der Möwe benannte, den Trompeter Herb Alpert, der die Platte »Fly Jonathan fly« herausgebracht hatte, und einen Hersteller von Jonathan-Automaskottchen in ihre Schranken verwies. Das Kultbuch wurde in einer Entziehungsklinik für Alkoholabhängige eingesetzt, und das FBI wies seine Führungskräfte an, »Jonathan Livingston Seagull« zu lesen. Einzig die Feministinnen fanden etwas zu mäkeln. Nachdem die Leserin Judy Favor sich brieflich über die männliche Dominanz in Jonathans Möwenflugschule beschwert hatte, fügte Bach in der zehnten Auflage die Möwenflugschülerin **Judy Lee** ein.

In der Verfilmung »Jonathan Livingston Seagull« (dt. »Die Möwe Jonathan«, USA 1973, Regie: Hall Bartlett), zu der Richard Bach das Drehbuch schrieb, gab es zusätzlich eine Liebesgeschichte mit der Möwe **Maureen**. Die Besetzung des Films bestand laut Abspann ausschließlich aus Möwen. Allerdings sind in den Anfangsszenen einige Menschen in Fischerbooten zu sehen. Ray Bewerick, der bereits im Hitchcock-Film »Die Vögel« sein Können als Vogeldompteur bewiesen hatte, nahm sich der Möwen-Schauspielerausbildung an. Neil Diamond unterlegte die Lebensgeschichte des »penetrant pseudophilosophierenden Vogels« (Dietmar Grieser) mit »penetranter Musik« (Lexikon des Internationalen Films).

Der unverhofft zu Wohlstand gelangte Richard Bach kaufte sich von seinem Geld natürlich Flugzeuge, alte und ausgefallene Exemplare, die er sich wieder zurechtbastelte und mit denen er aufstieg.

Lit.: Dietmar Grieser, *Im Tiergarten der Weltliteratur*, München 1993; *Lexikon des Internationalen Films*, Reinbek 1991; *Das neue Guinness Buch Film*, Frankfurt am Main/Berlin 1993.

Jumbo
Der Elefant schlechthin

»Grüße vom Verleger. Stop. Englische Kinder
zutiefst bestürzt über mögliche Abreise Jumbos.
Hunderte von Lesern erbitten Mitteilung,
zu welchen Bedingungen Rückgabe Jumbos möglich.
Stop. Bezahlte Rückantwort bei unbegrenzter Wortzahl.«
(Telegramm des »Daily Telegraph« an Zirkusdirektor Barnum)
»Grüße an den Verleger des Daily Telegraph
und an die britische Nation. Stop. Fünfzig Millionen
amerikanische Bürger warten ungeduldig auf Jumbos Eintreffen.
Meine vierzigjährige ununterbrochene Arbeit
bedeutet mir mehr als alles Geld und macht
die Anwesenheit Jumbos unbedingt erforderlich.
Hunderttausend Pfund Sterling
können mich nicht vom Kauf abbringen.«
(Barnums Antwort)

Am 26. Juni 1862 zog ein 1,70m großer, also noch recht junger Elefant in den Londoner Zoo ein. Er war gegen ein indisches Nashorn eingetauscht worden und kam aus dem Pariser Zoo »Jardin des Plantes«. Aber ursprünglich stammte er aus Afrika. Das machte ihn in den Jahren der großen Afrikaexpeditionen von Livingstone, Speke, Burton und Stanley zur Sensation. Zwar waren Elefanten den Engländern bereits aus Indien bekannt, aber den gerade eingetroffenen großen grauen Afrikaner umgab noch die geheimnisvolle Aura seines dunklen und unerforschten Kontinents. Er erhielt den Dschungelnamen Jumbo, nach einem Fetisch, der anscheinend bei einigen afrikanischen Stämmen verehrt wurde, dem Mumbo-Jumbo. Wer die Idee hatte, ist nicht mehr überliefert. Jumbo wurde zum Magnet der Zoobesucher, die ihn mit Leckerbissen fütterten und auf seinem Rücken ritten. Im September seines Ankunftsjahres erhielt er bereits Gesellschaft durch ein Elefantenmädchen mit dem weniger geheimnisvollen Namen **Alice**. Alice kam aus dem Sudan, wo sie von dem italienischen Forscher Casanova eingefangen worden war. Die jungen Afrikanischen Elefanten wuchsen einträchtig zusammen auf, ohne daß Alice jemals dieselbe Beliebtheit genossen hätte wie Jumbo.

Er war »der Elefant schlechthin«, ein lebendiges Symbol des

Gigantischen und ein fester Bestandteil des englischen Königreichs. Jeder kannte ihn, und ihn kennen bedeutete, ihn lieben. Von nun an hießen alle Elefanten Jumbo. Noch über hundert Jahre später mußte Englands erster Afrikanischer Elefant als Namensgeber für die Boeing 747, den → **Jumbo-Jet** herhalten.

Jumbos Popularität war ungebrochen, als er selbst 19 Jahre später, im Dezember 1881, plötzlich launisch, unberechenbar und gewalttätig wurde. Die Spazierritte mit den Kindern mußten gestrichen werden, und außer seinem Pfleger durfte sich ihm niemand mehr nähern. Vorsorglich ersuchte Zoodirektor Sir A. D. Barlett den Vorstand der Zoologischen Gesellschaft, Jumbo im Falle eines Falles töten zu dürfen.

Töten? Das Nationalheiligtum? Und wenn das Nationalheiligtum plötzlich ein Kind zertrampelt? Glücklicherweise wurde aus Amerika Interesse an Jumbo angemeldet. P. T. Barnum, Direktor von Zirkus Barnum wollte ihn kaufen. Das schien die Lösung. Den gewalttätigen Elefanten hätte man vom Hals, ohne der Kultfigur Jumbo eines seiner borstigen Haare krümmen zu müssen. Der Vertrag wurde aufgesetzt – gekauft wie besehen für 2000 Pfund Sterling – und die Transportkosten sollten zu Lasten des Käufers gehen.

Dann schlugen die Wellen der Empörung über der Zoologischen Gesellschaft zusammen. Jumbo verkaufen! Jumbo! Dieser Afrikaner war längst Engländer geworden. Einer der beliebtesten. Die Mitglieder des Vorstands wurden mit Sklavenhändlern verglichen und mit Beleidigungen überhäuft. Selbst Königin Viktoria, der Prince of Wales und Schriftsteller und Sozialreformer John Ruskin forderten, daß der Vertrag rückgängig gemacht werden sollte. Ein Solidaritätsfond entstand, der sich auch an das Gericht wandte, um gegen die Entscheidung Einspruch zu erheben. Jumbo-Lieder wurden komponiert. In den Zeitungen erschienen laufend Karikaturen tränenüberströmter Elefanten, mit denen Jumbo gemeint war oder – sofern sie viktorianische Spitzenhäubchen trugen – Alice, die nun allein zurückbleiben sollte. Die britische Tageszeitung »Daily Telegraph« setzte sich an die Spitze der öffentlichen Meinung und versuchte, mit Barnum in Verhandlung zu treten. Aber Barnum wollte von einem Verzicht auf den Elefanten nichts hören. Seine »bestür-

377

zende Antwort« druckte der Daily Telegraph zusammen mit den Bildern unglücklicher englischer Kinder ab und bedauerte Jumbos ungewisse Zukunft in einem Land, in dem »Begriffe wie Sensibilität oder Skrupel unbekannt sind«.

Eine jumbogroße Menschenmasse verabschiedete »ihren« Elefanten am 25. März 1882, als er an Bord der »Assirian Monarch« nach Amerika aufbrach. Während der Überfahrt soll Jumbo mit Bier beruhigt worden sein. Das fing ja gut an. Und es endete so schlimm, wie selbst der Daily Telegraph es für ihn nicht vorhergeunkt hatte. Zwar bereiste Jumbo mit dem Zirkus noch ganz Amerika und Kanada und schleppte Abertausende amerikanischer Gören durch die Gegend, aber er starb nur 3 1/2 Jahre nach seiner Ankunft. Am 13. September 1885 wurde er in Ontario über ein selten genutztes Eisenbahngleis geführt und kollidierte mit einem außerplanmäßig fahrenden Güterzug.

Sein Skelett ist im New Yorker Museum für Naturgeschichte zu besichtigen, sein einbalsamierter Leib steht in einem Gebäude der Tufts University von Boston. Was aus seiner angeblichen Bösartigkeit geworden ist, bleibt im dunkeln.

Lit.: Stefano Vaj, *Der Elefant*, Grünwald 1989; David Wallechinsky, *Irving und Amy Wallace: Rowohlts Bunte Liste*, Reinbek 1980.

Jumbo-Jet
Weltgrößtes Passagierflugzeug

Mit dem Entwicklungs- und Bauprogramm für den Passagierjet Boeing 747 läutete der US-amerikanische Flugzeughersteller Boeing 1966 die Ära der zivilen Großraumflugzeuge ein. Das Programm hatte ein Finanzvolumen von 60 Milliarden Dollar und stellte für den Flugzeugkonzern ein enormes geschäftliches Risiko dar, weil es nicht durch ansonsten übliche Vorbestellungen abgesichert war.

Das wegen seiner mehr als elefantösen Ausmaße → **Jumbo** genannte Zivilflugzeug ist das schwerste der Welt. Es hat einen etwa 71 Meter langen Rumpf mit zwei übereinanderliegenden Decks, ei-

378

nes für Passagiere und eines für Fracht und Service. Das Cockpit befindet sich in der charakteristischen Jumbo-Beule am Bug, in der auch noch ein weiteres kleineres Passagierdeck Platz hat. In einem Jumbo-Jet können bis zu 620 Fluggäste transportiert werden. Meistens sind die Verkehrsjets aber aus Komfortgründen mit lediglich 300 bis 500 Sitzplätzen ausgestattet.

Der erste Jumbo machte seinen Jungfernflug im Februar 1969 und seit 1970 sind weltweit etwa 800 dieser bis zu 940km/h schnellen Flugriesen in verschiedenen Ausführungen in Dienst gestellt worden. Zunächst bereiteten die Jumbos vielen Fluggesellschaften ökonomische Bauchschmerzen. Anfang der 70er Jahre war der Massenflugverkehr noch nicht so ausgeufert wie heute, und die Fluggesellschaften hatten Schwierigkeiten, ihre Jumbos voll zu bekommen. Langfristig erwies sich aber das Boeing-Konzept vom gigantischen Passagierschlucker als das wirtschaftlich richtige.

Die Jumbos mit ihren vier Triebwerken verfügen über eine ausgefeilte Technologie und gelten als robuste Arbeitstiere. Trotz ihres hohen Sicherheitsstandards sind aber auch Jumbos in tragische Flugzeugkatastrophen verwickelt gewesen. 1977 krachten auf einem überlasteten Ausweichflugplatz auf Teneriffa zwei Jumbo-Verkehrsmaschinen beim Starten zusammen. 653 Menschen starben. 1985 versagten die Hydrauliksysteme eines japanischen Jumbos bei einem Inlandsflug, und das Flugzeug zerschellte am Berg Osutaka. Bis auf vier Überlebende starben alle 524 Insassen. Der für die Wartung am Startflughafen zuständige Manager beging Harakiri, und Boeing verschärfte seine Flugzeuginspektionen.

Zu erheblichen diplomatischen Verwicklungen führte eine dritte Jumbo-Katastrophe. Am 1.9.1983 befand sich eine südkoreanische Jumbo-Linienmaschine auf dem Flug KE 007 von New York nach Seoul. Aus ungeklärten Gründen wich die Maschine erheblich von ihrer vorgegebenen Flugroute ab und drang in sowjetischen Luftraum ein. Dabei überflog sie die vom sowjetischen Militär zur Sperrzone erklärten Gebiete Kamtschatka und Sachalin. Die sowjetische Luftabwehr betrachtete das Flugzeug – möglicherweise zu Recht – als Spionagemaschine und schoß es ab, obwohl es sich um ein Linienflugzeug handelte. Alle 240 Passagiere und 29 Besatzungsmitglieder wurden als Opfer der letzten Phase des kalten Krieges getötet.

Lit.: *Die berühmtesten Flugzeuge der Welt*, Bonn 1994; *Flugzeugkatastrophen*, Bindlach,1995; William Green, *Das große Buch der Passagier-Flugzeuge*, Zürich 1988.

K

Kaa
Dschungelbuchschlange

»Ich bin sso ganz anders als deine Freunde –
die sind falsch.« (Kaa)

In Disneys »Dschungelbuch« hat der Python Kaa es auf Mowgli
selbst abgesehen und ihn einmal auch schon hypnotisiert und einge-
wickelt. In Kiplings Originalerzählungen ist er der Retter in der
Not, als Mowgli von den Affen (→ **King Loui**) entführt worden ist.
Denn nichts fürchten die Bandar-log-Affen mehr als den schlauen,
alten Felsenpython und seine hypnotischen Fähigkeiten. Allein »der
Hauch seines Namens macht ihre bösen Schwänze kalt«. Kiplings
Kaa ist ein wenig eitel, versinkt in Bewunderung vor seiner eigenen
»wunderbar farbenschillernden Haut« und verachtet die Giftschlan-
gen als feige Brut. Obwohl er seine Wut nicht zeigt, ist er schnell
beleidigt und dadurch leicht zu manipulieren. Mit Bemerkungen
über Spottnamen, die die Bandar-log Kaa angeblich gegeben hätten,
bringen der Panther → **Baghira** und → **Balu**, der Bär, den Felsenpython dazu, Mowgli beizustehen.
  Der Python im Disney-Film verstärkt die hypnotische Macht
seiner Augen noch, indem er ein orientalisch angehauchtes Schlaf-
lied singt. Er lispelt stark, und der deutsche Synchronsprecher Erich
Kestin verleiht ihm die tuntige Stimme einer einsamen Fummeltri-
ne. Das macht ihn in der Tierwelt des Dschungels, die auch bei Disney überwiegend männlich bestückt ist, natürlich zu einer – wenn
auch komischen – Bedrohung. Bereits in Kiplings Buch gibt es eine
Stelle, wo Kaa anfangen will, von Liebe zu reden, und Baghira
schnell das Thema wechselt. Möglicherweise doch nicht nur, weil
er in Eile ist?
  Siehe auch die **Dschungelbuchtiere.**

Lit.: siehe unter **Dschungelbuchtiere.**

Käfer
Berühmtestes Produkt
der Volkswagenwerke

»Und läuft, und läuft, und läuft, und läuft ...«
(VW-Käfer-Werbeslogan 1963)

Ende 1933 bekam Autoingenieur Porsche, der bereits vorher mit
der Herstellung von Kleinwagen experimentiert hatte, vom Auto-
narr Hitler den Auftrag, einen »deutschen Volkswagen« zu konstruieren. Das Gefährt sollte robust sein, Platz für vier Personen bieten,
weniger als 700kg wiegen, nicht mehr als sieben Liter Treibstoff
auf 100km verbrauchen und keine 1000 Reichsmark kosten. Mit
diesem Wagen wollte der Führer, der selbst keinen Führerschein
hatte, die Deutschen zu einem Volk von Automobilisten machen.
Porsche gelang es tatsächlich, einen entsprechenden Prototypen zu-
sammenzubasteln. 1938 wurde der Grundstein für das Volkswagenwerk in Wolfsburg gelegt. In einem Artikel der »New York Times«
vom 3.7.1938, der die Vision von »Tausenden und Abertausenden
von glänzenden kleinen Käfern, die bald die Autobahnen bevölkern
werden« ausmalte, fiel möglicherweise zum ersten Mal die Bezeichnung »Käfer«. Offiziell hieß das Auto jedoch »KdF (Kraft
durch Freude)-Wagen«. Der Propagandaapparat der Nationalsozialistischen Partei, deren Anführer selbst allerdings größere Karossen
bevorzugten, nutzte die technische Sensation, um die angebliche
Fortschrittlichkeit, Klassenlosigkeit und Fürsorge des NS-Staates
vorzuführen. Hitler wollte die Volksgenossen der Unter- und Mittelschicht, für die ein Auto bisher unerschwinglich gewesen war,
motorisieren – allerdings nur die willfährigen. Jeder, der Mitglied in
der nationalsozialistischen Pseudogewerkschaft »Deutsche Arbeits-
front« war, konnte einen KdF-Wagen zum Preis von 990,– RM be-
stellen. Dafür sollte er wöchentlich mindestens 5,– RM ansparen,
und nach etwa drei Jahren sollte er sich dann seinen Wagen abholen
können. Über 330 000 Deutsche schlossen gläubig einen Sparver-
trag ab und zahlten über 280 Millionen Reichsmark ein. Keiner von
ihnen hat jemals einen VW bekommen. Die 210 produzierten Vor-
kriegs-Volkswagen wurden an Parteibonzen verteilt. Dann wurden
die Wolfsburger Fabriken auf Kriegsproduktion umgestellt. Der

»KdF-Wagen« verwandelte sich in eine Art deutschen Jeep für militärische Zwecke. Unter britischer Besatzung nahm das Volkswagenwerk seine zivile Produktion wieder auf und stellte 1950 bereits über 80 000 Volkswagen her. Bis zur Einstellung der Produktion in Deutschland 1978 verließen fast 12 Millionen Käfer das Werk. Weltweit waren es über 22 Millionen. 1972 verwies der Käfer Fords Blechliesel »Tin Lizzy« auf den zweiten Platz in der Rangliste der meistverkauften Autos. Seit 1964 wird das charakteristische Buckelauto auch in Mexiko hergestellt und läuft dort noch immer vom Band. Mit einer Höchstgeschwindigkeit von 124km/h und einem 45-PS-Motor sind die Mexiko-VWs der neuesten Generation aber nur unwesentlich leistungsstärker als ihre NS-Urahnen aus Wolfsburg. Gegen die Bezeichnung »Käfer« hatte sich die VW-Leitung lange gesträubt. Nachdem der Wagen Anfang der 50er Jahre mit wachsendem Erfolg in die USA exportiert wurde und nicht nur als Fun-Car, sondern als ernst zu nehmendes und erschwingliches Gebrauchsauto populär geworden war, bürgerte sich dort der halb spöttisch, halb liebevoll gemeinte Spitzname »Beetle« oder »Bug« ein. Als »Herbie, ein toller Käfer« wurde das Auto sogar zum Filmstar. Erst in den 60er Jahren übernahm der VW-Konzern den inzwischen auch in Deutschland gängigen Namen für seine Werbekampagnen. In den 60er und frühen 70er Jahren bestimmte der Käfer das Bild auf den Straßen und Parkplätzen der Bundesrepublik und stellte weltweit ein ständig präsentes Symbol mutmaßlicher deutscher Exportkraft dar.

Als »Kraft-durch-Freude-Wagen« geplant, als »Käfer« weltberühmt.

Äußerlich hat sich der Käfer im Laufe der Jahrzehnte nur unwesentlich verändert. Das Brezelfenster an der Hinterseite wurde 1953 durch eine mit der Zeit immer größer werdende Heckscheibe ersetzt. Es gab und gibt den Käfer in zwei Grundformen: als Limousine und als Cabriolet, daneben aber auch in unzähligen Werks- und Hobbybastlervarianten. Die bekannteste ist wahrscheinlich der Strand-Buggy. Für die Ansprüche des deutschen Durchschnittsautofahrers ist der Käfer zu klein geworden. Wie sein französisches Gegenstück, die → **Ente**, erfreut er sich aber eines ansteigenden Interesses bei Oldtimerfreunden. Für Ende 1997 plant der VW-Konzern, mit dem runden Kleinwagen **Beetle** ein Käfer-Nachfolgemodell auf den Markt zu bringen.

Lit.: Lothar Boschen, *Das große Buch der Volkswagen-Typen*, Stuttgart 1983; Knut Hickethier / Wolf Dieter Lützen / Karin Reiss (Hrsg.), *Das Deutsche Auto. Volkswagenwerbung und Volkskultur*, Fernwald 1974; Arthur Railton, *Der Käfer*, Pfäffikon 1985; Nikolaus Reichert / Hans Joachim Klersy, *Der Käfer im Bild*, Stuttgart 1989; Fabien Sabates, *Der Käfer*, Genf 1992.

Kalif Storch
Verwunschener Herrscher

»Mutabor« (= ich werde verwandelt) heißt das Zauberwort, das dem in einen Storchen verwandelten Kalifen Chasid von Bagdad und seinem genauso verzauberten Großwesir Mansor nicht mehr einfällt, weil sie gelacht haben. Dem Zauber-Schnupfpulver, mit dem man die Gestalt jedes gewünschten Tieres annehmen kann, hat eine lateinische Gebrauchsanweisung beigelegen, die ausdrücklich das Lachen während der Verwandlung verbietet. Wer sich nicht daran hält, vergißt das Wort, das man sprechen – und sich dabei dreimal gen Osten verneigen – muß, um wieder ein Mensch zu werden.

Schlecht für Wesir und Kalifen, gut für den Zauberer Kaschnur, dessen Sohn Mirza jetzt Herrscher von Bagdad werden kann. Hilfe kommt von einer Eule, die den beiden Störchen in einer Ruine begegnet und die in Wahrheit die verzauberte Prinzessin Lusa von Indien ist. Erlöst werden kann sie nur, wenn jemand sie trotz ihrer Eulengestalt um ihre Hand bittet.

Darum macht sie ein Eheversprechen auch zur Bedingung ihrer Hilfe. Nach einigem Hin und Her mit dem bereits verheirateten Großwesir, erklärt sich der Kalif bereit, dieses schwer einschätzbare Risiko auf sich zu nehmen. Die Eule führt die Störche zu einem Zauberertreffen. Dort ist auch der Verkäufer des unseligen Schnupfpulvers anwesend und erwähnt das Zauberwort »Mutabor«. Nun können die Störche wieder Menschen werden. Der Kalif hält sein Versprechen, und die Eule verwandelt sich zu seinem Glück in eine junge und schöne Frau. Kaschnur wird aufgehängt und sein Sohn Mirza in einen Storch verwandelt und in einen Käfig gesperrt.

Kalif Storch ist im Gegensatz zu den Märchen der Brüder Grimm ein Kunstmärchen. Das heißt, es ist nicht irgendwelchen Volksüberlieferungen entnommen, sondern stammt (nahezu) ausschließlich aus dem Kopf des Herrn Hauff. Vorbild für die Figur des Kalifen kann allerdings nur der legendäre »Harun al-Raschid« gewesen sein, der unter seinem richtigen Namen in den Märchen aus 1001 Nacht verewigt ist.

Wilhelm Hauff war erst 23, als in seinem ersten »Märchenalmanach auf das Jahr 1826« (1825) auch das Märchen »Kalif Storch« erschien, eingebettet mit fünf weiteren Märchen in die Rahmenhandlung der Erzählung »Die Karawane«. Als Hauff mit erst 25 Jahren starb, hatte er noch zwei weitere Märchenalmanache, einige Gedichte, Novellen und Romane fertiggestellt.

Lit.: Ulf Diederichs, *Who's Who im Märchen*, München 1995; Ernst Schreck, *Wilhelm Hauffs Leben*, in: Hauffs sämtliche Märchen, Leipzig, o. J.

Känga und Klein Ruh
Eindringlinge in die Welt von Pu dem Bären

Pu: »Wie sind sie hierher gekommen?«
Christopher Robin: »Auf die übliche Weise,
wenn du weißt, was ich meine, Pu.«

Als die Stofftiere Känga und Klein Ruh plötzlich im Wald auftauchen, sind → **Pu der Bär**, → **Ferkel** und → **Kaninchen** alles andere als begeistert. Kaninchen entwickelt einen 11-Punkte-Plan zur Entführung von Klein Ruh. Damit soll Känga unter Druck gesetzt werden, wieder zu verschwinden. Obwohl die Entführung glückt, führt sie nicht zu der beabsichtigten Vertreibung. Statt dessen sind Känga und Klein Ruh in die (Stoff-)Tiergesellschaft des Waldes aufgenommen worden.

A. A. Milne, der Autor von »Pu der Bär«, thematisierte mit der Känguruhepisode den Neid von Kindern, wenn plötzlich ein neues Baby in die Familie kommt.

Charakterlich ist die alleinerziehende und überfürsorgliche Mutter Känga zu den erwachsen agierenden Tieren wie Kaninchen, → **Eule** und → **I-Ah** zu rechnen. An dem quietschvergnügten, leichtsinnigen Ruh, das auch dann alles lustig findet, wenn es tatsächlich in Gefahr ist, perlen ihre besorgten Ermahnungen ab wie Wasser an einer Ente.

Der echte, lebendige Christopher Robin Milne hatte – und das soll wohl auch für die Buchexistenz Christopher Robin gelten – die Stoffkänguruhmutter mit dem einknöpfbaren Kind von seinen Eltern geschenkt bekommen. Die Original-Känga ist in der Kinderbuchabteilung der New Yorker Bücherei zu bestaunen. Klein Ruh ging Christopher Robin beim Spielen im Garten verloren.

Lit.: siehe unter **Pu der Bär**.

Kaninchen
Freund von Pu dem Bären

Das Kaninchen aus dem Kinderbuch → **»Pu der Bär«** ist keines von Christopher Robins lebendigen und sprechenden Stofftieren, sondern ein lebendiges und sprechendes Wildkaninchen. Es wohnt dementsprechend auch in einem Kaninchenloch und besitzt eine große Zahl Verwandter und Bekannter. Kaninchen ist sehr von sich überzeugt und stets geschäftig.

Gemeinsam mit Christopher Robin führt es eine Expedition an, und es tüftelt auch einen 11-Punkte-Plan zur Entführung von **Ruh** (→ **Känga und Klein Ruh**) aus.

Lit.: siehe unter **Pu der Bär**.

Kapitolinische Gänse → Capitolinische Gänse

Kapitolinische Wölfin → Capitolinische Wölfin

Käpt'n Blaubär
Notorischer Lügenbär

Käpt'n Blaubär, »bekannt in allen Weltmären ..., Inhaber diverser Kapitänspatente, Piratenscheine, weltweit der einzig geprüfte Bärenaufbinder«, spinnt sein Seemannsgarn am liebsten vor dem Leichtmatrosen → **Hein Blöd** und seinen drei bunten Enkelbären. Die Quotenenkelin ist durch rosa Fell und ein hellblaues Geschenkband im Haar als weiblich gekennzeichnet. Ihre Brüder sind gelb und grün befellt. Alle drei tragen Schlafanzüge. Käpt'n Blaubär hat natürlich einen blauen Pelz. Er spricht breites Norddeutsch (wofür ihm Wolfgang Völz die Stimme leiht). Blaubär trägt einen roten Pulli, Schottenschal und eine Schirmmütze mit Ankeremblem. Er schläft und ißt gern. Seine Lieblingsgerichte sind Helgoländer Heringstorte, Dösbattler Dummfischpastete, Gebügelter Plattfisch auf Wattwurmpizza und Rumsrütteler Meerschnecken im eigenen Schleim. Wie der Rest der Familie schielt der Käpt'n stark.

Seine unglaublichen Geschichten ließ er zum ersten Mal im Herbst 1991 in der Sendung mit der Maus (→ **Die Maus**) und in den dritten Programmen vom Stapel. 1992 kamen auch noch Auftritte im ARD-Morgenmagazin dazu, und seit Herbst 1993 hat er seine eigene Show, den »Käpt'n Blaubär Club«, in dem es Einspielfilme, Musik und Studioaktionen gibt. Die Enkel mischten dort anfangs nicht mit. Sie waren fortgesegelt, um die Zauberflaute bei den Inseln hinter den Winden zu finden. Dafür bekamen Hein Blöd und der Käpt'n Ersatz durch Bille (Sybille Waury). Für das Agieren mit einem Menschen mußten extra neue, in der Größe angepaßte Puppen hergestellt werden, die mehrere Puppenspieler nötig machten. Käpt'n Blaubär z. B. wird von Peter Geierhaas (Blaubärs Kopf), Susanne Capelle (die Frotteehände) und Daniel Bischof (Augen) bewegt.

1995 ging Bille wieder von Bord des alten Kutters, und die drei Enkelbären kehrten zurück. Verstärkt wurde die Mannschaft durch **Flöt** und Karin. Flöt ist ein rosaviolettes Tier mit Rüssel, aber ohne Extremitäten. Es hat die Form eines Glasgefäßes aus dem Chemielabor, ist mit blauen Noten bemalt und trägt einen orientalischen Fes. Flöt gibt ausschließlich Pfeif- und Flöttöne von sich. Karin ist eine vegetarische fleischfressende Pflanze und erinnert entfernt an ein Gänseblümchen.

Buch und Idee zum Seebären, der das Blaue vom Pelz herunterlügt, stammen vom »Das kleine Arschloch«-Schöpfer Walter Moers, der 1994 für Käpt'n Blaubär den Adolf-Grimme-Preis, die renommierteste Auszeichnung für Fernsehproduktionen, einheimste. Inzwischen werden die Texte von anderen Autoren weitergeschrieben. Das Ganze ist eine Gemeinschaftssendung der ARD und eine Koproduktion des Westdeutschen Rundfunks mit der Ravensburger Film und TV GmbH und der Frankfurter Filmproduktion.

Lit.: Info-Material der WDR-Pressestelle.

Karl der Kojote (Wile E. Coyote) und Roadrunner
Carnivorus vulgaris und Acceleratii incredibus

»Miep-Miep!« (»Beep-Beep!«) (Roadrunner)

1949 stellte der Warner-Bros.-Cartoonist Chuck Jones in dem Film »Fast and Furryous« eine neue Variante des Themas »Jäger und Gejagter« vor. Ein abgemagerter Kojote namens Wile E. Coyote (Karl Kojote) versuchte ebenso hartnäckig und einfallsreich wie erfolglos, einen amerikanischen Laufvogel, den immer lächelnden Roadrunner, zu fangen. Die Fehlversuche des Kojoten wurden nach festen Grundregeln erzählt: Die Geschichten spielten immer in derselben Wüstengegend irgendwo im Südwesten der USA; den beiden Protagonisten wurden unsinnige lateinische Artbezeichnungen zugeordnet wie Speedibus rex oder Appetitis giganticus; Roadrunner flitzte immer nur auf der Straße herum; Karl Kojote bestellte per Postversand für die Konstruktion seiner Roadrunner-Hinterhalte meist aberwitzige Produkte der fiktiven Spezialfirma ACME: Raketenrollschuhe, Selbstbautornados, Erdbebenpillen usw. Am Ende jeder Episode verfing sich der technisch unbegabte Karl Kojote in der eigenen Falle. Seine oft massiven Blessuren verheilten aber meist bis zur nächsten Einstellung. Jäger und Gejagter konnten nicht sprechen, lediglich Roadrunners »Beep-Beep!«, das sich in der deutschen Nachintonierung wie »Miep-Miep!« anhörte, zerrte an den Nerven des Kojoten.

1953 ging der Formal-Gag vom Sisyphos-Kojoten und seiner Fast-Beute unter strikter Einhaltung der Grundregeln in Serie. Bis 1980 wurden 42 Filme produziert. Daneben gab es zahlreiche Abenteuer in Print-Comics. Karl Kojote hatte auch einige Gastauftritte bei → **Bugs Bunny**. In einer Nebenserie, in denen der phlegmatische Schäferhund **Sam Shepdog** den Part des überlegenen Gegners hatte, mutierte Karl Kojote zum sprachbegabten **Ralph Wolf**, der es auf Schafbraten abgesehen hatte. Auch hier erreichte er nie sein Ziel.

Erst in dem Real- und Zeichentrickmischfilm »Space Jam« (USA 1996, Regie: Joe Pytka) darf Karl Kojote im Basketballmatch Zeichentrick-Aliens gegen Warner-Bros.-Zeichentrickfiguren und Michael Jordan auch einmal zu den Gewinnern gehören.

Lit.: Leonard Maltin, *Der klassische amerikanische Zeichentrickfilm*, München 1982; Jeff Rovin, *The Illustrated Encyclopedia of Cartoon Animals*, New York 1991; Steve Schneider, *»That's all, Folks!« The Art of Warner Bros. Animation*, London 1986.

Kater Karlo
(Peter Schimmelpfennig, Pete, Peg Leg Pete)
Gegenspieler von Micky Maus

Im Universum der Disney-Tiere gehört Kater Karlo zu den ganz Bösen. Zum ersten Mal erschien er selber oder sein Vorgänger 1925 in einer Folge der von Walt Disney produzierten »Alice«-Serie. Dort versucht ein bösartiger Kater namens Pete, Alice ein Puzzlespiel zu stehlen – erfolglos. Damit war seine Rolle für die Zukunft festgelegt.

Der in »Pittsboig« geborene Kater mit dem brutalen Gesicht wurde zum ewigen Gegenspieler von → **Donald Duck** und vor allem → **Micky Maus** aufgebaut. Bereits bei Micky Maus→ erstem Auftritt in »Steamboat Willie« (»Dampfer Willie«, 1928) geraten Dampfschiffskapitän Kater Karlo und sein Matrose Micky mächtig aneinander.

In 40 weiteren Filmen und zahllosen Comicstrips stellte Kater Karlo, der bis 1941 ein Holzbein trug, den Bösen Buben dar, der seine kriminelle Energie austobt und am Ende immer scheitert. Dabei geht Kater Karlo eher unüberlegt-gewalttätig als listig ans Werk. Dementsprechend ist er in den ersten Jahren seiner verbrecherischen Existenz auch meist lediglich das ausführende Werkzeug für die rechtswidrigen Pläne des Winkeladvokaten **Balduin Beutelschneider (Rechtsanwalt Wolf, Sylvester Shyster).** Später steigt Kater Karlo dann zum wenig erfolgreichen Gangsterboß auf.

Lit.: Wolfgang J. Fuchs, *Micky Maus. Das ist mein Leben*, Stuttgart 1988; Leonard Maltin, *Der klassische amerikanische Zeichentrickfilm*, München 1982.

Katjes
Lakritzkatzen

Das Sortiment der Firma Katjes umfaßt verschiedene Lakritzsorten und seit 1973 auch Fruchtgummiprodukte. Wer aber *Katjes* verlangt, der denkt zumeist an die Klassiker, die kleinen schwarzen Hartlakritzkatzen in der – inzwischen nur noch teilweise – roten Tüte. Es gibt sie seit 1951. Offiziell heißen sie heute »Katjes-Kinder«, dabei machen sie trotz ihrer geringen Größe einen ziemlich reservierten und erwachsenen Eindruck. Neben Süßholzsaft und einigen der üblichen Lakritzzutaten wie Gelatine, Stärke, Pektin, Agar-Agar oder Gummi arabicum enthalten sie laut Tütenaufdruck auch noch Mineralstoffe. Wem die ganze Katze zuviel ist, der kann auf Katzenorgane oder -körperteile ausweichen, auf die härteren »Katzenohren« oder die weichen »Katzenpfötchen«.

Katjes Lakritzkatze.

Sein Lakritzerezept hat Firmengründer Xaver Fassin 1910 aus Sizilien mitgebracht. Im Jahr darauf gründete er im holländischen 's-Heerenberg sein erstes und 40 Jahre später im deutschen Emmerich am Niederrhein sein zweites Unternehmen. 1954 übernahmen seine Söhne Klaus (für Deutschland) und Helmut (für Holland) Fassin die Leitung der Produktionsstätten.

Lit.: Hausinformation der Firma Katjes.

Keiko
siehe Willy

Kelpie
Schottisches Wasserungeheuer

Der Volkssage nach lebt in den Lochs des schottischen Hochlandes das hinterlistige Ungeheuer Kelpie. Es hat einen Pferdekopf, einen menschlich-männlichen Oberkörper und den Hinterleib eines Pferdes. Kelpie besitzt die Gabe, Menschen vorzutäuschen, daß es ein harmloses Pferd sei. Wer sich von dem mutmaßlich so freundlichen Roß dazu verleiten läßt, es zu reiten, sollte über ausgezeichnete Schwimmfähigkeiten verfügen. Besteigt nämlich ein Mensch Kelpies Rücken, schwimmt das Wasserungeheuer mit ihm sofort weit hinaus auf den See und läßt ihn erst dort wieder absteigen. In der Regel ertrinken die unglücklichen Reiter dann. Ob Kelpie irgendeine Verbindung zum bekannteren Loch-Wesen → **Nessie** hat, ist strittig.

Schottische Erziehungsberechtigte nutzen die unbewiesene Existenz des unsympathischen Kelpie aus, um Kinder vom unbeaufsichtigten Baden in den Hochlandseen abzuhalten.

Lit.: Hans Biedermann, *Dämonen, Geister, dunkle Götter. Lexikon der furchterregenden mythischen Gestalten*, Graz 1989.

Kentauren
siehe Zentauren

Kerberos
siehe Zerberus

Kermit
Muppet-Frosch

»Applaus, Applaus!« (Kermit)

Grün und nackt bis auf einen ebenfalls grünen, gezackten Kragen, mit Stäbchenpupillen in den hoch am Kopf angesetzten Pingpongball-Augen schlackert der dünngliedrige Frosch Kermit als wohl bekannteste Tierfigur der → **Muppets** seit 1956 durch die Fernsehwelt. Seine Schöpfer waren Jim Henson und dessen spätere Frau Jane Nebel, die seit Mitte der 50er Jahre mit ihren Muppet-Sketchen Leben auf die amerikanischen Bildschirme brachten. Zur Berühmtheit wurde Kermit als eine der Hauptfiguren der seit 1969 laufenden Vorschulserie »Sesame Street«, mit der er 1971 auch nach Deutschland kam. Hier spielt der näselnde Frosch bevorzugt einen Reporter im Trenchcoat, der durch geschickte Fragen an andere Muppets den kindlichen Zuschauern Lerninhalte vermittelt. Meist ist Kermit von den Antworten seiner Interviewpartner frustriert. Neben seiner Tätigkeit in der »Sesamstraße« ist Kermit Conférencier in der »Muppet Show«.

Im Kinofilm »The Muppet Movie« (USA 1978, Regie: James Frawley) wird berichtet, daß Kermit in einem Sumpf in Georgia geboren wurde und sich, nachdem er herangewachsen war, auf den Weg nach Hollywood gemacht hat. Auf dieser Reise lernte er viele andere Muppets wie → **Fozzie Bär, Gonzo** und → **Rowlf** kennen. Bei dieser Gelegenheit wird auch sein Verhältnis zur egomanischen Sau → **Miss Piggy** begründet, die ihn heiß, innig, besitzergreifend und ohne Erbarmen liebt.

An sich nur eine Stoffpuppe mit Pingpongball-Augen – Kermit, der weltberühmte Frosch (»Die Muppets erobern Manhattan«, USA 1984).

Kermit ist kinderlos, hat aber einen kleinen Neffen namens **Robin**.

Siehe auch **Muppets**.

Lit.: Deutsches Filmmuseum (Hrsg.), *Muppets, Monster und Magie. Die Welt von Jim Henson*, Frankfurt am Main 1987; *JHP Press Release*, Februar 1992; Jeff Rovin, *The Illustrated Encyclopedia of Cartoon Animals*, New York 1991.

Kiki und Kaar
Hauptdarsteller aus dem Film »Der Bär«

Im Sommer 1987 drehte Regisseur Jean-Jacques Annaud in 17 Wochen den Naturfilm »Der Bär« (»L'ours«, Frankreich 1988). Die tierlastige Geschichte basiert auf dem Roman »The Grizzly King« von James-Oliver Curwood.

Das Bärenjunge Kiki verliert seine Mutter und muß sich allein durchschlagen. Es versucht, sich bei Brummbär Kaar anzuhängen, der aber nichts von ihm wissen will. Erst als Kaar verletzt ist und Kiki seine Wunden leckt, schließen sie Freundschaft. Außerdem gibt es noch einen Puma, eine Bären-Sexszene, Kikis Drogenerfahrung mit Giftpilzen, Jäger, die geläutert werden, sehr viel Dolomitenlandschaft und unglaublich blauen Himmel.

Bei Annaud agieren keine Grizzlys, sondern Kodiak-Bären, die noch größer sind: im Stehen bis zu 3 m. **Bart** und **Doc**, die beiden Kodiaks, die Kaar spielten, wurden vier Jahre lang auf ihre Rolle vorbereitet. Kiki wurde von sechs verschiedenen kleinen Bären gespielt: von **La Douce, Ben, Bunny, Gogol, Cadix** und **Cadence**. Aus der Werkstatt von Muppet-Vater Jim Henson kamen künstliche Bärenteile für heikle Großaufnahmen. Dreharbeiten mit so großen Bären sind nicht ganz ungefährlich. Aber außer Annaud, der einen Prankenschlag abbekam, wurde niemand verletzt.

Lit.: *Cinema* 3/1989.

Kincsem
Rennpferd

Kincsem war eine Fuchsstute aus der Zucht von Ernst von Blaskovits. Sie kam 1874 zur Welt. Zwischen 1876 und 1879 gewann das Wundertier nicht nur den Goodwood Cup, den Grand Prix de Deauville und drei Mal den Großen Preis von Baden, sondern auch alle anderen 49 Rennen, an denen es in Deutschland, Österreich, Ungarn und England teilnahm. Auch ihre Nachkommen sammelten fleißig Pokale.

Lit.: *Hobbylexikon Pferde*, Reinbek 1980.

King Kong
Riesenaffe und Frauenräuber

King Kong ist ein Riesengorilla, der auf einer Südseeinsel lebt. Ein Yankee-Filmteam bricht auf, um das sagenumwitterte Tier zu finden und den Affen für einen der damals beliebten semidokumentarischen Expeditionsfilme auf Zelluloid zu bannen. Kaum auf der Insel angekommen, gibt es zunächst Ärger mit der einheimischen Bevölkerung, für die King Kong ein Schreckensgott ist, der regelmäßig durch Menschenopfer gnädig gestimmt werden muß. In Ann Darrow (Fay Wray), die zum Filmteam gehört, glauben die Insulaner ein geeignetes Opfer gefunden zu haben. Sie entführen die Blondine. King Kong holt das ihm zugedachte Geschenk auch ab, verliebt sich schlagartig und aussichtslos in die ununterbrochen kreischende Handvoll Frau und bringt Ann in seine Höhle. Kongs Zuhause liegt mitten in einem Tal voller prähistorischer Pflanzen und mörderischer Saurier und Monsterschlangen, denen er ständig zeigen muß, wer Herr im Dschungel ist. Die amerikanischen Männer, die Affe und Frau verfolgt haben, kommen bis auf zwei Helden ums Leben. Ann wird befreit. Als King Kong ihr folgt, wird er mit Gas außer Gefecht gesetzt, gefesselt und nach New York verschifft. Hier soll der Monsteraffe als Schaubudensensation Geld einbringen. King Kong befreit sich, schnappt sich zum zweitenmal die wieder ununterbrochen kreischende Ann Darrow und schlägt eine Spur der Verwüstung durch den New Yorker Asphaltdschungel. Schließlich steigt er mit der sich windenden Frau in der Faust auf das Empire State Building und wird in einem dramatischen Showdown von einer Staffel brummender Militärdoppeldecker beschossen. Tödlich verletzt setzt der verliebte Affe Ann, die am Ende so etwas wie Sympathie für ihren Entführer zu entwickeln scheint, fürsorglich ab und stürzt dann vom Wolkenkratzer in den Tod.

»King Kong« war einer der erfolgreichsten und einflußreichsten US-Filme der Vorkriegszeit. Die Regisseure Ernest B. Schoedsack und Merian C. Cooper drehten diesen Horrorfilm-Klassiker 1932/33 nach einem Drehbuch von Autor Edgar Wallace. Einige Cineasten glauben, in der King-Kong-Geschichte die Manifestation von frauenfeindlichen und rassistischen Einstellungen in der durch die Depressionszeit der 30er Jahre tief verunsicherten amerikanischen Männerwelt erkennen zu können. King Kong steht dabei für das unamerikanische, fremdartige und die Ordnung bedrohende Element. Die Frau ist Opfer und männerweltgefährdende Femme fatale zugleich. Zwar wird sie schließlich von den Guten gerettet, es bleibt aber ein wenig unklar, ob sie wirklich gerettet werden wollte. Die Entführung der Frau durch King Kong und sein unabsichtlich sadistisches Bemühen, sich dem geliebten Wesen zu nähern, kann auch als Beherrschungs- oder Vergewaltigungsphantasie gedeutet werden. Gleichzeitig verkörpert der gegen seinen Willen nach Amerika verfrachtete King Kong den armen Tölpel, der die Kräfte, die ihn beherrschen, nicht begreift, und der zwar wacker rebelliert, aber letztlich doch unterliegt. Bei den meisten Zuschauern kam der Film lediglich als ein gutgemachtes Stück Horror-Unterhaltung an.

Das Bild wurde zu einer Ikone des 20. Jahrhunderts: King Kong über Manhattan im Klassiker von 1933.

Die US-Zensur ließ 1938 einige Szenen, in denen King Kong Ann Darrows Bekleidung abpult oder Schauspieler von Sauriern gefressen werden, herausschneiden. In dieser verstümmelten Version erschien der Film 1952 als »King Kong und die weiße Frau« in den deutschen Kinos. Seit 1969 ist die Urfassung wieder zu sehen. Zum weltweiten Erfolg des Streifens haben wesentlich die Trickaufnahmen beigetragen. Trickspezialist Willis O´Brien arbeitete aus-schließlich mit der aufwendigen Slow-Motion-Technik. Bei ihm zappelte kein Schauspieler im Affenkostüm herum. Er nahm Einzelbilder von beweglichen Monsterpuppen auf und schaltete sie so zusammen, daß der Eindruck fließender Bewegungen entstand. Diese Technik hatten er und andere Filmemacher bereits in früheren Filmen angewandt (zum Beispiel »Curious Pets of Our Ancestors«, 1917), »King Kong« war allerdings der erste Tonfilm dieser Art. Dabei störte es das Publikum auch nicht, daß der Riesenaffe aus technisch-dramaturgischen Gründen in den einzelnen Szenen unterschiedlich groß war. Seine Ausmaße bewegten sich zwischen etwa fünf und zwanzig Metern.

Für die Produktionsfirma RKO war »King Kong« ein Spekulationsprojekt, das den drohenden Konkurs abwenden sollte. Der ökonomische Riesenerfolg sanierte RKO und regte etliche Nachahmungen an, die aber in Qualität und Wirkung nicht an das Original heranreichten. 1933 drehte Ernest B. Schoedsack »Son of Kong«, und 1949 versuchte er es noch einmal mit »Mighty Joe Young« (»Panik um King Kong«). Später nahmen sich die japanischen Toho-Studios des King-Kong-Motivs an und bastelten daraus ihre legendäre → **Godzilla**-Serie. 1976 kam das mit einem gigantischen Werberummel angekündigte Remake »King Kong« (Regie: John Guillermin) mit Jessica Lange in der weiblichen Hauptrolle heraus. Aus dem Filmteam des Originals wurde eine Ölbohrer-Crew und King Kong fiel nicht mehr vom Empire State Building, sondern von einem Turm des World Trade Centers. Ansonsten war es die gleiche Geschichte, und nach Meinung des Publikums und der Kritik war sie auch noch schlecht erzählt. Diese Reaktion hielten Produzent Dino de Laurentis und Regisseur Guillermin nicht davon ab, 1986 mit »King Kong lives« (»King Kong lebt«) eine krude Fortsetzung zu drehen. Der Riesengorilla hat nach diesem B-Movie den Sturz vom World Trade Center überlebt und liegt seitdem an einem geheimen Ort im Koma. Um für die notwendige Transplantation eines autogroßen Kunstherzens genügend Stoff für Bluttransfusionen zu haben, wurde von den Drehbuchschreibern in den Dschungel von Borneo eine **Queen Kong** hineingeschrieben. Das weibliche Gegenstück von King Kong wird gefangen, angezapft, und der riesige Patient übersteht die OP. Aus dem Koma erwacht, verliebt er sich natürlich in Queen Kong, haut mit ihr ab und wird schließlich nach viel Blut- und Plasmagespritze von der US-Army umgebracht, nicht ohne vorher einen Junior gezeugt zu haben. Fortsetzung droht.

Lit.: *Cinema* 3/1989; Rolf Giesen, *Alles über Kong*, Ismaning 1993; Ronald M. Hahn / Volker Jansen, *Lexikon des Science Fiction Films*, München 1992; Tom Milne / Paul Willemen, *The Aurum Film Encyclopedia Horror*, London 1985; Georg Seeßlen / Claudius Weil, *Kino des Phantastischen. Geschichte und Mythologie des Horror-Films*, Reinbek 1979; Michael Töteberg (Hrsg.), *Metzler Film Lexikon*, Stuttgart 1995.

King Loui
Affenkönig

»Und der alte King Loui – babbedibei-babbedibu –
das bin ich – organisiert das für dich.« (King Loui)

Der Affenkönig King Loui läßt das Menschenkind Mowgli von seinen Spähern in die Tempelruinenstadt entführen. Dort herrscht der Orang-Utan über den Affenstaat, der sich aus einer schwer identifizierbaren Spezies zusammensetzt. Orang-Utans sind King Louis Untertanen jedenfalls nicht. Sie haben Greifschwänze und sind kleiner. Von Mowgli will Brüderchen Loui das Geheimnis erfahren, wie die Menschen Feuer machen. Davon erhofft er sich, selbst wie ein Mensch zu werden. Aber vorher gibt er mit der Stimme Klaus Havensteins ein paar angejazzte Liederstrophen zum besten. Bei Mowglis Befreiung legen → **Balu** und → **Baghira** die Tempelruinenstadt in Schutt und Trümmer. So jedenfalls im Disney-Film »Das Dschungelbuch«.

Auch in der Romanvorlage von Rudyard Kipling wird Mowgli von den Affen entführt. Sie heißen hier die »Bandar-log«, und es handelt sich um graue Affen mit langen Schwänzen. Es könnten also Hanuman-Languren, auch Graue Languren genannt, gemeint sein, die in Indien vielerorts als Tempelaffen geduldet und gefüttert werden. Unter Kiplings Dschungeltieren gelten sie als verlogenes Geschmeiß, zahlreich, böse, schmutzig und schamlos, als Volk

398

ohne Gesetz, das nicht einmal eine eigene Sprache spricht, sondern die gestohlenen Worte anderer Tiere nachplappert. Die Bandar-log sind rechtlos, »Verstoßene«, mit denen niemand etwas gemein haben will. »Wo Affen trinken, da trinken wir nicht.« Die sorglosen Affen tun hingegen, als wären sie es, die die anderen Tiere verachten würden, weil die im Wald wohnen, während sie selbst in Kalthöhl (Cold Lairs), in den Ruinen einer ehemaligen Königsstadt hausen.

Sie entführen das Menschenkind Mowgli, damit er ihnen beibringen soll, aus Schlingpflanzen und Bambus Schutzwände zu flechten. Daraus wird aber nichts, weil die hyperaktiven und albernen Bandar-log nur ein eingeschränktes Konzentrationsvermögen besitzen. Auch für einen Anführer wie im Disney-Film sind sie viel zu planlos. In Kalthöhl gibt es keinen Affenkönig, erst recht keinen aus Borneo oder Sumatra angereisten Pongiden. Weil die Bandar-log als Masse gefährlich sind und »nie anders als hundert zu eins« kämpfen, haben Baghira und Balu zu Mowglis Befreiung den Python → **Kaa** hinzugezogen. Kaa ist der schlimmste und gefürchtetste Feind der Affen. Zwar geht auch bei diesem Kampf Gemäuer zu Bruch, aber Kalthöhl bleibt als Ganzes erhalten. Dafür sterben einige Affen.

Siehe auch die **Dschungelbuchtiere**.

Lit.: siehe unter **Dschungelbuchtiere**.

Klarabella Kuh (Clarabelle Cow)
Weniger wichtige Persönlichkeit Entenhausens

»Ein Schächtelchen mit Pralinen
macht sich bei so einer Entschuldigung immer gut.
Wir Frauen haben doch alle eine süße Ader.«
(Klarabella Kuh)

Ein richtiger Star ist die Freundin von → **Minni Maus** nicht geworden. Selbst den Micky-Maus-Machern war sie so unwichtig, daß sie im – 1996 den MM-Heften beigefügten – Stadtplan von Entenhausen glatt vergaßen, Klarabella Kuhs Haus einzuzeichnen. Klarabella ist groß und schlank, hat kleine Hörner und große Nasenlöcher. Sie trägt knie- oder wadenlange Kleider, um ihren riesigen Euter zu verbergen, den sie in ihrem ersten Filmauftritt (»Plane Crazy«, 1928) vor einem Flugzeug in Sicherheit bringen mußte und der die Zensoren auf den Plan rief. Eine Vorläuferin von Klarabella hatte es bereits 1926 in »Alice on the Farm« gegeben, in dem ein echtes lebendiges Mädchen es mit Zeichentricktieren zu tun hatte. In weiteren Trickfilmen beweist Klarabella ihre musikalische Begabung, spielt Klavier, Geige und Flöte und zeichnet sich in akuter Gefahr durch Ignoranz aus.

Seit 1956 erscheint sie auch in den Micky-Maus-Heften und verteilt dort Kuchen und gute Ratschläge. Gleich bei ihrem ersten Auftritt gab sie einen Kaffeeklatsch, was auch fortan ihre Lieblingsbeschäftigung bleiben sollte. Anfangs hing ihr noch eine Kuhglocke um den Hals. Heute hat sie dieses laute Accessoire abgelegt. Im Gegensatz zu → **Rudi Roß**, der beharrlich sein sperriges Kummet um den Hals trägt. Rudi Roß und Klarabella bilden wahrscheinlich so etwas wie ein Paar, jedenfalls erscheinen sie auffällig oft in derselben Geschichte. Weitere Freunde und Bekannte von Klarabella Kuh sind → **Micky Maus, Henriette Huhn** und → **Goofy**. In einem Super-Goofy-Comic-Buch hat Klarabella Kuh auch die Freundin von **Super-Goofy** gespielt. Sie besitzt einen Neffen. Das Kalb heißt **Bertram**.

Lit.: Wolfgang J. Fuchs, *Micky Maus. Das ist mein Leben*, Stuttgart 1988; *Micky-Maus-Heft*, Nr. 43 vom 17.10.1996; Jeff Rovin, *The Illustrated Encyclopedia of Cartoon Animals*, New York 1991.

Der Kleine Maulwurf
Prager Zeichentrickfigur

Zdenek Milers Maulwurf wurde in Deutschland durch »Die Sendung mit der Maus« bekannt, in der er fast von Anfang an dabei war. Seine »Maus-Premiere« hatte er am 6. Februar 1972 mit der Geschichte »Maulwurf und Auto«. Dem fidelen Erdarbeiter mit dem hellen Kinderlachen sprießen drei abstehende lange Haare aus dem Kopffell. Für einen Maulwurf reißt er seine Spiegeleiaugen ganz schön weit auf. Er ist mit einem Spaten ausgerüstet, hat einen

Igel und einen Hasen als Freunde und trat auch schon in etwas längeren Filmen auf, die eigenständig liefen.

Lit.: Info-Material der WDR-Pressestelle.

Kleiner Onkel
siehe Herr Nilsson und Kleiner Onkel

Der Kluge Hans
Rechnendes und lesendes Pferd

»Man wird es kaum für möglich halten,
daß das Pferd zählen, rechnen, lesen, Personen
und Gegenstände erkennen und auf seine Art
bezeichnen kann, daß es die deutsche Sprache versteht,
auf die mannigfaltigsten Fragen Antwort gibt
und wie ein artiges Kind alles tut, was sein Herr
von ihm verlangt. Mir selbst hat das Pferd
eine Masse Aufgaben gelöst.«
(Pferdeschriftsteller Generalmajor Eugen Zobel
im »Weltspiegel«, einer Beilage des
»Berliner Tageblattes« vom 7.7.1904)

Wilhelm von Osten, Sohn eines Rittergutsbesitzers, lebte von den Einkünften seines Berliner Mietshauses und hatte viel Zeit. Eines Tages machte er die Beobachtung, daß sein Kutschpferd Hans beim Verlassen des Hofes von selbst einen Bogen schlug, der so genau berechnet war, daß die nachfolgende Kutsche das Tor nicht mal streifte. Der ehemalige Elementarschullehrer für Rechnen und Zeichnen folgerte, daß sein Pferd ungeahnte geistige Fähigkeiten besaß, und begann 1890 damit, ihm Unterricht zu erteilen. Hans lernte, ohne Zügel, nur auf Zuruf, die Kutsche in die gewünschte Richtung zu ziehen, er lernte die Bedeutung mehrerer Wörter und bis fünf zu zählen. Sein früher Tod ersparten ihm weitere Lektionen, die nun sein Nachfolger, Hans Nummer II, zu erdulden hatte. Hans Nummer II war ein fünfjähriger tiefschwarzer Rapphengst, den Wilhelm von Osten für ein englisches Vollblut hielt. Er erwarb ihn 1900 in Rußland, weil das Pferd die extrem hohe Stirnwölbung besaß, die nach der Gall'schen Schädellehre ein Garant für hohe Intelligenz sein sollte. Die ersten Wörter, die es lernte, waren rechts, links, ja und nein. Täglich und bei jedem Wetter konnten die Mieter des Hauses Griebenowstraße 10 beobachten, wie ihr nach Dürftigkeit und Kummer aussehender Vermieter in seinem groben Anzug und mit seinem struppigen Bart vornübergebeugt über den Hof schlurfte, um seinem Pferd Kegel auf einen Tisch zu stellen, deren Anzahl Hans mit dem Huf zu klopfen hatte. Später wurden die Kegel durch Zahlen ersetzt, die von Osten an eine schwarze Tafel schrieb. Häufig bekam er cholerische Anfälle und schrie sein Pferd an, ohne den Unterricht deswegen je zu unterbrechen. Wenn Hans einen Fehler machte, mußte er die richtige Antwort zwanzig- bis dreißigmal wiederholen und bekam am Schluß auch noch bis zu siebenhundert Klopftritte Strafarbeit aufgebrummt. Obwohl es selbst für einen menschlichen Schüler bei solchen Methoden nicht einfach ist, überhaupt etwas zu lernen, beherrschte Hans nach zwei Jahren Unterricht drei Grundrechenarten, konnte lesen und die Uhrzeit erkennen und den Wochentag angeben und einiges mehr. Jedenfalls war sein Herr davon überzeugt. Wilhelm von Osten begann mit den öffentlichen Vorführungen. Ein Trickbetrüger war er nicht. Ganz offensichtlich ging es ihm nicht um Geld, sondern um die Anerkennung der Wissenschaft. Frau O. von Bismarck, geb. von Thünen, berichtete von einer Vorführung, wie ihr das Mädchen am Eingang auf die Frage nach dem Eintrittsgeld entrüstet erwiderte: »Hier wird kein Geld genommen.«

Nachdem Generalmajor Eugen Zobel über das Pferd in einer Beilage des Berliner Tageblatts berichtet hatte, folgten zahllose Veröffentlichungen auch im Ausland. Diskussionen, ob es sich um »vollkommene Dressur« oder »Denkfähigkeit« handelte, entbrannten. Bei einer dieser Vorstellungen war auch der spätere Reichskanzler von Bethmann zugegen, dessen Namen »der kluge Hans« bis auf einen verzeihlichen Orthographiefehler korrekt klopfte – er vergaß das H. Afrikaforscher C. G. Schilling zeigte sich von der Vorführung so begeistert, daß er einen Appell an die Teilnehmer des 6. Internationalen Zoologenkongresses in Bern schrieb, der jedoch im Papierkorb landete. Auch die deutschen Gelehrten wollten von dem rechnenden Pferd nichts wissen und erklärten seine ungewöhnlichen Fertigkeiten mit Suggestion, Gedankenübertragung, unterirdischen elektrischen Leitungen oder durch »Wärmegefühle ohne unmittelbare Berührung der Haut«. Von Osten bemühte sich um die Einsetzung einer wissenschaftlichen Kommission, die die Fähigkeiten seines Pferdes bestätigen sollte. Er wandte sich mit dieser Bitte in einem Brief sogar an Kaiser Wilhelm II. Neugierig geworden, erschien der preußische Kultusminister Dr. Studt mit einigen Räten in der Griebenowstraße und war von Hansens Schlauheit beeindruckt, was der »Staatsbürger Zeitung« am 13. August 1904 sogleich einen Artikel wert war. Am 11. September erschien ein Farbdruck dieses Ereignisses in der italienischen »Tribuna Illustrata«. Nun kamen Gerüchte auf, der Kaiser selbst wolle Hans besuchen. Das machte die Sache jetzt auch für Geheimrat Professor Dr. C. Stumpf vom Psychologischen Institut der Universität Berlin interessant. Dr. Stumpf hielt die Pferdekünste zunächst für das »Erstaunlichste ..., was je an Tierpädagogik vorgekommen ist«, aber die wochenlangen Versuche seines Assistenten Oscar Pfungst führten zu einem gegenteiligen Ergebnis: Unbewußt gebe von Osten seinem Pferd Zeichen – 5tel-Millimeter-Bewegungen des Kopfes, die dem Pferd zeigten, wann es klopfen und wann es damit aufhören sollte. Hatte »der kluge Hans« oft genug geklopft, atmete von Osten erleichtert auf, und wenn Hans diese Zeichen der Entspannung sah, hörte er mit dem Klopfen auf. Wenn er Scheuklappen trug oder im Dunkeln befragt wurde, versagte er.

Damit war der Fall erledigt und das Rechenprivileg des Menschen gerettet. Bis heute werden die Fähigkeiten rechnender oder das Zahlenalphabet klopfender Tiere mit absichtlichen oder unwillkürlichen Zeichen ihrer Ausbilder erklärt. Ein Pferd, das rechnen und lesen kann, ist in der Tat nicht sehr wahrscheinlich. Gewisse funktionelle Variationen von Pferdeindividuum zu Pferdeindividuum sind zwar möglich, prinzipielle, arttypisch festgelegte Grenzen können aber nicht überschritten werden. Trotzdem muß fairerweise erwähnt werden, was bei Berichten über den »klugen Hans« gewöhnlich unterschlagen wird, daß nämlich der Elberfelder Kaufmann Karl Krall den Versuch wiederholte und Hans rehabilitierte. Karl Krall glaubte nicht, daß dermaßen kleine Bewegungen von einem Pferd aus einigen Metern Entfernung gesehen werden konnten. Er vermutete, daß Hans bloß deswegen die Antworten verweigert hatte, weil ihm die Scheuklappen und die Dunkelheit nicht vertraut waren. Krall überredete von Osten dazu, Hans an Scheuklappen zu gewöhnen und eine neue Versuchsreihe durchzuführen. Beobachter war Professor E. Gehrcke von der Physikalisch-Technischen Reichsanstalt in Berlin, Schriftführer Diplomingenieur L. J. Busse, die – laut Karl Krall – beide dem Experiment »stark zweifelnd« gegenüberstanden. Der Beweis, daß die erste Kommission sich geirrt hatte, wurde erbracht, Hans konnte auch mit Scheuklappen und im Dunkeln rechnen und zählen. Nur interessierte sich niemand mehr dafür. 1909 starb Wilhelm von Osten einsam und verbittert im Alter von 71 Jahren. Laut Michell Rickard (»Ungelöste Rätsel der Tierwelt«) soll Karl Krall den klugen Hans geerbt haben. Einen besseren Erben hätte von Osten auch nicht finden können, denn Krall setzte von Ostens Versuche auch noch mit anderen Pferden, den berühmten → **Elberfelder Pferden** fort.

Lit.: Morus, *Eine Geschichte der Tiere*, Reinbek 1952; Eleonore Thun-Hohenstein, *»Herr ist dumm«. Tiere sprechen unsere Sprache*, Wien/Hamburg 1983.

Knautschke
Berlins heimliches Wappentier, Nilpferd

Der im Mai 1943 im Berliner Zoo geborene Flußpferdbulle Knautschke gehörte zu den wenigen Tieren, die den Zweiten Weltkrieg im fast völlig zerstörten zoologischen Garten überlebten. Dieser Umstand und »seine große Klappe und sein dickes Fell« machten Knautschke zu einem Symbol für den Überlebenswillen der Nachkriegsberliner. Als er während der Berliner Blockade 1948/49 wegen Futtermangels auf halbe Ration gesetzt werden mußte und dementsprechend an Gewicht verlor, päppelten ihn Hunderte von Zoobesuchern mit Kohlköpfen und Brot aus ihren eigenen kargen Vorräten auf.

Weltweites Aufsehen erregte Knautschke 1949. Mitten im kalten Krieg schlossen der Leipziger und der Berliner Zoo ein Zuchtabkommen miteinander. Die unbemannten Leipziger Nilpferdstuten

Grete und **Olga** wurden dem einsamen Berliner Bullen zur Paarung zugeführt. Als Ergebnis dieser deutsch-deutschen Kuppelei kamen Sohn **Schwabbel** und Tochter **Bulette** zur Welt. Schwabbel wurde der Stammvater einer neuen Leipziger Nilpferdgeneration, und mit Bulette zeugte Knautschke eine Vielzahl seiner insgesamt 35 Kinder. Er machte nicht nur seine eigene Tochter zur Mutter, sondern schwängerte auch viele seiner aus dieser Verbindung stammenden Töchter, die gleichzeitig seine Enkelinnen waren. Im tabulosen Knautschke-Clan ging es drüber, drunter, drauf. Ideale Voraussetzungen für eine ödipale Tragödie, die auch prompt eintraf: Sohn **Nante** verdrängte schließlich den zuletzt altersschwachen Knautschke vom ersten Rang in der Nilpferdherde. Im Kampf um Bulette schlug er ihm zwei Eckzähne aus und ehelichte seine Mutter (die gleichzeitig seine Halbschwester war). Der gedemütigte Knautschke hatte nicht nur Bulette und seine Zähne verloren, sondern auch jegliche Lebensfreude. Fortan verweigerte er die Nahrung. Im Juni 1988 war der mit 45 Jahren ungewöhnlich betagte Nilpferdbulle so abgemagert und krank, daß er eingeschläfert werden mußte.

Um ein Haar wäre seinem Leben bereits 12 Jahre vorher ein verfrühtes Ende beschieden gewesen. Seine Tochter **Jette** war gestorben. Die Pathologen verwechselten den tief schlafenden Knautschke mit ihrem Leichnam und hätten ihn beinahe an ihrer Stelle obduziert.

Für den Nachruhm des von der Berliner Bevölkerung tief betrauerten Lieblingsnilpferds, das bereits 1977 als erstes Zootier auf einer Briefmarke der Deutschen Bundespost abgebildet worden war, ist gesorgt: Eine lebensgroße Knautschkenachbildung aus Kunststoff wird mit Knautschkes Originalhaut bezogen. Das Denkmal soll seinen Platz im Naturkundlichen Museum in Berlin-Charlottenburg finden.

Lit.: Heinz-Georg / Ursula Klös / Hans Frädrich, *Die Arche Noah an der Spree. 150 Jahre Berliner Zoo*, Berlin 1994.

Knox
Der Erfinder-Rabe aus den Fix-und-Foxi-Heften

In einer hypermodern gestylten Villa Fuxholzens, dem Dorf, in dem auch → **Fix und Foxi** leben, wohnt der kauzige Erfinder Knox. Knox, ein eitler Rabe mit blauem Hut, hat bereits alle Berufe, die möglich sind, ausprobiert, hält sich für überschlau und scheitert doch meistens mit seinen Erfindungen. Einem Vergleich mit seinem (höchstwahrscheinlichen) Entenhausener Vorbild → **Daniel Düsentrieb** hält er nicht stand.

Lit.: Bernd Dolle-Weinkauf, *Comics. Geschichte einer populären Literaturform in Deutschland seit 1945*, Weinheim 1990; Andreas C. Knigge, *Fortsetzung folgt. Comic-Kultur in Deutschland*, Frankfurt am Main/Berlin 1986.

Kokomiko
siehe Das Marsupilami

Komissar Rex
siehe Rex

Krambambuli
Hund zweier Herren

»Schad um den Hund!« (Revierjäger Hopp)

In dem Erzählzyklus »Dorf- und Schloßgeschichten« (1883) berichtet die österreichische Schriftstellerin Marie von Ebner-Eschenbach (1830–1916) vom tragischen Schicksal des Jagdhundes Krambambuli, dem seine Treue zum Verhängnis wird.

Der gräfliche Revierjäger Hopp, dem seine Frau so gleichgültig ist, wie es ihm alle Dinge sind, die nichts mit Wald und Flur zu tun haben, kauft einem versoffenen Ex-Forstgehilfen dessen heruntergekommenen, aber schönen Hund ab. Der Preis beträgt 12 Flaschen

Krambambuli. Und wie der Danziger Schnaps, so heißt auch der Hund: Krambambuli. Es ist ein etwa zwei Jahre alter, gelbbrauner Jagdhund, mit einem weißen tannenzweigähnlichen Abzeichen auf der Stirn. Daß der Hund ein besonders edles Tier ist, steht außer Frage, doch auf seine Rasse wird nicht näher eingegangen. Zwei Monate ist Hopp damit beschäftigt, ihn zu brechen. Er schlägt Krambambuli halbtot und kettet ihn mit dem Stachelhalsband an, bis der Hund begreift, daß Fluchtversuche zwecklos sind, daß er seinen früheren Herrn endgültig verloren hat und jetzt einem neuen Chef parieren muß. Nachdem Krambambuli sich in sein Schicksal ergeben hat, entwickelt er sich zum Musterdiensthund. All seine Loyalität und Ergebenheit richten sich jetzt auf den Revierförster. In diese Idylle hierarchisch geordneter Zweisamkeit platzt jäh ein Wilddieb und Förstermörder, genannt »Der Gelbe«. Revierförster Hopp begegnet ihm im Wald. Beide legen aufeinander an. Da erkennt Krambambuli in dem Wildschützen seinen Erstbesitzer. Trotz Hopps »Komm her!«-Kommandos kriecht Krambambuli nach fürchterlichen Entscheidungsschwierigkeiten »bellend, heulend, den Bauch am Boden ... den Kopf emporgehoben, als riefe es den Himmel zum Zeugen seines Seelenschmerzes an« ... seinem ihn lockenden ersten Herrn zu. Beide Flintenmänner legen wieder aufeinander an. »Der Gelbe« verfehlt sein Ziel, weil Krambambuli ihn freudig anspringt. Hopp dagegen trifft. Mit einem gezischten »Bestie!« als letzten Gruß für seinen treuen Hund stirbt »Der Gelbe«. Der beleidigte Hopp verstößt seinen verstörten Hund.

Krambambuli bleibt zunächst bei der Leiche seines früheren Herrn und führt dann das elende Leben eines Streuners. Abgemagert und soweit heruntergekommen, daß er versucht, Kindern das Brot aus der Hand zu stehlen, kehrt er schließlich in die Nähe des Försterhauses zurück, ohne sich an die Tür zu trauen. Hopp sieht ihn von ferne und bleibt hart. Als seine bloß verschüttete Liebe zu dem Hund doch noch die Oberhand gewinnt, ist es bereits zu spät. Krambambuli liegt »verendet vor ihm, den Kopf an die Schwelle gepreßt, die zu überschreiten er nicht mehr gewagt hatte«.

Die Mär von der tragischen Hundetreue regte die deutschsprachige Filmindustrie zu zwei tränenseligen Kitschfilmen an (in denen Rudolf Prack jeweils eine Hauptrolle spielte): »Krambambuli.

Geschichte eines Hundes« (Deutschland 1940, Regie: Karl Köstlin) und »Heimatland« (Österreich 1955, Regie: Franz Antel).

Lit.: Marie von Ebner-Eschenbach, *Dorf- und Schloßgeschichten*, Berlin 1883; Walter Jens (Hrsg.), *Kindlers Neues Literaturlexikon*, Band 5, München 1989.

Krazy Kat
Comic Urkatze

Die Katze Krazy Kat ist die Titelfigur einer der wenigen Comicstrip-Serien, die bereits vor dem Zweiten Weltkrieg von der Welt des Feuilletons und der kulturellen Avantgarde – zumal mit Begeisterung – zur Kenntnis genommen wurden. Viele Intellektuelle glaubten in den Geschichten um die »verrückte« Kultkatze ein literarisches, sozialkritisches Meisterstück zu den Themen »Unerwiderte Liebe« und »Emotionale Isolation in der modernen Gesellschaft« zu erkennen.

Zunächst war die von dem US-amerikanischen Zeichner George Herriman (1880–1944) erdachte Krazy Kat lediglich eine Figur in den zwischen 1910 und 1913 erscheinenden Zeitungsstrips »Baron Mooch«, »Dingbat Family« und »Family Upstairs«, bis sie 1913 einen eigenen Tagesstrip bekam und bis Herrimans Tod behielt. Charakteristisch für die Serie war das Dreiecksverhältnis zwischen Krazy Kat, der Maus **Ignatz Mouse** und dem Hund **Officer Bull Pup**. Ignatz Mouse verachtet die Katze und haßt den Hund. Der verfolgt die Maus und bemüht sich, letztlich erfolglos, um die Katze. Krazy Kat wiederum ist am Hund nicht sonderlich interessiert und liebt dafür Ignatz abgöttisch. Ignatz wirft der Katze, um ihr seine Verachtung zu zeigen, am Ende eines jeden Strips einen Ziegelstein an den Kopf. Diesen Wurf sieht Krazy Kat unlogischerweise als Beweis der Ignatz'schen Gegenliebe an und fühlt sich glücklich in ihren Gefühlen bestätigt.

Diesen immer wieder variierten Grundplot siedelte Herriman bald in einer merkwürdig instabilen Wüstenlandschaft an, die er »Coconico County« nennt. In diesem Gemeinwesen, in dem ausschließlich wie Menschen gekleidete und gehende Tiere leben, gibt es eine ausgearbeitete Sozialstruktur mit Ober- und Unterklasse. In den oberen Schichten haben die Hunde als Richter, Kapitalisten und Professoren die Fäden in der Hand. Weniger wichtige Hunde wie Bull Pup sorgen als Polizisten mit dafür, daß das System nicht gefährdet wird. Eine solche Gefährdung scheint aber in Coconico County nicht allzu groß zu sein. Die kleinen Gauner vom Schlage des gewitzten Ignatz Mouse sind nur auf ihren eigenen Vorteil bedacht und denken nicht ernsthaft an eine Veränderung. Die Masse der anderen, meist mittellosen und in bescheidenen Häuschen lebenden Tiere sind viel zu sehr miteinander beschäftigt, als daß sie eine Gefahr für das Regime darstellen könnten. Krazy Kat personifiziert dabei den recht einfältigen Typus des zu kurz gekommenen freundlichen Nobodys, der sich mehr um andere sorgt als um sich selber und in seiner Gutgläubigkeit im Grunde der Welt hilflos gegenübersteht.

Herriman hat seine skurrilen Geschichten, bei denen naturwissenschaftliche Logik und eine Handlung im üblichen Sinne nicht allzu wichtig sind, in einer kruden Sprache aufs Papier gebracht. Das Herriman vertraute Kauderwelsch der Einwanderer aus der Unterschicht und der ihm ebenfalls vertraute rotzig-forsche Ton New Yorker Redaktionsstuben verschmelzen zu einem oft kaum noch zu deutenden gurgelnden Slang. Dennoch, oder vielleicht auch gerade deswegen, waren die »Krazy Kat«-Strips auch bei vielen Normalos beliebt.

Lit.: Marcus Czerwionka (Hrsg.), *Lexikon der Comics* (Loseblattsammlung), Meitingen 1991–1995; Henri Filippini, *Dictionnaire de la bande dessinée*, Paris 1989; Horst Schröder, *Die ersten Comics. Zeitungscomics in den USA der Jahrhundertwende bis zu den dreißiger Jahren*, Hamburg 1982.

Krokodil
Schweizerische Gelenklokomotive

Die achtachsige Elektrolokomotive Krokodil gilt als historisches Aushängeschild schweizerischer Eisenbahntechnik. Ihre charakteristische, entfernt an ein Krokodil erinnernde Form erhielt die zwischen 1920 und 1927 in zwei Baureihen (Ce 6/8" und Be 6/8") gebaute Lokomotive mehr oder weniger der Not gehorchend. Sie besteht aus einem relativ kurzen, quaderförmigen Mittelkasten, in dem unter anderem die Lokomotivführerkabine und die zwei Motoren untergebracht sind. Um das enorme Gewicht von 128 Tonnen sicher verteilen zu können, griff man zu der Lösung, einen Teil der Elektrik und der Druckluftausrüstung in zwei flachere, mit dem Mittelkasten gelenkig verbundene Vorbauten einzupassen. Je eines dieser »Köfferli« befindet sich vorne und hinten vom Mittelkasten. Ihrer Konstruktion als Gelenklokomotive hat es das bis zu 75km/h schnelle Krokodil zu verdanken, daß es trotz seines Gewichts und seiner Länge von fast 20 Metern auch in engen Kurven in der Spur bleibt.

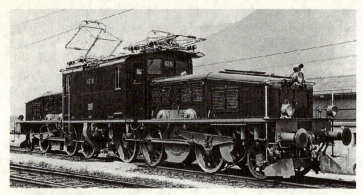

Die grüne Gelenklokomotive Krokodil.

Seit 1920 stellten die Schweizerischen Bundesbahnen insgesamt 51 Lokomotiven aus beiden Baureihen in Betrieb. Sie wurden insbesondere im Güterverkehr der Gotthardlinie und als schwere Rangierlokomotiven eingesetzt. Noch in den 80er Jahren taten einige dieser Klassiker der ersten Generation von Elektrolokomotiven Dienst als Reserve-Rangierloks. Heute sind betriebsbereite Krokodile als Museumsstücke zu bewundern.

Die Bezeichnung »Krokodil« übertrug sich auch auf bauähnliche, in den 20er Jahren in Österreich und Deutschland sowie bei schweizerischen Regionalbahnen in Dienst gestellte Gelenklokomotiven.

Lit.: Ken Harris, *Elektro-Lokomotiven aus aller Welt*, Stuttgart 1983; Wolfgang Messerschmidt, *Jumbos auf Schienen*, Berlin 1995; Walter Trüb, *100 Jahre Elektrische Bahnen in der Schweiz*, Zürich 1988.

Kröt, Ratz, Moli und Meister Dachs
bzw. Kröte, Ratte, Maulwurf und Dachs
(Mr. Toad of Toad Hall, Rat/Ratty,
Mole and Mr. Badger)
Die Tiere aus »Der Wind in den Weiden«

»Es ist ein Hausbuch; ein Buch, das jedes
Familienmitglied liebt und fortwährend zitiert,
das jedem neuen Gast laut vorgelesen
und als ein Prüfstein seines Wertes verstanden wird.«
(A. A. Milne über »Der Wind in den Weiden«)
»Zum Kröt kommt man nie zur Unzeit.
Er ist immer guter Laune, froh, wenn man kommt,
und betrübt, wenn man wieder geht.« (Ratz)

Als Kenneth Grahame 1908 »The Wind in the Willows« (dt. »Der
Wind in den Weiden«) veröffentlichte, hatte sich der fast fünfzig-
jährige schottische Banksekretär bereits mit zwei Büchern einen
Namen als Schriftsteller gemacht. »Golden Age« (1895) und
»Dream Days« (1898) waren dem romantischen Kindheitskult des
damaligen Englands zuzurechnen, der auch den nicht erwachsen
werden wollenden Peter Pan hervorgebracht hatte. Die »Wind in
den Weiden«-Geschichten haben ihren Ursprung in den Gutenacht-
geschichten, die Grahame seinem Sohn Alistair erzählte und aus denen später Briefe wurden, die Alistair über die häufige Abwesenheit
seiner Eltern trösten sollten. Der erst 4jährige, später 6jährige war
halb-blind, was Vater und Mutter verdrängten. Für ihn und für sich
selbst erfand Grahame, der eine unglückliche Ehe führte und unter
seiner Arbeit bei der Bank litt, das Idyll einer rein männlichen Tiergesellschaft, in dem ewige Ferien herrschen, das erstaunlich gute
Sehvermögen eines Maulwurfs kein Thema ist und vier Junggesellen ohne finanzielle Nöte einander mit Freundschaft und Zuneigung
begegnen. No woman, no cry.

Die Hauptfiguren sind Kröt (je nach Übersetzung auch Kröterich
oder schlicht Kröte genannt), Moli (bzw. Maulwurf), Ratz (bzw.
Ratte) und Meister Dachs (bzw. Dachs). Sie tragen ihre Gattungsbe-
zeichnung also als Namen, was aber zu keinen Verwechslungen
führt, da sie die einzigen Exemplare ihrer Gattungen sind, die im
Buch Erwähnung finden. Sie ziehen Kleidung an, ihre Erdhöhlen

sind mit Kaminen und Möbeln ausgestattet, und auch ihr Speiseplan entspricht dem von Menschen. Üppige Mahlzeiten mit Freunden spielen bei den ausnahmslos großzügigen und bis auf den Dachs gastfreundlichen Tieren eine große Rolle – als Trost, nach überstandenen Gefahren und als Ausdruck von Geborgenheit und Zuhausesein. Dennoch sind ihnen auch noch animalische Verhaltensweisen eigen. Sie halten z. B. Winterschlaf. Außerdem verfügen sie über eine »Tier-Etikette«, die den Umgang der Tiere untereinander bestimmt. Im Gegensatz zu den strengen und überlebenswichtigen Regeln in Kiplings »Dschungelbüchern« (→ **Dschungelbuchtiere** und **Balu**) handelt es sich hier eher um einen – nicht schriftlich niedergelegten – Tier-Knigge, dessen Benimmregeln auf Toleranz und Rücksichtnahme fußen. (Wenn ein Freund plötzlich verschwindet, »sieht man unauffällig darüber hinweg«.)

Maulwurf, Kröte und Ratte.
Illustration von
Kenneth Grahame.

Moli begegnet Ratz, als er ins Blaue hinein stromert, statt seinen Frühjahrsputz zu Ende zu bringen. Noch am selben Tag zieht der unerfahrene und ängstliche Moli, der anfallsweise aber auch dreist und unvernünftig sein kann, bei dem liebevoll-väterlichen und ausgeglichenen Ratz ein. Ratz ist Lyriker, was ihm später hilft, ein plötzlich auftretendes Fernweh zu besiegen. Gemeinsam bestehen die beiden einige Abenteuer, die oft von dem manischen und leicht kriminellen Kröterich Kröt ausgelöst werden, der sich entweder im Zustand rücksichtslosen Größenwahns oder im Zustand völliger Zerknirschung befindet. Kröt hat geerbt und bewohnt den Landsitz Toadt Hall (Schloß Kröt, Krötinhall oder Krötenburg). Als er seine libidinös gefärbte Passion fürs Autofahren entdeckt, schreckt die technikversessene Konsumkröte auch nicht vor einem Autodiebstahl zurück und landet im Gefängnis. Mit Hilfe der Tochter des Gefängniswärters, die einer der wenigen Menschen ist, die als Nebenfiguren auftreten, kann er fliehen. Aber Schloß Kröt ist inzwischen von Hermelinen besetzt worden, die im Gegensatz zu den Hauptfiguren in Mengen auftreten und aus dem wilden Wald, einem bedrohlichen Ort, stammen. Dort wohnt allerdings auch Meister Dachs, ein hilfsbereiter und »erhabener Charakter«, der überall Achtung genießt, obwohl er etwas schroff und extrem eigenbrötlerisch ist. Gemeinsam erobern die vier Helden Kröts Landsitz zurück. Die vom Dachs initiierte Läuterung des Kröterichs von Unvernunft, Selbstgefälligkeit und Prahlsucht gelingt immerhin soweit, daß sie bis zum Ende des Buchs anhält. Gegen Kröts wilde verwegene Abenteuer sticht das erotisch-mystische und sehnsuchtsvolle Kapitel, das dem Buch seinen Namen gegeben hat, kraß ab. Auf der Suche nach **Portley**, dem verlorenen Sohn von **Otter**, hören Ratte und Maulwurf ein wunderschönes, erregendes Lied, das der Wind in den Weiden ihnen zuträgt, und begegnen Gott → **Pan**.

In den deutschen Übersetzungen – die erste erschien erst 1929 – ist dieses Kapitel nicht immer vorhanden. Das in Freundschaft, Geborgenheit, Sehnsucht und Lebensfreude schwelgende Buch, das in Deutschland u. a. auch »Christoph, Großmaul und Cornelius. Die Abenteuer einer fidelen Gesellschaft am Fluß, im Wald und anderswo« (1929) und »Hallo, Meister Dachs. Was die Tiere am Fluß erleben« (1965) hieß, wurde auch hier zum Longseller, erreichte aber nie den »Kultbuch-Status«, den es in England hatte. Die Originalillustrationen stammen von Ernest H. Shepard. A. A. Milne brachte 1929 die Theateradaption »Toad of Toad Hall« (1929) auf die Bühne, und Disney verfilmte »Der Wind in den Weiden« 1949.

Lit.: Susanne Becker, *Zur Komplexität einer kleinen Welt – Kenneth Grahames »Der Wind in den Weiden«*, in: Klassiker der Kinder- und Jugendliteratur (hrsg. von Bettina Hurrelmann), Frankfurt am Main 1995; Kenneth Grahame, *Die Leutchen um Meister Dachs*, Freiburg 1952.

Kuckuck
Adler auf Pfändungssiegeln

Die 127 Vogelarten der Ordnung Kuckuck (Cuculi) bauen zum größten Teil wie alle anderen anständigen Vögel Nester, in die sie ihre Eier legen und selbst bebrüten. Einige Kuckucksarten, wie der gemeine (!) Kuckuck sind jedoch Brutparasiten, die ihre Eier auf fremde Singvogelnester verteilen. Dieser Instinkt wird dem Kuckuck in der Menschenwelt angekreidet. Er gilt als heimtückisch, böse und mitleidlos. Ab dem 16. Jahrhundert setzte man ihn sogar mit dem Teufel gleich. In politischen Spottliedern wurde das Herrschaftszeichen Adler mit der Bezeichnung Kuckuck verhöhnt. Demzufolge nennt man auch den Hoheitsadler auf der Siegelmarke, mit der ein Gerichtsvollzieher die Besitzgegenstände säumiger Schuldner als gepfändet markiert, ironisch Kuckuck.

Lit.: *Der große Brockhaus*, Wiesbaden 1955; Kurt Krüger-Lorenzen, *Deutsche Redensarten – und was dahintersteckt*, Wiesbaden, o. J. (um 1966).

Kühlwalda
Catweazles Vertraute, die Kröte

»Sie mag wohl etwas klein sein –
aber sie hat den Mut eines Löwen.« (Catweazle)

Die englische Fernsehserie »Catweazle« nach dem gleichnamigen Buch von Richard Carpenter wurde in ihrem Heimatland bereits zum zweiten Mal wiederholt, als sie erstmals auch im ZDF zu sehen war. Dort liefen die 26 Folgen von Mai bis Oktober 1974.

Auf der Flucht vor den Normannen fällt der zauselige alte Zauberer Catweazle (Geoffrey Bayldon) aus dem 11. ins 20. Jahrhundert. Außer seinem dreckstarrenden Kittel, den er am Leib trägt, hat er nur noch zweierlei bei sich – sein Zaubermesser und die Kröte Kühlwalda. Kühlwalda ist nicht einfach ein Haustier, wie die Schildkröte, die Catweazles neuem Freund, dem 14jährigen Farmerssohn Harold gehört. Sie ist Catweazles Gefährtin und Vertraute. Stets schleppt er sie in einer Tasche seines Kittels mit sich herum. Zwei Zoologen, die zu Rate gezogen werden, als Kühlwalda erkrankt, finden heraus, daß sie zu einer Krötenart gehört, die seit 300 Jahren als ausgestorben gilt. Ihr Aussehen ähnelt allerdings enorm dem einer ganz gewöhnlichen Erdkröte. Kühlwalda ist zwar sehr niedlich, aber in ihren Ausdrucksmöglichkeiten doch eingeschränkt. Meist quakt sie nur schwach vor sich hin. Trotzdem bringt sie hin und wieder die Handlung in Gang, etwa, indem sie sich in einen Putzeimer fallen läßt und dadurch Catweazle zwingt, eine Haushälterin, von der er nicht gesehen werden will, zu verfolgen. So in Carpenters zweitem Buch von dem Zauberer »Catweazle sucht die magischen Zeichen« (»Catweazle and the Magic Zodiac«), das ebenfalls als Serie verfilmt wurde.

Lit.: *Berliner Zeitung* vom 4.5.1974; Richard Carpenter, *Catweazle sucht die magischen Zeichen*, Ravensburg 1974; Wams vom 15.9.1974.

L

Lacoste-Krokodil
Markenreptil

Klein und grün prangt es auf den Sportsachen der Firma Lacoste. Am häufigsten reißt es vermutlich auf der linken Brustseite eines Polohemds das Maul auf. Immer wieder behaupten Besserwisser, daß es eigentlich ein Alligator sei. Aber welche Hinweise sie auch dafür haben mögen, diese Echse ist ein Krokodil, denn sie stammt vom französischen Tennisspieler René Lacoste, der auch »das Krokodil« genannt wurde. Ob sein Biß beim Spiel oder seine herausragende Nase ihm diesen Beinamen eingebracht haben, ist nicht belegt.

Vielfach von Billigherstellern nachgeahmt: das Original-Lacoste-Krokodil.

1926 erschien Lacoste das erste Mal in einem Polohemd mit aufgenähtem Krokodil auf dem Tennisplatz und durchbrach damit die Tradition der langärmeligen, weißen Hemden. 1933 gründete er seine Textilfirma, wo das Krokodilemblem so fest an seinen Platz genäht wird, daß Entfernungsversuche Stunden dauern und kaum ohne ein »verräterisches Loch« abgehen.

Ein größeres Problem als die Krokodilentferner sind für die Firma Lacoste allerdings seine vielen Fälscher und Kopierer.

Lit.: Betty Cornfeld / Owen Edwards, *Quintessenz. Die schönen Dinge des Lebens*, München 1985.

Laika
Gilt als erstes irdisches Lebewesen (Hund) im Weltraum

»Wenn wir auch Trauer und Mitgefühl
für die kleine Laika aufbringen, so dürfen wir
doch nicht übersehen, welch ungeheure Bedeutung
ihr Opfer für die Forschung hat.«
(Radio Moskau, 5. November 1957)

Am 3. November 1957 gelangte die Hündin Laika an Bord des russischen Satelliten Sputnik II als erstes Lebewesen auf eine astronautische Freiflugbahn und überlebte dort mehrere Tage im Zustand der Schwerelosigkeit. Laika war nicht der erste Raketenhund. Schon bald nach dem Zweiten Weltkrieg hatten sowjetische und amerikanische Forscher damit begonnen, Hunde, Affen, Mäuse und Hamster mit Raketen mehrere hundert Kilometer hoch zu schießen (→ **Able und Baker**). Auch Laika hatte solche Erfahrungen, als sie zum Versuchstier in Sputnik II bestimmt wurde.

Die Form des Satelliten glich einem Kegel mit einem Basisdurchmesser von etwa 1,7m. Kernstück von Sputnik II war die zylindrische hermetische Druckkabine, in der sich der Hund aufhielt. Sie war mit einem neugeschaffenen Lebenserhaltungssystem ausgestattet, welches den Atmosphärendruck der Erde, den Austausch von O_2 und CO_2, eine lebensnotwendige Temperatur und Luftfeuchtigkeit gewährte und vermutlich auch eine Ernährungseinrichtung beinhaltete. Eine technische Vorrichtung, die die Rückkehr auf die Erde ermöglicht hätte, etwa einen Fallschirm oder ein Hitzeschutzschild, gab es weder an der Kabine noch am Satelliten. Laika wurde so untergebracht, daß sie den ungeheuren Druck beim Abschuß der Trägerrakete mit der Brust und dem Rücken auffangen konnte. Sie war mit dünnen Ketten angebunden und trug einen mit Elektroden besetzten Raumanzug für Hunde. Nach anderer Quelle waren die Elektroden unter ihrer Haut eingepflanzt. Der Satellit wurde mit einer vierstufigen Trägerrakete gestartet. Laikas Herzschläge und ihre Atemfrequenz verdreifachten sich dabei. Nach dem Eintritt in seine elliptische Freiflugbahn um die Erde blieb Sputnik II auch weiterhin mit der Endstufe verbunden.

Als Moskau mitten in der heißen Phase des kalten Krieges die Existenz seines zweiten künstlichen Erdtrabanten bekanntgab, war das der zweite heftige Schlag gegen Amerikas Nationalstolz innerhalb weniger Wochen.

Sputnik I, der am 4. Oktober 1957 als erster Satellit überhaupt vom großen unbekannten Konstrukteur und seinen Mitarbeitern gestartet worden war und immer noch als handfester Beweis des technologischen Vorsprungs der Sowjetunion um die Erde eierte, war nicht viel größer als ein Fußball mit Antennen, und selbst diese Ausmaße und die 83,6kg, die er wiegen sollte, wurden als übliche sowjetische Übertreibung abgetan. Sputnik II aber transportierte einen Hund und wog bereits 503,8kg. Ein Satellit dieser Größenordnung konnte statt mit einem Tier auch mit einer spionierenden Fernsehkamera bestückt werden – oder mit einer Wasserstoffbombe. Befürworter einer stärkeren Aufrüstung erhielten neuen Auftrieb.

Einen noch größeren Anteil als an den Gefahren für die Menschheit oder ihre Zukunftsmöglichkeiten nahmen die Bürger der westlichen Welt jedoch an dem Schicksal des Weltraumhundes. Am heftigsten reagierten die Tierfreunde in England. Die zehnminütige BBC-Nachrichtensendung, die am Sonntagmorgen um acht Uhr die erste ausführliche Meldung über den Satelliten mit Hund brachte, war noch nicht beendet, als die Telefonzentrale der BBC bereits von Hunderten empörter Anrufer blockiert war. Am Montag darauf erschien eine Abordnung des britischen Hundeschutzvereins in der russischen Botschaft in London und überreichte feierlich ein Protestschreiben. Außerdem regte der Hundeschutzverein an, daß alle Hundefreunde in England jeden Tag zu einer bestimmten Zeit eine Schweigeminute in Gedenken an den Satellitenhund einlegen sollten, was aber auf geringe Resonanz stieß. In riesigen acht bis zehn Spalten hohen Schlagzeilen verkündeten die englischen Zeitungen die aktuelle Befindlichkeit des Hundes. Aber auch die Zeitungen anderer Länder witterten die rührende Tiergeschichte und nutzten nur allzugern die Gelegenheit, den sowjetischen Erfolg madig zu machen. Um das kollektive Mitleid auf sich zu versammeln, mußte das Versuchstier personifiziert werden. Es brauchte einen Namen. Mit der Frage nach dem Namen des Hundes hatten die russischen Wissenschaftler, die Helden der Weltraumforschung und Bezwinger der Schwerkraft, die so lange darauf gewartet hatten, mit ihren geheimen Versuchen und Erfindungen an die Öffentlichkeit gehen zu dürfen, vielleicht nicht gerechnet. Denn darüber herrschte zunächst Verwirrung. Nach dem Start war aus Rußland der Name **Kudrijawka** (die Gelockte) angegeben worden, was die deutsche »Bild-Zeitung« ebenso frei wie gekonnt mit **Locki** übersetzte. Dann kam aus Moskau die Nachricht, daß die Hündin **Damka** hieße, was die »Bild-Zeitung« ebenso flott in **Kleine Dame** übersetzte. Auch der Name **Linda** tauchte auf. Es trug nicht zur Entwirrung der Angelegenheit bei, als ein Sprecher der Londoner Sowjetbotschaft einer Protestdelegation des britischen Tierschutzvereins erklärte, daß die Hündin **Limontschik** (Zitrönchen) hieße. Schließlich fiel in einer als amtlich bezeichneten Meldung der sowjetischen Nachrichtenagentur TASS der Name Laika; und dabei blieb es dann auch. Laika heißt soviel wie Verbeller. Ein Sprecher der sowjetischen Botschaft in Deutschland erklärte dazu, im Norden der Sowjetunion hieße praktisch jeder Hund Laika.

Laika ist so etwas wie eine Rassebezeichnung, wobei die Laiki keine einheitliche Rasse bilden, sondern aus mehreren Rassen bestehen. Sie sind die russischen Universalgebrauchshunde und haben Stehohren, niemals Kippohren, wie der Hund, der auf dem berühmten Foto so plüschig in der geöffneten Kapsel von Sputnik II sitzt und freundlich in die Kamera hechelt.

Die hilflos in einer Rakete festgeschnallte Laika war das Tagesgespräch der informierten Welt. Aus einer Repräsentativumfrage des Instituts für Demoskopie ging hervor, daß 21% der westdeutschen Männer und 46% der westdeutschen Frauen der Meinung waren, daß es sich um Tierquälerei handele. Den russischen Wissenschaftlern war diese Wolke aufgebrachter Tierliebe, die sich vor den Glanz ihres künstlichen Mondes zu schieben drohte, lästig. Professor Leonid Iwanowitsch Sedow, »der auch als Vater des Sputniks« bezeichnet wurde, tat einfach so, als wäre es möglich, Laika am Ende ihrer Reise wieder aus dem Kosmos herauszuschießen und gesund und wedelnd irgendwo in Rußlands weiten Steppen landen zu lassen. »»Glauben Sie nicht, daß ich ausgerechnet meinen eigenen Hund in einer sinnlosen Aktion opfern würde‹, sagte er westlichen Journalisten gegenüber lächelnd« – so behauptete es wenigstens die »Bild-Zeitung«. Gleichzeitig gab Radio Moskau bekannt,

419

daß keine Möglichkeit bestand, das Versuchstier lebend auf die Erde zurückzubringen.

Währenddessen schwebte die Weltraumhündin in einem um die eigene Achse rotierenden Satelliten weiterhin durch den Weltraum, fraß von ihrer pastenförmigen Diätnahrung, trank von dem Wasser, das ihr von einem ferngesteuerten Verteiler zugeteilt wurde, und entließ ihre Körperausscheidungen in einen Gummibehälter, der an ihrem Becken befestigt war. Vielleicht war's auch ganz anders. Die Berichte aus dem hochsensiblen Bereich der Weltraumforschung der UdSSR aus der Zeit des kalten Krieges sind spärlich und schwer überprüfbar. Und der Funktaster auf Laikas Herz leitete das Klopfen in einem verschlüsselten, nur den Russen verständlichen Code über den Meßwertsender zur Erde.

Am 10. November kam aus Moskau die Nachricht von ihrem Tod. Als Todesursachen wurden im Laufe der nächsten Tage und Wochen folgendes angeboten:

– Laika sei mit ihrem letzten Futter vergiftet worden
– Laika sei mit einer automatischen Giftspritze getötet worden
– der Sauerstoffvorrat in der Kapsel sei zu Ende gegangen und die Hündin erstickt
– die Systeme der Kapsel seien ausgefallen und Laika an Überhitzung durch Sonnenbestrahlung gestorben.

Und außerdem sei die Rettung des Hundes nie geplant gewesen. Die Schilderung eines russischen Wissenschaftlers über die Möglichkeiten einer Rückkehr von Lebewesen aus Erdsatelliten sei von Journalisten irrtümlicherweise schon auf Sputnik II bezogen worden. Für spätere Sputniks seien Vorrichtungen dieser Art aber vorgesehen.

Laika blieb 161,9 Tage im Orbit, die überwiegende Zeit als Kadaver. Anfang Januar 1958 war Sputnik II so weit gesunken, daß er von verschiedenen Orten der Erde mit bloßen Augen beobachtet werden konnte. Nach rund 2370 Erdumkreisungen verglühte der russische Satellit samt totem Hund am 14. April 1958 über Brasilien, den Antillen und dem Atlantischen Ozean. Um 1.55,5 Uhr Weltzeit vergingen die letzten Reste über dem Karibischen Meer in der Länge 56,6° westlich Greenwich und der nördlichen Breite 8,6°. Der Trabant zog einen gewaltigen Feuerschweif hinter sich her. Als

420

Sputnik II explodierte und in einem Schauer von Einzelteilen auseinanderbrach, löste dieser Anblick unter den Zuschauern eines Freilichtkinos auf Barbados eine Panik aus.

Laikas Name wurde auf einer Ehrentafel eingetragen, die in der Nähe von St. Petersburg stehen soll und auf der die Namen von Sanitäts- und Meldehunden eingraviert sind, die im Zweiten Weltkrieg Menschen das Leben gerettet haben. Die Inschrift lautet: »Dem ersten Lebewesen, das in den Kosmos eingedrungen ist.«

1958 wurde auf dem Pariser Hundefriedhof eine Granitsäule zu Ehren aller Tiere, die für die Wissenschaft sterben mußten, enthüllt. Sie trägt einen steinernen Sputnik auf der Spitze, aus dem eine steinerne Laika herausschaut. Im selben Jahr wurde Laika in Japan als Symbol des japanischen Jahrs des Hundes herausgestellt. Massenweise Porzellan-Laikas wurden hergestellt. Ebenfalls 1958 stellte der in Paris lebende dänische Bildhauer Robert Jacobsen ein Kunstwerk aus Eisenstangen und geschwungenen Metallbändern in der Basler Kunsthalle aus: Laika. Noch in den 90er Jahren haben sich zwei Musikgruppen nach dem ersten Tier im Weltraum benannt: die 1993 gegründete Londoner Band »Laika« und die 1990 gegründete finnische Instrumental-Surf-Musikgruppe »Laika and the Kosmonauts«.

Im Sommer 1960 starteten die Hunde **Strelka** und **Belka** in der Begleitung von 40 Mäusen, 2 Ratten, diversen Fliegen, Pflanzen, Getreidekörnern und Mikroorganismen in den Weltall und kehrten nach 18 Erdumkreisungen als erste Lebewesen auch wieder wohlbehalten aus einer Erdumlaufbahn zurück.

Lit.: J. Cieslick, *So kam der Mensch ins Weltall*, Hannover 1970; Rolf Engel, *Rußlands Vorstoß ins All. Geschichte der sowjetischen Raumfahrt*, Stuttgart 1988; *Faszination Weltraumflug*, Leipzig 1985; Heinz Mielke, *Lexikon der Raumfahrt und Raketentechnik*, Bonn 1970; Stanek, *Raumfahrtlexikon*, Bern und Stuttgart 1983; diverse Zeitungen und Zeitschriften der Jahre 1957, 1958 und 1959: Bild-Zeitung, Hamburger Abendblatt, Hamburger Morgenpost, Orion, Der Spiegel, Der Tagesspiegel, Welt am Sonntag u. a.

Lamm Gottes (Agnus Dei)

»... und tat seinen Mund nicht auf wie ein Lamm,
das zur Schlachtbank geführt wird.« (Jesaja 53, 7)

Mit dem Lamm Gottes ist unstrittig Jesus Christus gemeint. Er ist das »Lamm Gottes, das die Sünde der Welt wegnimmt« (1. Johannes 29, 36).

Die Theologen sind sich allerdings bei der Interpretation dieses Begriffs nicht in allen Punkten einig. Zum Teil wird »Lamm« mit »(Gottes)knecht« gleichgesetzt, zum Teil wird Lamm als Opferlamm und zugleich Besieger seiner Feinde (Buch der Offenbarungen) übersetzt.

Auf jeden Fall hat das Lamm als wahrscheinlich älteste symbolische Darstellung Jesu sowohl in der sakralen Kunst (z. B. Chorgewölbe von San Vitale in Ravenna, 6. Jh.; Isenburger Altar, Anfang 16. Jh.) als auch in den Liturgien der christlichen Kirchen eine außerordentliche Bedeutung.

Lit.: Johannes Bauer, Bibel. *Theologisches Wörterbuch*, Graz 1994; Helmut Burkhardt u. a. (Hrsg.), *Das große Bibellexikon*, Band 2, Wuppertal 1988.

Lassie
Lassie ist Lassie

»Marilyn zu inszenieren ist wie mit Lassie zu arbeiten;
man muß jede Einstellung 14mal wiederholen,
bis sie an der richtigen Stelle bellt.« (Otto Preminger)

Seit über 50 Jahren gibt es diese Hundeikone des amerikanischen Filmbusineß; fast 20 Jahre lang erschien Lassie Woche für Woche auf den Fernsehbildschirmen – und danach wurden die Folgen wiederholt.

Unzählige unschuldige Collies heißen nach ihr. Das Magazin »Esquire« nannte die Hündin in einem Atemzug mit Fred Astaire, John Wayne und Marilyn Monroe. Neunmal gewann sie den Tier-Oscar »Patsy Award«. Daß sie ihn nicht noch öfter bekam, lag nur daran, daß der Patsy Award erst ab 1951 verliehen wurde. Lassies Karriere begann 1938.

Der gebürtige Engländer und amerikanische Staatsbürger Eric Knight arbeitete für die Zeitung »Philadelphia Ledger« und schrieb dort vor allem Filmkritiken. Gelegentlich veröffentlichte er auch Kurzgeschichten. Und 1938 hieß eine seiner Geschichten – die in der »Saturday Evening Post« erschien – »Lassie Come Home«. Lassie kam nicht nur heim, sondern auch so gut an, daß Knight die Geschichte vom treuen Hund 1939 zu einem Buch aufblies. Vorbild der Lassie aus Geschichte und Buch war Knights Hund **Toots**, der bestimmt ebenso treu und hingebungsvoll, wahrscheinlich aber nicht ganz so schlau war. Das Buch hatte riesigen Erfolg. Es wurde in 24 Sprachen übersetzt und über eine Million Mal verkauft.

Liz Taylor in »Held auf vier Pfoten« (USA 1946).

Für 8000 Dollar erwarb MGM die Filmrechte. Etwa 200 (nach anderer Quelle sogar über 1000) Hunde sollen für die Besetzung der Hauptrolle gesichtet worden sein. Darunter war auch der Collierüde **Pal** (ja, genau wie die Hundefuttermarke). Er war mit dem Tiertrainer Rudd Weatherwax gekommen.

Weatherwax, der auch schon Filmhunde wie → **Asta** oder → **Daisy** trainiert hatte, führte seit 1940 zusammen mit seinem Bruder eine eigene Hundeschule, in der nicht nur Filmtiere, sondern auch die gewöhnlichen ungezogenen Waldis oder Bobbys von nebenan ausgebildet wurden. Schon kurz nach der Eröffnung nahm er einen acht Monate alten Collie – eben jenen Pal – in Empfang, der seinem Besitzer durch unaufhörliches Bellen auf die Nerven ging und Autos hinterherlief. Als Weatherwax den Kunden nach Beendigung des Trainings anrief, wollte der ihn gar nicht mehr wiederhaben und fragte, ob Pal nicht gegen die ausgemachten 70 Dollar Schulgebühr verrechnet werden könnte. Weatherwax, der von dem Collie mit der schnellen Auffassungsgabe angetan war, nahm das Angebot an.

Auch im MGM-Studio zeigte man sich vom klugen Hund beeindruckt. Leider suchten die Produzenten jedoch eine Hündin und keinen Rüden. Außerdem bestanden sie auf einer tadellosen Ahnentafel. Pal hatte überhaupt keine Papiere, und von seiner weißen Schnauze zog sich eine Blesse bis zwischen die Ohren – für strenge Colliezüchter damals das letzte. Immerhin bekam Pal einen Job als Double-Hund.

In einer Szene sollte er dann anstelle der offiziellen Lassie in einen Fluß springen und sich anschließend erschöpft herausschleppen. Solange er seine Blesse nicht zeigte, sahen schließlich alle nassen Collies gleich aus. Pal war so gut dressiert, daß er sich nicht einmal schüttelte, als er aus dem Wasser kroch, direkt vor die Kamera, wo er sich ausstreckte, den Kopf zwischen die Pfoten steckte und langsam die müden, müden Augen schloß. Die Szene war großartig. Es wäre ein Jammer gewesen, sie herauszuschneiden. Und da die Blesse in Großaufnahme zu sehen gewesen war, mußte eben Pal die Lassie spielte. Das Fell hing lang genug, um den primären Geschlechtsunterschied zu bemänteln.

Schriftsteller Eric Knight war begeistert von der Schönheit des Hundes. Weatherwax versprach, ihm einen von Lassies bzw. Pals zukünftigen Söhnen zu schenken. Daraus wurde aber nichts mehr. Knight starb am 14. Januar 1943. Das Flugzeug, mit dem er unterwegs war, um in Kairo einen Soldatensender aufzubauen, stürzte in die Karibik.

Im Oktober desselben Jahres kam »Lassie come Home« (dt. »Heimweh«, Regie: Fred M. Wilcox) in die Kinos. Der Film, der sich eng an die Buchvorlage hielt, war von Anfang an ein durchschlagender Erfolg. Neben den Kinderstars Roddy McDowall und Elizabeth Taylor spielte Pal einen treuen Hund, der von der armen englischen Familie Carraclough verkauft wird, aber immer wieder zu Sohn Joe zurückkehrt, selbst dann, als ihn sein neuer Besitzer bis nach Schottland mitnimmt.

MGM drehte sechs weitere Lassie-Filme, mit denen der Collie den berühmten → **Rin Tin Tin** in der Gunst des Publikums ausstach. Allerdings war es nicht mehr Pal allein, der Lassie spielte. Er blieb 6 Jahre lang der Haupthund, wurde aber von mehreren spezialisierten Collies unterstützt – einem Schwimmer, einem Springer, einem, der besonders wild kämpfen konnte usw. Alle wurden von Weatherwax trainiert. Nach Pal rückte einer seiner Söhne zur Nr. 1 auf. Er blieb es dreizehn Jahre lang, kam also vor allem in den Fernsehserien groß raus. Die MGM-Filme von 1945–1951 waren:

»Son of Lassie« (USA 1945, Regie: S. Sylvan) – der »Sohn« hieß **Laddie** –, »Courage of Lassie« (USA 1946, dt. »Held auf vier Pfoten«, Regie: Fred M. Wilcox), in dem der Collie dem Titel zum Trotz **Bill** heißt, »The Hills of Home« (»Lassies Heimat«, USA 1948, Regie: Fred M. Wilcox), »The Sun Comes Up« (USA 1949, Regie: Richard Thorpe), »Challenge to Lassie« (USA 1949, Regie: Richard Thorpe), der auf der Geschichte → »**Greyfriar's Bobby**« von Eleanor Atkinson basiert, und »The Painted Hills« (USA 1951, Regie: Harold F. Kress), in dem Lassie **Shep** heißt (nach dem Buch »Shep of the Painted Hills« von Alexander Hull).

Danach war erst einmal Ruhe. MGM verzichtete fortan auf Collie-Abenteuer. Erst 1954 kamen Weatherwax' arbeitslose Lassies wieder zum Einsatz. Gesponsert von der Campbell Soup Company wurde am 12. September die erste Folge der Lassie-Fernsehserie von CBS ausgestrahlt. Bis 1973 kläffte und tobte der Collie mit Jeff, Timmy oder U.S. Forest Ranger Corey Stuart über den Bildschirm und kratzte an Haustüren, hinter denen sein Trainer mit einem Hundekuchen saß und »Komm und hol ihn dir« flüsterte. Für die Lassie-Serie hagelte es Preise von allen Seiten; auch das Komitee Amerikanischer Mütter war zufrieden und spendierte einen.

Die harmlosen Abenteuer, die Kind und Collie im ländlichen Calverton oder Ranger und Hund in den ganzen USA erleben, bieten auch wenig Anlaß zu mütterlicher Sorge. Entweder rettet Lassie

425

jemandem das Leben (das ist oft Jeff bzw. Timmy oder Corey Stuart, kann aber auch ein Hühnerküken sein), oder sie gerät selbst in Bedrängnis.

Spannender ist es da schon zu verfolgen, wie den Drehbuchschreibern das Kunststück gelingt, die verschiedenen Serien so miteinander zu verbinden, daß der Austausch der Schauspieler logisch in den Handlungsstrang integriert ist und die Illusion einer einzigen, riesigen, 18 Jahre dauernden Lassie-Serie entsteht.

Der erste Wechsel war im September 1957 fällig. Tommy Rettig, der Jeff Miller, den ersten Freund des Fernsehhundes, spielte, entwuchs allmählich seiner Rolle, Jan Clayton hatte keine Lust mehr, Jeffs verwitwete Mutter zu sein und dieses hausbackene Kleid zu tragen, und George Cleveland, der Jeffs Großvater »Gramps« gab, wollte sich in den Ruhestand zurückziehen. Die Sache wurde folgendermaßen gelöst:

Großvater Gramps ist in der Übergangsfolge gestorben, Mutter Miller kann die Farm nicht mehr halten und beschließt, mit Jeff in die Stadt zu gehen. Sie verkauft die Farm an das kinderlose Ehepaar Ruth und Phil Martin (Cloris Leachman, Jon Shepodd). Zur gleichen Zeit findet Lassie den fortgelaufenen Waisenknaben Timmy (Jon Provost), der ohne viele Umstände von den Martins adoptiert wird. Lassie kann nicht mit in die Stadt und bleibt bei Timmy. Dessen alter Onkel (George Chandler) ersetzt die Großvaterfigur.

Chandler und Cloris Leachman konnten sich nicht ausstehen und zankten ständig während der Dreharbeiten. Und ohne große Erklärungen wurden Timmys Eltern plötzlich von June Lockhart und Hugh Reilly gespielt. Die Rolle von Timmys Onkel wurde mehr und mehr beschnitten, bis es niemandem mehr auffiel, als er völlig wegblieb. An seine Stelle trat der alte Kauz Cully (Andy Clyde), gar nicht weiter mit Timmy verwandt, sondern bloß mit ihm befreundet. Diese Staffel hielt bis 1964 durch. Dann wurde auch Jon Provost zu groß. Diesmal sah die Übergangsepisode so aus: Familie Miller zieht nach Australien. Wegen der Quarantänebestimmungen kann Lassie nicht mitgenommen werden, sie muß beim alten Cully zurückbleiben. Cully kriegt aber einen Herzinfarkt und ist danach nicht mehr in der Lage, sich um den großen Hund zu kümmern. Er

426

gibt Lassie zu Forest Ranger Corey Stuart (Robert Bray), der gerade einen Hund braucht.

Lassie und der Ranger arbeiten und retten zusammen bis 1968. Dann wird Corey Stuart bei einem Waldbrand ernsthaft verletzt, und Lassie kommt unter die sehr laxe Aufsicht der Forest Ranger Scott Turner (Jed Allan) und Bob Erickson (Jack DeMave), wo sie die meisten Abenteuer allein besteht. Die letzten Jahre verbringt sie dann wieder in einer – rein männlichen – Familie, wo mehr oder weniger moderne Teenagerprobleme gelöst werden. Ron Hayes, Larry Wikox, Skip Burton und Joshua Albee spielten die Holdens. Ron Hayes (Vater Holden) wurde später durch Larry Pennell ersetzt. 1973 lief die allerletzte Lassie-Folge. Als Entzugsdroge startete im Herbst desselben Jahres die Zeichentrickserie »Lassie's Rescue Rangers«, die bis 1975 zu sehen war.

Jungen und Ranger waren gekommen und gegangen, nur Lassie war scheinbar 18 Jahre lang derselbe Hund geblieben, immer mit weißer Blesse, immer tapfer und treu, und niemals war sie alt geworden. Es brauchte Collie-Generationen, sie darzustellen. Pal, der erste Lassiedarsteller, starb im Alter von 19 Jahren. Lassie aber ist unsterblich. Bereits 1978 gab es ein Remake von »Heimweh«: »The Magic of Lassie« (USA 1978, Regie: Don Chaffey; mit Don Chaffey, James Stewart, Mickey Rooney und natürlich mit Lassie). Noch 1994 kam ein Film in die Kinos, der kurz »Lassie« hieß (USA, Regie: Daniel Petrie).

Und die deutsch singenden »Lassie-Singers« betonen in ihrem Lied »The Joker«: »... bin nicht Fury, bin nicht Flipper ... – ich will ein Lassie-Singer sein ...«

Lit.: *Kinder/Jugendfilm Korrespondenz*, Heft 63, 3/1995; David Rothel, *The Great Show Business Animals*, San Diego/New York/London 1980.

Lau
Dinosaurier von zweifelhafter Existenz

Eines der vielen saurierähnlichen Ungetüme, die angeblich durch Afrikas Sumpfgebiete watscheln oder das wenigstens noch in der ersten Hälfte dieses Jahrhunderts getan haben sollen, ist das Lau.

John G. Millais erzählt von ihm in seinem Buch »Far away up the Nile« und stützt sich dabei auf die Berichte eines Sergeant Stephens, der das Lau zwar auch nicht selbst gesehen hatte, aber von seiner Existenz überzeugt war. Falls es eines geben sollte, ist es über 12m lang, gelblichbraun, hat einen Schlangenkopf mit dicken Borsten oder Fühlern und lebt in den Sümpfen am oberen Nil. Lewanike, König der Barotse, schickte an den damaligen englischen Residenten Colonel Hardings einen offiziellen Bericht über die Sichtung eines Lau durch drei seiner Untertanen und über die Spur des Lau, die der König selbst gesehen hatte – »so breit, wie sie ein normaler Wagen machen würde, dessen Räder man abgenommen hat«.

Siehe auch **Mokéle-mbêmbe** und **Chipekwe.**

Lit.: Willy Ley, *Drachen, Riesen, seltsame Tiere von gestern und heute*, Stuttgart 1953.

Laubfrosch
Grüner Opel

Möglicherweise sind die Richter des Landgerichts Berlin, die im Mai 1926 den Plagiatvorwurf des französischen Kraftfahrzeugherstellers Citroën gegenüber seinem deutschen Konkurrenten Opel als unbegründet abwiesen, nicht ganz unparteiisch gewesen. Citroën hatte Opel vorgeworfen, den Citroën-Kleinwagen 5 CV in allen Einzelheiten kopiert und als Opel 4/12 wettbewerbswidrig auf den Markt gebracht zu haben.

Tatsächlich waren die beiden Modelle in Form und technischen Daten fast gleich. Der größte Unterschied zwischen Original und Kopie war noch die Farbe: Der Citroën war gelb, der Opel grasgrün lackiert.

Der ab 1924 fabrizierte grüne offene Zweisitzer aus Rüsselsheim sollte Käuferschichten ansprechen, die ein schnörkelloses und robustes Alltagsauto haben wollten und nicht über die Mittel verfügten, sich eine der bis dahin von Opel gebauten Großkarossen anzuschaffen. Bei dem Durchschnittsmonatseinkommen eines Angestellten von etwa 250 Gold- bzw. Reichsmark waren 4500 Mark als

428

Preis für einen Laubfrosch zwar immer noch viel Geld, doch wurden zwischen 1924 und 1926 immerhin fast 17 000 der 12 PS starken, 570kg leichten und maximal 60km/h schnellen Wägelchen gekauft. Das volkstümliche Automodell, das den Spitznamen »Laubfrosch« erhielt, gab es bald auch in leistungsstärkeren Versionen als Dreisitzer und Viersitzer, die sich bis 1929 fast 120 000mal verkauften.

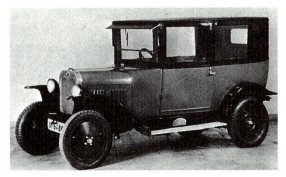

Der Opel 4/12, genannt »Laubfrosch«.

Lit.: *Autos der Welt*, Herrsching 1990; Wolfgang Schmarbeck / Bodo Fischer, *Alle Opel-Automobile seit 1899*, Stuttgart 1992.

L. c. Smith
Quastenflosser und zoologische Sensation des Jahrhunderts

*»Ich wäre kaum erstaunter gewesen, wenn mir
auf der Straße ein Dinosaurier begegnet wäre.«
(Professor James L. B. Smith)*

Der Quastenflosser ist ein sekundär entdecktes Tier. Man kannte ihn schon, man wußte, daß seinesgleichen über einen längeren Zeitraum diesen Planeten bevölkert hatten als jedes andere bekannte Lebewesen – gute 250 Millionen Jahre. Aber die Wissenschaftler waren sich darin einig, daß er vor mehr als 50 Millionen Jahren gemeinsam mit den Dinosauriern ausgestorben war.

Am 22. Dezember 1938 begutachtete Miss Marjorie Courtenay-

Latimer, die Kuratorin des kleinen unbekannten Museums von East London, einer Hafenstadt an der Ostküste Südafrikas, ein paar Fische, die der Trawler von Kapitän Goosen eingebracht hatte. Neben einigen Haien hatte Goosen auch einen ganz ungewöhnlichen, blauen Fisch für das Museum beiseite legen lassen. Weder die Fischer noch Miss Latimer hatten so etwas je zuvor gesehen. Er war anderthalb Meter lang, wog 115 Pfund und hatte fleischige Flossen, die beinahe wie kleine Ärmchen mit Quasten oder Fächern daran aussahen. Sein Schwanz endete in einem zweiten, kleineren Schwanz. Der ganze Fisch stank und ölte mächtig. Miss Latimer hatte einige Schwierigkeiten, einen Taxifahrer dazu zu bewegen, die zukünftige zoologische Sensation des 20. Jahrhunderts zu transportieren.

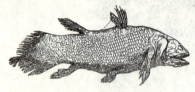

Der Latimeria chalumnae Smith – besser bekannt als Quastenflosser.

Professor James L. B. Smith von der Rhode University in Grahamstown identifizierte ihren Fund anhand der Notizen und der etwas krakeligen Skizze, die Miss Latimer ihm schickte, als Coelacanthus, als Hohlstachler aus der Ordnung der ausgestorben gewähnten Quastenflosser (Crossopterygier). Auch wenn Smith es selbst erst richtig glauben konnte, als er den präparierten Coelacanthus mit eigenen Augen sah. Er nannte ihn Latimeria chalumnae Smith (L. c. Smith) – Latimeria zu Ehren –, »einer der tüchtigsten Frauen Südafrikas«. Den Artnamen chalumnae bekam Latimeria nach dem Fluß Chalumna, an dessen Mündung er gefangen worden war. Und seinen dritten Namen »Smith« erhielt er, weil Smith Smith hieß.

Smiths Coelacanthus war ein plötzlich lebendig gewordenes Fossil, dessen Existenz jeder Wahrscheinlichkeit widersprach und weltweit Aufsehen erregte. Die Presse, der eine Sensation nie Sensation genug sein kann und die alles immer nur halb versteht, machte ihn auch noch zum »missing link« in der Ahnenreihe des Menschen, bezeichnete L. c. Smith als fehlendes Glied zwischen

Fischen und Landwirbeltieren. Doch die direkten Vorfahren der landtauglichen Vierfüßler waren nicht die Coelacanthiden (Hohlstachler), sondern die Rhipidistier (Fächersegler), eine andere Unterordnung der Quastenflosser. L. c. Smith ist aber immerhin ihr nächster lebender Verwandter.

Professor Smith suchte nach weiteren Exemplaren, bei denen die Weichteile noch vorhanden waren, denn die Innereien des ersten Fisches waren verrottet und weggeworfen worden, bevor Smith in East London eintraf. Da ihm nicht genug Geld für eine eigene Expedition zur Verfügung stand, ließ er Flugblätter mit einem Bild des Quastenflossers drucken und an der Küste verteilen, die auf englisch, französisch und portugiesisch den Fisch beschrieben und eine Belohnung von je 100 Pfund für die ersten beiden gefangenen Exemplare aussetzten. Aber es sollte 14 Jahre dauern, bis ein zweites Tier auftauchte. Der Angelfischer Ahmed Hussein fing am 20. Dezember 1952 vor der Komoreninsel Anjouan (3200km von East London entfernt) den nächsten Coelacanthen. Wie sich später herausstellte, waren diese »alten Vierfüßer« den einheimischen Fischern längst bekannt. Sie hatten sie gelegentlich gefangen und ihre Schuppen beim Fahrradflicken zum Aufrauhen der Schläuche benutzt. Bis 1965 wurden dann noch rund 30 der seltenen Coelacanthiden gefangen. Der größte wog 189, der kleinste 39 Pfund. Als Hotel Coelacanthe, als Quastenflosser-Boulevard, auf Geldscheinen, Münzen, Briefmarken und als Souvenirs eroberte L. c. Smith auf den ehemals französischen Komoren schließlich doch noch das Land.

Sein Rang als zoologische Entdeckung ist nicht unangefochten. Nach anderer Meinung ist nämlich die Entdeckung der **Pogonophoren,** kleine faden- und schnurförmige Tiere ohne Gliedmaße, Kopf oder Darm, die in Röhrchen leben und oben einen Wuschel haben, die größte zoologische Sensation in unserem Jahrhundert. L. c. Smith ist aber jedenfalls körperlich größer.

Lit.: James Dugan, *Ein Fisch namens L. c. Smith*, in: Das große Reader's Digest Tierbuch, Stuttgart/Zürich/Wien 1965; GEO 10/1987; James L. B. Smith, *Vergangenheit steigt aus dem Meer*, Stuttgart 1957.

Ledas Schwan
Göttlicher Liebhaber in Vogelgestalt

»Der Schwan hat weißen Flaum,
aber schwarzes Fleisch.«
(Flämisches Sprichwort)

Leda, die Frau des Spartanerkönigs Tyndareos, wird in der griechischen Mythologie wegen ihrer ungewöhnlichen Schönheit gerühmt. Auch Göttervater Zeus, der gerne sterblichen Frauen nachstellte, fand sie attraktiv. Da er im Grunde ein Pantoffelheld war und die olympischen Ehekräche mit Frau Hera fürchtete, verwandelte er sich bei seinen erotischen Jagdzügen oft in biedere Griechen oder unverdächtige Tiere. So näherte er sich etwa der hübschen Europa als Stier. Leda flog der Obergott in der Gestalt eines Schwans zwischen die Beine, mit der fadenscheinigen Behauptung, Schutz vor einem Adler zu suchen. Der verwirrten Schönen schwante zunächst nichts. Sie leistete Fluchthilfe, verbarg das weiße Tier unter ihrem Mantel und erlag schon bald den schnäbelnden Avancen. Die Gestalt des Schwans, der als der Stier der Lüfte gilt, ist von Zeus offensichtlich mit Vorbedacht gewählt worden. Nicht allein, weil ein Spatz oder ein Erpel als Kopulationspartner einer menschlichen Frau auf größenbedingte Schwierigkeiten gestoßen wären, sondern auch aus einem zweiten Grund. Im Gegensatz zu den meisten Vögeln, die beim Begattungsakt zappelnd ihre Kloaken aneinanderpressen, sind Schwäne mit einem in der Vogelwelt seltenen Körperteil ausgerüstet, nämlich mit einem Penis. Und darauf wollte Zeus vielleicht aus sentimentalen Gründen nicht verzichten.

Als Resultat ihrer leidenschaftlichen ornithologischen Erfahrung legte Leda der Sage nach zwei Eier, aus denen die später so berühmte Helena und das Zwillingspaar Castor und Pollux schlüpften. Nach einer anderen Version waren die Jungs leibliche Kinder des gehörnten Ehemanns von Leda, der kurz vor dem Vogelsex noch mit seiner Frau geschlafen hatte, und Helena war die Tochter der Göttin Nemesis, die der potente Schwan ebenfalls angegangen hatte. Leda zog danach den Schlüpfling aus Nemesis' Ei, die besagte Helena, als ihre Tochter groß.

Die Geschichte von Leda und dem Schwan hat die Menschen

jahrhundertelang durch ihre Doppeldeutigkeit fasziniert: einerseits die von dem weißen Großvogel symbolisierte erhabene Reinheit, andererseits die pure Lüsternheit. Unzählige Maler und Zeichner wählten das etwas schwüle Thema zum Motiv. Im Mittelalter und in der sinnenfrohen Renaissance wurden die Einzelheiten großzügig präsentiert. Auch in prüderen Perioden hat man gerne auf das klassische und damit grundsätzlich unverfängliche Sujet zurückgegriffen, um die verhohlene Nachfrage nach erotischer Kunst zu befriedigen. Allerdings wurden allzu offenherzige Darstellungen vermieden, kritische Stellen ließen sich prächtig mit Ledas Mantel oder einem Schwanenflügel abdecken.

Lit.: Midas Dekkers, *Geliebtes Tier. Die Geschichte einer innigen Beziehung*, Reinbek 1996.

Lemmi
Fernsehbücherwurm

Herr Balduin Hannibal Percy Lehman, genannt Lemmi, lebte in einer Bücherei. Das entsprach so seiner Art, denn Lemmi war ein → **Bücherwurm**, also die in Büchern lebende Larve eines Klopfkäfers. Gemeinsam mit der Bibliothekarin und dem Hausmeister moderierte die bebrillte und schnell beleidigte Wurmpuppe die Rahmenhandlung der WDR-Fernsehserie »Lemmi und die Schmöker« (1973). Eingespielt wurden realverfilmte Szenen aus Büchern. Friedrich Arndt, der Spielleiter der Hohnsteiner Puppenbühne Hamburg, und Regisseur Peter Podehl wollten mit der von ihnen konzipierten Sendereihe Kinder an die Literatur heranführen. Lemmi wurde von Gerhard Mensching gespielt.

Lit.: Lars Rebehn / Christoph Schmidt, *Die Entwicklung des Puppenspiels im Fernsehen*, in: Handbuch des Kinderfernsehens (hrsg. von Hans Dieter Erlinger u. a.), Konstanz 1995.

Der Leopard
Fürstliches literarisches Wappentier

Giuseppe Tomasi Principe di Lampedusa (1896–1957) schuf mit seinem 1958 postum erschienenen Erstlingsroman »Il Gattopardo« einen Klassiker der italienischen Literatur. »Gattopardo« ist das italienische Wort für »Ozelot«. In der deutschen Übersetzung wurde daraus ein Leopard. Der Autor beschreibt am Beispiel der alten sizilianischen Adelsfamilie Corbera, die den Ozelot im Wappen führt, den Umbruch in der italienischen Gesellschaft der zweiten Hälfte des 19. Jahrhunderts. Im Zusammenhang mit dem Risorgimento, der Vereinigung des zersplitterten Italien zu einem nationalen Königreich, verliert der bis dahin tonangebende Feudaladel an Bedeutung. An seine Stelle drängen neureiche, bürgerliche Schichten. Diese von Tomasi di Lampedusa als protzig und verschlagen dargestellten neuen Herren im Land versuchen sich durch meist verunglückte Imitierung adligen Lebensstils von den ärmeren gesellschaftlichen Schichten abzugrenzen. Der vom Pächterssohn zum korrupten Politiker aufgestiegene Emporkömmling Calogero Sedara setzt dementsprechend alles daran, seine Tochter Angelica durch Heirat mit dem armen Adligen Tancredi am Traualtar nobilitieren zu lassen. Durch diese Verbindung erhofft sich Sedara die ersehnte Aufnahme in die aristokratischen Kreise, insbesondere in die der Familie Corbera. Neben der Darstellung der historischen Ereignisse des Risorgimento zieht sich leitmotivisch das Thema von Tod, Vergänglichkeit und Wiederholung durch den Roman, wobei die Darstellung der Landschaft und der lethargischen Grundstimmung Siziliens das poetische Klima des Werks wesentlich mitbestimmt.

Der Fürst von Salinas, der der Person des Urgroßvaters Tomasi di Lampedusas nachgezeichnet ist, wird in der opulenten Verfilmung des Romans (»Il Gattopardo/Le Guépard«, Italien/Frankreich 1962, Regie: Luchino Visconti) von Burt Lancaster dargestellt. Das ursprünglich fast dreieinhalb Stunden lange Filmepos kam zumeist in der barbarisch gekürzten zweistündigen Fassung ins Kino. Aber selbst in der verstümmelten Variante atmet der Film die prachtvoll-

modrige Atmosphäre der sizilianischen Oberschicht des letzten
Jahrhunderts.

Lit.: Hans-Werner Asmus, *Das große Cinema-Filmlexikon*, Hamburg 1992; Walter
Jens (Hrsg.), *Kindlers Neues Literaturlexikon*, Band 5, München 1989.

Leopard
siehe Tiger, Panther & Co (Panzer)

Leviathan
Mythologisches Seeungeheuer

Leviathan (hebräisch »gewundenes Tier«) ist in der jüdischen Mythologie die weibliche oder beschnittene maritime Entsprechung
des männlichen Landungeheuers → **Behemoth**. Mit dem Behemoth wird Leviathan in der apokalyptischen Endzeit kämpfen, bis
sich beide gegenseitig umgebracht haben. Von ihrem Fleisch werden sich dann die Gerechten im Paradies ernähren. Möglicherweise ist die Legende vom Leviathan (**Liwjatan, Lotan**) phönikischen
oder babylonischen Ursprungs. Auch in den Mythen anderer Völker taucht Leviathan in unterschiedlicher Gestalt auf. Immer ist er
dem Meer zugeordnet. Leviathan wird als Wal, Krokodil, Seeschlange, Drache oder auch als weltumschlingender Weltozean
beschrieben. In der Bibel symbolisiert er im Buch Hiob und in der
Johannes-Offenbarung das Chaos. Für das christliche Mittelalter
war Leviathan eine Verkörperung des Satans. Getäuscht von der
menschlichen Gestalt des am Kreuz hängenden Jesus, hatte der als
großer Fisch dargestellte Teufel versucht, den Gottessohn zu verschlucken. Dadurch wurde er aber von Gott geködert und gefangen.

Im 17. Jahrhundert umschrieb der englische Philosoph Thomas
Hobbes mit »Leviathan« in seinem gleichnamigen epochalen staats-
theoretischen Werk (1651) ein seiner Meinung nach anzustrebendes
Verfassungsprinzip. Nach Hobbes führen die Menschen im Naturzustand um ihrer Selbsterhaltung und Lustbefriedigung willen einen

Krieg aller gegen alle. Dieses Behemoth genannte Chaos läßt das Leben »einsam, arm, häßlich, brutal und kurz« werden. Die Menschen müssen sich deshalb ihrer Naturrechte entledigen und sie in einem Gesellschaftsvertrag ein für allemal einer mit Furcht und Strafe absolut und vernünftig regierenden Staatsmacht übertragen. Dieses Gemeinwesen nannte er »Leviathan« in Anlehnung an die Bibel, in der von dem Ungeheuer geschrieben wird, das Gott zum »König aller Kinder des Stolzes« (Hiob 41, 25) gemacht hatte. Sein rationalistischer Leviathan-Entwurf, mit dem er sich zu Lebzeiten sowohl den Zorn vom Gottesgnadentum überzeugter Monarchisten als auch den Haß von Anhängern der Gewaltenteilung einzog, hat noch heute Bedeutung. Von einigen gegenwärtigen Kritikern wird Hobbes der Vorwurf gemacht, er hätte die totalitären Systeme des 20. Jahrhunderts theoretisch vorbereitet.

Der Begriff Leviathan hat immer wieder Schriftsteller und Dichter inspiriert. So nannte etwa Arno Schmidt eines seiner Frühwerke »Leviathan« (1949), das von einigen Kritikern als Aufforderung zum Chaos verstanden wurde. In einem ganz anderen Zusammenhang wird der Begriff auch zur Charakterisierung eines zukünftigen universellen Kontrollsystems benutzt, das den aktuell wie ein Behemoth-Chaos wuchernden Wildwuchs im Internet ordnen soll.

Lit.: Horst Bredekamp, *Leviathan und Internet*, in: Die Zeit vom 3.1.1997; Thomas Hobbes, *Leviathan* (mit einer Erläuterung von Malte Diesselhorst), Stuttgart 1992; Manfred Lirker, *Lexikon der Götter und Dämonen*, Stuttgart 1989; Leander Petzoldt, *Kleines Lexikon der Dämonen und Elementargeister*, München 1990; Carl Schmitt, *Der Leviathan*, Köln 1982.

Lindwurm
Dem Drachen sehr ähnliches Fabeltier

In manchen alten Sagen, Märchen oder Chroniken ist Lindwurm bloß eine andere Bezeichnung für → **Drache**. Es gibt aber auch Bücher, in denen zwischen ihnen unterschieden wird oder in denen Lindwürmer und Drachen zusammen auftauchen, also vermutlich zwei verschiedene Arten von Ungeheuern gemeint sind. Konrad Gesners »Schlangenbuch« von 1589 vermischt im Textteil des Drachenkapitels zwar die beiden Bezeichnungen, unterscheidet sie jedoch in den Abbildungen.

Der Lindwurm hat einen schlangenartigen Leib. Da das auch für einen Großteil der als Drachen bezeichneten Phantasiekreaturen des Mittelalters zutrifft, ist die Grenze zwischen beiden Tieren nicht ganz klar zu ziehen. Selbst wenn man sie nicht als ein und dieselbe Art von Ungeheuer betrachten will, ähneln sie einander in Aussehen und Gewohnheiten fatal. Wie sein Kollege hat der Lindwurm einen Schuppenpanzer, Fledermausflügel, spuckt Feuer, hütet Schätze und verlangt nach Jungfrauen. Dazu werden ihm gelegentlich auch Eigenschaften nachgesagt, in denen er dem → **Basilisken** ähnelt. Ein Mensch, der einen Lindwurm entdeckt, soll von dem gräßlichen Anblick wie gelähmt sein und damit zur leichten Beute für das Untier werden. Und genau wie der Basilisk entstammt er einem Hahnenei und atmet giftige Dämpfe aus. (Das trifft allerdings auch schon wieder auf Drachen zu.) Der Lindwurm lebt in Höhlen, worin er dem Drachen ähnelt, schätzt – wie der Basilisk – aber auch Brunnen als Aufenthaltsort. Da man als Brunnenbewohner eine gewisse Körpergröße nicht überschreiten darf, könnte man den Unterschied zwischen Drachen und Lindwürmern also vielleicht an der Größe festmachen und Konrad Gesner folgen, der in seinem über 400 Jahre alten »Schlangenbuch« vorschlug, »diejenigen schlangen, so groß und schwer von leyb ..., Tracken« zu nennen und mit den Lindwürmern entsprechend zu verfahren. Andererseits kann ein Lindwurm, der eine Jungfrau in seiner Höhle gefangen hält, doch eigentlich nur ein riesengroßer Lindwurm sein. Während so einer Gefangenschaft entsteht zwischen Lindwurm und Jungfrau manchmal »eine Art Sympathieverbindung« von solchen Dimensionen, daß wenn der Lindwurm getötet wird, auch die Jungfrau stirbt.

Im Gegensatz zum selbstkritischen Basilisken, der nicht nur fremde Wesen mit seinem Anblick lähmt, sondern auch sein eigenes Opfer werden kann und vor Schreck platzt, wenn er sich selbst sehen muß, ist ein Lindwurm hocherfreut, wenn man ihm einen Spiegel vorhält. Gleich kommt er begeistert an, um mit seinem reizenden vermeintlichen Gegenüber Kontakt anzuknüpfen.

Abbildungen des Scheusals finden sich noch heute an alten Häusern und Brunnen, etwa am rund 400 Jahre alten Lindwurmbrunnen der Stadt Klagenfurt.

Lit.: Hans Schöpf, *Fabeltiere*, Wiesbaden/Graz 1992.

Littlefoot
Zeichentrick-Brontosaurier

Erst wird das Futter immer knapper, und dann kann Brontosaurierbaby Littlefoot nach den Turbulenzen der Kontinentalverschiebung auch noch seine Mutter nicht mehr wiederfinden. Zum Glück ist es nicht nur ihm so gegangen. Auf der Suche nach einem legendären Grünen Tal purzeln ein Haufen verwaister Dinobabys durch die Urzeit und müssen lernen, artenübergreifend miteinander auszukommen.

Der von Steven Spielberg und George Lucas produzierte Zeichentrickfilm »In einem Land vor unserer Zeit« (»The Land before Time began«, USA 1988, Regie: Don Bluth) hat ganz offensichtlich Anleihen beim Disney-Film »Fantasia« (USA 1940) gemacht, wo die Dinosaurier zu Igor Strawinskys Musik »Le Sacre du Printemps« auf der Erdoberfläche erscheinen, sich ein bißchen tummeln und bekämpfen und schließlich verdursten und aussterben. Littlefoots Geschichte findet vor einer ähnlichen Landschaft mit ähnlichen Naturkatastrophen statt und ist in der aufwendigen Disney-Manier gezeichnet. Aber natürlich ist der kleine Brontosaurier viel herziger als die Fantasia-Echsen, und natürlich geht die etwas rührselige Geschichte gut aus. Am Ende dieses »mesozoischen Bambis« (Kempen/Deist) findet Littlefoot seine Brontosaurierfamilie wieder.

Der Film »In einem Land vor unserer Zeit« und die in seinem Kielwasser verkauften Dino-Bücher und -Figuren sollen die anhaltende weltweite Dinosaurierbegeisterung ausgelöst haben, die mit Spielbergs »Jurassic Park« ihren vorläufigen Höhepunkt erreichte.

Lit.: Bernhard Kempen / Thomas Deist, *Das Dinosaurier-Filmbuch*, München 1993; *Lexikon des Internationalen Films*, Reinbek 1991.

Ljubik
Rekordkuh

Ljubik soll nach einer Meldung vom 25. April 1964 aus Moghilew (damals UdSSR) sieben Kälber auf einen Streich geboren haben.

Lit.: *Das neue Guinness Buch der Tierrekorde*, Frankfurt am Main/Berlin 1994.

Lootie
Peking-Palasthündin

Die Löwenhündchen in China, die der Legende nach aus der Paarung einer Lotusblume mit einem Eichhörnchen hervorgegangen waren, durften nur im kaiserlichen Palast gehalten werden, unerreichbar für profane Augen. Es gab sie in vier Farben: gelb, braun, schwarz und weiß, so daß für jedes kaiserliche Gewand ein farblich passendes Exemplar parat war, um in den weiten Ärmeln verstaut zu werden. Außer in Ärmeln wurden die Hunde auch auf riesigen Seidenkissen mit langen Goldfransen spazierengetragen. Jeder hatte einen Eunuchen als Diener. In Europa wußte man nichts von ihrer Existenz, obwohl bereits Porzellanfiguren der kaiserlichen Hunde aus China importiert worden waren. Man hielt sie jedoch für Phantasiegebilde, für die es kein reales Vorbild gab.

1860 marschierten Truppen aus England und Frankreich in Peking ein. Die beiden Länder hatten unter dem Vorwand, China hätte die britische Flagge mißachtet, einen Aggressionskrieg angezettelt und gewonnen. Als die verbündeten Sieger den Sommerpalast plünderten, stießen die Engländer auf einige der kostbaren Hunde, die der geflüchtete Hofstaat zurückgelassen hatte. Variante 1: Sie waren vergessen worden, weil sie ausnahmsweise auf den eigenen Stummelpfoten in den weitläufigen Gärten unterwegs waren. Variante 2: Sie waren in der Obhut eines dicken Eunuchen zurückgelassen worden, der von der angeblich despotischen Kaiserinwitwe Tze Hsi den Auftrag erhalten hatte, die Löwenhunde zu töten, damit sie den fremden Teufeln nicht in die Hände fielen. Er hatte es aber nicht fertiggebracht, obwohl Tze Hsi gedroht haben soll, ihm sonst den Kopf abschlagen zu lassen. Zuzutrauen war ihr das ohne weiteres. Einmal hatte sie einen Eunuchen zu Tode prügeln lassen, bloß weil er beim Schachspiel lauthals angekündigt hatte, daß er gleich ihren Springer schlagen würde. Den Palasthündchen galt ihre ganze Zuneigung. Ihr Liebling trug den Namen **Shadsa**, und sie flocht ihm Blumen ins Fell.

Der Eunuch lieferte die Hunde einem Captain Brown aus und schiffte sich mit den Engländern ein, um dem Zorn der Kaiserinwitwe zu entgehen. Tze Hsi soll vor Wut getobt haben.

Wie es auch immer gewesen ist, jedenfalls kehrten die Engländer mit fünf Palasthunden nach London zurück, wo General Dunne eines der Tiere, die Hündin Lootie, Königin Viktoria schenkte. Der Maler Landseer verewigte Lootie. Später wurden noch weitere Löwenhündchen nach England gebracht. **Ah Cum**, **Mimoso**, **Peking Prince**, **Peking Princess** und vor allem **Peking Peter** begründeten die europäische Zucht einer Hunderasse, die bei uns als Pekinese, Pekingese oder Peking-Palasthund bezeichnet wird. Die kaiserlichen Ärmelhunde mit der tausend-, wenn nicht zweitausendjährigen Vergangenheit in geheiligter Abgeschiedenheit sind heute zumeist als Rentnerbegleitung anzutreffen, und weil sie etwas kurzatmig sind, werden sie von engärmeligen Menschen als Qualzüchtung bemitleidet.

Lit.: Alexander von Rees, *Madame und ihr Mops. Berühmte Frauen – Berühmte Hunde*, München 1963; Sterling Seagrave, *Die Konkubine auf dem Drachenthron – Leben und Legende der letzten Kaiserin von China 1835–1908*, München 1995; Gottfried Stein, *Kurzweiliger Hundespiegel*, München 1958; Pu Yi, *Ich war Kaiser von China*, München 1987; Heinrich Zimmermann (Hrsg.), *Das Lexikon der Hundefreunde*, Berlin 1934.

Lucky
Haifischbaby aus der Retorte

Lucky wurde zwar nicht im Reagenzglas gezeugt, wuchs aber darin auf, bis er sein Schlüpfalter erreichte. Im Mai hatte ein Hund das Haifischei mit dem Embryo darin am Strand gefunden. Biologen steckten den 2,5cm großen Lucky in ein Reagenzglas, das sie mit Fruchtwasser aus einem anderen Ei füllten. Am 21. Juli 1994 durfte

der kleine Seyliorhinus Stellaris, der inzwischen auf 10cm ange-
wachsen war, ins Aquarium entweichen.

Lit.: *Das neue Guinness Buch der Tierrekorde*, Frankfurt am Main/Berlin 1994.

Ludwig von Drake
siehe Primus von Quack

Lufthansakranich
Logo der Lufthansa

Blau prangt er auf gelbem Rund auf blauer Heckflosse der stilisierte Kranich der Lufthansa. Schlank bis nahe an die Magersucht, aber
so sehen Kraniche wohl auch aus, spreizt er seinen Flügel.

Am 6. Januar 1926 schlossen sich Junkers Luftverkehr und
Deutscher Aero Lloyd zur Deutschen Luft Hansa AG zusammen.
Das Bildsymbol des großen Zugvogels wurde vom Deutschen Aero
Lloyd entlehnt. Von Junkers übernahm man die Farben Blau und
Gelb. Anfangs war der Kranich noch etwas dicker und hielt das
schmale Köpfchen gebogen. Später streckt er sich ehrgeizig ganz
gerade und sein Schnabel endet etwas abrupt und ohne Spitze.

Lit.: Rudolf Braunburg, *Kranich in der Sonne. Die Geschichte der Lufthansa*, München 1978; *Der große Brockhaus*, Band 3, Wiesbaden 1953.

Luggel
Dankbare Henne

Im Juli 1992 verläßt eine weiße HNL-Leghornhenne den Hühnerhof von Bauer Abraham Rösch in Urspring und erkundet die Umgebung. Dabei tippelt das Huhn in den Lonetopf, einem jener
Quellseen vulkanischen Ursprungs, die in dieser Gegend zahlreich
vorkommen. Die örtliche Schuldirektorin, die das Unglück mitan-
sieht, alarmiert den Lebensmittelhändler und geprüften Rettungs-

schwimmer Erwin Fink. Fink rettet den Unglücksvogel aus akuter Seenot und holt das triefende Geflügel mit einer gekonnten Herzmassage ins Leben zurück. Anschließend gibt er der Henne Genesungslogis. Und er gibt ihr auch einen Namen: Luggel.

Nachdem Luggel sich erholt hat, kehrt sie auf den Rösch-Hof zurück. Aber sie vergißt ihren Retter nicht bzw. sie vergißt nicht, was für ein prima Papierkorb vor Erwin Finks Geschäft steht.

Von nun an macht sie sich mehrmals wöchentlich auf den Weg zu dem benachbarten Lebensmittelladen. Sie hopst dann in den Papierkorb neben dem Ladeneingang und legt stets ein Ei. Insgesamt fast 300 Eier in zwei Jahren. Für ein Huhn ihres Alters – Luggel ist bei ihrer Rettung immerhin schon drei Jahre alt gewesen – eine reife Leistung. Fernsehen, Funk und Presse berichten weltweit über die schwäbische Henne. Kanzler Kohl sendet 1993 eine Grußbotschaft.

Die Geschichte endet traurig: Im September 1994 plumpst Luggel so unglücklich in den Fink'schen Papierkorb, daß das bereits zur Abgabe bereite Ei im Legekanal auseinanderbricht. Als Folge davon bildet sich dort eine bösartige, käsige Aufschwemmung. Im Frühjahr 1995 muß Luggel in einer Münchener Tierklinik notoperiert werden, kann schließlich – wenn auch steril, also nicht mehr in der Lage, Eier zu legen – als Rekonvaleszentin entlassen werden, verstirbt aber bereits Ende Juli desselben Jahres.

Lit.: *Der Spiegel* 21/1995 und 35/1995; Dieter Zimmer, *Hühner*, Reinbek 1976.

Luise
Spürwildschwein

Was Rauschgift und Sprengstoff anging – und wahrscheinlich auch alles übrige –, hatte Wildschwein Luise eine bessere Nase als jeder Drogenhund.

1985 »verbeamtete« sie der damalige niedersächsische Ministerpräsident Dr. Ernst Albrecht offiziell als Spürwildschwein (SWS) bei der Hundestaffel Hildesheim. Sie bezog monatlich 170 DM für Unterkunft und Verpflegung und wurde zum Film- und Fernsehstar, u. a. war sie mit Inge Meisel im »Tatort« zu sehen.

1987 ging Luise in Pension und bekam am 29. April des folgenden Jahres fünf Frischlinge. Im selben Jahr erschien das Buch »Luise – Karriere einer Wildsau«, geschrieben von ihrem ebenfalls in Pension gegangenen direkten Vorgesetzten Werner Franke.

Lit.: *Das neue Guinness Buch der Tierrekorde*, Frankfurt am Main/Berlin 1994.

Lupo
Comic-Wolf aus »Fix und Foxi«

In den ersten → **Fix und Foxi**-Geschichten wurde ein grundschlechter namenloser Wolf von den schlauen Füchsen Fix und Foxi ausgetrickst. Dieser grotesk-realistisch gezeichnete Wolf hatte große Ähnlichkeit mit dem → **Bösen Wolf** der frühen Disney-Welt. Das anthropomorphe Tier war durch und durch böse, geldgierig, arbeitsscheu und hinterhältig. Da seine Intelligenz aber weniger ausgeprägt war als seine schlechten Eigenschaften, zog er stets den kürzeren. Der No-Name-Wolf bekam von den Zeichnern der Kauka-Studios bald den Namen »**Lubo**«, der dann schließlich zum endgültigen »Lupo« wurde. In dem von sauberen Werten bestimmten »Fix und Foxi«-Kosmos fiel ein ewiger Bösewicht störend auf, und Lupo wurde ein anderes Image verpaßt. Er sollte zwar weiterhin der ewige Verlierer bleiben und durfte auch etliche schlechte Eigenschaften behalten, doch wurde seine Bösartigkeit entschärft. Er blieb geldgierig, verfressen, versoffen und arbeitsscheu, verfolgte kleinkriminelle Projekte, landete einige Male im Gefängnis und versuchte sich sogar einmal als Revolutionär, doch wurde er auch als im Grunde harmlos-netter Kerl gezeigt. Parallel zu der Wandlung zum etwas asozialen, aber doch sympathischen Trottel verlor er – wie alle Fix- und Foxi-Figuren – sein halbrealistisches Äußeres. Er bekam eine verniedlichte, auf runden Formen aufgebaute Gestalt und eine gewaltige, an eine aufgeschwollene Gurke erinnernde Nase. Lupo trägt eine gelbe Hose mit Hosenträgern über dem roten Hemd und rote Schuhe.

1957 zog seine → **Oma Eusebia** in seine Nähe. Ähnlich wie bei den Füchsen hatte die Einführung eines älteren Verwandten auch bei Lupo eine Infantilisierung seiner Figur zur Folge. Allerdings konnte Lupo im Gegensatz zu Fix und Foxi verhindern, daß er mit seiner Verwandten unter einem Dach leben mußte. Er wohnte weiterhin allein in seinem windschiefen Turm und konnte sich so einen Rest von Selbstbestimmtheit bewahren. In das Piccobello-Häuschen von Oma Eusebia zog 1959 die rotzfreche bezopfte Kusine **Lupinchen.**

1964 hatte Lupo die Chance, sein Volltrottelimage zumindest ein wenig zu verändern. Der Kauka-Verlag kam bei der Suche nach neuen Leserschichten auf die Idee, eine Comic-Zeitschrift für ältere Jugendliche zu machen, und glaubte, in Lupo eine passende Titelfigur für ein solches Projekt gefunden zu haben. Im Magazin »Lupo«, später »Lupo modern«, gab es eigenständige Lupo-Geschichten, in denen der Wolf einen etwas erwachseneren, wenn auch immer noch tolpatschigen, rasenden Reporter darstellen durfte. Doch »Lupo modern« scheiterte mit seinem Mix aus Comics, drögen Reportagen über Musikgruppen oder einschläfernden Interviews mit Horst Buchholz. Da änderte auch ein anbiederndes »Hallo, Mods!« von Riesennase Lupo nichts; die Mods-Generation mochte die Zeitschrift nicht. »Lupo modern« verschwand 1967 wieder in der Versenkung.

Lit.: Bernd Dolle-Weinkauf, *Comics. Geschichte einer populären Literaturform in Deutschland seit 1945*, Weinheim 1990; Andreas C. Knigge, *Fortsetzung folgt. Comic-Kultur in Deutschland*, Frankfurt am Main/Berlin 1986.

Lurchi
Salamanders Feuersalamander

»Lang schallt's vor dem Wigwam noch:
›Salamander lebe hoch!‹« (Schubel)

»Bei Wertheim gab es Salamander.
Ich bring dir einen mit ins Moos.«
(Liedzeile von Nina Hagen)

Schuhhändler Rudolf Moos ließ sich 1899, einen Tag vor Nikolaus, das Bild eines Salamanders und auch das Wort »Salamander« selbst beim kaiserlichen Patentamt schützen. Bei dem Markenzeichen handelte es sich um ein annähernd realistisches Tier, das 1904 gegen einen anderen, von Moos entworfenen Salamander ausgetauscht und in einen Buchstabenring – »Marke Salamander« – eingepaßt wurde. Zusammen mit der Herstellungsfirma »J. Sigle & Cie« gründete Moos in Berlin die »Salamander-Schuhgesellschaft«. Vier Jahre später verkaufte er seinen Firmenanteil an »J. Sigle & Cie« und damit auch die Rechte am Markentier. Zu diesem Zeitpunkt gesellte sich zu dem S-förmigen, auf dem Boden kriechenden Salamander aus dem Markenzeichen ein Artgenosse, der in Zeitungsanzeigen auf den Hinterfüßen ging, Kopfbedeckungen und Spazierstöcke trug und in lustigen oder pikanten (Damenschuhe!) Szenen Umgang mit (ebenfalls gezeichneten) Menschen seiner Größe pflegte. Stets hatte er ein gereimtes Sprüchlein parat.

Seit 1937 im Dienst der Schuhindustrie: der gewitzte Feuersalamander Lurchi.

Zwischen 1937 und 1939, nachdem »Salamander« auch mit der Produktion von Kinderschuhen begonnen hatte, erschienen die ersten fünf Hefte der über 100teiligen Bildergeschichten-Fortsetzung »Lurchis Abenteuer«. Dann bereitete der Zweite Weltkrieg dem schneidigen Lurch ein abruptes Ende. Der erste Zeichner ist nicht mehr bekannt. Seine Geschichten wurden Anfang der 50er wieder aufgelegt. Lurchis Glanzzeit beginnt mit Heinz Schubel, der den Salamander von den 50er Jahren bis 1972 zeichnete. Schubel war für Lurchi, was Carl Barks für → **Donald Duck** gewesen ist. Er war der gute Zeichner, der den Lurch vollendete.

Seine irgendwo zwischen Comic-Zeichnung und Kinderbuchillustration der 20er bis 30er Jahre angesiedelten Bildgeschichten sind liebevoll und aufwendig gestaltet, die Abenteuer haben Tempo und Pfeffer. Hauptfigur der grünen Hefte ist Lurchi, ein vermenschlichter Salamander mit grünem Jägerhut und braunen Halbschuhen, der seit Schubel auch auf dem Bauch zoologisch inkorrekte große gelbe Flecken trägt. Er ist – in einigen Geschichten – Schuhverkäufer, und im Gegensatz zu Al Bundy ist er auch stolz darauf. Die frühen Hefte zeigen Lurchi mit seiner Familie, die in einem Fliegenpilzhaus wohnt. In Heft 35 treten seine Eltern zum letzten Mal in Erscheinung. Schwester Trine ist nur gelegentlich dabei, wenn Lurchi mit seiner Bande, dem Frosch → **Hopps**, mit → **Unkerich**, → **Mäusepiep**, → **Igelmann** und dem Zwerg Piping in neue Abenteuer zieht.

Entschlossen, schlau, mitunter rücksichtslos und rabiat, führt der ewig siegende und alles besser könnende Salamander seine Freunde durch exotische Länder, Märchenreiche, den Wilden Westen, das Weltall und die Produktionsstätte der Firma »Salamander«. Als Zaubermittel helfen ihm immer wieder »Schuhe Marke Salamander«, die ihn und den Rest der Bande aus allen Gefahren retten. Die prima Feste, die Lurchi nach überstandenem Abenteuer veranstaltet, versöhnen in späteren Jahren sogar seine Feinde mit der penetranten Überlegenheit des selbstverliebten Feuersalamanders.

Unter den Bildern stehen gereimte Verse in Kinderschönschrift. Bis auf die allerersten hat sie Schubel ebenfalls selbst verfaßt. Jede Salamandergeschichte – ob sie von Schubel, seinem Vorgänger oder einem seiner Nachfolger stammt – endet mit dem Jubelruf: »Salamander lebe hoch«. Die einzige Ausnahme ist Heft 6.

Mit Heft 52 beendete Heinz Schubel seine Laufbahn als Lurchi-Zeichner aus gesundheitlichen Gründen. Die nächsten drei Hefte stammten von Brigitte Smith, die die Salamandergeschichten in einem psychedelischen Formenrausch verpackte und aus einem

Lurchi, der schon einem Stier das Genick gebrochen, ein Zebra mit Kaktussporen bezwungen und diverse Bäume über den Haufen gefahren hatte, ein sanftes pazifistisches Tier machte. So ging das natürlich nicht. Aber es kam noch ganz anders. Waren die Hefte 53 bis 55 noch Geschmackssache, so war Heft 56 eindeutig das am schlechtesten gezeichnete Lurchiabenteuer, das je erschien. Ein Lehrer oder Architekt soll es verbrochen haben, weil ein professioneller Zeichner gerade nicht zur Stelle war. Danach konnte es nur noch besser werden. Nach Enrique Puelma und Georg Nickel prägte Peter Krisp das Aussehen des Salamanders mit seinem »Funny-Stil«. Er entwickelte aus Lurchi und seinen Freunden kindische und comichafte Figuren, die sich um den Umweltschutz verdient machten. Die Texte dazu schrieb Olaf Sveistrup. Dietwald Doblies konnte Lurchis Degeneration zum braven, glanzlosen Langweiler nicht länger mitansehen und bewarb sich bei der Schuhfirma als Zeichner. Seit Mitte der 90er Jahre malt er den Lurch und seine Freunde wieder nach Schubel'scher Art und schickt ihn auf Fern- und Abenteuerreisen. Lurchi ist wieder der alte, bloß mit modernen Schuhen, und bewegt sich durch im gängigen Comic-Stil gezeichnete Kulissen und Gegenden.

Lurchis gesammelte Abenteuer sind als gebundene Bücher erhältlich. Wem das noch nicht genügt, der kann sein Heim mit der Lurchi-Gang aus Gummi in verschiedenen Größen schmücken.

Lange schallt's im Walde noch ...

Lit.: Burkhard Spinnen, *Lurchi und die Seinen. Die Wandlung einer Wert- und Warenmarke*, in: Frankfurter Allgemeine Zeitung vom 7.12.1996; René Granacher, Lurchi. *Eine Werbefigur unter die Lupe genommen*, und Jens Käubig, *Dem Feuersalamander auf der Spur*, beide in: Lurchi. Dem Feuersalamander auf der Spur (hrsg. von der Galerie der Stadt Kornwestheim), Kornwestheim 1994; *Lurchis gesammelte Abenteuer*, Band 2, Kornwestheim, o. J.

M

Magica de Spell
siehe Gundel Gaukeley

Frau Mahlzahn
Schuldrache aus den Jim-Knopf-Büchern

»Alle diese Kinderrr gehörrrren mirrr,
mirrr ganz allein, verrrstehst du?
... Ich habe dafür bezzzzahlt!« (Frau Mahlzahn)

Frau Mahlzahn hat einen langen dünnen Hals und ein großes grausa-
mes Maul mit einem einzigen Zahn. Sie ist ein richtiger Drache –
also einer, der Feuer spucken kann und keinem anderen Tier ähnelt –
und Lehrerin. Ihre Schule (Alte Straße 133) steht in der Drachenstadt
Kummerland, wo sich Hochhaus an Hochhaus reiht und die Luft von
Drachenabgasen verpestet ist. Die Kinder für ihren sadistischen und
brutalen Unterricht läßt sich Frau Mahlzahn von Seeräubern liefern,
wofür sie mit dem Schnaps »Drachengurgel« bezahlt.

Um die unfreiwilligen Schülerinnen und Schüler zu befreien,
haben Jim Knopf und Lukas, der Lokomotivführer, die Lok Emma
in einen Drachen verkleidet. Die Verkleidung ist so gelungen, daß
sich sogleich **Brüll-Popel**, ein Drache des Wachpersonals, in sie
verguckt. Mit Frau Mahlzahn liefert Emma sich einen Drachenkampf, wobei sie allerdings menschliche Unterstützung erhält. Die
üble Pädagogin wird überwältigt und gefesselt, was Friedhelm Moser (siehe Lit.-Angabe) als »die Bezwingung archaischer Angstge-
bilde durch die Technik« deutet. Nach einem längeren Schlaf verwandelt sich der Lehrerinnendrachen in den »Goldenen Drachen
der Weisheit«. Nach Auffassung des Jim-Knopf-Autoren Michael
Ende sind Drachen nämlich nur deswegen schlecht, weil sie besiegt
werden wollen.

Als **Goldener Drache der Weisheit** zeigt die ehemalige Frau Mahlzahn ihr wahres und gutes Wesen und gibt die entscheidenden Hinweise, so daß Jim Knopf das Rätsel seiner Herkunft lösen kann. Siehe auch **Nepomuk**.

Lit.: Michael Ende, *Jim Knopf und die wilde 13*, Stuttgart/Wien 1990; Bettina Hurrelmann (Hrsg.), *Klassiker der Kinder- und Jugendliteratur*, Frankfurt am Main 1995; Friedhelm Moser, *Jim Knopf und die sieben Weisen*, Frankfurt am Main 1996.

Maja
Bienenbürgerin auf Reisen

*»... und diese Biene, die ich meine, die heißt Maja.
Kleine, freche, schlaue Biene Maja ...« (Karel Gott)*

Die wahre Königin der Bienen: Maja – »Maja, der Film« (Japan/Österreich 1977).

Eine der ersten Objekte geschickt und massiv eingesetzten Merchandising in Deutschland war die ZDF-Biene Maja. Gleichzeitig mit dem Start der Zeichentrickserie »Biene Maja« 1976 schwappten massenhaft schwarzgelbe Plüschpuppen, Maja-Bücher, T-Shirts und Kissenbezüge in die Kaufhäuser und von da in die Kinderzimmer. Das Fernsehinsekt sah aus wie ein menschliches Kleinkind im Ringelshirt, deren schwarzgelbe Streifen eher einer Wespe angemessen erschienen als einer Biene. Die Trickfilmfigur war von dem ehemaligen Disney-Zeichner Marty Murphy konzipiert und in den Tokioter Zuyo-Studios in Szene gesetzt worden. 104 Folgen wurden zwischen 1976 und 1980 im deutschen Fernsehen gezeigt und später in unregelmäßigen Abständen wiederholt. Die kindlich-freche Murphy-Maja erlebte in einer Cartoon-Welt mehr oder weniger harmlose Abenteuer, die stets gut ausgingen. Ihr zur Seite stand der schlafsüchtige Bienerich **Willi**, der immer gutgelaunte Grashüpfer **Flip** und der kurzsichtige Mausejunge **Alexander**. Das Böse wurde in dieser Welt von der fiesen, aber erfolglosen Spinne **Thekla** repräsentiert.

Die Fernseh-Maja hatte nur noch wenig mit der literarischen Vorlage zu tun, die Murphy für seine Trickfilmgeschichten ausgeschlachtet hatte. 1912 hatte Waldemar Bonsels (1880–1952) »Die Biene Maja und ihre Abenteuer« veröffentlicht. In dem Tierroman, bei dem die Germanisten nicht so ganz sicher sind, ob es sich um ein Stück Kinder- oder Erwachsenenliteratur handelt, verweigert eine junge Biene den von ihr erwarteten Arbeitsdienst zum Nutzen des Bienenstaates. Statt dessen zieht sie in die Welt hinaus und lernt allerhand Himmelsvolk kennen. Diese mal freundlich, mal feindlich eingestellten Gliederfüßler sprechen durchweg eine altfränkisch-gedrechselte Sprache und sind eifrig bemüht, sich vor der kleinen Biene in Positur zu werfen. Maja selbst wird eher ernsthaft-altklug als so verspielt-heiter wie die TV-Maja dargestellt. Majas Ausreißertrip ähnelt denn auch eher einer bürgerlichen Bildungsreise mit einigen abenteuerlichen Einsprengseln. Sie ist keine wirkliche Rebellin, sondern bleibt ihrem Volk und Staat verbunden. Als sie von einem Angriffsplan der Hornissen auf ihrem Heimatbienenstock erfährt, kehrt sie unter Einsatz ihres Lebens nach Hause zurück und hilft, die Invasion abzuwehren. Zur Belohnung wird Maja am Ende zur Beraterin der Königin ernannt. Die Geschichte ist voller überladener, bedeutungsschwangerer Gefühlsandeutungen geschrieben und nur wenig heiter. Bonsels wollte sicher kein völkisch-nationalistisches Buch schreiben. Doch seine Lobhudelei auf Patriotismus (Majas Treue zum eigenen Volk), Elitebewußtsein und Heroismus (pathetische Darstellung der Schlacht zwischen Bienen und Hornissenkriegern) dürften manchen Rechtsgesinnten gefallen haben.

Bonsels Roman wurde ein Megaseller. Mittlerweile hat das in über 40 Sprachen übersetzte Buch die Zwei-Millionen-Grenze erreicht. Der Erfolg hatte bereits in den 30er Jahren Walt Disney gereizt, den Stoff zu verfilmen. Doch Bonsels blieb hart und trennte sich nicht von den Filmrechten. Erst 1974 stimmte seine Witwe zu, daß Maja das Printmedium verlassen und Murphy die Biene trickfilmmäßig bearbeiten durfte. Und so konnte Karel Gott mit der Serien-Titel- melodie Schmachtfetzengeschichte machen.

Lit.: *Deutscher Fernsehdienst – Extra* 28/1978; Dietmar Grieser, *Im Tiergarten der Weltliteratur,* München 1993; *Hörzu* 36/1980; Lothar Müller, *Die Biene Maja von Waldemar Bonsels,* in: Wehrwolf und Biene Maja. Der deutsche Bücherschrank zwi- schen den Weltkriegen (hrsg. von Marianne Weiul), Berlin 1986.

Der Malteserfalke
Kriminalfilm

»Ich warte auf dich. – Und wenn sie dich hängen,
werde ich immer deiner gedenken.« (Sam Spade)

»Der Malteserfalke« (»The Maltese Falcon«, USA 1941, Regie: John Huston; lief in Deutschland auch unter dem Titel »Die Spur des Falken«) war einer der frühesten Filme der »Schwarzen Serie«, eine Reihe Kriminalfilme der 40er Jahre, in denen statt ewig überle- gener Strahle- und Saubermänner plötzlich desillusionierte, schäbi- ge Existenzen, geborene Verlierer, Alkoholiker und Zyniker die Helden waren. John Hustons Regiedebüt war nicht die erste Verfil- mung des gleichnamigen Dashiell-Hammett-Romans von 1930. Es gab bereits »The Maltese Falcon« (USA 1930, Regie: Roy del Ruth) und »Satan met a Lady« (USA 1939, Regie: William Dieterle). Aber nur Huston gelang es, die Atmosphäre des Romans im Film zu erhalten, und nur sein Malteserfalke machte Filmgeschichte. Hum- phrey Bogart fand darin sein ideales Rollenfach.

Privatdetektiv Sam Spade (Humphrey Bogart) ist auf der Suche nach dem Mörder seines ehemaligen Geschäftspartners. Nicht aus Loyalität, sondern weil er selbst unter Mordverdacht steht. Da be- kommt er einen neuen Auftrag: Für 5000 Dollar soll er dem un- durchsichtigen Joel Cairo (Peter Lorre) einen »kostbaren Gegenstand« beschaffen, den Malteserfalken. Es handelt sich um eine kleine Falkenfigur »aus purem Gold, von Kopf bis Fuß bestückt mit den erlesensten Edelsteinen«, die aus der Schatzkammer eines Kreuzritterordens stammt und Millionen wert ist. Da sie mit einer Emailleschicht überzogen wurde, hat seit Jahrhunderten niemand ihren wahren Wert erkannt, und sie setzt in irgendeinem Trödelladen Staub an.

Humphrey Bogart in John Hustons Meisterwerk von 1941.

Doch jetzt hat sich das Geheimnis anscheinend herumgesprochen, und es sind noch mehr Gangster hinter dem Kleinod her. Spade gelingt es, sie auszutricksen, die Polizei abzuschütteln und den Falken in seinen Besitz zu bringen. Am Ende stellt sich heraus, daß der Falke eine Fälschung und die Frau, in die Spade sich verliebt hat (Mary Astor), die Mörderin seines Partners war. Weil es die einzige Möglichkeit ist, seinen eigenen Hals zu retten, liefert er sie der Polizei aus.

Lit.: Ronald M. Hahn / Volker Jansen, *Kultfilme. Von Metropolis bis Rocky Horror Picture Show,* München 1985.

Mammoth
Schwerstes und größtes Pferd

Der Wallach Mammoth hieß erst **Sampson**, bevor er seinen Namen wechselte. Er gehörte Thomas Cleaver aus Toddington Mills in Bedfordshire (GB). Das Ackerpferd war 1846 zur Welt gekommen und maß 2,19m, was am Widerrist gemessen wird. Es soll 1524kg gewogen haben. Auch der Percheron **Dr Le Gear**, der 1902 gefohlt worden war, soll das größte Pferd der Welt gewesen sein. Er war 21 Hand hoch, was 2,18m entspricht, also nicht ganz reicht. Außerdem war Dr Le Gear mit 1372kg deutlich leichter als Mammoth. Das größte lebende Pferd ist der Wallach **Boringdon Black King** mit 1,98m Höhe. Er ist Jahrgang 1984 und kommt aus Plymouth, Devon (GB). Als größtes Maultier gilt **Apollo**, 1977 in Tennessee geboren, 1,96m groß und 998kg schwer. Apollo ist oder war eine Kreuzung aus Belgierstute und Mammutesel und gehört(e) Herbert L. Mueller aus Columbia, Illinois (USA).

Lit.: Elwyn Hartley Edwards, *Horses – Their Role in the History of Man*, London 1987; *Das neue Guinness Buch der Tierrekorde*, Frankfurt am Main/Berlin 1994.

Mammouth
Französische Supermarktkette

Man O'War
Populärstes Rennpferd der USA

Der Fuchshengst Man O'War, geboren 1917, stammt in direkter Linie von **Matchem** und damit auch von → **Godolphin Arabian** ab. Sein Züchter war A. Belmont. Einjährig gelangte Man O'War für 5000 Dollar in den Besitz von Glen Riddle. Später war das die Decktaxe des Hengstes. Er startete ausschließlich als Zwei- und Dreijähriger. In 21 Rennen wurde er nur ein einziges Mal geschlagen, als er einen schlechten Start hatte. **Upset**, das damals siegreiche Pferd, wurde später von Man O'War mehrfach mit Leichtigkeit besiegt.

1947 starb »The Big Red«, wie er genannt wurde. Im Fayette County, in der Nähe von Lexington (Kentucky), steht sein überlebensgroßes Standbild, zu dessen Füßen auch Man O'Wars Sohn **War Admiral** (1937 Sieger des Kentucky Derby) begraben liegt. Bis heute haben Man O'Wars Nachkommen starken Einfluß auf die amerikanische Rennpferdzucht.

Lit.: *Hobbylexikon Pferde*, Reinbek 1980; H. H. Isenbart / E. M. Bührer, *Das Königreich der Pferde*, München und Luzern 1983.

Man Ray
Hund und Fotomodell

Im Sommer 1970 las der Amerikaner William Wegman eine Kleinanzeige in der Lokalzeitung von Long Beach (Kalifornien), die sein Leben nachhaltig verändern sollte: »Weimaraner Welpen, 35 Dollar«. Wegman war damals 27 Jahre alt. Er hatte gerade eine Stelle als Dozent für Malerei und Zeichnen an der Universität von Long Beach angetreten, und er wollte nun dem Drängen seiner Frau nachgeben und einen Hund für die Familie anschaffen. Der annoncierte Wurf bestand aus sechs Hündinnen und einem Rüden. Wegman kaufte den Rüden und nannte ihn Man Ray nach dem berühmten amerikanischen Surrealisten der 20er Jahre.

Der kleine Weimaraner wollte Wegman nicht von der Seite weichen und begleitete ihn fortan überallhin, auch zur Arbeit und ins Atelier. Wenn Wegman versuchte, den Hund dort anzuleinen, begann er zu winseln. Wurde er losgebunden, tapste er durch das Set, wo Wegman gerade die letzten Vorbereitungen für eine Videoaufnahme traf. Wegman fand es bald einfacher, den Hund in seine Arbeit mit einzubeziehen, als um ihn herum zu arbeiten. So entstanden schließlich immer mehr Kunstfotos von Man Ray, zum Teil in den abenteuerlichsten Kostümen und Verkleidungen.

Diese Fotos machten Hund und Herrn weltberühmt. Man Ray zierte schon bald die Titelseiten renommierter Kunstzeitschriften.

Sein treuherzig-trauriges Wesen rührte und faszinierte überdies ein Millionenpublikum.

1982 starb er. Wegman führte die Weimaraner Fotos ab 1987 zunächst mit der Hündin **Fay Ray** und inzwischen mit einem vierköpfigen Weimaraner-Team, zu dem neben Fay Ray noch deren Kinder **Batty** und **Chundo** sowie **Crookie** gehören, fort. Denn die Nachfrage nach Weimaraner Fotos steigt weiter an, besonders, nachdem der Künstler mit seinen kostümierten Hunden die Märchen Rotkäppchen und Aschenputtel nachstellte. Da hilft dem inzwischen 54jährigen William Wegman auch nicht, immer wieder zu betonen, daß er auch andere Kunst macht und daß ihm seine Bilder ohne Hunde ebenso wichtig sind.

Lit.: *Frankfurter Allgemeine Zeitung* vom 24.1.1991 und 27.6.1995; Katharina von der Leyen, *Hundeleben*, in: Weimar den Weimaranern (Katalog zur Wegman-Ausstellung), Weimar 1995; *Süddeutsche Zeitung* vom 29.1.1992; Laurence Wieder, *Man Ray,* New York 1982; *Zeitmagazin* Nr. 41 vom 5.10.1990.

Manta
Maurer-Porsche

»Ich heiß' Heinz, doch mein Name ist echt schnuppe,
kannst mal lieber Manni zu mir sagen,
denn bei uns in unsrer Opel-Fanclub-Truppe,
da heißt jeder genau wie sein Wagen.«
(»Norbert und die Feiglinge«)

Die Geschichte des nach einem eleganten Riesenrochen benannten Autos begann 1970. Damals brachte Opel als Antwort auf den Ford Capri den Manta A als eine Juniorversion des Opel Ascona heraus. 1975 folgte der bis Ende der 80er gebaute Manta B. Wie der Capri sollte auch der Manta jugendliche Käuferschichten ansprechen, die gern einen sportlichen Viersitzer fahren wollten, aber nicht über allzuviel Geld verfügten. Charakteristisch für den Manta war seine flache Form und die lange Schnauze, wodurch er dem Äußeren eines Sportwagens nahekam. Das Innere des Mantas war weniger spektakulär und setzte sich zum größten Teil aus bewährten und modernisierten Konstruktionselementen der Rekord- und Kadett-

455

Serien zusammen. Die 105 PS starke GT/E-Version brachte es auf immerhin 187km/h Spitzengeschwindigkeit. Die meisten anderen Manta-Versionen waren etwas langsamer. Viele Manta-Fahrer schlossen sich zu Clubs zusammen, tunten ihre Autos und versuchten sich gegenseitig mit besonders extravaganten An- und Einbauten von Autozubehör zu übertreffen. Ende der 80er Jahre machte das »Manta«-Lied der A-cappella-Gruppe »Norbert und die Feiglinge« die Freunde des Sport-Opels zu nationalen Witzfiguren. Laut unzähliger Manta-Witze ist der typische Manta-Fahrer am Nackenspoiler seiner Vokuhila-Frisur (»Vorne kurz, hinten lang«) und dem Heckspoiler seines Wagens zu erkennen. Er trägt Mantaletten, hat einen freischwingenden Schlüsselbund an der Hose, einen Fuchsschwanz an der Antenne sowie eine blonde Friseuse auf dem Beifahrersitz und spricht eine mit vielen Lautmalereien angereicherte Art Basisdeutsch.

Auf dem Höhepunkt der Manta-Witzzeit kamen 1991 fast zeitgleich zwei deutsche Filmkomödien zum Thema in die Kinos. Das Rennen um die erste Premiere gewann »Manta – Der Film« (Regie: Peter Timm). Der zwei Wochen später am 2.10.1991 in Bochum erstaufgeführte Film »Manta Manta« (Regie: Wolfgang Büld) war den Juroren von Guinness einen Eintrag in ihr Rekordbuch wert. Zur Premiere erschienen nämlich über 1000 Mannis, Günnis und Berties in ihren Mantas.

Lit.: *Fischer Film Almanach 1992*, Frankfurt am Main 1992; Lothar Just (Hrsg.), *Film-Jahrbuch 1992*, München 1992; Hans-Otto Neubauer (Hrsg.), *Die Chronik des Automobils*, München 1994; Jochen Siemens, *Der doppelte Manta*, in: stern 40/1991.

March Hare and White Rabbit
siehe Märzhase und Weißes Kaninchen

Marengo und Vizir
Napoleons berühmteste Pferde

Napoleon Bonaparte (1769–1821) bevorzugte weiße Araberhengste als Reitpferde. Mindestens 19 verschiedene Schimmel soll er in seinen etwa 60 großen Schlachten geritten haben. Der bekannteste von ihnen ist Marengo. Napoleon hatte ihn als Beute aus Ägypten mitgebracht. Er soll bereits 1800 in der Schlacht gegen die Österreicher auf ihm gesessen haben und von da an in allen weiteren Schlachten. Verbürgt ist, daß Marengo 1815 in Waterloo dabei war. Dort kam er nämlich um, und die Engländer brachten sein Skelett als Trophäe mit nach Hause. Heute stehen Marengos alte Knochen im Nationalen Armeemuseum in London und werden einmal pro Jahr entstaubt.

Des Kaisers zweitbekanntestes Pferd war der Grauschimmel Vizir. Napoleon ritt ihn während des Rußlandfeldzugs (1812), wo Vizir sich durch Ausdauer und Härte hervortat und alle Entbehrungen überstand, ohne einmal krank zu werden. Angeblich hat er Napoleon von Paris bis Moskau und wieder zurück getragen. Dem zähen Araberhengst wäre das durchaus zuzutrauen gewesen. Wahrscheinlicher ist jedoch, daß Napoleon die meiste Zeit in seinem Reisewagen saß.

Weitere Pferde Napoleons waren **Coco**, **Désirée** und **Marie**.

Lit.: Hans und Monique Dossenbach, *Die großen Gestüte der Welt,* Stuttgart 1978; *Hobbylexikon Pferde,* Reinbek 1980; *Süddeutsche Zeitung* vom 16.8.1996.

Markuslöwe
Venedigs Symbol

»Friede sei dir, Markus, mein Evangelist!«
(Motto des vom Markuslöwen
gehaltenen Buches)

Als Portalrelief, Gemälde oder Skulptur, auf Flaggen und Dokumenten begegnet man in Venedig seit über 1100 Jahren dem Markuslöwen. Im 9. Jahrhundert brachten venezianische Kaufleute die mutmaßlichen Gebeine des Evangelisten Markus aus Alexandria in

457

ihre Stadt. Der Besitz dieser äußerst prestigeträchtigen Reliquie steigerte das Ansehen der aufstrebenden Lagunenrepublik ungemein und trug dazu bei, daß Venedig seine Unabhängigkeit erfolgreich gegenüber fremden Herrschaftsansprüchen durchzusetzen verstand. Ein geflügelter Löwe mit Heiligenschein, das Symbol des heiligen Markus, wurde zum Sinnbild Venedigs, das sich seitdem Markusrepublik nannte. Überall, wo die Markusrepublik in der Folgezeit Besitzungen erwarb (Kreta, Dalmatien usw.) pflanzte sie gut sichtbar ihren Löwen als Herrschaftszeichen auf. Der Markuslöwe, den Goethe respektlos einen »geflügelten Kater« genannt hat, wurde und wird in vielen unterschiedlichen Stellungen abgebildet; wobei man oft auf den Heiligenschein verzichtete. Besonders häufig ist der »Leone andante«, der schreitende Löwe, der mit seinen Pfoten sowohl Wasser als auch Erde berührt und so den Anspruch Venedigs auf die Herrschaft über das Meer und das Land (des östlichen Mittelmeerraums) verkörpert. Oft hält der Löwe ein Buch, die Bibel, in seiner Pranke. Ist das Buch geöffnet, soll es für die Gerechtigkeit stehen, oder versehen mit dem Motto »Pax Tibi Marce Evangelista Meus« (»Friede sei dir, Markus, mein Evangelist«) den staatlich garantierten Frieden symbolisieren. Ein Markuslöwe mit geschlossenem Buch und Schwert, wie zum Beispiel der über dem Tor zum Arsenal, ist das Sinnbild für die Wehrhaftigkeit der Republik.

Auf einer der beiden Säulen auf der Piazzetta gegenüber dem Dogenpalast steht der wohl größte Venedig-Löwe. (Auf der anderen Säule ist der ältere Stadtheilige St. Theodor dargestellt.) Die fast drei Tonnen schwere Tierfigur ist drei Meter lang und war wahrscheinlich früher vergoldet. Ihre Herkunft ist unklar. Möglicherweise handelt es dabei um ein persisches Beutestück aus dem 4. Jahrhundert oder um eine chinesische chimärenähnliche Plastik, der man Flügel beigegeben hat. Die beiden Säulen wurden im 12. Jahrhundert aufgestellt und stellten lange das offizielle Eingangstor der nur über See erreichbaren Stadt dar. Am Fuße der Löwensäule wurden seit dem 16. Jahrhundert tatsächliche und mutmaßliche Schwerverbrecher hingerichtet. Deswegen gilt dieser Ort bei abergläubischen Venezianern, die davon überzeugt sind, daß es Unglück bringen könnte, zwischen den Säulen hindurchzugehen, als tabu. Der Säulenlöwe wurde 1797 von Napoleon als Kriegsbeute nach Frankreich verschleppt, später aber wieder zurückgegeben.

Lit.: Eva Ambros / Hans Höfer, *Venedig,* Berlin 1988; Marianne Langewiesche, *Venedig. Geschichte und Kunst,* Köln 1981; Reinhard Lebe, *Als Markus nach Venedig kam,* Frankfurt am Main 1978; Peter Peter, *Venedig,* München 1995.

Das Marsupilami
Fiktives gelbschwarzes Comic-Tier

»Huba-Huba.« (Das Marsupilami)

Marsupilamis sind etwa 1,30m groß und 35kg schwer. Sie haben ein gelbes Fell mit schwarzen Punkten, einen wuscheligen Fellkragen, einen unbehaarten rosa Bauch mit (Schein-)Bauchnabel, einen runden Kopf mit Knickohren und einen mehrere Meter langen, vielseitig einsetzbaren Greifschwanz von ungeheurer Kraft. Zu einem Knäuel geknotet benutzen sie ihn als Faust, zur Spirale gedreht hüpfen sie damit bis über die Baumwipfel. Ein Marsupilami gibt seltsame Laute (»Huba! Hubi?«) von sich. Es sieht aus wie die Comic-Version einer Kreuzung aus Affe und Leopard, und es ist auch gelenkig wie ein Affe und stark wie ein Tiger. Als Säugetier, das birnenförmige Eier legt, muß das Marsupilami – wie Schnabeltier und Ameisenigel – zu den seltenen Kloakentieren gerechnet werden. Verwirrend in diesem Zusammenhang ist die Existenz eines Bauchnabels. Ein Tier, das aus einem Ei geschlüpft ist, hat keinen Nabel. Und so handelt es sich beim marsupilamischen Bauchnabel auch um etwas anderes, nämlich um einen Knopf, durch den die erwachsenen Tiere ihren Jungen Erfahrungen übermitteln. Die kleinen Marsupilamis schlafen mit dem Ohr darauf und wachen klüger auf. Ein ausgewachsenes Exemplar ist im Dschungel des südamerikanischen Phantasiestaates Palumbien der uneingeschränkte König der Tiere. Dort lebt es vorwiegend auf Bäumen, schläft in einem kunstvoll geflochtenen Nest und hangelt sich mit seinem Schwanz von Ast zu Ast. Am Boden kann es sich auf 2 oder 4 Beinen ebenfalls flott vorwärtsbewegen, und auch als Schwimmer und Taucher zeigt es außergewöhnliche Leistungen. Sogar unter der Erde ist es zu finden, wie es Gänge gräbt. Marsupilamis fressen Früchte, Insekten und Fische. Ihre Hauptnahrung sind Piranhas, ihre Lieblingsspeise ist eine ölhaltige Nuß, die am Vulkan »El Sombrero« wächst. So wie es unter den Leoparden schwarze Exemplare – schwarze Panther – gibt, so gibt es bei den leopardenartig gemusterten Marsupilamis schwarze Individuen.

Der Schöpfer des Marsupilamis heißt André Franquin. Franquin führte ab 1946 die Comic-Serie »Spirou« weiter, die zuvor von Jijé (Joseph Gillain) geschaffen wurde, der sie seinerseits vom Spirou-Erfinder Rob Vel (Robert Velter) übernommen hatte, als Velter in den Krieg eingezogen worden war.

»Spirou« erscheint seit dem 21. April 1938 in dem gleichnamigen belgischen Comic-Magazin, das anfangs »Le Journal de Spirou« hieß. Franquin brachte mehr Komik ins Comic und schuf dafür auch neue Figuren wie das Marsupilami. Seinen ersten Auftritt hatte das gepunktete Tier 1952 in der Geschichte »Spirou et les héritiers« (dt. »Eine aufregende Erbschaft«). Spirou und Fantasio brachten es von einer Expedition mit, und fortan gehörte es zum festen Besetzungsstab und drängte das Eichhörnchen **Pip** in den Hintergrund. In Deutschland hieß es zuerst Kokomiko (die ganze Serie hatte Rolf Kauka einfach in »Pit und Piccolo« umgetauft), erreichte unter diesem Namen aber niemals die Popularität, die er dann als Marsupilami hatte. Als Franquin 1987 die Rechte an seinem palumbianischen Tier vom Verlag bekam, ließ er in seinem Verlag »Marsu Productions« eine eigene Marsupilami-Comic-Serie erscheinen, die zuerst von »Greg« und dann von »Yann« geschrieben und von »Bâtem« gezeichnet wurde. Der Marsupilami-Boom brach aus. Neben den üblichen Vorkommen als Gummifigur und Kaffeetassenaufdruck schaffte es das Marsupilami auch, eine Saison lang Hauptgewinn der Jahrmarktslotterien zu werden, und die Rummelplätze wurden von Budenwänden dominiert, die meterhoch mit gelben, schwarzgepunkteten Plüschtieren bestückt waren. Die Firma Disney hat bereits zugeschlagen und die Rechte am Marsupilami erworben, so daß auch mit einem gelbschwarzen Zeichentrickfilm zu rechnen ist.

Franquin starb 73jährig am 5. Januar 1997.

Lit.: Bâtem / Verhoest / Cambier, *Alles über das Marsupilami*, Hamburg 1994; Franco Fossati, *Das große illustrierte Ehapa Comic-Lexikon*, Stuttgart 1993; *Die Zeit* vom 17.1.1997.

460

Martin
Nils Holgerssons Reitgans

»Die Welt ist herrlich für Große und Kleine.
Es ist schön, frei und sorglos zu sein
und sich im Weltraum zu tummeln.«
(Die Sonne zu Nils Holgersson)

Nils Holgersson, ein 14jähriger »Junge, der zu nichts taugt«, wird von einem Wichtelmännchen auf Zwergengröße reduziert und kann in diesem Zustand plötzlich die Sprache der Tiere verstehen. Doch keines der Hoftiere will ihm helfen oder zeigt Mitleid. Zu gut erinnern sie sich daran, wie sie von ihm gequält worden sind. Da fliegt eine Schar Wildgänse über den Hof. Sie locken die zahmen Gänse, mit ihnen nach Lappland zu ziehen. Der junge Ganter Martin kann nicht widerstehen. Nils Holgersson will ihn festhalten und wird mit in die Luft hinaufgerissen. Auch die wilden Gänse wollen anfangs nichts von dem verzauberten Menschenkind wissen. Aber als Nils Holgersson die Leitgans **Akka von Kebnekajse** vor **Smirre** dem Fuchs rettet, darf er die Herde auf Martins Rücken begleiten und macht sich auf vielerlei Art nützlich. Der zahme Gänserich Martin wird sein bester Freund. Als Nils Holgersson vom Raben **Bataki** erfährt, daß er erst dann seine menschliche Gestalt wiedererlangen kann, wenn er Martin nach Hause bringt, und zwar – jetzt kommt's – damit seine Mutter ihn schlachten kann, verzichtet er edelmütig und beschließt, weiterhin mit den Gänsen zu ziehen. Nach vielen Abenteuern in ganz Schweden kommt er an seinem Zuhause vorbei, mag aber in seiner jetzigen Gestalt nicht vor die Eltern treten. Doch als Martin, der seiner Frau **Daunenfein** und seinen Kindern bloß mal zeigen will, wie er früher gewohnt hat, von Vater und Mutter Holgersson gefangen wird und geschlachtet werden soll, gibt Nils sich zu erkennen und hat im selben Augenblick seine menschliche Größe zurück. Die Sprache der Tiere kann er nun nicht mehr verstehen. Akka von Kebnekajse, **Yksi von Vassijaure, Kaksi von Nuolja, Kolme, Neljä, Viisi** und **Kuusi** und all die anderen »Hochlandwildgänse aus den besten Familien«, ziehen ohne ihn weiter. Ganter Martin entscheidet sich, ebenfalls auf dem Hof zu bleiben.

Inspiriert von Kiplings Dschungelbüchern (→ **Dschungelbuchtiere**) und von Z. Topelius' »Das Buch aus unserem Land« schrieb

die schwedische Erzählerin Selma Lagerlöf (1858–1940) ihr weltberühmtes Kinderbuch »Nils Holgersson underbara resa genom
Sverige« (1906/07, dt. »Wunderbare Reise des kleinen Nils Holgersson mit den Wildgänsen«, 1908/09). Der märchenhafte und
spannende Reiseroman ist gleichzeitig ein Erziehungs- und Entwicklungsroman, wobei es neben dem Wichtelmännchen hauptsächlich die Tiere sind, die aus dem bösartigen Nils Holgersson einen verantwortungsbewußten und liebevollen Jungen machen.

Vermenschlichte wilde Tiere kommen in Lagerlöfs Büchern
mehrfach vor. Der Psychoanalytiker E. Hitschmann zeigte 1937 in
einer Untersuchung, daß in Lagerlöfs Geschichten und Kindheitserinnerungen immer wieder von der »Angst vor bösen und grausamen
Vögeln« die Rede ist (Akka von Kebnekajse). Er führt das Vorkommen dieser Vögel auf Angst vor einer strafenden, bösen Mutter
zurück. Selma Lagerlöf hatte als kleines Mädchen Kinderlähmung,
und ihre Mutter zog die ältere, schöne Schwester vor.

»Nils Holgersson« entstand als Auftragsarbeit. Die beiden Lehrer F. Berg und A. Dalin baten die angesehene Schriftstellerin Selma Lagerlöf, die selbst zehn Jahre lang als Lehrerin gearbeitet hatte,
ein neues Lesebuch für die schwedischen Volksschulen zu schaffen. Volksschullehrer aus ganz Schweden schickten Vorschläge
und Material, welche Landschaften, welche geschichtlichen Ereignisse und welche Seiten der Arbeitswelt und des Volksglaubens
darin Aufnahme finden sollten, um 9jährigen Kindern ein Grundwissen über Schweden zu vermitteln. Lagerlöf selbst machte mit ihrer Freundin S. Elkan ausgedehnte Recherchereisen durch Schweden, auf denen sie bis zum Polarkreis gelangte. »Nils Holgerssons
wunderbare Reise mit den Wildgänsen« wurde ein großer Erfolg,
verkauft sich noch heute, und Verfilmungen gibt es natürlich auch.
Selma Lagerlöf erhielt 1909 den Nobelpreis. 1914 fand sie als erste
Frau Aufnahme in der Schwedischen Akademie.

Lit.: Winfred Kaminski, in: *Lexikon der Kinder- und Jugendliteratur,* Weinheim/Basel 1984; Hans Malmberg, *Nils Holgersson. Seine schönsten Abenteuer in Bildern.
Nach der Erzählung von Selma Lagerlöf,* Stockholm/München 1962.

Die Martinsgans
Novemberbraten

»Nun dieweil das Gickgack-Lied/
diesen heil' gen Mann verriet, /
dafür tut am Martinstag/
man den Gänsen diese Plag', /
daß ein strenges Todesrecht/
gehn muß über ihr Geschlecht.«
(Simon Dach, 17. Jh.)

Besonders beliebt in der vielköpfigen Gemeinschaft der katholischen Schutzpatrone ist der heilige Martin (um 316–397), der einem Bettler seinen halben Mantel gab, und der zuerst Soldat, dann Mönch und schließlich Bischof von Tours war. Unter anderem gilt er als Schutzheiliger der Kinder, der Kriegsdienstverweigerer, der Gastwirte, der Hirten und der Haustiere.

St. Martins Funktion als Tierschützer – darüber können Gänse nur bitter schnattern. Denn gerade zum Martinstag (11. November) steigt die Hausganssterblichkeit jedes Jahr ähnlich dramatisch an wie zu Weihnachten. Der seit 650 als kirchliches Fest bestimmte Martinstag war bis ins 19. Jahrhundert nicht nur für Gänse ein wichtiger Termin im abendländischen Kalender. Zu Martini endete das alte und begann das neue Wirtschaftsjahr. Der Erntesommer galt als endgültig abgeschlossen, jetzt wurden die jährlichen Naturalleistungen für Pacht und Steuern fällig, die Arbeitsverträge des Gesindes liefen aus, und die Knechte und Mägde erhielten ihren Lohn.

Um diesen Wendetermin herum entwickelten sich zahlreiche Festbräuche, bei denen es vornehmlich um Essen und Trinken ging. Die Martinsgans als zentraler Braten des Festmahls ist seit dem 12. Jahrhundert belegt. Bereits in vorchristlicher Zeit wurden Mitte November die fettgefressenen Gänse (und auch anderes Vieh) geschlachtet, denn jetzt konnten sie auf den herbstlichen Weiden nicht mehr genug Futter finden. Mit dieser wirtschaftlichen Notwendigkeit wurden nach der Christianisierung Martinslegenden in Zusammenhang gebracht. So sollen angeblich Gänse das todeswürdige Verbrechen begangen haben, den Heiligen beim Predigen zu stören. Nach einer anderen Legende versteckte sich der bescheidene Mönch Martin im Jahre 371, als er zum Bischof gewählt werden sollte, in einem Gänsestall. Die aufgestörten Gänse fingen natürlich zu schnattern an. Martin wurde entdeckt und zum Bischof gemacht.

Obwohl der Kirche ohne den lautstarken Hinweis der aufmerksamen Vögel möglicherweise ein besonders fähiger und populärer Bischof entgangen wäre, steckt man nun am Martinstag unschuldige Gänse zur Strafe für den jahrhundertealten Verrat in die Bratröhre.

Lit.: Ferdy Fischer, *St. Martin feiern,* Düsseldorf 1995; Sybil Gräfin Schönfeldt, *Feste und Bräuche. Durch das Jahr und den Lebenslauf,* Ravensburg 1993; Ingeborg Weber-Kellermann, *Saure Wochen, frohe Feste. Volksbräuche im Wandel,* München 1985.

Märzhase und Weißes Kaninchen (March Hare and White Rabbit)
Langohren aus dem Wunderland

»Zu spät, zu spät!« (Weißes Kaninchen)

Das erste Tier, das der kleinen Alice in Lewis Carrolls (1832–1898) skurrilem Märchen »Alice im Wunderland« (»Alice's Adventures in Wonderland«, 1865) über den Weg läuft, ist ein eiliges weißes Kaninchen. Der berühmte Illustrator John Tenniel zeichnete es für die Erstausgabe des Buches in viktorianischer Herrenoberbekleidung, mit zusammengerolltem Regenschirm und mit Taschenuhr. In Disneys Trickfilmadaption der Geschichte (»Alice in Wonderland«, USA 1951, Regie: Clyde Geronimi, Hamilton Luske und Wilfred Jackson) hat das Weiße Kaninchen eine rote Hose an. Das Kaninchen führt mehr unwillig als freundlich die staunende Alice durch einen Schacht in das tief im Erdinneren liegende Wunderland, in dem das Menschenkind auf so bizarre Gestalten wie die Spielkartenkönige oder die → **Grinsekatze** trifft. Das ältliche Langohr ist schüchtern, fahrig und ständig besorgt, zu spät zu kommen. Wesentlich dynamischer ist der dumme und arrogante Märzhase, der Alice an der niemals endenden Teegesellschaft in seinem Haus teilnehmen läßt.

In der Fortsetzung des Kinderbuchklassikers, der 1872 erschienenen Erzählung »Alice hinter den Spiegeln« (»Through the Looking-Glass and What Alice Found There«) tritt der Märzhase als Haigha, einer der beiden Boten des Weißen Königs auf. In dieser Geschichte verschlägt es Alice wieder in eine absurde Wunderwelt, die diesmal hinter den Spiegeln liegt. Auch hier hat der Märzhase an ihr herumzumäkeln.

Lit.: Martin Gardner, *The Annotaded Alice,* New York 1960; Alethea Helbig / Agnes Perkins, *Dictionary of British Children's Fiction,* New York und London 1989; *Kindlers Neues Literaturlexikon,* Band 3, München 1989.

Mauerspechte
Protestler, Souvenirjäger
und Geschäftemacher

Als in der Nacht vom 9. zum 10. November 1989 die Berliner massenweise durch die innerdeutschen Grenzübergänge quollen, begnügten sich einzelne nicht mit Jubeln und Schluchzen, sondern zückten am Brandenburger Tor plötzlich einen Hammer und begannen, auf die Berliner Mauer einzuklopfen. Was als Protest gegen den »antifaschistischen Schutzwall« (Erich Honecker) bzw. die »häßlichste Mauer der Welt« (Berliner Illustrierte) begann, entwickelte sich schnell zu einem lukrativen Geschäft. Noch monatelang war Tag und Nacht rund ums Brandenburger Tor das helle Klopfgeräusch von Hammer und Meißel zu hören. Einige der Mauerspechte wollten bloß ein Andenken mit nach Hause nehmen. Andere bauten gleich vor Ort oder am Kurfürstendamm einen Verkaufsstand auf und boten für zwei Mark aufwärts an, was sie heruntergepickt hatten. Besonders begehrt waren handliche Mauerstücke mit Graffitiresten. Verkauft wurde auch im großen Stil. Ein Berliner Unternehmer verfrachtete 10,6 Tonnen Trümmer per Flugzeug nach Chicago. Im New Yorker Kaufhaus Bloomingdale konnte man ein Stück »Berlin Wall« im Lederbeutelchen und in einen Pappkarton verpackt erwerben. Schließlich nahm auch die DDR selbst den Verkauf in die Hand. Der VEB Limex-Bau, Export-Import, lieferte tonnenschwere Mauerteile für bis zu 700 000 Mark nach Japan und Amerika.

Lit.: Berliner Illustrierte, *Tage, die wir nie vergessen. Die friedliche Revolution*, Berlin, Dezember 1989; Spiegel special, *162 Tage deutsche Geschichte*, Hamburg, Mai 1990.

Maunz
siehe Minz und Maunz

MAUS
Holocaust-Comic

»Nach Auschwitz ein Gedicht zu schreiben,
ist barbarisch ...« (Adorno, »Prismen«, 1951)

Für die Darstellung des wohl heikelsten Themas der Zeitgeschichte, dem Massenmord an den europäischen Juden, scheint die populäre Literaturform des Comics, die allgemein mit gezeichnetem Slapstick und oberflächlichen Abenteuerstories in Verbindung gebracht wird, von vornherein ungeeignet zu sein. Der jüdisch-amerikanische Zeichner Art Spiegelman (geb. 1948) hat dennoch versucht, sich mit dem Holocaust in einem Comic auseinanderzusetzen.

In den beiden Alben »MAUS – A Survivors Tale« (1986) und »MAUS II – From Mauschwitz to the Catskills« (1991) läßt er seinen Vater Vladek, durch Nachfragen des Sohnes ständig unterbrochen, die Geschichte seines Lebens erzählen. Vladek beginnt seinen schmerzlichen Erinnerungsbericht mit der Jugendzeit in den frühen 30ern im polnischen Tschenstochau, wo er seine spätere Frau Anja kennenlernt und schließlich heiratet. Als die Deutschen 1939 Polen überfallen, wird er eingezogen und kämpft in der polnischen Armee. Er kommt in ein deutsches Kriegsgefangenenlager, kann aber in seine Heimat fliehen. 1942 wird er ins Ghetto gesperrt und schließlich mit seiner Familie ins KZ Auschwitz deportiert. Vladek und Anja überleben und wandern nach Amerika aus. 1968 begeht Anja Selbstmord.

Die Erzählung ist als Realcomic gezeichnet. Mit einer Ausnahme: Die Personen stellt Spiegelman als Mischwesen mit Menschenkörpern und Tierköpfen dar. Die Juden bekamen Mäuseköpfe, die Deutschen hatten Katzengesichter, Polen Schweineköpfe usw. Diese Verfremdung ist ihm vereinzelt als Übernahme von historischen Rassismen vorgeworfen worden. Spiegelman bediente sich jedoch der Tierköpfe, um auf die Praxis der Ideologien des 20. Jahrhunderts hinzuweisen, in denen Menschen und Gruppen durch Verpassung einer symbolischen Kennzeichnung stereotypisiert und so ihrer individuellen Persönlichkeit beraubt werden. Er wollte gleichzeitig zeigen, daß diese Entindividualisierung auch diejenigen trifft, die diese Abstempelung vornehmen.

Bereits 1972 hatte Art Spiegelman die Idee, die Erlebnisse eines KZ-Häftlings zeichnerisch umzusetzen, in einem kurzen Strip verwirklicht. In diesem »MAUS«-Strip sind die handelnden Figuren noch gänzlich als Tiergestalten dargestellt. Seit 1977 arbeitete er dann nach seinem endgültigen Konzept. Die einzelnen Kapitel erschienen zunächst in unregelmäßigen Abständen im Magazin »RAW«. Zahlreiche Anregungen von außen und eigene Hinterfragungen Spiegelmans zu seiner eigenen Position als Jude, Sohn und Produzent flossen in das Endwerk ein und wurden hier auch ausdrücklich genannt. MAUS hatte wie kein anderer Comic vor ihm Aufmerksamkeit in der sogenannten seriösen Kulturpresse gefunden. Die Kritik war fast ausschließlich zustimmend und positiv, ohne daß sie im einzelnen dem Werk immer gerecht wurde. Spiegelman griff die Aspekte der Rezeption seines Buches und der Problematik von Erinnerungsdarstellungen in »MAUS II« auf. 1992 erhielt er als erster Comic-Zeichner den Pulitzer-Preis für herausragende publizistische Leistungen.

Lit.: Marcus Czerwionka (Hrsg.), *Lexikon der Comics* (Loseblattsammlung), Meitingen 1991–1995; Kai Steffen-Schwarz, *MAUS – Der Holocaust-Comic und die Reaktionen des amerikanischen Publikums,* Gießen 1992.

Die Maus
Fernsehstar aus der Sendung
mit der Maus

»Hier kommt die Maus.« (Stefan Raab)

Sie hat nicht einmal einen Ansatz von Hals, ist orange mit braunen Ohren und Armen und Beinen, hat sechs Barthaare, ein breites Grinsen und große Augen mit klappernden Sylvester-Stallone-Lidern. Entworfen hat sie Isolde Schmitt-Menzel; Friedrich Streich setzt sie seit 26 Jahren in Bewegung. Ihre Zwischenspots verbinden die Lach- und Sachgeschichten der vielfach prämierten und gelobten Kinder-»Sendung mit der Maus«. In den 30- bis 40sekündigen »Minidramen« beweist sich die Maus als unkonventionelle Problemlöserin. Bei Bedarf werden aus ihren Beinen Stelzen, aus ihrem Schwanz ein Bohrer, und wenn sie Durst hat, öffnet sie eine Tür an ihrem Bauch und holt sich dort eine Flasche Milch heraus. Sie spricht nicht, macht aber auch so genug Lärm. Das Geräusch ihrer stampfigen Schritte stellt der Geräuschemacher mit Kokosnußschalen her, für das typische laute Augenklimpern nimmt er Kastagnetten. Anfangs machte die Maus allein den Pausenclown, inzwischen unterstützen sie → **Der Elefant** und → **Die Ente.**

Am 7. März 1971 wurden die »Lach- und Sachgeschichten« zum ersten Mal in der ARD gezeigt. Drei Tage später hatte dort die Maus Premiere, und seit dem 23. Januar 1972 hieß die Sendung ihretwegen »Die Sendung mit der Maus«. Lachgeschichten, wie die Abenteuer von → **Käpt'n Blaubär,** dem → **Kleinen Maulwurf,** dem **Kleinen Eisbär** und Janoschs Traumstunden, gibt es natürlich immer noch. Sachgeschichten auch. Die Reportagen erklären Phänomene, die einem schon lange ein Rätsel waren, etwa, wieso die Zahnpasta mit Streifen aus der Tube kommen kann. Dazu gibt es realistische Tierabenteuer mit Helden, die **Lucas der Hirschkäfer** oder **Hortensia die Weinbergschnecke** heißen. Die Maus-Beiträge sind in mehr als 70 Ländern zu sehen. Zum 25jährigen Geburtstag erschien 1996 eine Maus-CD, auf der verschiedene deutsche Gruppen und Interpreten der Maus und ihren Plüsch- und Zeichentrickkollegen ein Ständchen brachten. Stefan Raabs Lied »Hier kommt die Maus«, das die Erkennungsmelodie der Sendung benutzte, wurde sogar ein Erfolg.

Lit.: Katalog zur Ausstellung *MAUS OLEUM – 25 Jahre Sendung mit der Maus,* Köln 1996; WDR-Pressemappe 1996.

Mäusepiep
Einer von Lurchis Freunden

Mäusepiep, auch **Pieps** genannt, ist eine eher unscheinbare Figur aus den Bildergeschichten »Lurchis Abenteuer« der Schuhfirma »Salamander«. Außer den unvermeidlichen Salamanderschuhen trägt die Maus rote Socken und eine blaue Hose, die hinten einen Schlitz für den Mäuseschwanz hat. Sie ist ab Heft Nr. 6 dabei, in der neugezeichneten Ausgabe der ersten Hefte erscheint sie bereits in Heft Nr. 4. Mäusepiep erleidet hin und wieder Mißgeschicke, aus denen ihm → **Lurchi** heraushelfen muß. Ansonsten ist er bei Abenteuern und bei Festen einfach so dabei.

Lit.: siehe unter **Lurchi.**

Mecki
Redaktionsigel

»Nun mach aber mal einen Punkt.«
(Mecki zu Charly Pinguin)

Für eine Ikone der bundesdeutschen Nachkriegsbürgerlichkeit sah Mecki überraschend verwarzt aus: Eine zerrissene und geflickte Hose wird notdürftig statt mit einem Gürtel mit einem unordentlichen Stück Schnur am feisten Körper festgehalten, das Hemd unter der speckigen Weste ist kragenlos, die Schuhe sind ausgelatscht. Dennoch war der aufrecht gehende Igel Mecki mit den verquollen wirkenden Schweinsäuglein in den 50er und 60er Jahren eine der beliebtesten Tierfiguren der Bundesrepublik. Sein Tippelbruder-Outfit wurde ihm in den 30er Jahren verpaßt. Angelehnt an den aus einer uralten Wanderfabel entstandenen Grimm'schen Märchenstoff produzierten die Brüder Diehl 1937 den erfolgreichen Puppen-film »Der Wettlauf zwischen dem Hasen und dem Igel«. Nach dem Krieg drehten die Diehls mit ihrer Igelfigur etliche Kurzfilme im Auftrag der Wochenschau. Seinen an → **Micky Maus** erinnernden Namen bekam das bis dahin noch ungetaufte Puppentier vom Chef-redakteur der frisch gegründeten Rundfunkzeitschrift »Hörzu«, der auf der Suche nach einem publikumswirksamen Werbeträger für sein Blatt auf den bereits relativ bekannten Igel stieß. Im Oktober 1949 wurde Mecki als Redaktionsmaskottchen eingeführt und seit-dem tauchte in jeder »Hörzu«-Ausgabe ein Foto mit Igelpuppe und einem dazugehörigen launig-humorigen Text als Lückenfüller auf. Um von den Diehl-Brüdern unabhängiger zu sein, wurde Mecki seit 1950 auch in gezeichneter Form präsentiert. Diese von Reinhold Escher und Wilhelm Petersen mit großer Liebe zum verspielten De-tail gezeichneten Cartoons bekamen ab 1951 einen festen ganzseiti-gen Platz und wurden zu Fortsetzungsabenteuergeschichten ausge-baut. Ort der Handlungen war eine Welt von real gezeichneten Menschen, die anscheinend den anthropomorphen Igel als ihres-gleichen anerkennen.

Die Zeichner schufen um den zwar weiterhin schlampig angezo-genen, aber zur brav-vernünftigen Onkelfigur entwickelten Mecki ein fröhliches Bestiarium von Co-Stars. Ständige Mecki-Begleiter wurden der eitle Geck und cholerische Versager → **Charly Pinguin** und der ewig schläfrige Schlafmützentroll Schrat. 1952 heiratet Mecki die Igelin **Micki**. Kinder haben die beiden nicht. Quasi als Kinderersatz bevölkert dafür eine Horde junger Hamster den Haus-halt. Daneben tauchten ab und an die Ente **Watsch**, der Rabe **Poppo** und **Kater Murr** als Freunde auf. Die Personifikation des – natür-lich stets scheiternden – Bösen in der heilen Mecki-Welt war der Urwaldzauberer Kokolastro aus Costa Negra.

Mecki sollte als biederer Werbeträger und auch als Vorbild für die kindliche Primär-Zielgruppe der Cartoons Optimismus, Fröh-lichkeit und Ordentlichkeit ausstrahlen. Dementsprechend langwei-lig war auch sein Charakter. Die Zeichner glichen Meckis fade Nettigkeit durch die vielschichtigeren Charaktere anderer Figuren, insbesondere Charly, wieder aus. Als Werbeträger dagegen machte niemand dem Stacheltier seinen Rang streitig. Mecki war eines der ersten Beispiele für großangelegtes Merchandising einer deutschen Comic-Figur. Die zwischen 1952 und 1964 jeweils in der Vorweihnachtszeit erscheinenden Mecki-Bücher gehörten zu den meistgelesenen Kinderbüchern dieser Zeit. Als Spielzeug und Nippes, auf Postkarten und auf Stellschildern überschwemmte die Figur die junge Republik und trug dazu bei, daß »Hörzu« zur marktbeherrschenden Fernseh- und Radiozeitschrift wurde. Die nach dem Krieg kränkelnde Spielzeugfirma Steiff konnte sich mit der Produktion von Mecki-Puppen sanieren und etablierte den Igel in deutschen Kinderzimmern der Nachkriegszeit (bei Steiff bekamen Mecki und Micki auch Kinder: **Macki und Mucki**). Meckis Popularität machte ihn sogar zum Namenspatron für den in Deutschland eifrig imitierten Bürstenhaarschnitt amerikanischer GIs.

Nach dem Ausscheiden von Petersen (1969) und einem Wechsel an der »Hörzu«-Redaktionsspitze waren die Tage des alten Mecki gezählt. Unter der neuen Führung wurde er krampfhaft aufgepeppt, die vertraute Bildaufteilung veränderte sich, und Mecki erschien schließlich auch nicht mehr in jeder Ausgabe. 1972 wurde die Mecki-Serie eingestellt. Von 1975 bis 1978 wurde sie noch einmal aufgewärmt. Doch die jetzt knallig bunt statt wie ursprünglich zartfarbig in Aquarellart kolorierten Strips mit den für Mecki neuartigen Sprechblasen kamen beim Publikum nicht wie erhofft an. 1978 wurde Mecki erneut zu Grabe getragen.

So ganz mochte dann aber die mit Mecki aufgewachsene Generation nicht auf den Freund ihrer ABC-Schützentage verzichten. In einem Akt nostalgischer Rückbesinnung erscheint Mecki seit 1983 mal sporadisch, mal regelmäßig wieder auf den Seiten der »Hörzu«, ohne seine frühere Bedeutung in der Öffentlichkeit als allgegenwärtige Gartenzwergvariante wieder einnehmen zu können. Aufmachung und Plazierung wechselten seit seiner Wiedereinführung ständig. Zur Zeit teilt sich der jetzt von Volker Reiche gezeichnete Stachelkopf die Comic-Seite der Zeitschrift mit zwei anderen Strips.

Lit.: Andreas C. Knigge, *Fortsetzung folgt. Comic-Kultur in Deutschland*, Frankfurt am Main/Berlin 1986; Eckart Sackmann, *Mecki. Maskottchen und Mythos*, Hamburg 1986.

Meikel Katzengreis
Katzenpuppe des Kinderfernsehens

Anfang der 70er Jahre moderierte die Fernsehansagerin Hanni Vanhaiden Kindersendungen der ARD. Dabei saßen ihr große Puppenfiguren zur Seite. In der Sendereihe »Plumpaquatsch« war das ein Wassermann. Er wurde 1973 von Meikel Katzengreis, einem bejahrten, aber nicht weniger frechen Kater abgelöst. Er entlockte Hanni Vanhaiden in der Serie »M. wie Meikel« das Geheimnis, daß ihr richtiger Name Hanni Hümpel sei.

Als militanter Nichtraucher »meikelte« er ihre Zigaretten – er schnitt sie in viele kleine Stücke.

Lit.: *Lexikon der Kinder- und Jugendliteratur,* Weinheim/Basel 1984.

Meteor
Springpferd mit Paul-Gascoigne-Qualitäten

»Fritz, kann er denn wirklich nicht schneller ...?«
(Frau Thiedemann im Hotelzimmer zu ihrem Ehemann
über Meteor während des Desasters in Rom)

1957 kam der Hosteiner Wallach zusammen mit seinem Reiter Fritz Thiedemann ins bayrische Fernsehstudio. Meteor hatte die höchste je von einem Springpferd erreichte Zahl an Siegen (die 112 Siege des englischen Springpferds **Foxhunter**) überboten. Am Ende seiner Laufbahn, die von 1950 bis 1961 dauerte, hatte er 150 Siege in M- und S-Springen und eine Gewinnsumme von 177 112 Mark eingesackt. Allerdings errang → **Halla**, die mit Hans Günther Winkler zur gleichen Zeit im gleichen Geschäft war, die größeren und wichtigeren Triumphe auf den internationalen Turnierplätzen. Meteors herausragende Erfolge waren:

2 Goldmedaillen in der Mannschaftswertung bei Olympischen Reiterspielen (1956 in Stockholm,1960 in Rom)
1 Bronzemedaille in der Einzelwertung (1952 in Helsinki)
1 Sieg Europameisterschaft (1958 in Aachen)
1 Sieg im Deutschen Springderby (1951 in Hamburg)
1 Sieg im King George V. Gold Cup (1954 in London)

1 Sieg im Großen Preis von Aachen (1955)
1 Sieg im Großen Preis der Bundesrepublik (1956 in Dortmund)
1 Sieg im Preis von Deutschland (1960 in Berlin)
3. Platz Weltmeisterschaft (1956 in Aachen).

Dreimal war Meteor gewinnreichstes Pferd des Jahres: 1951, 1952 und 1956.

Am 12. Mai 1943 wurde in Süderdithmarschen im Stall des Nindorfer Landwirts Otto Dreeßen ein Fohlen geboren, das den Namen Moritz erhielt. Der braune Moritz – »von Diskus, aus der Konkurrentin« (so geschmackvoll wird in der Pferdezucht die Beteiligung der Pferdemutter an der Geburt umschrieben) – hatte einen weißen Stern auf der Stirn und eine Schnippe (tropfenförmiger Fleck) auf der Nase und drei weiße Füße. Als er erwachsen geworden war, sah er »bei aller imponierenden Größe etwas gewöhnlich aus, ein schwerer Brocken mit einer enormen Schulter, einem etwas kurzen dicken Hals und enorm lang im Haar«. Moritz erging es wie fast allen Reitpferden in Deutschland beim Wiederanfang des Reitsports nach dem Zweiten Weltkrieg: sechs Tage Arbeit im Geschirr auf dem Hof, am siebenten ging es in den Reiterverein oder auf ein Turnier.

Fritz Thiedemann und Meteor 1952.

Bei so einem Turnier, Ende März 1950 in Meldorf/Dithmarschen, fiel Moritz zum ersten Mal Fritz Thiedemann auf. Der Wallach hatte als einziger in einem Rekordhochspringen die 1,80m genommen und gesiegt. Thiedemann überlegte, ob er Moritz kaufen sollte, entschied sich wegen der Temperamentlosigkeit des Pferdes aber dagegen. Er verpaßte die Chance seines Lebens. Zwei Tage später war Moritz verkauft und zog noch weiter nördlich – in den Sönke-Nissen-Koog zu Willy Brandt (nicht der Bundeskanzler). Dort erhielt er reichlich Hafer, einen rasanten Kurzhaarschnitt und den Namen Meteor, unter dem er in die Liste der Turnierpferde eingetragen wurde. Thiedemann, der ein gutes Verhältnis zu Brandt hatte, durfte Meteor für ihn reiten und erlebte auf dem Deutschen Springderby in Hamburg mit ihm zunächst ein Fiasko. Fehler über Fehler.

Im Winter 1950/51 kam Meteor zu Thiedemann nach Elmshorn. Hier begann seine dressurmäßige und systematische Ausbildung. Meteor haßte jeden Zwang, insbesondere die Reitbahn, und Thiedemann konnte er auch nicht ausstehen. Nach diesen Ausbildungsstunden, die Thiedemann als mehr oder weniger harte »Reibereien« bezeichnete – wobei es nicht er gewesen sein wird, der die Reibe abbekam –, weigerte sich der naschhafte, aber unbeugsame Wallach sogar, Zucker aus Thiedemanns Hand zu fressen. Hat er den Zucker versehentlich doch genommen, spuckte er ihn wieder aus. Thiedemann wurde »das bittere Gefühl« nicht los, daß »Meteor sich bei ihm nicht gut aufgehoben fühlte«. Dennoch stellten sich schnell die ersten Turniererfolge ein. Aber wie sich das für die Biographie eines (Tier-)Helden gehört, mußte auch Meteor erst noch eine Zeit der Demütigungen und des Verkanntwerdens durchmachen, bevor er richtig berühmt wurde. Nach 13 Siegen im Jahr 1951 (darunter das Deutsche Springderby) starteten Thiedemann und sein dicker Wallach in Rom – und waren einfach nicht schnell genug. Obwohl Meteor im Parcours keinen einzigen Fehler machte, konnte er sich nicht einmal plazieren. Die Zeitungen, die kurz zuvor noch »Wunderwallach« und »unvergleichlicher Meteor« gejubelt hatten, schrieben jetzt, die deutschen Reiter sollten ihre Pferde dorthin schicken, wo sie hingehörten: zurück auf den Acker, und ihre Pferde endlich im Ausland einkaufen.

Doch als Thiedemann mit Meteor noch härter auf Wendigkeit und größere Schnelligkeit hin arbeitete, stellten sich auch die internationalen Erfolge ein, die erste Goldmedaille bei der Olympiade in Stockholm. Meteor wurde so berühmt, daß er täglich Fanpost erhielt. Und wenn ihn jetzt jemand »den Dicken« nannte, dann mit Respekt. Bei allen Erfolgen blieb er im Training weiterhin bockig und strafte Thiedemann mit Nichtachtung. Seine Aggressionen lebte er aus, indem er beinah täglich seine Stalldecke zerriß. »Selbst wenn man dabeistand, schaffte er es, die Decke in wenigen Minuten in viele Fetzen zu zerreißen.« Thiedemann ärgerte sich zwar über den wenig anschmiegsamen, selbstherrlichen Wallach, hielt ihn aber gleichzeitig für einen Exzentriker, für den andere Maßstäbe galten, und attestierte ihm die Seele eines Künstlers. Für die Künstlerseele sprach Meteors Reaktion, als er auf Diät gesetzt werden sollte:

Während Thiedemann eher Schwierigkeiten hatte, die vorgeschriebenen 75kg auf die Waage zu bringen, hätten dem 13 Zentner schweren Meteor 30 bis 40kg weniger auch nicht geschadet. An Kraftfutter durfte natürlich nicht gespart werden. Darum wurde bei Meteors Umzug in einen neuen Stall die Einstreu seiner Box von Stroh, mit dem er sich zusätzlich den Wanst vollzuschlagen pflegte, auf Torf umgestellt. Meteor schwitzte vor Wut über diese Veränderung so sehr, daß er den ganzen Torfmull durchnäßte. Dann wühlte er mit seinen Nüstern darin herum und benutzte die frischgestrichenen Wände als monochromen Hintergrund für ein tachistisches Bild, auf dem seine Nasenwischer in sowohl heiterer wie tollkühner Formensprache zu einer nur visuell erfaßbaren Ordnung zusammenfanden. Pfleger Hans Thiede und Futtermeister Hermann Richters begriffen, *warum Pferde malen*, und gaben Meteor sein Stroh zurück. Und Meteor siegte weiterhin mit Übergewicht.

Oberlandstallmeister a. D. Dr. Rau sorgte dafür, daß der so schnell berühmt gewordene Wallach nicht verkauft wurde, sondern zur Hälfte in den Besitz des Olympiakomitees überging. Später kam er ganz in den Besitz der Reit- und Fahrschule Elmshorn, damit er weiter als Repräsentant des Zuchtverbandes herausgebracht werden konnte.

Am 2. Juli 1961, im Alter von 18 Jahren, beendete Meteor seine

Karriere, ging auf die Weide und erhielt ein Pony als Gesellschaft. 1966 starb er in Elmshorn 23jährig an Altersschwäche. Außer dem Gedenkstein seines Grabes auf dem Gelände der Reit- und Fahrschule Elmshorn erinnert auch sein Bronzedenkmal, das noch zu seinen Lebzeiten vor dem Landwirtschaftsministerium in Kiel aufgestellt worden war, an »den Dicken«.

Lit.: Helmut Sore, *Die besten elf Reiter,* Düsseldorf 1972; Fritz Thiedemann, *Mein Freund Meteor. Das erfolgreichste Springpferd der Welt,* Frankfurt am Main 1958; Romedio Graf von Thun-Hohenstein, *Das Holsteiner Pferd. Geschichte. Zucht. Leistung,* Friedberg (Dorheim), o. J.; Herbert Wenstorff, *Große Reiter edler Pferde,* Bayreuth 1972.

Der MGM-Löwe
Firmenzeichen der Metro-Goldwyn-Mayer-Filmstudios

Seit 1917 war ein stilisierter Löwenkopf das Markenzeichen der amerikanischen Filmfirma Metro-Goldwyn-Mayer. Werbefachmann Howard Dietz entwarf das nach links schauende Löwenhaupt, das ein bißchen an den heutigen **Peugeot-Löwen** erinnert. Dieses erste Löwenzeichen aus der Stummfilmzeit sitzt auch heute auf dem modernen Verwaltungsgebäude von MGM. Mit dem Beginn der Tonfilmzeit sollte auch das Firmensymbol, das im Vorspann jedes Films zu sehen war, lebendig und laut werden. Dafür wurde 1928 der dressierte Löwe **Leo** abgefilmt. Seitdem kündigt Leos herrisch brüllender Kopf jeden MGM-Film an. Er erscheint in einem Rahmen aus gezeichneten Filmstreifen, unten mit einer Maske, oben mit dem hochtrabenden Motto »ARS GRATIA ARTIS« geschmückt.

Lit.: Peter Hay, *MGM – When the Lion roars,* Atlanta 1991; Dieter Prokop, *Hollywood, Hollywood,* Köln 1988.

Micky Maus (Mickey Mouse)
Comic-Maus

»Irgend etwas geht hier nicht mit rechten Dingen zu!
Da geh' ich am besten zur Polizei.« (Micky Maus)

In der Stummfilmzeit war → **Krazy Kat** in den USA der Star unter den Trickfiguren. Bei Einführung des Tonfilms zögerten die Krazy-Kat-Macher, sich bei diesem neuen Medium zu engagieren. Die Strafe folgte prompt. Eine kleine, tönende Maus verdrängte schlagartig die verrückte Katze von der Leinwand. Mit dem Zeichentrickfilm »Steamboat Willie« (»Dampfer Willie«) begann 1928 der Aufstieg von Micky Maus. Ihr Erfinder war Walt Disney, der damals am Anfang seiner Karriere stand. Gezeichnet und animiert wurde die Maus aber zunächst fast ausschließlich von Ub Iwerks. Vor dem Tonfilm »Steamboat Willie« waren in den bescheidenen Disney-Studios zwei Micky-Maus-Stummfilme gedreht worden, die aber zurückgehalten wurden. So trat Micky (mit der Stimme von Walt Disney) das erste Mal als Matrose der »Willie« an die Öffentlichkeit. Dort legte er sich mit seinem fiesen Kapitän → **Kater Karlo** an und buhlt um die Sympathie einer musizierenden Mäusin namens → **Minni Maus**. Der überdrehte, gurgelnde Slapstickstreifen begeisterte das Publikum nachhaltig. Bis heute sind über 135 Trickfilme mit der Maus, die ursprünglich **Mortimer** heißen sollte, gedreht worden. 1930 erschienen die ersten Micky-Maus-Zeitungsstrips, die bis in die 50er Jahre zu den populärsten Strips Amerikas gehörten. Nach dem Ausscheiden Ub Iwerks' wurde Floyd Gottfredson als Hauptzeichner der Cartoon-Maus angestellt. Gottfredson hat die Maus volle 45 Jahre bis 1975 geformt.

Vor allem die Hinzufügung von Pupillen, Augenbrauen und einer runderen Nase hat aus der Ur-Maus von 1928 (links) die heute wohl jedem bekannte Kult-Figur werden lassen.

477

In ihren frühen Jahren war die quirlige Maus zwar grundsätzlich freundlich und hilfsbereit, aber auch wild und unberechenbar. Noch konnte sie in einem Kosmos »ländlicher Anarchie« zu schadenfrohen Scherzen neigen. Mitte der 30er Jahre verpaßten die Disney-Leute ihr den Charakter des vernünftigen, überlegenen Denkers und Stadtmenschen, der in seinem Beruf als Detektiv das Böse in der Welt bekriegt. Von nun an trat Micky als Retter und Beschützer der Schwachen und Entrechteten auf – oft an exotischen Orten. Die Bedrohungen war fast immer der individuelle Angriff einzelner Bösewichter. Neben seinem Erzfeind Kater Karlo, der Micky in wechselnden Rollen als ewig erfolgloser krimineller Dummkopf gegenübergestellt wird, hatte Micky es insbesondere in der Frühzeit mit dem schmierigen Winkeladvokaten **Balduin Beutelschneider** (**Sylvester Shyster**) zu tun, einem Wolf in Anwaltsrobe.

Bei seinen Abenteuern wurde und wird Micky Maus von einer Reihe von Figuren begleitet. Neben seiner Dauerfreundin Minni sind das vor allem sein tolpatschiger Freund → **Goofy** und sein wenig intelligenter Hund → **Pluto**. Micky Maus ist trotz seiner engen Beziehung nicht mit Minni verheiratet und kinderlos. Wie bei dem anderen Disney-Star → **Donald Duck** griffen Disney und Gottfredson auch bei Micky auf das Veronkelungsprinzip zurück. Um dem ursprünglich alterslosen Mäuserich einen gewissen Reifegrad zu geben, wurden 1932 die zwei Neffen **Mack** und **Muck** (**Morty** und **Ferdie Fieldmouse**), Söhne seiner Tante **Mathilda**, als kindlicher, sporadisch auftretender Anhang in Mickys Leben eingebaut. Parallel zu der Wandlung des Charakters der Maus wurde auch ihr Äußeres in mehreren Schüben verändert. Besonders wesentlich für das Erscheinungsbild von Micky war die Einführung von Pupillen in die bis dahin flächig schwarz ausgemalten Augen (1938), der Verlust des Schwanzes und die Festlegung auf die Stromlinienform (1941). Ende der 40er Jahre verpaßte man Micky, dem bis dahin große gelbe Schuhe und eine kurze rote Hose als Bekleidung vollauf genügt hatten, normale Herrenoberbekleidung.

1930 kam Micky Maus nach Deutschland (hier trotz ihres eindeutig männlichen Geschlechts hartnäckig »die Mickymaus« genannt). Seine deutsche Popularität war durchaus mit der in den USA zu vergleichen. Wie dort wurde die fröhliche Maus auch in

Deutschland als Werbeträger und Kaufanreizmittel vermarktet. Aufmerksame Zuschauer werden in einer Szene des Fritz-Lang-Filmklassikers »M« (1931) Micky-Maus-Figuren in der Auslage einer Bäckerei entdecken. Auch nachdem die Nazis an die Macht gekommen waren, ebbte die Micky-Maus-Begeisterung nicht ab. Daß nach 1935 keine neuen Disney-Filme ins Deutsche Reich kamen, hatte keine politischen, sondern wirtschaftliche Gründe. Deutschland hatte keine Devisen für den Einkauf von US-Importen übrig. Bis zur deutschen Kriegserklärung liefen alte Micky-Maus-Filme aber weiter in den Kinos. Danach wurde ihre öffentliche Aufführung verboten. Doch verschwand die Maus nicht vollständig aus Deutschland. Viele Nazigrößen, vorneweg Adolf Hitler, besaßen Micky-Maus-Filme in ihren privaten Lichtspielarchiven. Ein Beispiel für anhaltende Micky-Maus-Anhängerschaft bot die Deutsche Luftwaffe. Das Jagdgeschwader 26 hatte einen Beil und Pistole schwingenden Micky Maus als Geschwaderzeichen.

Die große Vorkriegsakzeptanz in Deutschland machte der Maus ihr Comeback nach dem Zweiten Weltkrieg leicht. Im Sommer 1951 erschien das erste deutsche Micky-Maus-Heft zum stolzen Preis von 75 Pfennig (Stundenlohn eines Arbeiters). Zunächst kam die Reihe monatlich, dann vierzehntägig heraus, seit 1957 wöchentlich. Die Micky-Maus-Hefte wurden bald marktführend. Dazu hat sicherlich auch die Vorsicht der Micky-Maus-Macher beigetragen, den hysterischen Betreibern der Anti-Comics-Kampagnen in den USA und Europa durch weichgespülte Bildgeschichten keinen Vorwand zum Protest zu geben. Micky Maus wurde nun endgültig zum Abbild des ordentlichen amerikanischen Mittelschichtbürgers. Hatte er sich früher ständig in der ganzen Welt herumgetrieben, so wurde er jetzt ausgesprochen häuslich. Der Handlungsort war meist in sein sauberes Vororthaus in Entenhausen verlegt. In Entenhausen (Duckburgh), das im Original anders als in der deutschen Fassung eindeutig in den USA liegt, gibt es keine ethnischen Konflikte. Nichtweiße Nordamerikaner gibt es dort nämlich nicht. Auch andere gesellschaftliche Konflikte, die früher ab und zu eine gewisse Rolle spielten, werden aus dieser aseptischen Welt herausgefiltert. Den Lesern wurde die Maus mit der Zeit zu kreuzbrav, mehr Spaß versprachen die frecheren Abenteuer von Donald Duck. Die inzwischen fast 70jährige Micky Maus blieb zwar so etwas wie das Wappentier des Disney-Imperiums, so zum Beispiel als offizieller Gastgeber von Disneyland, doch sind seine ganz großen Zeiten seit den 60er Jahren vorbei.

Lit.: Marcus Czerwionka (Hrsg.), *Lexikon der Comics* (Loseblattsammlung), Meitingen 1991–1995; Wolfgang J. Fuchs, *Micky Maus. Das ist mein Leben,* Stuttgart 1988; Maurice Horn (Hrsg.), *The World Encyclopedia of Comics,* New York 1976; Andreas C. Knigge, *Fortsetzung folgt. Comic-Kultur in Deutschland,* Frankfurt am Main/Berlin 1986; Carsten Laqua, *Wie Micky unter die Nazis fiel. Walt Disney und Deutschland,* Reinbek 1992; Leonard Maltin, *Der klassische amerikanische Zeichentrickfilm,* München 1982.

Die Midgardschlange Jörmungand
Riesiges Schlangenungetüm aus der germanischen Mythologie und »das starke Band der Erde«

Die Midgardschlange Jörmungand ist ein Kind der Riesin Angrboda, deren Name »Die Kummer Verkündende« bedeutet. Jörmungands Vater ist Loki, der Todes- und Vernichtungsdämon, der sich als verschlagener Scherzbold in der germanischen Götterwelt herumtreibt. Hel und der → **Fenriswolf** sind die Geschwister der Midgardschlange.

Durch Weissagung erfahren die Götter, daß sie von dieser schrecklich netten Familie allerlei Unheil zu erwarten haben. Um sie kaltzustellen, läßt Götterchef Odin den Fenriswolf fesseln, verpaßt Hel einen Job als Empfangsdame in der Unterwelt und wirft Jörmungand ins Meer. Hier gedeiht die Schlange prächtig und wird so groß, daß sie ganz Midgard, die mittlere und von den Menschen bewohnte Welt, umgürteln kann, wobei sie sich selbst in den Schwanz beißt. Darum heißt sie auch die Midgardschlange.

Sie scheint so etwas wie eine sehr frühe Personifikation des gefährlichen und gewaltigen Meeres zu sein.

Ihr Gegner ist der kriegerische Gott Thor. Auf der Abbildung einer alten Kopenhagener Handschrift und auf dem Runenstein von Gosforth sieht man Thor nach der Midgardschlange angeln. Von diesem Angelausflug und seinem enttäuschenden Ausgang gibt es verschiedene Versionen. In der Prosa-Edda von Snorri Sturluson (1179–1241) spielt er sich folgendermaßen ab:

Thor – in der Gestalt eines jungen Mannes – bekommt einen Wutanfall, weil ihn der Riese Hymir für schwächlich hält und deswegen nicht beim Fischen dabeihaben will. Hymir gibt nach unter der Bedingung, daß Thor sich selbst einen Angelköder besorgt, woraufhin Thor Hymirs größtem Ochsen den Kopf abreißt. Mit diesem Köder kriegt er die Midgardschlange an den Haken. Um sie hochzuziehen, muß er sich gegen das Boot stemmen, durchstößt dabei die Planken und kommt mit den Füßen auf dem Meeresgrund zu stehen. Thor zieht die Schlange so weit herauf, daß sich die beiden in die Augen sehen können. Jörmungand spuckt Gift, und Thor will ihr einen mit seinem Hammer verpassen, da kappt Hymir aus Angst die Leine. Angler werden Thors Reaktion verstehen: Er schmeißt Hymir über Bord. Ob der Hammer, den Thor der Midgardschlange nachgeworfen hat, trifft, läßt Snorri Sturluson offen.

Vermutlich traf er nicht, denn laut Prophezeiung wird die Midgardschlange am Weltende Ragnarök, dem unabwendbaren Untergang der Götter und der von ihnen geschaffenen Welt, entscheidend mitwirken. Sie wird das Meer dermaßen in Wallung versetzen, daß sich das unappetitliche Schiff Naglfar (das aus den ungeschnittenen Nägeln der Toten erbaut ist) losreißt und Loki und Hymir zu ihrer unheilvollen Fahrt aufbrechen können. Zwar wird es Thor diesmal gelingen, der Midgardschlange seinen Hammer überzubraten, aber auch er muß sterben, an dem Gift, das Jörmungand über ihn speit.

Lit.: Raymond I. Page, *Nordische Mythen,* Stuttgart 1993; Hans Schöpf, *Fabeltiere,* Wies-baden/Graz 1992.

Mikesch
Sprechender Kinderbuchkater

Schusters Mikesch aus Holleschitz ist ein schwarzer Kater, der Stiefel und Hosen trägt, morgens die Brötchen holt, der Großmutter im Haushalt hilft und sprechen kann. Das Sprechen hat ihm der Schusterjunge Pepík beigebracht. Mikesch wiederum hat dem Schwein **Paschik** und **Bobesch**, dem Ziegenbock des Gemeindehirten, Unterricht in menschlicher Sprache erteilt. Gemeinsam üben die drei in Paschiks Stall das Einmaleins.

Als Mikesch versehentlich Großmutters Rahmtopf zerbricht, läuft er verzweifelt weg, um das Geld für einen neuen Topf zu verdienen. Nach diversen Abenteuern landet er im Zirkus Kludsky, wo er den Künstlernamen Don Miko de la Maukando erhält und als sprechender Sack »Schock-Schock« Geld verdient. Mit einem »funkelnagelneuen« Rahmtopf kehrt er nach Holleschitz zurück. Dort empfangen ihn nicht nur die Großmutter und seine alten Kumpane, sondern auch der Männergesangsverein des Dorfes (mit einem Lied) und das inzwischen zum Freundeskreis dazugestoßene weiße Katerchen **Maunzerle** (mit einem Gedicht).

Die Geschichten um den Kater Mikesch, der hiermit und mit weiteren Streichen ein böhmisches Dorf in Aufruhr versetzt, erschienen in vier Teilen zwischen 1934 (»O Mikesovi«) und 1936 und stammen vom Prager Illustrator und Schriftsteller Josef Lada (1887–1957), der selbst Sohn eines armen Dorfschusters war. Lada hat vornehmlich als Illustrator Bedeutung für die Kinderliteratur erlangt, wobei seine Bücher ihre volle Wirkung jedoch erst »in dem harmonischen Zusammenhang von Bild und Text finden«. Die Mikesch-Geschichten wurden im Ausland am bekanntesten. In Deutschland erschien 1962 eine Nachdichtung von O. Preußler »Kater Mikesch. Geschichten vom Kater, der sprechen konnte«, die mit dem Deutschen Jugendbuchpreis ausgezeichnet wurde. 1974 kam ein zweiter deutscher Mikesch-Band in der Übersetzung von M. Schuster heraus: »Kater Mikesch. Neue Geschichten vom Kater, der sprechen konnte«. In der Marionettentheaterfassung der »Augsburger Puppenkiste« aus den 60er Jahren, die im Fernsehen zum Glück in Schwarzweiß gesendet wurde, trägt Mikesch einen hellblauen Chiffon-Schal zu orangefarbenen Stiefeln, Schwein Paschik ein rotes Halstuch mit weißen Tupfen und Ziegenbock Bobesch eine scheußlich buntgestreifte Krawatte.

Lit.: *Lexikon der Kinder- und Jugendliteratur,* Band 2, Weinheim/Basel 1984.

Die Milka-Kuh
Lila Werbestar von Jacobs-Suchard

»Aus mir wird bestimmt mal eine
ganz zarte Versuchung.« (Lila Kalb)

Die **Lila Kuh** ist trotz ihres Namens niemals ein von Oben bis Unten lila angemaltes Rind gewesen, sondern immer eine lilaweiße Kuh. Um ihren Hals hängt eine riesige Kuhglocke und auf ihrer Flanke steht in kürbisgroßen Buchstaben »Milka«. Freundlich wendet sie den Kopf und schaut genau in die Kamera – wenn auch nur aus dem einzigen Grund, weil hinter der Kamera ein Helfer stand und geräuschvoll einen Regenschirm aufspannte.

Bereits 1901 gab es auf der Schokaladenverpackung der damals 75 Jahre alten Firma Suchard eine Kuh. Die war allerdings unauffällig weiß. Lila war vorerst nur das Papier, auf das sie gedruckt wurde. Erst 1955 färbte sich auch das Verpackungsrind violett. Daß ab 1972 eine echte, lebendige Kuh in dieser Farbe im Fernsehen erschien, ist ein Einfall der Werbefirma Young & Rubicam. Nachdem Texterin Ilse Theissen und Art Director Sandor Szabo die Lörracher Schokoladenfabrik von Suchard besichtigt hatten, in der von den Maschinen über die Kleidung der Mitarbeiter bis zu den Treppengeländern »alles« lila war, kam ihnen der Einfall, auch in den Anzeigen und Fernsehspots für Suchard alles Mögliche milkamäßig einzufärben – Luftballons, Weihnachtsbäume, Tauben, Tannenzapfen – und eben auch mal eine Kuh. Der Vorschlag mit der lila Kuh gefiel den Managern von Suchard so gut, daß sie schon kurz nach Anlauf der Kampagne beschlossen, nur noch mit dem eingefärbten Symbol einer heilen Heidi-Bergwelt zu werben. In den Zeitschriftenanzeigen wurde die ungewöhnliche Farbe nachträglich ins Bild retuschiert, aber für die Fernsehaufnahmen kolorierte man die Rindviecher selbst. Wasserlösliche und ausbürstbare Farbe wurde in einer mühsamen, zwei Stunden dauernden Prozedur mit Schablonen auf die linke Kuhseite aufgetragen, links, weil auch die Kuh auf der Schokoladentafel ihre linke Seite zeigt. Das Schwierigste war der Schriftzug.

Rund 20 verschiedene Rindviecher ließen diese Prozedur allein bis 1992 über sich ergehen. Es handelte sich um Simmentaler

Höhenfleckvieh, braunweiß gefleckte Rinder, die etwa 800kg schwer werden. Sie stammten aus dem Stall von Werner Kuhnen. Gestartet wurde die mehrfach prämierte reine Kuhkampagne mit **Adelheid**, einer mehrfach preisgekrönten Kuh, als Model und mit Arne Bokelberg als Fotografen.

Bei den Fernsehwerbespots stand man anfangs vor einem Problem. Da 1974 noch Dreiviertel aller Fernseher Schwarzweißgeräte waren, kamen weder das saftige grüne Gras der Mariaalm bei Salzburg oder des Berner Oberlandes recht zur Geltung, noch – was weitaus schlimmer war – die violetten Flecken der Milka-Kuh. Um die Existenz der Lila Kuh trotzdem in den Köpfen zu verankern, wurden kostenlos Pappbrillen, durch die man alles lila sah, verteilt und ein Preisrätsel veranstaltet: »Welche Farbe hat die Kuh?« Die über 20jährige Werbekampagne war ein durchschlagender Erfolg. Eine Umfrage, die Anfang der 90er Jahre in Kindergärten durchgeführt wurde, ergab, daß gut die Hälfte aller Kinder glauben, Kühe wären überhaupt und generell lila.

1982 waren Suchard einmal Bedenken gekommen, daß die Lila Kuh sich womöglich verselbständigt habe und statt für Milka-Schokolade nur noch für Milka-Kühe werben würde. Kurzfristig durften die Werberinder sich ausschließlich der Milchproduktion widmen. Aber bereits Anfang 1984 holte man sie schleunigst wieder vor die Kamera. In einem Gewinnspiel gab es dann eine ganze, lebendige Lila Kuh zu gewinnen – oder den Gegenwert in bar. Der schließlich ermittelte Gewinner entschied sich tatsächlich für die Kuh, die ihm im bemalten Zustand übereignet wurde.

Von allen Rinderdarstellern, die je für Milka geworben haben, ist **Schwalbe** am bekanntesten geworden. 1990 hatte sie zum letzten Mal Modell gestanden und sollte 1991 aus Altersgründen geschlachtet werden. Journaille und steakmampfende Öffentlichkeit waren erschüttert. Schwalbe durfte am Leben bleiben. Suchard spendierte jährlich 6000 Schweizer Franken fürs Gnadenheu. 2 Jahre später bekam Schwalbe Arthrose und mußte doch noch unters Hackbeil. Diesmal krähte kein Hahn danach. Die neue Milka-Kuh hieß inzwischen **Chrinde** und kam aus dem Stall eines anderen Simmentaler Bauern.

1996 muß ein hartes Jahr für den Fremdenverkehrsverein Lenk

gewesen sein, der schon vorher zu beklagen hatte, daß Milkas Werbefilme plötzlich statt im Simmental, der Heimat der Milka-Kühe, in Österreich gedreht worden sein sollen. Der Weihnachtsspot 96 wurde sommers im verschneiten Argentinien gedreht und die Kuh dazu in einem Hamburger Studio aufgenommen. Und dann stammte die Kuh auch noch aus Bayern.

Lit.: *MAX* 12/1992; *W&V* 14/1993; *W&V Background* 35/1995; *Zeitmagazin* 48/1996.

Milou
siehe Struppi

Minni Maus (Minnie Mouse)
Mickys Dauerfreundin

»Miiicky! Sieh mal!
Ist das nicht ein Traum von einem Hut?«
(Minni Maus)

→ **Micky Maus** lernte die Mäusin Minni Maus 1928 kennen und lieben. Bei seinem ersten öffentlichen Auftritt, dem Trickfilm »Steamboat Willie«, spielte sie die Rolle einer Schönheit mit Ukelele. Micky beschützt sie in diesem Film vor dem schuftigen Dampferkapitän → **Kater Karlo**. Seitdem ist der monogame Mäuserich Micky ihr treuer und hartnäckiger Verehrer. Hartnäckig mußte er auch sein. Jahrelang warb er in jedem der zahlreichen gemeinsamen Filme erneut um Minni. Das Ergebnis war dürftig und züchtig. Viel mehr als freundliche Worte und ein schmachtender Blick waren meist nicht drin. Schüchterne Versuche von Micky, der Dame seines Herzens auch einmal einen Kuß zu geben, wurden von Minni entrüstet abgeblockt. Immerhin entwickelte sich ihre Beziehung: Nach einiger Zeit waren Minni und Micky ein platonisches Dauerpaar und Micky konnte sich Minnis grundsätzlicher Sympathie sicher sein. Zwar hat jeder der beiden Mäuse einen eigenen Haushalt, doch ist Minni oft bei Micky zu Gast. Es wird sogar gemunkelt, daß die zwei verheiratet sind. Der Schöpfer der beiden, Walt Disney, hielt sich zu dieser Frage merkwürdig bedeckt. 1933 soll er aber zugegeben haben, daß das Mäusepaar privat verheiratet sei. In den Filmen und Comics seien sie allerdings weiterhin unverheiratet. Anderweitig miteinander verwandt sind sie auch nicht, obwohl sie den gleichen Nachnamen tragen und sich sehr ähnlich sehen. In den frühen Jahren ihrer Beziehung sahen sie fast identisch aus. Minni unterschied sich lediglich durch zwei lange Wimpern von Micky. Außerdem trug und trägt sie statt Hosen einen mittelkurzen Rock und klobige, mindestens zwei Nummern zu große Stöckelschuhe. Später bekam sie eine riesige Haarschleife als ständiges Accessoire auf den frisurlosen Kopf verpaßt. Seit Ende der 40er Jahre ist auch ihr busenloser Oberkörper mit Textilien abgedeckt. Außerdem wurde sie jetzt etwas kleiner als ihr Dauerfreund gezeichnet. Etwa gleichzeitig mit dieser äußerlichen Veränderung wechselte Minni auch ihren Beruf. War sie bisher in dem leicht anrüchigen Gewerbe einer Sängerin beziehungsweise einer Musikantin tätig, wurde sie 1944 zu einer reputierlichen Krankenschwester. Über Minnis familiäres und soziales Umfeld außerhalb ihrer Micky-Beziehung ist nur wenig bekannt. Es existiert ein sporadisch auftauchender Onkel **Mortimer,** gerne klatscht sie mit Freundin → **Klarabella Kuh**, und als Haustier hält sie sich den Goldfisch **Figaro.**

Lit.: Wolfgang J. Fuchs, *Micky Maus. Das ist mein Leben,* Stuttgart 1988; Jeff Rovin, *The Illustrated Encyclopedia of Cartoon Animals,* New York 1991.

Minotaurus
Stier-Mensch-Mischwesen
aus der griechischen Mythologie

In König Minos Leben spielten Stiere keine kleine Rolle. Schon sein eigener Göttervater Zeus hatte die Gestalt eines Stieres angenommen, als er Europa entführte, mit der er außerehelich drei Söhne zeugte (wozu er allerdings die Gestalt eines schönen jungen Mannes annahm). Und einer dieser Söhne war eben Minos. Er schien bei den Göttern des Olymp einen Stein im Brett gehabt zu haben, denn sie unterstützten ihn bei seinem Kampf um den Thron von Kreta. Minos wollte ein Dankopfer darbringen und bat Poseidon um einen Meerstier. Poseidon scheint nichts Merkwürdiges daran gefunden zu haben, selbst den Stier zu spendieren, der ihm anschließend wieder geopfert werden sollte, und schickte ein besonders schönes, blütenweißes Tier. Minos gefiel dieser Meerstier so gut, daß er ihn lieber behielt und ein ganz gewöhnliches Rind von der Weide opferte.

Poseidon war beleidigt. Aus Rache verzauberte er Pasiphae, des Königs Eheweib, so daß sie sich in den unterschlagenen Stier verlieben mußte, und zwar nicht platonisch. Pasiphae vertraute ihre ungewöhnliche sexuelle Neigungen dem berühmten Bildhauer und Architekten Daedalus an. Daedalus, anscheinend ein toleranter Mensch (oder auch nur einer, der einer kniffligen Aufgabe nicht widerstehen konnte), baute eine lebensgroße hohle Kuh auf Rädern, ähnlich dem → **Trojanischen Pferd** – bloß daß nur eine Person hineinpaßte, und das in einer ganz bestimmten Stellung. Die Holzkuh wurde mit echter Kuhhaut überzogen, auf die Stierweide gerollt und mit Pasiphae gefüllt. Der weiße Stier tat der Königin den Gefallen.

Das Kind dieser Liebe war der Minotaurus, ein Ungeheuer, das den Kopf eines Stieres und den Körper eines Mannes hatte – jedenfalls wird das Stierwesen üblicherweise so abgebildet, meist hat es noch einen Kuhschweif am menschlichen Hinterteil. Der wenig erfreute König Minos sperrte ihn in das Labyrinth, das er dafür extra bei Knossos anfertigen ließ. Jedes Jahr zerfleischte der Minotaurus dort sieben Jungfrauen und sieben Jünglinge, die aus Athen und anderen tributpflichtigen Städten geschickt wurden. Theseus machte dem ein Ende, indem er sich freiwillig meldete und den Minotaurus erschlug. Mit Hilfe des am Eingang festgebundenen Wollknäuels von Königstochter Ariadne fand Theseus auch wieder aus dem Labyrinth heraus. Der Minotaurus »als ein Urbild ungezügelter Kraft und oft schreckenerregender Wildheit« ist ein häufiges Bildsujet. Am bekanntesten sind heute die Minotaurus-Bilder Picassos (1881–1973; z. B. »Minotaurus, über ein Mädchen gebeugt«, »Der Minotaurus in guter Laune«) und der sehnsüchtig übers Meer blickende und dabei einen kleinen Vogel zerquetschende »Minotaurus« von G. F. Watts (1817–1904).

Lit.: Midas Dekkers, *Geliebtes Tier. Die Geschichte einer innigen Beziehung*, Reinbek 1996; Heinz Mode, *Fabeltiere und Dämonen. Die phantastische Welt der Mischwesen*, Leipzig 1977; Gert Richter / Gerhard Ulrich, *Der neue Mythologieführer. Götter/Helden/ Heilige*, Gütersloh/München 1996.

Minz und Maunz
Paulinchens Katzen aus dem Struwwelpeter

»Miau! Mio! Miau! Mio!
Laß stehn, sonst brennst du lichterloh!«

Die gar traurige Geschichte mit dem Feuerzeug:

Paulinchen, ein Mädchen, das vermutlich viel jünger sein soll, als es aussieht, ist allein zu Haus. Sie findet ein Feuerzeug, worunter eine Schachtel Streichhölzer zu verstehen ist, und beginnt trotz der eindringlichen Ermahnungen der Katzen Minz und Maunz zu zündeln. Vergeblich heben die Katzen ihre Tatzen und drohen mit der Pfote und erinnern an elterliche Verbote. Das Kind fängt Feuer und brennt bis auf ein Aschehäuflein und ihre Schuhe herunter. Minz und Maunz weinen aus Kummer ganze Sturzbäche und pressen sich dabei große Taschentücher auf die Augen. In der detaillierter ausgearbeiteten »endgültigen Fassung« von 1858, die auch die allgemein bekannte ist, tragen die Katzen im letzten Bild Trauerschleifen um die Schwänze.

Der Frankfurter Arzt Dr. Heinrich Hoffmann (1809–1894) wollte seinem kleinen Sohn zum Weihnachtsfest 1844 ein Bilderbuch schenken, fand in den Geschäften keines, das ihm zusagte, und malte daraufhin den »Struwwelpeter«, zu dem er auch die Verse selbst schrieb. Auf Anraten der Verwandtschaft ließ er es veröffentlichen. Im 1845 erschienenen Ur-Struwwelpeter waren die Geschichten vom Zappelphilipp und von Paulinchen noch nicht enthalten. Sie wurden erst in die zweite Auflage von 1846 aufgenommen, die zwei Jahre vor der Erfindung der Sicherheitszündhölzer (roter Phosphor u. a.) erschien. Paulinchen muß also noch mit Schwefelhölzern (gelber Phosphor und Kaliumchlorat u. a.) hantiert haben, mit denen man aber – wie gesehen – genauso gut verbrennen konnte. Katzen wurden Mitte des 19. Jahrhunderts weniger als Schoßtiere denn als Mäusefänger geschätzt.

Als Namensgeberin von Paulinchen wird Catharina Auguste Pauline Schmidt (1840–1856), genannt Paulinchen, angenommen – die Tochter eines mit Hoffmann befreundeten Arztkollegen. Hartnäckigen Gerüchten entgegen ist Paulinchen nicht beim Zündeln verbrannt. Zwar starb auch sie jung, aber erst 11 Jahre nach dem ersten Erscheinen der »gar traurigen Geschichte mit dem Feuerzeug«. Todesursache war Lungenschwindsucht. Ihr Grab liegt im alten Teil des Frankfurter Hauptfriedhofs, Gewann C, Nr. 148. Das brennende Bilderbuch-Paulinchen steht neben anderen Struwwelpeter-Figuren und mitsamt den schluchzenden Katzen als Bronzefigur des Struwwelpeter-Brunnens von Franziska Lenz-Gerhart vor der Frankfurter Hauptwache.

Klaus Schüttler-Janikulla sieht in den Paulinchen beigesellten Katzen Symbolfiguren für ihre Eltern, weil »sie den Bereich des Schmeichelns, Streichelns und der Zärtlichkeit« symbolisieren und dadurch die elterliche Aufgabe, Sexualität durch vorgelebte Liebesfähigkeit in »persönlichkeitsfördernde Bahnen« zu lenken, erfüllen. Paulinchens schrecklicher Tod soll nach dem Psychoanalytiker Groddeck das »Onanie-Lied« eines Mädchens sein. Das würde erklären, warum Paulinchen, die eigentlich alt genug aussieht, um mit Streichhölzern umzugehen, trotzdem so schrecklich entflammt. Aber was hätten dann die Katzen zu plärren?

Lit.: Dietmar Grieser, *Paulinchen war allein zu Haus,* Frankfurt am Main/Leipzig 1992; *Der große Brockhaus,* Wiesbaden 1957; Klaus Schüttler-Janikulla, *Struwwelpeter-ABC für Erwachsene,* Frankfurt am Main 1988.

Miss Piggy
Muppet-Star

Miss Piggy ist der Star des Muppet-Theaters in Jim Hensons von 1976 bis 1981 gedrehten amerikanischen TV-Serie »The Muppet Show«, und wer das zu bezweifeln wagt, wird mit Kopfnüssen und Handkantenschlägen von ihr zur Räson gebracht. Die energische

Sau mit dem blonden wallenden Haar hat zwei Leidenschaften: Befriedigung ihres ausgeprägten Egos und die Liebe zu → **Kermit**, die jener nur unwillig erwidert. Im Kinofilm »The Muppet Movie« (USA 1978, Regie: James Frawley) wird erzählt, wie Miss Piggy Kermit auf dessen Hollywood-Trip kennen- und liebenlernt. Sie folgt ihm ins »Muppet Theatre«, wo er einen Job als Moderator annimmt und sie sofort zur Primadonna aufsteigt. Gern läßt sie französische Wörter in ihre Rede einfließen, um mit ihrer Weltläufigkeit zu beeindrucken. Allerdings beschränkt sich ihr französischer Wortschatz auf Vokabeln wie »moi« und »vous«.

Miss Piggy als Hollywood-Diva in »Die Muppets erobern Manhattan« (USA 1984).

Neben ihrem Part als sexgeladene Bühnenaktrice füllt Miss Piggy noch zwei weitere Hauptrollen in der »Muppet Show« aus. Als Erster Offizier des Raumkreuzers »Swinetrek« bringt sie die ebenfalls schweinischen Crewmitglieder **Captain Link** und **Dr. Julius Strangepork** mit ihren Ideen regelmäßig zur Verzweiflung. Als Krankenschwester in der Tierklinik quält sie in ihrer dritten Hauptrolle an der Seite des Schlappohr-Chirurgen **Dr. Bob** bedauernswerte Patienten.

1982 bekam Miss Piggy, die auch in Comics erscheint, mit »The Fantastic Miss Piggy« ein eigenes amerikanisches TV-Special, in dem sie unter anderem als Aerobiclehrerin die Gymnastikübung »Jelly Roll« vorführte.

Lit.: Jack Burns u. a., *Die Große Muppet Show*, Berlin und Hamburg 1980; Deutsches Filmmuseum (Hrsg.), *Muppets, Monster und Magie. Die Welt von Jim Henson*, Frankfurt am Main 1987; Jeff Rovin, *The Illustrated Encyclopedia of Cartoon Animals*, New York 1991.

Moby Dick
Weißer Wal

»Ein Walfänger war mein Yale und mein Harvard.«
(Ishmael)

1839 veröffentlichte der amerikanische Seeoffizier Jeremiah Reynolds den aufsehenerregenden Artikel »**Mocha Dick** – Der weiße Wal des Pazifiks«. Reynolds zitierte in seinem Aufsatz einen Walharpunier, der behauptet hatte, Mocha Dick erlegt zu haben, und ihn als einen mit Seepocken, Vernarbungen und abgebrochenen Harpunenspitzen übersäten Pottwalriesen von dreißig Meter Länge und über 100 Tonnen Gewicht beschrieb. Damals war der nach der chilenischen Insel Mocha benannte Großwal bereits eine Legende. Zahllose Angriffe auf Walfänger waren ihm nachgesagt worden. Angeblich begann der Wal, der »weiß wie Wolle« gewesen sein soll, im Jahre 1810 einen Rachefeldzug gegen die Walfänger. Seitdem wurden immer wieder Attacken eines weißen Wals gegen Walfangschiffe und Fangboote kolportiert. Der erste glaubhafte Bericht über den Angriff eines Pottwals auf ein Schiff stammte aus dem Jahr 1820. Danach hatte ein rasender Wal 1800 Seemeilen westlich der Galápagosinseln zunächst das Fangboot, aus dem heraus er harpuniert worden war, versenkt und dann auch das Mutterschiff, die »Essex«. Nur drei Besatzungsmitglieder überlebten. Zwanzig Jahre später soll ein weißer Wal mit einer zwei Meter langen Narbe am Kopf 200 Seemeilen vor Valparaiso drei Fangboote des englischen Whalers »Desmond« mit seiner Fluke in ihre Bestandteile zerlegt haben. 1842 griff 500 Seemeilen südlicher ein ähnlich beschriebener Pottwal ein russisches Fangschiff an. Ob es sich bei diesen weißen Riesen immer um dasselbe Exemplar gehandelt hatte, ist zu bezweifeln. Auch ist ungewiß, ob der legendäre Wal einer Harpune zum Opfer fiel oder eines natürlichen Todes starb.

Sicher ist aber, daß Mocha Dick dem amerikanischen Schriftsteller Herman Melville (1819–1891) ein Begriff war und ihn zu seinem epochemachenden, 1851 erschienenen Walfängerroman »Moby Dick« inspirierte. Melville war nicht der erste Romancier, der den Kampf zwischen Wal und Mensch beschrieb. Vor ihm hatten so berühmte Dichter wie Sir Walter Scott (»The Pirate«, 1821) und James Fenimore Cooper (»The Pilot«, 1823) sich des Themas angenommen. Allerdings konnten beide nicht auf die einschlägige Erfahrung von Melville zurückgreifen. 1841 hatte Melville auf dem amerikanischen Walfänger »Ascushnet« angeheuert und war nach 18 extrem harten Monaten an Bord desertiert. Nach einer Episode unter Südseebewohnern machte er weitere Fahrten auf Whalern und kehrte schließlich 1844 als Matrose einer US-Fregatte nach Hause zurück. Seine Eindrücke verarbeitete er in einigen recht erfolgreichen Romanen und machte sich Ende der 1840er Jahre an sein Hauptwerk: »Moby Dick«. Diese gigantische, von kalvinistischem Gedankengut geprägte Parabel von Gut und Böse mit umfangreichem populärwissenschaftlichen Walkundeteil, beginnt mit der Anmusterung des Ich-Erzählers Ishmael auf einem Walfänger in Neuengland. Kapitän der »Pequod« ist Ahab. Der »große, gottähnliche, gottlose« Kapitän Ahab hat auf einer früheren Fahrt ein Bein eingebüßt, als er versuchte, den weißen Wal Moby Dick zu fangen. Seitdem stakst er auf einer sinnigerweise aus Walknochen gemachten Prothese übers Deck und hat sein ganzes Denken auf die Vernichtung Moby Dicks ausgerichtet. Ahab gelingt es, die Mannschaft auf seinen Privatkreuzzug gegen den weißen Wal einzuschwören und die Jagd auf ihn zum eigentlichen Zweck der Fangreise zu machen. Nach etlichen Monaten kommt es zum Zusammentreffen mit dem gefürchteten Pottwal, drei Tage lang tobt der Kampf, an dessen Ende die »Pequod« wie einst die »Essex« untergeht und Ahab in einem Gewirr von Harpunenseilen an seinen weißen Feind gefesselt von Moby Dick in die Tiefe gezogen wird. Allein Ishmael überlebt, an einen treibenden Sarg geklammert.

Zur riesigen Enttäuschung von Melville wurde das 800 Seiten starke Buch von der Kritik verrissen und vom Publikum nur lustlos angenommen.

Erst kurz nach Melvilles Tod (1891) bekam »Moby Dick« die von seinem Schöpfer erhoffte Anerkennung und gilt heute als eines der bedeutendsten amerikanischen Prosawerke des 19. Jahrhunderts. Moby Dick wurde zur Pflichtlektüre in US-Schulen und zum positiv besetzten Synonym für Wal im weltweiten Sprachgebrauch. Mittlerweile gibt es zahllose Kurz- und Kinderbuchfassungen, Comic-Versionen, TV- und Hörspieladaptionen des zum Klassiker gewordenen Werkes. Die erste der drei Verfilmungen stammte noch aus der Stummfilmzeit. In »The Sea Beast« (USA 1926, Regie: Millard Webb) und »Moby Dick« (USA 1930, Regie: Lloyd Bacon) spielte John Barrymore die Hauptrolle des Ahab. Hollywood ging recht frei mit der literarischen Vorlage um. Ahab wird durchaus sympathisch dargestellt, eine tränenfeuchte Heteroliebesgeschichte wurde in die im Original frauenlose Handlung als wesentliches Element eingebaut und Ahab überlebte den Walkampf. Die Verfilmung von 1956 (»Moby Dick«) von John Huston mit Gregory Peck in der Ahab-Rolle entsprach schon eher dem Melville-Buch.

Ob sich, wie in den 60ern geschehen, ein Wal in den Rhein verirrt oder ein mysteriöser Riesenwels von angeblich 4m Länge in einem See bei Oldenburg gesichtet wird (26. April 1979), den Namen Moby Dick hat ein Wal oder ein großer Fisch in der Presse schnell weg.

Richard Melville Hall, ein direkter Nachfahre Herman Melvilles, ist in der Techno-Szene als »Moby« aufgetaucht.

Lit.: Richard Ellis, *Mensch und Wal. Die Geschichte eines ungleichen Kampfes,* München 1995; Wilson F. Engel, *Herman Melville. Moby Dick,* Harlow 1981; Walter Jens (Hrsg.), *Kindlers Neues Literaturlexikon,* Band 11, München 1990; Hans-Joachim Neumann, *Abenteuer & Action,* in: Film, Literatur und Comics, Frankfurt am Main 1987.

Moifaa
Schiffbrüchiges Rennpferd

Das Schiff, das das 8jährige Rennpferd 1904 von Neuseeland nach England bringen sollte, sank mit Mann und Maus und Moifaa in einem Sturm. Moifaa konnte sich auf eine unbewohnte Insel retten, von der es zwei Wochen später eingesammelt wurde. In England angekommen, gewann das Pferd das Grand-National-Hindernisrennen gegen 25 Konkurrenten in 9:59 Minuten und mit acht Längen Vorsprung.

Lit.: David Wallechinsky, *Irving und Amy Wallace: Rowohlts Bunte Liste,* Reinbek 1980.

Mokéle-mbêmbe
Brontosaurierähnliches Ungeheuer,
Existenz zweifelhaft

In den Überschwemmungsgebieten des Kongobeckens soll immer mal wieder ein brontosaurierähnliches Tier mit glatter Haut von graubrauner Farbe und in Elefanten-, mindestens aber in Flußpferdgröße gesehen worden sein. Es hat einen langen, kräftigen Schwanz wie ein Alligator, einen langen beweglichen Hals und einen einzigen sehr langen Zahn, nach anderen Beobachtungen ist der Zahn ein Horn. Sein bevorzugter Aufenthalt sind ausgewaschene Höhlungen an Lehmsteilufern. Es krabbelt aber auch aufs feste Land, um seine rein pflanzliche Nahrung zu sich zu nehmen.

Als Anfang dieses Jahrhunderts in Babylon das Ischtartor ausgegraben wurde, kam auch das Bild eines seltsamen, entfernt saurierähnlichen Wesens zum Vorschein, das als → **Sirrusch** bezeichnet wurde und das ein Horn auf der Nase trug. Einige Biologen stellten die gewagte These auf, der Sirrusch gehöre einer noch nicht entdeckten Tierart an und lebe noch, und zwar an einem Ort, der damals ein weißer Fleck auf der Landkarte war: im Inneren Schwarzafrikas.

Tierfängern der Firma Hagenbeck wurde von den Einheimischen im dunkelsten Afrika immer wieder von einem Ungeheuer erzählt, das halb Drache, halb Elefant sein sollte und Mokélembêmbe genannt wurde. Doch standen dem Wunsch, die großartigste aller denkbaren Tierparkattraktionen einzufangen, unwegsame Fiebersümpfe entgegen.

Hauptmann Freiherr von Stein zu Lausnitz, der Leiter der deutschen Likuala-Kongo-Expedition von 1913/14, hörte von einem »sehr merkwürdigen Gegenstand«, das die »Uferbevölkerung dieser Teile des Kongobeckens, des unteren Ubangi und des Sfanga bis etwa hinauf nach Ikelemba als Mokéle-mbêmbe« bezeichneten und fürchteten. Zum Zeitpunkt der Expedition sollte gerade eines dieser seltenen Exemplare außerhalb der Fahrrinne des Sfanga zwischen der Mbaiomündung und Pikunda herumplanschen. Bedauerlicherweise gelangte dieser Flußabschnitt nicht mehr zur Untersuchung. Bei Ausbruch des Ersten Weltkriegs wurde die Expedition abgebrochen. Immerhin bekam Freiherr von Stein zu Lausnitz einen sehr frischen, gewaltigen Durchbruch zu sehen, den Mokéle-mbêmbe im Uferbuschwerk hinterlassen haben sollte, um zu seiner Lieblingsnahrung, einer weißen, großblütigen Uferliane mit kautschukhaltigem Milchsaft und apfelähnlich aussehender Frucht zu gelangen. Anfang des Jahrhunderts machten zwei Belgier aus dem östlichen Kongobecken Schlagzeilen mit der Behauptung, daß sie eine seltsame Fährte verfolgt und ein brontosaurierartiges Ungeheuer mit riesigem Hals, einer Art Rhinozeroshaupt und dickem Känguruhschwanz von fern erblickt hätten.

Für die Existenz des beschriebenen Tieres spricht, daß auf der Grenze von der Jura- zur Kreidezeit ähnliche Riesensaurier massenweise in Ostafrika gelebt haben – wie die Tendagurufunde belegen – und die Umwelt in den kamerunischen Wasserwäldern ungefähr als eine ähnliche gelten kann, die die Saurier auch damals vorgefunden haben. Wahrscheinlich ist ein unentdeckter Saurier trotzdem nicht.

Lit.: Wilhelm Bölsche: *Drachen*, Kosmos Bändchen, Francksche Verlagsbuchhandlung, Stuttgart 1929; Stefan Reisner, *Die Ungeheuer sind unter uns*, in: GEO 10/1986.

Moloch
Altsemitische Gottheit mit Appetit auf Menschen

»Von deinen Kindern darfst du keines hingeben,
um es dem Moloch zur Opferung zu weihen,
damit du den Namen deines Gottes nicht entweihest:
Ich bin der Herr.« (3. Buch Mose 18, 21)

Moloch (König) war die stierköpfige Gottheit der biblischen Ammoniter – gelegentlich mit Baal auf eine Stufe gestellt –, dem Menschenopfer, insbesondere Kinder bis ins jugendliche Alter, dargebracht wurden. Mit dieser Gepflogenheit standen die Ammoniter keineswegs allein da. Auch die Israeliten hatten in der Anfangszeit Menschen, z. B. den erstgeborenen Sohn, als Opfer verbrannt. Der Prophet Jeremia warf den »Kindern Juda« vor, eine »Opferstätte des Thopheth im Tal Ben-Hinnom angelegt« und »ihre Söhne und Töchter dort als Brandopfer« dargebracht zu haben. Abgebildet und angebetet wurde Moloch als große Erzstatue, ein männlicher Körper mit einem Stierkopf – ähnlich dem ebenfalls menschenfressenden → **Minotaurus**. Die Molochstatue war hohl, und in ihrem Inneren schürten die Molochpriester bei besonderen, aber gar nicht so seltenen Anlässen ein mächtiges Feuer. Dann brachten Eltern mehr oder weniger freiwillig ihre Kinder dar. Sie wurden auf Molochs Hände gelegt, ein Hebeldruck schleuderte die beweglichen Arme des Gottes nach oben und die lebenden Opfer hinein in den gefräßigen Molochrachen. »Kaum am Rande der Öffnung, verschwanden die Opfer wie Wassertropfen auf einer glühenden Platte. Und eine weiße Rauchwolke stieg jedesmal aus der scharlachroten Glut empor«, malte der Schriftsteller Gustave Flaubert in seinem historischen Roman »Salambo« die Details einer Moloch-Massenopferung aus. In der Not oder bei akuter Bedrohung stieg die Zahl der Geopferten – ob für Moloch oder einen anderen Gott – naturgemäß dramatisch an. 1925 förderte eine Ausgrabung bei Karthago die Überreste von über tausend gleichzeitig umgebrachten Kindern zutage.

»Einem Moloch opfern« ist sprichwörtlich geworden. Seit dem 17. Jahrhundert wird der Name des fürchterlichen Ammonitergottes im übertragenen Sinn für eine unersättlich Menschenleben fordernde Macht (Moloch Krieg, Moloch Verkehr usw.) gebraucht.

Lit.: *Der große Brockhaus,* Wiesbaden 1955; *Die Heilige Schrift,* Stuttgart 1931; *Kleines Bibellexikon,* Koblenz/Stuttgart 1985; Fritz C. Müller, *Wer steckt dahinter? Namen, die Begriffe wurden,* Düsseldorf/Wien 1964.

(Du) Mondkalb
Schimpfwort

»Ein Wiesel/ saß auf einem Kiesel/
inmitten Bachgeriesel. Wißt ihr/ weshalb?/
Das Mondkalb/ verriet es mir/ im Stillen/
Das raffinier-/ te Tier/ tats um des Reimes Willen.«
(Christian Morgenstern, »Das aesthetische Wiesel«)

Das Schimpfwort Mondkalb stammt aus dem 16. Jahrhundert. Miß-
geburten von Kühen wurden so bezeichnet, weil man ihre Erscheinung auf schädlichen Mondeinfluß zurückführte. Auch eine
menschliche Mißgeburt, als »unförmiger Fleischklumpen« beschrieben, hieß Mondkalb. Es sollte angeblich dadurch entstehen,
daß ein Mann nach dem Urinieren mit einer Frau schläft. Diese
wird dann mondschwanger, bekommt ein Mondkalb oder »im besten Falle ein blödes Kind«. Noch heute wird ein naiver Mensch
oder einer, der sich ein bißchen blöd anstellt, als Mondkalb tituliert.

Lit.: Duden, Band 7, *Herkunftswörterbuch*, Mannheim/Wien/Zürich 1963; Hanns
Bächtold-Stäubli (Hrsg.), *Handwörterbuch des deutschen Aberglaubens*, Berlin/
New York 1937–1987.

Die Tiere in der Montgolfiere
Pioniere der Luftschiffahrt: Hahn, Hammel und Ente

»... da es aber mißlich sein würde, beym ersten Versuch
einen Menschen hinein zu setzen; so sollen statt dessen
ein paar Hammel die Luftreise mitmachen,
und wenn diesen die Motion bekommt,
dann können Menschen an ihre Stelle treten.«
(Haude-Spenersche Zeitung, Berlin 1783)

Der Weg zur menschlichen Erkenntnis hat unzähligen Tieren das
Leben gekostet. Wenn es darum ging, die Tauglichkeit oder Sicherheit einer neuen Erfindung auszuprobieren, war es oft ein Tier, das
als erster den Kopf dafür hinhalten durfte. Manchmal wortwörtlich.
Auch Dr. Guillotin probierte das Fallbeil, das ihm zu Ehren den Namen Guillotine erhielt, zuerst an einem Hammel aus. Experiment
gelungen, Hammel tot.

Eines der berühmtesten Tierexperimente, das der Gebrüder Montgolfier, endete jedoch glücklich.

Das erste von einem Menschen gebaute Fluggerät, das auch einen Menschen tragen konnte, war ein Ballon. Seine Erfinder, die Brüder Montgolfier waren Tapetenfabrikanten, und so lag ihnen die Verwendung von Papier als Hülle wohl auch nahe. Darunter ließen sie ein Strohfeuer brennen. Den Aufstieg des Ballons schrieben sie irrtümlich nicht der Erhitzung der Luft zu, sondern glaubten, daß bei der Verbrennung ein leichtes Gas entstanden sei, das sogenannte Montgolfiergas.

Im Mai 1783 erhob sich in Annonay, in Südfrankreich, die erste Montgolfiere in die Luft – ohne Passagiere. Einige Wochen später wurde das Experiment in Paris wiederholt. Es glückte. Doch als der Ballon 20km entfernt auf einem Feld niederging, glaubten zwei Bauern ein Ungeheuer vor sich zu haben, erlegten es mit Steinen und zerstörten den Ballon dabei vollständig. Am 19. September 1783 setzte man einen Hammel, einen Hahn und eine Ente in einen Weidenkäfig und hängte ihn an einen neuen Ballon, der in Gegenwart der ganzen Hofgesellschaft von Versailles aufstieg. Dieser Flug ging nicht soweit wie der vorige, verlief dafür jedoch ohne jeden Unfall. Der Ballon ging in 4km Entfernung im benachbarten Wald von Vaucresson nieder. Der Käfig kam gut zu Boden, und zur allgemeinen Freude stellte man fest, daß die Tiere vollkommen gesund, wenn vielleicht auch nicht unbedingt munter waren. Bloß der Hahn hatte ausgerechnet einen Flügel gebrochen, was aber auf einen Tritt des Hammels zurückgeführt wurde. Der Beweis war erbracht, daß auch Lebewesen, die von Natur nicht dazu bestimmt schienen, sich hoch in der Luft aufhalten konnten, ohne Schaden zu nehmen.

Pilâtre de Rozier und der Marquis d'Arlande rangen dem König die Erlaubnis ab, das gleiche Risiko auf sich nehmen zu dürfen, und stiegen zwei Monate später zu ihrem historischen Flug über Paris auf. Eigentlich hätten zuerst zwei Sträflinge hochgeschickt werden sollen. Im folgenden Jahr überquerte der erste Luftballon den Ärmelkanal.

Lit.: W. M. Treichlinger (Hrsg.), *Ballons,* Basel 1979; Gerhard Wissmann, *Geschichte der Luftfahrt von Ikarus bis zur Gegenwart,* Berlin 1979.

Mount Katahdin
Schwerstes Rind

Mount Katahdin, eine Holsteiner-Durham-Kreuzung, wog 2267kg. Seine Schulterhöhe betrug 1,88m, sein Umfang 3,96m. Mount Katahdin wurde 1906–1910 von A. S. Rand aus Maine (USA) ausgestellt und starb 1923 bei einem Stallbrand.

Lit.: *Das neue Guinness Buch der Tierrekorde*, Frankfurt am Main/Berlin 1994.

Moustache und Barbouche
Kriegspudel

Pudel waren nicht immer die Barbie-Puppen unter den Hunden. Im 18. Jahrhundert zogen sie als Begleiter der Soldaten mit in den Krieg, spürten Verwundete auf und besorgten Meldegänge. Manchem Kriegsveteranen halfen sie, den meist mehr als kärglichen Lebensunterhalt aufzubessern, indem sie auf der Straße Kunststücke vorführten.

Berühmtester Vertreter der Kriegspudel war Moustache. Sein Name bedeutet Schnurrbart. Er war ein großer schwarzer Pudel, der verschiedene Regimenter Napoleons begleitete und die Schlachten bei Marengo (1800) und Austerlitz (1805) erlebte. Moustache rettete ein Grenadierregiment, als er bei der Annäherung des österreichischen Feindes anschlug. Dafür wurde sein Name in die Regimentsliste eingetragen, sein Fell bekam den militärischen Schnitt, er durfte eine Medaille am Halsband tragen und – was Moustache am wichtigsten gewesen sein wird – er bezog von da an die Essensration eines Grenadiers.

Bei Austerlitz soll der heroische Pudel die Regimentsfahne gerettet haben, indem er sie dem getöteten Fahnenträger vom Leib herunterzerrte und in die eigenen Reihen zurückschleppte. Das gehört wohl eher in das Reich militärisch-sentimentaler Fabulierlust. Andererseits wird auch behauptet, daß er seine Medaille für die Fahnenrettung bekommen hat und diese Tat auf der Medaille eingraviert ist. Das läßt sich jetzt nicht mehr nachprüfen. Denn als Moustache 6 Jahre später in Spanien bei der Erstürmung der Festung Badajoz von einer Kanonenkugel getötet wurde, beerdigte man Halsband und Medaille gleich mit ihm. Auf seinem Grabstein steht die Inschrift:

»Ci git le brave Moustache« (Hier liegt der tapfere Moustache).

Kriegspudel Barbouche war ungefähr zur selben Zeit wie Moustache im Einsatz. 1800 verlor er bei Marengo die linke Vorderpfote durch einen Säbelhieb. Danach verdiente er für sich und sein ebenfalls invalides Herrchen das karge tägliche Brot, indem er sich als Straßenkunststück zum Schein erschießen ließ und den toten Hund markierte.

Lit.: Sigrid Kalina, *Der Pudel,* in: Partner Hund, Das Magazin von ein Herz für Tiere, Nr. 8, August 1993; Jan von Rheemen, *Lexikon für Hundehalter,* München 1978; Heinrich Zimmermann (Hrsg.), *Lexikon der Hundefreunde,* Berlin 1934.

Mr. Ed
Sprechendes Serienpferd

Vor dem sprechenden Pferd gab es ein sprechendes Maultier. 1949 trat es zum ersten Mal in dem Kinofilm »Francis« auf und hatte so großen Erfolg, daß in den nächsten sechs Jahren sechs weitere Francis-Filme erschienen. **Francis** war ein Armeemaultier, das sich ausschließlich mit seinem menschlichen Kumpel Peter Sterling (Donald O'Connor) unterhielt.

Es wurde von einem 20 Jahre alten Muli dargestellt. 1951 erhielt Francis als erstes Tier den gerade aus der Taufe gehobenen »Patsy Award« (= Picture Animal Top Star of the Year), den sogenannten Tier-Oscar. Für seine überragenden schauspielerischen Leistungen wurde er insgesamt sechs Mal ausgezeichnet. Ein und dasselbe Maultier spielte in allen sieben Filmen. Es wurde von einem Ersatzmaultier und drei weiteren Mulis, die spezielle Tricks beherrschten, unterstützt. Francis soll im unglaublichen Alter von 47 Jahren gestorben sein – wie ja den meisten Tieren mit Hollywood-Vergangenheit ein erstaunlich hohes Alter nachgesagt wird.

Arthur Lubin, der Regisseur der ersten sechs Francis-Filme, entwickelte eine ähnlich gestrickte Serie fürs Fernsehen. »Mr. Ed« startete 1960 und lief fünf Jahre lang mit insgesamt 143 Folgen.

Mr. Ed ist ein Palominopferd – das heißt, er hat ein goldenes Fell mit weißer Mähne und weißem Schweif – und spricht ausschließlich mit seinem Besitzer Wilbur Post (Alan Young). Auch mit Wilbur spricht er nur ohne Zeugen oder wenn niemand sieht, daß er es war, der gesprochen hat. Wilbur kann niemandem anvertrauen, daß Ed spricht, will er nicht für verrückt gehalten werden. Deswegen muß er immer wieder für Eds eingeworfene Frechheiten oder seine Telefonate geradestehen.

Mr. Ed wurde von Les Hilton dressiert. Um das Pferd dazu zu bringen, seinen Mund zu bewegen, hatte es einen Draht im Maul, der durch das Halfter lief und an der kameraabgewandten Seite wieder herunterführte, wo Hilton daran zog. Ein zweites Palominopferd, das im Werbefernsehen als Mr. Ed auftrat, wurde von Glenn Randell dressiert.

1965, nach dem Ende der Produktion, kaufte der Tiertrainer Clarence Tharp das sprechende Fernsehpferd und ging mit ihm und seinen anderen Tieren auf Tournee. 1974 wurde Ed in den Ruhestand versetzt. Seinen Lebensabend verbrachte er nach Angabe seines Besitzers auf einer Cherokee County Farm in der Nähe von Tahlequah/Oklahoma. Am 28. Februar 1979 starb er im Alter von 33 Jahren. Zuletzt hatte der greise Mr. Ed alle seine Zähne verloren und mußte mit Babybrei ernährt werden. Clarence Tharp, der inzwischen seßhaft geworden war, vergrub ihn in seinem Hintergarten.

Lit.: David Rothel, *The Great Show Business Animals,* San Diego/New York/London 1980.

Muessa
Mohammeds Lieblingskatze

Die vier Streifen, die viele Katzen auf der Stirn haben, sollen vom Religionsgründer Mohammed stammen. Der Legende nach erinnern die Streifen an Mohammeds Finger, mit denen er seine geliebten Katzen streichelte. Eine besondere Zuneigung empfand er gegenüber seiner Lieblingskatze Muessa, die mit Vorliebe im weiten Ärmel des Propheten schlief. Um den Schlaf der Katze nicht zu stören, soll Mohammed, als er einmal zum Gebet gerufen wurde, den Ärmel kurzerhand abgeschnitten haben.

Lit.: Ulrich Klever, *Knaurs großes Katzenbuch. Die wunderbare Welt der Seidenpfoten*, Stuttgart/München 1985.

Die Mumins
Finnische Kinderbuchtrolle

»Bei meinem Schwänzchen!« (Mumin)

*»Setz dich auf den Teppich und schlecke
den Kuchenteller aus,
lieber Freund.« (Muminmutter)*

Sie sehen aus wie winzigkleine weiße Nilpferde, sind aber Trolle – Mumintrolle, die in einem turmartigen Haus im Mumintal nahe der finnischen Meeresküste leben. Im Gegensatz zu den Trollen der nordischen Sagen und Märchen sind Mumintrolle weder verschlagen noch bösartig, sondern gastfreundlich, gutmütig und verständnisvoll. »Ein bißchen verrückt, aber lieb und gut.« Um soviel Freiheit wie möglich und stets ein gutes Gewissen zu haben, haben sie vereinbart, sich niemals umeinander Sorgen zu machen. Sie schwimmen gern. Im November schlagen sie sich die Bäuche mit Tannennadeln voll und halten drei Monate lang Winterschlaf. Es gibt die **Muminmutter**, den **Muminvater** und **Mumin**, oder **Mumintroll**, der die Hauptperson der meisten Geschichten ist. Muminmutter besitzt eine flotte schwarze Handtasche und trägt gelegentlich eine Schürze. Ihr gehört das einzige Buch mit bunten Bildern im ganzen Tal. Sie ist eine sehr glückliche Muminmutter, die drohende Weltuntergänge mit der gleichen Gelassenheit erträgt wie die zerbrochenen Teller ihrer plüschig-spießigen Hausfrauenwelt. Da sie das einzige Familienmitglied ist, das regelmäßig (im Haushalt) arbeitet, ist auch ihre Abenteuerlust am geringsten entwickelt. Den Berichten ihres heimkehrenden Sohnes oder Ehegatten lauscht sie dafür mit dem genau richtigen Maß von Bewunderung und fährt anschließend erst einmal Kaffee und Kuchen auf. Der Muminvater trägt einen schwarzen Zylinder, entwickelt anfallsweise Heimwerkeraktivitäten und sitzt gern auf der Veranda. Denn auch dort – das hat er auf seiner Reise mit den spargelähnlichen elektrischen → **Hatifnatten** begriffen – kann er »so frei und abenteuerlich sein, wie es ein richtiger Vater sein soll«. Mumintroll, das Kind der beiden, hat immer wieder mit seinen übergroßen Gefühlen zu kämpfen. Glücklicherweise wird seine Liebe zu dem **Snorkfräulein** erwidert, einem Troll- und Vollweib, dessen äußere Erscheinung sich vom Aussehen der Mumins eigentlich nur durch die Ponyfransen und das Tragen von Schmuckstücken (Fußreif) absetzt und dadurch, daß das Snorkfräulein seine Farbe wechselt. Hilflosen Schmerz bereitet Mumin hingegen immer wieder das Abschiednehmen von seinem wanderlustigen Freund dem Schnupferich (später heißt er Mumrik). Mumins zweiter Freund ist → **Schnüferl**, ein ängstliches, kleines Tier. Darüber hinaus bevölkern noch der **Snork** (Bruder des Snorkfräuleins), die kleine My, die Morra, Homsas, → **Hemulen** und diverse andere Trolle und Tiere und kleines Gekreich das Mumintal. »Je kleiner, desto wuseliger« (Schnupferich).

Die finnische Schriftstellerin, Malerin und Illustratorin Tove Jansson (geb. 1914) zeichnete den Mumintroll erstmals auf einer Klowand. Während des Zweiten Weltkriegs war sie Illustratorin der schwedischen Satirezeitschrift »Garm« und benutzte dort den Mumintroll anstelle einer Signatur. 1945 erschien das erste von neun Büchern über Mumin und seine Freunde. Die Muminbücher handeln von Reisen und Abenteuern, die gleichzeitig immer auch Reisen in die Seele und Abenteuer der Gefühle sind. Es geht um nicht weniger als Glück und Trauer, Fernweh und Geborgenheit, Liebe und Freundschaft, die Sehnsucht nach Nähe und der Abscheu davor. Tove Jansson scheint selbst nicht allzuviel Nähe vertragen zu können. Sie ist unverheiratet geblieben und lebt den größten Teil des Jahres auf einer einsamen kleinen Insel vor der Küste Finnlands. Ihre mehrfach ausgezeichneten und in über 20 Sprachen übersetzten Bücher illustriert sie selbst. Die Comicstrips der Mumins wurden »mehr und mehr von ihrem Bruder Lars Jansson betreut«. Daneben gab es Verfilmungen, 1959 und 1961 als Puppenspiel der Augsburger Puppenkiste, 1969 eine dreizehnteilige Fernsehserie. Anfang der 90er kam die Zeichentrickverfilmung des Buchs »Komet im Mumintal« (»Kometjakten«, 1945) in die Kinos.

Lit.: Tove Jansson, *Eine drollige Gesellschaft*, Ravensburg 1974; Tove Jansson, *Das große Muminbuch*, Zürich/Köln, o. J.; Tove Jansson, *Herbst und Winter im Mumintal*, Zürich/Köln 1983; Tove Jansson, *Komet im Mumintal*, Ravensburg 1973; *Lexikon der Kinder- und Jugendliteratur*, Weinheim/Basel 1984.

Mümmelmann
Knubbendorfer Heldenhase

»Einem Fuchs darf man erst trauen,
wenn er kalt und steif ist.« (Mümmelmann)

In den beiden 1909 erschienenen Erzählungen »Mümmelmann« und »Hasendämmerung« setzte Heidedichter Hermann Löns (1866–1914) dem friedfertigen Geschlecht der Hasen ein literarisches Denkmal. Im Mittelpunkt beider Geschichten steht ein alter erfahrener Hase namens Mümmelmann, der in der Landschaft nahe des niedersächsischen Knubbendorf lebt. In der ersten Erzählung trägt er den Vornamen **Haanrich**, in der »Hasendämmerung« heißt er **Jans**. Es ist nicht ganz klar, ob es sich bei den beiden Hasen um ein und dasselbe Tier handeln soll, aber viele Hinweise deuten trotz des unterschiedlichen Vornamens darauf hin. Mümmelmann ist ein abgeklärter Feld- bzw. Heidehase, der schon ein gutes Jahrzehnt auf dem Buckel hat. Mit den Jahren hat er sich ein außerordentliches Geschick erworben, den Jägern aus dem Weg zu gehen. Einen Hinterlauf büßte er dennoch durch Schrotschuß ein.

In der Erzählung »Mümmelmann« gerät der dreibeinige Hase mit seiner zahlreichen Verwandtschaft in den Kessel einer winterlichen Treibjagd. Mümmelmann gelingt es, die Grünröcke durch geschicktes Hakenschlagen und Rennen so zu verwirren, daß er durch eine Lücke in der Schützenlinie entkommen kann und einer der Sonntagsjäger einen anderen anschießt. Die Jagd wird vorzeitig abgebrochen. 200 dankbare Knubbendorfer Hasen feiern ihren Retter, indem sie bei Mondlicht die Stelle aufsuchen, wo der Blutfleck des angeschossenen Jägers im Schnee leuchtet, und klopfend den Fleck umkreisen.

Ein Jahr später erwischt es Mümmelmann, der sich in die karge Einsamkeit der Heide zurückgezogen hat, doch noch. In den Grünkohlfeldern von Knubbendorf verwundet eine Ladung Schrot ihn tödlich. Begleitet von seinem Neffen **Ludjen Flinkfoot**, den er sich als seinen Schüler und Erben ausgeguckt hat, schleppt sich der Hasenveteran in der »Hasendämmerung« zum Sterben in die Heide. Er prophezeit Ludjen paradiesische Zeiten, nachdem die Menschen fast alle Tiere und zuletzt auch sich selbst ausgerottet haben. Dann wird es nur noch Hirsche, Rehe und kleine Vögel geben, und der Hase wird der Herr dieser friedlichen Welt sein, »denn sein ist die höchste Fruchtbarkeit und das reinste Herz«. Ludjen hält bei seinem Onkel drei Tage und drei Nächte Totenwache. Als die Leiche am vierten Tag verschwindet, ist Ludjen überzeugt, daß die kleinen weißen Hasen gekommen sind, um Mümmelmann ins Hasenparadies zu holen, wo der große weiße Hase auf einer unendlich großen Kleewiese sitzt. Tatsächlich hat ihn **Reinke Rotvoss** oral bestattet.

Lit.: Helmut Heißenbüttel, *Von fliegenden Fröschen, libidinösen Epen, vaterländischen Romanen, Sprechblasen und Ohrwürmern,* Stuttgart 1982; Hermann Löns, *Mümmelmann. Tiergeschichten,* Hamburg 1987; Bernd Lutz (Hrsg.), *Metzlers Autoren Lexikon,* Stuttgart 1994.

Muppets
Klappmäuler

»Schalten Sie auch nächste Woche wieder ein,
wenn Sie Dr. Bob sagen hören ...«
(»The Muppet Show«)

Nicht alle Muppets sind Tiere. Ernie und Bert, Waldorf und Statler, Scooter und ein paar andere der berühmten Fernseh- und Filmpuppen stellen mehr oder weniger eindeutig menschliche Wesen dar. Sprechende Basketbälle, Bäume, Zahnbürsten oder Erdnußbutter-Sandwiches bilden eine weitere Kategorie. Die Mehrheit unter den von Jim Henson (1936–1990) erfundenen Geschöpfen aus Schaumstoff und Webpelz besteht aber aus Tieren oder Tierähnlichen.

Jim Henson begann seine Karriere als Puppenspieler bei einem lokalen TV-Sender in Washington. 1955 startete hier die Muppets-Geschichte mit der fünfminütigen Puppennachtshow »Sam and Friends«. Für diese Show hatten Henson und seine spätere Frau Jane Nebel Klappmaulpuppen entwickelt, die sich nicht an den bisherigen Puppentheater-Traditionen orientierten, sondern eigens fürs Fernsehen geschaffen wurden. Die Augen wurden in einem bestimmten, besonders telegen wirkenden Verhältnis zu Nase (falls vorhanden) und Mund angeordnet. Die Bezeichnung »Muppet« sollte auf den Doppelcharakter der meisten Henson-Puppen als Marionette und Handpuppe (»Puppet«) hinweisen. Die Muppets und ihre Sketche wurden rasch populär. 1956 hatte die bekannteste Muppet-Figur ihren ersten TV-Auftritt: der Frosch → **Kermit**. Der endgültige Durchbruch gelang Henson und seinen Puppen 1969 mit Ausstrahlungsbeginn der inzwischen schon legendären Vorschulpädagogik-Serie »Sesame Street«. Die »Sesame Street«-Folgen setzten und setzen sich formal aus einer Mischung aus Realszenen, reinen Puppenfilmen und Zeichentricksequenzen zusammen. In den Realszenen agieren meist auch Puppen mit, die mit ihren großen Klappmäulern kommunikative Kompetenz ausstrahlen und als laut-starke Vermittler pädagogischer Botschaften bei den kleinen Zuschauern hervorragend ankommen. Aus ihnen ragen Kermit und – allein schon wegen seiner Größe – der Riesenvogel → **Bibo** hervor. Aber auch Griesgram **Oskar,** der mit seinem Haustier, dem Wurm **Slimey,** in einer Mülltonne haust, das blaufellige, oft melancholische Monster **Grobi** mit den unkontrolliert wackelnden Pupillen in den Tennisballaugen und das verfressene und sprachgestörte **Krümelmonster** sind bekannte Charaktere. Neben diesen Stars wuselt eine Unzahl weiterer Tier-Muppets wie das Schaf **Merryl Sheep** oder die unscheinbaren Krabbelkäfer in Ernies Blumenkasten durch die Sesame-Street-Welt. 1971 kam die Serie als synchronisierter US-Import auch ins ARD-Kinderfernsehen. Die deutschen Fernsehmacher nahmen eine Bearbeitung vor, als deren Ergebnis seit 1973 die »Sesamstraße« als eine Kombination aus Beiträgen der amerikanischen Serie und deutschen Eigenproduktionen in den III. TV-Programmen gezeigt wird. In dieser Konzeption blieben zwar die meisten Puppenfiguren erhalten, es fielen ihr aber die Szenen, die in der amerikanischen Studiostraße »Sesame Street« spielen, zum Opfer. Statt mit Bibo werden deutsche Kleinkinder mit **Samson** erzogen, einem über zwei Meter großen bärenartigen Zotteltier, in dessen Kostüm der Schauspieler Peter Röders schwitzt. Dem tapsigen und begriffsstutzigen sanften Riesen mit den großen Schuhen stehen ein fusseliger Vogel namens **Tiffy** (gespielt und gesprochen von Kerstin Siebmann und Martina Klose) und zwei bis drei erwachsene Menschen zur Seite. Die betulichen, immer sehr langsam sprechenden Menschen werden im steten Wechsel aus so etablierten Schauspielern wie Lilo Pulver, Horst Janson, Manfred Krug, Ute Willing, Uwe Friedrichsen oder Gernot Endemann rekrutiert.

Fast alle Muppets bei ihrem zweiten Kinoauftritt (USA 1984).

Anders als in der »Sesamstraße«, wo der Darstellung von Gewalt und Sex zielgruppenbedingt enge Grenzen gesetzt sind, können die Muppets im Erwachsenenfernsehen sehr viel handfester zur Sache gehen. Besonders in der oft wiederholten »The Muppet Show«, deren Rahmenhandlung in einem alten Varietétheater spielt. In den zwischen 1976 und 1981 produzierten 120 Folgen und der aktuellen, 1996 aufgelegten Show »Muppets Tonight!« mit dem roten Hund **Clifford** als Star herrscht ein ziemlich rauher Ton. Neben den hämischen Senioren Waldorf und Statler ist dafür vor allem die egomanische und schlagfeste Schweinediva → **Miss Piggy** verantwortlich. Als Opfer zynischer Bemerkungen ist → **Fozzie Bär** immer für eine Lachnummer gut. Manchmal landet er auch auf dem Operationstisch der Tierklinik, in der Schlappohrhund → **Rowlf** als **Dr. Bob** zusammen mit der OP-Schwester Miss Piggy bizarre Vorstellungen von Krankenpflege in die Tat umsetzt. Ansonsten ist Rowlf Klavierspieler in der Showband. Oft bricht hier das Chaos aus, das der Schlagzeuger, ein **Tier** genanntes Monster mit rotem Zottelkopf, begeistert mit atonalen Heavy-Metall-Einlagen begleitet. Regelmäßig bekommt auch der verschreckte blaue Geier **Gonzo** eins auf seinen rüsselartigen Schnabel. Da nützt es dann auch nichts, wenn der dem US-amerikanischen Wappentier nachempfundene Tugendbold der Show, **Sam der Adler,** an Sitte und Moral appelliert.

Die erfolgreichen Fernsehpuppen haben mittlerweile fünf Ausflüge auf die Kinoleinwand gemacht. In »The Muppet Movie« (USA 1978, Regie: James Frawley) gehen Kermit und Fozzie Bär nach Hollywood. Als besonders gelungen gilt »Die Muppets-Weihnachtsgeschichte« (»A Muppets Christmas Carol«, USA 1992, Regie: Brian Henson), die Muppet-Version der Geschichte vom Geizhals Scrooge (Michael Caine in der einzigen Realrolle).

Lit.: Jack Burns u. a., *Die Große Muppet Show,* Berlin und Hamburg 1980; Deutsches Filmmuseum (Hrsg.), *Muppets, Monster und Magie. Die Welt von Jim Henson,* Frankfurt am Main 1987; *JHP Press Release,* Februar 1992; Lars Rebehn / Christoph Schmitt, *Die Entwicklung des Puppenspiels im Fernsehen,* in: Handbuch des Kinderfernsehens (hrsg. von Hans Dieter Erlinger u. a.), Konstanz 1995; Michael Schmidbauer, *Die Geschichte des Kinderfernsehens in der Bundesrepublik Deutschland,* München 1987.

Murr
Schriftstellernder Kater

»Schüchtern – mit bebender Brust, übergebe ich
der Welt einige Blätter des Lebens, des Leidens,
der Hoffnung, der Sehnsucht, die in süßen Stunden
der Muße, der dichterischen Begeisterung
meinem innersten Wesen entströmten.«
(Murr in der Vorrede zu seinen »Lebensansichten«)

1819 veröffentlichte E.T.A. Hoffmann (1776–1822) den ersten Teil seines Romans »Lebensansichten des Katers Murr nebst fragmentarischer Biographie des Kapellmeisters Johannes Kreisler in zufälligen Makulaturblättern. Herausgegeben von E.T.A. Hoffmann.«

Der grauschwarz getigerte Kater Murr ist ein heimlicher Dichter und verfaßt seine Memoiren, die voller Abschweifungen und Reflexionen sind. Als Löschpapier benutzt er Seiten aus der Biographie des Kapellmeisters Kreisler. Durch ein vorgebliches Versehen des Setzers sind diese Seiten mitabgedruckt worden. Und so mischt sich in Hoffmanns doppeltem Roman die Autobiographie des Katers mit der Biographie des Kapellmeisters derart, daß die jeweilige Handlung immer wieder mitten im Satz unterbrochen wird. Das Löschpapier hat dabei einen größeren Umfang als die Memoiren des Katers. Und erstaunlicherweise kommt Murr in der Biographie des Kapellmeisters als Nebenfigur noch einmal vor.

In seiner eigenen Geschichte erzählt Murr u. a. von seiner Freundschaft zum Pudel **Ponto** (möglicherweise eine Anspielung auf Jean Pauls Pudel → **Ponto**), seiner Liebe zur Katze **Miesmies**, davon, daß er gern Katzenpunsch trinkt, und davon, daß er Werke wie »Gedanke und Ahnung und Kater und Hund« oder »Über Mausefallen und deren Einfluß auf Gesinnung und Tatkraft der Katzheit« geschrieben hat.

Hoffmann verspottet mit der Kateräutobiographie den zu seiner Zeit beliebten Bildungsroman. Kater Murr ist aber mehr als eine Allegorie auf sattes Bürgertum. Dafür ist sein Charakter viel zu differenziert. Von sich selbst glaubt er z. B., daß er die Mentalität des Spießertums bekämpfen würde. Inspiriert wurde Hoffmann zu seinem Katzenroman vermutlich auch von Ludwig Tiecks → **»Gestiefeltem Kater«**, den Hoffmann sehr bewunderte. Kater Murr selbst bekennt sich in seinen Memoiren zu dieser Abstammung. Vorbild für den schriftstellernden Murr war jedoch Hoffmanns eigener Kater gleichen Namens, dessen Klugheit Hoffmann oft rühmte. Der tatsächliche Murr lag gern in einer Schreibtischschublade voller Manuskripte, die er mit den Pfoten selbst aufzog. Als er 1821 starb, verschickte Hoffmann Traueranzeigen an seine Freunde. »In der Nacht vom 29. zum 30. Novbr d. J. entschlief nach kurzem, aber schwerem Leiden zu einem bessern Daseyn mein geliebter Zögling, der Kater Murr im vierten Jahr seines hoffnungsvollen Alters, welches ich theilnehmenden Gönnern und Freunden ganz ergebenst anzuzeigen nicht ermangele. Wer den verewigten Jüngling kannte, wird meinen tiefen Schmerz gerecht finden und ihn durch Schweigen ehren.« Auch am Schluß des 1821 erschienenen zweiten Romanteils erwähnt Hoffmann den Todesfall, verspricht aber trotzdem einen dritten Teil mit Reflexionen aus dem Nachlaß des Katers. Daraus wurde nichts mehr. Hoffmann überlebte seinen Murr nur um ein halbes Jahr.

1826 schrieb Hermann Schiffs mit »Nachlaß des Katers Murr« eine Fortsetzung.

Lit.: E.T.A. Hoffmann, *Lebensansichten des Katers Murr,* München, o. J.; *Kindlers Literaturlexikon,* München 1974; Eckart Kleßmann, *E.T.A. Hoffmann oder die Tiefe zwischen Stern und Erde,* Stuttgart 1988; Ulrich Klever, *Knaurs großes Katzenbuch. Die wunderbare Welt der Seidenpfoten,* Stuttgart/München 1985; Gabrielle Wittkop-Ménardeau, *E.T.A. Hoffmann,* Reinbek 1966.

Mustang
US-Manta

Wie der Autohersteller Opel in den 70er Jahren finanzschwachen Käufern in Deutschland die Möglichkeit gab, sich durch den Kauf eines → **Mantas** als Sportwagenbesitzer zu fühlen, hatte Ford dieses Bedürfnis in den USA bereits zehn Jahre vorher festgestellt. 1964 kam der Ford Mustang heraus, der zum größten kommerziellen Erfolg des Autokonzerns seit dem legendären Ford T-Modell »Tin Lizzy« werden sollte. Bereits in den ersten zwei Jahren wurde der Viersitzer mit der langen Motorhaube und dem Stummelheck, dessen Name Stärke, Wildheit und Individualität versprach, eine Million Mal verkauft. Seine Vielseitigkeit und solide Verarbeitung gepaart mit Schnelligkeit und einem niedrigen Kaufpreis brachte dem Mustang auch die Bezeichnung »Pony Car« ein. In seiner stärksten Version hat er eine Motorleistung von 271 PS und eine Spitzengeschwindigkeit von 210km/h. Zum Erfolg des Mustangs trägt entscheidend die unübersehbare Menge von Extras bei, die in den Wagen eingebaut werden können. Kaum ein Mustang gleicht deshalb dem anderen, und jedem Besitzer wird das Gefühl vermittelt, ein Unikat zu besitzen.

Ford Mustang von 1964.

Lit.: Arch Brow / Richard Langworth, *Traumautos des 20. Jahrhunderts,* Erlangen 1994; *Enzyklopädie des Automobils. Marken. Modelle. Technik,* Augsburg 1995; Roger Gloor, *Personenwagen der 60er Jahre,* Bern/Stuttgart 1984; Hans-Otto Neubauer (Hrsg.), *Die Chronik des Automobils,* Gütersloh/München 1994.

N

Nāga (Nagi)
Schlange-Mensch-Mischwesen Südostasiens

Besonders im Volksglauben Indiens ist die Vorstellung von den
Nāgas und Nagis – so heißen die weiblichen Exemplare – veran-
kert. Sie werden verschiedenartig dargestellt: als ganz gewöhnliche
Schlangen, als Schlangen mit mehreren Köpfen, als aus Schlange
und Mensch zusammengesetzte Mischwesen, als Menschen, hinter
deren Köpfen noch Schlangenköpfe hervorwachsen, und schließlich als Menschen mit einer Schlange als Attribut. Schlangen-
mischwesen mit menschlichem Kopf und Oberkörper und dem Leib
einer Schlange sind in der indischen Kunst am häufigsten zu finden.
Nāgas und Nagis werden in der buddhistischen Legende und in den
»Dschataka«, den Wiedergeburtserzählungen erwähnt. Sie helfen
und beschenken den Buddha und bekennen sich zu seiner Lehre.

Möglicherweise hängt die Vorstellung von den Nāgas mit der
Erinnerung an Indiens Ureinwohner zusammen, die die Schlange
als Totemtier verehrt haben sollen, und dann als Schlangenwesen in
die indische Mythologie eingingen.

Lit.: Heinz Mode, *Fabeltiere und Dämonen. Die phantastische Welt der Mischwesen,* Leipzig 1977.

Napoleon
Stalinistisches Oberschwein
aus Orwells »Farm der Tiere«

»Napoleon hat immer recht!«
(Parole auf der Manor Farm)

Schweine gibt es überall. Mit seinem Buch »Farm der Tiere«
(»Animal Farm«, 1945) schuf George Orwell eine Fabel über politischen Machtmißbrauch. Vorbild für den finster dreinblickenden

Fleischberg Napoleon ist Stalin. Napoleon spricht wenig, besitzt aber wegen seiner Kraft und seiner brutalen Durchsetzungsfähigkeit Autorität gegenüber den anderen Hoftieren. Beim spontanen Aufstand gegen Bauer Jones hält sich das Schwein im Hintergrund, nutzt aber dessen Vertreibung, um sich an die Spitze des animalistischen Revolutionsregimes zu setzen. Am Anfang seiner Herrschaft teilt Napoleon die Macht noch mit → **Schneeball**, so wie Stalin zu Beginn der bolschewistischen Herrschaft in Rußland noch auf Trotzki Rücksicht nehmen mußte. Napoleon und Schneeball sind die einzigen unversehrten Eber auf dem Bauernhof. Die anderen Schweine sind Zuchtsäue und kastrierte Mastschweine. Rechtzeitig bevor der idealistische Schneeball das tierische Volk von seinen Vorstellungen überzeugen kann, schlägt Napoleon zu. Seine Hundeleibgarde verjagt den unliebsamen Konkurrenten. Durch Propaganda und offene Brutalität erhebt sich Napoleon zum Diktator. Am Ende von Orwells Geschichte ist er die schweinische Wiederholung des vertriebenen Bauern Jones.

Szene aus der ersten Zeichentrickversion von »Animal Farm« von John Halas und Joy Batchelor (GB 1955).

Als der Sozialist Orwell 1943 mit der Niederschrift von »Farm der Tiere« begann, war ihm klar, daß der Zeitgeist für eine Veröffentlichung nicht günstiger war als in den 30er Jahren. Desillusioniert aus dem Spanischen Bürgerkrieg zurückgekehrt, hatte er damals vergeblich versucht, die linke Öffentlichkeit auf die brutalen

Praktiken Stalins hinzuweisen. Jetzt, 1943, war Kritik an »Onkel Joe« Stalin nicht nur bei der Linken äußerst unpopulär. Die Sowjetunion war Englands wichtigster Kriegsverbündeter im Kampf gegen Nazideutschland. Dementsprechend mühevoll war es für Orwell, einen Verleger für seine Geschichte zu finden. Doch als »Animal Farm« im August 1945 herauskam, hatte das Buch enormen Erfolg. Der Zweite Weltkrieg war gerade vorbei, der kalte Krieg begann, und der Zeitgeist hatte sich radikal verändert. Für den Sozialisten Orwell muß es wie bittere Ironie gewirkt haben, daß dieselben offiziellen Stellen, die vor 1945 »Onkel Joe« hofiert hatten, jetzt seine antistalinistische Fabel als Kampfmittel im kalten Krieg einsetzten. Er hatte das Buch auch geschrieben, um die »Wiederbelebung der sozialistischen Bewegung zu ermöglichen«, und mußte erleben, daß »Animal Farm« als grundsätzlich antisozialistisches Erziehungsmaterial in den Schulen eingesetzt wurde. So auch die 1954 gedrehte filmische Adaption des Stoffes. In dem britischen Zeichentrickfilm revoltieren die versklavten Tiere im Gegensatz zur literarischen Vorlage und stürzen Napoleon und seine Clique.

Siehe auch **Benjamin, Boxer, Qiekschnautz** und **Schneeball.**

Lit.: Bernard Crick, *George Orwell. Ein Leben,* Frankfurt am Main 1984; Peter Lewis, *George Orwell. The Road to 1984,* London 1981; Edgar Neis, *Erläuterungen zu George Orwell, Farm der Tiere,* Hollfeld 1981; George Orwell, *Farm der Tiere. Eine Fabel,* Zürich 1946; Rober Welch, *George Orwell. Animal Farm,* Harlow 1987.

Die Nashörner
**Theaterstück in drei Akten von Eugène Ionesco
(frz. Dramatiker 1912–1994)**

*»Ich habe kein Horn, leider!
Oh, wie gern wäre ich wie sie!« (Bérenger)*

In einer Provinzstadt verwandeln sich die Menschen einer nach dem anderen in Nashörner. Bérenger, der schon zu Beginn als verschlossener Individualist mit Alkoholproblemen abseits steht, bleibt als letzter Mensch übrig. Selbst seine Geliebte hat sich entschieden, Nashorn zu werden.

Ionescos poetisch-satirisches Gleichnis über »die Entindividualisierung des Menschen« und »die Barbarei jedes ideologischen
Massenwahns« wurde am 31. Oktober 1959 in Düsseldorf uraufge-
führt. Die französische Erstaufführung von »Les rhinocéros« fand
am 23. Januar 1960 in Paris statt.

Lit.: *Kindlers Literaturlexikon*, München 1974.

NATO-Zebra
Vielstreifiger Bundeswehrsoldat

Die bildhafte Sprache der Bundeswehrsoldaten hat für die Mann-
schaftsdienstgrade Hauptgefreiter (UA) und Stabsgefreiter die Bezeichnung NATO-Zebra hervorgebracht. Die Rangabzeichen des
Hauptgefreiten-Unteroffiziersanwärter sind drei schräge weiße
Streifen auf Oberarm und Schulterklappe, die von einem vierten geraden Balken gekrönt sind. Der Stabsgefreiter läuft mit vier schrä-
gen Streifen herum. Mit etwas Phantasie mag man in diesen Mas-
sierungen weißer Balken ein Zebrastreifenmuster erkennen.

Lit.: Uwe Wilczek, *Sottje und Zettie*, Hamburg 1996.

Naturemade Aphrodite
Älteste Ziege

Das gute Tier wurde im Besitz von Kathrine Whitwell in Moulton
(GB) 18 Jahre und einen Monat alt (15.7.1975–23.8.1993). Sie hat
26 Zicklein geboren, darunter fünfmal Drillinge und einmal Vier-
linge.

Lit.: *Das neue Guinness Buch der Tierrekorde*, Frankfurt am Main/Berlin 1994.

Nepomuk
Halbdrache aus den Jim-Knopf-Geschichten

»... ich hätte mich so gern einmal mit jemandem
angefreundet, der immerfort aus lauter Angst
vor mir zittert. Das wäre eine richtig
schöne Freundschaft gewesen.« (Nepomuk)

Daß Jim Knopf und Lukas, der Lokomotivführer, keine Angst vor ihm haben, macht Nepomuk noch unglücklicher, als er sowieso schon ist. Der freundliche und hilfsbereite Halbdrache wäre nämlich viel lieber ein richtig gemeiner und gefährlicher Drache. Doch einer wie er darf die Stadt der Drachen nicht einmal betreten. Nepomuks Mutter ist ein Nilpferd, und nicht reinrassigen Drachen ist der Eintritt bei Todesstrafe verboten.

Nepomuk hat eine ängstliche Ferkelstimme, einen dicken Kopf, der entfernt an ein Nilpferd erinnert – bloß daß er gelb und blau getüpfelt ist –, und kugelige Augen. Besonders groß ist er auch nicht, sondern klein genug, um sich unter einem Sofa verstecken zu können. Er frißt gern glühende Lava und brodelnden Teer. Wenn er rülpst, puffen ihm farbige Rauchwölkchen aus den Ohren. Er lebt im Land der tausend Vulkane, und zwar in einem dieser Vulkane. In seiner Wohnung gibt es einen riesigen Kohlenberg und einen Herd.

Als Jim Knopf und Lukas, der Lokomotivführer, ihm das erste Mal begegnen, ist sein Vulkanherd gerade defekt. Die beiden Freunde reparieren das für ihn, und aus Dankbarkeit füllt Nepomuk den Tender der Lokomotive Emma eigenhändig mit Kohlen, hilft auch, Emma in einen Drachen zu verkleiden und zeigt ihnen den Weg in die Drachenstadt zu Frau → **Mahlzahn**.

Ein zweites Mal begegnen Jim und Lukas dem Halbdrachen im Hause des Scheinriesen Herrn Tur Tur. Die Drachen haben Nepomuk wegen seines Verrats verjagt, und jetzt weiß er nicht mehr wohin. Jim Knopf und Lukas, der Lokomotivführer, bieten ihm eine Stelle als Magnetklippenwärter an, und Nepomuk will fortan nicht mehr böse und flegelhaft sein.

Als Michael Ende die Geschichte eines schwarzen Findelkindes, eines Lokführers, eines Halbdrachens und diverser anderer Figuren schrieb, war er erst 25 Jahre alt. Dann dauerte es aber noch sechs Jahre, bis der erste Teil davon – der Thienemann Verlag teilte das

Manuskript, das ihm zu lang erschien – veröffentlicht wurde. »Jim Knopf und Lukas, der Lokomotivführer« erschien 1960. Im Jahr darauf erhielt Ende dafür den Deutschen Jugendbuchpreis, und im Fernsehen wurde eine Bearbeitung der Augsburger Puppenkiste gezeigt (ARD, 15.10. 1961–12.11.1961, s/w, 5 Folgen; 1976 wurde eine farbige Fassung in 4 Folgen gesendet). 1962 erschien der zweite Teil »Jim Knopf und die wilde 13«, der ebenfalls als Mehrteiler der Augsburger-Puppenkisten-Fassung ins Fernsehen kam (1966 in Schwarzweiß, 1977 in Farbe). Neben den Kinderbüchern und den Fernsehserien gab es noch Hörspiele, Schallplatten, Kassetten, ein Musical und verschiedene Dramatisierungen von Jim Knopf. Die Bücher wurden in 20 Sprachen übersetzt. Bis heute verkaufen sich jährlich etwa 15 000 Stück von beiden Bänden. Diesen Erfolg übertraf Michael Ende aber noch mit seinem Buch »Die unendliche Geschichte« (1979) (→ **Fuchur**).

Lit.: Michael Ende, *Jim Knopf und die wilde 13,* Stuttgart/Wien 1990; Bettina Hurrelmann (Hrsg.), *Klassiker der Kinder- und Jugendliteratur,* Frankfurt am Main 1995; Friedhelm Moser, *Jim Knopf und die sieben Weisen,* Frankfurt am Main 1996.

Nero
Goethes Kündigungsgrund: ein Pudel

»Die Kunst soll nie dem Hundestalle gleichen/
Und siegt der Pudel, muß der Dichter weichen.«
(Abwandlung eines bekannten Schillerverses
in »Zeitung für die elegante Welt«,
Nr. 88, Leipzig 1817, Sp 718)

Nero war ein Pudel. Vielleicht war er auch nur »ein pudelartiger Bastard aus der Klasse der Hirtenhunde«, wie ein Zeitgenosse meinte. Ob Rassehund, ob Klassehund, ob Bastard – jedenfalls war er ein Künstler. Goethe sah das anders und versuchte, den Auftritt des Hundes am Weimarer Hoftheater zu verhindern. Das historisch-romantische Drama, das er nicht neben seinen eigenen und Schillers Dramen inszeniert sehen wollte, stammte von Gilbert Pixérécourt und hieß »Der Hund des Aubry oder der Wald von Bondy«. Der Inhalt ist – zugegeben – etwas schlicht:

Aubry de Mont-Didier, ein Ritter Karls von Frankreich, wird von dem Bogenschützen Macaire hinterhältig gemeuchelt. Seine treue Dogge **Dragon** ist gerade nicht zur Stelle, findet aber später die verscharrte Leiche im Wald. Wochen später trifft Dragon zufällig auf den Mörder und stürzt sich auf ihn. Macaire wird zwar von den Umstehenden gerettet, aber nun des Mordes verdächtigt. Er leugnet. König Karl läßt das Gottesurteil sprechen: Macaire soll mit der Dogge kämpfen. Er unterliegt und muß abermals aus ihren Fängen befreit werden. Da gesteht er und wird dem Henker übergeben.

Am 26. September 1815 wurde das Sensationsstück, das bereits in London und Paris mit großem Beifall bedacht worden war, zum erstenmal in deutscher Sprache aufgeführt – in Wien. Pudel Nero spielte die treue Dogge. Der Schauspieler Rudolf Karsten, der als reisender Theaterdirektor die Gastspiele veranstaltete, hatte ihn gegen das Honorar von 200 Gulden von einem Arbeiter in Schönbrunn abrichten lassen. Eine gute Investition. Allein bei den ersten vier Aufführungen wurden 10 000 Gulden eingenommen. Als Karsten das Pudeldrama auch in Weimar aufführen wollte, verwies Goethe auf § 14 des von ihm entworfenen Theatergesetzes von 1812: »Kein Hund darf mit auf das Theater gebracht werden.« Karoline Jagemann hingegen, erste Schauspielerin am Weimarer Hoftheater und die einflußreiche und voluminöse Mätresse des Landesherrn, setzte sich für Karsten und seinen Pudel ein. Ihre Abneigung gegen Goethe als Theaterleiter dürfte dabei eine Rolle gespielt haben. Auf das Betreiben seiner dicken Geliebten genehmigte Großherzog und Hundefreund Carl August von Sachsen-Weimar-Eisenach die Aufführung. Daraufhin drohte Goethe ihm in einem Schreiben seinen Abschied an – für den Fall, daß ein Hund die einem höheren Zweck bestimmte Institution entweihen dürfte. Wenn das Taktik war, war sie schlecht. Das – soweit es die Klassenunterschiede erlaubten – fast freundschaftliche Verhältnis zwischen Goethe und dem Großherzog war bereits durch grundsätzliche politische Meinungsverschiedenheiten abgekühlt. Der Großherzog schrieb zurück, daß er die Kündigung annehme.

Am 12. April 1817 fand die Weimarer Aufführung statt. Zu diesem Zeitpunkt war Goethe bereits in Jena. Karstens Erfolg hielt an. Insgesamt 15 Jahre lang, bis 1831 – demselben Jahr, in dem Goethe

»Dichtung und Wahrheit« abschloß –, reiste Rudolf Karsten mit dem Schauspiel »Der Hund des Aubry« und mit Pudel von Stadt zu Stadt. Da ein Hundeleben nicht ewig währt, wird die Hauptrolle mindestens einmal neu besetzt worden sein.

Übrigens ist Nero nicht der Grund, warum Goethe dem Pudel im »Faust« einen teuflischen Kern namens Mephistopheles anhängte. Den »Faust, I. Teil« hatte er bereits im Jahr 1806 beendet.

Lit.: Marvin Carlson, *Goethe and the Weimar Theatre,* New York/London 1978; Jutta Linder, *Ästhetische Erziehung. Goethe und das Weimarer Hoftheater,* Bonn 1990; Friedrich Sengle, *Das Genie und sein Fürst. Die Geschichte der Lebensgemeinschaft Goethes mit dem Herzog Carl August von Sachsen-Weimar-Eisenach,* Stuttgart/Weimar 1993; Gottfried Stein, *Kurzweiliger Hundespiegel,* München 1958; Heinrich Zimmermann, *Lexikon der Hundefreunde,* Berlin 1934.

Nero Corleone
Katzenbuch-Kater

»Nero Corleone«, Elke Heidenreichs Katzenbuch für Kinder und Erwachsene, fiel bei dem bereits durch Katzenkrimis (→ **Francis**) weichgeklopften deutschen Lesepublikum auf fruchtbare Katzenstreu und landete auf den Bestsellerlisten. Der Titelheld des Buches ist ein schwarzer Kater mit weißer Pfote, der der vielköpfigen Katzenfamilie eines Tessiner Bauernhofs entstammt, mit den Feriengästen Isolde und Robert nach Köln auswandert und nach Jahren noch einmal auf seinen Heimathof zurückkehrt. Dazwischen erlebt das machohafte Tier allerlei Abenteuer, manipuliert seine Besitzer, kommentiert ihre Albernheiten und achtet darauf, daß es ihm und seiner Lebensgefährtin **Rosa** an nichts mangelt.

Katzenfreundin Elke Heidenreich, geboren 1943, wohnt wie ihr Buchkater in Köln und arbeitet außer als Schriftstellerin auch noch als Moderatorin. Bekannt wurde sie als Hörfunkfigur Else Stratmann. »Nero Corleone« erschien 1995. Quint Buchholz machte die detailgenauen und realistischen Illustrationen darin.

Lit.: *Frankfurter Allgemeine Zeitung* vom 5.12.1995.

Nessie
Schottisches Seeungeheuer

»Ich weiß nicht, was es für ein Tier ist.
Vielleicht sind es sogar 20 bis 30
verschiedene Ungeheuer.«
(Steve Felthem, Nessie-Sucher)

Loch Ness, ein fast 40km langer, 1,5km breiter mit schwarzem Wasser gefüllter See Schottlands, ist ein Vermächtnis der europäischen Eiszeit, die vor etwa 10 000 Jahren zu Ende ging. Es handelt sich um einen Süßwassersee mit Kanalverbindung zum Atlantik. Er ist außerordentlich tief, bis zu 230m, und fällt bereits in Ufernähe steil ab. Er beinhaltet soviel Wasser wie alle Seen von England und Wales zusammen. In seinen torfigen Tiefen leben vor allem Seiblinge (eine Fischart), massenhaft Nämatoden (mikroskopisch kleine Würmer) und vielleicht ein oder zwei oder noch mehr Monster, nämlich die sagenhafte Nessie, deren Existenz von Fachleuten zwar stark bezweifelt wird, aber auch nicht vollkommen ausgeschlossen werden kann. 3000 Menschen wollen sie bislang gesehen haben.

Die erste – überlieferte – Erwähnung datiert auf das Jahr 565. Der heilige Columban soll das Loch-Ness-Ungeheuer, das zuvor einen Schwimmer erlegt hatte, durch die Anrufung Gottes in die Flucht getrieben haben. Dann war anscheinend tausend Jahre Ruhe, bis im 16. Jahrhundert wieder ein Monster aus dem Loch Ness auftauchte, an Land krabbelte, gewaltige Eichen mit seinem Schwanz knickte und auch drei Jäger auf dieselbe Art erledigte. Nessies große Zeit brach aber erst 1933 an, als eine neue Straße am See entlang gebaut wurde. Vielleicht mögen Monster Baulärm. Vielleicht war sein gehäuftes Erscheinen eine Spätfolge der nächtelangen Beschwörungen des englischen und halbwegs modernen Magiers Aleister Crowly, der um die Jahrhundertwende das Gut Boleskine am Loch Ness erwarb, das später von Jimmy Page (Rockgruppe Led Zeppelin) gekauft wurde. Jedenfalls entdeckte Hotelbesitzer John Mackay am 14. April 1933 auf dem Heimweg von Inverness ein riesiges Tier im Wasser. Im Juni desselben Jahres sah George Spicer das Monster an Land, danach beobachtete »die Frau des Postmeisters Reid aus Inverfarigaig« ein »flußpferdähnliches Tier« im Schilf. Am 13. November schoß Hugh Gray das erste Bild des Monsters. Weitere Sichtungen und unscharfe und gefälschte Fotos folgten. Ein Mr. Bertram Mills setzte 20 000 Pfund Sterling auf Nessies Kopf aus – tot oder lebendig. Er wollte sie in einem Zoo oder einem Zirkus ausstellen. Das gelang trotz Schleppnetze und am Ufer bereitgehaltener Transportkisten nicht, weswegen bei Nessies Kurzauftritt im Kinder-Abenteuerfilm »Nessie – Das Geheimnis von Loch Ness« (»Loch Ness«, GB 1995, Regie: John Henderson) die Mitarbeiter von »Jim Henson's Creature Shop« aushelfen mußten.

Am 29. September 1952 versuchte John Cobb mit einem Turbinenboot auf dem Loch Ness einen neuen Rekord aufzustellen, überschlug sich bei einer Geschwindigkeit von über 300km/h und verunglückte tödlich. Sofort wurde auch die Theorie einer Kollision mit dem Monster aufgestellt. 1955 machte der Bankangestellte McNepp ein weiteres Foto, auf dem außer Nessie auch noch ein 12m hoher Turm zu sehen ist, der einen Größenvergleich bietet, so daß das Ungeheuer, sofern es denn eines ist, etwa 9 bis 12 Meter lang sein dürfte. Dieses Foto stimmt mit vielen Beschreibungen der Leute überein, die das Tier – überwiegend von der Nordseite des Sees aus – gesehen haben wollen. Meist wird Nessie als mit einem schlangenlangen Hals und einem kleinen Kopf ausgestattet beschrieben. Der Schädel soll einem Saurier- oder auch mal einem Bulldoggenkopf ähnlich sein. Die Haut ist schwärzlich und elefantenartig, zwei oder vier Schwimmflossen stehen seitlich vom Körper ab. Nessie hat einen langen Schwanz und gelegentlich einen Kamm oder Zotteln auf dem Rücken. Viele Sichtungen, und keine Beweise. Die 250 000 Pfund, die das Wettbüro »William Hill« für einen Beweis für Nessies Existenz aussetzte, hat sich noch niemand abholen können, was Touristen aus aller Welt nicht davon abhält, das abgelegene Loch Ness aufzusuchen und Nessie, wenn sie denn partout nicht auftauchen will, wenigstens als Schlüsselanhänger oder auf Postkarte im Drumnadrochits »Monster Exhibition Center« zu erwerben.

Können 3000 Augenzeugen sich so irren? Durchaus. Ein Großteil der Beobachtungen ist sicherlich unter den Rubriken »Ausgeprägtes Geltungsbedürfnis« und »Natürliche Phänomene« abzuhaken. Auf Wasserflächen ist es schwierig, Größen abzuschätzen. Wahrnehmungen können durch Vorwissen und Erwartungen oder falsche Brillen schnell bedrohlich wirken. Einige Nessie-Sichtungen mögen also schwimmendes Wild, Wolkenschatten oder das Kielwasser eines Bootes gewesen sein. 1993 wurde ein berühmtes Nessie-Foto als Fake entlarvt. Das Monster darauf war aus Holz, nur 30cm hoch und 45cm lang und auf einem bei Woolworth's in London gekauften Spielzeugunterseeboot befestigt. Nicht von der Hand zu weisen ist freilich die Häufigkeit ganz konkreter Beobachtungen seriös erscheinender Personen und sogar Personengruppen, die beschwören, Nessie gesehen zu haben. Doch auf ungewöhnliche Phänomene können auch mehrere Leute gleichzeitig hereinfallen. In einem kleinen See unweit von Eisenach in der DDR tauchten plötzlich Riesenschlangen auf. Viele Menschen sahen sie mit eigenen Augen, man schoß sogar auf sie. Als man ein Ungeheuer näher untersuchte, stellte sich heraus, daß es aus einer Unmenge kleiner Karauschen bestand. Sie hatten sich zu einer dichten Masse verbunden und wirkten wie eine 5 bis 6m lange Riesenschlange, die fast einen halben Meter dick war. Ballungen von Fischen, Insekten, Molchen oder Fröschen sind gar nicht einmal so selten.

Das Interesse an Nessie hat auch jenen Wissenschaftlern Sondermittel beschert, für die Plankton und Nämatoden im Ökosystem des seit Jahrtausenden fast unverändert erhaltenen und kaum erforschten Loch Ness von weit größerem Interesse sind. Nebenbei wird dann auch mit Sonarbooten nach dem Ungeheuer Ausschau gehalten. 1972 entstand im Rahmen eines Forschungsprogramms ein weiteres Nessie-Foto – das erste wissenschaftliche. Etwas löste die Fotofalle auf dem Seeboden aus, und auf dem computerverstärkten, aber immer noch äußerst unscharfen Bild aus den torfigen Tiefen des Sees ließ sich eine speerförmige Flosse erkennen, jedenfalls könnte es eine Flosse gewesen sein. Sowohl diese Flosse wie auch die Laienfotos und Augenzeugenberichte lassen auf etwas Ähnliches wie einen Plesiosaurus schließen. Der Plesiosaurus ist die bekannteste Gattung der mesozoischen Reptilien, allerdings wurde er nur drei bis fünf Meter groß. Er führte ein Robbendasein, durchkämmte die jurassischen Meere nach Fischen und Tintenfischen und war mit seinem unsympathischen Gesicht und den spitzen Zähnchen alles andere als ein freundlicher Jurazeitgenosse.

In jüngster Zeit nahmen sich Wissenschaftler auch den Amateurfilm vor, der 1960 von einem wegschwimmenden angeblichen Seeungeheuer gedreht worden war. In einem neuen Verfahren kopierte man ein und dasselbe Filmbild wieder und wieder übereinander. Durch das Übereinanderlegen sollten sich unsichtbare Unterwasserschatten verstärken. Man rechnete mit einem billigen Trick, erwartete, daß z. B. der Schatten eines Stricks, an dem die angebliche Nessie gezogen worden war, sichtbar würde. Was sich aber tatsächlich verstärkte, war der Schatten eines plumpen flossenbestückten Körpers unterhalb der Wasseroberfläche – und dieser Schatten unterstützte abermals die Plesiosauriertheorie.

Dennoch spricht eine Kleinigkeit dagegen. Die jurassischen Riesenrobben-Reptilien starben vor mindestens 50 000 000, wenn nicht sogar 70 000 000 Jahren aus. Der See ist erst 10 000 Jahre alt.

Lit.: Josef Benes / Zdenek Burian, *Tiere der Urzeit,* Prag/Hanau 1980; *Cinema* 10/1996; Sergius Golowin, *Drache, Einhorn, Oster-Hase und anderes phantastisches Getier,* Basel 1994; Walter Krämer / Götz Trenkler, *Lexikon populärer Irrtümer,* Frankfurt am Main 1996; Horst Künnemann, *Drachen, Schlangen, Ungeheuer,* München, o. J.; Andreas Wendroth, *An Monster muß man einfach glauben,* in: Hamburger Abendblatt vom 28.9.1996.

Neunschwänzige Katze
Peitsche

»Du gehst zu Frauen? Vergiß die Peitsche nicht!«
(Nietzsche)

Dieser Rat, den Nietzsche in »Also sprach Zarathustra« einer Frau in den Mund legte – dann muß er ja stimmen –, wird bis heute immer wieder schmunzelnd zitiert. Denn die Peitsche, ob in der antiken Sklavenhaltergesellschaft oder während der Kolonialherrschaft, ob auf den Baumwollfeldern der amerikanischen Südstaaten oder in deutschen Konzentrationslagern oder in einer eheähnlichen Beziehung, ist Symbol der unmittelbaren, schrankenlosen Macht und der Bereitschaft, sie auszunutzen.

Leuchtende Augen bekommen nostalgische Sadisten, wenn die besonders schmerzhafte Neunschwänzige Katze erwähnt wird. **Cat of nine tails** heißt die in neun Riemen auslaufende Peitsche in England, wo sie in Armee und Marine als Mittel körperlicher Züchtigung weitverbreitet war. Seit 1881 ist sie offiziell abgeschafft, aber in entsprechenden Ausrüstungsgeschäften für Liebhaber bizarren Vergnügens weiterhin vorrätig.

Lit.: *Meyers Konversations-Lexikon*, Leipzig/Wien 1895.

Nidhögg (Nidhöggr)
Schad- und Neiddrache
aus der germanischen Mythologie

»Die Esche Yggdrasil duldet Unbill
Mehr als Menschen wissen.
Der Hirsch weidet oben, hohl wird die Seite
Unten nagt Nidhögg.«
(Aus dem Grímnismál-Lied)

Eines von drei altisländischen Bildern des Weltganzen ist die immergrüne Weltesche Yggdrasil, der allerheiligste Baum, dessen Welken das Weltende ankündigen wird. Auch von Yggdrasils Beschaffenheit gibt es wiederum mehrere Vorstellungen. Eine davon beinhaltet den Neiddrachen Nidhögg, der unablässig an einer der drei Wurzeln des Weltbaumes nagt. Er weiß, daß das Ende der Welt gekommen ist, wenn der Baum fällt. Und das ist genau, was er will, denn er kann die Welt nicht ausstehen. Nidhögg, das Symbol für die ins Innerste der Welt eingedrungene zerstörerische Kraft des Bösen, wird manchmal auch als »grimmig beißende, schadengierig hauende« gewaltige Schlange beschrieben. Sie ist nicht das einzige, was die Weltesche bedroht. Oben knabbert noch ein Hirsch, und an der Seite fault der Baum. Um das Gleichnis für Vergänglichkeit und Weltverderbtheit zu dramatisieren, machten spätere Dichter aus einem Hirschen gleich vier und aus einer Schlange unzählig viele, die an den Baumzweigen nagen. Die Nornen versuchen zu retten, was noch zu retten ist und begießen die dem Untergang geweihte Weltesche mit zaubermächtigem Schlamm und Wasser aus der Schicksalsquelle.

In Yggdrasils Baumkrone wohnt ein Adler. Zwischen seinen Augen sitzt der scharfäugige Habicht **Wederfölnir**, der von Beruf Wettermacher ist und den Adler über alle drohenden Gefahren verständigt. Zwischen Nidhögg und dem Adler läuft das Eichhörnchen **Ratatöskr** (= Rattenzahn) die Weltesche rauf und runter, um beiden brühwarm zu berichten, was der jeweils andere gerade über ihn gesagt hat. Ratatöskr steht für die ständig neu aufkommende Zwietracht in der Welt.

Obwohl Nidhögg ja eigentlich unablässig damit beschäftigt ist, die Baumwurzel zu benagen, findet er noch Zeit, in der höllenähnlichen Abteilung der Unterwelt Hel die Leichen frevelhafter Toter auszusaugen.

Lit.: Hans-Peter Hasenfratz, *Die religiöse Welt der Germanen,* Freiburg 1992; *Herder Lexikon. Germanische und keltische Mythologie,* Freiburg 1993; Paul Herrmann, *Nordische Mythologie,* Berlin 1992; Raymond I. Page, *Nordische Mythen,* Stuttgart 1993; Eckart Peterich, *Götter und Helden der Germanen,* Basel 1955.

Das Niedersachsenroß
Landespferd

Das Wappentier des Bundeslandes Niedersachsen, ein weißes springendes Pferd auf rotem Grund, geht auf ein altes sächsisches Symbol zurück. Im Mittelalter herrschte in der Bevölkerung irrigerweise die feste Annahme, daß das weiße Pferd das Wappen des alten germanischen Stammesherzogtums der Sachsen gewesen sei. Nach dem Volksglauben bezog sich das Pferd auf die alte Bezeichnung für Sachsen: Falenland (= Fohlenland). Angeblich soll Sachsenherzog Widukind vor seiner Taufe ein schwarzes Pferd im Wappen geführt haben und nach der Taufe ein weißes. Tatsächlich aber gab es zu seiner Zeit noch gar kein Wappenwesen. Erst im 12. Jahrhundert, als das Sachsenland bereits in viele Teile zersplittert war, legten sich die Fürsten heraldische Zeichen zu. Im heutigen Niedersachsen regierten damals die Welfen. Sie führten jedoch kein Pferd im Schilde, sondern Löwen. Erst im 14. Jahrhundert benutzten Welfen-Fürsten das in der Volksmeinung verankerte Pferd als demonstratives Wappensymbol, um erbrechtlichen Gebietsansprüchen der obersächsischen Askanier-Herzöge entgegenzutreten. Damit wollten die Welfen ihre mutmaßlich älteren Rechtsansprüche auf das »alte Sachsen« öffentlich bekräftigen. Durch die Übernahme des

Sachsenrosses in die offizielle Bildsymbolik wurde das Pferd noch populärer. Es wanderte sogar nach Süden und wurde in leicht veränderter Form als »**Westfalenroß**« ähnlich volkstümlich. Seit 1948 ist das silberne Westfalenroß neben Rhein und Rose Bestandteil des nordrhein-westfälischen Landeswappens.

Auch nach dem Verlust der Selbständigkeit des welfischen Königreiches Hannover 1866 blieb das Roß Wappen der jetzt preußischen Provinz. Das andere welfische Gemeinwesen, das Herzogtum Braunschweig, führte ebenfalls das weiße Pferd im Wappen. Nach dem Zweiten Weltkrieg wurde aus der ehemaligen preußischen Provinz Hannover und den Ländern Braunschweig, Schaumburg-Lippe und Oldenburg das Bundesland Niedersachsen zusammengeflickt. 1951 beschloß der Landtag mit großer Mehrheit, das Niedersachsenroß als Landeswappen zu führen. Auch nichtstaatliche Organisationen bedienten und bedienen sich gerne des heraldischen Pferdes, mit dem so gut Erdverbundenheit und Tradition demonstriert werden kann. So wurde das weiße Pferd auch für die Niedersächsische Landespartei als Parteisignet eingespannt. Daran änderte sich auch nichts, als die Partei sich 1947 in Deutsche Partei (DP) umbenannte und bundesweit, mit nur kurzfristigem Erfolg, für ihr konservatives Programm warb.

Lit.: Bundeszentrale für politische Bildung (Hrsg.), *Wappen und Flaggen der Bundesrepublik Deutschland und ihrer Länder,* Bonn 1987; Georg Schnath, *Das Sachsenroß. Entstehung und Bedeutung des niedersächsischen Landeswappens,* Hannover 1961.

Nijinsky
Eines der teuersten und erfolgreichsten Rennpferde der Welt

»Ich werde wiederkommen – als ein wildes, schönes Pferd.« (Angebliche letzte Worte des Ballettänzers Waslaw Nijinsky)

Nijinsky war ein brauner Hengst mit einem weißen Stern auf der Stirn, der 1967 auf einer Pferdefarm in Ontario (Kanada) geboren worden war und auf Englands weltberühmten Rennplätzen von Sieg zu Sieg lief. Benannt war er nach dem berühmten Ballettänzer Waslaw Nijinsky. Diesen Einfall hatte die 90jährige Mutter des Besitzers, des amerikanischen Multimillionärs Charles W. Engelhardt, der den einjährigen Nijinsky für sich ersteigern ließ. Engelhardt kontrollierte den Gold- und Edelmetallhandel der westlichen Welt. Er war das Vorbild für Ian Flemings James-Bond-Figur »Goldfinger« und besaß das größte Rennpferd-Imperium seit Aga Khan. Seine Jockeys, die grüne Blusen mit einem roten Diagonalstreifen trugen, ritten nicht nur in Amerika und Kanada, sondern auch in Südafrika und in Europa für ihn.

Nijinsky, der → **Man O'War** zu seinen Vorfahren zählen konnte, startete überwiegend in England und Irland. Die Jockeys waren Liam Ward und der berühmte Lester Piggot, dessen Nachbildung im Wachsfigurenkabinett von Madame Tussaud ihren Platz fand. 1970 gewann Nijinsky als erstes Pferd seit 35 Jahren den Triple Crown, was bedeutet, daß er in einer Rennsaison das »2000 Guineas Stakes« von New Market, das »Derby(-Stakes)« von Epsom und das »St. Leger Stakes« von Doncaster gewann. Als er danach im »Prix de l'Arc de Triomphe« nur zweiter wurde, soll Engelhardt vor Enttäuschung geweint haben. Ein halbes Jahr später starb der Multimillionär, und Nijinsky wurde für den Rekordpreis von 5,5 Millionen Dollar an ein Syndikat verkauft. Er ging als Deckhengst auf das Gestüt Clairborne Farm in Kentucky.

Lit.: Rolf Palm, *Nijinsky. Das Pferd des Jahrhunderts,* Gütersloh 1973.

Ninja Turtles (Teenage Mutant Ninja Turtles)
Kampfschildkröten

Seit 1987 treibt eine Viererbande von jugendlichen Mutanten-Schildkröten im Kampf gegen das Böse ihr Wesen auf den Bildschirmen der Welt. Mit ihren kindlichen Zuschauern verbinden **Leonardo, Raphael, Donatello** und **Michelangelo** unter anderem die einseitige kulinarische Fixierung auf Cola und Pizza. 1984 hatten die von Kevin Eastman und Peter Laird geschaffenen Comic-Figuren ihr Debüt in einem US-Comic-Magazin. Anfänglich als Parodie auf die gängigen Superhelden konzipiert, wurden sie mit der Zeit und wachsendem Erfolg selbst zu Superhelden.

Ihre Ursprungsgeschichte hat zwei Versionen. Nach der älteren setzt sich in den 70er Jahren der japanische Ninja-Krieger Yoshi mit seiner zahmen Ratte **Splinter** nach New York ab, weil er wegen Totschlags an einem Fiesling seines eigenen Clans verfolgt wird. In New York fällt er der Blutrache doch noch zum Opfer. Ratte Splinter wird in einen Atommüllunfall verwickelt, bei dem auch vier Baby-Schildkröten ihre radioaktive Dosis abbekommen. Sie mutieren zu rund 1,60 Meter großen, aufrecht gehenden und sprechenden Intelligenzschildkröten mit dreifingrigen Händen, zweizehigen Füßen und beeindruckenden Brustkörben. Splinter, der auch etwas mutiert ist, weist die vier in die Kunst japanischer Selbstverteidigung ein, verpaßt ihnen Masken und Armierung. Seitdem kämpfen sie, von der Kanalisation aus operierend, gegen die bösen Ninjas, die Yoshi umgebracht haben, und andere kriminelle Gestalten. Nach einer anderen Version hat sich Yoshi nach der Flucht aus Japan in der New Yorker Kanalisation versteckt. Hier freundet er sich mit einheimischen Ratten und vier versehentlich durch den Gully gekippten Minischildkröten an, die er nach seinen Lieblingsmalern benennt. Weil schlimme Buben radioaktiven Dreck in die Abflußkanäle kippen, mutieren die kleinen Kriechtiere zu den Ninja Turtles und Yoshi wird zur Riesenratte Splinter.

1987 wurde die immer noch laufende Comic-Serie durch eine Zeichentrickadaption fürs Fernsehen ergänzt. 1990 kam ein abendfüllender Realkinofilm in die Lichtspielhäuser, dem 1991 eine Fortsetzung folgte. Plastikpuppen, Nintendo Games und anderes Merchandising-Spielzeug kamen hinzu. Die gewaltanwendenden und sprücheklopfenden Schildkröten erfreuen sich bei jungen, männlichen Konsumenten großer Beliebtheit. Einst als Parodie gestartet, wurden die Ninja Turtles in dem 1989er Comic »The Adolescent Radioactive Black Belt Hamsters« selbst kräftig auf die Schippe genommen. Ihre hamsterbäckigen Entsprechungen heißen **Pollock, Van Gogh, Picasso** und **Warhol.**

Lit.: Jeff Lenburg, *The Encyclopedia of Animated Cartoons,* New York 1991; Jeff Rovin, *The Illustrated Encyclopedia of Cartoon Animals,* New York 1991.

Nipper
**Der Hund, der vor dem Grammophon
»His Master's Voice« lauscht**

London kurz vor der Jahrhundertwende. Der englische Bühnenbildner Marc Barraud und sein Hund Nipper, ein weißer Foxterriermischling mit dunkelbraunen Ohren, machten es sich wie jeden Abend vor dem Grammophon gemütlich. Wie jeden Abend legte Barraud die Platte mit dem sentimentalen Lied »After The Ball«, gesungen von Dan Donovan, auf. Nipper setzte sich direkt vor den Schalltrichter, stellte den Kopf leicht schräg und lauschte konzentriert in das Loch, aus dem die Töne kamen. Als das Lied diesmal vorbei war, war auch das Leben von Marc Barraud vorbei. Er war gestorben. Der kleine Nipper ging in den Besitz von Barrauds Bruder, den Maler Francis, über. Verstört saß Nipper, ein Oneman-Hund, in einer Ecke des Ateliers seines neuen Herrn und trauerte. Als aber der Maler »After The Ball« auflegte, taute der Hund auf, setzte sich vor den Schalltrichter und lauschte andächtig der Stimme, die er so oft gehört hatte und die er für die Stimme seines verstorbenen Herrn hielt.

 Seit 1899 das Logo der Plattenlabels »His Master's Voice«.

Die Geschichte ist nur erfunden. Tatsächlich hatte Francis Barraud 1899 ein Grammophon als Entwurf für Werbeplakate im Auftrag der »Grammaphone Company« gemalt. Den Auftraggebern erschien das Gemälde mit dem einsamen Grammophon zu leer und sie verlangten einen werbewirksamen Zuhörer als abrundendes Bildelement. Man einigte sich auf einen lauschenden Hund. Als Modell diente der geerbte Nipper. Die Reklamemenschen von Grammaphone saugten sich dazu die Mär vom treuen Terrier als werbewirksame Rührstory aus den Fingern und tauften das Bild »His Master's Voice«. Nipper avancierte zu einem der bekanntesten Markenzeichen in der ersten Hälfte des 20. Jahrhunderts. Er wurde so berühmt, daß er sogar in politischen Karikaturen und – der Adelsschlag für jede Werbeidee – in produktfremden Werbekampagnen zitiert wurde.

Nipper starb kurz vor dem Ersten Weltkrieg. Das Originalgemälde von Francis Barraud hängt heute in der Firmenzentrale der Grammaphone Company-Rechtsnachfolgerin Electric and Musical Industries Ltd. (EMI) im englischen Hayes.

Den »Nipper-look-alike«-Wettbewerb, der 1984 in England veranstaltet wurde, gewann **Toby**, ein 7jähriger Jack-Russel-Terrier aus Doncaster.

Lit.: Deutsches Werbemuseum, *Die tierischen Verführer* (hrsg. von Heinz-Michael Bache und Michael Peters), Berlin 1992; Walter Haas / Ulrich Klever, *Die Stimme seines Herrn,* Frankfurt am Main 1959; Martin Lewis, *Dogs in the News,* London 1992; Curt Riess, *Knaurs Weltgeschichte der Schallplatte,* Zürich 1966.

Nixen (Meerjungfrauen)
Fisch-Menschwesen

»Da faßt ihn ein üppiger Mut,
Da zerrt ihn am tauchenden Kleide
Die Nix' – und über sie beide
Verschloß sich die schäumende Flut.«
(Aus »Die Teichnixe« von Trinius)

Meerjungfrauen und ihre Süßwasserverwandtschaft (also alles, was sich **Meerweib, Meerfrau, Meerwunder, Seeweib, Seejungfer, Wasserjungfer, Ondine, Undine** usw. nennt) gelten als außerordentlich schön. Gar kein Vergleich mit Menschenfrauen. Jedenfalls bis zum Nabel. Dort nämlich besitzen sie statt Beinen einen Fisch- oder Delphinschwanz. Auf künstlerischen Abbildungen werden die nassen Mädchen – vermutlich aus erotischen Beweggründen und anatomisch-praktischen Erwägungen – oft mit zwei parallelen Fischschwänzen dargestellt. Theodorus Gaza (1398–1476) wußte von einem »in Peloponeso« gesehenen Meerweibchen zu berichten, »sein Leib rauh von Schuppen bis auf die Scham, der übrig Teil soll sich geendet haben in ein Schwanz gleich einem Krebsschwanz«.

Nicht interessieren sollen hier jene Meermenschen (Homo marinus) und Wassergeister (Nymphen), die vollständig wie Menschen gestaltet sind. Die fischschwänzigen werden auch → **Sirenen** genannt, wobei die Sirenen in der antiken Mythologie noch als vogelleibige Wunderwesen beschrieben waren. Der natürliche Lebensraum der Nixen ist das Meer bzw. bei den Süßwassercousinen ein See; weniger oft werden fließende Gewässer bewohnt. Da rauscht dann wohl die Strömung zu stark durch die Skatkarten oder die Tellerstapel im Regal, denn die Wasserwesen führen in ihrem nassen Element ein Leben, das dem der menschlichen Gesellschaft in den meisten Punkten entspricht. Ihre Lieblingsbeschäftigungen sind Haare kämmen und lieblich singen. Eine Seele haben sie freilich nicht, aber wer hat die schon. Durch ihre amphibische Beschaffenheit können sie auch an Land überleben und in Gefangenschaft gehalten werden, solange sie es nur feucht genug haben.

In Beschreibungen wird immer wieder auf die vollen Brüste der Nixen hingewiesen. Die Mütter können sie über die Schultern werfen und so ihre auf dem Rücken getragenen Kinder säugen. Nixen schwimmen meist nackt herum, sind höchstens ein bißchen mit Moos und Schilf behangen oder bewachsen. Kein Wunder, daß sie Seeleute vom Kurs abbringen. Gern verführen sie Menschensöhne, manchmal treiben sie es mit ihnen an Land, manchmal ziehen sie sie zu sich ins Wasser hinab. Wobei Uneinigkeit darüber herrscht, ob das für die Opfer tödlich ausgeht oder ob Menschen im Beisein einer Meerjungfrau unter Wasser ebenfalls atmen können. Die feuchten Damen nehmen es ausgesprochen übel, wenn sie abgewiesen werden. Wer sich hingegen einigermaßen geschickt anstellt, ist fortan mit Glück gesegnet.

Daß Meerjungfrauen soviel Interesse für Menschenmänner zeigen, könnte daran liegen, daß **Meermänner** zwar erstaunlich gut bestückt sind, es aber nur wenige davon gibt. Jedenfalls werden sie viel seltener erwähnt. Diese seltenen Exemplare robben dann auch noch unverständlicherweise an Land, um sich eine der unattraktiven Menschenfrauen zu schnappen. Aus ihrer Meermannhaut soll man Stiefel machen können, die 15 Jahre lang halten. Mindestens so erstaunlich wie dieser brutale, um nicht zu sagen meermannverachtende Umgang mit den Fabelwesen, ist ihre wiederholte Erwähnung in den Zeitungen des 18. und 19. Jahrhunderts. Verschiedentlich wird dort von gefangenen und ausgestellten Meerjungfrauen berichtet. 1830 wurde eine für 40 000 Dollar verkauft. Einige Exemplare werden heute noch in Völkerkundemuseen aufbewahrt.

Die aus Affen und Fischen zusammengenähten Präparate ($\rightarrow$

Jenny Haniver) stammten vermutlich aus Japan. Auch vorher schon waren Meerwunder wenn auch nicht gerade alltäglich, so doch ein akzeptierter Bestandteil der Realität. Kolumbus will allein drei gesehen haben.

Heute trifft man Nixen nur noch auf Stadtwappen, Bildern, in Märchen, Sagen und Büchern an. Berühmt sind Andersens **Kleine Meerjungfrau**, die ihren Fischschwanz gegen Füße eintauschte und so teuer dafür bezahlen mußte, ihre Walt-Disney-Adaption **Arielle**, de La Motte-Fouqués **Undine** (dazu die Kurzgeschichte »Undine geht« von Ingeborg Bachmann) und die **Melusine** in ihren zahlreichen Bearbeitungen.

Lit.: *Buchers Bestiarium. Berichte aus der Tierwelt der Alten,* Gesammelt und vorgelegt von Rolf Beiderbeck und Bernd Knoop, Luzern/Frankfurt am Main 1978; Hanns Bächtold-Stäubli (Hrsg.), *Handwörterbuch des deutschen Aberglaubens,* Berlin/New York 1937–1987; Heinz Mode, *Fabeltiere und Dämonen. Die phantastische Welt der Mischwesen,* Leipzig 1977; Paracelsus, *Mikrokosmos und Makrokosmos. Okkulte Schriften,* Wiesbaden 1994.

Normann
Couleurs-Hund

Im 19. Jahrhundert hielten sich einige studentische Verbindungen Hunde; oft waren es Pudel, die wegen ihrer Klugheit geschätzt wurden. Im Kampf gegen eine Bulldogge oder Dogge »fremder Couleur« unterlag ein Pudel jedoch stets schmählich – weswegen große und rauflustige Rassen als Studentenhunde ebenfalls sehr beliebt waren.

Normann war ein Pudel. Seine Qualitäten zeigten sich nicht im Kampf, sondern beim Biertrinken. Das Zerevis (schirmlose, reichbestickte Mütze) auf dem Kopf saß er mit seinen Studenten in der Kneipe und trank gewöhnlich zwei Bier. Er war dafür bekannt, daß er den Deckel des Humpens dabei kommentmäßig auf- und zuklappen konnte. Gegen Ende des Zusammenseins verwandelte Normanns hechelnde Aufgekratztheit sich jedoch regelmäßig in tiefe Niedergeschlagenheit.

Lit.: Gottfried Stein, *Kurzweiliger Hundespiegel,* München 1958.

O

Octoman
Kraken-Filmmonster

Der in 16 Tagen gedrehte Film »Octoman« (USA 1971, Buch und Regie: Harry Essex) variiert noch einmal die Geschichte vom → **Ungeheuer aus der schwarzen Lagune**: Ein halbmenschliches Wassermonster stellt einer voll und ganz menschlichen und weiblichen Schönheit (Pier Angeli) nach. In diesem Fall ist es ein aufrecht auf zwei Tentakeln gehender Krakenmann, der Octoman, den es nicht stört, daß seine Auserwählte einige Arme zu wenig hat. Von seinen eigenen acht üppig mit Saugnäpfen bestückten Tentakeln sind allerdings auch nur vier (nämlich die, in denen die Arme und Beine des Schauspielers stecken) voll funktionstüchtig. Die anderen hängen meist mehr oder weniger schlapp an ihm herunter, wenn er sie nicht wild durch die Gegend schleudert. Opfer, die mehrarmig erwürgt oder erdrückt werden wollen, müssen schon ein bißchen mithelfen. Welcher Arm der Hektokotylus, das Hilfsorgan des Kraken zur Begattung, sein soll, wird nicht deutlich. Zum Einsatz kommt er jedenfalls nicht.

Es war ein einziges Kostüm, das in sämtlichen Filmszenen benutzt wurde. Es bestand aus einem Stück und hatte die Öffnung zum Hineinschlüpfen auf dem Rücken. Nur die Füße mußten noch extra übergestreift werden. Doug Beswick und Rick Baker haben es entworfen und – Schicht auf Schicht – angefertigt.

Die strapazierten Füße und Arme und der Körper des Kostüms sind inzwischen verrottet. Heute ist nur noch der mit dicken Adern überzogene Kopf vorhanden, dessen spitzzahniger Mund sperrangelweit und etwas anstößig offensteht. Zu sehen in Bob Burn's »Museum O'Monsterbilia« (seinem eigenen Haus). Leider verrät der Artikel des »Scary Monsters Magazine« nicht, wo sich das Museum befindet.

Lit.: *Scary Monsters Magazine* 12/1994.

Der Ohrwurm
Eingängiges Lied

»Du liebst mich nicht. Ich lieb dich nicht. Da Da Da.«
(Trio)

Ein Lied, das man überhaupt nicht ausstehen kann. Und plötzlich ertappt man sich dabei, wie man unwillkürlich die Melodie summt. Das hört sich ganz nach einem Ohrwurm an, jener Art von Musik, die einem geradezu in den Gehörgang kriecht, sich dort penetrant festsetzt und lange nicht mehr aus dem Kopf zu bekommen ist. Benannt ist sie nach dem bis zu 5cm großen braunen Hautflügler gleichen Namens, der nachts angeblich Schläfern ins Ohr kriecht und das Trommelfell mit seinen Zangen zerkneift, womöglich auch bis ins Gehirn vordringt, das er dann anfrißt, oder der seine Eier im Gehörgang ablegen soll. Grundlose Sorge. Das bescheidene in 1300 Arten vorkommende Tierchen mit den fadenförmigen Fühlern schläft zwar gern in dunklen Spalten, gelangt aber – falls überhaupt – wohl nur im Ausnahmefall in ein menschliches Ohr. Denn obwohl es unter seinen Chitinplatten Flügel verbirgt, ist es recht bodenständig und geht lieber zu Fuß.

Lit.: Michael Köhler, *Das Ohrenbuch,* Frankfurt am Main 1996; Hanns Bächtold-Stäubli (Hrsg.), *Handwörterbuch des deutschen Aberglaubens,* Berlin/New York 1937–1987.

Oma (Annette/Dorette) Duck
Der gute Geist der Ducks

»So, seid ihr wieder faul. Los, fegt die Wege!
Faule Hände machen Schaden.« (Oma Duck)

Oma Duck, eine Figur, die der Disney-Zeichner Carl Barks von seinem Kollegen Al Taliaferro übernahm, erschien zum ersten Mal 1943 in einem Comicstrip. Sie ist der stärkste Charakter der spärlich besetzten Frauenwelt in und um Entenhausen. Die resolute alte Entendame mit Dreifachdutt und Lesebrille schwelgt gern in der Vergangenheit. Ihre Kleidung besteht aus Knöpfstiefeln und einer trachtenartigen Jacke mit Stehkragen und Keulenärmeln, die sie manchmal durch eine Schürze ergänzt. Sie ist Entenhausens bestes Argument für das Landleben und der gute Geist der Ducks. Nicht zuletzt durch deftige Festgelage sorgt Oma Duck für den Familienzusammenhalt. Ihr Verwandtschaftsverhältnis zu → **Donald Duck** und → **Dagobert Duck** ist genauso unklar wie ihr Vorname: Einmal heißt sie Dorette und dann wieder Annette. Beides ist jedoch unerheblich, da sie sowieso für alle Oma Duck ist. 1959 machte Zeichner Carl Barks mit »Grandma Duck's Farm Friends« Oma Duck und → **Franz Gans** zu Titelfiguren eines ganzen Comic-Hefts. Franz Gans ist Oma Ducks gefräßiger und fauler Knecht, mit dem sie isoliert auf ihrer Farm lebt. Wegen Franzens offensichtlicher Untauglichkeit zu produktiver Arbeit unterstellt der Autor Grobian Gans (= Michael Czernich) der integren alten Oma Duck, die dekolletierte Kleider, Miniröcke und Milch aus Flaschen verachtet, ein artenübergreifendes Verhältnis mit ihrem dicken Knecht. Beweise gibt es dafür nicht, und die Indizien sind spärlich.

Lit.: Uwe Anton / Ronald M. Hahn, *Donald Duck. Ein Leben in Entenhausen,* München 1994; Klaus Bohn, *Der Bücherdonald,* Band 1: Sekundärliteratur, kommentierte Bibliographie, Hamburg 1992; Walt Disney Productions, *Donald Duck,* Stuttgart 1984; Gottfried Helnwein, *Wer ist Carl Barks?,* Rastatt 1993.

Oma Ethel
Dino-Großmutter

Oma Ethel ist das älteste Familienmitglied der Dinosaurierfamilie Sinclair aus der Fernsehserie → »**Die Dinos**«. Sie ist ein relativ kleiner Saurier mit einem frosch- bis schlangenähnlichen Gesicht und sitzt in einem vollmotorisierten Rollstuhl. Oma trägt Brille, ein altmodisches Kleid, rutschende Strümpfe und Wuschelpantoffeln. Sie haßt ihren Schwiegersohn → **Earl Sinclair**, den sie für einen totalen Versager hält und »Fettbacke« nennt. Aus ihrem Rollstuhl heraus schlägt sie manchmal mit der Krücke nach ihm. Ethel wirkt mindestens 88 Jahre alt, ist aber erst Anfang 70. Ihr 72. Geburtstag steht kurz bevor. Der schicksalhafte 72. Geburtstag ist einer der wichtigsten Feiertage im Leben eines Dinosauriers. Es ist der »Schleudertag«. An ihm findet eine große Party statt, bei der das Geburtstagskind von einem Verwandten (vorzugsweise dem Schwiegersohn) von einer Felsklippe in den Sumpf geschleudert wird. Das endgültige und rigorose Ritual des »Einsumpfens« geht auf die Zeiten vor der Dinosaurierzivilisation zurück. Die Eliminierung alter und kranker Tiere diente dem Schutz der Herde, da zu langsame und schwache Individuen immer Raubzeug anziehen.

In einigen Folgen ist Brian Henson (Sohn von Jim Henson und seit 1991 Präsident der Jim Henson Productions) persönlich in Oma Ethels Latexhülle geschlüpft. Die deutsche Synchronstimme der boshaften Alten stammt von Barbara Ratthay.

Lit.: WDR-Pressemappe.

Oma Eusebia
Lupos Oma

»Aber nein, Omchen!
Ich warte immer noch geduldig auf den Kaffee.«
(Lupo)

Seit 1957 hat → **Lupo**, der Comic-Wolf aus den »Fix und Foxi«-Heften, eine Wolf-Oma. Am Anfang hieß Oma Eusebia noch Oma Wolf und hatte die Rolle der hilflosen alten Frau, die von ihrem Enkel gepiesackt wird. Doch bald entpuppte sie sich als resolute Dame und als durchaus fähig, Lupo unter ihre Kuratel zu zwingen. Sie trägt einen strengen Doppeldutt, eine große Brille, ein gouvernantenhaftes langes Kleid und Knöpfstiefel. Ihre Nase ist nicht so dick wie Lupos, sondern spitzer. Bei aller Derbheit ist Eusebia natürlich gütig wie alle Omis. Allerdings ist sie sehr eigen, was Geldangelegenheiten und die Bewahrung alter Traditionen angeht. Lupo beugte sich der Autorität seiner Großmutter so wie → **Fix und Foxi** die Erziehungsberechtigung ihres etwa gleichzeitig auftauchenden **Onkel Fax** akzeptierten. Seit 1959 wohnt Lupos Kusine **Lupinchen** mit in Oma Eusebias Haus.

Lit.: Bernd Dolle-Weinkauf, *Comics. Geschichte einer populären Literaturform in Deutschland seit 1945*, Weinheim 1990; Andreas C. Knigge, *Fortsetzung folgt. Comic-Kultur in Deutschland*, Frankfurt am Main/Berlin 1986.

536

Der Onager
Einhorn auf Eselbasis

Für den heutigen Zoologen ist ein Onager bloß ein schwer bis gar nicht zu bändigender asiatischer Halbesel, der natürlich kein Horn hat. In der grenzenlosen Phantasie der Menschheit kam er auch als phallisch betonte Einhornvariante vor. In der Bibel symbolisiert der Onager den vernunftlosen und aufsässigen Menschen. Für den »Physiologus«, eine Zusammenstellung von Texten über christliche Natursymbolik, die im Mittelalter großen Einfluß auf Kunst und Dichtung hatte, war der Onager eine Erscheinungsform des Teufels – Satan, wie er seinen entwischten, nämlich zum guten wahren rechten Glauben bekehrten Seelen hinterherjammert. I-Ah.

Siehe auch das **Einhorn**.

Lit.: Hans Schöpf, *Fabeltiere*, Wiesbaden/Graz 1988.

Onkel Dagobert
siehe Dagobert Duck

Onkel Fax
siehe Fix und Foxi

Onkel Otto
Zwischenspotfigur des hessischen Werbefernsehens

Fern-»Sehhund« Onkel Otto stammt aus der Feder von Hans Fischerkoesen, dem allgegenwärtigen Zeichentrickfilmproduzenten der deutschen Nachkriegszeit. Onkel Otto ist ein stilisierter Seehund, der aufrecht geht und seine Schwanzflosse wie Füße benutzt. Statt Brustflossen hat er dünne Ärmchen und Hände. Kopf und Rumpf sind eins.

Onkel Otto, die hessische Variante des Seehunds.

Onkel Otto trägt einen buschigen Schnauzer, und aus seinem Kopf wächst wie eine Antenne das Zeichen des Hessischen Rundfunks, die Buchstaben hr. In Hessen kennt so gut wie jeder den ver-gnügten Seehund. Der erste seiner zwei- bis zehnsekündigen Auftritte, in denen er das Thema des vorangegangenen Werbespots aufnimmt, lief bereits 1958. Seitdem haben über 1000 verschiedene Onkel-Otto-Spots und ihre Wiederholungen die Werbeblöcke aufgeteilt. Im Laufe der Zeit hat Onkel Otto Unterstützung von dem bartlosen Findelkind **Junior** bekommen, das eine rotweiß karierte Schiebermütze trägt und seinem Pflegeonkel ansonsten recht ähnlich sieht. Die Werbesendungen unterbricht er inzwischen nur noch, wenn die kostbaren Werbesekunden nicht restlos verkauft sind. Sonst begnügt er sich damit, den Anfang des Reklameblocks einzuleiten und am Ende »Auf Wiedersehen« zu sagen. Onkel Otto tritt nicht nur während der hr-Werbung auf, sondern repräsentiert den hessischen Heimatsender auch als Maskottchen und Signalfigur.

Lit.: Informationsblatt des Hessischen Rundfunks.

Osborne-Stier

Die andalusische Weinbrennerei Osborne wurde 1772 in Puerto de Santa Maria von einem Engländer gegründet. Ihr Markenzeichen ist die schwarze Silhouette eines Stiers. Mit dem Aufkommen des Massentourismus in Spanien wurden Osborne-Stiere aus Eisen und ins Riesenhafte vergrößert mitten in die Landschaft entlang der spanischen Touristenrouten gestellt. Schon von weitem sichtbar, warben sie dort für Weinbrände und Sherrys. Für die mit dem Auto angereisten Touristen wurde der Osborne-Stier gleichzeitig so etwas wie ein Markenzeichen für Spanien selbst. Das Auftauchen des schroffen Schattenbilds signalisierte, daß man angekommen war im Land der Stiere und der feuchtfröhlichen Fiestas. Ende der 80er Jahre wurden die erhabenen Metallrinder und ihre Gerüste aus umwelthygienischen Gründen wieder demontiert.

Lit.: Lorenz Rollhäuser, *Toros, Toreros,* Reinbek 1990.

Oskar der Familienvater
Familienkater

»Das amüsante Schlachtfeld seiner Abenteuer
war die Familie.« (Richard Kirn)

Der Verleger der »Frankfurter Illustrierten« war in der unmittelbaren Nachkriegszeit in England auf den damals noch anarchistischen Kater → **Felix** aufmerksam geworden. Für sein Blatt wünschte er sich etwas Ähnliches, wenn auch wesentlich entschärfter. Den richtigen Mann für die Erfüllung seines Wunsches fand er in Carl »Cefischer« Fischer (1900–1974). Der Pressezeichner Cefischer, der 1944 bei einem Luftangriff beide Arme verloren hatte und seitdem mit dem Mund zeichnete, kreierte Oskar den Familienvater. Ab 1952 stand ein anthropomorpher schwarzweißer Kater, der meist ein Ringelshirt trug, als gutmütiges Familienoberhaupt im Mittelpunkt harmloser Erlebnisse. In Einbildcartoons oder in kurzen Strips mußte er sich gegen seine resche Frau und seine sechs Kinder behaupten. Bei aller sanften Ironie wurde seine Patriarchenstellung dabei aber nie grundsätzlich in Frage gestellt. Die gezeichnete Katzenversion der TV-Familie Hesselbach wurde bei der kleinbürgerlichen Leserschaft schnell populär. Oskar wurde so etwas wie das Emblem der Zeitung. Das Blatt stiftete sogar einen silbernen »Oskar« als Auszeichnung für prominente Tierliebhaber. Als die »Frankfurter Illustrierte« 1962 einen neuen Besitzer und eine neue Linie bekam, wurde Oskar eingeschläfert. 1979 würdigte man den bald in Vergessenheit geratenen Kater mit der Herausgabe eines Sammelbandes.

Lit.: Bernd Dolle-Weinkauf, *Comics. Geschichte einer populären Literaturform in Deutschland seit 1945,* Weinheim 1990; Andreas C. Knigge, *Fortsetzung folgt. Comic-Kultur in Deutschland,* Frankfurt am Main/Berlin 1986.

Der Osterhase
Eierlieferant

»Liebes Häschen,
bringe bald bunte Eier aus dem Wald.«
(Friedrich Güll)

Bereits in einer medizinischen Abhandlung aus dem Jahr 1682 wird eine »Fabel« erwähnt, »mit der man einfältigen Menschen und Kindern weismacht«, daß es der Osterhase ist, der zum Osterfest die bunten Eier bringt (»De ovis paschalibus – Von Oster-Eyern«, Georg Franck). Da der Hase wie das Ei ein Fruchtbarkeitssymbol ist, bietet er sich für diese Aufgabe an. Eier und die ersten Märzhasen wurden der germanischen Erd- und Frühlingsgöttin Ostera (nach der das ganze Fest benannt ist) geopfert. Vielleicht legte auch das Verhalten der verliebten Hasen, die im Frühling ohne Scheu herumtaumeln und -torkeln, den Gedanken nah, daß es mit diesen Tieren etwas Besonderes auf sich haben müßte. Kollegen des Osterhasen waren u. a. die **Osterhenne** (Tirol), der **Osterhahn** (Schleswig-Holstein), der **Kuckuck** (Schweiz), der **Osterstorch** (Thüringen), der **Osterfuchs** (Sachsen, teilweise Westfalen) und Glocken, die ganz bis nach Rom flogen und von dort Eier und Geschenke mitbringen und vom Himmel fallen lassen. Besonders die Glockenversion ist mancherorts auch heute noch verbreitet. Am beliebtesten war und ist jedoch der Osterhase, der als Schokoladenfigur auch selbst im Nest liegt. Dem Osterhasen Nester aus Moos, Zweigen und Blumen zu bauen, hat den Vorteil, daß man die Eier später nicht lange suchen braucht, sondern einfach die Nester kontrolliert. Nicht ganz geklärt ist, ob der Osterhase die Eier selber legt oder ob er sie von befreundeten Hühnern holt und sie anschließend bloß mit Farbe bemalt. Anschließend kommt die zerbrechliche Pracht in eine Kiepe auf den Hasenrücken und wird bei braven Kindern versteckt.

Lit.: Marianne Bernhard, *Altes Brauchtum. Von Lichtmeß bis Dreikönig,* München 1985; Sergius Golowin, *Drache, Einhorn, Oster-Hase,* Basel 1994; Hanns Bächtold-Schäubli (Hrsg.), *Handwörterbuch des deutschen Aberglaubens,* Berlin/New York 1937–1987.

Oswald (Oswald the lucky Rabbit)
Micky-Maus-Vorläufer

Oswald hatte 1927 sein Debüt mit dem Zeichentrickfilm »Trolley Troubles«. Das von Walt Disney entwickelte Kaninchen war schwarz, hatte ein weißes Gesicht und trug kurze Hosen. In knapp einem Jahr produzierte das Walt-Disney-Studio 26 erfolgreiche Kurzfilme mit dem Cartoon-Tier. Oswald erlebte abenteuerliche, meist recht ruppige Geschichten. Er war überaus elastisch. So konnte er sich selbst auswringen oder bei Bedarf in seine Einzelteile zerlegen und wieder zusammensetzen. Disney, der versäumt hatte, sich die Rechte an »Oswald« zu sichern, wurde 1928 aus der Oswald-Serie ausgebootet. Unter der Federführung von Walter Lantz entstanden 1929 bis 1938 über 150 weitere Kurzfilme. Zwischen 1935 und 1961 war Oswald auch in den Printmedien präsent. Sein Aussehen veränderte sich dabei radikal. Das Kaninchen wurde weiß und kuschelig und bekam Pupillen. Seine Abenteuer verloren an Wildheit. Anscheinend war Oswald, der stets von einer Kaninchen- oder Katzendame begleitet wurde, in den frühen 40er Jahren verheiratet gewesen. Aus dieser Verbindung könnten seine kurzzeitig auftauchenden Söhne **Floyd** und **Lloyd** stammen.

In die Comic-Geschichte ging das Kaninchen ein als der Urahn einer wesentlich berühmteren Zeichenfigur: → **Micky Maus.** Die Ähnlichkeiten sind unverkennbar. Walt Disney scheint seinem verlorenen geistigen Kind lediglich die langen Ohren rund gemacht und den Schwanz ausgetauscht zu haben, um die Erfolgsmaus zu schaffen.

Lit.: Jell Lenburg, *The Encyclopedia of Animated Cartoons,* New York 1981; Leonard Maltin, *Der klassische amerikanische Zeichentrickfilm,* München 1982; Jeff Rovin, *The Illustrated Encyclopedia of Cartoon Animals,* New York 1991.

Ottifanten
Otto Waalkes' Comic-Elefanten

Der ostfriesische Komiker und ehemalige Kunststudent Otto Waalkes zeichnete seine ersten (veröffentlichten) Ottifanten bereits 1972 auf das Cover seiner ebenfalls ersten Langspielplatte, dem Mitschnitt seines Live-Auftritts im Hamburger Audimax. Diese frühen Ottifanten sehen Elefanten im weitesten Sinne ähnlich. Sie haben Rüssel, Schwänze und vier klobige Elefantenfüße. Die für Dickhäuter charakteristischen großen Ohren sind allerdings nur noch in der Silhouette angedeutet bzw. zu kleinen Stehohren coupiert. Kopf und Körper sind eins, und die von ihrem Schöpfer entlehnte ausgeprägte Mimik reißt einen Ottifanten beim Lachen fast in zwei Hälften.

Bezeichnenderweise nannte sich das flugs gegründete Plattenlabel dann auch »Rüssl Räckords«. Die Ottifanten erschienen auf allen weiteren Platten und tauchten als äußerst kurze Zeichentrickfilme auch in den Fernsehshows auf. Das introvertiert vor sich hin gebrabbelte Hoddellihoddellihoddellihoddellihoddellihoddellihoddellihoddellihoddelli eines ununterbrochen vor sich hin stampfenden Ottifanten ging in den Schülersprachgebrauch ein.

1987 startete die Comic-Serie »Ottifanten«. Die neuen Ottifanten haben immer noch Miniaturohren, gehen aber jetzt auf zwei Beinen, haben Hände und tragen Kleidung. Die Mimik ist harmlosniedlich geworden. Star der Serie ist **Baby Bruno**, ein gewindeltes Ottifantenkleinkind, das noch nicht sprechen kann, aber über Gedankenblasen mit seinem Teddy **Honk** kommuniziert. Als Comic-Figur ist er ähnlich angelegt wie → **Snoopy** von den Peanuts. Sein Vater **Bommel** hat nicht nur mit Bruno zu tun, sondern auch noch seinen eigenen Vater auf dem Hals. Der 90jährige **Opa** ist aus dem Altersheim ausgerissen und hat sich bei Bommels eingenistet. Opa war bei jedem entscheidenden historischen Ereignis dabei und weiß alles. Bommel gerät an seinem Arbeitsplatz bei »Kaluppke und Sohn« immer wieder mit der zigarrenrauchenden Putzfrau **Hoppman** und mit der Sekretärin Fräulein **Lusch** aneinander. Außerdem gibt es noch einen Ottifanten-Sensenmann, der einen namenlosen Ottifanten zum Todessprung zu beschwatzen versucht.

Die Comicstrip-Ottifanten machen sich weniger rar als ihre Vorgänger. Bei ihrem Start erschienen sie in 12 Zeitungen, inzwischen werden sie in über 32 deutschen und 28 internationalen Zeitungen und Zeitschriften abgedruckt. Das erste Ottifanten-Buch kam mitsamt dem ersten Ottifanten-Kalender bereits 1988 heraus. Unzählige Merchandising-Artikel mit den Rüsselmutanten folgten. 1995 begann eine Ottifanten-Trickfilmserie, die im Anschluß an die dreizehnteilige »Otto – die Serie« lief. Einen ottifantenförmigen Heißluftballon hat sich Otto Waalkes bereits 1988 zum 40sten Geburtstag beschert. 1995 kamen zwei kleinere Ballons dazu.

Lit.: Info-Material der Ottifant Productions GmbH; *Ottis Ottifanten. Grizzlys vertragen nichts!*, Kiel 1991.

P

Paddington
Kinderbuchbär

Ein Londoner Ehepaar liest an der Eisenbahnstation Paddington einen kleinen Bären auf, der einen Dufflecoat und einen südwesterähnlichen Hut trägt und einen Koffer bei sich hat. Er stammt nach eigenen Angaben aus dem finstersten Peru, wo er bei seiner Tante Lucy lebte. Die Browns nehmen Paddington mit nach Hause, wo der höfliche kleine Bär, der so gern Marmelade mag, sich redliche Mühe gibt, die englische Lebensart zu begreifen, aber ein Mißgeschick nach dem anderen erlebt.

1958 veröffentlichte Michael Bond das erste einer ganzen Reihe von Paddingtonbüchern (»A Bear called Paddington«), die nicht zuletzt dank der Illustrationen von Peggy Fortnum riesigen Erfolg hatten und in viele Sprachen übersetzt wurden. Vorbild für Paddington war ein Teddybär, den Bond 1956 im Londoner Warenhaus Selfridges für seine Frau erstanden hatte und der später mit Hut, Dufflecoat und Koffer ausgestattet worden war.

Die Geschichten liefen im Radio und als Puppenfilm im Fernsehen. Bereits 1967 gab es eine Paddington-Tapete, aber der ganz große Reibach mit Paddington-Plüschfiguren, -Kassetten und allen möglichen mit dem Bären verzierten Artikeln setzte erst mit dem Zeichentrickfilm von 1975 ein, der ein internationaler Erfolg war. Inzwischen prangt Paddington selbst auf der Kreditkarte der japanischen Mitsui Bank, und Michael Bond gründete die Firma Paddington und Co., die für die Überwachung der Produktlizenzen zuständig ist. Seit 1978 steht an der Station Paddington eine große Paddington-Bärenfigur. Weniger erfolgreich waren Bonds Bücher über das Meerschweinchen **Olga da Polga** oder die Maus **Thursday.**

Lit.: Pauline Cockrill, *Das große Buch der Teddybären,* München 1992; *Lexikon der Kinder- und Jugendliteratur,* Weinheim/Basel 1984.

Pan (Faunus)
Der musikalische Schutzgott der Hirten und Herden

»Du wirst dich schämen für deinen Ziegenbart ...«
(Bernd Begemann)

In der griechischen Mythologie ist Pan ein Sohn des Hermes und selbst ein Gott, aber doch nur ein Naturgott, der nicht zur göttlichen High-Society auf dem Olymp gehört. Er stammt aus Arkadien (Peloponnes) und war zuerst einer unter vielen Panen oder Panisken. Bei den Römern heißt er **Faunus.** Gelegentlich nimmt Pan an den Orgienumzügen des Dionysos (Bacchos) teil und führt dann die ihm nicht ganz unähnlichen → **Satyrn und Silene** an. Er ist ein Menschtierwesen, aufrecht gehend und überwiegend menschlich geschaffen, mit spitzen Ohren, Bockshörnern, einem Ziegenbart, Ziegenschwänzchen und den entsprechenden Füßen und Beinen dazu – davon allerdings nur zwei. Entweder wird er mit einer Stulpnase oder mit einer ebenfalls an eine Ziege erinnernde Nase abgebildet. Sein Aussehen hat unsere Vorstellung vom Teufel bis heute geprägt. Der Schutzgott der Hirten und ihrer Herden vertritt allegorisch die freie Natur. In dieser Eigenschaft hat ihm Kenneth Grahame ein Kapitel in seinem Kinderbuchklassiker »Der Wind in den Weiden« (→ **Kröt, Ratz, Moli und Meister Dachs**) eingeräumt und Knut Hamsun einen ganzen Roman, »Pan« (1894), nach ihm benannt. Pan hat »eine geheime Lust am dunklen Grauen der wilden Waldeinsamkeit« – aber nicht nur daran. Dieser Gott sieht nicht nur so aus, er ist auch ein geiler Bock. Seine Liebschaften, u. a. mit der Mondgöttin Selene und mit der Bergnymphe Pytis, sind mehr als zahlreich. Bei dem vergeblichen Versuch, die schöne Nymphe Syrinx zu vergewaltigen, erfindet er ganz nebenbei *das* Musikinstrument der Hirten: die Panflöte.

Normalerweise sind Nymphen durchaus nicht spröde. Meist haben sie es auf die Verführung schöner Sterblicher abgesehen. Über die Schönheit des bocksbeinigen Pan läßt sich streiten, und Syrinx entzieht sich seiner Verfolgung, indem sie sich in Schilfrohr verwandeln läßt. Pan bastelt sich daraus die erwähnte Panflöte, die nach der Nymphe auch Syrinx heißt. Er spielt sie, wenn er Ruhe hält, in den sonnendurchglühten Mittagsstunden des Sommers, die danach auch »Pans Stunde« heißen. Wenn man so will, handelt es sich beim Flötenspiel um einen sublimierten Oralverkehr mit der armen Syrinx. Das würde erklären, warum der Naturgott so fuchsteufelswild reagiert, wenn er dabei gestört wird. Nicht umsonst bezeichnet man kopflose Angst mit Fluchtimpuls, die in Menschenansammlungen ansteckend wirkt, als **Pan**ik oder spricht von **pan**ischer Angst. Nach anderer Quelle kommt das Wort »Panik« von Pans Angewohnheit, in der geheiligten Panstunde, in der er selbst soviel Wert auf Ruhe legt, nur so zum Spaß plötzlich zwischen die Herden zu springen und sie in die Flucht zu treiben.

Lit.: *Der große Brockhaus,* Wiesbaden 1956; Fritz C. Müller, *Wer steckt dahinter? Namen, die Begriffe wurden,* Düsseldorf/Wien 1964; Gert Richter / Gerhard Ulrich, *Der neue Mythologieführer,* Weyarn 1996.

Panthera Bionda
siehe Blonder Panther

Die Panzerknacker AG (Beagle Boys Inc.)
Entenhausens kriminelle Beagles

»Sie graben ein Loch! Oh Jammer und Not!«
(Dagobert Duck)

→ **Dagobert Ducks** Hauptwidersacher sind maskierte, ständig grinsende Einbrecher, die infolge häufiger Inhaftierung dazu übergegangen sind, sich mit ihren Häftlingsnummern anstelle ihrer Namen anzureden. Ihre Augenmasken legen sie nicht einmal beim Schwimmen ab, und die Registriernummern tragen sie für jeden sichtbar auf ihren Pullovern. Es handelt sich um die Panzerknackerbande (**Beagle Boys Inc.**), schlecht rasierte Kerle, deren Zugehörigkeit zur Hunderasse Beagle man gerade noch an der Knopfnase und den ausgeprägten Kiefern erahnen kann. Seltsamerweise haben die Panzerknacker in manchen Geschichten kleine Hundeschlappohren und weisen in anderen dann plötzlich menschliche Ohren auf. Sie sind von Onkel Dagoberts Moneten beinahe genauso besessen wie er selbst und widmen sich bei ihren kriminellen Aktivitäten vor allem seinem Geldspeicher. Da die organisierten Verbrecher dabei nicht besonders helle zu Werk gehen, scheitern sie meist, selbst wenn sie ihr Ziel bereits vor Augen haben. Dennoch können sie für sich den Verdienst verbuchen, eine harte Ente wie Dagobert in Panik und Verzweiflung zu stürzen und sogar zum Weinen zu bringen.

Carl Barks, der die Panzerknacker im November 1951 in die Comic-Geschichten einführte, entlastete die Hundeburschen, deren kriminelle Qualitäten doch eher im handwerklichen Bereich lagen, durch intelligentere Quälgeister für Dagobert, z. B. → **Gundel Gaukeley**, die statt mit blindem Aktionismus mit Raffinesse und Magie arbeitete.

Lit.: Uwe Anton / Ronald M. Hahn, *Donald Duck. Ein Leben in Entenhausen,* München 1994; Michael Barrier, *Carl Barks – Die Biographie,* Mannheim 1994; Klaus Bohn, *Der Bücherdonald,* Band 1: Sekundärliteratur, kommentierte Bibliographie, Hamburg 1992; Walt Disney Productions, *Donald Duck,* Stuttgart 1984; Gottfried Helnwein, *Wer ist Carl Barks,* Rastatt 1993.

Papiertiger

»Der Imperialismus und alle Reaktionäre
sind Papiertiger.« (Mao)

Nach der maoistischen Lehre wurden die USA und seit 1964 auch die Sowjetunion als Papiertiger bezeichnet, die zwar ein furchterregendes Gehabe und Äußeres an den Tag legen, aber tatsächlich mangels Unterstützung in der eigenen Bevölkerung schwach wie tönerne Kolosse dem Ansturm der Revolution nicht gewachsen seien. Dabei warnt Mao aber ausdrücklich davor, diese Papiertiger zu unterschätzen. Denn nach dem Gesetz der Einheit der Gegensätze seien die imperialistischen beziehungsweise revisionistischen Supermächte aufgrund ihrer Doppelnatur zunächst gefährliche Tiger und würden erst durch den allmählich stärker werdenden Widerstand der Massen zu zahnlosen Papiertigern. Als Beispiele für gewesene Tiger zählte Mao Hitler, den Zaren und Chiang Kai-shek auf. Wieweit der Prozeß der Papiertiger-Mutierung schon bei den

USA und der UdSSR vorangeschritten war, darauf mochte sich der Große Führer der Chinesen nicht so genau festlegen.

In Anlehnung an das Bild des Papiertigers, bezeichneten die → **Black Panther** in den 60er Jahren eine sich als Kulturnationalisten bezeichnende schwarze Konkurrenzgruppe namens »Black Panther Party of Northern California« als **Papierpanther**.

Lit.: Tilemann Grimm, *Mao Tse-Tung*, Reinbek 1968; Bobby Seale, *Wir fordern Freiheit. Der Kampf der Black Panther*, Frankfurt am Main 1971; *Worte des Vorsitzenden Mao Tse-Tung*, Peking 1968.

Paradiesschlange
Der böse Versucher

»Ihr werdet mitnichten des Todes sterben,
sondern Gott weiß, daß welches Tages ihr davon esset,
so werden euch die Augen aufgetan werden
und ihr werdet wie Gott selbst sein, indem ihr erkennt,
was gut und was böse ist.« (Die Schlange)

Von allen Früchten dürfen Adam und Eva im Paradies essen, nur nicht von denen, die am Baum der Erkenntnis wachsen. Bei Zuwiderhandlung droht ihnen der Tod. Trotzdem gelingt es der listigen Schlange, Eva zu überreden, von den verbotenen Früchten zu probieren. Eva wiederum führt Adam in Versuchung, was nicht allzuviel Mühe macht. Die erste Erkenntnis, die ihnen daraufhin zuteil wird, ist, daß sie nackt sind. Gleichzeitig haben sie ihre Unsterblichkeit verloren. Als Gott das erste Menschenpaar zur Rechenschaft zieht, will keiner verantwortlich sein. Adam gibt Eva die Schuld, und Eva schiebt es auf die Schlange. Die Schlange schweigt dazu.

Gott verflucht alle drei. Eva straft er mit den Schmerzen, die sie fortan bei jeder Geburt haben wird, und mit der Knechtschaft unter den Mann. Adam straft er mit der Erfindung des Unkrauts, das ihm die Feldarbeit zur schweißtreibenden Plage machen soll. Und bevor die beiden sich auch noch am Baum des Lebens vergreifen und unsterblich werden können – und damit Gott ähnlicher, als ihm lieb ist –, wirft er sie aus dem Garten Eden hinaus. Als Wächter stellt er

Engel mit Flammenschwertern vor den Zugang. Zwischen Evas Nachkommen und den Nachkommen der Schlange, der die Menschheit ihre Fähigkeit zu Erkenntnis verdankt, läßt Gott ewige Feindschaft entstehen: »Er wird dir den Kopf zertreten, und du wirst ihn in die Ferse stechen.« Außerdem soll die Schlange fortan auf dem Bauch kriechen und Staub essen. Folglich muß sie zuvor über Beine verfügt haben oder als ein senkrechter Strich auf ihrer Schwanzspitze gehopst sein. Nach einer sagenhaften Überlieferung sind bei Schlangen die Rudimente dieser ehemaligen Beine noch unter der Haut sichtbar. Die üblichen Abbildungen der Paradiesschlange, auf denen sie sich in ihrer heutigen Gestalt um den Baum der Erkenntnis windet, sind also logisch nicht ganz korrekt.

Die Schlange wird in der Bibel als listiger als »alle Tiere des Feldes, die Gott, der Herr, geschaffen hatte« beschrieben. Ob auch sie selbst ein Geschöpf Gottes war und ihm bloß dazu diente, die Menschen auf die Probe zu stellen, oder ob der Satan in Schlangengestalt am Werke war, führte zu diversen theologischen Streitigkeiten. Allgemein überwiegt die Meinung, daß es sich bei ihr um eine Personifizierung des Teufels handelt.

Wie in der Genesis, so erscheint auch in der Apokalypse die Schlange als ein teuflisches, zerstörerisches Wesen, das Gottes Schöpfung haßt und verderben will. In der Offenbarung des Johannes 12, 9 steht: »... der große Drache, die alte Schlange, die da ›Teufel‹ und ›Satan‹ heißt, der Verführer der ganzen Welt ...«

Psychologisch wird der Sündenfall verschieden gedeutet. Man muß kein Freudianer sein, um in der Schlange ein phallisches Symbol zu vermuten. Seit ihrer Rolle im Paradies hat sie auch noch den Ruf weg, falsch und listig zu sein. Eva ist für alle Zeit als Verführerin insbesondere im erotischen Bereich abgestempelt, und bei den nicht näher beschriebenen verbotenen Früchten denkt jeder sofort an (Sinnlichkeit symbolisierende) rote Äpfel.

Lit.: *Die Heilige Schrift,* Stuttgart 1931; Gert Richter / Gerhard Ulrich, *Der neue Mythologieführer. Götter/Helden/Heilige,* Gütersloh/München 1996; Hans Schöpf, *Fabeltiere,* Wiesbaden/Graz 1988.

Paulchen Panther
(Der rosarote Panther/Pink Panther)
Sanfte Cartoon-Raubkatze

*»Heute ist nicht alle Tage, ich komm wieder,
keine Frage.«
(»Paulchen Panther«-Lied,
Text: Eberhard Storeck)*

Ursprünglich war mit dem Pink Panther ein Riesendiamant gemeint, um den es in den zwischen 1963 und 1992 unter der Regie von Blake Edwards gedrehten Kriminalkomödien der »Pink Panther«-Serie ging. Doch im ersten Film der Reihe »Der rosarote Panther« (»The Pink Panther«, USA 1963) hatte nicht nur Peter Sellers in der Rolle des trotteligen Polizeiinspektors Clouzot seinen großen Erfolg, sondern auch die Zeichentrickfigur des Titelvorspanns.

Vom Vorspann-Helden zur Kultfigur: der rosarote Panther bekam in den sechziger Jahren bald eine abendfüllende Rolle (»Die lustigen Abenteuer des rosaroten Panthers«, USA 1966-70).

Die Publikumsresonanz auf die aufrechtgehende, lässige rosa Großkatze mit den schweren Lidern und den buschigen Augenbrauen verschaffte Paulchen Panther einen Dauerjob im Vorspann fast aller folgender »Pink Panther«-Filme, und United Artists baute die von Friz Freleng geschaffene Figur zum Star einer eigenen Cartoon-Serie auf. Mit »The Pink Phing« wurde die Reihe 1964 gestartet. Für diesen Film gab's einen Oscar. Es folgten »Pinkfinger«, »Pinknic«, »Pinkadilly Circus« und weitere Folgen mit entsprechenden Titeln. Insgesamt wurden 95 Folgen gedreht, in denen Paulchen einen freundlichen Einzelgänger darstellt, der unaufgeregt durchs Leben geht und seine Ruhe vor einem cholerischen No-Name-Männchen oder der Zeichentrickversion von Inspektor Clouzot zu schützen versteht. Probleme löste er auf unkonventionelle Weise und nervt damit seine konventionelle Umgebung. In den 70er Jahren war Paulchen durch seine TV-Shows und das darin übernommene charakteristische »Pink Panther«-Filmmusikthema von Henry Mancini weltweit berühmt geworden. Die Cartoon-Macher gesellten ihm in den späteren Shows einige Kollegen zu, z. B. die ziemlich lebensuntüchtige blaue Ameisenlöwin **Elise**. Im Gegensatz zu seinen Film- und TV-Auftritten konnte Paulchen in den Comic-Büchern (1971–1984), in denen er seine Existenz als joggender Bankkassierer fristet, sprechen.

Lit.: *Lexikon des Internationalen Films,* Reinbek 1995; Astrid Paulsen, *Wer hat an der Uhr gedreht?,* in: Freunde fürs Leben (hrsg. von Holger Jenrich), Essen 1996; Jeff Rovin, *The Illustrated Encyclopedia of Cartoon Animals,* New York 1991.

Pawlowscher Hund
Sabberndes Versuchstier

Leg einem Hund ein Stück Fleisch ins Maul, und er wird anfangen zu speicheln. Ein unbedingter Reiz, der einen unbedingten (angeborenen) Reflex auslöst.

Der Physiologe und Nobelpreisträger Iwan Petrowitsch Pawlow (1849–1936) beobachtete, daß manche seiner Versuchshunde bereits Speichel absonderten, wenn sie bloß die Schritte des Wärters hörten, der das Futter brachte. Er zog seine Schlüsse und führte

1905 das klassische Experiment durch, das ihm vermutlich für alle Zeiten einen Platz in jedem psychologischen Lehrbuch sichern wird. Mit einer objektiven physiologischen Methode suchte er nach den allgemeinen Prinzipien des Lernens und stellte fest, daß der Ton einer Glocke, der für einen Hund üblicherweise ohne Bedeutung ist, Speichelfluß hervorrufen konnte, wenn er die Glocke jedesmal bei der Futterausgabe klingeln ließ. Nach einiger Zeit genügte allein der Glockenton – ohne daß noch Futter gezeigt werden mußte –, um den Hund zum Geifern zu bringen. Pawlow nannte diesen Effekt Konditionierung. Ein an sich neutraler Reiz (Glocke) wird, wenn er für den Hund mit einem unbedingten Reiz (Futter) in Verbindung gebracht wird, zu einem bedingten (konditionierten) Reiz, der einen bedingten Reflex auslöst: die Speichelabsonderung, die zuvor nur bei Futterausgabe eintrat.

Dieses erste Experiment wurde in einem schallisolierten Raum mit einem einzigen Hund durchgeführt, der noch verschiedenen anderen Reizen, Licht, Metronom, Summton, ausgesetzt wurde. Der Hund war dafür in Pawlows Konditionierungsapparat festgebunden, einem Gestell, das ihn an größeren Bewegungen hinderte und seinen Kopf geradeaus richtete. Der Speichel, den die Ohrspeicheldrüse absonderte, wurde durch eine chirurgisch eingesetzte Röhre in einen Auffangbehälter unter dem Hundemaul geleitet und floß von da aus durch einen mit einem Meßinstrument verbundenen Schlauch. Der auf Glockenton sabbernde Hund war der erste empirische Beleg für die Ansicht, daß Verhalten eine Folge gelernter Reflexe sei. Weitere Versuche mit Hunden, denen beliebige neutrale Reize mit verschiedenen angeborenen Reflexen zusammen serviert wurden, Versuche mit Angst, Schmerz und Elektroschocks folgten.

Pawlows Hundeexperimente sind auf den Menschen übertragbar und stützen die These, daß erwünschtes Verhalten anerzogen, unerwünschtes aberzogen werden kann.

1973 nannte sich eine amerikanische Progressiv-Rockband nach dem Versuchstier des russischen Wissenschaftlers »Pawlow's Dog«.

Lit.: Tonja Kivits, *Eine kurze Geschichte der Psychologie,* Düsseldorf/Wien 1994; Steven Schwartz, *Wie Pawlow auf den Hund kam ...,* Weinheim/Basel 1988.

Pechvogel
Ein vom Unglück verfolgter Mensch

»...fällt auf den Rücken und zerbricht die Nase.«
(Volksmund)

Der Pechvogel heißt auch **Unglücksvogel**, **Unglücksrabe** oder – wenn er in einem besonders bedauernswerten Zustand ist – **Unglückswurm**. Dank → **Hans Huckebein** hat der Ausdruck Unglücksrabe an Beliebtheit zugenommen. Mit Unglücksvogel werden gleichzeitig auch Vögel, die angeblich Unglück bringen, bezeichnet, wie Eule, Rabe oder Elster. Die brauchen bloß mal nachts zu schreien – und schon muß ein Mensch dem Aberglauben nach sterben.

Das Wort Pech als Synonym für Unglück ist seit dem 18. Jahrhundert geläufig, vermutlich weil die christliche Hölle »als ein mit Pech und Feuer erfüllter Pfuhl« angenommen wird.

Lit.: Hanns Bächtold-Stäubli (Hrsg.), *Handwörterbuch des deutschen Aberglaubens,* Berlin/New York 1937–1987; Duden, Band 7, *Herkunftswörterbuch,* Mannheim/Wien/Zürich 1963.

Pedro
Pony

»Hört zu, ich bin ein Pferdenarr, aber doch nicht
pferdenärrisch genug, um Schwarz-Hafer zu kaufen.«
(Erwin Strittmatter, »Pony Pedro«)

1959 veröffentlichte der Schriftsteller Erwin Strittmatter (1912–1994) in der DDR ein Tierbuch für Kinder und Erwachsene. »Pony Pedro« (mit den Illustrationen von Hans Baltzer) erzählt in mehreren Episoden, wie Erwin Strittmatter (der seit 1957 im ländlichen Dollgow, Kreis Gransee, lebte) einen kleinen Fuchshengst kauft und wie es ihm mit Pedro ergeht. Die Erlebnisse sind harmlos-heiter und leben von den genauen Verhaltensbeobachtungen. Strittmatters Sätze sind schlicht und von beinahe schroffer Kürze, allerdings streut er anfallsweise immer wieder blumig-schwülstige Ausdrücke wie »Sonnengedröhn« ein. Nebenbei findet der sozialistische Aufbau lobende Erwähnung. In der DDR galt dieses stilistische Wechselbad zwischen »Sonnengedröhn« und »Subkontingent« als geglückte Verbindung von Poesie und wissenschaftlicher Beobachtung und machte Strittmatter »zum Vater einer neuen Art Literatur über Tiere« (Gerhard Holtz-Baumert). Im selben Jahr, als »Pony Pedro« erschien, wurde Strittmatter Mitglied der Akademie der Künste und Erster Sekretär des Schriftstellerverbandes der DDR. »Pony Pedro« wurde auf den Lehrplan der Allgemeinbildenden Polytechnischen Oberschulen gesetzt.

Lit.: *Lexikon der Kinder- und Jugendliteratur,* Weinheim/Basel 1984; Erwin Strittmatter, *Pony Pedro,* Berlin, o. J.

Pegasus (Pegasos)
**Geflügeltes Sagenpferd
aus der griechischen Mythologie**

Als Perseus der Medusa den todbringenden Kopf abhackte, kam nicht nur Blut aus ihrem Rumpf, sondern auch ein weißes geflügeltes Pferd: Pegasus. Zur Vaterschaft des schönen Tieres bekannte sich Meeresgott Poseidon. Pegasus galt als Symbol für die Unsterblichkeit und graste friedlich auf den Weiden des Berges Helikon bei Korinth. Viele Menschen versuchten, das göttliche Tier einzufangen und zu reiten, doch scheiterten alle Versuche kläglich. Erst dem korinthischen Prinzen Bellerophon gelang es mit Hilfe Poseidons oder Athenes, Pegasus handzahm zu machen und ihm einen Zaum anzulegen. Bellerophon und Pegasus hatten eine Zeitlang viel Spaß zusammen. Sie sausten gemeinsam durch die Wolken, Bellerophon tötete von Pegasus' Rücken aus die → **Chimäre,** und einigen Autoren zufolge bezwang die Einmann-Kavallerie auch die männerfeindlichen Amazonen. Doch irgendwann stieg Bellerophon seine Ausnahmestellung zu Kopf, und er wollte den Göttern einen Besuch auf dem Olymp abstatten. Das machte Pegasus nicht mit und warf den Königssohn ab. Vom Sturz erblindet und verkrüppelt mußte er als Bettler fortan für seinen Übermut büßen.

Pegasus von J. Typotius (Symbola Divina et Humana, Prag 1601–03).

Die Vorstellung von Pegasus als Flügelroß, das insbesondere den Dichtern hilft, sich zu den (geistigen) Höhen des Parnaß oder des Helikon hinaufzu-schwingen, hat seinen Ursprung in der Eigenart des Flügelpferdes, beim Aufstapfen mit seinen Hufen überall Quellen zu schaffen. Die bekannteste dieser Quellen war die Musenquelle auf dem Berg Helikon.

Lit.: *Der kleine Pauly. Lexikon der Antike,* Band 4 (hrsg. von Konrad Ziegler und Walther Sontheimer), München 1977.

Der Pelikan von Pelikan
Füller-Vogel

»Helmut und Hannelore rudern auf dem Wolfgangssee.
Sagt Hannelore: ›Kuck mal Helmut, Pinguine –
daraus will ich einen Pelzmantel.‹
Sagt Helmut: ›Das sind keine Pinguine,
das sind Pelikane – daraus macht man Füller.‹«
(Schlechter Witz)

1878 ließ der Farbenfabrikant Günther Wagner sein Familienwappen als Markenzeichen für seine Produkte und als Namensgeber für seine Fabrik amtlich registrieren. Das Wagner'sche Wappentier war einer jener selbstaufopfernden mythologischen Pelikane, die die Fürsorge für ihre Brut soweit treiben, daß sie sich die Brust aufhacken und die Jungen mit dem eigenen Blut ernähren. 1878 war der Firmenwappenvogel mit seinen vier Nachkommen noch sehr realistisch und detailfreudig gezeichnet. Im Laufe der Zeit verlor das Logo zugunsten einer einfachen, klaren Linienführung immer mehr an ornamentalem Beiwerk. Die klaffende Brustwunde verschwand und die Pelikankinderschar reduzierte sich auf zwei. Wesentlich zu dieser Entwicklung beigetragen hatten die von 1898 bis 1930 von den Pelikan-Werken ausgeschriebenen Plakatwettbewerbe. Namhafte Künstler wie Ludwig Hohlwein, Max Pechstein und Cesar Klein beteiligten sich mit Entwürfen für Werbeplakate mit dem Pelikan. Wurde der wuchtige Vogel damals noch vor allem mit Künstlerfarben in Verbindung gebracht, so ist der Pelikan-Pelikan heute insbesondere als Markenzeichen robusten Schreibgerätes für Schulkinder bekannt.

Pelikan-Logo 1910 (links) und heute. Wie auch beim Erdal-Frosch ist eine deutliche Abstrahierung erkennbar.

Lit.: Deutsches Werbemuseum, *Die tierischen Verführer* (hrsg. von Heinz-Michael Bache und Michael Peters), Berlin 1992.

Pelorus Jack
Delphin

1888 tauchte plötzlich ein Delphin in der Cook-Straße auf und begleitete eine halbe Stunde lang die Dampffähre, die zwischen der Nord- und der Südinsel Neuseelands verkehrte. Auf der Rückfahrt wiederholte sich das Schauspiel des auf der Bugwelle reitenden Delphins, und von nun an begleitete Jack, wie er genannt wurde, die Fähre täglich, tags und nachts, über 20 Jahre lang. Weil die Strecke, in der er die Fähre und hin und wieder auch andere Schiffe mit seiner Anwesenheit beehrte, Pelorus-Sund hieß, erhielt er den Namen Pelorus Jack. Jack war ein Rundkopfdelphin, auch Rissos-Delphin (Grampus Griseus) genannt. Er besaß nicht die von → **Flipper** bekannte lange Schnauze, sondern einen breiten und runden Schädel. Schon bald kam die romantische Behauptung auf, daß Pelorus Jack es sich zur Aufgabe gemacht hätte, die Schiffe durch gefährliche Klippen zu lotsen. Vermutlich hat ihn das Motorengeräusch neugierig gemacht, denn Segelschiffe soll er weniger gern frequentiert haben. Jack galt als Glücksbringer, erschien in Zeitungsartikeln und wurde auf Postkarten abgebildet, in Schokolade gegossen und in Liedern besungen. Einige benutzten die Dampffähre bloß, um den berühmten Delphin zu sehen. Auch Mark Twain hat ihn beobachtet.

1903 soll ein angetrunkener Passagier der »The Penguin« auf ihn geschossen und sogar verwundet haben. Trotzdem setzte Jack seinen Begleitservice weiter fort. 1904 erließ das neuseeländische Kabinett ein Verbot, den Rissos-Delphin in der Cook-Straße oder in den nahegelegenen Buchten zu fangen.

Lit.: Ralf Breier / Jörg Reiter, *Delphingeschichten*, Köln 1992; *Buchers Bestiarium. Berichte aus der Tierwelt der Alten*, gesammelt und vorgelegt von Rolf Beiderbeck und Bernd Knoop, Luzern/Frankfurt am Main 1978; David Wallechinsky, *Amy und Irving Wallace: Rowohlts Bunte Liste*, Reinbek 1980.

Vom Opfertier zur Kultfigur: Peppi von Walter Moers (aus: »Das kleine Arschloch kehrt zurück«).

Peppi
Opfer des kleinen Arschlochs

»Na, da wird sich aber einer freuen ...«
(Frau Mövenpick)

Der violette Hund mit den gelben Augen und der langen Nase gehört Frau Mövenpick, die sich jedesmal ungemein freut, wenn das kleine Arschloch Peppi zum Spazierengehen abholt. Peppi hingegen bricht in Panik und Verzweiflung aus, weil das kleine Arschloch ihn unter dem Vorwand, seine schlechten Reflexe zu trainieren oder seine natürlichen Instinkte zu wecken, jedesmal sadistisch quält. Wiederholt versucht der Hund, seine Leiden durch Selbstmord zu beenden.

Peppi und das kleine Arschloch sind Comic-Figuren des Zeichners Walter Moers (geb. 1957).

Lit.: Walter Moers, *Das kleine Arschloch kehrt zurück!*, Frankfurt am Main 1991.

Pete
Der Hund der Kleinen Strolche

Es gibt auch sympathische Pit-Bullterrier, besonders, wenn die Besitzer ausnahmsweise keine großen, sondern *die* Kleinen Strolche sind. Hund Pete ist selbst Mitglied der Bande aus schwarzen, weißen, dicken, frechen, sommersprossigen Unterschichtsbälgern, die es auf verweichlichte reiche Kinder und böse Erwachsene abgesehen haben. Der braunweiß gefleckte Hund tobt meist mittendrin, mal mit Nietenhalsband oder Brustgeschirr, mal mit Schal oder im Footballdreß, aber immer mit dem krakeligen schwarzen Ring um das eine Auge. Da die Strolche-Serie über 20 Jahre lief (1922–1944) und nicht jedesmal alle Tricks in einer Folge von ein und demselben Hund beherrscht wurden, kamen über ein Dutzend braunweiß gefleckter Pitbulls zum Einsatz. Das erklärt, warum der Ring, der das Auge der weißen Kopfseite ziert, während das gegenüberliegende Auge von einem natürlichen braunen Fellfleck eingerahmt ist, mal links und mal rechts sitzt. U. a. betätigt Pete sich als Zahnarzt, indem der wackelnde Zahn eines Strolchs an ihm festgebunden wird, beißt einen Teufel in den Schwanz und dient mehrfach als Motor, beispielsweise für einen Flaschenzug oder für ein Seifenkistenauto. Damit der Hund das Laufband betätigt, wird ihm eine Katze vor die Schnauze gehängt. Nicht nur Katzen, Tiere überhaupt müssen bei den Strolchen hart im Nehmen sein. Da werden Ziegen und Kühe zu Kutsch- und Rennpferden ernannt und Stinktiere am Schwanz durch die Gegend geschleppt. Andererseits finden wir in den Kleinen Strolchen frühe Vertreter des radikalen Tierschutzes. Mehrfach unternehmen sie

Tierentführungen und -befreiungen – auch aus einem Tierversuchslabor.

Insgesamt 221 Folgen der Slapstickserie »Die kleinen Strolche« (»Our Gang« oder »Our Gang Comedies« oder »The Little Rascals« oder »Hal Roach's Rascals«) wurden in den Hal-Roach-Studios und zuletzt bei MGM produziert. Eine Anzahl, die nur noch von der »Startrek«-Serie übertroffen wird. Verschiedene Regisseure waren für die mal mehr oder mal weniger gelungenen Kurzfilme verantwortlich. Die besten Minikomödien sollen die von Hal Roach, dem Vater der Strolche, produzierten Tonfilme der frühen 30er Jahre sein. In Deutschland sind überwiegend die Stummfilme bekannt. 1994 gab es eine Kinofassung von Steven Spielberg.

Lit.: Leonard Maltin / Richard Bann, *Die kleinen Strolche,* Berlin 1995.

Peter Alupka
Sprechender Zirkuskater

Um 1908 sorgte ein aus Hamburg stammender Kater namens Peter Alupka in Europa für ausverkaufte Vorstellungen. Er soll die Lieder »Oh Tannenbaum« und »Ja, das haben die Mädchen so gern« gesungen haben, gesungen wohlgemerkt, mit Text!

Lit.: Ulrich Klever, *Knaurs großes Katzenbuch. Die wunderbare Welt der Seidenpfoten,* Stuttgart/München 1985.

Peter Hase (Peter Rabbit)

»... ist gleichzeitig ein liebenswerter kleiner Junge
und ein fachmännisch gezeichnetes Kaninchen.«
(Maurice Sendak)

Obwohl er in Deutschland den Nachnamen »Hase« verpaßt bekommen hat, ist Peter ein Kaninchen – ein Kinderbuchkaninchen, das eine hellblaue Jacke und rosarote Schuhe trägt, wenn es seine Kleider nicht gerade mal wieder verloren hat. Peters Familie führt einen menschenähnlichen Haushalt in einer möblierten Höhle. Mutter Hase ist verwitwet und ernährt ihre Kinder durch einen Marktstand, auf dem sie Kräuter, Rosmarintee, Hasentabak (Lavendel) und aus Hasenwolle gestrickte Pulswärmer und Handschuhe verkauft.

Die englische Kinderbuchautorin und Illustratorin Helen Beatrix Potter (1866–1943) veröffentlichte eine ganze Reihe von Bilder- und Vorlesebüchern. Es sind einfache kurze Geschichten von Tieren, deren Leben zwar in vielem einem Menschenleben ähnelt, die sich aber auch mit artspezifischen Problemen herumschlagen müssen. Diese Gleichwertigkeit zwischen Tier- und Menschennatur spiegeln auch Potters pastellfarbene Buchillustrationen wider, in denen völlig realistisch gezeichnete Tiere Jacken tragen, ihre Kinder mit einer Gerte züchtigen oder in einem Schaukelstuhl wippen. »Die Geschichte von Peter Hase« (»The Tale of Peter Rabbit«) war Beatrix Potters erste Veröffentlichung.

Eindringlich ermahnt darin Witwe Hase ihre Kinder **Flopsi** (**Flopsy**), **Mopsi** (**Mopsy**), **Wollschwanz** (**Cottontail**) und Peter, nicht in Herrn Gregersens Garten zu gehen, wo schon der selige Vater Hase als Pastete endete. Peter ist der einzige, der sich nicht daran hält. Als Folge davon wird er beinahe von Herrn Gregersen gefangen, verliert zum »zweiten Mal innerhalb von zwei Wochen« alle seine Kleidungsstücke und muß zur Strafe ohne Abendbrot ins Bett.

Die Urfassung dieser Geschichte datiert auf 1893 und war ein bebilderter Brief an Noël Moore, eines der Kinder von Beatrix Potters ehemaliger Gouvernante, denen sie illustrierte Briefgeschichten zu schicken pflegte. Auch aus den anderen Briefen wurden später Bücher.

Für Peter Hase hat Beatrix Potters eigenes Kaninchen **Peter** Modell gestanden. Sie hatte ihn 1892 gekauft und ihm einige Tricks beigebracht. Er konnte eine Glocke läuten, durch einen Reifen springen und ein Tamburin schlagen. Potter, als Kind wohlhabender Eltern in London aufgewachsen, hatte einige Mäuse, Kaninchen und Igel besessen, die auch mit zum Reisegepäck gehörten, wenn die Familie den Sommer in Schottland oder im nordenglischen Seengebiet verbrachte. Das Kind Helen Beatrix erhielt private Zeichenstunden, übte sich aber vor allem autodidaktisch, indem sie nach der Natur zeichnete, Ausstellungsstücke der Museen von South Kensington abbildete und die Tiere aus ihrer privaten Menagerie als Modelle nahm. Als Beatrix Potter sich entschied, »Die Geschichte von Peter Hase« als Buch herauszubringen, war ihr eigenes Schoßtier Peter bereits verstorben, und ein anderes Kaninchen mußte für die neuen Bilder Modell stehen. Zuerst fand Potter keinen Verleger, der ihr Buch mit den 42 schwarzweißen Zeichnungen und einem farbigen Umschlagbild drucken wollte, jedenfalls nicht in dem von Potter verlangten Miniformat von etwa 14,5 mal 11 Zentimetern, das später eines ihrer Markenzeichen wurde. Also veröffentlichte sie es 1901 privat in einer kleinen Auflage von 250 Stück. Im Oktober 1902 erschien es dann bei Warne mit 30 farbigen Bildern. Vier dieser Illustrationen wurden ab der fünften Auflage aus Platzgründen entfernt, eine davon war das Bild, auf dem Frau Gregersen die aus Peters Vater zubereitete Pastete serviert.

Beatrix Potters Tierbilderbücher haben in England Millionenauflage und sind in ein Dutzend Sprachen übersetzt. Außer von Peter und seiner Familie handeln sie noch von seinem Vetter **Benjamin Kaninchen (Benjamin Bunny)**, den Mäusebösewichtern **Dieter Däumling (Tom Thumb)** und **Hunka Munka (Hunca Munca)**, vom **Schweinchen Schwapp (Pigling Bland)**, von **Stoffel Kätzchen (Tom Kitten)**, dem Eichhörnchen **Nusper (Squirrel Nutkin)**, Frau **Igelischen (Tiggy Winkle)**, der Ente **Emma Ententropf (Jemima Puddle-Duck)**, dem Fuchs **Herr Gebissig (Mr. Tod)**, dem Frosch **Feuchtel Fischer (Jeremy Fisher)**, der zum Angeln gern ein Schmetterlingsflügel-Sandwich mitnimmt, und vielen anderen freundlichen und bösen Tieren. Die Landschaften darin sind aus dem Seengebiet Sawrey und der von Potter dort 1905 erworbenen Hill Top Farm abgezeichnet. Beatrix Potters 12jährige schöpferische Phase endete mit ihrer Hochzeit 1913. Von da an züchtete sie Hochlandschafe und kämpfte für den Naturschutz. Ihr Spätwerk, das auf Drängen vieler Verehrer ihrer früheren Bücher entstand, soll mit den ersten Arbeiten nicht mithalten können. Noch zu Potters Lebzeiten setzte die Vermarktung der von ihr geschaffenen Figuren als Stofftiere, Porzellanfiguren, Geschirr- und Postkartenaufdruck usw. ein. Einzelne Geschichten wurden für das englische

Kindertheater dramatisiert oder auf Schallplatte aufgenommen. 1972 entstand der Ballettfilm »The Tales of Peter Rabbit«.

Lit.: Humphry Carpenter / Mari Prichard, *The Oxford Companion of Children's Literature*, Oxford/New York 1984; Klaus Doderer (Hrsg.), *Lexikon der Kinder- und Jugendliteratur*, Wein-heim/Basel 1979; Beatrix Potter, *Die Geschichte von Peter Hase*, Zürich 1978.

Petros
Mykonos-Pelikan

»Seit 5000 Jahren ist hier nichts geschehen.
Und dann kam unser Pelikan.«
(Einheimische von Mykonos)

Bis in die jüngste Vergangenheit stand das heute so beliebte Urlaubsziel Mykonos im Schatten der Nachbarinseln Delos und Tinos. Delos war einst ein Zentrum des Apollonkultes gewesen, Tinos ist ein wichtiger Wallfahrtsort der griechisch-orthodoxen Kirche. Nur auf Mykonos war nichts los. Seine Bewohner lebten schlecht und recht von Landwirtschaft und Fischfang. Lediglich wenige versprengte englische Touristen besserten die Einnahmen etwas auf. Das änderte sich Ende der 50er Jahre nahezu schlagartig. Horden amüsierwilliger Urlauber brachten der Kykladeninsel den Wohlstand. Die dankbaren Mykonioten führen diesen immer noch anhaltenden Boom auf ihr Maskottchen zurück, auf Petros, den Pelikan.

Denn im September 1955 mußte ein erschöpfter und verletzter junger Pelikan, der sich möglicherweise auf dem Weg vom Balkan in sein afrikanisches Winterquartier befand, auf Mykonos notlanden. Der Fischer Theodoros Kyrandonis nahm sich des Vogels an, päppelte ihn auf und nannte ihn nach dem Schutzheiligen der Seefahrer Petros. Der schnell zahm gewordene Petros stapfte zum Vergnügen der Inselbewohner, die Pelikane für Glücksbringer halten, wie selbstverständlich durch Mykonos-Stadt und zog seine Runden im Hafenbecken. Auch die immer zahlreicheren Touristen freuten sich über das fotogene Lokalkuriosum.

Zur nationalen und internationalen Berühmtheit wurde der dicke

Wasservogel, als er Ende der 50er Jahre Auslöser des »Pelikanesischen Krieges« zwischen Mykonos und Tinos wurde. Petros hatte bei einem Rundflug auf Tinos Rast gemacht, und die vom Touristenstrom weniger begünstigten Tinoiten wollten ihr Glück zwingen, fingen ihn ein und stutzten ihm die Schwungfedern, so daß das Maskottchen nicht mehr fortfliegen konnte. Entrüstet verlangte Mykonos die Rückgabe von Petros. Nach allerlei pressewirksamem Hin und Her – selbst das Parlament in Athen war mit dem Fall befaßt – wurde der Pelikan schließlich Mykonos zugesprochen. Seitdem galt Petros als offizielles Eigentum der Stadtverwaltung Mykonos und hatte einen eigenen Futterposten im kommunalen Haushaltsplan. 1961 bekam er zwei Gefährten. Ein amerikanischer Urlauber vermittelte die Übersiedlung der beiden Pelikane **Alphonse** und **Omega** aus den Sümpfen Louisianas auf die Kykladeninsel. Alphonse starb sehr bald in der ungewohnten Umgebung. Als Ersatz kam das Geschenk einer französischen Filmgesellschaft, **Ireni**, nach Mykonos. Petros vertrug sich mit den beiden Pelikandamen gut, es kam aber nicht zu dem erhofften Nachwuchs. Das mag daran gelegen haben, daß die drei Vögel verschiedenen Pelikanarten angehörten, oder daß Pelikane sich fast nur weitab von menschlichen Siedlungen in großen Kolonien paaren.

1985 wurde Petros von einem Auto angefahren und starb, obwohl er sofort aufs Festland in eine Spezialklinik geflogen wurde. Seine sorgfältig aufbereiteten Überreste können im Museum von Mykonos besichtigt werden. 1986 flog ein deutscher Reiseveranstalter aus München einen dreijährigen Ersatzpelikan als Nachfolger für den verstorbenen Segensbringer ein. Seitdem watschelt **Petros II.** auf den Spuren seines berühmten Vorgängers über die Promenade von Mykonos und zwickt zum allgemeinen Juchhe Touristinnen ins Bein.

Lit.: Ape Guides, *Griechische Inseln,* 1995; Gordon Gaskill, *Ein Pelikan namens Petros,* in: Das Große Reader's Digest Buch, Bd. 8, Stuttgart 1967; Bo Patrick, *Whitewash and Pink Feathers,* Washington 1984; Waltraud Sperlich / Wulf Reiser, *Mykonos,* Zürich 1989.

Petzi, Pelle, Pingo
Harmoniestifter

»Tretet nicht auf den Läufer!
Der ist nur für ganz feine Leute.«
(Petzi zu König Plumm und Pingo)

Die Bildergeschichten mit Petzi, Pelle und Pingo kommen aus Dänemark, wo Petzi **Rasmus Klump** heißt. Vilhelm Hansen erfand das Dreiergespann 1951.

Rasmus Klump alias Petzi und seine Freunde (Zeitungsstrip aus den fünfziger Jahren).

Petzi ist ein kleiner brauner Bär, der auf zwei Beinen geht. Er ist mit einer blauen Pudelmütze und einer roten Trägerhose mit weißen Punkten bekleidet. Zusammen mit seinen Freunden reist er rund um die Welt – Siebenschläferland, Schildkröteninsel, Pingonesien, Doggerland – und löst ganz nebenbei die Probleme anderer Tiere. Auch den Krisenherd, den das brutale **Bums-Tier** (ein Schwein in Pumphose und Schnabelschuhen) geschaffen hat, indem es seinen Mitgeschöpfen »immer auf den Kopf bumst«, befriedet Petzi völlig gewaltfrei. Unterstützt wird er darin von seinen Freunden Pelle und Pingo. Pelle ist ein Pelikan, der in seinem Schnabelsack stets das benötigte Utensil parat hält: Schere, Säge, Goldpapier, neue Mütze für einen Minister usw. Pingo ist ein hilfsbereiter, pummeliger Pinguin, der eine weiße Fliege um den Hals trägt. Mit von der Partie sind außerdem die Robbe **Seebär** und eine Schildkröte und ein Kakadu, die immer nur **die Kleinen** genannt werden. Die Kleinen lassen sich gern von Pelle im Schnabel transportieren, ansonsten machen sie im Hintergrund Unfug. Seebär trägt schwarze Gummistiefel, eine Schiffermütze und eine blaue Trägerhose. Er besitzt eine Ankertätowierung auf der Brust, raucht Pfeife, hat die Hände meistens in den Hosentaschen und spinnt gern Seemannsgarn.

Anfang der 50er Jahre kamen die Petzi-Bildergeschichten auch nach Deutschland. Sie erschienen zuerst als Strips in Zeitungen. Ihr Zeichenstil liegt auf halber Strecke zwischen Bilderbuch und Comic. Es gab keine Sprechblasen, die Dialoge standen unter den Bildern. Sie fanden soviel Anklang, daß sich 1953 der deutsche Carlsen Verlag gründete, um Petzi-Bücher zu vertreiben. 37 Stück gibt es insgesamt. Beliebt ist Rasmus Klump nicht nur in Europa, sondern auch in Japan, wo er in den 80er Jahren verfilmt wurde. Seit 1996 erscheinen Petzi, Pelle und Pingo auch im deutschen Fernsehen in der »Sendung mit der Maus« ($\rightarrow$ **Die Maus**).

Lit.: Franco Fossati, *Das große illustrierte Ehapa Comic-Lexikon,* Stuttgart 1993; Carla und Vilhelm Hansen, *Petzi als König,* Reinbek 1973.

Pferdle, Äffle und Schlabbinsche
Zwischenspotfiguren des Süddeutschen Rundfunks

»'s Äffle isch heut net dehoim.«

Die Schwaben lieben sie heiß und innig: das phlegmatische Roß, dessen wortkarge Behäbigkeit dem urschwäbischen Naturell entlehnt ist, und seinen Gegenpol, den aufgedrehten Affen. Mit nuschelnder Brummstimme (Pferdle) und fisteligem Affengequake schwäbeln sie ihre »viechlosophischen« albernen oder altklugen Minidialoge zwischen der abendlichen Fernsehwerbung und gelegentlich auch zwischen den morgendlichen Radiospots. Seit 1986 ist als Quotenkurpfälzer und Quotenfrau die badische Cousine (das Bäsle) Schlabbinsche hinzugekommen, ein pudelähnliches Hundemädchen, das wie seine Kollegen menschliche Kleidung trägt und auf zwei Beinen geht. Pferdle sieht aus wie ein dicker Esel, das fast nasenlose Äffle erinnert an eine rassistisch gezeichnete Kaffeebohne mit abstehenden Ohren, und bei Dame Schlabbinsche weiß man nicht, ob die Ohren wie Haare oder die Haare wie Ohren aussehen sollen. Ihre Stimme wird von »Mundartstar« Elsbeth Janda gesprochen, während die Stimmen des Pferdle und des Äffle vom Pferdle-Äffle-und-Schlabbinsche-Erfinder Armin Lang persönlich stammen. Er denkt sich auch die Texte und Handlungen der etwa fünfsekündigen Zeichentrickfilme aus, von denen es inzwischen über 2000 gibt. Angefangen hat das alles in der Frühzeit des deutschen Werbefernsehens, und zwar zuerst allein mit dem Pferdle. 1959 erhielt Graphiker Lang den Auftrag, aus dem Stuttgarter Wappenpferd eine Zeichentrickfigur für das SDR-Werbefernsehen zu entwickeln. Da die Gestaltungsmöglichkeiten mit einem einsamen Pferd begrenzt waren, kam 1963 das Äffle hinzu. Beide waren anfangs abstrakter und stilisierter gezeichnet als heute. Und bevor das Pferdle so plump und drall wie heute daherkam, durchlief es zwischendurch eine Phase, in der es fast so zart wie → **Bambi** war. Auch waren Pferd und Affe schwarzweiß und stumm. Ab 1967 trieben sie es in bunt, und erst ab 1974 begannen sie zu sprechen. Von da an wurden sie in Schwaben ungeheuer beliebt – und das, obwohl

In Südwestdeutschland kennt sie jedes (fernsehende!) Kind: Pferdle, Äffle und Schlabbinsche (von rechts nach links).

ihr Zeichner und schwäbelnder Sprecher Armin Lang gebürtiger Bayer ist.

Außer auf Handtüchern, T-Shirts, Bettwäsche, Puzzles und als Gummi- und Plüschfiguren erscheinen sie auch in zwei Büchern (»Viecher send au blos Menscha« und »Lieber gschwätzt wie gar nix gsagt!«) auf Schallplatte (»Das isch der Hafer- und Bananenblues«) und auf dem »Umweltkalender 1988 der Landeshauptstadt Stuttgart«. 1986 war das Pferdle offizielles Maskottchen der Leichtathletikeuropameisterschaften.

Lit.: *Die Rheinpfalz* vom 24.6.1994; *Südwestumschau* vom 31.12.1977 und diverse andere Zeitungen und Zeitschriften.

Der Pfingstochse
Geschmücktes Rind

Pfingsten wurde und wird oft als Tag genommen, das Vieh zum ersten Mal im Jahr auf die Weide zu treiben. Das Rind, das den Zug anführt oder beschließt, trägt dabei traditionsgemäß eine Blumenkrone, bunte Bänder und eine Glocke.

So entstand auch die vorwiegend auf Männer gemünzte Redensart »herausgeputzt wie ein Pfingstochse«. In der Erwähnung des kastrierten Rindes könnte möglicherweise ein leichter Zweifel an der Männlichkeit eines Herrn, der durch Schönheit zu gefallen sucht, enthalten sein.

Lit.: Marianne Bernhard, *Altes Brauchtum,* München 1985.

Phar Lap
Australisches Rennpferd

»Who killed Phar Lap?!« (... schrien aufgebrachte
Australier in Melbourne 1932 den Passagieren
des Amerikadampfers »Monterey« zu.)

Am 4. Oktober 1926 bekam die Stute **Entreaty** in Timaru, Neuseeland, ein Fohlen. Vater war der Hengst **Night Raid**. Das Foh-

567

len erhielt den Namen Phar Lap. Das ist Singhalesisch und bedeutet »Blitz«. Der Züchter Mr. F. Frankville verkaufte Phar Lap als Einjährigen für 160 Guineen. Eine Entscheidung, die er sein Leben lang bereuen sollte. Der rote Hengst wurde das seinerzeit schnellste und berühmteste Rennpferd der Welt. Man nannte ihn auch **Red Terror**. Seinen Besitzern (D. J. Davies u. a.) erkämpfte er insgesamt 66 783 Pfund Sterling Gewinnsumme. Mr. Frankville verkraftete die Erfolge des – wie sich ja nun herausgestellt hatte – zu günstig verkauften Pferdes nicht und beging 1930 Selbstmord, an jenem Tag, als Phar Laps Sieg im »Melbourne Cup« gemeldet wurde. Fast hätte er sich das sparen können. Denn kurz vor dem Rennen war aus einem Auto heraus mit einer Schrotflinte auf Phar Lap geschossen worden. An seiner Stelle wurde aber bloß ein Pony getroffen, das dazwischen lief. Auch das Pony überlebte.

1932 nahm man eine Einladung des Rennbahnbesitzers Baron Wintrigs an und verschiffte Phar Lap nach Amerika, nicht zuletzt, weil die australischen Rennveranstalter die ungeheure Schnelligkeit des vierbeinigen Stars zu drosseln versuchten, indem sie ihm immer schwerere, schließlich sogar eigentlich unzumutbare Handikap-Gewichte aufluden. In Amerika gewann das australische Rennpferd das »Mexico-Handicup«. Doch kurz darauf, am 5. April 1932, starb Phar Lap in einem Alter von kaum sechs Jahren plötzlich innerhalb weniger Stunden. Trainer Tommy Woodcock, der vorher jahrelang Phar Laps Pfleger gewesen war, weinte sich die Augen aus und wäre fast auch noch eingegangen. Die Obduktion des Pferdes ergab eine Entzündung der Magenwände, verursacht durch Nahrung. Phar Lap hatte jedoch sein eigenes Futter aus Australien mitgebracht. Die gleichen gequetschten Haferflocken, die er seit Jahren fraß. Falls er vergiftet worden war, so konnte die Substanz eigentlich nur durch den sehr hoch gelegenen Ventilatorschacht in seine streng bewachte Box gelangt sein. Tatsächlich sollen außen am Mauerwerk unterhalb der Ventilatormündung Spuren von einer Leiter gefunden worden sein. Man vermutete, daß der Täter zu der Baron Wintrig feindlich gesonnenen Unterwelt gehörte oder daß er ein Fanatiker aus einer der puritanischen Kirchengemeinden war, die Phar Lap als Verkörperung des Antichrists bezeichnet hatten, weil er Seelen zum Wetten verführte. Der mysteriöse Tod des Rennpferds wurde nie aufgeklärt. In ganz Australien, wo Phar Lap in der Zeit der Weltwirtschaftskrise ein Symbol der Hoffnung und des Mutes gewesen war, galt es jedoch als Tatsache, daß ein Amerikaner ihn umgebracht hatte. Das tote Pferd wurde zurück nach Australien transportiert. Ausgestopft und mit Glasaugen steht es jetzt in einer Vitrine des Museum of Victoria. Sein Skelett ist im Nationalmuseum von Neuseeland zu besichtigen und sein Herz wird im National Museum of Australia aufbewahrt. Das Herz ist anderthalbmal so groß wie ein normales Vollblüterherz, was Phar Laps enorme Leistungsfähigkeit zum Teil erklärt.

Lit.: *APA Guides Australien special,* München 1992; Anne Biging / Klaus Viedebantt, *Australien,* Nürnberg 1994; Egon Erwin Kisch, *Landung in Australien,* Köln 1985.

Phil
Wettervorhersagendes Murmeltier

Phil heißt im US-Spielfilm »Und täglich grüßt das Murmeltier« (»Groundhog Day«, 1992, Regie: Harold Ramis) nicht nur der zynische Wettermann (Bill Murray) eines Pittsburgher Fernsehsenders, der die alljährliche Live-Reportage über den »Murmeltiertag« in dem West-Pennsylvanischen Kaff Punxsutawney machen muß. Phil heißt auch das zahme Murmeltier, das in »Weather Capital of the World« Punxsutawney aus einem Baumstumpf mit Türchen hervorgeholt und der Menge gezeigt wird. Ein zylindertragendes Honoratiorenkomitee fragt es nach der Wetterentwicklung der nächsten sechs Wochen.

Dieser Brauch und auch der Ort mit dem unaussprechlichen Namen sind keine Erfindung des Drehbuchschreibers, sondern fester Bestandteil der amerikanischen Folklore. Jedes Jahr pilgern am 2. Februar, dem »Groundhog Day«, Heerscharen von Amerikanern nach Punxsutawney, um mit einer Riesenfete den Frühling zu begrüßen – oder auch nicht. Dem befragten Murmeltier wird die Gabe nachgesagt, leise murmelnd den Beginn eines frühen Frühlings oder die Fortdauer des Winters vorherzusagen. Wenn es seinen Schatten sieht, hält das kalte Wetter noch an, wenn nicht, wird es wärmer.

Lit.: *Lexikon des Internationalen Films,* Reinbek 1995.

Phönix
Feuervogel

Die Phönixsage ist eine der bekanntesten Mythen. Ihr Ursprung kommt aus Ägypten, wo der Vogel als Bachstelze, später als Reiher dargestellt wurde. Er hieß dort **Benu** oder **Boine**, woraus im Griechischen Phoinix wurde. Benu war bei der Weltentstehung auf dem Urhügel erschienen. Er verkörperte den Sonnengott und symbolisierte den täglichen Sonnenumlauf.

Phönix von J. Typotius (Symbola Divina et Humana, Prag 1601–03).

Im 1. Jahrhundert n. Chr. kam bei den Römern eine neue Fassung der Phönixsage auf, die sich auch in andere Länder verbreitete und die Vorstellung vom Phönix bis heute prägt. Danach ist er ein prächtiger Vogel mit goldenen Federn, der dem Adler ähnlich sieht. In bestimmten Zeitabständen – die mit 500, 1000 oder noch mehr Jahren angegeben werden – fliegt er aus seiner Heimat Indien nach Ägypten, um sich auf einem Scheiterhaufen aus Gewürzen und duftenden Hölzern selbst zu verbrennen und aus seiner Asche neu zu entstehen.

Über die Einzelheiten seiner Selbstverbrennung und Wiederauferstehung gibt es, wie bei einem sagenhaften Tier nicht anders zu erwarten, die unterschiedlichsten Auffassungen. Manche Quellen behaupten, daß er mit seinem Schnabel einen Sonnenstrahl einfängt und damit das Holz anzündet. Nach anderer Meinung entfacht er das Feuer mit seinem Gefieder. Nachdem er sich verbrannt hat, findet sich ein Wurm in der Asche, der sich innerhalb von drei Tagen in den verjüngten Phönix verwandelt. Oder es beginnt mit einem Ei. Durchgesetzt hat sich die dritte Variante, das Bild vom fertigen, verjüngten Phönix, der sich sogleich aus der Asche erhebt. Im Christentum steht er für die Auferstehung Jesu.

Der chinesische Phönix hingegen ist ein Glücksbringer und schmückt als Symbol der Treue Brautkleider.

Lit.: *Der große Brockhaus*, Wiesbaden 1956; Heinz Mode, *Fabeltiere und Dämonen. Die phantastische Welt der Mischwesen*, Leipzig 1977; Hans Schöpf, *Fabeltiere*, Wiesbaden/Graz 1988.

Pickles
Finder des Fußballweltcups: ein Hund

Der schwarzweiße Mischlingshund und sein Herrchen David Corbett gelangten zu kurzem Ruhm, als Pickles 1966 den gestohlenen Fußballweltcup fand. Corbett ging mit Pickles in dem Londoner Vorort Norwood Gassi, als der Hund unter einem Busch etwas in Zeitungspapier Gewickeltes entdeckte. Es war die goldene Statue, nach der die Polizei ganz Englands, wenn nicht ganz Europas, gesucht hatte.

Die goldene WM-Wandertrophäe, deren materieller Wert auf 30 000 Pfund geschätzt wurde und deren ideeller Wert ja gar nicht auszudenken ist, war besonderes Schaustück einer Briefmarkenausstellung in der Londoner Central Hall gewesen und von dort entführt worden.

Unter dem Verdacht des Diebstahls und der Erpressung verhafteten Chefinspektor Brians Leute den 47jährigen Hafenarbeiter Edward Betchley, der von Joe Mears, dem führender Funktionär der Britischen Football Association, 15 000 Pfund Lösegeld verlangt hatte. Er leugnete den Diebstahl, gestand aber den Erpressungsversuch und behauptete, daß er den wahren Dieb kannte und ihm geholfen hätte. Drei Tage vor Beginn der Fußballweltmeisterschaft wurde er zu zwei Jahren Gefängnis verurteilt. Am 30. Juli siegte England nach 120 Minuten 4:2 gegen die Bundesrepublik Deutschland und errang die Trophäe – was ohne Pickles so vielleicht nicht möglich gewesen wäre.

Lit.: Martin Lewis, *Dogs in the News*, London 1992; Heribert Meisel / Hans-Jürgen Winkler, *Fußball '66. Weltmeisterschaft. Bundesliga. Europapokale*, München 1966.

Pieps
siehe Mäusepiep

Piglet
siehe Ferkel

Ping Pinguin
Kinderbuch-Pinguin

»Rapf! Wir müssen den Professor holen!
Pfnell!« (Ping Pinguin)

Obwohl er fleißig übt, kann Ping Pinguin das »Sch« nicht sprechen. Da aber alle Tiere aus Professor Habakuk Tibatongs Tiersprechschule einen kleinen Sprachfehler haben, bekümmert ihn das nicht weiter. Was ihn wirklich traurig macht, ist erstens, daß er nicht fliegen kann – weswegen ihn der Pfupfnabel Pfupf (Schuhschnabel → **Schusch**) auch nicht zu den richtigen Vögeln zählt –, und zweitens, daß er nicht so eine Mupfel besitzt wie der Waran **Wawa**. In Max Kruses Urmel-Buchserie wird der flinke Pinguin oft als Bote eingesetzt. Er ist es, der in »Urmel aus dem Eis« die Nachricht vom angetriebenen Eisberg überbringt und in »Urmel taucht ins Meer« als erster die Unterwasserstadt erkundet.

Siehe auch **Urmel.**

Lit.: Max Kruse, *Urmel aus dem Eis*, Reutlingen 1969.

Pink Panther
siehe Paulchen Panther

Playboy-Bunny
Zeitschriftenlogo / Frau im Hasenkostüm

»Falls die dahinterstehende Absicht es war,
sie lächerlich aussehen zu lassen, so war es
ein guter Versuch, aber ein gescheiterter. Ob Kittel
oder Osterei-Badeanzug, in Arbeitskleidung sieht man
immer zu anonym aus, um lächerlich zu wirken.«
(C. Bernard / E. Schlaffer, »Der Mann auf der Straße«)

1953 veröffentlichte Hugh M. Hefner das erste aller »Playboy«-Hefte. Anfangs wollte er einen flotten Hirsch als Erkennungszeichen benutzen, verwarf diese Idee aber wieder als nicht genug »sophisticated«. Chefgraphiker Arthur Paul zeichnete daraufhin das allseits bekannte Logo. Seitdem prangt es auf jedem Titelbild, sitzt als Schlußpunkt hinter den längeren Artikeln im Heft und ist einer der am häufigsten anzutreffenden Autoaufkleber.

Das Playboy-Bunny ist ein scherenschnittartiger weißer Hasenkopf auf schwarzem Grund. Er schaut nach links, trägt Fliege und hat ein geknicktes und ein erigiertes Ohr. Laut einer wissenschaftlichen Untersuchung war es 1989 das zweitbekannteste Markenzeichen der Welt, hinter dem Coca-Cola-Schriftzug und noch vor dem Mercedesstern. Die Society of Typographic Arts kürte das Bunny zu einem der zehn besten Logos. Vermutlich ist es auch eines der am häufigsten kopierten und veralberten.

Aus dem Magazin wurde ein Imperium. Playboy machte Hefner zum Multimillionär. Er erwarb das seinerzeit luxuriöseste Privatflugzeug der Welt, das er das **Große Häschen** nannte und am Heck mit seinem Logo zierte. Zum Imperium gehörte auch eine Kette Playboy-Clubs, die Anfang der 60er eröffnet wurde. Bis Mitte der 70er Jahre gab es davon 22 im In- und Ausland. Um Zugang zu den mit Kasinos ausgestatteten Clubräumen zu bekommen, mußte man im Besitz einer Membership-Card sein oder von einem Mitglied eingeladen werden. In den Clubs bedienten Bunnies, junge Frauen im Häschenkostüm. Sie trugen so etwas wie einen einteiligen, trägerlosen und tiefausgeschnittenen Badeanzug. Hinten klebte daran ein rundes, weißes Schwänzchen, das, was der Weidmann die Hasenblume nennen würde. Auf dem Kopf hatten die Frauen einen winzigen Hut mit Hasenohren. Um die Handgelenke und um den Hals trugen sie Papiermanschetten, am Hals eine Fliege. Stöckelschuhe und Nylons komplettierten das Kostüm. Eingestellt wurden schöne Frauen, möglichst mit großem Busen. Bevorzugt war der Typ des amerikanischen Collegegirls, dessen angeblich so erotisches wie gleichzeitig abweisendes Lächeln die Männer auf Distanz hielt. Hinschauen war erlaubt, anfassen verboten. Ein Kritiker nannte die Playboy-Clubs einmal »Bordell ohne oberes Stockwerk«.

Etwa zwei Dutzend derartig ausstaffierter Frauen gab es auch in Hefners »Mansion«, seinem Stadtdomizil in Chicago. Gäste trafen selbst in der Küche auf Bunnys, die sich dort strickend in Bereitschaft hielten.

Stricken war den Bunnies in den Playboy-Clubs natürlich nicht erlaubt. Hinsetzen während des Dienstes, der bis in die frühen Morgen dauerte, auch nicht. Das Hasenschwänzchen hätte abgehen können. Außerdem nicht erlaubt: Flirts, Verabredungen, Drinks annehmen, telefonieren usw. Bunnies durften während der Arbeit noch nicht einmal Wasser trinken. Als die englische Transportarbeitergewerkschaft, die auch das Personal von Kasinos betreut, die Bunnies der beiden Londoner Clubs zum Beitritt aufforderte, drohte der Playboy-Club-Chef mit Entzug der freien Mahlzeiten und Schönheitsbehandlungen. Die 21 Mitarbeiterinnen, die äußerten, trotzdem beitreten zu wollen, wurden umgehend entlassen. Nach einem Bunny-Streik wurden sie wieder eingestellt. Aber in einer späteren Abstimmung entschieden sich die Bediensteten des Playboy-Clubs mit 422 zu 192 Stimmen für die Schönheitsbehandlungen und freien Mahlzeiten und gegen die Gewerkschaft.

In den 80er Jahren ging es mit den Playboy-Clubs steil bergab. Auch die Idee, männliche Bunnies, sogenannte **Rabbits** (bei ihnen sollten die Hasen-ohren anliegen), einzustellen, um die Clubs auch für Frauen interessant zu machen, konnte das Schwinden der Mitglieder nicht aufhalten. Zum Schluß machten die Clubs einen Verlust von etwa 3,5 Millionen Dollar jährlich. Im Juli 1988 schloß der letzte aller Playboy-Clubs in Lansing (US-Bundesstaat Michigan).

Lit.: *Abendzeitung* vom 5./6.10.1985; *Berliner Morgenpost* vom 20.10.1974; Cheryl Bernard / Edit Schlaffer, *Der Mann auf der Straße,* Reinbek 1980; *Playboy* 10/1989 und 5/1990; *Wams* vom 31.7.1988; *Die Welt* vom 4.2.1975.

Pleitegeier
Unerwünschter Vogel

Wem der Bankrott droht, dem sitzt sinnbildlich der Pleitegeier auf dem Dach oder im Genick. Das gilt nicht nur für Privatpersonen oder für Wirtschaftsbetriebe, sondern auch für Staaten. Gern wird der stolze Adler, den viele Länder im Wappen führen, von Spöttern als Anspielung auf eine finanzielle Staatskrise als Pleitegeier bezeichnet. Auch der Hoheitsvogel auf Pfandsiegelmarken von Gerichtsvollziehern (→ **Kuckuck**) wird manchmal so genannt. Dabei hatte der Begriff ursprünglich nichts mit einem Vogel zu tun.

Die Gaunersprache übernahm im 19. Jahrhundert das jiddische Wort »pleijte« für »Rettende Flucht (vor dem Schuldarrest)« und schliff es zur »Pleite« ab. In Verbindung mit dem jiddischen »-geier« für »-geher« entstand der Begriff »Pleitegeier« für den Bankrotteur. Daraus machte der Volksmund im 20. Jahrhundert den Finanzprobleme symbolisierenden Aasvogel.

Lit.: *Etymologisches Wörterbuch des Deutschen,* Berlin 1993; Lutz Röhrich, *Das große Lexikon der sprichwörtlichen Redensarten,* Freiburg/Basel/Wien 1991.

Plisch und Plum
Quadrupeden

»›Ist fatal!‹ – bemerkte Schlich –
›Hehe! aber nicht für mich!‹«
(Wilhelm Busch)

Der selbstzufriedene, kaltherzige Biedermann Kaspar Schlich entledigt sich zweier junger Mischlingshunde, indem er sie in einen Teich wirft. Die beiden Jungen Paul und Peter Fittig holen die Hunde wieder heraus und nennen sie so wie das Geräusch, das sie beim Sturz in den See verursacht haben. Pauls heißt Plisch und Peters heißt Plum. Der schlanke Plisch sieht seinem neuen Herrchen ungeheuer ähnlich, und der kugelrunde Plum ist geradezu ein Ebenbild des dicken Peter. Die Jungen nehmen ihre Hunde mit nach Hause, wo Plisch und Plum bei Familie Fittig und ihrer Nachbarschaft diverse Schäden anrichten, tatkräftig unterstützt von Peter und Paul. Jedes neue Unglück wird von dem schadenfrohen Schlich voller Genugtuung, nicht mehr im Besitz der Hunde zu sein, kommentiert (siehe das obengenannte Zitat). Doch dann wendet sich das Blatt. Erst wird Schlich in eines der Scharmützel involviert und bekommt einen heißen Pfannkuchen über den Schädel gestülpt, dann geraten Paul und Peter unter die Fuchtel des prügelnden Lehrers Bokelmann und wandeln sich zu wahren Musterknaben. Die Prügel reichen sie gleich an die nächst Schwächeren, nämlich an Plisch und Plum weiter, die daraufhin zu Musterhunden werden. Bei Gelegenheit apportieren sie einem reichen Engländer seinen Hut und sein Fernglas aus demselben Teich, in den Schlich sie einst versenken wollte. Angetan von soviel Bravheit, kauft der Engländer Vater Fittig die Hunde für hundert Mark ab. Schlich, der alles mitangesehen hat, »kriegt vor Neid den Seelenkrampf« und stirbt.

Wilhelm Buschs Bildergeschichte »Plisch und Plum« (1882) zeichnet ein beredtes Bild von den pädagogischen Gepflogenheiten des 19. Jahrhunderts. Verschiedentlich wurde sie als künstlerisch schwach kritisiert, da man in ihr eine »peinlich verspießerte Auffassung von den segensreichen Folgen einer andressierten Manierlichkeit« (Joseph Kraus) auszumachen glaubte. In der Tat hielt Wilhelm Busch den Menschen für grundsätzlich schlecht. Kinder und Tiere kommen in seinen Bildergeschichten meist als zerstörerische Nichtsnutze vor, die eine Spur der Verwüstung hinter sich herziehen. Besonders wilde Individuen wie Max und Moritz, → **Fipps** der Affe oder → **Hans Huckebein** der Unglücksrabe, deren Widerstand gegen die Domestikation nicht zu brechen ist, läßt er am Ende ihrer Geschichten sogar sterben. Buschs wenig günstige Meinung von Kindern und Tieren bedeutet aber nicht, daß er mit den Erziehern sympathisiert. Dem heuchlerischen Prügellehrer Bokelmann, der so tut, als wolle er es zuerst im Guten mit den Jungen versuchen, läßt

576

er dabei die Rute aus dem Rock lugen und zeichnet ihm die Vor-
freude auf die beabsichtigte Züchtigung ins Sadistengesicht. Sich
selbst beschrieb Busch als »für die Gesellschaft ist er nicht genüg-
sam dressiert«. Es ist darum unwahrscheinlich, daß er die Verwandlung rücksichtsloser Rabauken und Tölen in jämmerliche unterwür-
fige und heuchlerische Kreaturen propagieren wollte.

Inspiriert zu der Küchenszene im Hause Fittig wurde Busch
höchstwahrscheinlich von den Ereignissen, die sich Sylvester 1881
im Hause seines Bruders Gustav abgespielt hatten. Als Festmahl
wollte Schwägerin Alwine Pfannkuchen mit Salat bereiten – ganz
wie bei Fittigs. Und hier wie dort schmiß Hundeungestüm Pfannku-
chenteig und Salat durcheinander. Der Schuldige bei Familie Busch
war Haushund **Putz**.

Während der »Großen Koalition« (1966–69) arbeiteten die damaligen Bundesminister Karl Schiller (Wirtschaft, SPD, hager) und
Franz Josef Strauß (Finanzen, CSU, korpulent) so gut zusammen,
daß sie den Doppelspitznamen »Plisch und Plum« bekamen.

Lit.: Wilhelm Busch, *Max und Moritz mit Plisch und Plum und Maler Klecksel*,
Wiesbaden, o. J.; Dietmar Grieser, *Im Tiergarten der Weltliteratur*, München 1991;
Joseph Kraus, *Wilhelm Busch*, Reinbek 1970; Ulrich Mihr, *Wilhelm Busch: der Protestant, der trotzdem lacht*, Tübingen 1983; Munzinger archiv, *Biographisches Archiv* 9/1995; Gert Ueding, *Wilhelm Busch. Das 19. Jahrhundert en miniature*, Frankfurt am Main 1977.

Pluto
Micky Maus' Hund

Zu den ständigen Begleitern der Walt-Disney-Comic-Maus →
Micky Maus gehört sein Hund Pluto. Pluto stellt unter den Co-Stars
von Micky Maus eine Ausnahme dar. Im Gegensatz zu den ver-
menschlichten Mäusen, Enten oder Wölfen um Micky herum ist
Pluto ein richtiges Tier, ein freundlicher falbfarbener Bluthundrüde
mit schwarzen Ohren und schwarzem Spaghettischwanz. Er trägt
ein breites rotes Halsband.

Die Disney-Forscher sind sich nicht ganz einig, wann Micky
und Pluto das erste Mal aufeinandertrafen. 1930 hieß der Hund in
dem Streifen »The Picnic« (»Das Picknick«) noch **Rover**, gehörte

Mickys Dauerschwarm → **Minni Maus** und störte Micky durch seine Rumtoberei bei dessen Versuchen, Minni anzuflirten. Nach einer anderen Forschermeinung lernen sich Pluto und Micky bereits einige Monate früher kennen. In »The Chain Gang« (»Kettensträflinge«, 1930) brach der unschuldig inhaftierte Micky aus dem Gefängnis aus und wurde gleich von zwei namenlosen Pluto-Hunden verfolgt. Ob einer dieser beiden zähnefletschenden Knastköter zum freundlichen Rover mutierte, wird wohl ewig ungeklärt bleiben. Irgendwann hat Minni offensichtlich ihren Hund an Micky weitergegeben. Seit dem Film »The Moose Hunt« (»Die Elchjagd«, 1931) bilden Mäuserich und Hund ein Team. 1931 bekam der Bluthund auch seinen endgültigen Namen. In mehr als 100 Filmrollen und unzähligen Comicstrips hat Pluto seinem Herrchen zur Seite gestanden. Manchmal war er selbst der Star der Geschichten. So muß er sich in »Pluto at the Zoo« (»Pluto im Zoo«, 1942) mit Raubtieren herumschlagen, im oscarprämierten »Lend a Paw« (»Die hilfreiche Pfote«, 1941) rettet er ein Kätzchen vor dem Ertrinken, und in »Plutopia« (1951) träumt der Hund von der idealen Pluto-Welt.

Pluto ist weder ein Ausbund an Intelligenz noch allzu mutig. Doch wenn sein Herrchen in Not ist, zeigt er wahre Tapferkeit. Wie viele sensible Hunde ist Pluto schnell in seinen Gefühlen verletzt, insbesondere wenn er ausgeschimpft wird. Er ist aber auch schnell wieder zu versöhnen.

In Plutos Biographie gab es zwei Hundefrauen: **Fifi** und **Dinah**. Zwischen 1933 und 1939 war Fifi die Nr. 1 in seinem Leben. Mit der kleinen, braunen Hündin gründete Pluto sogar kurzfristig eine Familie mit fünf Welpen. 1942 verliebte er sich dann in die ebenfalls braune Dachshündin Dinah. Diese Beziehung hielt bis 1950 an. Wer die Mutter seines 1942 zum ersten und einzigen Mal auftretenden Sohnes **Pluto Junior** ist, ist unklar. Ebenso unklar ist, wo Pluto bleibt, wenn Micky Maus ohne ihn auf Abenteuerjagd geht. Wahrscheinlich paßt dann Minni auf ihn auf.

Lit.: Wolfgang J. Fuchs, *Micky Maus. Das ist mein Leben,* Stuttgart 1988; Leonard Maltin, *Der klassische amerikanische Zeichentrickfilm,* München 1982.

Polynesia
Dr. Dolittles weiser Papagei

Polynesia ist 183 oder 182 Jahre alt, genau weiß sie das nicht, obwohl ihr Gedächtnis ansonsten so perfekt ist, daß sie hin und wieder Anekdoten aus längst vergangenen Zeiten erzählt. Bevor sie zu Dr. Dolittle kam, ist sie lange Zeit zur See gefahren. Polynesia ist des Doktors Brücke zur Sprache der Tiere, denn als einziges seiner vielen Tiere beherrscht sie auch die Menschensprache. Sie bringt ihm nicht nur 498 Tierdialekte bei, sondern bestärkt ihn auch darin, von Menschendoktor auf Tierarzt umzusatteln. Da Dr. Dolittle der einzige Tierarzt ist, bei dem die Tiere selbst erklären können, wo es fehlt, hat er auch prompt Erfolg, bis er ein Krokodil bei sich aufnimmt.

Im ersten Band der deutschen Ausgabe der Dolittle-Bücher bleibt Polynesia nach einigen Abenteuern in Afrika zurück, weil das ihre richtige Heimat ist. Später schließt sie sich dem Doktor aber wieder an und reist im siebenten Band sogar mit ihm und dem Affen → **Tschi-Tschi** zum Mond.

Siehe auch **Doktor Dolittles Tiere.**

Lit.: Hugh Lofting, *Doktor Dolittles Zirkus,* Berlin, o. J.; Hugh Lofting, *Dr. Dolittle und seine Tiere,* Zürich/London, 1929.

Pongo und Perdi (Pongo und Perdita)
Disney-Dalmatiner

Disneys Zeichentrickfilm »Pongo und Perdi« (»101 Dalmatians«, USA 1961) ist nach der Vorlage des Dodie-Smith-Romans »The Great Dog Robbery« (1956) gedreht. Es geht um die Entführung von Hundekindern.

Die reinrassigen Dalmatiner Pongo und Perdi leben mit ihren 15 Nachkommen bei dem freundlich-nichtssagenden Londoner Ehepaar Anita und Roger Radcliff. Pongo hat 72 Fellflecke, seine Gattin 68 und die Welpen jeweils 15. Während Pongo schwarze Ohren hat, sind die von Perdita hell. Bei den Welpen kommen die Ohren mal nach Papa, mal nach Mama. Das friedliche Idyll wird von der schurkischen Cruella De Vil empfindlich gestört. Die ehemalige Schulkameradin von Anita hat Pläne, bei denen nicht nur Veganern der Atem stockt. Sie möchte die jungen Dalmis kaufen, um sich aus deren Fell einen schicken Mantel schneidern zu lassen. Natürlich lehnen die Radcliffs ab. Die Böse gibt aber nicht auf und läßt die Kleinen kurzerhand entführen und auf ihren Landsitz Hell Hall bringen. Dort wuseln bereits 84 andere, unglückliche Jung-Dalmatiner herum. (Es soll wohl ein besonders großer Mantel werden.) Mit Hilfe der in Großbritannien anscheinend hervorragend organisierten Tiersolidarität, vorneweg der schwerhörige Schäferhund **Colonel**, das Pferd **Captain**, die Katze **Tibbs**, die Gans **Lucy** und der Bluthund **Towser** kommen Pongo und Perdi der Welpnapperin auf die Spur. Nach vielen Abenteuern werden alle 99 kleinen Dalmatiner gerettet. Erstaunlicherweise akzeptieren die Radcliffs den unverhofften Zuwachs und haben es fortan mit 101 Dalmatinern zu tun.

1996 brachte der Disney-Konzern eine Realfilmadaption der Pongo- und Perdita-Geschichte in die Kinos und löste damit ein Dalmatiner-Fieber aus. In »101 Dalmatiner« (»101 Dalmatians«, USA 1996, Regie: Steven Herek) ist Cruella De Vil (Glenn Close) eine eiskalte Modemacherin, die die kleinen Fleckenhunde für ein besonders exklusives Designertextil töten will.

Lit.: *Die Filme von Walt Disney*, Cinema-Filmbuch, Hamburg 1987; *Filmecho* 7/1997; Jeff Rovin, *The Illustrated Encyclopedia of Cartoon Animals*, New York 1991.

Ponto
Jean Pauls Pudel

Über Jean Pauls (Jean Paul Friedrich Richter, 1763–1825) Hund waren einige Anekdoten im Umlauf. Unter anderem sollen Verehrerinnen, die um eine Locke des empfindsamen Dichters baten, mit einem Pudellöckchen von Ponto abgespeist worden sein.

Lit.: Gottfried Stein, *Kurzweiliger Hundespiegel*, München 1958.

Jean Paul und sein Pudel Ponto (Anonymer Scherenschnitt).

Pooh
siehe Pu der Bär

Porky Pig
siehe Schweinchen Dick

Pound Puppies
siehe Die Wauzis

Praestigiar
Doktor Faustus' Pudel

»Das also war des Pudels Kern!«
(Goethe, »Faust I«)

Praestigiar (vom lat. praestigiare = bezaubern) heißt der große zottige Pudel, den in der Volkssage der »weitbeschreyte Zauberer und

Schwarzkünstler Doktor Faustus« sein eigen nennt. Feuerrote Albinoaugen hat der Hund, ist dabei aber pechschwarz. Faust zaubert besonders gern auf seinen Spaziergängen mit ihm.

In Goethes »Faust« (1.Teil, 1808) gibt es ebenfalls einen Pudel. Er ist namenlos und läuft dem Faust auf einem Spaziergang zu. Im Studierzimmer entpuppt er sich dann als Mephistopheles.

Lit.: Gottfried Stein, *Kurzweiliger Hundespiegel,* München 1958.

Primus von Quack
Entenhausener Allroundgenie

»Mit einem Genie wie mir klappt die Geschichte.«
(Primus von Quack)

Primus von Quack – eine Quelle nennt ihn auch **Ludwig von Drake** – startete 1961 als gezeichneter Moderator der TV-Serie »Walt Disney's Wonderful World of Color«. Der geborene Wiener ist ein zerstreuter Wissenschaftler, der Columbos zerknitterten Mantel vorwegnahm. Als Zeichen für Intelligenz ist er mit einer Brille ausgestattet worden. Nachdem die Fernsehserie auslief, wurde der hochgebildete Erpel in die Comic-Hefte versetzt und war in Entenhausen u. a. als Psychiater, Privatdetektiv, Historiker und Erfinder beliebt, besonders bei seinen Verwandten, den **Ducks**. Seine Beliebtheit bei den Lesern hielt sich in Grenzen. Einem → **Daniel Düsentrieb** konnte er nicht das Wasser reichen.

Lit.: Uwe Anton / Ronald M. Hahn, *Donald Duck. Ein Leben in Entenhausen,* München 1994; Klaus Bohn, *Der Bücherdonald.* Band 1: Sekundärliteratur, kommentierte Bibliographie, Hamburg 1992; Walt Disney Productions, *Donald Duck,* Stuttgart 1984.

Provetie
Verurteilter und gerichteter Hund

Was für ein Hund Provetie war, ist nicht überliefert, aber seine Übeltat. Am 9. Mai 1595 schnappte er gierig nach einem Stück Fleisch, das ein Kind in der Hand hielt, und erwischte dabei einen

Finger. Der Kinderfinger blieb dran, aber er blutete. Und als das Kind ein paar Tage später »durch den Schreck aus dieser Welt« schied, vielleicht durch eine Infektion der Wunde, vielleicht aus einem ganz anderen Grund, war Provetie fällig. Das Urteil lautete: Tod durch den Strick. Anschließend sollte sein Kadaver zum Galgenfeld geschleppt werden und dort »zur Abschreckung aller anderen Hunde hängenbleiben«.

Im 13. Jahrhundert kamen in Frankreich die Tierprozesse auf. Später gab es diese seltsamen Rituale vereinzelt auch in Deutschland, Italien, Schweden, in den Niederlanden und in Amerika. Die überwiegende Zahl wurde in Frankreich verhandelt. Es gab weltliche und geistliche Tierprozesse. Vor Gericht zitiert wurden Schweine, Hunde, Geflügel, Ziegen, Esel, Rinder und Pferde, aber auch Ratten, Mäuse, Maulwürfe, Fliegen, Käfer und Raupen. Die Anklage lautete auf Tötung oder Verletzung eines Menschen, auf Hexerei, (Verführung zur) Sodomie, Heiligenschändung (Hostie gefressen), unterlassene Hilfeleistung oder (beim Ungeziefer) auf Zerstörung landwirtschaftlicher Nutzflächen. In den weltlichen Tierprozessen wurden einzelne Haustiere vorgeladen. Angeklagt wurde der Besitzer, aber die Strafe wurde bei Schuldspruch an dem Tier vollzogen. Gewöhnlich war es die Todesstrafe: Hängen, Erwürgen, Lebendigbegraben, Steinigen, Verbrennen, Enthaupten – im besten Fall auch mal Verstümmelung. Ein russischer Ziegenbock wurde nach Sibirien verbannt. Es wurde bald zur Gewohnheit, nur weniger wertvolle Haustiere zu verurteilen und teurere zu konfiszieren. Deren Gegenwert teilten sich dann der Geschädigte und das Gericht. In kirchlichen Tierprozessen ging es auch den allerkleinsten Insekten an den Chitinkragen. Gewöhnlich gab man sich bei Raupen- oder Maikäferplagen mit Gebeten und Exorzismus zufrieden. Bei einer Klostereinweihung schleuderte der heilige Bernhard den lästigen **Fliegen von Foigny** »Excommunico eas!« entgegen, und am nächsten Morgen waren sie alle tot. Wie das mit Eintagsfliegen so geht. Es gab aber auch vollständige Prozesse mit Vorladung und Arrest und Verteidiger und allem drum und dran. Angeklagt wurden keine einzelnen Maikäfer, sondern der ganze Schwarm war »die beklagte Partei«. Ein amtlicher Bote befestigte den lästigen Käfern, Ratten oder Raupen einen gut sichtbaren Anschlag in der Nähe des befallenen Feldes oder Gartens, auf dem sie unter Androhung der Verfluchung zu einem bestimmten Termin vor Gericht zu erscheinen hatten. Ihr Verteidiger konnte dann sehen, womit er das Fernbleiben seiner Klienten rechtfertigte, oder er konnte selbst ein paar anschleppen. Der Richter nahm dann die Abgesandten des Maikäferschwarms in die Hand und verwies sie der Gegend. Nach dem ersten Verfahren wurden die Abgesandten anschließend freigelassen. Zeigte sich die Schädlingsbande uneinsichtig, kam es zu einem zweiten Prozeß, die neuen Abgesandten wurden getötet und die ganze aufsässige Bande verflucht. Das hatten sie dann davon.

Noch im 19. Jahrhundert fanden letzte Tierprozesse statt. Um 1800 verhängte ein Richter aus Wendower (England) die Todesstrafe über ein Kutschpferd, das einen Reisenden auf dem Gewissen hatte. Als die Eigentümerin bei der Urteilsverkündung in Ohnmacht fiel, wurde das Kutschpferd begnadigt und statt dessen »zum Ackergaul degradiert«.

1864 wurde im südslawischen »Dorf Pleternica von den versammelten Bauern ein Schwein zum Tode verurteilt, weil es einem einjährigen Mädchen die Ohren abgebissen hatte«. Ein ordentliches Gericht war das freilich nicht.

Heute sind Tiere in allen zivilisierten Ländern Sachen gleichgestellt. Sie können Prozeßgegenstand (laut quakende Frösche im Biotümpel), aber nicht Prozeßgegner sein. Strafrechtlich bestehen Vorschriften zum Schutz der Tiere. Angeklagt werden können sie nicht mehr.

Lit.: Midas Dekker, *Geliebtes Tier*, Reinbek 1996; Klaus J. Ennulat / Gerhard Zoebe, *Das Tier im neuen Recht*, Stuttgart/Berlin/Köln/Mainz 1972.

Pu der Bär (Winnie-the-Pooh)
Bär von sehr geringem Verstand und großem Herzen

»Tra-la-la, tra-la-la,/ Tra-la-la, tra-la-la,/
Rum-tum-tiedel-um-tum,/ Tiedel-diedel, tiedel-diedel,/
Tiedel-diedel, tiedel-diedel,/ Rum-tum-tum-tiedel-dum.«
(Pu)

Bären als Kinderbuchhelden gab es schon früher, aber er war wohl der erste → **Teddybär** in dieser Funktion. Die Rede ist von Pu, vormals Eduard Bär (Mr. Edward Bear), bis er sich einen aufregenden Namen »ganz für sich allein« wünschte und von Christopher Robin »Winnie-der-Pu« (»Winnie-the-Pooh«) getauft wurde.

Der Engländer A. A. Milne, wohlhabender Schriftsteller und ehemaliger Redakteur und Mitherausgeber der Satirezeitschrift »Punch« erweckte ihn in seinen Büchern »Pu der Bär« (»Winnie-the-Pooh«, 1926) und »Pu baut ein Haus« (»The House at Pooh Corner«, 1928) zum Leben. In beiden Bänden geht es um Milnes kleinen Sohn Christopher Robin, seine Spielzeugtiere und ihre vorgeblich tatsächlich passierten Abenteuer. Außer den Stofftieren → **Ferkel**, → **I-Ah**, → **Tiger**, → **Känga und Klein Ruh** treten auch noch die Wildtiere → **Eule** und → **Kaninchen** und ein mysteriöser → **Heffalump** auf. Sie alle – vom Heffalump einmal abgesehen – sind mit Pu dem Bären befreundet, und dazu kann man ihnen nur gratulieren. Pu ist ein verläßlicher, geduldiger und anteilnehmender Freund, einer, der zur Stelle ist, wenn er gebraucht wird, und der einzige, der auf die Idee kommt, einen Pfahl zum Herausklettern ins Wasser zu halten, als Klein Ruh in einen Fluß gefallen ist. »Unter dem Namen Sanders« wohnt er in einem Wald. Von ausgeglichenem, heiterem Temperament, nimmt Pu ohne zu klagen die Widrigkeiten des Lebens hin und räumt bescheiden ein, ein Bär ohne Verstand, ein »verblendeter Narr« zu sein, was ihn aber nicht sonderlich bekümmert. »Manche haben Verstand, und manche haben keinen ..., und so ist das eben«, sagt er und beweist allein mit diesem Satz, daß er eigentlich ein Weiser ist. Zwar hapert es bei ihm mit dem Begreifen von logischen Zusammenhängen und mit der Konzentration – besonders wenn Honig im Spiel ist –, aber dieser Bär ist schließlich kein Mathematiker, sondern ein Dichter und ein Komponist von Liedern, die er selber singt und summt. Allerdings hat Pus demütige Haltung dem Leben gegenüber auch zur Folge, daß er sich äußerst zweifelhaften Autoritäten wie Kaninchen oder Eule anvertraut. Aber – wie schon Ferkel treffend bemerkt –, selbst wenn Pu das Falsche tut, stellt sich das später als das Richtige heraus.

Die Pu-Bücher sind in Episodenkapitel unterteilt, die weitgehend gegeneinander austauschbar sind. In »Pu der Bär« gibt es eine

Rahmenhandlung. Darin kommen die Stofftiere zwar auch vor, können allerdings nicht reden oder selbständig handeln. Auch die einzelnen Episoden werden am Ende des jeweiligen Kapitels manchmal von einer fiktiven Einmischung Christopher Robins oder A. A. Milnes selbst unterbrochen, in der Vater und Sohn die Geschichte kommentieren oder nachträglich Erklärungen liefern, warum sich etwas gerade so zugetragen hat.

Christopher Robins, Pu und ihre Freunde
(Kinderbuchillustration von E. H. Shepard, London 1926).

Die Zeichnungen stammen von Ernest H. Shepard. Milne kannte den Zeichner aus seiner Redaktionszeit bei »Punch«. Shepard fertigte die Skizzen für seine Illustrationen an den Originalschauplätzen der Cotchford Farm und des Ashdown-Waldes und nach mehr oder weniger lebenden Modellen an, als da waren Christopher Robin und seine mit Holzwolle ausgestopften Freunde. Da Shepards eigener Sohn einen ähnlichen Bären wie Pu besaß, mußte der für die Pu-Abbildungen Modell sitzen. Der Shepard'sche Teddybär hieß **Growler** und wurde später von einem pietätlosen Hund in Kanada gefressen.

Eine Million Mal verkaufte sich »Winnie-the-Pooh« bereits im ersten Jahr. Das Buch wurde in insgesamt 21 Sprachen übersetzt und zum populärsten englischen Kinderbuchklassiker neben »Alice im Wunderland«. Pu selbst wurde zu einer »Ikone der Kinderkultur«.

Angefangen hatte seine Laufbahn damit, daß Daphne Milne 1921 ihrem einjährigen Sohn Christopher Robin im Londoner Warenhaus Harrod's einen Teddybären der Marke Farnell kaufte – ein schlichtes klassisches Modell. Er bekam den Namen Edward. Später wurde er von Christopher Robin in Winnie-the-Pooh umgetauft. Dieser Name setzt sich aus den Namen zweier Tiere zusammen, die auf Christopher Robin offensichtlich Eindruck gemacht hatten. Zum einen handelte es sich um **Winnie**, einen alten Braunbär aus dem Londoner Zoo, der bis zum Ausbruch des Ersten Weltkriegs das Maskottchen des kanadischen Prinzessin-Pat-Regiments gewesen war. Der zweite Namensteil stammte von einem Schwan im Teich des Landguts von Decoy, den Christopher Robin während eines Ausflugs gefüttert hatte und dem er bei dieser Gelegenheit den Namen Pooh verpaßte.

Als eines Abends der Schauspieler Nigel Playfair bei den Milnes zu Besuch war, platzte der kleine Christopher Robin heraus: »Was für ein komischer Mann! Was der für einen roten Kopf hat!« Die Eltern wiesen ihn peinlich berührt zurecht, und Christopher Robin verteidigte sich: »Das war ja gar nicht ich, der das gesagt hat. Das war Pooh.«

Dieses Erlebnis sei die Initialzündung gewesen, behauptete Milne, die Phantasien seines Sohnes noch ein wenig auszuarbeiten und eine Geschichte über Stofftiere zu schreiben, die sich wie lebendige Wesen benehmen.

Schon kurz nach dem Erscheinen der beiden Pu-Bände begann die Vermarktung des berühmten Bären, von oder mit dem es Karten, Kalender, Teeservice, Theater- und Puppentheaterstücke, eine Musikrevue, Disney-Verfilmungen, Poster und Kleidungsstücke und Holzspielzeug und das übliche Gedöns gibt. Country-Sänger Kenny Loggins schrieb für die Nitty Gritty Dirt Band den Hit »House at Pooh Corner«, und eine Rockgruppe der 70er nannte sich »Edward Bear«. 1979 brachte die englische Post eine Briefmarke mit dem Bild von Pu heraus. In Warschau soll angeblich eine Straße nach ihm benannt sein. Im Feuilleton der »Zeit« gibt es die Kolumne »Pooh's Corner – Meinungen eines Bären von sehr geringem Verstand«. Es ist die Kolumne von Harry Rowohlt, der auch die uneingeschränkt lobenswerte Übersetzung der derzeitigen deutschen Pu-Ausgabe gemacht hat.

Opfer des Rummels war vor allem Milnes Sohn Christopher Robin, dem sein Vater einen Pu-Bärendienst damit erwiesen hatte, ihn zu einem Kinderbuchhelden zu machen. Noch als junger Mann mußte Christopher Robin Milne über sich ergehen lassen, ständig nach seinem Teddybären gefragt zu werden. Er wurde ein Buchhändler und schrieb 1974 seine Autobiographie »The Enchanted Place«. Streckenweise rechnet er in diesem Buch auch mit seinem Vater ab, der übrigens gar nicht soviel Zeit mit seinem Sohn verbrachte, wie man nach der Lektüre der Pu-Bände vielleicht vermuten könnte. Nur dreimal täglich wurde das Kind zu ihm vorgelassen: »nach dem Frühstück, nach dem Tee und vorm Schlafengehen«.

Auch A. A. Milne konnte seines Erfolges nicht aus ganzem Herzen froh werden. Abgesehen davon, daß begeisterte Leser wie Heuschrecken über das unglückseligerweise auf den Wanderkarten der Grafschaft Essex eingezeichnete Anwesen der Milnes herfielen, um die Pu-Stöckchen-Brücke und andere Schauplätze der Bücher zu bestaunen, war Milne jetzt plötzlich als Kinderbuchautor abgestempelt und fühlte sich nicht mehr als Theaterschriftsteller akzeptiert. Seine Komödien erhielten von nun an meist Verrisse.

Als Christopher Robin aus dem Teddybärenalter herausgewachsen war, wurde der Original-Winnie-der-Pu-Bär zunächst gemeinsam mit seinen Kollegen Ferkel, Känga usw. in eine Spielzeugkiste gestopft, ging dann mit ihnen auf Anregung von Milnes amerikanischem Verleger Elliot Macrae auf Tournee durch Amerikas Bibliotheken, wurde vom New Yorker Verlag E. P. Dutton ersteigert und in einer Vitrine ausgestellt und landete schließlich mit Ferkel, Tiger und Känga in der 53. Straße im »Central Children's Room« des »Donnell Library Center«. Dort ist der etwa 30cm große Stoffbär in einer Glasvitrine zu bewundern – der einzige, der echte – von 12 bis 17.30 Uhr und bei freiem Eintritt.

Lit.: Otto Brunken, *Im Zauberwald der Kindheit,* in: Klassiker der Kinder- und Jugendliteratur (hrsg. von Bettina Hurrelmann), Frankfurt am Main 1995; Dietmar Grieser, *Im Tiergarten der Weltliteratur,* München 1991; A. A. Milne, *Pu der Bär,* Hamburg 1987.

Puck
Wellensittich und sprachmächtigster Vogel

Puck legte sich bis zum 31. Januar 1993 ein Vokabular von 1728 Wörtern zu. Er gehört Camille Jordan aus Petaluma, Kalifornien (USA). Pucks Kommentar zum Fest der Liebe: »Es ist Weihnachten. Das ist, was passiert. Darum dreht sich jetzt alles. Ich liebe dich, Pucky. Ich liebe jeden.«

Lit.: *Das neue Guinness Buch der Tierrekorde*, Frankfurt am Main/Berlin 1994.

Pushme-Pullyou
siehe Stoßmich-Ziehdich

Q

Quetzalcoatl
Mexikanischer Schlangengott

Wahrscheinlich war Quetzalcoatl (»Federschlange«) ursprünglich ein lokaler mixtekischer Priesterkönig im vorkolumbianischen Mexiko, dem die Überlieferung allmählich göttliche Züge verlieh. Später wurde er von vielen anderen mittelamerikanischen Kulturen in unterschiedlicher Ausprägung in deren Götterwelt übernommen. Bei den Azteken gehörte er zu den wichtigsten Göttern. Abgebildet wurde der aztekische Quetzalcoatl entweder als Mensch oder als gefiederte Schlange mit Krokodilrachen. Die Federschlange galt den Azteken als Symbol für den Himmel. Quetzalcoatl war neben dem oft als Jaguar dargestellten Gott **Tezcatlipoca** für die Schöpfung der Erde verantwortlich. Als Stellvertreter des altmexikanischen Hochgottes sollen sie zusammen die riesige Urkröte vom Himmel geholt und daraus Berge, Täler, Pflanzen und Tiere geschaffen haben. Die Menschen hat Quetzalcoatl dann aus dem Mehl eines zerriebenen Edelsteinknochens und dem Blut seines Penis geknetet. Er hat den Menschen auch die Nahrungsmittel, vor allem Mais, gezeigt. Im Gegensatz zum kriegerischen und zwielichtigen Tezcatlipoca verkörperte Quetzalcoatl die positive Seite des Hochgottes. Unter anderem galt er als Gott des Windes, des Wassers und der Fruchtbarkeit. Nach einer Auseinandersetzung mit dem anscheinend durchsetzungsfähigeren Tezcatlipoca verschwand Quetzalcoatl in Richtung Osten. Als der spanische Konquistador Hernan Cortez 1519 in Mexiko landete, hielten ihn viele Einheimische zunächst für den rückkehrenden Quetzalcoatl. Sie hatten sich gründlich geirrt.

Lit.: Gerhard J. Bellinger, *Knaurs Lexikon der Mythologie,* München 1989; Walter Krickeberg u. a., *Die Religionen des alten Amerikas,* Stuttgart 1961; Anthony Mercantante, *Encyclopedia of World Mythology and Legend,* New York 1988.

Quiekschnauz (Squealer)
Agitprop-Schwein auf der Farm der Tiere

Nachdem die Tiere in Orwells Roman »Farm der Tiere« (»Animal Farm«, 1945) den Bauern vertrieben haben, drängt es das kleine, fette und feige, kastrierte Mastschwein Quiekschnauz an die Freßtröge der Macht. Hinter den wortführenden Ebern → **Napoleon** und → **Schneeball** wird es zum Schwein in der zweiten Reihe, zuständig für Propaganda und Sprachregelung. Geschickt gelingt es ihm, die gutgläubige Tiergemeinde mit hohlen Phrasen und einlullendem Wortgeklingel von der Richtigkeit der Anordnungen zu überzeugen und den brutalen, späteren Alleinherrscher Napoleon zum »Großen Führer« und »Glückes Quell« hochzujubeln. In dessen Windschatten wird Quiekschnauz noch fetter und feister. In der Öffentlichkeit läßt sich das Propaganda-Schwein stets von Hunde-Leibgardisten begleiten, die seinen Worten bei Bedarf mit Gewalt Nachdruck verleihen und die Neigung zur Kritik minimieren.

Am Ende der Fabel ist Quiekschnauz das erste Schwein, das im krassen Widerspruch zu den von ihm einmal aufgestellten animalistischen Leitsätzen nach Menschenart auf zwei Beinen geht.

Lit.: Edgar Neis, *Erläuterungen zu George Orwell, Farm der Tiere,* Hollfeld 1981; George Orwell, *Farm der Tiere. Eine Fabel,* Zürich, 1946; Robert Welch, *George Orwell. Animal Farm,* Harlow 1987.

Quietscheentchen
Ernies Lieblingsspielzeug

»Quietscheentchen, nur mit dir/ plansche ich so gerne hier./
Quietscheentchen, ich hab dich so furchtbar lieb.«
(Anfang von Ernies Quietscheentchen-Lied)

Plastik- und Gummienten mit oder ohne Quietsche gehörten von jeher zu den beliebtesten Schaumbad-Accessoires. Seit Ernie aus der »Sesamstraße« sich im öffentlich-rechtlichen Fernsehen zu seiner Liebe zur Ente bekannt hat, ist jedem fernsehgebildeten Kind jedoch klar, welches die einzige und richtige Badeente ist: die weiche mit Geräusch.

Obwohl Ernie Bert andauernd ärgert, mag er ihn in Wirklichkeit sehr. Das zeigte sich, als Ernie seine heißgeliebte Quietscheente im Laden gegen ein Weihnachtsgeschenk für ihn eintauschte – gegen eine Schachtel für Berts Büroklammersammlung. Leider hatte Bert gerade seine Büroklammersammlung in Zahlung gegeben, um als Weihnachtsgeschenk für Ernie eine Seifenschale zur Quietscheenten-Lagerung zu erstehen. Inzwischen haben beide aber ihre Lieblingsbesitztümer wieder zurückerhalten.

Lit.: Stephan Brünjes, *Krrrrrrr,* in: Freunde fürs Leben (hrsg. von Holger Jenrich), Essen 1996.

R

Rabe Rudi
siehe Rudi

Die Raben am Tower
Garanten staatlichen Fortbestands

Nachdem 1997 in der bisherigen Kronkolonie Hongkong die Union Flag eingezogen worden ist, ist das ehemals so große britische Kolonialreich endgültig bedeutungslos geworden. Bis auf den Felsen von Gibraltar und ein paar defizitäre Eilande in überseeischen oder antarktischen Gebieten besteht Queen Elizabeths Reich nur noch aus Großbritannien, Nordirland, den winzigen Kanalinseln und der Insel Man. Besser als nichts, mögen sich die vogelfütternden königlichen Wächter des Towers von London sagen, die dafür sorgen, daß die Kolkraben des ältesten Baudenkmals der englischen Hauptstadt nicht woanders hinziehen. Denn nach einer Sage aus dem 17. Jahrhundert wird das britische Commonwealth untergehen, wenn keine Raben mehr rund um den Tower zu sehen sind, der einmal langjährige Königsresidenz und später Gefängnis war, und in dem heute die Kronjuwelen aufbewahrt werden. Um ganz sicher zu gehen, sind den etwa zwei Dutzend halbzahmen und beringten Raben, die sich zum Teil frei auf dem geschichtsträchtigen Gelände bewegen, zum Teil in Volieren gehalten werden, die Flugfedern etwas gestutzt.

Lit.: Olwen Hedley, *Der Tower von London,* London 1977; Derek Wilson, *The Tower 1078–1978,* London 1978.

Rabeneltern
Schlechte Eltern

»Fahr in die Hölle, Rabensohn!«
(Karl Moor zu Franz Moor, in Schillers
»Die Räuber«)

Eltern, die sich lieblos gegen ihre Sprößlinge verhalten und sie vernachlässigen, werden im deutschen Sprachraum als Rabeneltern bezeichnet. Die Ansicht, daß Raben als Erziehungsberechtigte ungeeignet seien, ist genauso volkstümlich und alt wie falsch. Bereits in der Bibel bekommen die Raben ihr Fett weg. Das Buch Hiob behauptet, die Raben werfen ihre Jungen einfach aus dem Nest und das war's dann. Autoren des Mittelalters behaupteten, daß die Raben ihre Brut in den ersten neun Tagen nach dem Schlüpfen überhaupt nicht füttern würden. Die Kleinstvögel müßten sich zunächst mit dem »Tau des Himmels« zufriedengeben. Die Vorurteilsmacher haben aber nicht genau hingeguckt. Tatsächlich sind Raben nämlich besonders sorgfältige und aufopfernde Brutpfleger. Beide Eltern kümmern sich um die Jungen und verlassen sie oft nicht einmal bei Gefahr für das eigene Leben. Die Mißdeutung ihres Aufzuchtsverhaltens mag auf der Beobachtung beruhen, daß Raben ihre Nachkommen, kaum daß diese flügge sind, aus dem Nest kegeln. Das machen sie allerdings nicht, um endlich wieder ungestört zu sein oder weil »si der arbait«, ihre Jungen zu füttern, »verdreuszt« sind, wie Konrad von Megenburg 1349 vermutete. Die entnesteten Jungraben werden weiter gefüttert, und Papa und Mama bringen ihnen alle Kniffe und Tricks bei, die sie im Daseinskampf brauchen.

Weniger geläufig ist bei uns die logisch nicht ganz schlüssig abgeleitete Bezeichnung **Rabenkinder,** die undankbare und ihre guten Eltern quälende Bälger meint. In China und Japan werden hingegen ganz besonders brave und sich um die Altvorderen rührend kümmernde Kinder so genannt.

Lit.: A. J. Storfer, *Wörter und ihre Schicksale,* Wiesbaden 1981.

Rajah
Der vermutlich älteste Elefant

Der Elefantenbulle Rajah aus Sri Lanka war angeblich 81 Jahre alt, als er am 16. Juli 1988 starb. Seit 1931 hatte er die alljährliche Perahera-Prozession durch Kandi angeführt und den heiligen Zahn Buddhas getragen. Das höchste nachgewiesene Alter für Elefanten erreichte Elefantenkuh Mo. Sie starb am 17. Juli 1975 in Santa Clara, Kalifornien (USA), und war 78 Jahre alt geworden. 1898 war sie im Alter von 2 Jahren aus Deutschland nach Amerika eingeführt worden.

Lit.: *Das neue Guinness Buch der Tierrekorde*, Frankfurt am Main/Berlin 1994.

Rambo
Zwergschnauzer, Aprilscherz

Der schwarze Zwergschnauzer, der 1987 als Xaver vom Fürsteneck auf die Welt kam, wurde durch einen Aprilscherz berühmt. Die Kundschaft seines Besitzers, des Friseurmeisters Heinz Zeller, hatte eine der Straßen, die auf Rambos üblicher Gassi-Gehen-Strecke lag, mit dem Straßenschild Rambo-Gassi versehen. Da diese Gasse bisher namenlos war, entschied der Oberbürgermeister des südbadischen Emmendingens: »Das Schild bleibt.« Daraufhin kam Rambo in die Zeitung und ins Fernsehen. Der kleine Zwergschnauzer hat bisher 600 Kartengrüße als Fanpost aus aller Welt erhalten.

Lit.: *Das neue Guinness Buch der Tierrekorde*, Frankfurt am Main/Berlin 1994.

Rantanplan
Trottelhund

Sein Debüt hatte Rantanplan 1962 in dem Comic-Abenteuer »Sur la piste des Daltons« (»Den Daltons auf der Spur«, deutsche Erstausgabe 1980). Der braune, mittelgroße Hund mit den weißen Pfoten, dem schwarzen Rückenfell und der an eine geschwollene Gurke erinnernden Schnauze wurde vom belgischen Zeichner Morris ursprünglich nur für dieses eine Comic-Album als Nebenfigur für den Westernhelden Lucky Luke konzipiert. Wegen des großen Publikums-erfolgs wurde Rantanplan aber in den Folgeabenteuern immer wieder eingebaut und avancierte schließlich neben dem Pferd → **Jolly Jumper** zum zweiten tierischen Dauergefährten von Lucky Luke. Rantanplan ist das genaue Gegenteil der hündischen Intelligenzbestie → **Rin Tin Tin**, dem er seinen Namen verdankt. Sein Verstand ist von kaum noch zu unterbietender Kümmerlichkeit und vollkommen damit ausgelastet, seinen Dauerwunsch nach Fressen zu befriedigen. Rantanplan ist überaus ängstlich, allerdings erkennt er oft kritische Situationen überhaupt nicht als solche und muß dann von Lucky Luke oder dem Zufall gerettet werden. Eigentlich ist er Wachhund in dem Gefängnis, in dem die Viererbande der Daltons zwischen ihren regelmäßigen Ausbrüchen inhaftiert ist. Als Zeichen seiner Würde trägt Rantanplan eine Art Sheriffstern am Halsband. Seine Aufgabe als Wachhund hat er nicht begriffen. Er liebt die Daltons und wird von ihnen (bis auf den ebenfalls angeblödeten Avery) auf den Tod gehaßt. Wenn die Bande ausgebrochen ist und Lucky Luke die Verfolgung übernimmt, wird ihm meist Rantanplan als Spürhund mitgegeben. Zwar versagt der schwachköpfige Hund regelmäßig auch in dieser Funktion, doch führt das Schicksal ihn in Situationen, die letztlich zur Ergreifung der Daltons führen.

Lit.: *Die Abenteuer des Lucky Luke,* Band 2, Filderstadt 1986; Henri Fillipini, *Dictionnaire de la bande dessinée,* Paris 1989.

Rappen
Schweizer Münze

Bötli statt Boot, Brötli statt Brot, Buebli statt Bube. Es gibt kaum einen Lebensbereich, in dem die schweizerdeutsche Umgangssprache Begriffe nicht in der Verkleinerungsform verwendet. Ihr Franken scheint den Eidgenossen allerdings heilig zu sein. Die Verniedlichungssucht erstreckt sich nicht auch auf das Münzwesen. Die

Bezeichnung »Fränkli« für Franken ist ebenso unüblich wie »Räppli« für Rappen.

Seit 1799 (endgültig seit 1850) sind 100 Rappen ein Schweizerfranken. Aber das numismatische Pferd hat eine wesentlich ältere Geschichte. Im oberrheinischen Gebiet wurden seit dem 14. Jahrhundert bestimmte Kleinmünzen Rappen genannt. Es ist ungeklärt, ob sich diese Bezeichnung von der Dunkelfarbigkeit der kleinen Münzen herleitete (»rapp« bedeutete im Althochdeutschen »dunkel«) oder von Geldstücken, auf die ein Vogelkopf geprägt war. Möglicherweise wurden die im Spätmittelalter vom Grafen Rappoltstein herausgegebenen Pfennige wegen des aufgeprägten Rabenkopfes Rappen (= Raben) genannt.

Erst im 16. Jahrhundert wurde »Rappen« auch die Bezeichnung für ein schwarzes Pferd.

Lit.: Heinz Fengler u. a., *Lexikon der Numismatik,* Innsbruck 1976.

Rasmus Klump
siehe Petzi, Pelle, Pingo

Die Ratten
Berliner Tragikomödie von Gerhart Hauptmann

»Paul, ick konnte nich anders. Ick mußte det tun.«
(Frau John)

In Hauptmanns Theaterstück »Die Ratten« (Uraufführung 13.1.1911 in Berlin) sind die gleichnamigen großen Nager das Leitmotiv, mit dem eine »unterminierte« verrottete Gesellschaft gemeint ist. Sie bevölkern den Dachboden einer ehemaligen Kaserne, in der Theaterdirektor Hassenreuther wohnt. Hassenreuthers Putzfrau Frau John gibt, um ihrem Mann, einem Maurer, den sehnlichst erwarteten Nachwuchs zu bieten, das uneheliche Kind des Dienstmädchens Pauline als ihr eigenes aus. Doch Pauline zeigt die Geburt aus Angst vor den Behörden doch noch an und nennt Frau John als Pflegemutter. Als sich daraufhin die Fürsorge bei Frau John meldet, schiebt Frau John Pauline das todkranke Kind einer Morphinistin unter und behält das richtige bei sich. Doch ihr Mann wird mißtrauisch. Frau Johns Bruder, der Pauline einschüchtern soll, damit sie nichts ausplaudert, erschlägt das Dienstmädchen. Verzweifelt gesteht Frau John ihrem Mann, was sie getan hat und springt aus dem Fenster.

Lit.: *Kindlers Literaturlexikon*, München 1974.

Reine(c)ke Fuchs
Listenreicher Bösewicht

»Ergriff er das Wort, so floß die zierliche Rede/
Seiner Entschuldigung her,
als wär' es die lautere Wahrheit.«
(Goethe, »Reineke Fuchs«)

Reineke ist die mittelniederdeutsche Verniedlichungsform von Reinhart (»der wegen seiner Schlauheit Unüberwindliche«) und deutet auf einen Hauptwesenszug hin, den man den Füchsen sicher nicht zu Unrecht nachsagt. Listige Vorsicht und geschmeidige Anpassungsfähigkeit haben den Rotfuchs bis heute als eines der letzten ernst zu nehmenden Raubtiere in den mitteleuropäischen Wäldern überleben lassen. Und das trotz aller Bemühungen der Jägerschaft, den unliebsamen Jagdkonkurrenten wie seine beutemachenden Vettern Bär, Wolf oder Luchs ganz oder doch fast auszurotten.

Die Bezeichnung Reinhart Fuchs taucht um 1180 in der gegenhöfischen Satire des Elsässers Heinrich des Glichezaeren auf. Der Autor hatte ältere Fassungen von Geschichten um den mal schelmischen, mal bösartigen Fuchs, der mit mehr oder weniger Erfolg versuchte, die anderen Tiere zu übertölpeln, zusammengefaßt. Besonders populär wurde der gerissene Fuchs durch die wahrscheinlich von einem Lübecker Geistlichen verfaßte niederdeutsche Version »Reinke de Vos« von 1498. An diese Fassung lehnte sich auch Johann Christoph Gottscheds Prosabearbeitung des Stoffes (1752) und Goethes Hexameter-Versepos in 12 Gesängen »Reineke Fuchs« von 1794.

Illustration von Wilhelm von Kaulbach zu Goethes »Reineke Fuchs« (1844).

Der Stoff ist als eine beißende Gesellschaftskritik an damals bestehenden feudalen Gesellschaftsverhältnissen verstanden worden. In der Goethe'schen Fassung erscheint Reineke Fuchs, ein burgbesitzender Standesherr, als einziges Tier nicht zum Hoftag, den Löwenkönig **Nobel** einberufen hat. Nicht zu Unrecht fürchtet er massive Anklagen seiner Gegner **Isegrim** der Wolf, **Braun** der Bär und **Hinze** der Kater. Bei dem Versuch, der königlichen Ladung Nachdruck zu verleihen, tappen Braun und Hinze in eine Falle von Reineke. Braun verliert seine Kopfhaut und Hinze ein Auge. Zwischendurch vergewaltigt der Fuchs noch die Frau von Isegrim. Schließlich stellt er sich doch dem königlichen Gerichtsherrn und versteht es rhetorisch meisterlich, alle gegen ihn vorgebrachten Anklagen zunächst abzuschmettern. Den Vorwurf des Hahns **Henning**, daß er als Mönch verkleidet Hennenmord begangen habe, kann Reineke aber nicht entkräften und wird zum Tode verurteilt. Doch mit einer wilden Geschichte von einer mutmaßlichen Verschwörung gegen den König, in der auch ein Schatz eine große Rolle spielt, kann der Fuchs abermals seinen Kopf aus der Schlinge ziehen. Verunsichert von der Putschgeschichte und gierig auf den Schatz, bannt Nobel die von Reineke als Putschisten denunzierten Isegrim und Braun und rehabilitiert den schlauen Fuchs. Der freche Mord an dem geistlichen Königsboten Hase **Lampe** scheint dann das Faß doch endlich zum Überlaufen zu bringen. Aber noch einmal gelingt es Reineke, die Schuld·auf einen anderen zu schieben und den Hof, an dem er nicht nur Feinde hat, für sich einzunehmen. Ein Gottesgericht in Form eines Zweikampfs mit Isegrim kann er für sich entscheiden. Mit seinem Urin blendet er den Wolf und zwingt ihn schließlich durch einen ziemlich schmerzhaften Griff am wölfischen Gemächte zum schmachvollen Aufgeben. Der König verzeiht ihm alle Sünden und macht ihn sogar zu seinem Kanzler. Nicht das Recht oder die Gerechtigkeit haben gesiegt, sondern ein finessenreicher, nur auf den eigenen Vorteil bedachter Bösewicht, der es versteht, die einzelnen Parteien gegeneinander auszuspielen und menschlich-tierische Schwächen auszunutzen.

Lit.: Ulf Diederichs, *Who´s Who im Märchen*, München 1995; Manfred Kluge / Rudolf Radler (Hrsg.), *Hauptwerke der deutschen Literatur*, München 1974; Peter Schneider, *Das unheilige Reich des Reineke Fuchs*, Frankfurt am Main 1990.

Revelation

... heißt die Albinoschlange des Wrestlers Jake – »the Snake« – Roberts. Er schleppt sie mit sich herum und präsentiert sie vor den Kämpfen dem Publikum.

Rex
Kommissar, Schäferhund

Deutsche Schäferhunde sind die beliebteste Gebrauchshunderasse der Welt. Beliebtester der Beliebtesten – jedenfalls, was den deutschsprachigen Raum betrifft, in dem die Sat1-Serie »Kommissar Rex« empfangen werden kann – ist Rex, der bepelzte Hauptdarsteller. Als Begleiter des jungen Polizeikommissars Richie Moser (dargestellt von Tobias Moretti) hilft Rex bei der Lösung diverser Kriminalfälle in Wien, indem er die entscheidende Spur erschnüffelt, sich auf dem Bauch an schießende Bösewichte heranrobbt und ihnen in den Rücken springt oder indem er irgend etwas findet. Weitere Qualitäten: Kopf schief legen und süß gucken. Am besten zieht das in jenem Land, in dem der Schmäh erfunden wurde, in

Österreich. Dort ist die Krimiserie, die seit 1994 in mehreren Staffeln gesendet wird, am populärsten – und damit auch Rex. Wiens Bürgermeister hat ihn bereits zum Empfang geladen. Neben diversen Talk- und Gameshows mußte der arme Hund auch den Wiener Opernball besuchen. Die Aufforderungen aufgebrezelter Balldamen zum Tanz schlug der eingefleischte Nichttänzer jedoch aus und blieb in seiner Loge. In Deutschland ist Rex immerhin so begehrt, daß in einem einzigen Jahr 467 000 Hundekommissare aus Plüsch verkauft wurden. Weniger erfolgreich war die Weihnachts-CD »Jingle-Bells« des bellenden Interpreten.

Geboren ist Rex am 1.6.1991 in Ingolstadt, wo er den schönen Namen Reginald von Ravenhorst erhielt. So heißen im Fernsehen aber bloß Gutsbesitzer, und außerdem läßt es sich schlecht rufen. Im Alter von 18 Monaten wurde Rex (Reginald) für das Fernsehen engagiert und von der US-amerikanischen Tiertrainerin Theresa Ann Miller ausgebildet, die bereits dem Filmbernhardiner → **Beethoven** ein paar Tricks beigebracht hatte.

T. A. Miller betreut Rex auch. Der Schäferhund spielt gern mit Gartenschläuchen und mag angeblich am liebsten gekochten Pansen und Hühnerbrust, nicht Wurst- und Käsesemmeln, wie zuvor verbreitet wurde.

Lit.: *Brigitte* 15/1996; *Micky-Maus-Heft* Nr. 43 vom 17.10.1996; Elisabeth Strunz, *Das große Kommissar Rex Buch*, Hamburg 1995.

Rih
Kara Ben Nemsis Hengst

In den Romanen seines Orientzyklus (1892–93) läßt Karl May (1842–1912) den Helden Kara Ben Nemsi einen schwarzen Araberhengst reiten. Er bekommt ihn im Buch »Durch Wüste und Harem« vom Scheich Haddedihn aus Dankbarkeit geschenkt. Das Wort »Rih« (Sturm) ist nicht nur der Name des edlen Renners, sondern wirkt, wenn es dem Pferd ins Ohr geflüstert wird, wie ein Adrenalinschub, der Rihs sowieso schon außergewöhnliche Schnelligkeit und sein Springvermögen erheblich verstärkt. Seit Kara Ben Nemsi seinem Pferd eine Nacht lang Koran-Suren in die Ohren gelesen hat, sind beide unzertrennlich. Kreuz und quer trägt Rih seinen Herrn durch das wilde Kurdistan, bis es zum großen Showdown mit dem Schut, dem Oberschurken des Balkans, kommt. Dank des Zauberworts springt Rih über eine breite Felsspalte und landet glücklich auf der anderen Seite. Das Pferd des Schuts schafft den Sprung nicht und stürzt mit ihm in die Schlucht und den sicheren Tod.

In einem Anhang zum Orientzyklus ließ Karl May auf vielfachen Wunsch der Leser Kara Ben Nemsi noch einmal auf Rih durch die Wüste reiten. In einem Kampf mit feindlichen Beduinen wird das Tier tödlich verwundet und stirbt. Kara Ben Nemsi und seine Gefährten errichten ein Felsengrab für das edle Roß, bevor sie voller Trauer neuen Erlebnissen entgegenziehen.

Lit.: Gert Ueding (Hrsg.), *Karl-May-Handbuch,* Stuttgart 1987.

Rin Tin Tin
Schäferhund-Legende

Als der inzwischen fast völlig vergessene Schäferhund **Strongheart** (eigentlich Etzel von Oeringen) Anfang der 20er Jahre bereits Filmruhm einheimste, tingelte Rin Tin Tin noch mit mäßigem Erfolg mit einer Hundedressurnummer durch die USA. Sein Herrchen und Trainer, Lee Duncan, hatte das Tier 1918 am Ende des Ersten Weltkriegs als Welpen in einer verlassenen deutschen Stellung in Nordfrankreich aufgelesen. Duncan, damals Unteroffizier in der US-Armee, päppelte das Kriegshündchen auf und nannte es nach einer damals in Frankreich populären Puppe Rin Tin Tin. Der Schäferhundrüde war dunkel, lediglich die Läufe und einige wenige Körperpartien waren hellbraun.

1922 gelang Rin Tin Tin mit »The Man From Hell's River« der Sprung auf die Leinwand. Die Kritik war eher zurückhaltend und bezeichnete ihn als einen im Vergleich zu Strongheart wenig spektakulären Hund. Das Publikum sah das anders. Mit seinem nächsten Film »Where the North begins« (1923) verdrängte Rin Tin Tin Strongheart endgültig und machte Duncan reich. In insgesamt mehr als 40 Filmen, zumeist von Darryl F. Zanuck geschriebenen B-Western, sprang Rinty über Abgründe, kämpfte mit schurkischen Pistoleros, sauste durch Flammen und rettete, was das Zeug hielt. Er wurde zum Megastar, bekam angeblich wöchentlich Zehntausende von Fanpostbriefen und soll auf dem Höhepunkt seiner Karriere einen eigenen Chauffeur, einen eigenen Koch und einen eigenen von der Filmfirma Warner Bros. gestellten Bungalow gehabt haben. Unbeschadet überstand Rin Tin Tin auch die Umstellung auf Tonfilm, die vielen anderen Stummfilmstars das Aus brachte. Einige Jahre war er sogar Star einer regelmäßigen Radiosendung.

»Rin Tin Tin greift ein« (»The Challenge of Rin Tin Tin«, USA 1957).

1927 trat in »Hills of Kentucky« einer seiner Söhne, **Rin Tin Tin junior**, zum ersten Mal auf – als Welpe an der Seite seines berühmten Vaters. 1931 drehte Rin Tin Tin im Hundegreisenalter von 13 Jahren den letzten Film (»The Lightning Warrior«). Ein Jahr später starb er. Sein bereits filmerprobter Junior – etwas heller im Fell als der Vater – übernahm nahtlos die Rolle des tapferen Heldenhundes. Im wirklichen Leben war Rinty II weniger heroisch. Als 1936 Einbrecher das Duncan-Haus in Hollywood ausraubten, schlief der Hundestar ruhig in einem Nebenzimmer. Ende der 30er Jahre ebbte die Rin Tin Tin-Begeisterung merklich ab, und Duncan zog sich vorübergehend aus dem Filmgeschäft zurück. 1947 kehrte Rin Tin Tin in »The Return of Rin Tin Tin« in die Kinos zurück. Diesmal war es bereits Rin Tin Tin III, ebenfalls ein Nachkomme des ersten Rinty, der die Hauptrolle in diesem recht erfolgreichen

Comeback-Streifen spielte, aus dem sich aber keine neue Serie entwickelte. Mitte der 50er Jahre wurde die Hundelegende durch das gerade entstandene US-Fernsehen reaktiviert. In 164 halbstündigen Schwarzweißepisoden flimmerten »The Adventures of Rin Tin Tin« über die Bildschirme. In den 60er Jahren kamen sie auch nach Deutschland.

Kavalleriesoldaten finden mitten im Wilden Westen einen ausgeplünderten Planwagen, in dem ein pausbäckiger Junge namens Rusty (Lee Aker) und sein braver Hund Rin Tin Tin stecken. Weil Rin Tin Tin dem Colonel das Leben rettet, dürfen Rusty und Rinty als Regimentsmaskottchen im Fort Apache bleiben und fortan kräftig mit dafür sorgen, daß die Prärie von blutrünstigen Indianern und hinterlistigen Banditen gesäubert wird. In den ersten Folgen wurde Rin Tin Tin noch von einem Hund aus der Duncan-Zucht gespielt. Duncan hatte aber erhebliche Schwierigkeiten mit der Fernseharbeit, und so kam bald ein Hund des Trainers Frank Barnes, **Golden Boy junior**, genannt **JR**, zum Einsatz. JR, der in den Kampfszenen von den Stuntdogs **Hey You** und **Bearheart** gedoubelt wurde, erhielt 1958 und 1959 den »Patsy Award«.

1976 gab es eine kurze Renaissance der angestaubten Rinty-Kavallerie-Abenteuerserie mit neugedrehten Anfangs- und Schlußszenen, in denen ein Rin Tin Tin VII als angeblicher Nachkomme des ersten Rin Tin Tin auftrat. Im gleichen Jahr kam mit dem US-Film »Won Ton Ton, The Dog who saved Hollywood« (Regie: Michael Winner) eine ziemlich alberne Klamaukparodie auf den hündischen Stummfilmstar der 20er Jahre in die Kinos.

Lit.: *Brewer's Cinema,* London 1995; *Das neue Guinness Buch Film,* Frankfurt am Main/Berlin 1993; Ephraim Katz, *The Macmillan International Film Encyclopedia,* London 1994; *Lexikon des Internationalen Films,* Reinbek 1995; David Rothel, *The Great Show Business Animals,* San Diego/New York/London 1980.

Roadrunner
siehe Karl Kojote und Roadrunner

Robbie Sinclair
Pubertierender Saurier

Der Sohn der Dino-Familie Sinclair aus der Comedy-Serie → »**Die Dinos**« ist 14 Jahre alt und wiegt 16 000 Pfund. Er trägt Turnschuhe, eine Baseballjacke und hat einen »Örokesen-Schuppenschnitt«. Für einen Dinosaurier und einen guten Bürger im autoritären Staatsgefüge Pangaeas denkt er entschieden zuviel. Seine Stimme im deutschen Fernsehen leiht ihm Björn Schalla.

Lit.: WDR-Pressemappe.

Vogel Roch (Rock, Rok, Rukh)
Sagenhafter Riesenraubvogel

Die Abenteuer von Sindbad dem Seefahrer haben ihn auch hierzulande bekannt gemacht, den adlerähnlichen Roch, der so groß ist, daß seine Schwingen den Himmel verdunkeln, und der seine Jungen mit Elefanten und gewaltigen Riesenschlangen füttert. Mitunter werden ihm zwei Hörner auf dem Kopf und vier Buckel auf dem Rücken angedichtet. Sein Schrei ist laut wie der Donner. Der Genuß von Roch-Kükenfleisch schützt für alle Zeit vor grauen Haaren. Die Beschaffung ist jedoch gefährlich. Aufgebrachte Elterntiere versenkten schon mehr als ein Schiff mit Felsbrocken, die sie aus der Luft fallen ließen. In arabischen Märchen benutzen Helden und Königssöhne den Vogel Roch als kostenlose Mitfluggelegenheit, was dem dickhäutigen Tier meist gar nicht auffällt. Der Riesenvogel ist eine persische Erfindung. Er soll seinen Horst auf dem Urberg Albordj haben oder irgendwo in Indien oder an einem anderen unbekannten Ort. Dort brütet er in den Ästen eines entsprechend gigantischen Baumes. (Laut Sindbads Reiseberichten legt der Roch seine Eier einfach in den Sand.) Von diesem Baum aus zieht der Roch zu bestimmten Jahreszeiten in bewohnte Gebiete, nach Madagaskar oder nach »entlegenen Inseln des chinesischen Meeres«.

Als Marco Polo um 1294 Madagaskar besuchte, erzählten ihm die Einwohner von einem sagenhaften Vogel Rock, auf den einige der vorangegangenen Beschreibungen zutraf und der einen Ochsen mit einem Fußtritt töten konnte. Der französische Admiral de Flacourt berichtete im 17. Jahrhundert von riesigen Eierschalen, die die Einwohner Madagaskars als Wasserbehälter benutzten. Als 1866 auf Madagaskar Knochen gefunden wurden, die auf einen 21,43 Meter hohen Vogel schließen ließen, war die Existenz des Roch beinahe bewiesen. Heute geht man allerdings davon aus, daß der Riesenvogel Madagaskars wesentlich kleiner war – immerhin noch satte 4m hoch. **Aepyornis ingens** zählte zu den Straußenartigen und hatte nichts mit dem Vogel Roch zu tun, dessen Eier so groß sein sollen, daß, als einmal eines zerbrach, 30 Dörfer vom Inhalt zugeglibbert wurden. Das Ei von Aepyornis ingens faßte nur 9 Liter und hätte höchstens Märklindörfern gefährlich werden können.

Lit.: *Buchers Bestiarium. Berichte aus der Tierwelt der Alten,* gesammelt und vorgelegt von Rolf Beiderbeck und Bernd Knoop, Luzern/Frankfurt am Main 1978; Willy Ley, *Drachen, Riesen, seltsame Tiere von gestern und heute,* Stuttgart 1953; Heinz Mode, *Fabeltiere und Dämonen. Die phantastische Welt der Mischwesen,* Leipzig 1977; Hans Schöpf, *Fabeltiere,* Wiesbaden/Graz 1988.

Roger Rabbit
Toon

»Toons! Ich hasse Toons!« (Eddie Valiant)

Der für seine Special Effects oscarprämierte Film »Falsches Spiel mit Roger Rabbit« (»Who framed Roger Rabbit«, USA 1988, Regie: Robert Zemeckis) ist eine Mischform aus Realfilm und Zeichentrick, aus Film noir und Slapstick. Er geht von der hübschen Voraussetzung aus, daß Toons (also Zeichentrickfiguren) lebendige Wesen sind, die tagsüber in diversen Hollywood-Studios vor den Kameras stehen und am Abend zurück nach Toontown fahren, wo sie noch ein privates Leben führen.

Roger Rabbit ist ein sehr dünner weißer Hase mit riesigen Ohren und Füßen. Er hat einen roten Haarschopf, eine rote Knopfnase, einen einzelnen überstehenden Vorderzahn, und – durchaus nicht hasenüblich – er hat Augenbrauen. Sein zaundürrer Körper steckt in einer viel zu großen, roten Trägerhose mit gelben Knöpfen, die wie ein Abendkleid auf seine Füße schlappt. Außerdem trägt er gelbe

Handschuhe und eine blaue Fliege mit gelben Punkten. Als Toon produziert er sich gern vor Publikum, steckt jede Art von Unfällen oder Hammerschläge auf den Kopf lässig und ohne Folgeschäden weg und kann sich selbst in den brenzligsten Situationen kleine Witzeinlagen nicht verkneifen. Sobald eine bestimmte Melodie gespielt wird (»Shave and a Haircut« von 1914), muß er nach Toons-Art zwangsweise mitsingen und -marschieren. Auf Alkohol reagiert Roger Rabbit mehr als heftig – er steigt raketenartig zur Decke. Verheiratet ist er mit der Toon-Traumfrau Jessica (Vorbilder für Jessicas Aussehen waren Lauren Bacall, Rita Hayworth und Jane Russel), die die Späße und die erotische Begabung ihres Hasengatten schätzt.

Roger Rabbit

Als Roger Rabbit in Verdacht gerät, aus Eifersucht gemordet zu haben, versucht Detektiv Eddie Valiant (kein Toon, sondern von Schauspieler Bob Hoskins dargestellt), die Intrige um den Hasen aufzuklären. Dabei haßt Eddie alle Toons, seit sein Bruder von einem ermordet worden ist. Aber Roger Rabbit ist unschuldig, und der finstere Richter Doom ist hinter ihm her, um ihn in einer speziellen Suppe aufzulösen – die einzige Art, wie Toons getötet werden können. Schließlich rettet Eddie nicht nur den Zeichentrickhasen, sondern ganz Toontown, das Bösewicht Doom – wie sich herausstellt, selbst ein Toon und der Mörder von Eddies Bruder – mit Suppe ausradieren wollte.

Die Filmhandlung basiert auf dem Buch »Who censored Roger Rabbit?« (1981) von Gary Wolf. Der Plot ist ähnlich wie im Film, nur daß Roger im Buch tatsächlich einen Mord begangen hat. Außerdem benutzen die Toons dort Sprechblasen zur Kommunikation. 1991 schrieb Wolf eine Fortsetzung: »Who P-P-Plugged

Roger Rabbit«, in dem es darum geht, wie Clarc Gable den Hasen bei der Besetzung der Rhett-Butler-Rolle ausbootete.

Die Gestaltung des Filmhasens übernahm der Animationstechniker Richard Williams. Williams wurde ausgewählt, weil sein von Disney geprägtes Schaffen dem Zeichenstil der 30er bis 50er Jahre sehr nahe stand und die Handlung der Krimiparodie in den 40er Jahren spielt. Gelobt wurde die präzise und aufwendige Technik des 45 Millionen Dollar teuren Films. Sie setzte neue Maßstäbe für die Animation. Neben dem neuerschaffenen Roger Rabbit haben diverse berühmte und klassische Zeichentrickfiguren – von → **Micky Maus** bis → **Bugs Bunny** – einen kurzen Gastauftritt.

Lit.: *Cinema* 11/1988; *Lexikon des Internationalen Films 1987/88,* Reinbek 1990; Jeff Rovin, *The Illustrated Encyclopedia of Cartoon Animals,* New York 1991.

Römer
Deutschlands ältestes Pferd bzw. Pony

Deutschlands ältestes Pferd war eigentlich ein Shetlandpony. Wallach Römers 58 Jahre werden aber auch von keinem bundesrepublikanischen Pferd überboten. 1994 starb er in Frauendorf an einer Herzgeschichte. Das bisherige verbürgte Ponyhöchstalter wird im »Guinness Buch der Tierrekorde« mit 54 Jahren angegeben, so daß Shetland-Greis Römer, sofern sich sein Alter belegen läßt, den Pony-Weltrekord im Möglichst-lange-nicht-Sterben hält. Den Pferdealtersrekord hält aber nach wie vor **Old Billy**, eine Kreuzung aus Cleveland und Eastern Blood. Er kam 1760 zur Welt und wurde 62 Jahre alt (starb am 27.11.1822). Bis drei Jahre vor seinem Tod zog er noch Lastkähne auf englischen Kanälen.

Lit.: *Das neue Guinness Buch der Tierrekorde,* Frankfurt am Main/Berlin 1994; *Die Welt* vom 8.8.1994.

Der rosarote Panther
siehe Paulchen Panther

Rosinante
Don Quijotes Pferd

Nachdem Don Quijote, der Titelheld des Romans von Miguel de Cervantes (1547–1616), beschlossen hatte, sich selbst zum fahrenden Ritter zu machen, brauchte er vier Tage, um den richtigen Namen für sein Pferd zu finden, »sintemal ... es nicht recht wäre, daß das Roß eines so berühmten Ritters, das auch schon an sich selbst so vortrefflich sei, ohne einen eigenen Namen bliebe«. Schließlich nannte er seinen hageren Gaul, der »an den Hufen mehr Steingallen hatte als ein Groschen Pfennige« und bisher gut ohne Namen ausgekommen war, Rosinante. Damit drückte er aus, daß das Tier ein einfacher Reitklepper gewesen war, bevor es zu seiner Bedeutung kam. Das spanische Rocinante setzt sich zusammen aus »rocin«, was Klepper, und »antes«, was früher heißt. Auf dem Rosinante galoppierte Don Quijote gegen die Windmühlen an.

Nach diesem Pferd wird eine Schindmähre allgemein auch eine Rosinante genannt. Richtiger wäre *ein* Rosinante, denn Don Quijotes Kampfroß war ein Hengst – wenn auch ein »so sanftes und wenig brünstiges Tier, daß alle Stuten von Córdoba ihn nicht zu etwas Ungebührlichem hätten verleiten können«.

Lit.: Georg Büchmann, *Geflügelte Worte. Der Zitatenschatz des deutschen Volkes,* Berlin 1914; Miguel de Cervantes Saavedra, *Der sinnreiche Junker Don Quijote von der Mancha,* München 1957.

Rotfrosch
siehe Erdalfrosch

Rover
Ur-Hundefilmstar

Für den amerikanischen Filmhistoriker MacGowan war Rover der erste Schauspieler der Stummfilmgeschichte, der nicht unnatürlich auf der Leinwand herumgestikulierte. Rover, der eigentlich **Blair**

609

hieß, war ein Collie und gilt als erster regelmäßig auftretender Tier-
filmstar. 1905 produzierte sein Besitzer, der englische Filmpionier
Cecil Hepworth, den Sieben-Minuten-Streifen »Rescued by Rover«
(»Gerettet von Rover«). Das Casting war relativ einfach: Die vier
Hauptrollen besetzte Hepworth mit seiner Frau, seiner Tochter, mit
Blair und mit sich selbst. In dem schlichten Melodrama rettete Rover ein entführtes Mädchen. Das Filmchen wurde ein enormer Kas-
senschlager. Hepworth mußte die Story zweimal nachdrehen, weil
die Negativfilme durch das häufige Kopieren abgenutzt worden waren. In mindestens sieben weiteren »Rover«-Filmen (»Rover drives
a Car«, »Baby's Playmate« usw.) knüpfte der fotogene Collie an
seinen Erstlingserfolg an. 1914 (nach anderer Quelle 1910) starb
Rover alias Blair.

Lit.: *Das neue Guinness Buch Film,* Frankfurt am Main/Berlin 1993; Jan van Rheemen, *Lexikon für Hundehalter,* München 1978.

Rover
Queen Mom's lahmer Corgi

Hunde der Rasse Welsh-Corgi-Pembrokeshire sehen aus wie Schäferhunde mit abgeschnittenen Beinen. In England wurden sie populär, nachdem der Herzog von York 1933 seiner Tochter Elizabeth, der späteren Königin, die Corgi-Hündin **Dookie** schenkte.
Elizabeth II. und ihre Mutter besitzen inzwischen mehrere davon.
Queen Mom's Corgi Rover ist schon 14 Jahre alt, von launischem
Temperament, und jetzt lahmt er auch noch auf den kurzen Hinterbeinen. Deswegen bekommt Rover bei Spaziergängen einen
zweirädrigen Hunderollstuhl unter das altersschwache Hinterteil
geschnallt.

Schwierigkeiten bereiten ihm nur noch die Kurven, in denen er
seine Gehhilfe manchmal umwirft.

Lit.: *Frankfurter Allgemeine Zeitung* vom 2.2.1997; Ulrich Klever, *Knaurs großes
Hundebuch,* München 1982.

Rowlf
Muppet-Hund

Der schlappohrige Rowlf, der eine Mischung aus braunem Pudel und Cockerspaniel sein könnte, gehört zu den ersten → **Muppets**, die regelmäßig in einer Fernsehshow auftraten. Bereits zwischen 1964 und 1966 spielte er in der vom US-Fernsehen ausgestrahlten »The Jimmy Dean Show« die Rolle eines Pianospielers, in der er auch später in »The Muppet Show« (1976–1981) brillierte. Wie sein Kumpel → **Kermit** hatte auch Rowlf das Privileg, daß seine Stimme in der amerikanischen Originalfassung von Muppet-Schöpfer Jim Henson gesprochen wurde. Neben seiner Tätigkeit als biertrinkender Musikkünstler glänzte Rowlf in der »Muppet Show« noch auf einem ganz anderen Berufsfeld. Zusammen mit OP-Schwester → **Miss Piggy** versuchte er sich in der Muppet-Tierklinik als Chefchirurg **Dr. Bob** an diversen unorthodoxen Operationsmethoden, die in keinem Veterinärhandbuch stehen. Bevorzugter Patient war der bedauernswerte → **Fozzie Bär**.

Lit.: Jack Burns u. a., *Die Große Muppet Show,* Berlin/Hamburg 1980; Jeff Rovin, *The Illustrated Encyclopedia of Cartoon Animals,* New York 1991.

Rudi
Rabenpuppe aus der Sendung »Siebenstein«

Er hat einen großen Schnabel und lebt mit einem mürrischen Koffer (gespielt und gesprochen von Thomas Rohloff) in einem Trödelladen. Gemeinsam mit der Ladeninhaberin Frau Siebenstein (Adelheid Arndt) führen die beiden durch eine der beliebtesten Sendungen des ZDF-Kinderprogramms. »Siebenstein« (Regie: Wolfgang Lünenschloß) ist (nicht nur) für Vorschulkinder gedacht und zeigt immer neue Geschichten von der Tierdokumentation bis zum Zeichentrickfilm. Eingebettet sind sie in die Rahmenhandlung im Trödelladen Siebenstein, wo es jedesmal um ein bestimmtes Thema geht, auf das sich auch die Geschichten beziehen.

Wichtigste und beliebteste Figur ist dabei Rabe Rudi. Der unternehmungslustige, neugierige und etwas egozentrische Vogel ist mit einer grenzenlosen Selbstüberschätzung ausgestattet und veranstaltet oft ein heilloses Durcheinander. Aber auch diverse Katastrophen können sein Selbstvertrauen und seinen Optimismus nicht bremsen. Weiß er sich doch von der Trödelfee Frau Siebenstein geliebt. Zu dem schlechtgelaunten und ordnungsliebenden Koffer, einem ehemaligen Weltreisenden, der jetzt der Ladenhüter des Geschäfts ist, steht Rudi in einer Art geschwisterlichem Konkurrenzverhältnis.

Die Rabenpuppe ist eine Klappmaulfigur mit flexiblem Körperschlauch und beweglichen Augenlidern. Figurenbildner Peter Röders hat sie gebaut. Gespielt und gesprochen wird Rudi von Werner Knoedgen.

Die Sendung um den Trödelladen, in dem sich Phantastisches mit Realistischem mischt, gibt es seit 1986. Sie hat zahlreiche Preise erhalten, u. a. den Prix Jeunesse 1994. »Siebenstein«-Geschichten liegen auch als Bilderbücher vor.

Lit.: *ZDF-Journal* und diverse Infoblätter des ZDF.

Rudi Roß (Horace Horsecollar)
Mit Klarabella Kuh befreundetes Disney-Pferd

Bei seinem ersten Auftritt 1929 in dem Zeichentrickkurzfilm »The Plow Boy« (»Mann am Pflug«) war Rudi Roß noch ein richtiges Roß, das Hufe hatte, auf vier Beinen ging und von Micky Maus auch als Pferd eingesetzt, nämlich vor den Pflug gespannt wurde. Vermutlich – darauf deutet die Form des Schweifs hin – sollte dieses Geschöpf gar kein Pferd, sondern ein Maultier sein. Daß es sich trotzdem um eine Frühform von Rudi Roß handelt, dafür spricht, daß Rudi bereits seine beiden Erkennungszeichen trägt, das Kummet (Teil eines Pferdegeschirrs) um den Hals und einen kleinen Bowler auf dem Kopf. Bereits bei seinem nächsten Auftritt in »The Beach Party« (»Das Strandfest«, 1931) haben sich Rudi Roß' Vorderhufe in Hände verwandelt, mit denen er sein Sandwich hält. Dementsprechend geht er auf nur noch zwei Beinen und trägt einen Herrenbadeanzug. Bei diesem Strandpicknick zeigt Herr Roß sich das erste Mal mit seiner Dauerfreundin → **Klarabella Kuh**. Er hat wieder einen kleinen Bowler auf, und um den dünnen Nacken hängt immer noch das sperrige Kummet, das bei sommerlichen Temperaturen besonders unangenehm sein muß. Ob aus Nostalgie, aus Trotz oder aus politischen Gründen – der konservative Hengst trägt dieses lästige und schwere Überbleibsel einer Zeit, in der er noch pferdische Arbeit verrichtete, in allen 16 Kurzfilmen, in denen er auftritt. Auch ein Rudiment seines Zaumzeugs hängt dem Zigarrenraucher gelegentlich noch von den Ohren bis zu den Kinnbacken herunter. Wie in »Mickey's Christmas Carol« (»Mickys Weihnachtserzählung«, 1983), wo er Sänger ist, hat Rudi Roß in den Kurzfilmen meist eine musikalische Nebenrolle. Auf der Violine begeistert er genauso wie auf der Säge oder auf der Pauke. Bei festlichen Anlässen hängt er eine Fliege ans Kummet.

Auch bei seinen gelegentlichen Auftritten in den Micky-Maus-Heften (seit 1959) legt das schwarze Pferd, obwohl es alle Bürgerrechte Entenhausens besitzt und im Gegensatz zu anderen Pferden des Bezirks niemals geritten oder eingespannt wird, sein Kummet nicht ab. Es trägt inzwischen eine blaue Latzhose zu einem roten Hemd und eine rote Melone; und seine Hinterhufe stecken in runden hufähnlichen Schuhen. Der Heft-Rudi betreibt eine Wäscherei. Manchmal hilft er → **Micky Maus** in dessen Transportunternehmen. Rudi Roß erscheint noch seltener als Klarabella Kuh und befindet sich dann meistens in ihrer Begleitung.

Lit.: Jeff Rovin, *The Illustrated Encyclopedia of Cartoon Animals,* New York 1991.

Rudi Rüssel
Rennschwein

»Er kam, sah und quiekte.«
(Werbeslogan der Verleihfirma)

Hinterher soll er eben nicht mehr gequiekt haben, jener Rudi-Darsteller, der laut Augenzeugenbericht im Sommer 1994 »mindestens 5 Flaschen zu saufen« bekam – nämlich Bier – und dann »noch Flüssigkeit aus einer Spritze erhielt«, damit er drehbuchgerecht torkelte. »Das Schwein kippte direkt neben mir um, war tot«, sagte die

17jährige Komparsin Cordula H. laut »Bams«. Als zwei Jahre nach Drehschluß plötzlich ruchbar wurde, daß womöglich eines von sieben Schweinen, die im Film »Rennschwein Rudi Rüssel« (Deutschland 1995, Regie: Peter Timm) aufgetreten sind, den klassischen Popstar-Tod erlitten hatte, drohte der Deutsche Tierschutzbund mit Anzeige. Vermutlich handelte es sich um ein Double-Schwein. Das Hauptdarstellerschwein soll nach den Filmaufnahmen bei seiner Trainerin Diana Antoine in der Zirkusfamilie Karl Antoine untergekommen sein. Dort, im sauerländischen Echthausen, führt es im Haus und auf dem Gelände des seßhaft gewordenen Mietzirkusses das Leben eines Haushundes. Dieser Rudi gehörte 1994 noch in den Schweinestall von Bauer Kersting aus dem Nachbardorf, mit der üblichen Zukunft eines Mastschweines vor sich (und ohne vorher wenigstens noch einen kippen zu dürfen). Davor bewahrten ihn seine Filmstar-Qualitäten: Schönheit, Klugheit und ein uncoupiertes Ringelschwänzchen.

Der Film wurde nach dem gleichnamigen Buch von Uwe Timm gedreht. Er erzählt die Geschichte eines Lotterieschweines, das den Alltag einer fünfköpfigen Familie (Iris Berben spielt Mutter Gützkow) durcheinander bringt und schließlich das Rennfinale einer Schweine-Weltmeisterschaft gewinnt.

»Rennschwein Rudi Rüssel« lief 1995 erfolgreich in den Kinos und wurde mit dem Bayerischen Filmpreis ausgezeichnet.

Lit.: *Bild am Sonntag* vom 29.9.1996; *Kinder/Jugendfilm Korrespondenz*, Heft 62, 2/1995.

Russischer Bär
Personifikation Rußlands

»Where the eagle meets the bear.
Not for honour, but roubles and nickles.«
(Brit-Pop-Gruppe ABC, »How To Be A Zillionaire«, 1985)

Der Russische Bär, der sommers beschwingt durchs gebirgige und trockene Gelände seiner Heimat flattert und aus Pflanzenblüten Nektar saugt, dürfte lediglich Schmetterlingsfreunden ein Begriff sein. Beim Callimorpha quadripunctaria handelt es sich nämlich um einen schmächtigen, farbenprächtigen Falter aus der Familie der Schönbären.

Wesentlich bekannter ist der Russische Bär als Nationalpersonifikation Rußlands. Die Personifikationen von Völkern sind zumeist im 18. und 19. Jahrhundert als Versuch entstanden, sich durch Überbetonung weniger tatsächlicher oder unterstellter nationaler Wesenszüge ein griffiges Bild von Völkern zu machen und sie vereinfacht und anschaulich darzustellen: als Deutscher Michel, → **Gallischer Hahn**, Britannia oder Uncle Sam. Meist sind diese Stereotypen im eigenen Land entstanden und positiv besetzt. Manchmal haben sie auch als selbstironisierende Symbole identitätsbildenden Charakter. Anders sieht das oft bei Nationalpersonifikationen aus, die von außen herangetragen werden, wie etwa der pickelhaubentragende Monokeldeutsche in der englischen Boulevardpresse oder eben der Russische Bär. Nichtrussische Cartoonisten wie Honoré Daumier verwendeten ihn insbesondere seit dem 19. Jahrhundert als Darstellung des zaristischen Absolutismus. Später wurde dieses Bild für das nachzaristische Rußland übernommen und spielt auch heute noch eine wichtige Rolle in der politischen Karikatur.

Das Stereotyp vom Russischen Bären will ausdrücken, daß Rußland wegen seiner Grobschlächtigkeit und wodkaseligen Tapsigkeit, mit der es durch die Weltgeschichte stapft, eigentlich nicht ernst zu nehmen ist. Andererseits steckt dahinter auch die Angst, daß dieser belächelte Bär zu unberechenbaren Gewaltausbrüchen fähig ist.

Lit.: Gerd Diesselhorst / Hubert Fechter, *Knaurs Tierlexikon,* Band 1, München 1971; Arnold Rabbow, *dtv-Lexikon politischer Symbole,* München 1970.

S

Der Salamander
Feuerlöscher

»Unter allen giftigen Tieren ist der Salamander das größte Scheusal.« (Plinius)

Eigentlich sind Salamander ganz gewöhnliche Schwanzlurche – mal tiefschwarz, mal gelb gefleckt – die es gern feucht haben und leider immer seltener werden. Und eigentlich haben sie darum in diesem Lexikon auch nichts verloren, sofern sie sich nicht anderweitig hervorgetan haben, wie etwa der schuhverkaufende Feuersalamander → **Lurchi**.

Salamander von J. Typotius (Symbola Divina et Humana, Prag 1601–03).

Das Mittelalter sah im Salamander allerdings ein Fabeltier, entweder ein Feuergeschöpf, das in Brand und Glut existieren konnte, oder einen Zaubermolch, der durch »seine kalte Natur« ein Feuer löschen konnte, einfach indem er hindurchlatschte. Auch Leonardo da Vinci – sonst ein ganz vernünftiger Mann – meinte, Salamander würden sich von Feuer ernähren und bräuchten es, um ihre Haut zu wechseln. Gleichzeitig hielt man diese Tiere für hochgiftig. Ihr weißlicher Sabber verursache Haarausfall, hieß es, und ein Salamander bräuchte bloß auf einen Baum zu klettern, und gleich wären alle Früchte vergiftet. So beschrieb ihn Plinius, der auch noch von einem ähnlichen Feuertier, der vierfüßigen, geflügelten **Pyraustra**, zu berichten wußte, die er in den Feuern der Gießereien von Zypern ausgemacht haben wollte. Der Salamander des Mittelalters hatte mit den kleinen Lurchen, die heute noch so heißen, auch äußerlich meist nicht mehr viel gemein. Beschrieben und abgebildet wurde er als Schlange, Echse, Raupe; er war einem kleinen Schweinchen oder einem Drachen ähnlich und sah ausnahmsweise sogar auch mal wie ein tatsächlicher Salamander aus. Marco Polo vertrat die Ansicht, ein Salamander wäre gar kein Tier, sondern eine Substanz. Dafür landeten von dieser Substanz allerdings recht handfeste und tierisch anmutende Pfötchen, Köpfe und Körper in den Zaubertränken und Arzneien. Bei Paracelsus sind die Salamander (auch Vulkani genannt) Elementargeister, die in ihrem heißen Element ein unspektakuläres Leben führen, das dem der Menschen ähnelt.

Lit.: Hans Schöpf, *Fabeltiere*, Wiesbaden/Graz 1988.

Sammy
Ungeheuer von Loch Neuss; Brillenkaiman

»Ohne Krokodil
Läuft bei mir nicht viel
Weil ich es im Bett
Gerne wieder hätt
Ich brauch zum Glücklichsein nicht viel
Nur mein kleines Krokodil.«
(Peter Orloff, »Ohne Krokodil – Der Sammy-Song«,
zitiert in der »Berliner Morgenpost« vom 17.7.1994)

Es hat auf der Erde eine Zeit gegeben, in der die Kriechtiere das große Wort führten, so steht es jedenfalls im alten Brehm. Lustige Jurazeit. 195 Millionen Jahre später, am 10. Juli 1994, packt der arbeitslose Elektriker Jörg Zars (21) seinen 80cm langen Brillenkaiman Sammy in eine Aktentasche und schmuggelt ihn am Kassenhäuschen und am Bademeister vorbei an den Nievenheimer-Straberger Baggersee, der zwischen Dormagen und Neuss (NRW) liegt. Es ist Sonntag und richtiges Krokodilwetter: an die 30 Grad im

Schatten. Als Zars seine Hausechse im Ausgehgeschirr ans Wasser läßt, reißt die Katzenleine, an der er sie geführt hat, und Sammy verschwindet im See.

In diesem Moment beginnt Dormagens größtes Medienspektakel aller Zeiten. Mit Hubschrauber und Lautsprecher (dem bewährten Zubehör für eine solide Massenpanik, die aber trotzdem nicht stattfindet) ruft die Polizei die Menge aus dem See und sperrt das Gelände ab. Badeverbot mitten im Jahrhundertsommer. Obwohl Jörg Zars Sammys Harmlosigkeit beschwört – »er hat sich im Bett regelrecht an mich gekuschelt« – und auch Fachleute den Kaiman als nicht gefährlicher als einen Dackel einstufen, wird mit Tretbooten, Nachtsichtgeräten, Suchscheinwerfern, Betäubungsgeräten und Fangnetzen die Exotenjagd eröffnet. Polizei, Feuerwehr und DLRG sind dabei. Zoos, Tierhändler und ein Krokodiljäger mit Kenia-Erfahrung geben ihren Senf dazu. Fünfmal wird Sammy in den folgenden Tagen gesichtet, fünfmal entkommt er. Und mit jedem Tag, an dem das Freibad wegen Sammy geschlossen bleibt, mehren sich die Schadensersatzforderungen an Jörg Zars. Da wird von Summen bis zu 25 000 Mark pro Tag gesprochen. »Schweren Herzens« stimmte Zars schließlich einer Tötung zu.

Am Mittwoch um 1 Uhr 30 gibt die Polizei drei Schüsse auf Sammy ab und meldet anschließend, daß der Kaiman mit 99prozentiger Sicherheit tödlich getroffen worden sei. Allein: Auch ein Reptilienkadaver taucht nicht auf. Die Blamage erweist sich als Glücksfall, denn mit der Zahl seiner Verfolger ist auch die Sympathie für Sammy gewachsen. Plötzlich lieben ihn alle. In den Zeitungen mutiert er vom Reptil mit »Hunderten rasiermesserscharfer Zähne« zum kleinen Krokodil im Baggersee. Die »Bild-Zeitung« fordert die Stadt Dormagen im Namen von 10 Millionen Lesern auf, Sammy leben zu lassen, der Tierschutzverein droht mit einer einstweiligen Verfügung, und die Firma Lacoste lobt 10 000 Mark Prämie für denjenigen aus, der Sammy lebend fängt. Am Donnerstag (15.43 Uhr) wird der Schießbefehl zumindest vorerst wieder aufgehoben.

Die Jagd geht weiter und der Rummel in Dormagen, um Dormagen und um Dormagen herum (Neuseeland, Hongkong, Mexiko berichten) erst so richtig los. Am See versorgen Eisverkäufer die Re-

618

porter und Gaffer. In Dormagen verkaufen sich Sammy-Brote und Marzipan-Sammys flott, und natürlich erscheinen vor Ort die unvermeidlichen T-Shirts mit den unvermeidbar witzigen Aufdrucken: »Sammy ging baden, ich habe überlebt. Straberger See 94« und »Freiheit für Sammy«. Über 2000 Anfragen aus aller Welt treffen in der Sammy-Woche ein. Selbst in bosnischen Rundfunknachrichten ist mitten im Krieg Platz für das Schicksal eines Kaimans. In Deutschland lenkt Sammys Flucht davon ab, daß die Fußballnationalmannschaft im Viertelfinale der Weltmeisterschaft gescheitert ist.

Täglich bieten neue ominöse Krokodiljäger Dormagens Stadtverwaltung ihre Hilfe an. Jeder, der irgendwie schon mal entfernt mit Krokodilen zu tun hatte oder weiß, wie eines aussieht, darf seinen Kommentar in die hingehaltenen Mikrofone sprechen.

Am Freitag, den 15.7. um 8.35 Uhr fängt der DLRG-Taucher Helmer Reineke (36) den vor Kälte steifen Kaiman mit der Hand. Reineke verweigert die Annahme von Ruhm und schnödem Mammon und setzt sich zu Bekannten nach Süddeutschland ab, bevor er als Held umlärmt und abgelichtet werden kann. Ein seltener Edelstein im Menschengeröll. Die 10 000 Mark Prämie gehen an den DLRG. Die Jungunternehmer, die den in Scharen erwarteten Kroko-Touristen am Wochenende »Laßt Sammy leben«-T-Shirts verkaufen wollten, bekommen das unternehmerische Risiko zu spüren.

Jörg Zars, dessen Preise für Interviews prächtig gestiegen sind, möchte Sammy zurückhaben, aber der landet, bis sein weiteres Schicksal entschieden wird, erst einmal im Kölner Zoo. Die Besucherzahlen im Zoo liegen am Sonnabend um ein Drittel höher als gewöhnlich. Bald darauf nimmt Zars eine CD auf, in der er seine drohenden Schulden besingt, die er mit den erhofften Einnahmen bezahlen will.

Im Sommer 1995 verurteilt das Landgericht Mönchengladbach Jörg Zars (inzwischen 22) dazu, den Kreiswerken Grevenbroich 16 551,73 Mark Schadensersatz plus 13,5% Zinsen zu zahlen für Einnahmeverluste durch Sperrung des Badesees. Sammy bekommt er vorerst nicht zurück, weil er nach Ansicht der Unteren Landschaftsbehörde von Grevenbroich die Bedingungen für die Haltung des Kaimans nicht erfüllt und vor allem, weil er nicht die sogenannten CITES-Bescheinigungen vorlegen kann, die beweisen würden, daß er den Kaiman legal erworben hat. Auch die 13jährige Tochter eines Handwerkerehepaares aus Recklinghausen, das 3 077 777 Mark im Spiel 77 gewonnen hat, darf ihn nicht adoptieren. Und die Tierschutzgruppe Animal Peace, die meint, 15 000 Mark wären gut angelegt, um einen Brillenkaiman wieder am Amazonas auszuwildern, bekommt ihren Willen auch nicht. Sammy zieht vom Kölner Zoo in den sächsischen Tierpark Falkenstein um. Jörg Zars besucht ihn dort mehrmals und geht in die Berufung. Am 24. Februar 1997 spricht ihm das Amtsgericht Düsseldorf das »Sorgerecht« für den Kaiman wieder zu. Einzelrichter Dirk Kruse hält die Aussagen des inzwischen 24jährigen und eines als Zeugen geladenen Reptilienhändlers für glaubhaft. Danach hat Zars Sammy rechtmäßig erworben und die CITES-Bescheinigung bloß verbummelt. Nach zweieinhalb Jahren kann Jörg Zars seinen inzwischen um 70cm auf 1,50m angewachsenen Kaiman wieder in die Arme schließen.

Lit.: Presseabteilung der Stadtverwaltung Dormagen; Tages- und Wochenzeitungen der Jahre 1994 und 1995: Bams, Bild-Zeitung, Frankfurter Allgemeine Zeitung, Frankfurter Rundschau, Hamburger Abendblatt, Süddeutsche Zeitung, Der Tagesspiegel, TAZ, Wams, Die Welt, Die Woche u. a.

Sasquatch

In vielen Indianermythen Nordamerikas ist von einem riesigen behaarten Wesen die Rede, das je nach Region **Omah**, **Snanaik**, **Gooteekhel**, **Olala** oder **Steet-athls** heißt. In British-Columbia wird es **Seeah-tik** oder Sasquatch genannt. Einige weiße Einwanderer entdeckten ein ähnliches Geschöpf bzw. seine Fußspuren und nannten es → **Bigfoot** oder übernahmen den Namen Sasquatch.

Lit.: siehe unter **Bigfoot**.

Satyrn und Silene
Zügellose Walddämonen
der griechischen Mythologie

Satyrn sind lüsterne und trinkfreudige Naturwesen, die zum Gefolge des Orgiengottes Dionysos (Bacchos) gehören. In der Vorstellung der Griechen machten sie einige Wandlungen durch. Im 7. Jahrhundert v. Chr. waren sie noch ein Haufen ausgelassener Kerle, die wild tanzten, aber völlig menschlich aussahen. Etwa 100 Jahre später tanzten und becherten an ihrer Stelle plötzlich Silene mit Dionysos. Silene sind Mischwesen, die im wesentlichen menschenähnlich sind und auch auf zwei Beinen gehen.

Sie haben jedoch Pferdeschweif, Pferdeohren und Pferdebeine, die in Hufen enden, dazu eine Stulpnase und einen Vollbart. Sie kennen keine Erektionsprobleme. Die Silene verdrängten die ursprünglichen Satyrn nicht nur, sondern übernahmen auch ihren Namen, so daß manchmal von Silenen, manchmal von Satyrn die Rede war, manchmal auch von allen beiden gleichzeitig. Die pferdemenschlichen Naturdämonen, wie auch immer sie gerade bezeichnet werden, haben einen exzessiven Weinkonsum, treiben infolgedessen allerlei dreiste und rauhe Späße und sind ungestüme Sexfanatiker. Meist haben sie es auf irgendeine Nymphe abgesehen. Später, und da wieder vor allem in der bildenden Kunst, wurden Satyrn auch als Mischung aus Bock und Mensch dargestellt, mit Hörnern, Ziegenschwänzchen und Bocksfüßen. Damit ähnelten sie Gott → **Pan**, der sich hin und wieder den orgiastischen Umzügen des Dionysos anschließt und dann die Satyrn anführt. Immer mit dabei ist **Silen** (der einzig individualisierte Satyr), der greise und weise ehemalige Lehrer des Dionysos. Er ist jedesmal so abgefüllt, daß er auf einem Esel reiten muß. Pan und die bocksbeinigen Satyrn haben einen großen Einfluß auf unsere Vorstellung vom Teufel gehabt. Wer Teufel denkt, denkt heute noch meist an einen zottigen Kerl mit Hörnern, Schwanz und einem Pferdefuß. Im 5. Jahrhundert v. Chr. waren die Satyrn zwar keine Teufel, aber doch das Gegenteil eines gesitteten durch Kultur veredelten Menschentums. Zum ersten Mal gab es jetzt auch bartlose junge Satyrn. Im 4. Jahrhundert wurden sie plötz-

621

lich wieder menschenähnlicher, die Hufe verschwanden, nur kleine Hornansätze, die Stummelschwänze und die Spitzohren blieben.

Eine wenig erhalten gebliebene Gattung des griechischen Dramas ist das Satyrspiel (Drama satyricon), in dem Satyrn (mit Fellschürzen verkleidete Schauspieler) einen Chor bildeten.

Die Kunst der Neuzeit versuchte, die sexuelle Komponente der wilden Bocks- oder Pferdekerle durch neckische und idyllische Darstellung zu entschärfen. Das Gewicht wurde mehr auf die Saufgelage gelegt und die Satyrn mit kleinen Fettbäuchen ausgestattet.

Nach den Satyrn ist die Satyriasis benannt, ein krankhaft gesteigerter und keine Befriedigung findender Geschlechtstrieb bei Männern, der etwa der weiblichen Nymphomanie entspricht.

Lit.: *Der große Brockhaus,* Wiesbaden 1956; Ludwig Knoll / Gerhard Jaeckel, *Lexikon der Erotik,* Reinbek 1978; Gert Richter / Gerhard Urlich, *Der neue Mythologieführer,* Weyarn 1996.

Schlabbinsche
siehe Pferdle, Äffle und Schlabbinsche

Schneeball (Snowball)
Oberschwein auf der Farm der Tiere

Als George Orwell für seine bittere Satire »Farm der Tiere« (»Animal Farm«, 1945) den schneeweißen Eber Schneeball erfand, dachte er dabei an Trotzki. Schneeball ist weniger massig als sein Gegenspieler, das Schwein → **Napoleon**, für das Josef Stalin Vorbild war, aber er ist sprachgewandter, tapferer und idealistischer. Bei den Farmtieren genießt er große Sympathie. Er scheint ehrlich bemüht, die animalistischen Ideale von der Gleichheit aller Tiere, der gerechten Verteilung des Futters und der Unantastbarkeit des tierischen Lebens zu verwirklichen. Allerdings ist er auch bereit, dafür krumme Wege zu gehen. Schneeball möchte die Lebensbedingungen auf der Farm durch Modernisierung (Bau einer Windmühle) und Bildung für alle verbessern. Außerdem schwebt ihm eine Tierrevolution auf allen Farmen der Umgebung nach Vorbild der Animal Farm vor. Napoleon blockt diese Vorstellungen zugunsten einer Politik des Einigelns und Aufrüstens ab. Als Schneeballs Überzeugungen immer mehr Anhänger unter den Farmtieren finden, serviert ihn Napoleon mit Hilfe seiner Hunde-Kampftruppe ab und vertreibt ihn. Den ahnungslosen Hoftieren wird durch die geschickte Propaganda von Napoleons Informationsminister → **Quiekschnauz** klargemacht, daß Schneeball immer schon ein Verräter am Animalismus gewesen war. Von da an werden alle Unzulänglichkeiten auf der Farm als Nachwirkung von Schneeballs volksschädlichem Verhalten erklärt.

Lit.: Edgar Neis, *Erläuterungen zu George Orwell, Farm der Tiere*, Hollfeld 1981; George Orwell, *Farm der Tiere. Eine Fabel*, Zürich 1946; Robert Welch, *George Orwell. Animal Farm*, Harlow 1987.

Schnüferl (Sniff)
Mumins Freund

»Beschützer aller kleinen Tiere!
Sei so gut, steh mir bei,
denn ich bin sehr klein und sehr ängstlich!«
(Schnüferl)

In manchen Übersetzungen heißt Schnüferl plötzlich Sniff. Er ist ein Freund von Mumintroll, der Hauptfigur aus den Mumin-Kinderbüchern von Tove Jansson. Die Freundschaft mit Schnüferl hat für Mumin aber lange nicht dieselbe Bedeutung wie seine Freundschaft mit dem Schnupferich.

In der Bevölkerung der oft tierähnlich aussehenden Trolle und des kleinen Gelichters des Mumintals ist Schnüferl ein hundertprozentiges Tierchen – fragt sich nur, was für eines. Er sieht aus wie ein Zwischending aus einer Maus und einem kleinen Pinscher, hat große Ohren, eine spitze Nase und einen dünnen Schwanz. Schnüferls Charakter ist ein Anhäufung von Schwächen. Er ist raffgierig, kleinlich, wehleidig, angeberisch, ängstlich, mißgünstig, und schnarchen tut er auch noch.

Siehe auch die **Mumins.**

Lit.: Tove Jansson, *Eine drollige Gesellschaft,* Ravensburg 1974; Tove Jansson, *Das große Muminbuch,* Zürich/Köln, o. J.; Tove Jansson, *Herbst und Winter im Mumintal,* Zürich/Köln 1983; Tove Jansson, *Komet im Mumintal,* Ravensburg 1973; *Lexikon der Kinder- und Jugendliteratur,* Weinheim/Basel 1984.

Schnuffi
WimS-Nilpferd

»Zwei Dinge sind es, die mich täglich
mit neuer Bewunderung erfüllen ...
Der gestirnte Himmel über mir
und meine neuen Puschen
mit den gewagten Applikationen.« (Schnuffi)

Der Comic strip »Schnuffis Abenteuer« war eine feste Rubrik in der »WimS«. »WimS« (= Welt im Spiegel) war von September 1964 bis Januar 1976 als Zeitung in der Zeitung das Mittelstück des Satirehefts »Pardon«. Der Humor der zuerst als Presse- und Witzparodie angelegten Doppelseite von F. K. Waechter, Fritz Weigle alias F. W. Bernstein und Robert Gernhardt alias Lützel Jeman verselbständigte sich schnell zu einem Witz jenseits geistreicher Anspielungen und relevanter Satire, der nur noch für sich komisch, verstiegen oder absichtlich plump war und keine Niveaubarrieren anerkannte. Das gilt auch für Schnuffis stets vier Bilder langen Abenteuer, die am Anfang ebenfalls parodistisch gemeint waren, »als das Blödeste, was an Strip denkbar war« (Gernhardt).

Schnuffi ist ein männliches Nilpferd mit vorstehenden Schneidezähnen. Möglicherweise ist er auch bloß ein sehr dickes Pferd – dafür sprechen die Ponyfransen. Sein Körper ähnelt dem eines Menschen, er geht auf zwei Beinen, trägt Kleidung und zieht bei schönem Wetter gern kurze Hosen an. In den ersten drei WimS-Jahren war er konsequent Brillenträger. Im November 1967 erschien er erstmals ohne das dicke schwarze Gestell, setzte es aber schon im nächsten Monat wieder auf. Erst ab September 1970 kam Schnuffi fast vollständig ohne Sehhilfe aus. Er trug sie bloß noch ein einziges

Mal (November 74). Schnuffis Dialogpartner ist eine Miniaturausgabe von ihm selbst, die meistens ein gepunktetes Kleid trägt, aber auch mal als Ober oder als männlicher Arzt, Gesangslehrer usw. auftritt. Der Name des schnuffiähnlichen Kleintiers von meist weiblichem Geschlecht wurde erst in der letzten »WimS«-Ausgabe (Januar 1976) preisgegeben: Es hieß **Wie Bitte**. Ein noch kleineres Tier, eine Maus, erbeutete in fast jedem Schnuffi-Strip eine klitzekleine Flasche. Im letzten Bild war sie dann regelmäßig sternhagelvoll.

Ein früher »Schnuffi«-Strip von Robert Gernhardt aus den späten sechziger Jahren – seit 1970 kam das Nilpferd ohne Brille aus.

»Schnuffis Abenteuer« wurden von Robert Gernhardt gezeichnet, dessen Schnuffi-Zeichenstil im Laufe der Jahre filigraner wurde und nicht mehr so viele düstere Flächen aufwies.

Lit.: Robert Gernhardt / F. W. Bernstein / F. K. Waechter, *Welt im Spiegel. WimS 1964–1976*, Frankfurt am Main 1994.

Schusch
Schuhschnabel aus Max Kruses Urmel-Geschichten

»Äch fläge mal schnell hän.« (Schusch)

Erfolgreich hat Schuhschnabel Schusch an Professor Habakuk Tibatongs Tiersprechschule teilgenommen. Nur mit dem »i« hapert es noch. Schusch ist das einzige (zahme und sprechende) Tier auf Titiwu, das fliegen kann.

Dadurch übertrumpft es immer wieder den frustrierten Stummelflügler → **Ping Pinguin**, der seiner Ansicht nach gar kein richtiger Vogel ist. Mitunter neigt Schusch zu gemäßigter Ironie.

Siehe auch **Urmel.**

Lit.: Max Kruse, *Urmel aus dem Eis,* Reutlingen 1969.

Die Schwarze Katze
Unglücksbringer

Einer der in Deutschland noch heute am weitesten verbreiteten Aberglauben betrifft die schwarze Katze, die erstens überhaupt und zweitens ganz besonders dann Unglück bringt, wenn sie einem morgens über den Weg läuft oder zwischen die Füße gerät. Oder wenn sie – zeitunabhängig – von links kommt. Oder von rechts. Dann hilft nur noch einen Stein über den Weg zu werfen oder dreimal auszuspucken. Auch unheilverkündend: Träume von schwarzen Katzen. Ganz besonders in der Weihnachtsnacht. Da hilft dann auch das Ausspucken nicht mehr – nach Neujahr kommt eine schlimme Krankheit. Der »Schwarze Peter« im Kartenspiel wird entweder von dem Glücksbringer Schornsteinfeger oder von der schwarzen Unglückskatze dargestellt. Als Gegenpol zum Glück verheißenden Schornsteinfeger findet sich die schwarze Katze auf Neujahrskarten, als Plastiktier in Knallbonbons und auf allem möglichen Schnickschnack rund ums Silvesterfest.

Im Mittelalter waren schwarze Katzen das übliche Sühneopfer bei Pest und anderen Seuchen. Katzen und dann wieder ganz besonders die schwarzen wurden viel mit Zauberei in Verbindung gebracht, sei es, daß ihr Blut oder ein Körperteil als Zutat für einen Zaubertrank vonnöten war, sei es, daß sie als Begleiter von Hexen oder als Hexen selbst verdächtigt wurden. Ganz schwarzen Katzen unterstellte man grundsätzlich, mit dem Teufel im Bunde zu sein, viele endeten auf den Scheiterhaufen der Inquisition. Auch heute noch kommt die Hexenfigur vor dem selbstgebackenen Knusperhäuschen mit einer schwarzen Katze auf der Schulter daher.

Lit.: Hanns Bächtold-Stäubli (Hrsg.), *Handwörterbuch des deutschen Aberglaubens,* Berlin/New York 1983; Ulrich Klever, *Knaurs großes Katzenbuch. Die wunderbare Welt der Seidenpfoten,* Stuttgart/München 1985.

Das Schwarze Schaf
... kommt in jeder Familie vor

Als schwarzes Schaf bezeichnet man jemanden, der innerhalb einer Gruppe oder einer Familie durch sein ungebührliches Benehmen heraussticht und bei den anderen Mißbilligung hervorruft – Verbrecher, Exzentriker, Leistungsverweigerer, Künstler usw.

Der Ausdruck leitet sich angeblich vom Bibelzitat »Ich will heute durch alle deine Herden gehen und aussondern ... alle schwarzen Schafe« (1. Mose 30, 32) ab. Ganz schlüssig ist das nicht, denn es geht Jakob, der diesen Satz sagt, gar nicht darum, »schlechtes« Vieh auszumerzen. Jakob will die dunklen und gefleckten Schafe als Bezahlung für seine Dienste haben.

Lit.: Kurt Krüger-Lorenzen, *Deutsche Redensarten – und was dahintersteckt,* Wiesbaden, o. J. (um 1966).

Schweinchen Dick (Porky Pig)
Rosa Cartoon-Schwein

»Eh-th-, eh-th-, eh-th-, eh-that's all, folks!«
(Schweinchen Dick)

Als das von Friz Freleng erdachte stotternde Schweinchen Dick in dem Mu-sical-Zeichentrickfilm »I haven't got a Hat« (USA 1935, Regie: Leon Schlesinger) sein Leinwanddebüt gab, war es wesentlich fetter und verfressener als in seinen späteren Jahren. Dem Publikum schien das einfach gestrickte und sanftmütige Schweinchen gefallen zu haben. Schweinchen Dick avancierte schnell zu einem Star unter den Warner-Bros.-Cartoon-Tieren. Anfangs nur mit einem Hemdchen bekleidet, stolperte es in mittlerweile über 150 Filmchen (inklusive je einem Gastauftritt in → »**Roger Rabbit**« und »Space Jam«) und zahllosen Comicstrips von einem Abenteuer ins nächste. Obwohl Schweinchen Dick nicht übermäßig intelligent und mutig ist, schaffte es bisher immer, die jeweilige Geschichte heil und meist erfolgreich zu überstehen. An seiner Seite fand man oft seine Artgefährtin und Freundin **Petunia** und manchmal auch einen seiner Neffen **Pinkie** oder **Cicero**. Mit den Jahren wurde

Schweinchen Dick weniger kindlich, schlanker, vernünftiger und auch ein bißchen langweiliger. Ereigneten sich seine Abenteuer in der Frühzeit noch häufig an exotischen Plätzen und unter bizarren Umständen, wurde es später fast nur noch auf einer Farm und auf der Jagd in den Wäldern gesehen.

Schweinchen Dick und Daffy Duck in einem frühen Looney-Tune-Film von 1938 (Filmplakat).

Bereits in den 40er Jahren begannen ihm zwei andere Warner-Bros.-Charaktere den Rang abzulaufen. Beiden hatte es bei deren ersten Auftritten geholfen. In »Porky's Duck Hunt" von 1937 wurde die Anarchoente → **Daffy Duck** eingeführt, mit der sich Schweinchen Dick in seiner Funktion als Entenjäger noch jahrzehntelang herumschlagen mußte. 1938 war es → **Bugs Bunny**, der in »Porky's Hare Hunt« neben Schweinchen Dick sein Filmdebüt hatte.

Lit.: Ron Goulart, *The Encyclopedia of Animated Cartoons,* New York 1991; Leonard Maltin, *Der klassische amerikanische Zeichentrickfilm,* München 1982; Steve Schneider, »*That's all, Folks!*« *The Art of Warner Bros. Animation,* London 1986; Roland Seim, ... *dann macht es bumm!,* in: Freunde fürs Leben (hrsg. von Holger Jenrich), Essen 1996.

Scrooge McDuck
siehe Dagobert Duck

Scylla (Skylla)
Männermordende Ex-Schönheit
aus der griechischen Mythologie

Scylla (griechisch Hündin) war ein Mädchen von so außergewöhnlicher Schönheit, daß sich sogar der Meeresgott Poseidon in sie verliebte. Seine eifersüchtige Gattin Amphritite verwandelte Scylla daraufhin in ein Monster mit einem Fischleib und sechs Hundeköpfen. Nach einer anderen Geschichte verschmähte Scylla den zweitrangigen Meeresgott Glaukos, und Glaukos ließ sie aus Rache von der Zauberin Kirke in das Fischungeheuer mit den Hundeköpfen verhexen. Seitdem saß die Unglückliche an der Straße von Messina auf dem Küstenfelsen Skyllaion und fraß Seeleute auf, die ihr zu nahe kamen. Unter anderem verschlang sie sechs Mitglieder aus Odysseus' Mannschaft. Auf der anderen Seite der Wasserstraße befand sich der gefährliche Meeresstrudel Charybdis. Für die Seeleute ergab sich daraus eine lebensgefährliche Situation, die lediglich Jason und seine Argonauten unbeschadet meisterten und die sprichwörtlich wurde. Sich »zwischen Scylla und Charybdis« zu befinden, bedeutet, in einer heiklen Lage zu sein, in der man einem drohenden Übel nur dadurch entrinnen kann, daß man sich einem anderen bedenklich nähert.

Lit.: Gert Richter / Gerhard Ulrich, *Der neue Mythologieführer. Götter/Helden/Heilige*, Gütersloh/München 1996; Edward Tripp, *Reclams Lexikon der antiken Mythologie*, Stuttgart 1974.

Seele-Fant
See-Elefant aus Max Kruses Urmel-Geschichten

»Oh-hoho!
Öch bön nöcht froh!
Neun, öch bön so –
oh-hoho! –
oh-haha! –
dön Tränön nah!« (Seele-Fant)

Gemeinsam mit den anderen Tieren der Insel Titiwu hat Seele-Fant bei Professor Habakuk Tibatong die menschliche Sprache gelernt.

Trotzdem lebt er von ihnen separiert, weit draußen auf einem der Insel vorgelagerten Felsenriff, in selbstgewählter Einsamkeit und Traurigkeit. Dort heult und knödelt das schwermütige Tier seine melancholischen Lieder voller »Ö«s und »O«s und »Eu«s in den Wind. Teilweise dichtet Seele-Fant sie selbst, teilweise bedient er sich im Fundus des deutschen Liedguts. Traurig ist er, weil ihn niemand versteht. Ständig haben es die anderen Tiere und der Professor schrecklich eilig. Sie fallen Seele-Fant bei seinen langatmigen und umständlichen Erklärungen ins Wort und wollen sich auch seine traurigen Lieder nicht anhören. Zum Einsatz kommt das massige Tier mit der überschweren Seele, wenn seine Verbindungen zu den Fischen des Meeres oder seine körperliche Stärke benötigt wird. Allerdings arbeitet er nicht gern, weil er nämlich nicht zur gleichen Zeit arbeiten und traurig sein kann.

Siehe auch **Urmel.**

Lit.: Max Kruse, *Urmel aus dem Eis,* Reutlingen 1969.

Die Seeschlange
Meeresungeheuer von zweifelhafter Existenz

»Am 30. Juli 1915 torpedierte unsere U 28 im Nordatlantik das britische Schiff ›Iberian‹ ... Das Schiff ... sank schnell, an dieser Stelle ist es mehrere tausend Meter tief. Nach 25 Sekunden explodierte das Schiff in einer Tiefe, die wir mit ungefähr 1000 Metern bestimmten. Kurz darauf wurden die Schiffstrümmer zwanzig oder dreißig Meter hoch aus dem Wasser geschleudert, darunter war auch ein riesiges Meerestier ... Wir starrten dieses Meereswunder an, kamen jedoch bedauerlicherweise nicht dazu, es zu fotografieren, da das Tier schon nach 10 bis 15 Sekunden wieder im Wasser verschwunden war. Es war ungefähr zwanzig Meter lang und erinnerte an ein Riesenkrokodil mit mächtigen tatzenförmigen Flossen und langem spitzen Kopf.«
(Kapitän Georg Günther von Forstner, Kommandant des deutschen U-Bootes U 28 [durch Übersetzung ins Russische und wieder zurück ins Deutsche vermutlich ein nicht ganz wortgetreues Zitat])

Jene Seeschlangen (Hydrophiidae), die hauptsächlich in den Küstengewässern des Stillen und des Indischen Ozeans leben und deren Existenz kein Zoologe bezweifelt, sind nicht gemeint. Die Hydrophiidae sind zwar allesamt giftig, aber wenig angriffslustig, und kaum eine der 48 Arten wird über 2 Meter lang.

Der Schrecken der Seefahrer: Seeschlangenabbildung aus dem 16. Jahrhundert.

Die Seeschlange, von der hier die Rede sein soll, ist ein allgemeiner Sammelbegriff für unentdeckte sehr große Meeresungeheuer, die seit Anbeginn der Seefahrt angeblich wiederholt gesehen wurden und die in der Sauregurkenzeit den Zeitungen immer mal wieder eine Schlagzeile wert sind. (Sagenhaft große **Riesenkraken** fallen nicht darunter. Sie sind eine Kategorie für sich.) Die Seeschlange wird stets bei gutem Wetter und ruhiger See gesichtet. Da sie für längere Zeit an der Meeresoberfläche zu verweilen pflegt, könnte sie ein großes Meeresreptil, möglicherweise sogar ein Säugetier sein. Augenzeugen beschreiben die Seeschlange so unterschiedlich, daß es sich auch um mehrere verschiedene Meereswesen handeln könnte. Ihr Kopf ist einen halben Meter dick und sieht aus wie der Kopf eines Krokodils, eines Drachens, einer Schildkröte oder einer Kuh ohne Ohren und Hörner. Einmal hat sie eine Schnauze wie eine Bulldogge, und einmal große Augen, die wie Flaschen hervorstehen. Dieser Kopf sitzt auf einem etwa sechs bis neun Meter hoch aus dem Wasser ragenden Hals, der beim Schwimmen vor und zurück ruckt und sich dabei mal über mal unter dem Wasser befindet. Entweder geht der Hals in einen massigen

Körper mit Schwanz über, oder er ist gar kein Hals, sondern Teil eines langen Schlangenleibes mit oder ohne Höcker und Flossen. Der erste Eindruck erinnert oft an einen treibenden großen Baumstamm. Hals und Rücken sind mitunter mit einer Art Mähne ausgestattet, die wie Algen- oder Warzenbündel aussieht. Einigkeit herrscht über die Farbe des Tieres: Es ist tiefbraun, fast schwarz mit einer hellen Unterseite und ein paar weißen Streifen. Die Haut ist runzelig oder glänzend und glatt. Die Seeschlange schwimmt sehr schnell. Die meisten Augenzeugen geben ihre Länge mit 18 bis 24 Metern an. In Berichten der eher unwahrscheinlichen Art können sie auch wesentlich größer sein und versenken ganze Schiffe. Die Schnittmengen aus allen Beobachtungen der letzten zweihundert Jahre ergeben zwei verschiedene Seeschlangenarten: so etwas wie einen 20 Meter langen Riesenaal und ein brontosaurierähnliches Tier mit Flossen statt Beinen. Auf der berühmten Meereskarte »Carta marina et ac mirabilium rerum« des schwedischen Kartographen Olaus Magnus (1490–1558) tummeln sich hingegen noch Meeresmonster, die wie Wildschweine, Vögel, Drachen und Einhörner aussehen und sich die Zeit mit Koggenversenken vertreiben. Aber auch noch 1874 soll – laut Aussage eines überlebenden Besatzungsmitglieds – eine riesige dunkle Masse sich als Seeungeheuer herausgestellt und einen indischen Schoner zum Kentern gebracht haben. Der Kapitän bestritt das allerdings. Bei allen folgenden Auftritten, zum Beispiel als 1879 mehrere Passagiere und Besatzungsmitglieder der »City of Baltimore« die Seeschlange im Golf von Aden erblickten, benahm sie sich ganz manierlich, sah sich meist nur um oder veranstaltete ein kurzes Wettschwimmen mit dem Schiff und tauchte wieder unter. 1947 wurde sie sogar selbst Opfer. Eine etwa 13 Meter lange Seeschlange mit aalähnlichem Kopf und Körper kollidierte mit dem unter griechischer Flagge fahrenden Handelsschiff »Santa Clara« und wurde dabei getötet oder schwer verwundet. Außer den Bezeugungen des 1. Offiziers William Humphreys und des 3. Offiziers John Axelson gibt es freilich wieder keine Beweise dafür. Dennoch glaubten und glauben sogar einige Zoologen an ihre Existenz. 1892 veröffentlichte Professor A. S. Oudemans »The Great Sea-Serpent«, eine Sammlung und Auswertung von Seeschlangenbeobachtungen. Auch der bekannte Ichtyologe Professor James L. B. Smith, der den 1938 entdeckten Quastenflosser klassifizierte (→ **L. c. Smith**), bekannte sich zu seinem Glauben an die Seeschlange. Er unterschied sogar drei Sorten: Eine sei mit dem Zeuglodon verwandt, eine mit einem Plesiosaurier, und die dritte sei ein gigantisches aalähnliches Tier.

Die überwiegende Zahl der Skeptiker führen die häufige Sichtung des Meeresungeheuers – während des Zweiten Weltkriegs machte sie sich etwas rarer, aber nach 1948 tauchte sie beinahe jedes Jahr auf – auf optische Täuschungen zurück. Hintereinander schwimmende Delphine, treibende Nebelbänke, Wind- und Wasserhosen, See-Elefanten, riesige Algenflächen oder auf dem Wasser treibende Baumstämme und Wurzeln, die Arme einer Riesenkrake, kilometerlange Anhäufungen von kleinen Seeschlangen (Astrozien) oder die Hülle eines abgestürzten Luftschiffs hätten die Augenzeugen getäuscht. Einen Beweis hat es schließlich nie gegeben.

Das Foto, das der Franzose Robert Le Serrec am 12. Dezember 1964 von einem unbekannten 25 Meter langen schlangenartigen Tier vor der Ostküste Australiens machte und das möglicherweise einen der Wissenschaft unbekannten Riesenaal zeigt, ist dubios. Nach Biologenmeinung sitzen die Augen zu weit oben auf dem Kopf, als daß es sich um ein Lebewesen handeln könnte – eher um einen aufgeblasenen Plastikschlauch. Le Serrec hatte versucht, Sponsoren für eine Expedition zur Entdeckung der Seeschlange zu finden.

Ein echtes Riesentier fing hingegen am 31. Januar 1930 das dänische Forschungsschiff »Dana« im Südatlantik. Es war die zwei Meter große Larve einer unbekannten Aalart. Da Aal-Larven dieses Entwicklungsstadiums normalerweise 5 bis 10cm lang sind, könnte das bei äußerst vorsichtiger Hochrechnung (Meeraale verdreißigfachen ihre Larvengröße) ein ausgewachsenes Ungetüm von 25 Metern Länge ergeben.

Lit.: Juri Dmitrijew, *Mensch und Tier,* Moskau 1988; P. Werner Lange, *Seeungeheuer. Fabeln und Fakten,* Leipzig 1979; Willy Ley, *Drachen, Riesen, seltsame Tiere von gestern und heute,* Stuttgart 1953.

Sehpferdchen
Zwischenspotfigur

Eine der ersten Zeichentrickfiguren, die im deutschen Fernsehen die Werbespots voneinander trennte, war das »Fern-Sehpferdchen«.

Vom 1. April 1959 bis in die späten 60er Jahre hinein liefen seine schwarzweißen Kurzabenteuer im NDR-Vorabendprogramm. Zur Einleitung und am Schluß des Werbeblocks gab es jeweils einen etwas längeren Spot von geschätzten zehn bis fünfzehn Sekunden. Zwischen den einzelnen Werbefilmen tauchte das Seepferd mit einem zweieinhalbsekündigen Gag auf. Sprechen konnte es nicht. Sein Erscheinen wurde mit Musik unterlegt.

Genaugenommen waren es fünf Fernseh-Seepferde. Ober-Sehpferd **Lukas**, Matrosenmützenträger und Pfeifenraucher, gründete nämlich eine Familie. Seine Frau **Kosy** – »anschmiegsam, verständnisvoll, doch nicht ohne ausgeprägten eigenen Willen« – war durch ondulierte Löckchen und lange Wimpern als weiblich zu identifizieren. Die rein männliche Nachkommenschaft trug wieder maritime Mützen auf den Ballonköpfen und hieß **Dicki**, **Dacki** und **Mohrle**. Mohrle war schwarz, weswegen ihn Lukas Sehpferd zuerst beim Storch reklamierte und umtauschen wollte. Er besann sich aber noch rechtzeitig. Familie Sehpferd ähnelte in der äußeren Erscheinung der als Seepferdchen (Hippocampus) bezeichneten Fischgattung aus der Familie der Seenadeln: pferdeähnlicher Kopf, senkrechte Haltung. Lukas und die Seinen sind aber zusätzlich noch mit Armen und Händen ausgestattet. Auch gehören echte Seepferde zu den seltenen Tierarten, bei denen das Männchen schwanger wird. Es trägt die Eier in einer verschlossenen Bauchtasche aus. Das Sehpferdchen hingegen bekommt die Kinder vom Storch geliefert.

Entworfen und gezeichnet wurde es von Hans Fischerkoesen, dem großen deutschen Zeichentrickfilmproduzenten der Nachkriegszeit. Von Fischerkoesen stammt auch die noch ältere Zwischenspotfigur → **Onkel Otto**.

Lit.: Hans Fischerkoesen, *Sehpferdchens muntere Abenteuer,* Bad Godesberg-Mehlem 1962.

Die Shell-Muschel
Öl-Markenzeichen

Der Mineralölkonzern Shell, aufgesplittet in eine internationale Organisation und selbständige nationale Gesellschaften, verfügt über circa 60 000 eingetragene Warenzeichen. Das mit Abstand bekannteste davon ist das namensgebende rotgelbe Muschelsymbol (shell [engl.] = Muschel).

In Erinnerung an seinen Vater, der sein Geld mit dem Handel von KammMuscheln aus Südostasien verdiente, nannte Konzerngründer Marcus Samuel seinen Betrieb »The Shell Transport and Trading Company« und wählte 1890 eine realistisch gezeichnete, glattrandige und längliche Muschel als Signet. Seit 1900 ist sie als Firmenzeichen im Handelsregister eingetragen. 1904 bekam die Shell-Muschel die charakteristische Herzformung. Das Logo erreichte einen so hohen Bekanntheitsgrad, daß im Filmklassiker »Manche mögen's heiß« der vorgebliche Millionär (Tony Curtis) bloß wortlos eine am Strand gefundene Muschel hochzuhalten braucht, und Sugars (Marilyn Monroes) Frage nach der Herkunft seines Vermögens ist zur vollsten Zufriedenheit beantwortet.

Bis 1971 machte die Muschel ein halbes Dutzend graphischer Wandlungen durch. Das vorläufig letzte und aktuelle Erscheinungsbild verpaßte ihr der Designer Raymond Loewry.

Lit.: *SHELL-Spiegel* 4/1990.

Shir Khan (Shere Khan)
Dschungelbuch-Tiger

»Oh, da ist ja auch mein hübsches Opfer.«
(Shir Khan)

In Kiplings Dschungelbüchern ist Shir Khan der ärgste Feind des Menschenkindes Mowgli. Er verfolgt ihn bereits, als Mowgli bei den Wölfen Aufnahme findet. Der Tiger wird auch **Langri der Lahme** genannt, weil er mit einem Lauf humpelt. Die anderen Tiere des Dschungels fürchten seine Anwesenheit, weil er das Wild vergrämt und vor allem, weil er Rindvieh reißt. Denn dadurch lockt er Jäger in den Dschungel. Als Mowgli Büffelhüter bei den Menschen geworden ist, kreist er mit einer Büffelherde den Tiger ein und läßt Shir Khan von den rennenden Büffeln zertrampeln.

Shir Khan – der böse Gegenspieler von Mowgli in Disneys »Dschungelbuch« (USA 1967).

In Walt Disneys Zeichentrickadaption von Kiplings erstem »Dschungelbuch« braucht nicht einmal der böse Shir Khan zu sterben. Er wird vertrieben, indem Mowgli ihm einen brennenden Ast an den Schwanz bindet, und sein Schicksal bleibt offen. Der Disney-Tiger humpelt auch nicht. Böse Charaktere sollen schließlich kein Mitleid erwecken. Und Shir Khan ist böse, allerdings mit der Noblesse eines distinguierten und selbstgefälligen Aristokraten. Er haßt die Menschen. Dazu hat er auch allen Grund. Von acht Tigerarten sind drei in den letzten Jahrzehnten ausgerottet worden. Die Bengalischen Tiger, zu denen Shir Khan zu rechnen wäre, bilden noch den größten Bestand. Er wurde 1994 auf 3350 bis 4700 Exemplare weltweit geschätzt, 80% davon leben in Indien.

Lit.: siehe unter **Dschungelbuchtiere**, außerdem: Hermann Sülberg, *Ein Mythos wird verramscht*, in: GEO 8/1994.

Siku, Putu und Kanik
Die eingeschlossenen Arktiswale

Verirrte, gestrandete oder sonstwie in Not geratene Meeressäuger waren schon immer ein gefundenes Fressen. Früher für hungrige Küstenbewohner, heute für die Medien. So 1985, als sich **Humphrey**, ein orientierungsschwacher Buckelwal, in den kalifornischen Sacramento River verfranste und von einer Flotte menschlicher Helfer zurück ins offene Meer geleitet wurde. Mit Jungwal **Henry** hatten es Presse und Fernsehen besonders bequem. 1987 tauchte der junge Wirrkopf im verdreckten Hafenbecken von New York auf, sozusagen direkt vor der Haustür der entzückten Journaille. Den größten Wirbel aber verursachte das Schicksal dreier Meereskolosse, die im Oktober 1988 weltweit trotz US-Wahlkampf, Kriegen und Naturkatastrophen die Schlagzeilen beherrschten.

Am 7. Oktober 1988 entdeckte der Eskimo Roy Ahmaogak in der Nähe des Alaska-Städtchens Barrow drei Grauwale, die auf ihrer Wanderschaft zum rund 10 000 Kilometer entfernten mexikanischen Winterquartier gebummelt hatten und nun durch eine etwa elf Kilometer breite Packeismasse vom offenen Meer abgeschnitten waren. In dieser Situation finden sich alljährlich rund 300 Grauwale wieder, die das Opfer ihrer Trödelei oder plötzlicher Kälteeinbrüche werden. In der Regel bedeutet das für die Tiere den Tod. Weder sind sie in der Lage, eine so ausgedehnte Packeisbarriere ohne Luftholen zu unterschwimmen, noch können sie in das dicke Eis Luftlöcher stoßen. In diesem Fall hatten zumindest zwei der drei eingeschlossenen Wale das Glück, durch eine beispiellose Rettungsaktion dem Erstickungstod zu entgehen. Die Entdeckung von Roy Ahmaogak hätte unter normalen Umständen kaum jemanden aufgeregt, wären just nicht zufällig einige interessierte Zoologen in Barrow zu Besuch gewesen, die den Betreiber der örtlichen TV-Station überzeugten, einige Videoaufnahmen von den Walen zu machen. Der nördliche Fernsehmensch verkaufte sein Filmchen an einen Lokalsender, von hier kam die Story ins landesweite NBC-Programm und trat eine Lawine los. Bei mehreren Entscheidungsträgern klingelten die PR-Glocken: Der wahlkämpfende US-Präsident Ronald Reagan versprach, die Staatsmaschinerie zur Rettung der armen Tiere einzusetzen. Auch Militärs und Privatfirmen witterten eine gute Chance, ihr Image mit einer positiven Aktion aufzuwerten, Umweltorganisationen erhofften sich einen Effekt für ihre Arbeit, und die sowjetische Regierung nahm die Gelegenheit wahr, um sich international als kooperativ, offen und kompetent vorstellen zu können.

Das Ergebnis dieses von verschiedenen Seiten zum Medienspektakel des Jahres aufgeplusterten Nichtereignisses war ein millionenteurer Auftrieb in dem gottverlassenen Arktisnest Barrow. Amerikanische Nationalgarde, Greenpeace und sowjetische Marine bemühten sich einträchtig, die drei Objekte der Medienbegierde aus dem tödlichen Packeis zu befreien. Um besser für das tägliche Nachrichtensentimental aufbereitbar zu sein, wurden die Wale durch Namensgebung individualisiert. Die angetesteten Namen **Bonnet, Crossbeak** und **Bone** wurden bald von den Eskimo-Bezeichnungen für Eis, Eisloch und Schneeflocke, nämlich Siku, Putu und Kanik, abgelöst. Die Rettungsaktion verlief folgendermaßen:

Zunächst ließ ein Hubschrauber einen tonnenschweren Betonklotz immer wieder aufs Eis aufschlagen, bis 150 Luftlöcher in Richtung offene See geschaffen waren, deren Zufrieren ständig aufwendig verhindert werden mußte. Eis, Eisloch und Schneeflocke nahmen diese Löcher zwar an, doch waren sie anscheinend schon zu geschwächt oder verwirrt, um selbständig den Weg aus ihrem Dilemma zu finden. Nach zwei Wochen verließen Schneeflocke die Kräfte, und er sackte zu seinen Ahnen ab. Erst der in diesen flachen Gewässern recht riskante Einsatz von sowjetischen Eisbrechern, die nach mehreren gescheiterten Versuchen eine Rinne durchs Packeis brachen, machte Eis und Eisloch den Weg frei. Ob sie jemals ihr Ziel, die mexikanische Pazifikküste, erreicht haben, ist fraglich. Für die Wirtschaft von Barrows, wo drei Wochen lang Hunderte von Journalisten und Helfern versorgt werden mußten, war das Ereignis wie ein Sechser im Lotto. Erleichtert und mit sich zufrieden konnten sich alle Beteiligten und Fernsehzuschauer zurücklehnen und die anderen 297 eingefrorenen Grauwale dem Gesetz Darwins überlassen.

Lit.: *Herald Tribune* vom 4.11.1988; *stern* vom 27.10.1988; *TAZ* vom 16.1.1990; *Time* vom 31.10.1988; *Welt am Sonntag* vom 30.10.1988.

Silene
siehe Satyrn und Silene

Silver
Das Pferd des Lone Rangers

»Hi Yo, Silver!« (Lone Rangers Pferderuf)

Maskierte Rächer brauchen schnelle und verläßliche Pferde, die auch ruhig ein paar ungewöhnliche Fähigkeiten besitzen dürfen. Zorro (der mit der Peitsche) hatte gleich zwei: **Phantom** und **Tornado**, ein weißes für den Tag und ein schwarzes für die Nacht. Für den Lone Ranger gab es kein anderes Pferd als seinen weißen Hengst Silver.

Die Legende des Lone Rangers beginnt damit, daß eine Gruppe von Texas-Rangern in einen Hinterhalt des Bösewichts Butch Cavendish und seiner Bande gerät. Ein einziger überlebt. Der Indianer Tonto pflegt den Schwerverletzten gesund, und aus dem Texas-Ranger wird ein maskierter Rächer, der sich selbst den Lone Ranger nennt. Er hat es sich zur Lebensaufgabe gemacht, Butch Cavendish das Handwerk zu legen, und bekämpft nebenbei noch alle anderen Schurken, die ihm in die Quere kommen. Doch zunächst muß er eine weitere Schlappe einstecken. Sein Pferd wird unter ihm erschossen. Um ein neues Pferd zu besorgen, machen sich der Indianer Tonto und der Lone Ranger in den Wild Horse Canyon auf, wo sich ein großer weißer Hengst mit seiner Herde herumtreiben soll. Als sie ankommen, finden sie den weißen Hengst in einen Kampf mit einem riesigen Bison verwickelt. Der Lone Ranger kann gerade noch den Bison erschießen, bevor der das Pferd tötet. Er pflegt den Hengst gesund. Doch als er ihm einen Sattel auflegen will, schrickt der Hengst zurück und will fliehen. Der Lone Ranger entschließt sich, ihn gehen zu lassen. Er sieht, wie die Sonne sich auf seinem Fell spiegelt – »... wie Silber«, sagt Tonto –, und der Lone Ranger ruft einer plötzlichen Eingebung folgend das Pferd bei diesem Namen »Silver, here Silver«. Nach einem kurzen inneren Kampf gegen seine uralten Fluchtinstinkte entscheidet sich der Hengst, bei seinem Retter zu bleiben und ihm von nun an im Kampf gegen das Unrecht eifrig zur Seite zu stehen.

Francis H. Striker erfand den Lone Ranger und sein treues Pferd als Hörspielfiguren. Die äußerst beliebte Lone-Ranger-Radioserie startete 1933 in Amerika und hatte Folgen. Die Lone-Ranger-Comics erschienen erstmals 1938. Bis 1971 wurde sie von Ed Kressy gestaltet, dann übernahm sie Charles Flanders. Hengst Silver hatte mehrere Jahre lang gleichzeitig eine eigene Comic-Heftserie. Während der 40er Jahre gab es ein lange Lone-Ranger-Heftreihe. Nach mehreren Filmen (z. B. »The Lone Ranger«, USA 1938; »The Lone Ranger rides again«, USA 1939) lief ab 1949 eine Fernsehserie. Später folgte eine Zeichentrickserie.

In den Filmen und bei Show- und Werbeauftritten wurde Silver von verschiedenen Schimmeln dargestellt, die reich mit Nieten verziertes Sattel- und Zaumzeug trugen, aber niemals dasselbe innige Verhältnis zum Lone Ranger entwickelten wie der imaginäre aus Schnauben, Wiehern und Kokosnußschalen-Hufgeklapper bestehende Silver der Radioserie. Einer der Film-«Silvers« hatte bereits das weiße Pferd in »Vom Winde verweht« (USA 1939) gespielt, auf dem Scarletts Vater so forsch über den Zaun setzt. Ebenfalls zu sehen ist es unter Lucille Ball in der Karussellszene von »Broadway-Melodie« (USA, 1946). Sein Besitzer erhob damals Anklage gegen das Studio, weil der Schweif des heroischen »Silver« mit rosa Bändern durchflochten worden war.

Lit.: Franco Fossati, *Das große illustrierte Ehapa Comic-Lexikon,* Stuttgart 1993; *Das neue Guinness Buch Film,* Frankfurt am Main/Berlin 1993; David Rothel, *The Great Show Business Animals,* San Diego/New York/London 1980.

Simba
König der Löwen

»Hakuna Matata!« (Pumbaa und Timon)

Alle Elefanten heißen → **Jumbo** und alle Löwen Simba. Die Hauptperson aus Walt Disneys 32. abendfüllendem Zeichentrickfilm »Der König der Löwen« (»The Lion King«, USA 1994, Regie: Roger Allers und Rob Minkoff) macht darin auch keine Ausnahme.

Löwenkronprinz Simba lebt in einer menschenleeren Savanne irgendwo in Afrika. Hier regiert sein Vater, der edle **Mufasa** zur

Zufriedenheit fast aller Tiere. Doch Mufasas jüngerer Bruder **Scar**, ein thronsüchtiger Intrigant wie Shakespeares Richard III., verursacht den Tod des Löwenkönigs und setzt sich selbst die Krone auf. Mit Hilfe einer Horde ebenso grausamer wie debiler Hyänen übt er ein ruinöses Schreckensregiment über das Königreich aus. Dem halbwüchsigen Simba redet er ein, daß Simba selbst am Tod seines Vaters schuld sei, und vertreibt ihn. Der verstörte Prinz findet bei zwei freundlichen Lebenskünstlern Unterschlupf. Das Warzenschwein **Pumbaa** und das Erdmännchen **Timon** leben nach dem Motto »Hakuna Matata!« (etwa »Don't worry, be happy!«) in den Tag hinein. In dieser heiteren Atmosphäre wächst Simba heran und scheint das Land seiner Väter und seine noble Herkunft vergessen zu haben. Erst der zufällige Kontakt mit seiner Jugendliebe **Nala** und dem weisen Pavian **Rafiki** macht dem Exilanten seine Verantwortung für die Heimat bewußt und läßt ihn sein Hippie-Leben beenden. Mit Hilfe seiner Freunde und untermalt von den Klängen Elton John'scher Ohrwürmer, vertreibt er den Usurpator Scar und seine Bande. Mit dem Antritt der Thronfolge durch Simba und der Geburt eines Kronprinzen sind die alten Zustände wiederhergestellt. »Der König der Löwen« wurde der bis dahin kassenstärkste Trickfilm aus der Disney-Produktion.

Bereits 1966 spielte ein männliches Löwenjunges die Hauptrolle in einer Zeichentrickserie. Ausnahmsweise hieß es nicht Simba, sondern **Kimba**. »Kimba, der weiße Löwe« (»Kimba, the white Lion«) stammte aus den japanischen Mushi-Studios. 50 halbstündige Folgen lang sorgte der Albinolöwe mit einigen befreundeten Tieren in Afrika für Ruhe und Ordnung, ohne je zu wachsen.

Lit.: *Cinema* 11/1994; *Der König der Löwen,* Micky-Maus-Sonderheft, in: Kino 12/1994.

Simurgh
Riesenvogel der persischen Mythologie

Der Simurgh ist ein gigantischer Vogel mit menschlichem Kopf und gelbrotem, metallisch glänzendem Gefieder. Er hat Raubvogelkrallen, vier Flügel und einen Pfauenschwanz. Der Simurgh ist unsterblich und so alt, daß er bereits dreimal mitansehen mußte, wie die Welt zerstört wurde.

Er nistet im Baum des Wissens. In alten Legenden wird er der König der Vögel und das Ebenbild des Göttlichen genannt.

Lit.: Heinz Mode, *Fabeltiere und Dämonen. Die phantastische Welt der Mischwesen*, Leipzig 1977; Hans Schöpf, *Fabeltiere*, Wiesbaden/Graz 1988.

Die Sinclairs
siehe Baby, Charlene, Earl,
Fran, Robbie Sinclair und Oma Ethel

Sirenen (Seirenes)
Vogel-Mädchen-Wesen
aus der griechischen Mythologie

Sirenen sind antike Unheilsdämonen, äußerlich als Mädchen mit Vogelleibern bzw. Vögel mit Mädchengesichtern gestaltet. Von den prinzipiell ähnlich aussehenden scheußlichen → **Harpyien** unterscheiden sie sich vor allem durch ihre Schönheit und ihren Gesang. Harpyien wie Sirenen sind Unheilsdämonen, die aus Ägypten übernommen wurden, wo frauenköpfige Vogelgestalten oft noch mit einem Götterbart versehen waren. Sirenen sind betörende Verführerinnen mit überirdischen Stimmen, die über Sterbliche herfallen, um ihnen das Blut auszusaugen. Homers »Odyssee« hat sie bekannt gemacht. Dort wohnen sie als Göttinnen auf einer sagenhaften Insel und locken Vor-übersegelnde mit ihrem zauberischen Gesang, um sie umkommen zu lassen. Odysseus entgeht dieser Gefahr, indem er seinen Gefährten die Ohren mit Wachs verstopft. Sich selbst läßt er an den Mast fesseln, um die Sirenen anhören zu können, ohne ihnen zu verfallen. Davon, daß sie eine Vogelgestalt hätten, ist nicht die Rede.

Und so tauchten die Sirenen (→ **Nixen**) im mittelalterlichen Europa plötzlich auch mit Fischschwanz auf. Das lag nahe, weil ihr Vater der Flußgott Acheloos und ihr Großvater der Meergott Okeanos war. Für das Christentum verkörperten sie die weltliche Lockung.

Odysseus und die Sirenen (Vase, 5. Jh. v. Chr.).

Nach ihnen ist ein Gerät zum Erzeugen eher lauten als betörenden Schalls benannt, das zur Signalübermittlung dient und zunächst als Schiffsheulmaschine Verwendung fand. Der Biologe versteht unter Sirenen dicke fette Seekühe, die wohl kaum jemandem den Kopf verdrehen dürften.

Lit.: *Der große Brockhaus*, Wiesbaden 1956; Heinz Mode, *Fabeltiere und Dämonen. Die phantastische Welt der Mischwesen*, Leipzig 1977; Gert Richter / Gerhard Ulrich, *Der neue Mythologieführer. Götter/Helden/Heilige*, Gütersloh/München 1996.

Sirrusch (Muschrusch/Mushussu)
Drache von Babylon

»*Unbändige Stiere und ergrimmte Drachen
stellte ich in ihrem Torraum auf und stattete so
diese Tore mit Pracht, daß die ganze Menschheit
sie staunend betrachten möge, überreich aus.*«
(Nebukadnezar)

Von 1898 bis 1917 führte der Archäologe Professor Robert Koldewey die Ausgrabungen von Babylon durch. 1902 wurden die Ruinen des berühmten Ischtartors freigelegt. Die Mauern des riesigen Tores bestanden (bzw. bestehen in der Rekonstruktion im Berliner Pergamon-Museum) aus glasierten Ziegelsteinen und waren mit mehreren Reihen Tierfiguren im Flachrelief geschmückt. Jede Tierfigur nahm eine Höhe von 13 Ziegelsteinen ein. Eine Reihe Stiere wechselte sich ab mit einer Reihe ... – die Archäologen stutzten. Im Gegensatz zu den ausgestorbenen Rindern und im Gegensatz zu den Löwen, die die Wände der Prozessionsstraße schmückten, handelt es sich bei dem anderen – mehrfach abgebildeten – Tier auf dem Ischtartor um ein nie gesehenes Exemplar. Es ist ein drachen- oder saurierartiges Tier, dessen schlanker Leib mit Schuppen bedeckt ist. Es hat einen langen, aufrecht getragenen Schwanz und einen langen Hals, der in einem Reptilienkopf endet. Eine gespaltene Zunge zischelt aus dem Maul, in Augenhöhe sitzt ein Horn und im Nacken kringeln sich kecke Löckchen neben ein paar herabhängenden Hautlappen. Etwas irritierend ist, daß die Vorderbeine mit Löwentatzen und die Hinterbeine mit Vogelklauen bestückt sind.

Der babylonische Name des Drachen ist in Keilschrift überliefert und muß – je nach Expertenmeinung – Sirrusch, Muschrusch oder ganz anders ausgesprochen werden. Koldewey, bemüht, das Biest zu identifizieren, schrieb 1913: »Der Sirrusch ... übertrifft alle anderen phantastischen Geschöpfe durch die Einheitlichkeit seiner physiologischen Idee ... Wären nur die Vorderfüße nicht so eindeutig und charakteristisch katzenartig, so könnte es ein solches Tier wirklich gegeben haben.« Er schloß, daß – falls der Sirrusch wirklich gelebt habe – er bei den vogelfüßigen Sauriern eingeordnet werden müsse, und sah in diesem Fall das Iguanodon als seinen nächsten Verwandten an. Nicht ganz nachzuvollziehen, denn das aufrecht gehende Iguanodon sah eher wie → **Godzilla** aus.

König Nebukadnezar, auf dessen Befehl das Ischtartor mit diesen Drachenreliefs geschmückt wurde, ist ein König, den die Bibel mehrfach erwähnt. Auch der **Drache von Babel** kommt darin vor. Er soll in einem Tempel der Stadt gehalten und von den Einwohnern Babylons angebetet worden sein, bis Daniel das vielleicht letzte Iguanodon mit einer Pille aus Pech und Haaren tötete.

Daß die Babylonier sich ein Geschöpf ausgedacht haben, das einem vor Jahrmillionen ausgestorbenen Dinosaurier erstaunlich ähnlich sieht, ist faszinierend, trifft aber auf die meisten Drachendarstellungen mehr oder weniger zu. Es bedeutet nicht, daß sie auch einen Saurier gesehen haben müssen – womöglich einen mit Korkenzieherlocken. Doch die Vorstellung von einem noch vor wenigen Jahrtausenden existierenden Dino gefiel natürlich. Und so war es nur noch ein kleiner Schritt bis zu der Vermutung, daß auch heute noch ein Sirrusch im unentdeckten Afrika herumstrolchen könnte.

Siehe auch **Mokéle-mbêmbe.**

Lit.: Willy Ley, *Drachen, Riesen, seltsame Tiere von gestern und heute,* Stuttgart 1953.

Skippy
Fernseh-Känguruh

»In einer Szene sollte Skippy in meine Arme springen.
Sie warfen mir ein ausgestopftes Känguruh zu –
voll in die Eier.« (Ken James)

»Skippy – Das Buschkänguruh« war und ist eine international erfolgreiche Tier-Fernsehserie, die ausnahmsweise nicht aus Amerika kommt. Wie die Besetzung des Hauptdarstellers mit einem Känguruh nahelegt, entstand sie in Australien, der Heimat derartiger Springbeutler. Von 1967 an wurden 91 Folgen gedreht. Als Exportartikel waren die Filme eine nicht zu unterschätzende Werbung für den 5. Kontinent. 1969 liefen sie erstmals auch in Deutschland. Die Ausstrahlung im ZDF war in Farbe – damals noch eine Ausnahme.

Sonny Hammond (Garry Pankhurst), der etwa zwölfjährige Sohn eines Wildhüters im australischen Waratah-Nationalpark – besteht mit seinem zahmen Känguruh Skippy diverse Abenteuer à la → **Flipper,** → **Fury** und → **Lassie.** Auch Skippy war ein Übertier, ausgestattet mit beinahe menschlicher Intelligenz und stets zum Wohl seiner Mitgeschöpfe handelnd.

Ken James, der in der »Skippy«-Serie Sonny Hammonds älteren Bruder Mark gespielt hat, enthüllte 1995, mit welchen Tricks die Filme gedreht wurden. Für Aufnahmen, die Skippy von hinten zeigten, wurde oft bloß ein ausgestopftes Beuteltier vor die Kamera gestellt. Für Nahaufnahmen, in denen Skippy eine Türklinke herunterdrückte oder eine Schublade aufzog, leistete ein Flaschenöffner in Känguruhpfotenform beste Dienste. Auch Skippys berühmte Schnalzgeräusche sind nachträglich hineinsynchronisiert worden.

1992 entstanden 39 neue 25minütige Folgen von »Skippy («The Adventures of Skippy«), die im tropischen Norden Australiens gedreht wurden und 1995 in Deutschland im Sender Premiere liefen.

In den neuen Känguruh-Episoden ist Sonny Hammond (Andrew Clarke) jetzt 37 Jahre alt, inzwischen selbst Ranger und Mitinhaber des Wildparks »Habitat«. Er ist Witwer und hat zwei Kinder, das Zwillingspaar Jerry (Simon James) und Lou (Kate McNeil). Außer mit der Familie Hammond erlebt Skippy seine Abenteuer auch noch mit anderen Tieren und mit den Wildparkbesuchern.

Lit.: *Gehüpft wie gesprungen. Die Personality-Parade,* in: stern 20/1995; *Hörzu,* Heft Nr. 5 vom 29.1.1993; *PremierePresse,* Nr. 4, 1995.

Sleipnir (Sleipner)
Odins achtbeiniges Lieblingspferd

Die Asen, wie einige der Götter in der nordischen Mythologie heißen, wünschten sich einen Schutzwall um ihr Reich, der ihnen die angriffslustigen Riesen vom Leib halten sollte. Sie fanden auch jemanden, der ihnen den Wall bauen wollte. Aber ihr Baumeister zeichnete sich nicht gerade durch Bescheidenheit aus. Als Lohn verlangte er mal eben die Sonne, den Mond und die schöne Göttin Freya. Die Asen ließen sich darauf ein, verkürzten allerdings die Frist der Fertigstellung von anderthalb Jahren auf einen einzigen Winter. Falls der Wall bis dahin nicht stehen würde, bräuchten sie überhaupt nichts zu bezahlen. Die Frist war mehr als knapp, und die Götter rechneten damit, ein Gratisbauwerk zu bekommen. Schlecht beraten durch den Unruhestifter Loki, erlaubten sie ihrem Vertragspartner, sich von seinem Hengst **Swadilfari** bei der Arbeit helfen zu lassen. Pferd und Herr schufteten wie besessen, und kurz vor dem Stichtag sah es tatsächlich so aus, als hätten sich die Götter verspekuliert. Die größte Schuld hatte natürlich Loki. Die Asen setzten ihm dermaßen zu, daß Loki versprach, die Scharte wieder auszuwetzen und seinen eigenen Kopf dafür hinzuhalten. Und nicht nur seinen Kopf. Loki verwandelte sich in eine Stute. In dieser Gestalt lockte er Swadilfari von der Arbeit fort. Der Hengst zerriß sein Zuggeschirr, ließ Steine Steine sein und verbrachte die letzte Nacht vor dem wichtigen Termin mit Stute Loki. Sein Herr bekam die Arbeit nicht rechtzeitig fertig, erhielt keinen Lohn und hatte eine »Riesen-Wut«, worauf die Asen zum ersten Mal bemerkten, daß sie ihren Handel mit einem Riesen, also einem ihrer Feinde geschlossen hatten. Gott Thor, der gerade nach Hause kam, erledigte das Problem auf bewährte Art mit seinem Hammer und schlug dem randalierenden Riesen den Schädel ein.

Für Loki blieb das kleine animalische Abenteuer nicht ohne Folgen. Er wurde schwanger und gebar ein Riesenfohlen mit acht Beinen – Sleipnir (der schnelle Läufer). Sleipnir verfügt über außergewöhnliche Qualitäten, insbesondere Schnelligkeit und Sprungvermögen, und ist das Lieblingspferd des Obergottes Odin geworden. Auf ihm reitet er vor Kämpfen die Front entlang und spornt die Krieger an. In dringenden Ausnahmefällen verleiht es der Obergott aber auch. Hermod bekam Sleipnir, um ins Totenreich zu reiten und ein Lösegeld für den gerade verstorbenen Balder anzubieten.

Die alten Germanen stellten sich nicht nur Odin, sondern viele ihrer kriegerischen Gottheiten beritten vor. Die Bauern ließen die schönsten Kornähren auf ihren Feldern für Sleipnir stehen. Ein Bild von Odins Lieblingspferd ist mit allen acht Beinen in den Stein von Tjängvide (Schweden) eingeritzt.

Lit.: *Der große Brockhaus,* Wiesbaden 1956; Marian Graf von Hutten-Czapski, *Die Geschichte des Pferdes,* Leipzig 1985; Raymond I. Page, *Nordische Mythen,* Stuttgart 1993.

Snoopy
Peanut

»Hilfe, Hilfe, ein giftiger Hund
hat mich geküßt.« (Lucy)

Der Beagle Snoopy ist Charlie Browns Hund und eine der Hauptfiguren in der erfolgreichen, in aller Welt bekannten Comic-Serie »Peanuts«. Charles M. Schulz – außer Zeichner auch noch Laienprediger in der Church of God – startete sie 1947 unter dem Titel »Li'l Folks«. Als United Feature Syndicat 1950 begann, die Strips landesweit zu veröffentlichen, wurden sie in »Peanuts« umgetauft. Auch Snoopy tauchte zuerst in »Li'l Folks« auf und sah anfangs ganz anders aus – runder, welpenhafter und weniger stilisiert als heute. Sein Benehmen war noch hundegemäß. Die kommentierenden Gedanken in ganzen Sätzen macht er sich erst seit den 60er Jahren. Da Snoopy in den Strips niemals spricht – schließlich ist er ein Hund – stellte sich 1965, als die Peanuts zum ersten Mal verfilmt wurden, das Problem, daß seine gedachten Kommentare nicht vermittelt werden konnten. Deswegen ist Snoopy in allen Zeichentrickfilmen Pantomime. Seit 1970 hat er den kleinen Vogel → **Woodstock** als Begleiter.

Snoopy zerrt gern Linus an seiner Schmusedecke hinter sich her, gibt Lucy nasse Küsse und zählt die Grußkarten, die er dutzendweise zum Valentinstag erhält. Die Grundeigenschaft seines Charakters ist »eine Art Unschuld, gepaart mit etwas Egoismus« (Schulz). Zuerst flegelte Snoopy bloß den ganzen Tag auf dem Dachfirst seiner Hütte oder wartete mit dem Napf im Maul aufs Fressen. Dann überschritt er die Grenzen einer schlichten Hundeexistenz und stattete »seine Hundehütte mit Klimaanlage, Billardtisch, Teppichen, getäfelten Wänden, einer Schallplattensammlung und einem Van Gogh aus, der nach einem Brand durch einen Andrew Wyath ersetzt wurde« (Fuchs/Reitberger). In Snoopys Leben gibt es keine Unterschiede zwischen Tagträumen und Realität. Er tritt u. a. auf als Baseballstar, als verschiedene wilde Tiere, als Fliegeras aus dem Ersten Weltkrieg, der mit seiner Sopwith Camel (die Hundehütte) den Roten Baron bekämpft (eventuell auf den Einfluß des Films »The Blue Max«, GB 1965, zurückzuführen), als welt-

berühmter Verkäufer in einem Kolonialwarenladen und als Roman-
schriftsteller, der mit dem Anfang seiner Geschichte kämpft.

In Anlehnung an Snoopy-Weltraum-Strips machte die NASA
ein Snoopy-Emblem Ende der 60er Jahre zur offiziellen Auszeichnung für herausragende Leistungen. 1969 taufte die Crew von
Apollo 10 das Mutterschiff, mit dem sie zum Mond flog, »Charlie
Brown« und nannten ihr Mondfahrzeug dementsprechend »Snoopy«.

Lit.: Wolfgang J. Fuchs / Reinhold C. Reitberger, *Comics. Anatomie eines Massenmediums*, Reinbek 1973; Lee Mendelsson (in Zusammenarbeit mit Charles M.
Schulz), *Snoopy und die Peanuts. Happy Birthday*, Germanyè 1986; David Wallechinsky, *Irving und Amy Wallace: Rowohlts Bunte Liste*, Reinbek 1980.

Snowball
siehe Schneeball

Socks
First Cat

»Anweisung an die Presse von der höchsten Autorität:
Locken Sie nicht noch einmal die Katze.« (Bill Clinton)

Haustiere sind der Imagepflege amerikanischer Präsidenten stets
zuträglich gewesen. Die meisten hielten Hunde (→ **Fala** und →
Checkers).

Clintons Socks ist erst die dritte Katze, die in den letzten 50 Jahren ins Weiße Haus eingezogen ist. Die anderen Katzen gehörten
Carter und Ford.

Im November 1990 fand eine Mrs. Nancy Wilcox auf ihrem Hof
in Little Rock (Arkansas) zwei ausgesetzte junge Katzen. Über die
Vermittlung ihrer Nachbarin, die die Klavierlehrerin der damals
zehnjährigen Clinton-Tochter Chelsea war, kam der schwarzweiße
Kater in die Familie des damaligen Gouverneurs von Arkansas.
Wegen seiner weißen Pfoten erhielt er den Namen Socks. Socks'
pechschwarze Schwester traf es auch nicht schlecht. Sie wurde von

der Millionärin Carolyn Hartstein aufgenommen, die sie **Midnight** getauft hat und mit Lachs und Hähnchen füttert.

Als Bill Clinton 1992 zum amerikanischen Präsidenten gewählt wurde und die Clintons 1993 ins Weiße Haus zogen, zog auch Socks mit und ersetzte als First Cat First Dog **Millie,** die Spanielhündin des vorherigen Präsidenten George Bush. Der kastrierte Kater hatte anfangs mit Eingewöhnungsschwierigkeiten zu kämpfen. Fotografen verfolgten und bedrängten ihn. Plötzlich durfte Socks nur noch an einer Leine nach draußen. Dann wurde ihm vorgeworfen, er hätte an einer aus Ingwergebäck bestehenden Nachbildung des Weißen Hauses geknuspert und historisches Mobiliar angekratzt. Clinton dementierte. Als der Kater von einem Sicherheitsbeamten in den Garten des Weißen Hauses geführt wurde, einen Baum hochkletterte und sich dabei mit seiner ungewohnten Leine fast an einem Ast strangulierte, wurden ihm sogar Selbstmordabsichten unterstellt.

Inzwischen ist Socks im ganzen Land beliebt. Bill und Hillary Clinton verschicken alljährlich Weihnachtskarten, auf denen auch der Kater zu sehen ist. Es gibt einen eigenen Mitarbeiterstab inklusive Direktor, der sich allein um die Beantwortung der cirka 200 Fanbriefe, die täglich für Socks eintrudeln, kümmert, Pfotenabdrücke von Socks als Autogramme verschickt und die Fans mit einem Rundbrief auf dem laufenden hält. In einem dieser Rundbriefe machte Socks sich über seine Vorgängerin, die »sabbernde Millie« lustig, unter deren Name ein Bestseller erschienen war. »Unmöglich. Hunde sind dumm«, bestritt Socks (hinter dem Hillary Clinton vermutet wird) Millies Autorenschaft.

Dan L. Burton, ein Abgeordneter der Republikaner, bezeichnete im Kongreß die Beantwortung der Fanpost als Verschwendung und wollte sie verbieten lassen, obwohl auch die Post von Bushs Cockerspaniel Millie stets bearbeitet worden war. Doch wer an »Mr. Socks Clinton, 1600 Pennsylvania Avenue, Washington D.C., 20501, USA, The White House« schreibt, wird auch heute noch Antwort bekommen.

Bill und Socks Clinton bilden eine Einheit, daran ändert auch nichts, daß der Präsident an einer Katzenallergie leidet. Er würde sich nie vom Kater trennen. Dementsprechend hat das Pariser

Musée Grévin der Wachsfigur von Bill Clinton eine Socksnachbildung aus Wachs auf die Schulter gesetzt.

Lit.: *Bams* vom 26.12.1993; *Bild der Frau* vom 3.5.1993; *Bild-Zeitung* vom 26.7.1995; *Bunte* vom 9.6.1993 und 29.9.1996; *Hamburger Abendblatt* vom 12.10.1993; *Der Spiegel* vom 23.12.1996; *Süddeutsche Zeitung* vom 7.9.1995; *Der Tagesspiegel* vom 6.1.1995; *Die Woche* vom 13.1.1995.

Soliman
Maximilianselefant

Zwar wurden die europäischen Fürstenhöfe der frühen Neuzeit regelmäßig durch diplomatische Geschenke der portugiesischen Könige, die in ihren afrikanischen und indischen Kolonien an der Quelle saßen, mit Elefanten beglückt, doch blieben die Jumbos noch bis ins 19. Jahrhundert eine Rarität in Europa. Besonders nördlich der Alpen war der Anblick eines Elefanten eine ausgesprochene Sensation. Soliman, der Maximilianselefant, war seit → **Abul Abaz** nach über 750 Jahren der erste Rüsselträger am deutschen Kaiserhof. Im Winter (!) 1551/52 hatte ihn der spätere deutsche König und Kaiser, Erzherzog Maximilian, aus Spanien nach Wien mitgebracht. Überall, wo sie auf ihrer beschwerlichen Reise Rast machten (u. a. Bozen, Brixen, Innsbruck), findet man noch heute Lokale mit der Bezeichnung »Zum Elefanten«. Solimans Name sollte an den habsburgischen Erzfeind, den türkischen Sultan Soliman, erinnern, den man gern wie den Elefanten an einer Kette als Unterworfenen nach Wien geschleift hätte. Wenn der etwa 12jährige Soliman auch nur knapp zwei Jahre in der Habsburger Residenz überlebte, so steigerte er das Prestige von Maximilian doch erheblich. Möglicherweise trug die Erinnerung an Solimans Anwesenheit sogar dazu bei, daß der Erzherzog und nicht sein Vetter Philipp von Spanien 1562 zum römisch-deutschen König Maximilian II. gewählt wurde.

Lit.: Stephan Oettermann, *Die Schaulust am Elefanten. Eine Elephantographia curiosa*, Frankfurt am Main 1982; Anton Schindling / Walter Ziegler (Hrsg.), *Die Kaiser der Neuzeit 1519–1918*, München 1990.

Der Spatz vom Wallraffplatz
Sperlingsmarionette des WDR

*»Die nach außen drängende Puppe signalisiert,
daß das Kind die Enge des trauten Heimes
zu verlassen habe, um sich frühzeitig
mit der konkreten Lebenswirklichkeit
auseinanderzusetzen.« (L. Rehbehn/ C. Schmidt)*

Neue Erziehungsmaximen erforderten Ende der 60er Jahre auch neue Fernsehpuppen, die auf realmenschliche Erwachsene nicht nur lieb und brav reagierten, sondern ihnen ebenbürtig wirkten.

Der Spatz vom Wallraffplatz war vorlaut, neugierig, ironisch und listig. Trotz seiner Winzigkeit trat er Menschen gegenüber stets selbstsicher auf. Er wurde auch nicht in einem Studio abgefilmt, sondern saß auf einem Baum vor dem Funkhaus des WDR. Von dort aus flatterte er quer durch Köln, überallhin, wo etwas los war. Bei seiner spielerischen Erkundung z. B. der Arbeitswelt bekamen die fernsehenden Kinder nicht nur Vorgangsbeschreibungen geliefert. Ganz nebenbei wurden ihnen manchmal auch soziale Spannungen und Hierarchien vorgeführt.

Der Spatz vom Wallraffplatz.

Die 21 Folgen der Kinder-Fernsehserie »Der Spatz vom Wallraffplatz. Kleine Geschichten aus einer großen Stadt« liefen zwischen dem 9. September 1969 und dem 5. Dezember 1973. Das

Konzept stammte von Gert K. Müntefering und Armin Maiwald. Die mit einem Haufen Wollfäden umwickelte oder beklebte Sperlingspuppe hat Rudolf Fischer entworfen und gespielt.

Auf den Straßen Kölns war der Spatz vom Wallraffplatz eine Marionette.

Bot sein Nest auf dem Baum vor dem Funkhaus oder ein anderer Gegenstand von unten Sichtschutz, konnte er sich auch fadenlos bewegen.

Lit.: *Informationsbrief* von Siegmund Grewenig/WDR; *Lexikon der Kinder- und Jugendliteratur*, Band 2, Weinheim/Basel 1984; Lars Rebehn / Christoph Schmidt, *Die Entwicklung des Puppenspiels im Fernsehen*, in: Handbuch des Kinderfernsehens (hrsg. von Hans Dieter Erlinger u. a.), Konstanz 1995.

Der Spatz von Paris
Edith Piaf

»Ich bedaure nichts, das ist bezahlt,
weggefegt, vergessen.« (Edith Piaf)

1915 wurde Edith Gassion als Kind eines Artistenehepaares in Paris geboren. Die Eltern gaben das sehr kleine, an Rachitis leidende Mädchen zu einer Tante in die Normandie. Hier betrieb die Tante ein Bordell, und Edith wuchs in der Obhut von kinderlieben Prostituierten auf. Als sie sieben Jahre alt war, holte der Vater sie wieder und nahm seine Tochter mit auf seine Tingeltouren, bis sie ihn als 15jährige verließ. Sie verdiente von nun an ihr kärgliches Auskommen als Sängerin in Hinterhöfen und Kasernen. Eine erste große Liebe zerbrach, ihre Tochter starb kaum zweijährig. Edith geriet in Pariser Ganovenkreise, schloß sich einem Zuhälter an, und der weitere Lebensweg schien vorgezeichnet.

Doch 1935 wurde die Straßensängerin von Louis Leplée, einem Kabarettbesitzer, der von ihrer rauhen Stimme fasziniert war, aus dem Schmuddelmilieu geholt und zur Clubsängerin aufgebaut. Leplée gab ihr auch ihren Künstlernamen: Piaf. Piafou bedeutet im Argot, dem Pariser Unterschichtsslang, »Spatz«. Sie lernte die Showgrößen ihrer Zeit wie Fernandel, die Mistinguett und Maurice Chevalier kennen und war bald selbst auf dem besten Weg, ein Star

zu werden. Der Mord an ihrem homosexuellen Mentor Leplée drohte sie dann wieder aus der Bahn zu werfen. Zeitweise stand sie sogar unter dem Verdacht, an der Tat beteiligt gewesen zu sein, und
landete für einige Wochen in Untersuchungshaft. Doch konnte sich
die zierliche Frau im »kleinen Schwarzen« wieder fangen und
schaffte kurz vor dem Zweiten Weltkrieg mit ihrem ersten großen
Hit »Mon légionnaire« den Durchbruch zum Star. Chansons wie
»Milord« und »C'est l'amour« folgten und wurden zu Klassikern
des französischen Chansons. Zahllose Liebesaffären, unter anderem
mit Yves Montand und Georges Moustaki, Alkohol- und Drogen-
konsum bestimmten ihr Privatleben, konnten aber ihrer Popularität
keinen Abbruch tun. Im Gegenteil. Nicht nur das breite Publikum
himmelte die lebenshungrige und von Tragik umwitterte »Göttin
aus der Gosse« regelrecht an. Auch in der Intellektuellenszene
genoß sie Kultstatus. Jean Cocteau inszenierte – von ihrem komplizierten Liebesleben inspiriert – 1940 das Theaterstück »Le bel in-
différent«, das er in den Hauptrollen mit der Piaf und ihrem aktuellen Liebhaber besetzte. Nach dem Ende des Zweiten Weltkriegs
verliebte sich Edith Piaf ernsthaft in den Boxweltmeister Marcel
Cerdan und schien in dieser Beziehung endlich zur Ruhe zu kommen. Doch 1949 kam Cerdan bei einem Flugzeugabsturz ums Leben. Von diesem Schicksalsschlag sollte sich die Künstlerin nicht
mehr erholen. Zwar trat sie weiter auf und erlebte weiterhin Triumphe auf der Bühne, doch zerstörte sie ihren Körper und ihre Psyche
mit immer wilderen Alkohol- und Drogenexzessen und scheiternden Beziehungen. Unfälle, Kreislaufzusammenbrüche, Entzie-
hungskuren und Krankenhausaufenthalte wurden immer häufiger
und ließen das letzte Lebensjahrzehnt der Piaf wie ein langes Sterben erscheinen. Aber immer wieder raffte sie sich auf. Ihr rotzig-
trotziges Chanson »Je ne regrette rien!« (»Ich bedaure nichts!«) entstand in diesen Jahren. Kurz bevor sie am 11. Oktober 1963 nach
einem Leberkoma starb, heiratete sie den zwanzig Jahre jüngeren
Theo Sarapo.

Außer dem Spatz von Paris gibt es noch einen **Spatz von Avignon** – Mireille Matthieu. Als Älteste von vierzehn Geschwistern
geboren, arbeitete sie in einer Fabrik, nahm aber gleichzeitig an Ge-
sangswettbewerben teil. Manager Johnny Stark entdeckte sie in der

Fernsehsendung »Télé-Dimanche« und verhalf ihr zu einer Welt-karriere. Zu ihren größten Hits gehören »Akropolis Adieu« und »Hinter den Kulissen von Paris«. Kritiker werfen Mireille Matthieu die neutrale, starre Plastikausstrahlung auf der Bühne vor. Ihr fehle, wovon die Piaf so überreichlich hatte – Persönlichkeit.

Lit.: Jochen Klicker / Mo Klicker-Dittmers, *Edith Piaf: Göttin der Gosse,* in: Idole 6. Am Ende des Regenbogens (hrsg. von Siegfried Schmidt-Joos), Frankfurt am Main 1985; Monique Lange, *Die Geschichte der Piaf. Ihr Leben in Bildern und Texten,* Frankfurt am Main 1985; Radio Luxemburg, *Das große RTL Lexikon der Pop Musik,* München 1982.

Speckle
Rekord-Eilegerin

Die weiße Gans Speckle übertraf am 3. Mai 1977 nicht nur sich selbst, sondern auch alle anderen Kolleginnen und legte das größte Gänseei der Welt (soweit bekannt). Es wog 680g und hatte einen Längs- und Querumfang von 34 und 24cm . Speckle gehörte Donny Brandenberg aus Goshen, Ohio (USA). Möglicherweise lebt sie dort heute noch. Denn Hausgänse sind nach dem Strauß die Vögel mit der längsten Lebenserwartung. Der englische Ganter **George** starb 1976 im Alter von 49 Jahren und 8 Monaten.

Lit.: *Das neue Guinness Buch der Tierrekorde,* Frankfurt am Main/Berlin 1994.

Speedy Gonzales
Die schnellste Maus von Mexiko

»Andale, andale, ariba, ariba!«
(Speedy Gonzales)

1953 versuchte ein tumbes Katzenduo in dem Zeichentrickfilm »Cat Tails for Two«, auf einem mexikanischen Schiff Mäuse zu fangen, doch die Latino-Nager erwiesen sich als zu clever. Der namenlose, hagere und hutlose Mäuseanführer hatte einen Goldzahn und wirkte wie die Karikatur eines mexikanischen Landarbeiters. Zwei Jahre später erinnerte sich der Warner-Bros.-Zeichner Friz

Freleng an den Streifen, übernahm die Grundidee von der triumphierenden Maus aus dem Land der Tacos und Bohnengerichte, versah sie mit einem Sombrero und entwickelte Speedy Gonzales. Der gleichnamige Trickfilm von 1955 gewann prompt einen Oscar. Speedy Gonzales ist im Gegensatz zu seinem Vorgänger ein rundlich-niedlicher Mäuserich und verfügt über eine außergewöhnliche Rasanz, die ihm zu dem Ehrentitel »Schnellste Maus von Mexiko« verhalf. Berühmt sind seine Schnellstarts, zu denen er sich zuerst auf der Stelle warmläuft. Er trägt stets einen riesigen Sombrero auf dem Kopf, hat als Oberbekleidung ein schlichtes Leibchen an und ist stets guter Laune. Bei seinem ersten Auftritt hatte Speedy es mit Kater → **Sylvester** zu tun, der scharf auf Chili con raton war. Später brachte Speedy oft auch → **Daffy Duck** mit seiner Affenzahngeschwindigkeit zur Verzweiflung.

Lit.: Leonard Maltin, *Der klassische amerikanische Zeichentrickfilm,* München 1982; Steve Schneider, *»That's all, Folks!« The Art of Warner Bros. Animation,* London 1986.

Sphinx
Löwe mit Menschenkopf

»Dort vor dem Tor lag eine Sphinx,/
Ein Zwitter von Schrecken und Lüsten/
Der Leib und die Tatzen wie ein Löw'/
Ein Weib an Haupt und Brüsten.«
(Heinrich Heine, 1839)

Sprachwissenschaftler streiten sich, ob das Fabelwesen mit dem Löwenkörper und dem menschlichen Kopf die oder der Sphinx heißen muß. In der Kunst des alten Ägyptens, des Ursprungslandes, wurden Könige als Sphinxe dargestellt, um ihre Macht zu symbolisieren. Demzufolge war der Kopf auf dem Löwenkörper meistens männlich. Weltberühmt ist der 20 Meter hohe und 73,5 Meter lange Sphinx von Gizeh. Das aus einem Felsen gearbeitete Monumentalwerk soll vermutlich König Chephren darstellen. »Asterix«-Leser wissen auch, warum der Sphinx keine Nase mehr hat. Obelix hat sie beim Klettern abgebrochen.

In Griechenland, wo die Sphinxe bereits in kretisch-mykenischer Zeit in der Kunst auftauchten und seit dem 7. Jahrhundert v. Chr. auch als riesige Statuen vor Gräbern und Tempeln standen, war stets ein weibliches Wesen gemeint. Es war ein dämonisches, mordlüsternes Geschöpf – ein Würger. In der antiken Sagen- und Märchenwelt lauerten solche Sphinxe als Fluch vor einer Stadt oder versperrten einen Durchgang.

Ödipus und die Sphinx (Schale, 5. Jh. v. Chr.).

Die Sphinx, mit der Ödipus zu tun hatte, war mit → **Zerberus**, dem Höllenhund und mit der → **Hydra** verschwistert. Sie lag vor der Stadt Theben auf einem Felsen und stellte jedem, der vorbeikam, dasselbe Rätsel: »Es ist am Morgen vierfüßig, am Mittag zweifüßig, am Abend dreifüßig. Als einziges von allen Geschöpfen wechselt es die Zahl seiner Füße, und wenn es die meisten Füße bewegt, ist seine Kraft am schwächsten.« Wer die Lösung nicht wußte, wurde zerrissen. Erst Ödipus gab die richtige Antwort. Der Mensch in seinen Lebensaltern – als Krabbelkind, Erwachsener und als Greis mit Krückstock – war gemeint. Daraufhin stürzte die Sphinx sich in einen Abgrund.

Die Sphinxe, die in der altgriechischen und zuvor in der mykenischen Kunst und bei den Phöniziern, Hethitern und Assyrern und später auch in der islamischen und mittelalterlich-europäischen Kunst abgebildet wurden, trugen an ihrem Löwenkörper meist auch noch Flügel. Manche hatten Busen. Die islamische Kunst kennt außer den Löwensphinxen noch Exemplare mit Leoparden- und Tigerkörpern. Bei dem als altassyrische **Kuhsphinx** bezeichneten Geschöpf aus Rinderleib und Menschenkopf ist der Übergang zum → **Zentaur** fließend.

Erst in der neueren europäischen Kunst wurde die ursprüngliche, flügellose Sphinxgestalt aus Ägypten wieder dargestellt. Im 19. Jahrhundert ist sie – mal mit, mal ohne Flügel, doch meist mit Busen – plötzlich die männermordende Femme fatale, symbolisiert in Kunst und Literatur die als grausam, geheimnisvoll und dämonisch empfundene Weiblichkeit, der sich der todessehnsüchtige und vielleicht auch etwas masochistische nackte junge Mann auf Franz von Stucks Ölbild »Der Kuß der Sphinx« (1895) nur allzu gern unterwirft.

Lit.: *Der große Brockhaus,* Wiesbaden 1957; Eva Mendgen, *Franz von Stuck. Ein Fürst im Reiche der Kunst,* Köln 1994; Heinz Mode, *Fabeltiere und Dämonen. Die phantastische Welt der Mischwesen,* Leipzig 1977; Gert Richter / Gerhard Ulrich, *Der neue Mythologieführer. Götter/Helden/Heilige,* Gütersloh/München 1996.

Die Spinne in der Yucca-Palme
Horrortier einer der
bekanntesten zeitgenössischen Sagen

Also, die Schwester von der Kollegin von meinem Freund, die hat sich eine Yucca-Palme gekauft. Und als sie die dann gegossen hat, da kam da so ein merkwürdiges Klopfgeräusch aus dem Stamm. Sie hat gedacht Spannungen im Holz oder so. Aber eine Woche später, da ist dann eine riesige Tarantel aus dem Blumentopf gekrochen ... Und es ist auch ganz bestimmt wahr.

Spinnen, die aus Palmen oder Pickeln schlüpfen, eine abgerissene Hand im Kofferraum, ein Pudel in der Mikrowelle, gefährliche Nahrungsmittel und merkwürdige Zufälle sind der Stoff, aus dem moderne Sagen sind. Wie die alten Sagen werden sie vorwiegend mündlich überliefert. Passiert ist die Geschichte stets einem Bekannten einer Kollegin einer Tante, weswegen es im Englischen auch die Bezeichnung »foaftales« (foaf = friend of a friend) gibt. Der Erzähler war so gut wie nie selbst dabei, schwört aber Stein und

Bein, daß seine Geschichte stimmt, und ist auch selbst davon überzeugt.

Während die traditionellen älteren Volkssagen eher auf dem Land angesiedelt waren, spielen die zeitgenössischen Sagen meistens in der Stadt und werden darum auch »urban legends« genannt. Gegenstand sind nicht mehr Zwerge, Riesen und versunkene Schätze, sondern UFOs, Babysitter unter LSD-Einfluß oder ein spottbilliger Porsche, in dessen Kofferraum eine Leiche verwest ist. Doch so modern die sagenhaften mündlichen Überlieferungen der Gegenwart auch daherkommen, hinter ihrer Zeitgeistfassade stecken oft uralte Inhalte und traditionelle Muster, die den neuen sozialen und politischen Umstände nur ein wenig angepaßt wurden. Damals wie heute wurde und wird die Angst- und Rachelust bedient, werden Vorurteile gegen das Unbekannte und Fremde gefüttert, haben sonderbare Erscheinungen und Begebenheiten ihren Platz und werden die schlimmsten aller vorstellbaren Situationen ausgemalt.

Lit.: Rolf Wilhelm Brednich, *Die Spinne in der Yucca-Palme. Sagenhafte Geschichten von heute,* München 1990.

Spot
Haustier der Munsters

»Eddie, sag Spotty, wenn er noch einmal ein Auto frißt,
stecken wir ihm seine sandige Nase ins Getriebe!«
(Lily Munster)

Die Munsters bestehen aus Familienvorstand Herman Munster (Fred Gwynne), der Frankensteins Monster äußerst ähnlich sieht und einen Stahlbolzen im Hals trägt, seiner Vampirgattin Lily (Yvonne De Carlo), Opa Dracula (Al Lewis), dem wolfsohrigen Sohn Edward (Butch Patrick), der die Werwolf-Puppe **Wuff-Wuff** mit sich herumschleppt, und der aus der Art geschlagenen Nichte Marilyn (Beverly Owen/Pat Priest), einer blonden Schönheit, die ob ihres langweiligen, reizlosen Aussehens das Sorgenkind ist. Die amerikanische Provinzfamilie mit monströser Herkunft wohnt in Mockingbird Lane 1313, Mockingbird Heights, USA, und hat keinen Schimmer davon, daß ihr Aussehen oder ihr Verhalten auf menschliche Besucher seltsam wirken könnte. Wie viele Durchschnittsamerikaner besitzen sie auch Haustiere. Das größte ist Spot, ein zahmer Tyrannosaurus rex, der in einem Verlies unter der Treppe des Wohnzimmers schläft. Spotty frißt Eichhörnchen, Gullydeckel, Telegrafenmasten und Autos und mag keine Briefträger. Einmal verscharrt er einen unglücklichen Postboten im parkähnlichen Garten. Der Saurier schleppt viel Dreck in den Salon und haßt das wöchentliche Bad in der Autowaschanlage. Trotz seiner Größe ist er sensibel. Als Vater Herman ihm mit der Zeitung einen Klaps auf die Schwanzspitze gibt, läuft Spotty weg, und die Familie muß eine Suchanzeige aufgeben: »Entlaufen. Haustier. Grün mit gelben Schuppen. Harmlos, lieb, hört auf den Namen Spotty. Spuckt Feuer, wenn hungrig. Hat Narbe von Streitaxt auf linker Schulter.« Die Fernsehzuschauer sehen von Spot immer nur den Kopf oder den Schwanz, der mit Hilfe von Luftschläuchen zum Wedeln gebracht wurde. Weitere Haustiere sind eine schwarze Katze, die wie ein Löwe brüllt, **Igor**, eine transsylvanische Fledermaus, die Opa in seinem Labor hält, und die stets unsichtbar bleibende Schlange **Elmer** unter der Mülltonne. Am bekanntesten ist der vorlaute Rabe in der Kuckucksuhr, der statt »Kuckuck« »Nimmermehr« schreit – eine Anspielung auf »The Raven« von Edgar Allan Poe. Die Originalstimme des Raben stammt von Mel Blanc, der auch die Stimme von → **Bugs Bunny**, → **Daffy Duck** und vielen weiteren Zeichentrickfiguren ist.

»The Munsters« war eine der letzten amerikanischen Fernsehserien, die in Schwarzweiß gedreht wurden, und die Lieblingssendung von Paul McCartney. Sie lief vom 24. September 1964 bis zum 1. September 1966 auf CBS, wurde mehrfach wiederholt und Ende der 80er neu aufgelegt.

Fast zur gleichen Zeit wie »The Munsters« lief »The Addams Family« (18. September 1962 bis 2. September 1966) auf ABC. Die Serien lagen auf gleichem Humor- und Horrorniveau. Die Munsters waren beliebter, die Addams hatten mehr Stil. In ihrer Villa gab es einen ausgestopften Bären, eine Riesenschildkröte und einen knurrenden Bärenfellteppich, der nach den Füßen schnappte. An den Wänden hing ein Elchgeweih, von dem Blut tropfte, und ein präparierter Schwertfisch, dem noch zwei menschliche Beine im Maul

660

steckten. Als Haustiere hielten sich die Addams den Oktopus **Aristotle**, eine schwarze Witwe namens **Homer** und den Löwen **Kit Kat**. Berühmtestes Haus-tier – im weitesten Sinn – war **Thing**, das in Deutschland **Eiskaltes Händchen** hieß. Wie der Name nahelegt, handelte es sich um eine menschliche Hand, die auf ihren Fingern über den Boden krabbelte.

Lit.: Stephen Cox, *The Munsters. Eine Familie mit Biß,* München 1992.

Squealer
siehe Quiekschnauz

Steckenpferd
Kinderspielzeug; im übertragenen Sinn:
ernsthaft und leidenschaftlich betriebenes Hobby

»Steckenpferde sind schlechte Kutschenpferde.«
(Georg Christoph Lichtenberg)

Das Kinderspielzeug, das aus einem mehr oder weniger lebensecht nachgebildeten Pferdekopf an einem langen Holzstecken besteht, ist bereits auf Abbildungen zu sehen, die aus dem 4. Jahrhundert v. Chr. stammen. Es ist die Weiterentwicklung des einfachen Steckens, den Kinder vermutlich seit den Anfängen der Reiterei als Pferdeersatz rittlings zwischen die Beine nehmen. Im 17. Jahrhundert wurde der Name Steckenpferd dafür geläufig.

Seit dem Ende des 18. Jahrhunderts kennt man das Steckenpferd auch im übertragenen Sinn. Es meint eine Beschäftigung, die sich jemand seinen Neigungen entsprechend freiwillig ausgesucht hat und eifrig betreibt, ohne einen anderen Gewinn als Freude und Befriedigung daraus ziehen zu wollen. Laurence Sterne gebrauchte den Begriff in diesem Sinn in seinem Roman »Das Leben und die Meinungen des Tristram Shandy« (1759–1767) und läßt seinen Titelhelden darin sagen: »... und meine Ruhe stört's nicht, wenn ich solche Herrschafften und großen Personnagen ... ihre verschiedenen Steckenpferde reiten sehe, einige mit

661

langen Steigbügeln und in ernstem gemessenen Schritt, andere dagegen zusammengezogen bis ans Kinn.« Durch Sterne ging das **Hobbyhorse** in den allgemeinen englischen Sprachschatz über und kam als Steckenpferd auch nach Deutschland. Als Hobby wird heute alles bezeichnet, womit sich die Zeit totschlagen und eventuell noch jemand beeindrucken läßt. Lesen, Skifahren, Stricken, Golf und sogar Fernsehen. Eine austauschbare Gewohnheit oder Beschäftigung ist aber noch kein Steckenpferd, wobei – wohlgemerkt – die aufgezählten Zeitvertreibe durchaus auch als Steckenpferde betrieben werden können. Auf die Intensität kommt es an. Ein Steckenpferd braucht Hingabe, Leidenschaft und Ernsthaftigkeit; es ist mehr als eine Liebhaberei und weniger als eine Berufung. Da es keine oder – gemessen am Aufwand – nur lächerlich geringe Einnahmen erzielt, wird ein Steckenpferd von Materialisten als kindische Neigung belächelt, als ein Spielzeug eben.

Lit.: Duden, Band 7, *Herkunftswörterbuch*, Mannheim/Wien/Zürich 1963; Reinhold Otto, *Reitschule für Steckenpferd oder Die Freuden schöpferischer Muße*, München 1969.

Stoßmich-Ziehdich (Pushme-Pullyou)
Das allerseltenste Tier

Das Stoßmich-Ziehdich ist so selten, daß man es nur in den Dolittle-Kinderbüchern des britisch-amerikanischen Schriftstellers Hugh Lofting findet. Und selbst dort wird es als inzwischen ausgestorben beschrieben. Bevor das passierte, lebte es in den tiefsten Wäldern Afrikas. Es hatte keinen Schwanz, sondern an jedem Ende einen Kopf mit scharfen Hörnern. Mütterlicherseits war es mit den »abessinischen Gazellen und den asiatischen Gemsen« verwandt. Der Großvater seines Vaters war das letzte → **Einhorn**.

Es war sehr scheu und außerordentlich schwierig zur Strecke zu bringen, weil man sich nicht von hinten anschleichen konnte, da es kein »Hinten« hatte. Außerdem schlief es immer bloß halb. Ein Kopf blieb stets wach. Dennoch fingen die Affen ein Exemplar, das sie als Dankgeschenk für Dr. Dolittle haben wollten, indem sie es einkreisten und sich an den Händen faßten.

Das Stoßmich-Ziehdich ging schließlich aber ganz freiwillig mit dem Doktor mit, um ihm das Geld zu beschaffen, das er so dringend brauchte, um seine Schulden zu bezahlen. Es ging nie in seinen Besitz über, sondern stellte sich ihm bloß zur Verfügung. Nachdem das Stoßmich-Ziehdich eine Weile im Zirkus ausgestellt worden war und den Doktor reich gemacht hatte, bekam es Heimweh nach Afrika und wurde dorthin zurückverfrachtet.

Siehe auch **Doktor Dolittles Tiere.**

Lit.: Dietmar Grieser, *Im Tiergarten der Weltliteratur,* München 1993; Hugh Lofting, *Dr. Dolittle und seine Tiere,* Zürich/London 1929; Hugh Lofting, *Doktor Dolittles Zirkus,* Berlin, o. J.; Klaus-Ulrich Pech, *Hugh Loftings »Doktor Dolittle«-Serie,* in: Klassiker der Kinder- und Jugendliteratur (hrsg. von Bettina Hurrelmann), Frankfurt am Main 1995.

Struppi (Milou)
Tims Hund

»Wooah!« (Struppi)

Seit 1929 begleitet Struppi sein jugendliches Herrchen Tim auf abenteuerlichen Reisen. Struppi, der im Original Milou heißt und englischsprechenden Lesern als **Snowy** bekannt ist, gehört der Modehunderasse der 20er Jahre an. Er ist ein lebhafter, weißer Foxterrier. Seine Wiege stand in Brüssel, und sein geistiger Vater war der belgische Cartoonist Georges Remy, genannt Hergé (1907–1983). 54 Jahre lang, bis zu seinem Tod zeichnete Hergé an den Erlebnissen der beiden niemals alternden Gefährten Struppi und Tim. Testamentarisch verfügte er, daß ihre Abenteuer nicht fortgesetzt werden sollen.

Tim, eigentlich Tintin, ein freundlich-blaß-biederer Reporter mit rotblonder Haarbürzelfrisur und Knickerbockerhosen wurde von Hergé als Hobbydetektiv rund um die Erde und sogar auf den Mond geschickt. Tim spricht oft mit Struppi, der jedes Wort versteht, dessen Antworten und sonstige Verbaläußerungen aber nur für den Leser verständlich sind. Für Tim und die übrigen Comic-

Gestalten hört es sich dagegen wie Bellen und Knurren an. Oft wendet sich Struppi direkt an den Leser und beklagt sich über Unbequemlichkeiten oder über Fehler seines Herrchens, die er so nie gemacht hätte. In Gefahr versucht er stets, Tim tapfer zu verteidigen.

Meist geht er jedoch in Krisensituationen ziemlich schnell zu Boden. In fast allen 24 »Tim und Struppi«-Alben wird der kleine Hund gefesselt, betäubt oder eingesperrt.

Die Comics wurden ein weltweiter Riesenerfolg und in mehr als 100 Sprachen übersetzt. Fernsehserien und zwei Kinofilme festigten ihren Ruhm. Tim und Struppi dürften die bekanntesten Belgier aller Zeiten sein – noch vor Hercule Poirot, Magritte, Eddy Merckx oder womöglich Jean-Claude Vandamme. Ihre Ausnahmestellung wird auch durch das Merchandising-Konzept unterstrichen, nach dem die Figuren und sonstige Tim-und-Struppi-Produkte nicht als billige Massenware, sondern als exklusive und hochwertige Artikel vermarktet werden.

Im Wolvendael-Park haben die Brüsseler den beiden ein Denkmal gesetzt.

Lit.: Henri Filippini, *Dictionnaire de la bande dessinée,* Paris 1989; Frank Lamers, *James Bond für Brave,* in: Freunde fürs Leben (hrsg. von Holger Jenrich), Essen 1996; Jeff Rovin, *The Illustrated Encyclopedia of Cartoon Animals,* New York 1991; Frederic Saumois, *Dossier Tintin,* Brüssel 1987.

Der Sündenbock
Stellvertretender Büßer

»So soll der Bock all ihre
Verschuldung auf sich nehmen
und in eine abgelegene Gegend tragen ...«
(3. Buch Mose 16, 22)

Die Vorstellung von der Sünde als einer Art Materie, die durch körperliche Reinigung flink abgewaschen oder wie eine Krankheit auf jemand anderen übertragen oder wie ein lästiges Gepäckstück dem Nächstbesten in die Hand gedrückt werden kann, ist – bewußt und unbewußt – weit verbreitet.

Ursprünglich war mit dem Sündenbock jener Ziegenbock gemeint, der mit den Sünden des jüdischen Volkes beladen in die Wüste gejagt wurde. Am jährlichen großen Versöhnungstag opferten die Israeliten nicht nur Gott, sondern schickten auch **Asasel** (einem Wüstendämon in Bocksgestalt) einen Ziegenbock in die Wüste. Der Hohepriester legte dem Bock beide Hände fest auf den Kopf und bekannte über ihm alle Verschuldungen und Übertretungen des Volkes. Dann ließ er ihn von einem bereitstehenden Mann in die Wüste schaffen.

Seit dem Ende des 18. Jahrhunderts wird dieser Ausdruck im übertragenen Sinn benutzt für jemanden, der die Schuld anderer büßen muß. In der Schweizer Armee spricht man auch vom **Kompaniekalb**. Der Auserwählte ist gewöhnlich ein Individuum mit einem schwachen Ich.

Die Sündenbocktheorie in der Sozialpsychologie benennt ein Verhalten, bei dem die Verantwortung für das Scheitern eines einzelnen oder auch einer ganzen Gesellschaft auf sozial Schwächere, auf unterprivilegierte oder diskriminierte Minderheiten abgewälzt wird, was besonders in totalitären Staaten als politisches Ablenkungsmanöver benutzt wird. Dann sind eben »die Juden«, »die Ausländer« oder »die Karriereweiber« an Arbeitslosigkeit und allem anderen schuld, und man hat jemanden, auf den man wütend sein kann.

Lit.: Duden, Band 7, *Herkunftswörterbuch,* Mannheim/Wien/Zürich 1963; Marie Louise von Franz, *Der Schatten und das Böse im Märchen,* München 1974; *Der große Brockhaus,* Band 1, Wiesbaden 1953; *Die Heilige Schrift,* Württemberg 1931.

Susi und Strolch (Lady and Tramp)
Hundeliebespaar

Bereits Ende der 30er Jahre hatte Walt Disney mit dem Gedanken gespielt, einen abendfüllenden Trickfilm über eine brave Spanielhündin und einen herumstreunenden Mischlingsrüden zu drehen. Doch erst ein Jahrzehnt nach dem Zweiten Weltkrieg realisierte er diese Idee. »Susi und Strolch« (»Lady and the Tramp«, USA 1955,

Regie: Clyde Geronimi, Hamilton Luske, Wilfred Jackson) wurde der erste in Cinemascope gedrehte Disney-Film und war wirtschaftlich ein großer Erfolg. Von der Filmkritik bekam der Streifen dagegen eher mittelmäßige Noten. Im Mittelpunkt der um 1910 in Pittsburgh spielenden Filmhandlung steht die Cocker-Dame Susi. Von Herrchen Jim »Dear« und Frauchen Elizabeth »Darling«, einem gutbürgerlichen jungen Ehepaar, wird es solange nach Strich und Faden verwöhnt, bis die Frau ein Baby bekommt. Als Susi ein Maulkorb verpaßt wird, läuft sie weg und schließt sich dem grauen Terriermischling Strolch an. Strolch befreit Susi vom Maulkorb und beschützt sie vor bissigen Straßenkötern. Er zeigt der behüteten Schönheit die Kniffe und Schliche, die man als freier Proletarierhund so braucht. Bei einem Teller Spaghetti verlieben die beiden sich ineinander. Berühmt ist die Szene, in der sie beide an derselben Nudel kauen, bis sich ihre Schnauzen zum Kuß treffen. Dazu gibt es reichlich von Peggy Sue gesungene Herz-Schmerz-Musik. Im weiteren Verlauf des Films wird Susi vom Hundefänger eingesperrt, kann aber Strolch noch davon informieren, daß eine Ratte in das Zimmer von Jims und Elizabeths Baby geschlichen ist. Strolch tötet die Ratte in einem wilden Kampf, dabei wird Babys Wiege umgeworfen. Wie in der Sage von → **Guinefort** glauben die Menschen irrtümlich, daß der Hund dem Kind etwas antun wollte, und lassen den vermeintlichen Bösewicht vom Hundefänger abholen. Aber anders als in der Guinefort-Sage klärt sich der wahre Sachverhalt rechtzeitig auf, Susi und Strolch werden belohnt, dürfen mit allen Privilegien bei Jim, Elizabeth und Baby bleiben und selbst eine Familie gründen.

Susi und Strolch machten auch als Comic-Helden Karriere. Und sogar einer ihrer vier Welpen, derjenige, der wie Strolch aussieht, **Strolchi** (**Scamp**), bekam eine eigene Comic-Heftserie.

Lit.: *Die Filme von Walt Disney,* Cinema-Filmbuch, Hamburg 1987; Jay Nash / Stanley Ross, *The Motion Picture Guide 1923–1983,* Chicago 1986; Reinhold Reitberger, *Walt Disney,* Reinbek 1987; Jeff Rovin, *The Illustrated Encyclopedia of Cartoon Animals,* New York 1991; Bob Thomas, *Walt Disney,* München 1986.

Sylvester
Verliererkater

Der schwarze, rotnasige und lispelnde Comic-Kater Sylvester begann seine Leinwandkarriere 1945 mit dem US-Zeichentrickfilm »Life with Feathers«. Sylvesters Lebensinhalt ist es, Mäuse und Vögel zu jagen und zu fressen. Doch in keinem seiner Filme kann er den begehrten Happen ergattern. Statt dessen holt er sich in über 100 von Friz Freleng animierten Filmen und zahllosen Print-Comics wieder und wieder eine blutige Nase, wurde von den Objekten seiner Begierde mit Sprengstoff, Knüppeln und anderen Mordinstrumenten gestoppt. Manchmal ließen sich seine Gegner auch von Hunden beschützen.

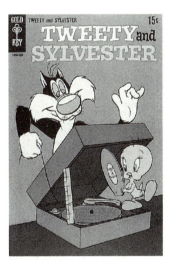

Titelblatt eines Comic-Heftes aus den frühen fünfziger Jahren.

1947 traf er auf den Vogel, der ihn Jahrzehnte zur Weißglut bringen sollte: → **Tweety**. Sylvester konnte den winzigen Baby-Kanarienvogel zwar mehrmals sogar verschlucken, doch gelang es dem zähen Knirps stets, sich wieder aus dem Katerkörper herauszutricksen. Wenn Sylvester nicht hinter Tweety oder anderem Kleingetier wie etwa → **Speedy Gonzales** her war, versuchte er, das Känguruh **Hippety Hopper** zu erlegen. Er hielt den australischen

Hoppser für eine gigantische Maus und mußte sich in gut einem Dutzend Filmen von der Schlagkraft des kräftigen Beuteltieres überzeugen lassen. Zwischen 1950 und 1963 stand Sylvester in einigen Streifen sein Sohn **Junior** zur Seite.

Lit.: Leonard Maltin, *Der klassische amerikanische Zeichentrickfilm*, München 1982; Jeff Rovin, *The Illustrated Encyclopedia of Cartoon Animals*, New York 1991.

T

Tabaluga
Maffay-Drache

»Tabaluga hat noch nie
jemandem aufs Maul gehauen –
er wird es auch nie tun.
Und wenn er damit der einzige bleibt.«
(Peter Maffay)

1983 haben sich Rockfürst Peter Maffay, Kinderliedermacher Rolf Zuckowski und Texter Gregor Rottschalk den kleinen grünen Feuerdrachen Tabaluga ausgedacht. Der Zeichner Helme Heine hat dem Drachen seine äußere Gestalt gegeben. Auf drei Maffay-LPs hat Tabaluga seitdem die Liebe in allen Wesen, die da auf der Erde leben, beschworen und zum sanften Kampf gegen die Ellbogengesellschaft aufgefordert. Höhepunkt des Drachenkreuzzugs war das Rockmusical »Tabaluga und Lilli«, das 1994 Premiere hatte und auf zwei Tourneen 500 000 rührwillige Zuschauer in die Musiksäle lockte. In dem von Andras Fricsay Kali Son inszenierten Bühnenstück verliebte sich der zwölfjährige Drache Tabaluga in die Eisprinzessin Lilli. Lilli ist vom bösen Arktos durch einen Bann zu einem Eiswesen gemacht worden. Der Oberschuft will durch Lilli die Kälte in die Welt und in die Menschen bringen. Natürlich gelingt es Tabaluga nach fast drei Stunden und etlichen Abenteuern, den Bann durch die Kraft der Liebe zu brechen und nach einem Finale voller maffayischer Gefühlsorgienmusik die Zuschauer getröstet und mit dem guten Gefühl, *irgendwo tief in sich Kind geblieben zu sein,* nach Hause zu entlassen. Auf der Bühne sah der rundliche Feuerrülpser mit dem Rückenkamm wie eine Mischung aus → **Urmel** und einem Badewannenspielzeug aus. In dem mit pyrotechnischen Finessen ausgerüsteten Kostüm schwitzten sich abwechselnd die Tänzerinnen Miho Imoto und Chiara Cattaneo ab.

»Tabaluga« gibt es auch als Buch von Helme Heine und Gisela von Radowitz mit den Illustrationen von Helme Heine.

Lit.: *Frankfurter Allgemeine Zeitung* vom 14.3.1994; *Funk Uhr* vom 20.9.1996; Helme Heine / Gisela von Radowitz, *Tabaluga,* München 1994; *Süddeutsche Zeitung* vom 14.3.1994; *Die Welt* vom 11.3.1994.

Tarantula
Horrorfilm-Spinne

»Das Isotop hat unser Konzentrat
in einen Alpdruck verwandelt!«
(Professor Deemer)

1955, ein Jahr, nachdem in → »**Formicula**« Monsterameisen das Kinopublikum in Angst und Schrecken versetzt hatten, sorgte ein weiterer US-Streifen mit Gliederfüßler-Horror für Gänsehaut.

Jack Arnolds »Tarantula« fängt ganz harmlos an. Der gutherzige Biologe Professor Deemer (Leo Carroll) experimentiert mit Wachstumshormonen, um schnellwachsende Fleischtiere im King-Size-Format zu schaffen. Aber nicht nur harmlosen Kaninchen, die über Nacht so groß wie Polizeihunde werden, bekommt das Wachstumsmittel gut. Auch eine winzige Giftspinne nascht unplanmäßig von dem Wunderstoff und entweicht aus dem Labor in die kalifornische Wüste. Hier wächst sie in Windeseile zu einem Krabbelgiganten heran, der seinen gesunden Hunger mit Kuh- und Menschenfleisch stillt. Mit konventionellen Mitteln wie Maschinenpistolen oder Dynamitstangen ist dem Tier nicht beizukommen. Erst der Angriff einer Air-Force-Staffel macht der Spinne mit Napalmbomben den Garaus, kurz bevor sie eine Kleinstadt verwüsten kann. Am Steuerknüppel eines Kampfflugzeugs hatte Clint Eastwood einen seiner ersten Filmauftritte. »Tarantula« wurde ein B-Klassiker des Genres. Mit einfachen, aber wirksamen dramaturgischen Mitteln und einer für die damalige Zeit eindrucksvollen Tricktechnik bescherte Arnold nicht nur den Zuschauern, die unter Arachnaphobie litten, wohlige Gruselschauer. Von wohlmeinenden Filmexperten ist »Tarantula« auch als Kritik an blauäugiger Forschungsgläubigkeit verstanden worden.

Lit.: *Lexikon des Internationalen Films*, Reinbek 1995.

Tatzelwurm
Einer der am besten dokumentierten Drachen Europas

»... das Thier warf sich nach Vorwerz gegen mich,
dann habe ich die Flucht ergriffen ...«
(Michel Brandner, Augenzeuge, 1894)

Etwa 80 Augenzeugenberichte sind bisher über den Tatzelwurm – der je nach Verbreitungsgebiet auch **Spring-, Stoll-, Heu-** und **Haselwurm, Smuch, Bergstutzen** oder **Murbl** heißt – erschienen. Er ist ein reptil- oder salamanderartiges Geschöpf von 30 Zentimetern bis vier Metern Länge, hat zwei, vier, sechs, acht oder gar keine Pfoten, ist mal geschuppt, mal behaart, warzig, borstig oder glatt, von unterschiedlichster Färbung und hat den Kopf eines Molches, einer Katze oder einer Schlange. Er pfeift wie eine Gemse oder ganz anders, greift Menschen in großen Sprüngen an, und sein Biß ist hochgiftig und lähmend. Mitunter wird auch seinem Pfeifen eine lähmende Wirkung zugeschrieben. Auf dem »Springwurmmarterl« (Tafelinschrift mit Bild zum Gedenken eines umgekommenen Menschen) aus Unken bei Loser sieht man Hans Fuchs, wie er 1779 von zwei Meter großen Tatzelwürmern (einer davon äußerst fett) verfolgt wird, was er nicht überlebte. Nach anderen Beobachtungen ist der Tatzelwurm stumm, scheu und flieht sofort. Sein Hauptverbreitungsgebiet sind die Alpen, aber er treibt sich auch andernorts herum. Noch heute werden in Italien und Spanien regelmäßig Rieseneidechsen mit Säugetierköpfen, Schuppen und borstigem Fell gesehen. Obwohl in einigen Berichten auch von erlegten Tatzelwürmern die Rede ist und einmal angeblich ein Tatzelwurmgerippe gefunden wurde, ist kein Beweis für seine Existenz aufzutreiben – nicht der kleinste Knochen. Trotzdem waren und sind immer wieder auch Wissenschaftler davon überzeugt, daß es ihn gibt. Im 19. Jahrhundert setzte der Berner Naturforscher Samuel Studer vergeblich eine Belohnung von drei Louisdor aus »für den ersten lebendigen oder todten, großen oder kleinen, wahren Stollenwurm«. Das Magazin »Kosmos« sammelte und druckte in den 30er Jahren dieses Jahrhunderts Zuschriften über das Phänomen Tatzelwurm. Im April des Jahres 1935 druckte die »Berliner Illustrierte« das Bild eines solchen Tieres, das ein Herr Balkin bei Meiringen in der Schweiz aufgenommen hatte. Auf dem Foto ist ein mit Schuppen, Augen und Nasenlöchern bemaltes Porzellanetwas zu sehen. Auch der österreichische Biologe Dr. Jacob Nicolussi sammelte Tatzelwurmberichte. Nach seiner Auffassung ist der Tatzelwurm eine besondere Art oder Gattung der Krustenechse, die der Wissenschaft bisher unbekannt ist, eine europäische Variante des ebenfalls giftigen mexikanischen Gilamonsters. Nicolussi gab ihr bereits einen wissenschaftlichen Namen: Heloderma europaeum.

Das wäre die biologische Erklärung, falls man nicht die kulturelle vorzieht, nach der sich Vorstellungen von Drachen und Ungeheuern in schwer zugänglichen Regionen einfach länger halten und nicht identifizierte Lebewesen aus Sensationshunger gern klischeehaft gedeutet werden.

Lit.: Ulrich Magin, *Trolle, Yetis, Tatzelwürmer*, München 1993.

Tauntauns
»Star-Wars«-Patrouillentiere

Im zweiten (bzw. fünften) Teil der »Star-Wars«-Trilogie »Das Imperium schlägt zurück« (»The Empire strikes back«, USA 1979, Regie: Irvin Kershner) reiten die Helden Luke Sywalker (Mark Hamill) und Han Solo (Harrison Ford) auf Tauntauns.

Tauntauns sind etwa 2,5m hohe maulige und arbeitsunlustige Tiere, deren Köpfe wie Kamelköpfe mit Widderhörnern aussehen und deren Körperbau einem Känguruh ähnelt. Sie haben kurze Stummelärmchen und laufen auf ihren kräftigen Hinterbeinen. Mit ihrem dicken Fell sind sie dem arktischen Klima des Planeten Hoth angepaßt.

Als Luke von einem **Wampa-Eisungeheuer** angefallen wird und dabeisein Tauntaun einbüßt, schlitzt Han seinem tot umgefallenen

Tauntaun den Bauch auf und steckt den halberfrorenen Luke in dessen stinkende warme Eingeweide, damit dieser im Schneesturm überlebt, bis sie gefunden werden.

Die Tauntauns sind wie alle anderen Gestalten des Films von Ralph McQuarrie, einem ehemaligen technischen Zeichner der Boeing-Werke, entworfen worden. Ein 70köpfiges Team hat sie verwirklicht. Zuerst wollte man ihnen Menschen unters Fell stecken, aber dann entschied sich »Star-Wars«-Macher George Lucas für eine technische Lösung.

Lit.: *Science Fiction. Androiden, Galaxien, Ufos und Apokalypsen,* Cinema-Filmbuch, Hamburg 1988.

Der Teddybär
Spielzeugklassiker

»Wirklich? Wie albern. Aloysius würde das
durchaus nicht billigen, nicht wahr,
du aufgeblasener alter Bär?«
(Sebastian Flyte zu seinem Teddybären)

Er liegt gut im Arm, versteht alles, ist ein verschwiegener Freund, ein Tröster in einsamen Stunden und ein verläßlicher Beschützer, wenn es dunkel wird und langzahnige Gnome oder außerirdische Mutanten unter dem Bett lauern. Mag die Kindheit auch noch so widerwärtig gewesen sein, an den Teddybären knüpfen sich ausschließlich angenehme Erinnerungen.

Bis zum Anfang dieses Jahrhunderts mußte die Menschheit noch ohne ihn auskommen. Zwar fertigte die Spielzeugindustrie auch im 19. Jahrhundert Stoffbären, aber das waren realistisch aussehende Tiere, die auf allen Vieren daherkamen, und tanzende Automatenbären, in deren Inneren sich ein Uhrwerk regte. Diese grimmigen Gesellen sahen nicht aus, als legten sie Wert darauf, in den Arm genommen zu werden.

Doch dann kam der Teddybär. Seinen Namen verdankt er dem amerikanischen Präsidenten Theodore – »Teddy« – Roosevelt. 1902, während einer Bärenjagd in Mississippi, lehnte Roosevelt es ab, auf einen in die Enge getriebenen, möglicherweise sogar festgebundenen kleinen Bären zu schießen. Der Karikaturist Clifford K. Berrymann zeichnete seine Version des Gnadenaktes in der »Washington Post« und stellte den kleinen Bären in vielen nachfolgenden Karikaturen Roosevelt als Symbolfigur zur Seite. Im Jahr darauf schmückte der russische Emigrant Morris Mitchom das Fenster seines Schreibwarengeschäfts mit zwei von seiner Frau Rose gefertigten Gliederbären aus Stoff und bat offiziell um die Erlaubnis des Präsidenten, die Bären als Anspielung auf Roosevelts Jagderlebnis »Teddy's Bears« nennen zu dürfen. Er erhielt eine Zusage, obwohl Roosevelt Zweifel daran äußerte, ob sein »Name für das Geschäft mit Spielbären viel wert« sei. Zur selben Zeit stellte die deutsche Firma Steiff einen freundlichen, gelenkigen Plüschbären auf der Leipziger Messe vor, den der Neffe der Firmenleiterin Margarethe Steiff entworfen haben soll. Der Bär stieß zuerst auf wenig Interesse, bis – der Legende nach im letzten Augenblick, als die Messestände bereits abgebaut wurden – der amerikanische Großeinkäufer Hermann Berg sie entdeckte und gleich 3000 Stück für das New Yorker Kaufhaus George Borgfeldt & Co. orderte. Ein Teil dieser Bären landete in Jägerkleidung gesteckt als Tischdekoration auf der Hochzeit von Theodore Roosevelts Tochter. Die Jagdbären fanden viel Beifall, so daß am nächsten Tag auch »Teddy's Bears« in den Gesellschaftsspalten der Zeitungen erwähnt wurden. Es ist also nicht ganz klar, ob der Teddybär eine Erfindung der Firma Steiff ist oder der Mitchoms, die später die Spielzeugfirma Ideal Toy Co. gründeten. Reich wurden sie alle damit. Die Firma Steiff steigerte ihre Teddybär-Jahresproduktion in den nächsten fünf Jahren, den sogenannten »Bärenjahren«, von 12 000 auf 975 000, mußte dreimal expandieren und tauschte das Elefantenemblem der Firma gegen ein Bärenemblem. Seitdem ist der Teddybär nie wieder aus der Mode gekommen und in allen erdenklichen Formen, Farben und Qualitäten erhältlich: ob mit Holzwolle oder Polyesterwatte gefüllt, ob klassisch aufrecht sitzend oder flach wie unter die Dampfwalze geraten, ob stumm, mit Brummstimme, Rassel in der Pfote, Glöckchen um den Hals oder einem ganzen Tonband im Bauch. Für eines der frühen Exemplare, das noch den typischen Bärenbuckel vorweisen kann, zahlen Sammler Tausende. Als Seelenmedikament für Kinder gehören Teddys zur Ausrüstung New Yorker Polizeiwagen und des Bayerischen Roten Kreuzes. In Jahrmarktslotterien sind sie noch immer der Hauptgewinn. Teddys waren bei Pionierflügen, Rekordversuchen und Weltumsegelungen dabei. Don McIntyre nahm 200 Teddys auf seiner Yacht »Buttercup« mit, als er von Sidney aus in die Antarktis aufbrach. Teddybären saßen mit großen Augen auf dem Bett von Rosemarie Nitribit, und Teddybären schmückten ein Kleid der Fürstin Gloria von Thurn und Taxis. Berühmte Stoffbären der Literatur sind → **Pu der Bär** und **Aloysius,** der »amüsante Spielbär«, der den exzentrischen Oxford-Studenten Sebastian Flyte aus »Wiedersehen mit Brideshead« (Evelyn Waugh, »Brideshead Revisited«, 1945) auf Automobilausflügen und Dinnergesellschaften begleitet. In der englischen Fernsehverfilmung wurde Aloysius von einem Stoffbären namens **Delicatessen** (vermutlich Jahrgang 1907 und aus der Ideal Toy Company) dargestellt, der dem Schauspieler Peter Bull gehörte.

Lit.: Pauline Cockrill, *Das große Buch der Teddybären,* München 1992; Constance Eileen King, *Das große Buch vom Spielzeug,* Zollikon/Schweiz 1978; Volker Kutschera, *Die Welt im Spielzeug,* Hamburg 1995; Evelyn Waugh, *Wiedersehen mit Brideshead,* Düsseldorf 1983.

Teenage Mutant Ninja Turtles
siehe Ninja Turtles

Tick, Trick und Track Duck (Huey, Dewey, Louie)
Donalds Neffen

»Wir pfeifen auf Pomade, auf Seife,
Kamm und Schwamm! Und bleiben lieber dreckig
und wälzen uns im Schlamm.«
(Tick, Trick und Track)

»Wir haben den festen Vorsatz, von jetzt an lieb
und brav zu sein.« (Tick, Trick und Track)

In den späten 30er Jahren wurde → **Donald Duck** mit Neffen gesegnet. Eigene Kinder verboten sich, um das jugendliche Zielpublikum der Trickfilme und Comics nicht zu Schlußfolgerungen auf zuvor stattgefundene Sexualbetätigungen Donalds zu verleiten. Es waren gleich drei Neffen: Huey, Dewey und Louie, die in Deutschland schließlich Tick, Trick und Track hießen. Zuvor waren sie kurzzeitig **Rip, Rup** und **Rap** genannt worden, wie in Dänemark. Denn die ersten deutschen Micky-Maus-Hefte waren Übersetzungen von dänischen Lizenz-MM-Heften.

Donalds Neffen tragen Mützen – Tick eine blaue, Trick eine rote, Track eine grüne – und gleichfarbige Jacken. Sie sind alle im gleichen Alter (das sich in den nächsten sechzig Jahren – abgesehen von einem charakterlichen Reifungssprung in den 50ern – auch nicht mehr ändert). Drillingsgeburten scheinen in Entenhausen nicht ungewöhnlich zu sein.

In dem 8-Minuten-Trickfilm »Donald's Nephews« (»Donalds Neffen«) und auch in einer Comic-Version dieser Geschichte erhält Donald eine Karte von seiner niemals in Erscheinung tretenden Cousine **Dumbella**, die ihm die Ankunft seiner »engelsgleichen« Neffen ankündigt. Die haben nämlich gerade mit ihren lustigen Streichen den eigenen Vater ins Krankenhaus befördert. Auch mit Donald gehen sie erstaunlich brutal um, demolieren sein Haus, traktieren ihn mit Wassereimer und Feuerlöscher und machen aus ihm einen überzeugten Anhänger schwarzer Pädagogik. Der als befristet geplante Aufenthalt der Neffen endet nie. Obwohl sie ihren Onkel nicht nur psychisch quälen – aufgeteilter Sprechakt, wobei ein Neffe nach dem anderen seinen Teil des Satzes formuliert, z. B.: »Jetzt kannst« (1. Sprecher) ... »du« (2. Sprecher) ... »aufhören« (3. Sprecher) [eine Angewohnheit, die sie zum Glück bald wieder aufgeben] –, sondern ihm in den folgenden Filmen und Comics auch Arm- und Beinbrüche und Gehirnerschütterungen zufügen, und obwohl Donald sich mit dem Teppichklopfer und regelmäßigen Züchtigungen revanchiert, wird aus den Vieren eine feste Wohngemeinschaft. Verständlicherweise verlangen Dumbella und ihr Mann die Kinder nie zurück. Aus den terroristischen Bälgern der Anfangsjahre werden in den 50ern dann gewitzte Persönlichkeiten, die aber aufgegeben haben zu rebellieren und sich damit be-gnügen, vernünftiger als ihr kindischer Onkel zu sein. Das ist wohl nicht zuletzt auf den heilsamen Einfluß der Pfadfindervereinigung »Fähnlein Fieselschweif« (Junior Woodchucks) zurückzuführen. Neben dem nötigen Schliff haben Tick, Trick und Track dort auch »das schlaue Buch« übereignet bekommen. Der erstaunliche Inhalt des Buches bietet Lösungen für jede Notlage, in die die Neffen auf ihren lebensgefährlichen Expeditionen mit → **Onkel Dagobert** und Onkel Donald regelmäßig geraten. So sind es meist Tick, Trick und Track, die der Duck-Familie aus der Klemme helfen und dadurch Überlegenheit demonstrieren.

Lit.: Uwe Anton / Ronald M. Hahn, *Donald Duck. Ein Leben in Entenhausen,* München 1994; Klaus Bohn, *Der Bücherdonald,* Band 1: Sekundärliteratur, kommentierte Bibliographie, Hamburg 1992; Walt Disney Productions, *Donald Duck,* Stuttgart 1984; Gottfried Helnwein, *Wer ist Carl Barks,* Rastatt 1993.

Tiger (Tigger)
Christopher Robins Stofftiger

Tiger, der im englischen Originaltext Tigger heißt, taucht erst in »Pu baut ein Haus« auf, A. A. Milnes zweitem Buch über → **Pu den Bären** und seine Freunde. Während die Neuankömmlinge → **Känga und Klein Ruh** noch auf heftige Ablehnung in der Tiergesellschaft gestoßen sind, wird Tiger bloß noch gefragt, ob Christopher Robin auch darüber Bescheid weiß. Da das der Fall ist, gehört er automatisch dazu. Tiger ist wild und angeberisch. Er erzählt Klein Ruh, daß Tiger fliegen, weitspringen, schwimmen und auf Bäume klettern können – und zwar besser als alle anderen Tiere. Wie sich zeigt, kommen sie allerdings schlecht wieder von Bäumen herunter.

Das reale Vorbild für den ungestümen Tiger, der gestüm gemacht werden soll, war ein Stofftiger, den die Milnes ihrem Sohn Christopher Robin schenkten.

Lit.: Otto Brunken, *Im Zauberwald der Kindheit,* in: Klassiker der Kinder- und Jugendliteratur (hrsg. von Bettina Hurrelmann), Frankfurt am Main 1995; Dietmar Grieser, *Im Tiergarten der Weltliteratur,* München 1991.

Tiger, Panter & Co
Tucholskys Pseudonyme

»Und es war auch nützlich, fünfmal vorhanden zu sein –
denn wer glaubt in Deutschland dem politischen
Schriftsteller Humor? dem Satiriker Ernst?
dem Verspielten Kenntnis des Strafgesetzbuches?
dem Städteschilderer lustige Verse?
Humor diskreditiert.« (Kurt Tucholsky)

Einen 1928 erschienenen Sammelband nannte Kurt Tucholsky »Mit 5 Ps«, worunter zu verstehen war, daß er unter 5 Pseudonymen geschrieben habe, nämlich als Ignaz Wrobel, **Theobald Tiger**, **Peter Panter**, Kaspar Hauser und als Kurt Tucholsky. Seinen richtigen Namen faßte Tucholsky ganz genauso als Pseudonym auf wie die Phantasienamen, die er sich ausgedacht hatte. Die neuen Pseudonyme entstanden, weil er so viele Beiträge verschiedenster Art in der »Schaubühne« veröffentlichte, einer Zeitschrift, die sich mit Theater, Literatur und Politik befaßte. Im Vorwort zu »Mit 5 Ps« beschrieb er die Charaktere der Scheinexistenzen: »Ich sah mit ihren Augen, und ich sah sie alle fünf: Wrobel, einen essigsauren, bebrillten, blaurasierten Kerl, in der Nähe eines Buckels und roter Haare; Panter, einen beweglichen kugelrunden kleinen Mann; Tiger sang nur Verse, waren keine da, schlief er – und nach dem Kriege schlug noch Kaspar Hauser die Augen auf, sah in die Welt und verstand sie nicht.«

Die Namen Peter Panter und Theobald Tiger hatte Tucholsky während seines Jurastudiums bei einem Repetitor gehört, der zur Veranschaulichung von Rechtsfällen den erfundenen Verbrechern, Klägern und Zeugen Namen zu geben pflegte. Peter Panter wurde diejenige Scheinexistenz, die am meisten weibliche Leserpost bekam.

Unter allen fünf Namen veröffentlichte Tucholsky auch Bücher. Unter Theobald Tiger z. B. »Fromme Gesänge« (mit einer Vorrede von Ignaz Wrobel) und unter Peter Panter die »Träumereien an preußischen Kaminen«.

Lit.: Helga Bemmann, *Kurt Tucholsky. Ein Lebensbild,* Frankfurt am Main/Berlin 1994; Bryan P. Grenville, *Kurt Tucholsky,* München 1983.

Tiger, Panther & Co.
Deutsche Kriegsschiffe

Im kaiserlichen Marineverordnungsblatt wurde 1875 eine Kabinettsorder von Kaiser Wilhelm I. veröffentlicht, die die Namensgebung deutscher Kriegsschiffe festlegte. Danach sollten die Kanonenboote der verschiedenen Klassen nach Reptilien, Insekten, schnellen Vögeln und vierfüßigen Raubtieren benannt werden. Nach Auflösung der kaiserlichen Marine übernahmen Reichs-, Kriegs- und Bundesmarine die wilhelminische Namensgebungsregel für ihre kleineren Kampfschiffe. Hunderte von deutschen Zerstörern, Torpedo-, Kanonen- und Schnellbooten haben mittlerweile tierische Namen wie **Albatros**, **Brummer**, **Frettchen**, **Salamander**, **Tiger** und **Zobel** gehabt.

Das bekannteste deutsche Kriegsschiff mit einem Tiernamen war sicher das Kanonenboot **Panther**, dessen Einsatz vor der nordafrikanischen Westküste 1911 als »Panthersprung von Agadir« in die Geschichte einging. Durch die massiven Versuche Frankreichs, sich das formell unabhängige Marokko zu unterwerfen, sah das deutsche Auswärtige Amt die eigenen politischen und wirtschaftlichen Interessen in dieser Wüstengegend bedroht und schickte säbelrasselnd die kleine Panther in den marokkanischen Hafen Agadir. Das Ergebnis dieser plumpen Kanonenbootpolitik war die Zweite Marokkokrise, die Europa in Kriegsgefahr brachte, Frankreich und Großbritannien noch näher zusammenrücken ließen und Deutschland schließlich prestigeschädigend zum Nachgeben zwang.

Lit.: Hans-H. Hildebrand / Albert Röhr / Hans-Otto Steinmetz, *Die deutschen Kriegsschiffe. Biographien,* Ratingen 1979 ff.; Emily Oncken, *Panthersprung nach Agadir,* Düsseldorf 1981; Hans-Jürgen Witthöft, *Lexikon zur deutschen Marinegeschichte,* Band 1, Herford 1977.

Tiger, Panther & Co.
Deutsche Panzertypen

Deutsche Militärs scheinen bei der Typenbenennung von Kampfpanzern ein Faible für Tierbezeichnungen zu haben. Statt auf naheliegende Umschreibungen wie »Witwenmacher«, »Zerfetzer II«

oder »Stählerner Sarg« griff man lieber auf Namen zurück, die mit tierischer Wehrhaftigkeit und anderen soldatischen Tugenden assoziiert werden können. Mittlerweile enthält die entsprechende Liste gut zwei Dutzend solcher Panzertypenbezeichnungen. Die bekanntesten sind sicherlich Tiger, Panther und **Leopard,** der liebevoll »Leo« genannt wird. Daneben gab und gibt es die Panzernamen **Gepard, Hornisse, Brummbär, Wespe, Hummel, Elefant, Nashorn, Fuchs** und **Wiesel.** Panzer **Maus,** ein 188 Tonnen schweres, fast unbewegliches Monster, dessen Prototyp 1944 fertiggestellt worden war, gelangte nicht mehr zum Einsatz.

Vor dem Zweiten Weltkrieg begnügte sich das deutsche Militär noch mit so schlichten Buchstabenzahlenkombinationen wie A7V, LK II und Panzerkampfwagen I, II usw. oder verwendete Tarnbezeichnungen wie »Traktor«. Als erster bekam der 1937 in Auftrag gegebene und 1941 in Serie gegangene Panzerkampfwagen V einen Tiernamen: Panther. Der in mehreren Versionen 5500mal gebaute Panzer hatte fünf Mann Besatzung und war durchschnittlich 45 Tonnen schwer. Gut gepanzert, wendig und relativ schnell (46 km/h) war der Panther mit seiner 7,5cm -Kanone den meisten gegnerischen Panzern überlegen. Erstmalig im September 1942 bei Leningrad wurde der Panzerkampfwagen VI Tiger eingesetzt. Militaria-Fans und braune Veteranen bekommen feuchte Augen, wenn sie diesen Namen hören. Experten beurteilen den Tigerpanzer, der im wesentlichen in den Versionen Tiger I (55 Tonnen) und Tiger II (**Königstiger**) an die Front rollte, weniger euphorisch. Zwar waren die mit einer 8,8cm -Kanone bewaffneten Kolosse fast allen anderen Panzern an Panzerung und Feuerkraft überlegen, doch waren sie nicht besonders schnell und wendig. Nach dem Zweiten Weltkrieg, den auch die insgesamt 2000 Tiger nicht mehr für Hitlerdeutschland gewinnen konnten, knüpfte die Bundeswehr an die Namenstradition der Wehrmacht an. Die Bundeswehr-Panzertypen **Marder** und **Luchs** und der seit 1965 in Serie gegangene Kampfpanzer Leopard I, dem heute der Leopard II als Hauptpanzer der Bundeswehr und anderer NATO-Staaten gefolgt ist, tragen sogar Namen, die bereits in der NS-Zeit für Kriegsmaschinerie benutzt wurde.

Lit.: Janusz Piekalkiewicz, *Krieg der Panzer 1939–1945,* München 1981; F. M. von Senger und Etterlin, *Die Kampfpanzer von 1916–1966,* München 1966.

Tigerente
Gestreifte Spielzeugente des Tigers

»Wenn bloß meine Tigerente nicht naß wird«,
sagte der kleine Tiger, »dann fürchte ich mich vor nichts.«
(Janosch, »Oh, wie schön ist Panama«)

Im ARD-Kinderfernsehen läuft eine magazinmäßig aufgemachte
Reihe unter dem Titel »Tigerenten-Club«. 1995 löste sie den »Disney-Club« ab. Titelgeber ist eine kleine schwarzgelb gestreifte
Holzspielzeugente auf zwei Rollen, die seit 1978 zum festen Tierbestand der Kinderbücher von Autor und Illustrator Janosch (eigentlich Horst Eckert, geboren 1931) gehört. In der gezeichneten
Janosch-Welt leben freundliche Tiere, die vergnügt in den Tag hineinleben und Alltagsprobleme mit Naivität und Bauernschläue lösen. Zu den beliebtesten dieser Figuren gehören der kleine Bär und
der noch kleinere kleine Tiger. Die beiden wohnen in einer Kate
»unten am Fluß. Dort, wo der Rauch aufsteigt, neben dem großen
Baum«. Ihr Debüt hatten sie im Kinderbuch »Oh, wie schön ist
Panama«, das 1978 einen bis heute anhaltenden Janosch-Boom auslöste. Dort kümmert sich der kleine Tiger rührend um sein Holzspielzeug Tigerente, das er nicht aus den Augen läßt und ständig an
einer Schnur mit sich führt oder auf dem Arm trägt. In späteren
Fortsetzungen ist die Tigerente zwar immer noch präsent, doch jetzt
spielt meist ein kaum größerer namenloser Frosch mit ihr, manchmal auch eine winzige Maus. Frosch und Maus gehören zum
Bär-Tiger-Haushalt. Im schwarzgelben Tigerentenmuster sind inzwischen diverse mehr oder weniger nützliche Dinge von der Zahnbürste bis zum Kinderfahrrad erhältlich.

Lit.: *Janosch. Das große Panama-Album*, Weinheim/Basel 1984; *Janosch. Großer
Kleiner-Tiger-Atlas Klaus*, München 1994; Klaus-Ulrich Pech, *Abenteuer auf dem
Plüschsofa. Janoschs »Oh, wie schön ist Panama«*, in: Klassiker der Kinder- und Jugendliteratur (hrsg. von Bettina Hurrelmann), Frankfurt am Main 1995.

Tigger
siehe Tiger

Timmy (Tiefdruck)
Produktivster Hundevater aller Zeiten

Windhund Timmy – auf der Rennbahn hieß er Tiefdruck – wurde im September 1957 geboren und starb im November 1969. In der Zwischenzeit zeugte er 2414 registrierte Junge. Dazu kommen noch mindestens 600 unregistrierte Welpen der Liebe.

Lit.: *Das neue Guinness Buch der Tierrekorde*, Frankfurt am Main/Berlin 1994.

Mr. Toad of Toad Hall, Rat/Ratty, Mole and Mr. Badger
siehe Kröt, Ratz, Moli und Meister Dachs

Toby
Erbender Pudel

Kein Hund erbte je mehr als der brave Toby. 15 000 000 englische Pfund hinterließ die New Yorkerin Ella Wendel 1931 ihrem Pudel.

Lit.: *Das neue Guinness Buch der Tierrekorde*, Frankfurt am Main/Berlin 1994.

Toby
Gelehrtes Schwein

Dressierte Schweine, die das Attribut »Gelehrt« trugen, waren in England um 1800 eine beliebte Jahrmarktsattraktion. Keines von diesen »Pigs of Knowledge« ist aber so populär geworden wie Toby. Tobys Besitzer und Dompteur, Nicholas Hoare, baute das Schwein mit großem Erfolg in seine Zauber- und Taschenspieler-show ein. Das Schwein beherrschte Kartentricks und schien lesen zu können. Berühmt wurde es durch seine mutmaßliche Fähigkeit, die von Zuschauern gedachten Zahlen treffsicher erraten zu können. 1817 veröffentlichte Hoare die angeblich von Toby selbst verfaßte

Schweinelebensgeschichte »The Life and Adventures of Toby the sapient Pig«. Nach dieser sehr unsicheren Quelle ist Toby am 1. April 1816 geboren und kurz darauf von Hoare gekauft und ausgebildet worden. Sein Todesdatum ist unbekannt.

Lit.: Ricky Jay, *Sauschlau & Feuerfest. Menschen, Tiere, Sensationen des Showbusiness*, Offenbach 1988.

Tom Puss (Tom Poes)
Niederländische Comic-Katze

1938 schuf der holländische Cartoonist Marten Toonder mit der kleinen weißen Katze Tom Poes eine der bald beliebtesten Comic-Figuren der Niederlande. Die ersten Tom-Poes-Strips wurden allerdings in der Tschechoslowakei und in Argentinien veröffentlicht. Erst ab 1941 konnten auch die holländischen Leser die kindlich-phantastischen Geschichten der Katze als Zeitungsstrips lesen. Mit seinem Kumpel, dem wohlhabenden Bären **Olivier B. Bommel**, erschien er bis 1986 täglich in der Tagespresse und hatte daneben zahlreiche Auftritte in Zeichentrickfilmen, als Werbefigur und in Lesefibeln von Grundschülern.

Lit.: Henri Fillipini, *Dictionnaire de la bande dessinée,* Paris 1989; Franco Fossati, *Das Große Illustrierte Comic Lexikon,* Stuttgart 1992.

Tom und Jerry
Zeichentrickgegner, Kater und Maus

Tom ist ein hellgrauer Stubenkater und Jerry eine kleine braune Maus. Sie leben in Dauerfehde miteinander und sind voller gehässiger Schadenfreude, wenn sie dem anderen etwas Brutales antun können. Am Ende ist immer der Kater der Angeschmierte. Dann verschmurgelt sein Schwanz zur hellen Freude seines winzigen Gegenspielers in einem Waffeleisen, Tom gerät auf der Jagd nach Jerry unversehens in das Hundehäuschen einer Bulldogge, oder eine Dynamitstange explodiert in seinem Rachen. Stets sind die

Folgen für den Kater schmerzhaft, nie tödlich. Das Katz-und-Maus-Paar und den dazugehörigen Plot haben sich die MGM-Cartoonisten Joseph Barbera und William Hanna ausgedacht. Ihr Debüt hatten Tom und Jerry 1940 in dem Zeichentrickfilm »Puss gets the Boot«. Damals sah Tom, der in diesem Film **Jasper** hieß, finsterer und gedrungener aus als in den späteren Streifen, und Jerry hatte noch keinen Namen. Die MGM-Bosse waren nur mäßig begeistert von dem Duo. Eigentlich sollte es bei einem einmaligen Auftritt bleiben. Doch Publikum und Kritik dachten anders (»Puss« wurde sogar für einen Oscar nominiert), und die Fehde der beiden ging in Serie. Bisher wurden über 200 Tom-und-Jerry-Zeichentrickfilme produziert. Die beiden bekamen eigene TV-Shows und sind die Helden von Comic-Heften. Jerry hatte einen Gastauftritt in dem Musikfilm »Anchors Aweigh« (1945) und tanzte mit Gene Kelly. Mit der Zeit gesellten sich eine Reihe von Nebenfiguren zu Tom und Jerry: unter anderem die Maus **Nibbles**, die Bulldogge **Spike** und dessen Sohn **Tyke**. Zwischen 1943 und 1952 heimste das in Haßliebe verbundene Paar sieben Oscars ein.

Tom-und-Jerry-Heft aus den fünfziger Jahren.

Immer wieder, und nicht immer zu ihrem Vorteil, wurden die Cartoon-Tiere in ihrem Zeichenstil verändert. Einen besonders massiven Einschnitt gab es in den 70er Jahren. Die Brutalität der schadenfrohen Intimfeinde schien den Fernsehmachern für ihr Programm nicht akzeptabel. In TV-Sendungen mutierten die bisher auf vier Beinen herumsausenden Tiere zu Zweifüßlern, Tom wurde eine alberne Fliege verpaßt, und aus den Erzgegnern wurde Kumpels, die mit faden Abenteuern sich und das Publikum langweilten.

Lit.: Franco Fossati, *Das Große Illustrierte Comic Lexikon*, Stuttgart 1992; Leonard Maltin, *Der klassische amerikanische Zeichentrickfilm*, München 1982; Jeff Rovin, *The Illustrated Encyclopedia of Cartoon Animals*, New York 1991.

Tony the Wonder Horse
Tom Mix' Pferd

Tom Mix war der größte Cowboystar der Stummfilmzeit. Bevor er zum Film kam, hatte er in Wildwest-Shows gearbeitet. Aus dieser Zeit brachte er auch sein erstes Filmpferd **Old Blue** mit. 1917 wechselte Mix von der Selig Polyscope Company zu den Fox-Studios. Im selben Jahr starb auch Old Blue, und Mix sattelte von nun an Tony, einen Fuchs mit zwei weißen Hinterbeinen. Wie Tom Mix zu Tony gekommen war, darüber gibt es eine Legende in verschiedenen Fassungen:

Eines Tages ritt der Cowboystar die Vine Street von Hollywood herunter, als ihm ein italienischer Gemüsekarren begegnete, der entweder von Tony selbst gezogen wurde oder von Tonys Mutter, während Tony als Fohlen hinterherlief. Tom Mix erkannte auf Anhieb das Potential des Pferdes und fragte, ob es zu kaufen sei. Entweder ließ sich der Gemüsehändler überzeugen, indem Mix ihm eine Zehn-Dollar-Note nach der anderen vorblätterte, oder er verwies Mix an seinen Sohn, dem das Pferd gehörte und von dem Mix es für 17,50 Dollar erstand. Als Mix fragte, wie das Pferd heißen würde, bekam er zur Antwort, daß es überhaupt keinen Namen hätte. Daraufhin fragte Mix, wie der Händler selbst hieße. Und weil der Tony hieß, erhielt das Pferd diesen Namen.

Dazu muß man allerdings wissen, daß Tom Mix sich in den Wildwest-Shows nicht nur durch Reiten, Schießen und Lassowerfen hervorgetan, sondern vor allem Geschichten über seine angeblichen und unglaublichen Heldentaten zum Besten gegeben hatte. Er galt als einer der letzten großen Geschichtenerzähler des Wilden Westens. Und Tony hatte er aller Wahrscheinlichkeit nach von einem Freund gekauft.

Tom und Tony hatten 11 große Jahre bei Fox. In ihren Filmen fürchteten sie weder Tod noch Teufel, setzten mit waghalsigen Sprüngen über Schluchten hinweg, retteten sich gegenseitig aus Feuersbrünsten und bekämpften Bösewichte. Nur bei den allergefährlichsten Szenen benutzte Mix einen Doppelgänger für Tony. Auch er selbst hatte erst in den späteren Jahren einen Stuntman, als die Studios darauf bestanden. Ihr teurer Star hatte bereits zu viele Knochenbrüche erlitten. Pferd Tony machte nicht nur die großen Sprünge selbst. Wenn es galt, seinem Herrn zu Hilfe zu eilen, knüpperte er auch Fesseln auf oder knotete die Zügel los, mit denen er angebunden war.

1925 tourten beide umjubelt durch Europa. Mit dem Ende der Stummfilm-Ära endete jedoch auch Tom Mix' Erfolgssträhne. 1928 wurden seine Verträge bei den Fox-Studios nicht erneuert. Es war noch nicht geklärt, wie die Vertonung von Western, die ja voller Außenaufnahmen und Panoramaszenen steckten, technisch zu bewerkstelligen war. Möglicherweise gefiel Tom Mix' Stimme auch nicht. Bei einer anderen Film-Company drehte er 6 weitere Stummfilme, deren Niveau aber deutlich unter dem ihrer Vorgänger lag. Nach dem Wall-Street-Crash, der ihn 1929 fast sein ganzes Vermögen inklusive seines Hollywood-Domizils und seiner Ranch in Arizona kostete, schloß Tom Mix sich mit Tony dem »Sells-Floto Circus« an. Hier begann er auch ein neues Pferd, **Tony Jr.**, zu trainieren, das den langsam alt werdenden Tony erst entlasten und irgendwann ersetzen sollte. Tony Jr. war auch ein Fuchs, seine Blesse war jedoch breiter, außerdem hatte er nicht zwei, sondern vier weiße Beine.

1932 spielte Tom Mix, der inzwischen eine Stimmausbildung gemacht hatte, innerhalb eines Jahres in neun Tonfilmen für Universal Pictures. Er war jetzt 52 Jahre alt, litt unter den Folgen seiner diversen Stürze und hatte Arthritis. Auch Tony war nicht mehr der Jüngste, kam aber dennoch abwechselnd mit Tony Jr. zum Einsatz. Bei Filmaufnahmen in der Mojave-Wüste, stürzte das 23jährige

Pferd einen Abhang hinunter, begrub Tom Mix unter sich und verletzte ihn schwer. Danach wurde Tony in den Ruhestand versetzt. Auch Tom Mix zog sich nach Erfüllung seines Vertrages aus dem Filmgeschäft zurück und kaufte für 400 000 Dollar seinen eigenen Circus »The Tom Mix Circus«. Es wurde ein finanzielles Debakel. Mix blieb nichts anderes übrig, als 1935 wieder vor der Kamera zu stehen, diesmal für Mascot Pictures als »The Miracle Rider«. 1940 starb Tom Mix bei einem Autounfall. Zwei Jahre später folgte ihm der alte Tony nach.

Lit.: David Rothel, *The Great Show Business Animals,* San Diego/New York/London 1980.

Trigger
Roy Rogers Pferd

Noch war Amerika nicht von seinen Depressionsjahren genesen, da wurde es schon von einer neuen Geißel Gottes heimgesucht – den singenden Cowboys. Die Amerikaner selbst empfanden das anders. Roy Rogers, Gene Autry (→ **Champion**) und ihre weniger berühmten Kollegen hatten großen Erfolg. Ebenso beliebt waren ihre Pferde, die zwar nicht singen, aber dafür so ziemlich alles andere konnten: Fesseln aufbeißen, Hilfe holen und Fragen mit Kopfnicken beantworten.

Roy Rogers' Trigger konnte Milch aus einer Flasche trinken, bis 20 zählen, addieren, subtrahieren, auf den Hinterbeinen marschieren und sich mit einem Stift im Maul im Hotel mit einem X eintragen. Und, und, und. Stubenrein war er auch noch. Insgesamt beherrschte er über 60 Tricks. 1953 bekam er den »Patsy Award« – den amerikanischen Tier-Oscar – verliehen.

Trigger war ein Palomino, ein Pferd mit goldenem (falbem) Fell und hellem Behang. Sein Vater war ein Rennpferd gewesen, seine Mutter eine Kaltblut-Palominostute. Das hatte sich als eine ganz vorzügliche Mischung herausgestellt. Trigger war so schön, wie er klug war. Er gehörte zuerst zum »Hudkins Rental Stable« in Hollywood, und sein eingetragener Name lautete **Golden Cloud**. Golden Clouds erster bekannter Filmauftritt war, als er Jungfer Marian

(Olivia De Havilland) in »Robin Hood, der König der Vagabunden« (USA 1938) durch den Sherwood Forest trug.

Unter Roy Rogers wurde er selbst zum Star. Den Namen Trigger (= Abzug) bekam er, weil er schließlich ein schnelles Cowboypferd darstellen sollte, und »quick-on-the-trigger« eine geläufige Redewendung in Western ist.

Neben Trigger hatte Rogers stets noch vier oder fünf weitere Palominos am Drehort, die er bei Fernaufnahmen einsetzte. Trigger blieb für die Nahaufnahmen vorbehalten. Rogers versicherte, alle seine Filme mit ein und demselben Pferd gedreht zu haben. Lediglich bei Showvorstellungen setzte er **Trigger Jr.** ein.

Der echte Trigger trug Roy Rogers noch durch eine Fernsehserie, bevor er 1957 mit 25 Jahren in den verdienten Ruhestand ging. Er wurde 33 Jahre alt und starb 1965. Roy Rogers ließ ihn ausstopfen. Jetzt steht Trigger im »Roy Rogers and Dale Evans Museum« in Victorville/Kalifornien neben den ebenfalls ausgestopften Pferden Trigger Jr. und **Buttermilk** und neben dem Hundepräparat → **Bullet**.

Lit.: David Rothel, *The Great Show Business Animals,* San Diego/New York/London 1980.

Trine
Lurchis Schwester

»Sohn und Tochter Salamander
Springen fröhlich umeinander.«

Trine ist etwas kleiner als Bruder Lurchi und trägt als Zeichen ihrer Weiblichkeit einen kurzen roten Rock mit hervorblitzenden Spitzen und eine rote Schleife um den Schwanz. Außerdem trägt sie natürlich Schuhe der Firma Salamander. Obwohl bereits im ersten Bildergeschichten-Heft des Werbetiers **Lurchi** auch seine Salamanderschwester auftaucht, kommt Trine in den mehr als 100 folgenden Heften nur selten vor. Ihr Bruder besteht seine rasanten Abenteuer lieber mit seinen Freunden. Eine Schwester wäre da schnell hinderlich. Trine ist oft mit Hausarbeit beschäftigt. Vermutlich nicht ganz freiwillig. An anderer Stelle wird sie nämlich als

Langschläferin beschrieben (→ **Unkerich**), und bei ihren seltenen Auftritten tanzt sie verhältnismäßig oft – ist also eher dem genußsüchtigen Lurchtyp zuzurechnen.

Lit.: René Granacher, *Lurchi. Eine Werbefigur unter die Lupe genommen,* und Jens Käubig, *Dem Feuersalamander auf der Spur,* beide in: Lurchi. Dem Feuersalamander auf der Spur (hrsg. von der Galerie der Stadt Kornwestheim), Kornwestheim 1994.

Tritonen
Meermänner

Zuerst gab es nur einen – Triton, Sohn des Meerkönigs Poseidon und der Nymphe Amphitrite. Er war ein Mischwesen, hatte den Oberkörper eines Mannes und dazu einen hübschen Fischschwanz. Hochmut wurde ihm nachgesagt, Lüsternheit und Eifersucht. Wenn er auftauchte, gab es meistens Ärger. Dabei konnte er wunderschön auf Muscheln (den Abbildungen nach sind es wohl eher Meerschnecken) tuten.

Später waren es dann ganze Tritonen-Schwärme, die gemeinsam mit Nymphen und Nereiden Poseidon bei seinen Meereskutschfahrten begleiteten. Tritonen sind beliebte Brunnenfiguren.

Lit.: Gert Richter / Gerhard Ulrich, *Der neue Mythologieführer. Götter/Helden/Heilige,* Gütersloh/München 1996.

Trojanisches Pferd
Danaergeschenk

»Was es auch sei, ich fürchte die Danaer,
selbst wenn sie schenken.«
(Laokoon in Vergils »Aeneis«, II, 49)

Der Sage nach löste die Entführung der schönen Helena den Trojanischen Krieg aus. Zehn Jahre lang versuchten die Griechen (die bei Homer Danaer genannt werden) unter Agamemnon die Stadt einzunehmen. Auf beiden Seiten kämpften auch Götter mit. Dann schlichen sich Diomedes und Odysseus in Troja ein und stahlen das Bild der Athene aus ihrem Tempel. Ein Orakel hatte geweissagt, daß die Trojaner daraufhin das Glück verlassen würde. Auf Odysseus' Rat baute Epeios anschließend ein gigantisches hölzernes Pferd, in dessen hohlem Bauch sich die dreißig besten Krieger versteckten. Die Griechen taten, als wenn sie aufgeben würden, verbrannten ihre Lagerhütten und segelten davon. Am nächsten Tag strömten die Trojaner aus ihrem Stadttor heraus und bestaunten das zurückgelassene Riesentier. Im Schilf fanden sie den Griechen Sinon, der behauptete, das Pferd sei als Ersatz für das gestohlene Bild aus dem Tempel der Athene gedacht. Damit solle die Göttin besänftigt werden. Laokoon warnte vergeblich. Auf Kassandra hörte sowieso niemand. Die Trojaner rissen ein Stück der Stadtmauer ein und zogen das Pferd zum Tempel der Athene. Nachts krochen die verborgenen Feinde heraus, die griechische Flotte kehrte zurück, und Agamemnons Krieger drangen durch die Mauerlücke ein. Sie richteten ein Blutbad an. Troja wurde erobert, angezündet und geplündert.

Obwohl das Holzpferd als Geschenk an die Göttin Athene deklariert war, werden irrtümlich meist die Trojaner als die Beschenk-

Das Trojanische Pferd (Emailmalerei, 16. Jh.).

ten angesehen. Daher leitet sich der Ausdruck »Danaergeschenk« für ein verdächtiges Präsent, das mit einigem Nachteil verbunden sein könnte, ab.

Die Ausgrabungen Heinrich Schliemanns ergaben, daß Troja tatsächlich existiert hat. Ob es auch von mykenischen Griechen erobert wurde, ist umstritten – jedenfalls dürfte es sich aber etwas anders abgespielt haben als in Homers »Illias« und seinen Gedichten, den Epen der Kykliker oder in Vergils »Aeneis«.

Möglicherweise war die Episode mit dem hölzernen Pferd durch einen alten Mythos inspiriert, in dem Meeresgott Poseidon (in der Gestalt eines Pferdes) Troja durch ein Erdbeben zerstört.

Lit.: Georg Büchmann, *Geflügelte Worte. Der Zitatenschatz des deutschen Volkes,* Berlin 1914; *Der große Brockhaus,* Wiesbaden 1957; Herbert Hunger, *Lexikon der griechischen und römischen Mythologie,* Reinbek 1985; *Meyers Konversationslexikon,* Leipzig/Wien 1897.

Tschi-Tschi
Dr. Dolittles flinker Affe

»Tschi-Tschi« ist laut Lofting, dem Autor der Dolittle-Geschichten, ein geläufiges Wort aus der Affensprache und bedeutet Ingwer. Den Affen gleichen Namens nimmt Dr. Dolittle einem italienischen Leierkastenmann ab, der den schmutzigen und unglücklichen Tschi-Tschi an einem Strick führt.

Als Tschi-Tschi durch eine Schwalbe Nachricht von seinen Vettern aus Afrika erhält, wo »eine fürchterliche Krankheit unter den Affen« herrscht, brechen Dolittle und seine Lieblingstiere nach Afrika auf, um zu helfen. Anschließend bleibt Tschi-Tschi mit einem Krokodil und dem Papageien → **Polynesia** dort zurück, stößt aber später wieder zu Dr. Dolittle und reist mit ihm und Polynesia zum Mond, wo er merkwürdige Abenteuer erlebt.

Siehe auch **Doktor Dolittles Tiere.**

Lit.: Hugh Lofting, *Doktor Dolittles Zirkus,* Berlin, o. J.; Hugh Lofting, *Dr. Dolittle und seine Tiere,* Zürich/London 1929.

Tuffi
Wuppertals randalierender Schwebebahn-Elefant

Wenn Franz Althoff mit seinem Zirkus in eine neue Stadt kam, inszenierte er mit seinen Elefanten gern kleine Spektakel, die ihn in die Zeitungen brachten und seinem Zirkus Gratisreklame verschafften. So trampelten seine grauen Riesen 1961 zu Willy Brandt, damals der Regierende Bürgermeister von Berlin, ins Schöneberger Rathaus, oder sie soffen den geweihten Brunnen in Altötting leer, so daß Althoff mit dem Bischof aneinandergeriet. Aber seine beste Werbung blieb Tuffis ungeplanter Wuppersprung.

Das kleine Elefantenmädchen Tuffi war der Publikumsliebling des Zirkus. Althoff hatte es 1950 von einer Tierhandelsfirma gekauft. Es war noch jung, erst eineinhalb Meter hoch und fraß gelegentlich Damenhüte. Ihre Beliebtheit und ihre für einen Elefanten noch verhältnismäßig geringen Ausmaße prädestinierten sie für die Werbeaktionen vor den Vorstellungen. Mit ihrem Begleiter Bubi Fröchte ging Tuffi in Kaufhäuser, rüsselte durch die Damenschlüpfer und ließ sich per Lift in die oberen Stockwerke bringen. In Köln fuhr sie Straßenbahn (auf der hinteren Plattform), und ihr Begleiter und der Schaffner fingierten einen Streit, ob Tuffi zahlen müsse oder mit ihren dreizehn Monaten noch als Baby und damit als Gratispassagier zu betrachten sei.

Als der Zirkus nach Wuppertal kam, war klar, daß Tuffi Schwebebahn fahren sollte. Wuppertals Schwebebahn ist 1901 in Betrieb genommen worden. Die 13km lange Bahnstrecke steht auf 472 Stützen und befördert täglich zigtausend Fahrgäste. Gewöhnlich ohne Zwischenfälle.

Am 21. Juli 1950, einem sonnigen Freitagmorgen um 10.30 Uhr erschien Tuffi mit den übrigen Zirkuselefanten und einem Lautsprecherwagen an der Rathausbrücke und wurde von einem Haufen Schaulustiger empfangen. Tuffi löste für sich gleich fünf Karten Schwebebahnfahrt zweiter Klasse (es gab noch eine dritte) und stieg in Begleitung von Fotografen, Reportern, Zirkus- und Schwebebahnangestellten gesittet in das reservierte Abteil im zweiten Wagen. (Angeblich war es der Wagen Nummer 13.) Doch als die Fahrt begann, äußerte Tuffi Zeichen des Unmuts, zerrte an ihrer Leine, trötete wild und stellte sich auf die Hinterbeine. Vermutlich beunruhigten sie die Fahrgeräusche und das Schaukeln. Die geängstigten Mitpassagiere flohen ins Dritte-Klasse-Abteil. Tuffi randalierte weiter. Je mehr die Schwebebahn schaukelte, desto wilder wurde sie, demolierte Sitzbänke und schlug mit dem Rüssel Scheiben ein. Und dann – etwa 200m vor der Station Adlerbrücke und nicht weit von der schon damals existierenden Elefantenapotheke – passierte es: Tuffi drückte einen Fensterrahmen ganz heraus und sprang aus der fahrenden Schwebebahn in die glücklicherweise darunterfließende Wupper. Anschließend rannte sie durchs Wupperbett in Richtung Rathausbrücke. In der Nähe des Stadttheaters wurde Tuffi wieder eingefangen. Direktor Althoff sprang ins Wasser und holte sie heraus – unverletzt bis auf ein paar Kratzer. Und das ist das Mysteriöse an der ganzen Sache: Tuffi stürzte etwa zehn Meter tief, möglicherweise auch noch kopfüber, sie wog acht Zentner, und die Wupper war nicht besonders tief. Aller Wahrscheinlichkeit nach hätte sie sich mindestens ein Bein, wenn nicht den dicken Hals brechen müssen.

Das Ereignis machte Schlagzeilen und Tuffi, Wuppertal und seine bös demolierte Schwebebahn berühmt. Verletzte hatte es nicht gegeben.

Zwei Prozesse wurden angestrengt, gegen Franz Althoff und den Ingenieur der Stadtwerke, der die Fahrt genehmigt hatte. Zirkus und Stadt konnten trotzdem zufrieden sein, sie hatten einen mehr als dauerhaften Reklamegag gewonnen. Immer noch gibt es die Postkarte mit dem nachgestellten Wuppersprung, und immer noch verkauft eine Molkerei Tuffi-Joghurt. Der Pressechef der Stadt Wuppertal schrieb ein Kinderbuch: »Tuffi und die Schwebebahn«.

Tuffi selbst führte weiterhin das Leben eines Zirkuselefanten. 1968, als Franz Althoff sich aus dem Geschäft zurückzog, kam sie in den Pariser »Cirque Alexis Gruss« und hieß von da an **Toffee**. 1987 wurde Toffee alias Tuffi ein Tumor aus der Backe operiert. Sie starb 1989 im Winterquartier des Zirkus in Bresle.

Lit.: Marlies Lehmann-Brune, *Die Althoffs. Geschichte und Geschichten um die größte Circusdynastie der Welt,* Frankfurt am Main 1991; *Die Welt* vom 20.7.1985.

Tuh-Tuh
Dr. Dolittles scharfohrige Eule

*»Da ist ein Laut, als ob sich jemand
seine Hand in die Tasche steckt.«
(Tuh-Tuh)*

Nachdenklich und schweigsam ist Tuh-Tuh, die Eule aus den Do-little-Kinderbüchern. Sie erteilt seltene, aber gute Ratschläge, ist zuständig, wenn es etwas auszurechnen gibt, und hört so gut, daß sie »die Farbe einer jungen Katze erkennen« kann, »einfach aus der Art und Weise, wie sie im Dunkeln blinzelt«.

   Siehe auch **Doktor Dolittles Tiere.**

Lit.: Hugh Lofting, *Dr. Dolittle und seine Tiere*, Zürich/London 1929.

Tweety
Wehrhafter Kanarienvogel

»I tawt I taw a putty tat.« (Tweety)

Tweety lebt bei der gütigen Menschenoma Granny und macht auf den ersten Blick den Eindruck eines äußerst zerbrechlichen und schwächlichen Zeichentrick-Kanarienvogels. Kükenklein, gelb, drei Federchen auf dem Babykopf, in den großen Kinderaugen das Staunen über die Welt und ein piepsiges Stimmchen. Kaum zu glauben, daß in diesem süßen, scheinbar hilflosen Wesen ein sadistisches Potential von → **Bugs Bunny**-Qualität schlummert.

   Der kleine Kanarienpiep hatte seinen ersten Auftritt in dem US-Trickfilm »A Tale of Two Kitties« (1942). Damals war er eher lila als gelb und hatte noch keinen Namen. Der Grundplot war bereits der aller folgenden Tweety-Geschichten: »Katze jagt Vogel, Vogel zeigt's dem Katzenvieh.« Mit Unschuldsmiene, aber auch mit sichtlichem Vergnügen entwickelt der kleine Vogel eine ungeheure Bandbreite von Verteidigungsstrategien – Stromstöße, Hammerschläge, Dynamitattacken –, die für die Katzen stets mit schmerzhaften Konsequenzen verbunden sind. Seine Opfer im ersten Film hießen **Babbit** und **Catstello**. Dieser und die nächsten drei der insgesamt 47 Tweety-Filme wurden von Tweetys Erfinder Bob Clampett gedreht, dann übernahm Friz Freleng die Figur. In Frelengs Erstling »Tweetie Pie« (1947) stieß der Kanarienvogel mit Kater → **Sylvester** zusammen. Seitdem bemüht sich der etwas dümmliche Kater im Kino, im Fernsehen und in Comic-Heften erfolglos darum, Tweety aufzufressen.

Lit.: Jeff Lenburg, *The Encyclopedia of Animated Cartoons* New York 1991; Leonard Maltin, *Der klassische amerikanische Zeichentrickfilm,* München 1982.

U

Ugly
Elsässische Humpelkatze

Im Elsaß werden auswärtige Gäste in stürmischen Vollmondnächten gern mit der Geschichte vom Gruselkater Ugly in die Nachtruhe entlassen. Der als klein, langhaarig und graugetigert beschriebene Ugly gehörte ursprünglich einem französischen Offizier namens Jacques Gravelot. Der Kater war während des Krimkriegs (1853–56) zwischen die Fronten geraten und hatte dabei durch eine russische Granate ein Auge und ein halbes Bein verloren. Gravelot päppelte das arme Tier auf. Seinen Namen erhielt Ugly von einem englischen Sergeanten. Die humpelnde Katze zeigte sich anhänglich und dankbar. Trotz ihrer Behinderung sorgte sie dafür, daß der Unterstand der Einheit stets rattenfrei blieb und brachte den schlecht versorgten Soldaten junge Kaninchen von ihren Jagdzügen mit.

Als Gravelot an Typhus erkrankte, vermachte er kurz vor seinem Tod einem Kameraden, Henri Schreiber, ein nicht unerhebliches Legat mit der Auflage, sich um Ugly zu kümmern. Zurückgekehrt in das heimatliche Elsaß kaufte sich Schreiber von dem Erbe einen kleinen Gasthof im Sundgau. Schreibers Ehefrau Danielle freute sich über den unerwarteten Vermögenszuwachs; weniger über den damit verbundenen Betreuungsauftrag. Sie bearbeitete ihren Mann solange, bis der Pantoffelheld das arme Tier um die Ecke brachte und den kleinen Körper im Garten verscharrte. In der darauffolgenden stürmischen Vollmondnacht schlief Schreiber schlecht und wurde schließlich davon wach, daß seine Hand in etwas Feuchtem lag. Es war der halb abgefressene Armstumpf seiner Frau, die neben ihm lag, aber nichts mehr zu meckern hatte. Madames Kehle war durchgebissen, ein Auge herausgerissen und das ganze Gesicht voller Kratzspuren. Panisch rannte Schreiber aus seinem Haus, sein Blick fiel auf die Stelle, wo er Ugly begraben hatte:

Dort war ein Loch, das aussah, als hätte sich ein katzengroßes Tier aus der Erde herausgebuddelt. Schreiber wurde wahnsinnig und starb in einer Irrenanstalt.

Die hilflose Polizei schob ihm den Tod seiner Frau in die Schuhe. Doch der elsässische Volksglauben weiß es besser. Es wird erzählt, daß in Vollmondnächten schattengleich eine zierliche graugetigerte Katze durch die Dörfer humpelt und in den Gärten von Gasthöfen, in denen zänkische Wirtinnen das Zepter schwingen, verschwindet. Oft leiden die unsympathischen Frauen danach an Beschwerden der Armgelenke oder an bohrenden Augenschmerzen, manchmal werden sie auch tot aufgefunden.

Lit.: Pat Portenier, *Ugly*, Basel 1984.

Die Uli-Stein-Maus
Uli Steins erfolgreichstes Geschöpf

Der 47jährige Cartoonist aus Hannover zeichnet auch Katzen, Hunde, Schweine, Pinguine und was sonst noch kreucht und fleucht. Mäuse veröffentlichte er zum ersten Mal 1972 in der »Funkuhr«. Es handelte sich um zwei plumpe Exemplare, die eine schriftliche Einladung zum Katerfrühstück erhielten – vom Kater. Von da an erschienen Mäuse mit oder ohne Katze immer wieder in den Cartoons, die Stein in Zeitungen und Illustrierten veröffentlichte. Die schamlos-frechen grauen Nager nahmen jedoch noch keine Sonderstellung unter seinen anderen Tieren ein. Das änderte sich 1982 mit einem Aufkleber, auf dem eine Maus sich vor zwei kopulierenden Katzen aufbaut und Fratzen schneidet. Dieses unverfrorene Tier wurde aus dem Witz herauskopiert und verkaufte sich allein als Aufkleber über eine Million Mal. Dabei rundete und glättete sich das Erscheinungsbild der Maus im Laufe der Zeit. Die Fratze, die sie als Aufdruck von Tassen, Badematten, Uhren, Autositzbezügen usw. zieht, ist jedoch dieselbe geblieben.

Lit.: Uli Stein Fan-Post 2/1996.

Das Ungeheuer aus der schwarzen Lagune (Der Schrecken vom Amazonas)
50er Jahre Filmmonster

»Der Schrecken vom Amazonas« (»The Creature from the Black Lagoon«, USA 1954, Regie: Jack Arnolds, Regie Unterwasseraufnahmen: James C. Havens) beinhaltet die üblichen Zutaten eines Monsterfilms. Es gibt einen exotischen Schauplatz (Oberlauf des Amazonas), einen ehrlichen, engagierten Wissenschaftler, seinen unsympathischen Kollegen, eine ständig kreischende Blondine, einige weniger wichtige Expeditionsmitglieder, die als Monsteropfer verbraucht werden, und das Monster selbst. Das Ungeheuer aus der Lagune ist ein aus prähistorischen Zeiten übriggebliebener Kiemenmensch oder menschenähnliches Kiemenwesen mit gefährlichen Krallen an den Schwimmpfoten. Jedenfalls ist es ein Männchen. Wie viele amerikanische Monster verkörpert es entfesseltes, männliches Triebleben, und so wird ihm schlüssigerweise auch die Sehnsucht nach einer Frau zum Verhängnis. Ihretwegen wird er gefangen, entkommt, wird angeschossen, abermals gefangen, und ihretwegen versinkt er schließlich tot oder doch wenigstens schwer verletzt.

Das Lagunen-Monster in Jack Arnolds Horror-Klassiker von 1954.

Berühmt wurde der Film mit dem amphibischen Monster und den naiven Horrorszenen, weil er voller sexueller Andeutungen steckt, die ebenso offensichtlich wie romantisch-zart sind. Hinter Algen verborgen beobachtet das Ungeheuer in einer langen raffinierten Unterwasserszene, wie Kay Lawrence (Julia Adams) im weißen Badeanzug durch die Lagune taucht. Er ist hingerissen von ihrer Schönheit. Als sie den Kopf wieder oberhalb der Wasseroberfläche trägt und noch ein bißchen krault und vor sich hin plätschert, taucht der Kiemenmann ungesehen direkt unter ihr her und wiederholt mit seinem Körper ihre Schwimmbewegungen. Schließlich kann er nicht länger widerstehen und ... berührt ihren Fußknöchel.

In dieser Szene wurde das Mischwesen »aus dem Urozean« von dem 23jährigen Unterwasserstuntman Ricou Browning gespielt, der imstande war, 5 Minuten die Luft anzuhalten. Browning besaß außerdem einen ganz eigenen Schwimmstil, der den Filmemachern der Universal Studios für ein Monster besonders passend vorkam. Da er für ein richtig böses frauenverschleppendes Ungeheuer aber nicht groß genug war, wurde er nur für die Unterwasseraufnahmen eingesetzt. Deswegen mußten auch die anderen Darsteller in den Unterwasserszenen durch entsprechend kleinere Doubles ersetzt werden. Der Gummianzug für das Unterwassermonster wurde von Bud Westmore angefertigt und war etwas weniger aufwendig gestaltet als der, den der zweite Ungeheuerdarsteller (Ben Chapman) an Land trug.

Die Kopfmaske sah aus wie das Gesicht einer faltigen Ente mit abgeschnittenem Schnabel und buschigen Kiemenkoteletten. Der übrige Körper war mit kohlblattähnlichen Hautlappen bedeckt. Der Bauchpanzer erinnerte an eine Kellerassel und verdeckte den Schambereich.

Der schwarzweiße 3-D-Thriller spielte mehr als 3 Millionen Dollar ein und hatte zwei weniger geglückte Fortsetzungen: »Die Rache des Ungeheuers« (1954) und »Das Ungeheuer ist unter uns« (1956). Monsterdarsteller Ricou Browning schrieb später das Buch, nach dem der erste → **Flipper**-Film gedreht werden sollte, und avancierte zum Delphintrainer.

Lit.: Ronald M. Hahn / Volker Jansen, *Kultfilme. Von Metropolis bis Rocky Horror Show*, München 1985; *Lexikon des Internationalen Films*, Reinbek 1991; David Rothel, *The Great Show Business Animals*, San Diego/New York/London 1980.

Unkerich
Unglücks-Unke

»Jäh klafft eine Bodenlücke
Und verschwunden ist der Dicke!«

→ **Lurchi**, die Hauptfigur aus den Kinder-Werbeheftchen der Schuhfirma Salamander hat fünf gute Freunde. Einer von ihnen ist Unkerich, eine männliche Unke, die ihre gelbrote Warnfleckfärbung nicht nach Unkenart auf dem Bauch, sondern überall sonst trägt, während der Bauch weiß geblieben ist. Unkerich ist dick. Die fetten Unkenunterschenkel hat er in schwarze Markenstiefel gequetscht, um den Bauch trägt er aus unbekannten Gründen einen unvorteilhaften Gürtel, und auf dem Kopf hat er eine amtlich aussehende blaue Mütze mit rotem Rand. Mit etwas bösem Willen erinnert seine Erscheinung an Hermann Göring.

Seinen ersten Auftritt hatte Unkerich in Heft Nr. 5, wo er die lächerliche kleine Autorität eines Schulwarts ausfüllte. Damit war sein weiterer Weg vorgegeben. Unkerich ist lächerlich, sowohl durch seine Erscheinung als auch durch sein aufgeblasenes Benehmen. Alles mißlingt ihm. Unglücksfälle treffen ihn noch häufiger als den leichtsinnigen Frosch → **Hopps**.

Hänseln tun ihn seine Freunde überraschenderweise nicht. Mit vereinten Kräften wird die Tölpelunke aus ihrer jeweiligen mißlichen Lage befreit und die Rettung bejubelt. Manchmal rettet ihn auch der schlanke Lurchi allein, dessen Stern neben seinem ungeschickten, dicken Freund nur um so heller strahlt. In Heft 53 gibt Unkerich sich sogar dazu her, in einer Transvestitenrolle als dicke gelbe Lorelei aufzutreten.

Möglicherweise ist er heimlich in Lurchis attraktive Schwester → **Trine** verliebt. Da ihm die Hoffnungslosigkeit seiner Neigung klar ist, wagt er sich aber nur mit einem Hirschgeweih (!) auf dem Kopf und unter dem Vorwand, sie necken zu wollen, an das Fenster ihres Schlafzimmers (!). Der Erfolg? Ein Krug Wasser über den Kopf.

Lit.: siehe unter **Lurchi.**

Uriel (Azrael)
Comic-Kater, Feind der Schlümpfe

Uriel heißt heute Azrael und ist der orange Kater des Zauberers Gurgelhals, der heute Gargamel heißt. In Rolf Kaukas Fix-und-Foxi-Heften und in Schlumpf-Sonderheften waren bzw. sind Gurgelhals und Uriel regelmäßig hinter den Schlümpfen her. Gurgelhals, weil ihm mal wieder einer der kleinen blauen Zwerge als Zutat für einen Zaubertrank fehlt, und Uriel, weil er sie fressen will. Wenn Gurgelhals einen gefangenen Schlumpf in einem an der Decke aufgehängten Käfig deponiert, werden Zauberer und Kater auch schon mal zu Konkurrenten.

Erfunden hat die Schlümpfe und ihre beiden Erzfeinde der belgische Zeichner Peyo (Pierre Culliford). Die Sprechblasen füllte Yvan Delporte.

Die Schlümpfe tauchten als Schtroumpfs zum ersten Mal 1958 in der belgischen Comic-Zeitschrift »Spirou« als Nebenfiguren in der 8. Folge von Peyos Geschichten um den Ritter Johan auf. Johan hieß in Deutschland Prinz Edelhart. Er wurde vom kleinwüchsigen Knappen Kukuruz (im Original: Pirlouit) begleitet, der auf seiner Reitziege **Ricki** saß. Die Schtroumpfs hatten soviel Erfolg, daß Peyo ihnen eine eigene Serie widmete, und schließlich landeten sie auch im Fernsehen und füllten als Gummifiguren die Setzkästen. 1978 okkupierte der unsägliche »Vader Abraham« mit seinem »Lied der Schlümpfe« die Spitzenplätze europäischer Hitparaden.

Um auf Uriel zurückzukommen, so sei noch angemerkt, daß er den Namen eines Erzengels trägt, der zur Linken des Gottesthrones steht und den Vorsitz über die Hölle führt.

Lit.: Jürgen Boeber, *Verdammt nah am Paradies,* in: Freunde fürs Leben (hrsg. von Holger Jenrich), Essen 1996; Wolfgang J. Fuchs / Reinhold C. Reitberger, *Comics. Anatomie eines Massenmediums,* Reinbek 1973.

Urmel
Saurier mit Schnuller

»Qui quä pscht gluck gluck miminipi
quä tsch tsch öh äh!« (Urmels erste Worte)

Kaum hat **Mutter Urmel** ein Ei gelegt, bricht die Eiszeit an, und alle
Saurier inklusive der Urmel sterben aus. Jahrmillionen später treibt
das im Eis eingeschlossene Ei an den Strand der Insel Titiwu. Hier
haben Professor Habakuk Tibatong und der Waisenknabe Tim Tin-
tenklecks mit ihrem sprechenden Schwein **Wutz** eine Zuflucht
gefunden und noch vier weiteren Tieren der Insel das Sprechen beigebracht: → **Ping Pinguin**, → **Wawa**, → **Seele-Fant** und → **Schusch**.
Als etwas strapazierter Witz hat jedes Tier seinen individuellen
Sprachfehler. In Teamarbeit brüten Ping Pinguin, Wawa und
Schusch das Ei aus. Aber als das Urmel ausschlüpft, ist das erste,
was es sieht, Wutz, die von nun an bei ihm Mutterstelle vertritt. Das
Urmel hat eine Nilpferdschnauze und kurze Gliedmaßen, es geht
aufrecht auf zwei Beinen, hat einen langen Hals und einen Kroko-
dilsschwanz. Eigentlich ist »Urmel« die Sammelbezeichnung für
eine nicht sehr große Sorte Saurier, deren Existenz Professor Tibatong bisher vergeblich zu beweisen versuchte. Aber da es nur noch
ein einziges Exemplar davon gibt, wird Urmel auch der Rufname
des kleinen Saurierkindes. Es lernt ebenfalls sprechen, bringt es im
ersten Band der Urmel-Buchreihe von Max Kruse, »Urmel aus dem
Eis« (1969), aber nur zu einer lispelnden Babysprache. So und mit
dem Schnuller um den Hals, der ihm in der Fernsehfassung der
Augsburger Puppenkiste umgehängt worden ist, hat sich sein Bild
den Urmel-Freunden für alle Zeiten eingeprägt. Da nützt es auch
nichts, daß es in späteren Büchern – »Urmel fliegt ins All«, »Urmel
taucht ins Meer«, »Urmel im Vulkan« usw. – perfektes Hoch-
deutsch lernt. Man sieht ja doch immer nur das abenteuerlustige
und verwöhnte Urmel vor sich, das in die Höhle der unheimlich
knarrenden Riesenkrabbe wackelt und dabei »Alle Mamis sagen
immer, Tintlein gib sön acht ...« singt. Denn die Fernsehrealisation
des ersten Buches, in dem Urmel in Gefahr gerät, weil König
»Futsch« Pumponell von Pumpolonien es erlegen will, aber am
Ende doch alle Freundschaft schließen, hat Urmel vom Kinder-

buchhelden zum Medienstar erhoben. Schallplatten, Musikkassetten und Spielfiguren folgten.

Die Parallelen zwischen Hugh Loftings Dr. Dolittle (→ **Doktor Dolittles Tiere**) und jenem Professor Habakuk Tibatong, den Max Kruse (*1921), Sohn der Puppenschöpferin Käthe Kruse, erfand, sind offensichtlich. Die Unterschiede auch. Beide pendeln zwischen Kleinstadtmilieu und exotischen Schauplätzen, beide verstehen sich besser mit Tieren als mit ihren Mitmenschen, haben einen jungen Gehilfen und erleben ihre Abenteuer in Buchserie. Dolittle jedoch hat sich die Mühe gemacht, die verschiedenen Sprachen der Tiere samt ihrer Dialekte zu erlernen. Tibatong läßt seine Tiere die menschliche Sprache büffeln und hilft – Tierversuche sind 1969 noch kein großes Thema – ein bißchen mit selbstgebrauten Medikamenten nach, die »eine ganz bestimmte Wirkung auf ganz bestimmte Zentren des Gehirns« haben sollen.

Im Oktober 1996 startete eine 26teilige Urmel-Zeichentrickserie aus dem Studio von »Deutschlands renommiertesten Comic-Filmproduzenten« (M. Luft in »TV-Today«) Gerhard Hahn in der ARD (Sonnabend morgens). Urmel trägt darin einen rotweißen Spielanzug, Waran Wawa hat einen gelben Schlips um und eine affige Sonnenbrille auf, Wutz sieht nicht mehr aus wie ein Schwein, sondern wie irgendein fettes Weib, und aus Professor Habakuk Tibatong ist Quotenprofessorin Ophelia geworden. Muß man noch mehr sagen?

Lit.: Max Kruse, *Urmel aus dem Eis,* Reutlingen 1969; Max Kruse, *Urmels toller Traum,* Reutlingen, 1974; *Lexikon der Kinder- und Jugendliteratur,* Weinheim/Basel 1984; *Prinz* 8/1996; Claudia Wessel, *Titiwu ist überall,* in: Freunde fürs Leben (hrsg. von Holger Jenrich), Essen 1996.

Wanda
Filmfisch

In der amerikanisch-britischen Filmkomödie »Ein Fisch namens Wanda« (»A Fish called Wanda«, 1988, Regie: Charles Crichton) geht es um eine amerikanische Juwelenräuberbande in London, deren einzelne Mitglieder sich gegenseitig übers Ohr hauen wollen. Der Fisch aus dem Filmtitel spielt darin nur eine sehr kleine Rolle.

Der inhaftierte Bandenboß George (Tom Georgeson) hat den Schlüssel für das Schließfach, in dem die Beute deponiert wurde, dem stotternden und ihm ergebenen Ken (Michael Palin) anvertraut. Ken versteckt den Schlüssel in seinem Aquarium. Sein Lieblingsfisch ist ein silberschwarz gestreifter Skalar, dem er den Namen seiner heimlichen Liebe, der gerissenen Bandenschlampe Wanda Gershwitz (Jamie Lee Curtis) gab. Wanda Gershwitz holt sich den Schlüssel aus Kens Aquarium. Ihr Liebhaber Otto (Kevin Kline), der auch hinter den Juwelen her ist, kommt zu spät. Er setzt Ken unter Druck, indem er vor dessen Augen einen Aquarienfisch nach dem anderen ißt. Erst nachdem er auch Skalar Wanda heruntergeschluckt hat, sieht er ein, daß Ken wirklich nicht weiß, wo der Schlüssel ist. Am Ende des Films macht der rachedurstige Ken Fischkiller Otto mit einer Dampfwalze platt.

Lit.: Hans-Werner Asmus, *Das große Cinema-Film-Lexikon,* Band 1, Hamburg 1991; *Filmklassiker,* Band 4, Stuttgart 1995.

Wanze
Abhörgerät

»*Itzund wissen drei ungebetene Gäste in jedwed Haus zu dringen: der Winter, die Wanzen und die Pfaffen.*«
(Willibald Alexis)

Auf der Mauer, auf der Lauer sitzt 'ne kleine Wanze. Und nicht nur dort. 1952 wurde eine Wanze im Schnabel des Dienstsiegel-Adlers in der amerikanischen Botschaft in Moskau entdeckt. Dabei handelte es sich nicht um ein Insekt aus der Ordnung der Schnabelkerfen, sondern um jenes technische Hilfsmittel, mit dem Geheimdienste in aller Welt ihre Lauschangriffe auf Gespräche starten, die für ihre Ohren nicht bestimmt sind. Wanzen können im Fensterrahmen, in Kugelschreibern, Telefonhörern, Manschettenknöpfen oder Obstschalen versteckt sein. Und überall sonst auch. Wie ihre tierischen Namensvetter, die Wandläuse (= Wanzen), sind sie schwierig aufzustöbern und unausrottbar.

Lit.: Klaus Jürgen Haller, *Wörter wachsen nicht auf Bäumen,* München 1991.

Wauzis (Pound Puppies)
Zeichentrickhunde

Bevor sie als Wauzis auch ins deutsche Kino kamen, hießen sie Pound Puppies und hatten bereits eine wöchentlich erscheinende Zeichentrickserie im amerikanischen Fernsehen. Wauzis tragen menschliche Kleidung und gehen auf zwei Beinen. Durch ihre Schlappohren, die Schnauzenform und die Stummelschwänzchen erinnern sie aber noch irgendwie an Hunde.

In »Der Wauzi-Film. Auf der Jagd nach dem Zauberknochen« (»Pound Puppies and the Legend of Big Paw«, USA 1988, Regie: Pierre DeCelles) haben drei Bösewichte den legendären Wauzi-Knochen gestohlen, den ein Wauzi einst aus demselben Stein zog, in dem auch König Arthus' Schwert Excalibur steckte. Mit Hilfe dieses Knochens sprechen Wauzis und Kinder dieselbe Sprache. Die Frage, ob das erstrebenswert ist, wird gar nicht erst gestellt, sondern Oberwauzi **Zampano** und seine Tölen machen sich an die Verfolgung der Schufte. Vor dem guten Ende gibt es noch jede Menge 50er-Jahre-Musik, Straßenkreuzer und Pastellfarben.

Faszinierender als der dünne Film war die Werbung einer wauzivertreibenden Spielzeugfirma. Sie stopfte ihre traurig guckenden Plüschköter in gemein enge Pappgitterkäfig-Verpackungen und startete dann den herzzerreißenden Appell: »Holt die Wauzis aus dem Tierheim!«

Lit.: *Cinema* 12/1988.

Wawa
Muschelbesitzer und Waran

*»Die Sonne geht auf und unter und tschieht
über mich hinweg, und der Mond geht auf
und unter und tschieht über mich hinweg ...«
(Wawa)*

Wawa, ein nicht näher spezifizierter Waran, ist eines der Tiere, denen Habakuk Tibatong, der Professor aus Max Kruses Urmel-Büchern das Sprechen beigebracht hat. Das klappt auch ganz gut, nur das Z zischt Wawa »heraus wie eine Dampflokomotive«.

Heiß beneidet von → **Ping Pinguin,** ist Wawa Besitzer einer Riesenmuschel, die vielleicht die größte der Welt ist und sich zuklappen läßt. Dann kann Wawa ungestört von → **Seele-Fants** deprimierenden Gesängen nachdenken und die Himmelsgestirne über sich hinwegziehen lassen.

Obwohl Warane eigentlich räuberisch veranlagt sind und es besonders auf Eier abgesehen haben, hilft Wawa, das Urmelei auszubrüten, ohne in Versuchung zu geraten.

Siehe auch **Urmel.**

Lit.: Max Kruse, *Urmel aus dem Eis,* Reutlingen 1969.

Der Weiße Hai
Böser Kinofisch

»Schwimm, Eddie! Schwimm!« (Eddies Kumpel)

Steven Spielberg war erst 28 Jahre alt, als er Peter Benchleys Roman verfilmte: »Der weiße Hai« (»Jaws«, USA 1974/75). Er »schuf einen Meilenstein in der Horrorfilmgeschichte« (TV-Today), der drei Oscars (Schnitt, Ton, Musik) erhielt, weltweit mehr als eine halbe Milliarde Mark einspielte und bei Badetouristen Verfolgungswahn auslöste. Der Abenteuerfilm über die Jagd dreier Männer auf einen großen weißen Hai ist gleichzeitig ein Heldenmythos. Heldenmythen sind auf der ganzen Welt verbreitet und treten in unseren Träumen, in Monster- und Abenteuerfilmen und im Märchen vom Königssohn, der gegen einen Drachen kämpft, zutage. Aus psychoanalytischer Sicht bedeuten sie das Ringen des bewußten *Ich* mit seinem *Schatten*. Der Schatten beinhaltet die »verborgenen, unterdrückten und unvorteilhaften oder sündhaften Aspekte« der eigenen Persönlichkeit. Im modernen Heldenmythos »Jaws« ist der Königssohn kein Königssohn, sondern Polizeichef und noch dazu eine ziemliche Lusche. Chief Brody (Roy Scheider) fürchtet sich vor dem Wasser (Symbol des Unbewußten) und hat sich trotzdem aus New York in das friedliche Inselhafenstädtchen Amity versetzen lassen, weil es hier noch nie einen Mord gab. Übersetzt: Er ist noch nicht bereit, die Herausforderungen des Lebens anzunehmen und das Gute und das Böse in sich gleichermaßen zu akzeptieren. Der Drache (Brodys *Schatten*) ist ein weißer Hai, der zuerst gar nicht zu sehen ist, dann als ein *Schatten* unter Wasser, dann teilweise, indem er seine Rückenflosse zeigt, und dann als ganzes, über 7 Meter langes Monster mit einem fürchterlichen Rachen. Obgleich er von Brody getrennt um die Insel herumschwimmt und Brody sein erbitterter Gegner wird, sind sie aus psychoanalytischer Sicht untrennbar miteinander verbunden. Darum müssen die Zuschauer sich auch nicht wundern, wenn der Weiße Hai ganz haiuntypisch ausgerechnet in den kleinen meerverbundenen See schwimmt, in dem Brodys Sohn segelt. Wenn Brody weiß, daß sein Sohn sich dort befindet, so weiß es auch der Hai. Und wenn Brody auch ein liebender Vater ist, der seinen Sohn niemals bewußt verletzen würde, so denkt der unbewußte Hai in ihm darüber ganz anders. Den meisten Menschen wird die dunkle oder negative Seite ihrer Persönlichkeit niemals bewußt. Der Bürgermeister von Amity leugnet aus finanziellen Erwägungen die Existenz eines Menschenfressers vor der Küste seiner Stadt. »Der Held aber muß sich klar machen, daß der *Schatten* existiert und daß er Kraft aus ihm schöpfen kann. Er muß sich mit den destruktiven Mächten einigen, wenn er furchterregend genug werden will, um den Drachen besiegen zu können« (J. L. Henderson).

Da man sich mit einem großen Knorpelfisch schlecht einigen kann, einigt Chief Brody sich mit dem rüpelhaften Haijäger Quint (Robert Shaw), einem Typen, der auf dem Wasser zu Hause ist, niemandem gefallen will, für seine Hilfe 10 000 Dollar verlangt und in Anwesenheit von Brodys Frau zotige Lieder singt. »Als Ballast« nehmen Quint und Brody noch den neunmalklugen Meeresbiologen Hooper (Richard Dreyfuss) mit an Bord. Der Hai läßt sich nicht lange bitten und beginnt, das Schiff zu zerlegen. Nach erbitterten Kämpfen wird Quint von ihm gefressen (Brodys zeitweilig doppelt vorhandener Schatten ist wieder eins geworden), Hooper ist verschwunden, das Schiff sinkt, und Brody, der von allen dreien immer die meiste Angst hatte, steht dem Untier direkt gegenüber und muß es ganz allein erledigen. Er rammt ihm eine Preßluftflasche in den Rachen und sprengt es damit in die Luft. Jetzt taucht Hooper unversehrt wieder auf, und am Ende paddeln er und Brody auf den Schiffstrümmern zur Küste zurück.

Ängstigte weltweit Millionen Kinogänger: der weiße Hai (»Jaws 2«, USA 1978).

Die Prinzessin, die es bei einem Drachenkampf üblicherweise zu retten gilt, weil sie die Anima (das weibliche Element) in der männlichen Psyche darstellt, fehlt nur scheinbar. Der weiße Hai bedroht nämlich durch seine Existenz das vom Tourismus lebende Hafenstädtchen Amity als ganzes.

Hafenstädte wiederum sind bekannte Animasymbole, was sich z. B. darin äußert, daß sie oft als → **Nixen** dargestellt werden.

Da Haie sich weder zähmen noch dressieren lassen, mußte Spielberg einen Kunststoffhai einsetzen. Sein Spitzname war Bruce, nach dem Vornamen von Spielbergs Anwalt. Bruce bereitete einige Schwierigkeiten und funktionierte erst gegen Ende der Dreharbeiten so, wie er sollte. Dann allerdings war er sehr überzeugend.

Dem großartigen ersten »Jaws«-Film folgten drei Fortsetzungen. In »Der weiße Hai II« (»Jaws II«, USA 1978, Regie: Jeannot Szware) wird gebetet, und der weiße Hai betätigt sich als moralischer Saubermann und verlängerter Arm erboster Eltern. Er versetzt unfolgsame Kinder in Angst und Schrecken und funkt genau dann dazwischen, wenn zwei Teenager zur Sache kommen wollen. Chief Brody bietet sich ihm schließlich als Köder an und verleitet ihn dazu, auf ein Starkstromkabel zu beißen. Die simplere Dramaturgie versucht der akzeptable 2. Teil durch noch größere Blutrünstigkeit auszugleichen.

»Der weiße Hai III – 3D« (»Jaws 3-D«, USA 1982, Regie: Joe Alvis) konnte auch durch Dreidimensionalität nicht über seine Flachheit hinwegtäuschen. Der Hai wütet in einem Unterwasservergnügungspark. Chief Brody ist nicht mehr dabei. In »Der weiße Hai IV – Die Abrechnung« (»Jaws – The Revenge«, USA 1987, Regie: Joseph Sargent) hängt Brody immerhin als Bild an der Wand. Einen seiner Söhne erwischt es bereits in den ersten 10 Minuten des Films, der zweite zieht auf die angeblich Großer-weißer-Hai-freien Bahamas und gerät in einen ödipalen Konflikt, als seine Mutter (Lorraine Gary) den Piloten Hoagie (Michael Caine) kennenlernt. Natürlich zieht es jetzt auch den Weißen Hai zu den Bahamas. Teil IV will die Erklärung dafür liefern, warum ausgerechnet immer diese eine Familie von Haien gepiesackt wird – auf der Familie liegt eine Art Fluch –, aber er liefert höchstens die Erklärung dafür, warum es vorerst keinen 5. Teil mehr gab.

Lit.: Joseph L. Henderson, *Der moderne Mensch und die Mythen,* in: Der Mensch und seine Symbole (hrsg. von C. G. Jung u. a.), Olten/Freiburg im Breisgau 1987; *TV-Today* 14/1996 u. a. Zeitungen und Zeitschriften.

Wendelin
siehe Wum und Wendelin

Werwolf
In Wolfsgestalt verwandelter Mensch

Ein Werwolf (das Wort bedeutet Mannwolf) ist ein Mensch, der sich in einen Wolf verwandeln kann. Die zeitlich begrenzte Verwandlung erfolgt durch das Überwerfen eines Tierfells, das Anlegen oder Öffnen eines Gürtels, durch das dreimalige Kriechen durch einen Ring, der aus der Haut eines Selbstmörders gefertigt wurde und ähnlichen Hokuspokus. Manchmal ist sie auch unfreiwillig. Um wieder ein Mensch zu werden, muß abermals durch den Ring gekrochen, das Tierfell abgelegt werden usw. Verwundung oder Tod können jedoch zu einer vorzeitigen Rückverwandlung führen, das Gleiche passiert, wenn der menschliche Name des Werwolfs ausgesprochen wird. In den Rauhnächten zwischen Weihnachten und Neujahr treffen sich Werwölfe an Wegkreuzungen und ziehen gemeinsam durch den Wald. Sie sind in dieser Zeit unverwundbar, außer man schießt mit Holundermark – wie auch immer das funktionieren soll – oder mit Kugeln, die aus ererbtem Silber gegossen sind. Werwölfe lassen sich von echten Wölfen leicht unterscheiden, denn sie haben keinen Schwanz. In Menschengestalt kann man sie an ihren zusammengewachsenen Theo-Waigel-Augenbrauen erkennen.

Ihre erste Hochzeit hatten Werwölfe im Mittelalter, wo allerdings auch Menschen, die sich in andere Tiere verwandelten, als Werwölfe bezeichnet wurden. Am beliebtesten blieb aber die Verwandlung in den Wolf. Da Wölfe symbolisch die Nacht, den Tod, den Winter und überhaupt alles Böse, wenn nicht gleich Satan verkörpern, nahm sich die Inquisition ihrer mit viel Freude an. Wie nicht anders zu erwarten, wenn die katholische Kirche foltert, waren die gestandenen Verbrechen oft besonders grausam und voller sexueller Details. Das mußte natürlich entsprechend bestraft werden. Der Bauer Peter Stupe oder Stump gestand, 25 Jahre lang mit einer Teufelin zusammengelebt und auch seine eigene

Tochter beschlafen sowie als Werwolf 13 Kinder inklusive seinem eigenen Sohn zerfleischt zu haben. Er wurde am 31. Oktober 1589 folgendermaßen hingerichtet: Zuerst wurde ihm mit glühenden Zangen das Fleisch vom Leib gerissen, danach Arme und Beine zerschlagen und dann erst der »kop abhauwen«. Der Rest wurde gemeinsam mit der Tochter und seiner Tante Trinchen Trumpe auf dem Scheiterhaufen verbrannt. Peter Stupes »kop« steckte man auf eine hölzerne Wolfsfigur und stellte das ganze auf einem Rad auf. Peter Stupe war vermutlich ein Geisteskranker, der tatsächlich überzeugt war, ein Werwolf zu sein. Neben Menschen, denen der Aberglaube Werwolfaktivitäten anhängte, gab und gibt es immer wieder Verrückte, die selbst daran glauben, sie könnten oder müßten sich in reißende Wölfe verwandeln und sich dann über ihre Mitmenschen hermachen. Dieser Wahn, in dem sich kannibalistische Wunschvorstellungen ausdrücken, heißt Lykanthropie nach der Sage vom arkadischen König Lykaon. Lykaon setzte Zeus Menschenfleisch vor (mal sehen, ob er's merkt) und wurde zur Strafe dafür in einen Wolf verwandelt. Sigmund Freuds berühmter Patient, der **Wolfsmann**, litt nicht an Lykanthropie, sondern hat seinen Namen nach einem für seine infantile Neurose aufschlußreichen Traum, in dem weiße Wölfe auf einem Baum vor seinem Fenster saßen.

Auch in der Literatur war das Werwolfmotiv immer mal wieder beliebt, besonders im 19. Jahrhundert. Hermann Löns (1866–1914) trug mit seinem Roman »Der Wehrwolf« (1910) kräftig zur Entstehung der Blut- und Bodenideologie bei rechtsradikalen Kräften in der Weimarer Republik bei. Löns verherrlichte in seinem Buch die Selbstjustiz norddeutscher Bauern zur Zeit des 30jährigen Krieges. Unter Führung des Bauern Harm Wulf schließen sie sich zu einem Geheimbund zusammen und töten tatsächliche oder vermeintliche Marodeure. In direkter Tradition zu den literarischen Schlagetots sahen sich die Angehörigen des 1923 gegründeten Freikorps »Wehrwolf« und die Mitglieder der 1944 von der SS aufgestellten »Werwolf«-Organisation. Die »Werwölfe« sollten im Rücken der Front Sabotage und Spionage betreiben sowie durch Überfälle den gegnerischen Truppen zusetzen. Ebenfalls unter der Bezeichnung »Werwolf« entstanden in den letzten Kriegsmonaten wenige schlecht organisierte Trupps von meist sehr jungen Soldaten und HJ-Angehörigen. Weltweites Aufsehen erregte die Ermordung des von den US-Amerikanern eingesetzten Aachener Bürgermeisters Oppenhoff am 25. März 1945 durch »Werwölfe«. Einige »Werwölfe« führten noch Monate nach der deutschen Kapitulation den Krieg auf eigene Faust weiter.

Unser heutiges Bild von der Schreckgestalt des leibhaftigen Werwolfs ist durch eine ganze Reihe von Werwolf-Filmen geprägt, die das 20. Jahrhundert hervorgebracht hat. Die Verwandlung geschieht in diesen Filmen stets unfreiwillig. Ausschließlich Männer werden von mysteriösen Wölfen gebissen und müssen sich nun jedesmal bei Vollmond selbst in etwas Wolfsähnliches verwandeln und Tiere und Menschen anfallen. Diese Werwölfe sind Mischwesen aus Mensch und Wolf, gehen auf zwei Beinen und sehen mit den riesigen Pranken, die aus den Manschetten herausgucken, der starken Gesichtsbehaarung, den Wolfsohren und dem Überbiß oft eher albern als zum Fürchten aus. Erst in »Wolf« (USA 1994) darf sich Jack Nicholson – wenn auch nur allmählich – wieder in einen ganzen Wolf verwandeln. Die klassischen Filmwerwölfe sind ganzjährig unverwundbar, außer man brennt ihnen eine Kugel aus Silber auf.

Lit.: *Der große Brockhaus*, Wiesbaden 1956; *Das Tier* 4/1996; Klaus Völker (Hrsg.), *Von Werwölfen und anderen Tiermenschen*, München 1977.

Wile E. Coyote
siehe Karl Kojote und Roadrunner

Willy
Unfreier Wal

Bereits in »**Orca, der Killerwal**« (»Orca – The Killer Whale«, USA 1977, Regie: Michael Anderson) trat ein Schwert- oder Killerwal als Hauptdarsteller auf. Das schlaue Tier verfolgte und erledigte den Mörder seiner trächtigen Lebensgefährtin. Der Schwertwal im

Familienfilm »Free Willy – Ruf der Freiheit«, (»Free Willy«, USA 1993, Regie: Simon Wincer) ist hingegen selbst ein Opfer.

Problemkind Jesse (Jason James Richter) wird dazu verdonnert, seine nächtlich applizierten Graffiti vom Walfischbecken eines Vergnügungsparks zu entfernen. Aus der Strafarbeit wird ein Ferienjob, und Jesse schließt Freundschaft mit dem gefangenen Wal Willy (**Keiko**), der schlechtgelaunt und kränklich in einem viel zu kleinen Becken vor sich hin dümpelt. Bei der dramatischen Befreiungsaktion des Orcas kommen Jesse und seine Pflegeeltern sich endlich näher, und am Schluß springt Willy wie ein großes, dickes schwarzweißes fliegendes Gummiboot über eine Steinmauer in die Freiheit.

Mit Schwertwal Keiko war die Rolle des depressiven, kränkelnden Wals Willy glänzend besetzt. Ihm ging es nämlich tatsächlich dreckig. Keiko war 1981 als zweijähriges Tier vor Island gefangen worden. Bis 1985 mußte er im »Marineland Ontario« für seine Fischration herumhopsen. Dann kam es noch schlimmer, und er wurde an den »Reino Aventura Park« bei Mexiko City verkauft. Das Becken dort war viel zu klein, das Wasser zu warm. Keiko ging es immer schlechter, er verlor Gewicht und zog sich eine Hautkrankheit zu. Deutlich zu sehen im Film: Willys Rückenflosse, die bei einem gesunden und vitalen Orca anständig aufgerichtet zu sein hat – warum heißt er schließlich Schwertwal –, hängt schlapp zur Seite. Sein Auftritt in »Free Willy« war Keikos Rettung. Der Film hatte nicht nur großen Erfolg und spielte in aller Welt insgesamt über 150 Millionen Dollar ein, sondern nach seiner Aufführung hagelte es auch weltweit Proteste. Die »Free Willy Foundation« gründete sich mit dem Ziel, den inzwischen 15- (jetzt 18-)jährigen Keiko wieder auszuwildern. Gerüchten zufolge wollte auch Michael Jackson »Willy« für 1,75 Millionen Dollar kaufen und auf seine »Never Land Ranch« verfrachten. Doch erst am 7. Januar 1996 konnte Keiko Mexiko verlassen. Mit einem Medienaufgebot von über hundert Journalisten, Fotografen und Kamerateams wurde er nach Newport, Oregon, ausgeflogen. Im »Oregon Coast Aquarium« hat er ein wesentlich größeres Becken mit echtem, temperiertem Seewasser ohne Chlor. Dort werden seine Hautkrankheit behandelt, sein Untergewicht von einer Tonne wieder aufgefüttert und seine

Überlebensinstinkte wieder antrainiert. Wenn der Rekonvaleszent fit ist, soll er ausgewildert werden, vorausgesetzt, es gelingt, seine Walfamilie vor Island wieder ausfindig zu machen. Schwertwale sprechen bzw. singen unterschiedliche Dialekte, und wenn sie aus verschiedenen Gebieten kommen, verstehen sie einander nicht so ohne weiteres. Keiko ist der erste Schwertwal der Welt, der an einem Wiederauswilderungsprogramm teilnimmt. Sein derzeitiges Heim hat 8 Millionen Dollar gekostet. Das »Oregon Coast Aquarium« soll später eine Sammelstelle für weitere Wal- und Delphinauswilderungen werden. Von jenen rund 70 Orcas, die in den 60er und 70er Jahren gefangen wurden, kommen heute allerdings nur noch drei dafür in Frage. Der Rest ist inzwischen tot. (Von den Walen, die bei den Fangaktionen verendet sind, gar nicht zu reden.) Die drei Überlebenden heißen **Corky**, **Yaka** und **Lolita**. Corky tritt in »Sea-World«, San Diego, als **Shamu** – wie die austauschbaren »Sea-World«-Orcas grundsätzlich heißen (Shamu und **Baby-Shamu**) – auf. Auf Keiko, Corky und alle anderen Wale, die vielleicht jemals wieder in ihre verschmutzten Meere entlassen werden können, warten bereits die Walfänger aus Norwegen, Island und Japan.

Für die Kinofortsetzung »Free Willy 2 – Freiheit in Gefahr« (»Free Willy 2 – The Adventure Home«, USA 1995, Regie: Dwight Little), in der Jesse (Jason James Richter) seinen Freund Willy samt Orca-Familie vor einer Ölkatastrophe retten muß, kamen nur noch Willy-Atrappen zum Einsatz. Ihre Aufnahmen wurden mit Computeranimation und Dokumentaraufnahmen kombiniert. Spezialeffekt-Bastler Walt Conti baute den lebensgroßen Gummi (?)-Willy und seine Verwandtschaft in knapp 6 Monaten. Nicht ganz so lange wird die Firma Mattell gebraucht haben, die Blondinen-Dauerseller »Barbie« jetzt auch im Doppelpack mit einem Orca als »Barbie und Keiko« verkauft.

Lit.: Stefan Austermüller, *Freiheit für Willy und seine Freunde,* in: Das Recht der Tiere (Zeitschrift des »Bund gegen Mißbrauch der Tiere e.V.«), Nr. 1, München 1996; *Cinema* 12/1994 und 10/1995; *Ein Herz für Tiere* 3/1996; *Lexikon des Internationalen Films,* Reinbek 1991; *TV-Today* 26/1996.

Winnie the Pooh
siehe Pu der Bär

Der Wolpertinger
Alpenländisches Phantom

»Bayern haben mehr Haare!« (Peter Kirein)

Den Wolpertinger unterscheidet von den meisten anderen sagenhaften Tieren, daß kein Mensch ernsthaft an seine Existenz glaubt – auch wenn eingefleischte Bayern Urlaubern gegenüber gern das Gegenteil beschwören. Die Meinungen über das Aussehen und die Herkunft der Wolpertinger gehen in der Literatur, in bayerischen Fremdenverkehrsbüros und an Jägerstammtischen weit auseinander. Wolpertinger kommen hauptsächlich in Oberbayern und den angrenzenden Regionen vor. Manche behaupten, das auch **Kreiß**, **Kreißl**, **Tappen** oder **Elbetritscher** genannte Tier soll im Gefolge des karthagischen Feldherrn Hannibal aus Afrika in die Alpen eingeschleppt worden sein. Tatsächlich sind die Ursprünge des Wolpertinger-Glaubens – falls tatsächlich jemals an das Fabeltier, das vermutlich eine reine Ulkfigur ist, geglaubt wurde – noch nicht erforscht. Beschrieben wird der Wolpertinger als eine Art gehörnter Hasenbastard; andere bestimmen seinen zoologisch-systematischen Platz bei der Familie der Marder zwischen Hermelin und Dachs. Sein Fell ist natürlich besonders wertvoll. Die Speichelsekrete der als sexuell hochaktiv beschriebenen Wolpertinger helfen als Einreibekur gegen Haarausfall. Sehen kann man das nachtaktive Tier um Mitternacht bei Kerzenschein. Dann kann man es auch fangen, was aber noch niemandem gelungen ist. Trotzdem wimmelt es in einigen Souvenirgeschäften geradezu von ausgestopften Exemplaren, die in unzähligen Varianten zu bestaunen sind. Einige der maus- bis hundegroßen Präparate haben sogar Flügel und Entenfüße, fast alle Hörner und manche beeindruckende Reißzähne – die sich bei näherem Hinsehen als Stücke von Reh- oder Gamshufen herausstellen.

Lit.: Peter Kirein, *Der Wolpertinger lebt,* München 1968; *Der Wolpertinger,* Informationsblatt des Ur-Wolpertingermuseums in Kreuth am Tegernsee, 1994.

Woodstock
Snoopys Freund

» *IIIII* « (Woodstock)

Der kleine gelbe Vogel mit dem Namen eines Rockfestivals trägt eine Frisur, als ob ihm der Föhn explodiert ist. 1970 wurde er in die Peanuts-Comicstrips eingeführt. Snoopy kümmert sich um den fragilen Freund. Als Pfadfinderführer nimmt er auch noch Woodstocks ihm zum Verwechseln ähnlich sehende Freunde **Conrad**, **Bill** und **Oliver** mit. Wie bei Woodstock werden ihre Äußerungen nur als krakelige Senkrechtstriche wiedergegeben. Snoopy versteht jedoch jedes Wort, so daß sich aus seinen gedachten Antworten die Fragen folgern lassen.

In einer Fernsehsendung von 1980 sang der Vogelstimmenimitator Jason Serinus als Woodstockstimme in Vogelart Puccinis »O mio babbino caro«.

Lit.: Lee Mendelsson (in Zusammenarbeit mit Charles M. Schulz), *Snoopy und die Peanuts. Happy Birthday,* Germany, 1986.

Woody Woodpecker
Zeichentrick-Specht

»Ha-hah-ha-hah!« (Woody Woodpecker)

Angeblich soll der amerikanische Cartoon-Zeichner Walter Lantz durch einen Specht, der während Lantz' Hochzeitsreise auf das Dach der Flitterwöchnerunterkunft einhämmerte, auf die Woody Woodpecker-Figur gekommen sein. Diese Geschichte kann jedoch nicht stimmen, Lantz hat seine Frau Grace erst ein Jahr nach der Filmpremiere des von ihm erdachten Zeichentrickspechts geheiratet. Schon 1940 ließ Lantz in »Knock, Knock« zwei Pandabären untersuchen, ob es stimmt, daß man einen Vogel fangen kann, indem man ihm Salz auf den Schwanz streut. Der ausgeguckte Woody Woodpecker ist ein bunter Specht, der sich aber auf keinen Fall Salz aufs Gefieder streuen lassen will. Statt dessen kneift er **Andy Panda** und seinen Vater in die Nasen und bringt sie durch sein – später zum Markenzeichen – gewordenes, eindeutig geistesgestörtes Lachen zum Verzweifeln. In den bis 1972 produzierten Kurzfilmen fegt der als verrückt, abgebrüht und hyperaktiv, oft auch als ausgesprochen brutal dargestellte Vogel durch die Zeichentrickwelten. Dabei treten neben ihm häufig Andy Panda und **Wally Walrus** als Gefährten oder Opfer auf. Mal ist der Tatort ein Friseursalon, mal der Weltraum, ein Wald oder die Karibik. Mitte der 40er Jahre bekam Woody sein endgültiges Äußeres mit roten statt blauen Federn, einem weißen statt einem roten Bauch und einem kürzeren, gelben Schnabel, in dem die ursprünglichen zwei Zähne fehlen.

Woody Woodpecker.

Seit 1957 erscheint Woody auch im Fernsehen. Von 1947 bis 1984 war er die Hauptfigur von über 200 Comic-Heften. Hier hatte er auch eine Spechtfreundin, **Winnie**, und eine Nichte und einen Neffen. Die beiden sind Miniaturausgaben von Woody und bringen ihn regelmäßig zur Weißglut. Nichte **Splinter** unterscheidet sich vom Neffen **Knothead** dadurch, daß sie ihre Kopffedern zu einem Pferdeschwanz zusammengebunden hat und einen Rock trägt.

Lit.: Jeff Lenburg, *The Illustrated Encyclopedia of Cartoon Animals,* New York 1991; Leonard Maltin, *Of Mice and Magic. A History of American Animated Cartoons,* New York 1987.

Wum und Wendelin
Spendensammler

»Und nicht vergessen – Einzahlungsschluß
Samstag in acht Tagen!« (Wum und Wendelin)

Wim Thoelke ist ja nun nicht mehr, aber Wum und Wendelin bleiben uns vermutlich noch lange erhalten. Wum ist bereits ganz schön alt für einen Hund. Es gibt ihn seit 1971. Er ist beige, hat einen birnenförmigen Kopf mit einer Beule und schwarzen Schlappohren, ziemlich viele Schnurrbarthaare und einen Mund, der seltsam flächig vorn im Gesicht klebt. Loriot hat ihn für die Spenden-Lotteriesendung »Drei-mal-Neun« gezeichnet und sich dabei von seinen Möpsen **Henry** und **Gilbert** inspirieren lassen. Wum trat erst ziemlich zum Ende der jeweiligen Sendung auf, lange nachdem Walter Sparbier die ordnungsgemäße Ziehung der Hauptgewinne überwacht hatte. Wum saß auf einem roten Sitzsack (einem sogenannten Knautschi, wie er in den 70ern so manches moderne Jugendzimmer schmückte, bis die Styroporkügelchen anfingen, aus den Nähten herauszubröseln) und wartete, daß Showmaster Wim zu ihm vor die Leinwand trat. Wenn es Wum zu lange dauerte, rief er mit seiner tiefen Hundestimme: »Thöööööööölke!« Und dann gab es einen kurzen von Wum dominierten Dialog, in dem er seiner Neigung zur Besserwisserei frönte und Big Wim auch mal veralberte. Jeder dieser Sketche endete damit, daß Wum zum Loskauf zugunsten der »Aktion Sorgenkind« aufrief und sich einen Knoten ins Ohr schlang, damit der Einzahlungsschluß nicht vergessen würde. Anfangs trat der Zeichentrickhund noch ohne Namen auf. Loriot hätte ihn Herbert oder Karl-Heinz genannt, aber die Namensfindung wurde den Fernsehzuschauern übertragen und aus 13 000 Vorschlägen wie »Helpi« »Akso« (von Aktion Sorgenkind abgeleitet) oder »Wimmerle« entschied man sich 1972 für »Wum«.

»Drei-mal-Neun« wurde von »Der große Preis« ersetzt; Wum wurde übernommen und disputierte auch weiterhin mit Herrchen Thoelke. Nach »Der große Preis« trat er in der darauffolgenden »Goldmillion« auf und ist heute in »Wunderbar« zu sehen – inzwischen ohne Wim. 1975 hat Wum seinen Sitzsack gegen ein rotes Sofa eingetauscht und Verstärkung von einem leicht beschränkten Elefanten bekommen. Bei dessen Namenssuche kamen »Wam« und »Wumbo« in die engere Auswahl, aber die endgültige Entscheidung lautete Wendelin. Wendelin näselt beim Sprechen und ist schnell beleidigt. Er kapiert etwas langsam, hat aber ein gutes Gedächtnis und weiß noch die Telefonnummern von 14 Elefanten, mit denen er in Afrika auf der Mittelschule war. Weil er kein Ohr verknoten kann, verknotet er zur Erinnerung an den Einzahlungsschluß seinen Rüssel und schickt noch ein obszönes rosa Küßchen hinterher, das Wum ihm bald nachgemacht hat. Hin und wieder erhielten die beiden Besuch von dem Marsmännchen »Blauer Klaus« oder einem weiteren Hund.

Wum hat in seiner Frühzeit eine Schallplatte besungen, die »Ich wünsch mir 'ne kleine Miezekatze« hieß und vergoldet wurde. Es gibt ihn und seinen Kumpel Wendelin als Spielfiguren und im Buch.

Lit.: Silke Lambeck, *Knoten im Ohr,* in: Freunde fürs Leben (hrsg. von Holger Jenrich), Essen 1996; *Loriots Wum und Wendelin,* Zürich 1977.

Wuschel
Verstärkung von Kasper und René

In der vom WDR 1964 produzierten Puppenspielreihe »Märchenraten mit Kasper und René«, einer Quizsendung für Kinder, in die kleine Spielszenen eingefügt waren, hatte es der Kasper von der Hohnsteiner Puppenbühne Hamburg mit dem Schauspieler Peter René Körner zu tun. Hier wie auch in den nachfolgenden Sendereihen »Liederraten mit Kasper und René« (1966), »Ratereise mit Kasper und René« (1967) »Ratereise um die Welt« (1968), »Märchenraten auf dem Dachboden« (1969), »Hoftheater mit Kasper und René« (1971) und »Spaß mit Kasper und René« (1972) schrieb Friedrich Arndt (1905–1985), der Spielleiter der Hohnsteiner Puppenbühne, die Drehbücher und spielte auch die Kasperlepuppe. Hund Wuschel war erst seit der neunteiligen Serie »Ratereise mit Kasper und René« dabei, die also ruhig »Ratereise mit Kasper, René und Wuschel« hätte heißen können. Die Wuschel-Handpuppe sah aus wie ein Hybrid zwischen Teddybär und Hund, hatte ein frotteeartiges Fell, einen kleinen Schnauzbart, schwarze Knopfaugen und aufgestickte Krallen an den Vorderpfoten. Entworfen und angefertigt hatte ihn Anni Arndt, die Frau des Spielleiters, die auch den Hasen → Cäsar geschaffen hat. Wuschel hatte eine ungeheuer tiefe Stimme und ein phlegmatisches Temperament. Gespielt wurde er von Wolfgang Buresch. Als Folge neumodischer pädagogischer Ansichten geriet das sympathische Trio in den 70er Jahren in die

Kritik. Ob deswegen oder aus einem anderen Grund – weitere Kasper-René-Wuschel-Folgen gab es nicht.

*Wuschel –
eine Mischung aus
Teddy-Bär und Hund.*

Lit.: *Informationsbrief* von Siegmund Grewenig/WDR; *Lexikon der Kinder- und Jugendliteratur*, Band 2, Weinheim/ Basel 1984; Lars Rebehn / Christoph Schmidt, *Die Entwicklung des Puppenspiels im Fernsehen,* in: Handbuch des Kinderfernsehens (hrsg. von Hans Dieter Erlinger u. a.), Konstanz 1995.

Wutz
Urmels Ersatzmutter

»Urrrrrmeliiii ...... Urrrmelliii!« (Wutz)

Das einzige Lebewesen – ob Mensch, ob Tier –, das auf der Insel Titiwu eindeutig als weiblich gekennzeichnet ist, ist die Sau Wutz. Möglicherweise machte Kinderbuchautor Max Kruse in »Urmel aus dem Eis« (1969) diese Einschränkung in seinem rein männlichen Idyll, weil er vor dem unlösbaren Problem stand, wer sonst Professor Habakuk Tibatongs schmutzige Socken gewaschen hätte. Denn natürlich ist Dame Wutz ein zwangsneurotischer Putzteufel, der »sich zu des Professors [unbezahlter] Haushälterin entwickelt«. Sie erinnert stark an die Ente → **Dab-Dab,** die Dr. Dolittle den Haushalt führt, darin aber immerhin von anderen Tieren unterstützt wird. Man kennt die Sorte aus alten Spielfilmen – leicht tyrannisch und wahrscheinlich heimlich und ohne die geringste Hoffnung in den Professor verliebt. Zum Glück finden ihre überbordenden Gefühle ein Ventil, als das **Urmel** schlüpft und die anfangs wenig begeisterte Wutz zu seiner Mutter erwählt. Eine fatale Kombination: das abenteuerlustige, ungehorsame Urmel und das überängstliche und überfürsorgliche Schwein.

Wutz hat bereits in der ersten Heimat des Professors, in der Universitätsstadt Winkelberg, das Sprechen gelernt. Darum spricht sie als einziges der Tiere, die durch Tibatongs Sprachschule gegangen sind, fehlerlos, wenn man davon absieht, daß sie jedesmal beim Atemholen Öff oder Öfföff macht. Aus Winkelberg stammt auch Wutz' Schlummertonne, eine umgebaute Regentonne, verschließbar und mit Vorhängen und einer Babymatratze ausgestattet. Natürlich hat sie sie mit nach Titiwu genommen. Der Name der Insel wurde übrigens aus den Anfangsbuchstaben ihrer Entdecker gebildet: **Ti**batong, **Ti**ntenklecks und **Wu**tz.

Bereits der Illustrator Erich Hölle zeichnete der Schweinehaushälterin wiederholt eine Schürze auf den Bauch, und so kennt man sie auch aus dem Fernsehmehrteiler der Augsburger Puppenkiste – Wutz mit gestreifter Schürze auf zwei Beinen hinter dem Urmel herlaufend und dabei so hektisch wie synchron die Ärmchen auf- und niederruckend.

Wutz war einmal so populär, daß ihr Name eine Zeitlang sogar als Synonym für »Schwein« gebraucht wurde, für ein hektisches natürlich. Die geflügelten Worte »Wie die wilde Wutz«, »Da geht die Wutz ab« usw. waren passenderweise eher im Umkreis der Landjugend geläufig.

Siehe auch **Urmel.**

Lit.: Max Kruse, *Urmel aus dem Eis,* Reutlingen 1969; Claudia Wessel, *Titiwu ist überall,* in: Freunde fürs Leben (hrsg. von Holger Jenrich), Essen 1996.

Y

Der Yeti
Der »abscheuliche Schneemensch« des Himalaja

Ein über 2 Meter großes, affenartiges Wesen soll in den Bergen des Himalaja herumstreifen, in Höhlen hausen und gelegentlich in die Täler herunterkommen. Es hat vorstehende Zähne, eine fliehende Stirn und krumme Beine. Der von Tim-und-Struppi-Lektüre geprägte Europäer stellt sich den Yeti zumeist mit einem weißen Zottelfell vor, aber die Völker in der zentralasiatischen Gebirgsregion beschreiben ihn auch als schwarz, rot oder braun behaart. Er hat bei ihnen viele verschiedene Namen. In Tibet heißt er **Kangmi**. Yeti ist ein nepalesisches Wort, das Einsiedler bedeutet. Für die Sherpas, ein buddhistisches Volk, das am Fuß des Mount Everest lebt, sind Yetis wilde, primitive Urmenschen ohne Religion. Sie unterscheiden drei Yeti-Sorten:

1. Drema oder Telma – ein Unglücksbringer. Dieser Yeti schreit und pfeift und zieht damit Unheil an.

2. Chuti oder Dzu-teh. Er ist so groß wie ein Bär, läuft auch auf allen Vieren und reißt Yaks und Schafe. Sein Fell sieht aus wie ein Yakfell.

3. Miti oder Metrey. Er hat rotes oder blondes Zottelfell, einen kegelförmigen Kopf und ist nicht größer als ein Mensch. Trotzdem ist er von allen der schlimmste. Er frißt Menschen oder verschleppt sie in seine Höhle, wo er sich an ihnen vergeht. Auch die Miti-Frauen halten sich dort Sherpa-Männer als ausgefallenes Sexspielzeug. Miti-Frauen haben riesige und anscheinend auch unempfindliche Brüste. Sie können auf ihnen zu Tal rodeln.

In Sikkim unterscheidet man die Yetis nach Größe: Es gibt den 3,7m hohen **Migeyee**, Exemplare, die es auf 1,50m bis 1,80m bringen, und sogar Zwerg-Yetis zwischen 90cm und 1,20m Höhe.

In Tibet, Nepal und Sikkim gibt es eine Volkssage, die die Entstehung des ersten Yeti auf die Vergewaltigung eines jungen schönen Mädchens durch einen Langurenaffen zurückführt. Das Mädchen wurde schwanger und bekam einen Sohn, der ein rotes zottiges Fell trug, aber keinen Affenschwanz hatte.

Seit 1820 sind die Gerüchte über die Existenz eines Schneemenschen oder -affen auch bis in die westliche Welt vorgedrungen. Schon bald waren dort mehr oder weniger rationale Erklärungsversuche zur Hand. Yetis seien versprengte Orang-Utans, zurückgezogen lebende Mönche, Überlebende prähistorischer Menschenformen, zurückentwickelte Menschen oder von Außerirdischen ausgesetzte Wesen, die die Möglichkeit einer Akklimatisierung der Aliens auf der Erde testen sollen. Die meisten Wissenschaftler bestreiten ihre Existenz ganz und gar, Knochen sind schließlich nicht gefunden worden; und die Yeti-Skalps, die in einigen Sherpa-Klöstern als Reliquien aufbewahrt werden, könnten genauso gut Yak-Fell sein. Die riesigen Fußspuren halten sie für durch Ausschmelzungen nachträglich vergrößert, was freilich nicht die Existenz frischer bis zu 35cm langer und 17cm breiter Fußabdrücke erklärt.

Es gibt aber auch leidenschaftliche westliche Yeti-Gläubige und Yeti-Verfolger, die das sagenhafte Wesen fangen oder wenigstens fotografieren wollen, sich jahrelang im Himalaja herumtreiben und sich begeistert auf vermeintliche Yeti-Exkremente, Yeti-Haare, Yeti-Skalpe und Yeti-Fußabdrücke stürzen. Neuen Auftrieb erhielten sie, als 1986 der Südtiroler Rekordbergsteiger Reinhold Messner behauptete, bei seiner letzten Klettertour im Himalaja einem Yeti begegnet zu sein.

In Kathmandu kann man für etwa 400 Dollar pro Stück eine Jagdlizenz auf Yetis erwerben. Dort begegnet man dem Warenzeichen Yeti alle naselang als Yeti-Bar, Yeti-Shop, Yeti-Restaurant und Yeti-Hotel. Man kann sogar mit der Boeing »Yeti 727« anreisen.

Bhutan wollte nicht zurückstehen und erklärte 1966 den Yeti zum Nationaltier und brachte Yeti-Briefmarken heraus. Nur der Yeti selbst ist nicht zu finden. Das mag daran liegen, daß seine Füße verkehrt herum an den Fußgelenken sitzen und mit den Zehen nach rückwärts zeigen. Wer also Yeti-Spuren folgt, wie er einer gewöhnlichen Spur folgen würde, entfernt sich immer mehr von dem geheimnisvollen Schneemenschen, den Europäer und Amerikaner für scheu halten. Sollte man wider Erwarten jedoch tatsächlich einmal einem Yeti gegenüberstehen und es sich nicht um ein schüchternes, sondern um ein menschenfressendes Exemplar handeln, empfiehlt es sich, immer Richtung Tal zu fliehen. Denn bergab fallen dem Yeti seine langen Kopfzotteln ins Gesicht und behindern ihn beim Laufen.

Lit.: *Buchers Bestiarium. Berichte aus der Tierwelt der Alten,* gesammelt und vorgelegt von Rolf Beiderbeck und Bernd Knoop, Luzern/Frankfurt am Main 1978; Christian Rätsch / Heinz J. Probst, *Namaste Yeti – Geschichten vom wilden Mann,* München 1985.

Yogi Bär (Yogi Bear)
Zeichentrick-Braunbär

»Smarter than the average bear.«
(Yogis Selbsteinschätzung)

Im Naturpark Jellystone, irgendwo zwischen Montana und Wyoming, lebt Yogi, einer jener Bären, die sich darauf spezialisiert haben, Abfallkörbe an Rastplätzen nach Eßbarem zu durchwühlen, Touristen um Nahrung anzubetteln oder ihre Picknickkörbe zu stehlen.

1959 startete der vom US-Zeichnergespann Hanna/Barbera ausgedachte Bär seine Karriere als Nebenfigur in der »Huckleberry Hound Show« seines Freundes → **Hucky**. Das amerikanische Publikum fand Gefallen an dem freundlichen und verfressenen Tatzentier, das nie ohne einen manchmal grünen, manchmal blauen Hut aus der Bärenhöhle ging und das stets korrekt Kragen und Krawatte zum Pelz trug. 1961 bekam Yogi mit »The Yogi Bear Show« (später »Yogi an' his Friends«) eine eigene TV-Serie. Zum Jellystone-Grundplot gehört, daß Parkranger John Smith und Hilfsranger Anderson alles daran setzten, Yogis Pläne zur Futterbeschaffung zu durchkreuzen. Meist erfolglos. Yogi wird von **Boo-Boo**, einem vernünftigen kleinen Artgenossen begleitet, dem das würdelose Verhalten seines Freundes oft peinlich ist.

1973 verließ Yogi, dessen Namen seine geistigen Väter vom Namen des Baseballstars Yogi Berra abgeleitet hatten, in der Serie

»Yogi's Gang« den Jellystone Park und reiste bis 1975 mit seinen Kumpels in einer fliegenden Arche durch das Land. Dabei verwandelte er sich vom eßsüchtigen Hedonisten zum mahnenden Öko-Bären. Er gab den kindlichen Zuschauern Tips, wie man sich sozial verhält und die Umwelt schont. 1978, als Amerika im »Star-Wars«-Fieber lag, wurde Yogi kurzfristig in »Yogi's Space Race« ein Weltraumheld. Doch so richtig überzeugend war er nur in seiner ursprünglichen Rolle als Mampfbär.

Lit.: Rolf Gieser (Hrsg.), *Das große Buch vom Zeichenfilm,* Berlin 1982; Jeff Rovin, *The Illustrated Encyclopedia of Cartoon Animals,* New York 1991.

Z

Zentauren (Kentauren)
Pferde-Mensch-Mischwesen der griechischen Mythologie

Ixion, ein thessalischer Held, versuchte, die Göttin Hera zu verführen. Hera schwärzte ihn jedoch bei ihrem Gatten Zeus an, und Zeus legte Ixion herein, indem er ihm die Wolke Nephele in Gestalt Heras schickte. Aus dieser Verbindung stammte Kentauros, ein wilder Kerl mit eigenwilligen Vorlieben, der sich auf dem Berg Pelion mit Stuten paarte. Diese Stuten gebaren die Zentauren – alles Männer bzw. Hengste. Sie sehen vom Kopf bis zu den Hüften wie Menschen aus, dann geht ihr Körper in den eines Pferdes über, so daß sie über sechs Gliedmaßen verfügen: die Vorderbeine des Pferdekörpers werden durch die menschlichen Arme noch einmal verdoppelt. Anfangs wurden sie noch als ganze Menschen mit Menschenhüften, -beinen und -füßen dargestellt, denen noch das Hinterteil eines Pferdes angefügt war. Die Zentauren hausen in den Waldgebirgen Thessaliens, werfen mit Felsbrocken und ausgerissenen Bäumen um sich und spielen als Schreckbilder der Wildnis in der griechischen Sagenwelt keine kleine Rolle. Nicht so richtig dazu gehört der heilkundige Pferdemann → **Chiron**, der einige berühmte Helden erzog. Er hat eine andere Abstammung und einen edlen und sanften Charakter. Echte Zentauren sind rohe, wilde Kerle mit unkontrolliertem Triebleben, die man nicht zu sich nach Hause einladen sollte, erst recht nicht zu einer Hochzeitsfeier. Lapithenfürst Peirithoos tat es dennoch. Prompt langte ein Kentaur die Braut Hippodameia an. Das fand Peirithoos dann weniger lustig; es gab Streit, den die übrigen Zentauren nutzten, um zu versuchen, die anderen Frauen zu rauben. Es gelang ihnen nicht, sie wurden vertrieben und mußten sich fortan in abgelegenen Berggegenden aufhalten.

Der Zentaur **Nessos** versuchte, sich an Deianeira, der Frau des Herakles, zu vergreifen, büßte mit dem Tod dafür und beschwatzte sterbend Deianeira, ihrem Helden von Nessos' Blut auf seine Kleidung zu streichen. Das hätte die Wirkung, daß Herakles nicht fremd gehen könnte. Das konnte er dann wirklich nicht mehr. Nessos Blut war giftig und Herakles starb daran.

Später dachte man sich die wüsten, ständig sexhungrigen Zentauren als Begleiter des Weingottes Dionysos, zu dessen ganz genauso veranlagter Gefolgschaft (→ **Satyrn und Silene**) sie auch prima paßten.

Im Mittelalter wurden die Zentauren als Sinnbild ungezügelter Wildheit und des Heidentums angesehen. Neben den männlichen Exemplaren bildete man auch weibliche Pferde-Mensch-Wesen ab. (Desgleichen im 20. Jahrhundert in Walt Disneys Zeichentrickfilm »Phantasia«, wo die Pferdemädchen klein wie Ponys neben ihren stattlichen und pastellenen Hengstmännern hergaloppieren.)

Die griechische Sage kennt ausschließlich den Pferdezentauren, der als Sternbild des Schützen seinen Platz am Himmel fand. In anderen Kulturen und Zeiten gab es auch Onozentauren, Buzentauren und Leontozentauren, Menschen mit Esel-, Stier- oder Löwenkörpern.

Lit.: *Der große Brockhaus,* Wiesbaden 1956; Heinz Mode, *Fabeltiere und Dämonen. Die phantastische Welt der Mischwesen,* Leipzig 1977; Gert Richter / Gerhard Ulrich, *Der neue Mythologieführer. Götter/Helden/Heilige,* Gütersloh/München 1996.

Zerberus (Kerberos, Cerberus)
Höllenhund der griechischen Mythologie

In der Umgangssprache versteht man unter einem »Zerberus« besonders unnachgiebige Pförtner oder Vorzimmerdamen, die niemanden an sich vorbeilassen. Ein Mißverständnis. Das antike Zerberus-Original ließ schwanzwedelnd jedermann hinein, aber niemanden wieder hinaus. Zusammen mit seiner Schwester, der → **Chimäre**, bewachte der Höllenhund den Zugang zur Unterwelt. Meistens wurde er als kalbsgroß mit drei Köpfen, einer »bronzenen Stimme« und einem Schlangenschwanz beschrieben. Manchmal wurde ihm auch noch ein Schlangenkopf, der aus dem Rücken wächst, nachgesagt. Da er zur Leichenknabberei neigte, bekamen die Verstorbenen im antiken Griechenland Honigkuchen als Grabbeilage. Damit sollte Zerberus von den toten Körpern abgelenkt werden.

Es sind nur zwei Personen bekannt, denen die Rückkehr aus dem Hades an Zerberus vorbei gelang. Orpheus beduselte den Wachhund mit überirdisch schönem Gesang, und Herakles hatte einfach mehr Muskeln. Er schleppte Zerberus sogar mit auf die Oberwelt. Bei diesem unfreiwilligen Ausflug ans Tageslicht verwandelte das ohnmächtig rasende Höllentier einen Passanten allein durch seinen Blick in Stein. Aus dem Wutgeifer, der ihm aus dem Fang tropfte, wuchs der Eisenhut, eine Pflanze, die das hochgiftige Alkaloid Aconitin enthält.

Lit.: Herbert Gottschalk, *Lexikon der Mythologie der europäischen Völker,* Berlin 1973; Edward Tripp, *Reclams Lexikon der antiken Mythologie,* Stuttgart 1974.

Zira
Schimpansin und Veterinärpsychologin
des Laboratoriums für Menschenversuche

Im Sience-fiction-Klassiker »Planet der Affen« (»Planet of the Apes«, USA 1967, Regie: Franklin J. Schaffner) erreicht ein amerikanisches Raumschiff nach 2000jähriger Weltraumodyssee einen Planeten, auf dem intelligente Affen das Sagen haben. Ihre Kultur ist streng hierarchisch organisiert und erinnert in vielem an das irdische Mittelalter. Allerdings kennen die Affen bereits Museen und moderne Wissenschaften. Gorilla-Soldaten in martialischer Kleidung töten einen der Astronauten, ein zweiter endet als Versuchskaninchen. Der zynische Raumschiffkommandant George Taylor (Charlton Heston) findet sich mit einer Kehlkopfverletzung im Tierhospital des Laboratoriums für Menschenversuche wieder. Dort experimentiert Schimpansin Dr. Zira (Kim Hunter) mit Menschen, die es auf diesem Planeten auch gibt, die aber als vernunftlose Wesen angesehen werden. Sie können nicht sprechen und sind auf einer niedrigen Kulturstufe stehengeblieben. Professor Zira versucht, ihnen doch noch die Sprache beizubringen. Leider kann Taylor ihr da nicht weiterhelfen, obwohl die Affenworte für ihn erstaunlicherweise verständlich sind. Seine Halsverletzung hat ihn stumm gemacht. Als er seine Stimme wiedererlangt hat, schlagen sich Dr. Zira und ihr Verlobter, der Archäologe **Cornelius** (gespielt von Roddy McDowall, der auch im ersten → **Lassie**-Film dabei war), auf Taylors Seite. Als Schimpansen haben sie im Affenstaat jedoch kaum Einfluß. Der Orang-Utan Dr. **Zaius** (Maurice Evans), ein Fundamentalist, der zur Führungselite gehört, die heilige Rolle hütet und Kleidung trägt, die an alte Maya-Kulturen denken läßt, hält Menschen für eine Bedrohung der Affenzivilisation. Er ordnet für Taylor eine Gehirnoperation inklusive Kastration an. Zira und Cornelius, die selbst der Ketzerei angeklagt werden sollen, fliehen gemeinsam mit Taylor und der Menschenfrau Nova, die Taylor zur Paarung zugeführt worden war. Am Ende dieser Flucht stößt Taylor in der Verbotenen Zone auf die Reste der Freiheitsstatue, und ihm wird klar, daß er sich auf der Erde befindet, die von einem Atomkrieg verwüstet worden sein muß.

Literarische Vorlage des Films war das Buch »La planète des singes« (1963) von Pierre Boulle. Boulles satirische Parabel war von Jonathan Swifts Gulliver-Geschichte inspiriert, in der Gulliver im Land der Riesen von einem Affen entführt wird. Bei Boulle endet die Geschichte etwas anders. Der Astronaut kann die Affen davon überzeugen, daß auch er ein intelligentes Mitgeschöpf ist. Er darf mit seinem Raumschiff zur Erde zurückkehren, muß allerdings feststellen, daß die inzwischen von Gorillas regiert wird.

Der Film wurde mit einem Oscar fürs Make-up ausgezeichnet. Die Affenmasken stammen von John Chambers, Dan Striepeke und Tom Burman. »Planet der Affen« zog vier Fortsetzungen und eine Fernsehserie nach sich. Oliver Stone soll ein Remake des SF-Klassikers planen.

Lit.: *Filmklassiker,* Stuttgart 1995; Rolg Giesen, *Science-Fiction. 50 Klassiker des SF-Kinos,* Schondorf (Ammersee) 1981.

2988
Leghornhenne mit der höchsten verbürgten Eierlegquote

»Ich wollt ich wär ein Huhn
Ich hätt nicht viel zu tun
Ich legte jeden Tag ein Ei
Und sonntags leg ich zwei.«
(Comedian Harmonists)

In einem offiziellen 364 Tage dauernden Test legte die weiße Henne mit der hohen Nummer ganze 371 Eier. Der Test fand am Landwirtschaftscollege der Universität von Missouri (USA) statt, endete am 29. August 1979 und wurde von Professor Harold V. Biellier geleitet.

Um 1950 herum legte ein gesundes Huhn noch durchschnittlich 120 Eier pro Jahr. In der heutigen Eierproduktion begnügt man sich nicht damit, Hühner auf engstem Raum – pro Vogel weniger als eine Din-A4-Seite Platz – und auf »praktischen« Gitterrosten zusammenzupferchen, sondern hält sie durch gesteuerte Lichtprogramme bis zu 18 Stunden am Tag künstlich wach und steigert ihre Legeleistung dadurch auf bis zu 300 Eiern jährlich.

Das hält so ein Huhn etwa ein Jahr lang aus, dann endet es als Suppenhuhn oder Tierfutter.

Lit.: *Das neue Guinness Buch der Tierrekorde,* Frankfurt am Main/Berlin 1994; *Info-Blatt* des »Bund gegen den Mißbrauch der Tiere e.V.«, München 1996.

Namenregister

Die Namen der Tiere und Tierähnlichen sind gerade, die Namen der wenigen aufgeführten Menschen und menschengestaltigen Götter kursiv.

Aaron 293
Abayyah 9
Abendgrußtiere 10
Able 11, 417
Abraxas 13
Abul Abaz 15, 651
Achtzack 54
Adebar 15
Adelheid 484
Aello 333
Aepyornis ingens 606
Affen von Gibraltar 16
Ah Cum 440
A-Hörnchen 18
Aghnya 342
Agnus Dei 422
Akka von Kebnekajse 461
Aktäon 19
Ala 325
Albatros 679
Alcmene 20
Äffle 565
Alexander 450
Alexander der Große 123, 328
Alf 21
Alfred Joducus Quak 22
Alice 376
Alice im Wunderland 464
Alien 24
Allen, Woody 173
Aloysius 26, 675
Alphonse 563
Ameisenlöwe 26
Amerikanischer Adler 27

Ammut 31
Amourette 21
Amphisbaena 27
Amtsschimmel 28
Andalusischer Hund 29
Andersen, Hans Christian 336, 532
Andrea 264
Andy Panda 716
Angurus 289
Annaud, Jean Jacques 393
Anpu 31
Antje 30
Anubis 31
Apollo 453
Apophis 32
Apuleius 88, 291
Arachne 33
Arachnophobia-Spinne 33
Argos 34
Arielle 532
Aristocats 35
Aristotle 661
Arlene 275
Arsinoe 20
Artemis 19
Asasel 665
Äskulaps Schlange 36
Äsops Fabeltiere 38
Asta 39, 423
Asterix 358
Atchoum 49
Athene 33
Autry, Gene 145, 687
Azrael 701

Babar 41, 280
Babbit 694
Babe 42
Babieca 44
Baby Bruno 542
Baby Puss 177
Baby Shamu 714
Baby Sinclair 46, 179, 200
Bach, Richard 373
Backfisch 46
Baghira 47, 52, 193, 381, 398
Baker 11, 417
Baku 48
Balduin Beutelschneider 390, 478
Baltique 49
Balto 50
Balu 48, 51, 79, 193, 381, 398,
    412
Bambi 52, 137, 566
Barbou 55
Barbouche 499
Bärchis 283 f.
Bärenmarkenbär 56
Barks, Carl 171, 183, 185, 316 f.,
    534, 547
Barometz 57
Barry 57
Bart 394
Baseler Täubchen 59
Basil 60, 83
Basilisk 61, 189, 368, 437
Baskerville, Hund von 63
Basler Dybli 60
Bast 65
Bataki 461
Battra 289
Batty 455
Bauschan 66
Bayard 68
Baz 69
Beagles Boys 70, 546
Bean 106

Bearheart 604
Beasly 355
Beast from 20.000 Fathoms 70,
    288, 297
Beast of Bodmin 71
Beauregard 213
Beauty 271
Bebe 251
Beethoven 71, 601
Beetle 384
Behemoth 73, 435
Belferlein 73
Belka 421
Belushi, James 368
Belvedere 74
Ben (Grizzly) 76
Ben (Schwarzbär) 74 ff., 394
Benjamin 78, 113
Benjamin Blümchen 78
Benjamin Kaninchen 561
Benji 80
Benu 570
Beowulf 305
Bergstutzen 671
Berliner Bär 81
Berlioz 36
Bernard 83
Berner Bär 56, 84
Berto 206
Bertram 400
Bessi 85
Bessy 85
Beulah 213
Beyart 68
B-Hörnchen 18
Bianca 83
Bibo 87, 506
Biche 20
Biest, Das 88, 291
Big Bill 90
Big Bird 87, 91
Bigfoot 91, 620

Bileams Eselin 93
Bill 425, 716
Bimperl 94
Bingo 85
Binti Jua 94
Bismarckhering 96
Black Beauty 97, 271
Black Panther 99, 548
Blair 609
Blaubart 258
Blaues Pferd 102
Blonder Panther 103
Blondi 104
Blondie 172
Blume 55
Boatswain 105
B.O.B. 107
Bob, Dr. 257, 490, 508, 611
Bobesch 481
Bodmin-Bestie 107
Bogart, Humphrey 451 f.
Boine 570
Bommel 542
Bone 638
Bonnet 638
Bonsels, Waldemar 450
Bonzo (Hund) 109
Bonzo (Affe) 108
Boo-Boo 724
Bootsmann 110
Boringdon Black King 453
Borka 111
Böser Wolf 111, 241, 362, 443
Boxer 78, 112
Bozo 76
Braun 599
Braun, Eva 105
Brecht, Bertolt 226
Bremer Stadtmusikanten 113
Brighty 115
Brillen-Hai 321
Brisby, Mrs. 116

Broiler 117, 319
Brown, Charlie 648
Browning, Elizabeth B. 253 f.
Bruin 106
Brüll-Popel 448
Brummbär 680
Brummer 679
Brunhoff, Jean de 41
Bruno 75, 321
Bubbles 117
Bücherwurm 119, 433
Buck 75
Bückling 120
Budgie 225
Bugs Bunny 121, 170, 389, 608,
    628, 660, 694
Bukephalos 123
Bullet 124, 688
Bulette 405
Bums-Tier 564
Bundesadler 125, 186
Bunny 127, 394
Buñuel, Luis 24 f., 29 f.
Bunyip 127
Buridans Esel 127
Burroughs, Edgar Rice 150
Busch, Wilhelm 237–240
Bush, George 650
Butt 128
Buttermilk 125, 688
Butz 130, 240
Buxtehuder Bulle 132, 233, 268
Byerly Turk 133
Byron, Lord 105 f.

Cade 286
Cadence 394
Cadix 394
Caligula (Hund) 344
Caligula (Kaiser) 361
Calvin 345
Calvin, Johannes 345

733

Camel-Kamel 135
Canelo 319
Cap 136
Capitolinische Gänse 137
Capitolinische Wölfin 138
Capper 136
Capreol 54
Captain 580
Captain Link 490
Caramelo 140 f., 366
Carroll, Lewis 307 f., 464
Cäsar 142, 719
Catilina 253
Cathy 250
Cats 143
Catstello 694
Catweazle 414
Cavallino rampante 234
Cervantes, Miguel de 609
Ch. Ch'erh of Alderbourne 148
Champion 145, 687
Champion junior 145
Charadrius 146
Charlene Sinclair 147, 179
Charlie 262
Charly Pinguin 147, 470
Chase, Mary C. 334 f.
Checkers 148, 649
Cheetah 149, 192
Chesire Cat 151, 307
Chest-burster 25
Chewbacca 151
Chhudi 153
Chi-Chi 74
Chief 64
Chien andalou 153
Chilly 147
Chimäre 154, 554, 727
Chimera 155
Chip 18
Chipekwe 155, 428
Chip'n'Dale 18, 156

Chiron 156, 726
Chrinde 484
Chris 72
Chundo 455
Churchill, Winston 17
Cicero 627
Civilón 142, 157, 233
Clarence (Löwe) 159
Clarence (Spatz) 158
Cleaver, Eldridge 99, 101 f.
Cleo 161
Clifford 508
Clinton, Bill 649 f.
Coco 457
Cocteau, Jean 89 f.
Colonel 580
Colossus 161
Comanche 162
Conrad 716
Con Voi Bon 164
Copenhagen 165
Corky 714
Cornelius 729
Cortez, Hernando 210
Criquet 237
Critters 166
Cronenberg, David 245
Crookie 455
Crossbeak 638
Crumb, Robert 264 f.
Cucharero 142, 166
Cujo 258
Cyprinus 13

Dacki 634
Dacky 174
Dab-Dab 169, 181, 285, 720
Daffy Duck 122, 170, 628, 656,
    660
Dagobert Duck 171, 174, 184,
    315, 535, 546
Daisy (Hund) 172, 423

Daisy (Schaf) 173
Daisy Duck 18, 184, 317
Dale 18
Dali, Salvador 29 f.
Damka 419
Daniel Düsentrieb 175, 406, 582
Daphne 170
Darley Arabian 133, 176, 200
Daunenfein, Frau 461
Davis, Angela 101
Delicatessen 675
Désirée 457
Dewey 675
Diana 21
Diana II 21
Dicki 634
Dicky 174
Dieter Däumling 561
Dinah 578
Dinky (Affe) 150
Dinky (Katze) 231
Dino 176
Dinos, Die 46, 147, 178, 200, 257, 535, 605
Dippy Dawg 295
Disney, Walt 35, 48, 51 f., 60 f., 83, 89 f., 111, 116, 136 f., 175, 183 f., 192, 294, 317, 389, 451, 532, 534, 541, 577, 582, 612, 636, 665
Djän, Die Vögel 180
Doc 394
Dödel-Hai 321
Dogmatix 359
Doktor Bob 257, 490, 508, 611
Doktor Doolittles Tiere 169, 180, 372, 703
Dolly 182
Donald Duck 147, 171, 174, 176, 183, 259, 280, 316, 348, 390, 446, 478, 535, 675
Donatello 527

Dookie 610
Doppeladler 185
Doyle, Arthur Conan 63
Dr Le Gear 453
Drache 187, 191, 204, 209, 268, 308, 436
Drache von Babel 644
Draco 191
Dragon 518
Dschungelbuch-Tiere 48, 192, 381, 399, 412, 461
Duamutef 347
Duchesse 36
Ducky 174
Duffy 225
Dumbo 195
Dumbella 676
Dürerhase 196
Dusty 198

Eagle 199
Earl Sinclair 46, 179, 200, 257, 535
Ebner-Eschenbach, Marie von 406
Echidna 154, 356
Eclipse 176, 200, 286
Edamerkatze 307
Egertons Hunde 202
Eherne Schlange 202
Eichborn-Fliege 203
Einhorn 203, 662
Eiskaltes Händchen 661
El Cid 44
El Morzillo 210
Elberfelder Pferde 206, 404
Elbetritscher 715
Elefant (Panzer) 680
Elefant (Cartoon) 208, 215, 468
Elefant im Porzellanladen 208
Eliot, T.S. 143 f.
Elise 551

735

Elizabeth II. 610
Elliot 190, 209
Elmer 660
Elmer the Bull 213
El Morzillo 210 ff.
Elsa 212
Elsie the Cow 212
Emma Ententropf 561
Ende, Michael 210, 267 f., 516 f.
Enos 13
Ente (Auto) 214, 384
Ente (Cartoon) 208, 215, 468
Ente (Schwindel) 213, 311
Entreaty 567
Epsilon 50
Erdalfrosch 216, 267
Escher, Reinhold 130, 470
Esso-Tiger 218
Estrellaíto 366
E.T. 219
Eule 221, 386, 585
Eulen von Athen 222
Ewoks 223
Exakt 324

Face-hugger 24
Fafnir 189, 224, 299
Fala 149, 225, 649
Falcor 269
Falada 226
Faline 54
Faringdon-House-Tauben 227
Fat Freddy's Cat 227
Fatman 252
Faun 54, 545
Faust 581
Fax 241 f.
Fay Ray 455
Feivel 228
Feline 55
Felix (Hund) 72
Felix (Kater) 230, 539

Fenrir 232
Fenriswolf 232, 480
Ferdie Fieldmouse 478
Ferdinand 133, 233
Ferkel 234, 340, 385, 585
Ferrari-Pferd 234
Fette Henne 125
Feuchtel Fischer 561
Feuerstein-Familie 176 ff.
Fieseler Storch 236
Fifi 578
Figaro 486
Fipps 237, 331, 576
Fischer, Carl 539
Fischerkoesen, Hans 537, 634
Fix 240, 406, 443, 536
Fledermaus 242
Flicka 243
Fliege 245
Fliegen von Foigny 583
Flip 450
Flipper 247, 556, 645, 699
Flopsi 560
Flöt 388
Floyd 541
Fluffy 275
Flush 253
Fly 43
Formicula 71, 254, 670
Fortunée 255
Foxhunter 472
Foxi 240, 406, 443, 536
Foxl 105
Fozzie Bär 256, 393, 508, 611
Fran Sinclair 179, 257
Francis (Kater) 258, 519
Francis (Maultier) 500
Franz Gans 259, 535
Frau Elster 10
Frau Mahlzahn 448
Fred (Goldfisch) 260
Fred (Schildkröte) 260

736

Freddie (Delphin) 261
Freddie (Löwe) 160
Frettchen 679
Friedenstaube 263
Friedrich II. von Preußen 20 f.
Fritz the Cat 264
Frosch (Gefängniswärter) 243
Frosch (Krankheit) 265
Frosch im Hals 265
Froschkönig 216, 266
Fuchs 680
Fuchur 267, 517
Fumé 308
Fungie 261
Fury 270, 337, 645

Gabriel Ratchet 272
Gallischer Hahn 272, 615
Ganescha 273
Garfield 274
Gator 72
Gaucho 275
Geist der Steppe 276
Gelert 279
Gentle Ben 74 ff.
Geoffrey 144
George 655
Gepard 680
Gertie 277
Gestiefelter Kater 85, 278, 509
Ghoulies 166
Gideon 280
Giger, Hans Ruedi 24
Gigi 281
Gilbert 718
Gizmo 303
Globi 282
Globine 282
Glücksbärchis 283
Gmork 268
Göb-Göb 181, 284
Gobo 54

Godolphin Arabian 133, 200, 285, 453
Godolphin Barb 286
Godzilla 71, 286, 297, 397, 644
Goethe, Johann Wolfgang von 290, 517 ff., 581 f., 598 f.
Goethe-Elefant 290
Gogol 394
Gojira 286
Goldbären 315
Golden Boy junior 604
Golden Cloud 687
Goldene Gans 291
Goldener Drache der Weisheit 449
Goldener Esel 291
Goldenes Kalb 293
Goldesel 293
Gonzo 393, 508
Goofy 294, 400, 478
Goofy Jr. 296
Gooteekhel 620
Gordito 366
Gordo 12
Gorgo 296
Gott, Karel 449, 451
Gottsched, Johann Christian 598
Grabowski 298
Grahame, Kenneth 411 f.
Grane 299
Grani 299
Grass, Günter 129 f.
Graue Panther 299
Gregor Samsa 301
Greif 302
Gremlins 166, 303
Grendel 188, 305
Grete 405
Greyfriar's Bobby 306, 318, 425
Grimm, Brüder 113, 129 f., 226, 266, 279 f., 291, 293, 385
Grinsekatze 307, 464
Gripps 238

Grisu 308
Grizzabella 144
Grobi 506
Grobian Gans 259, 535
Gromit 309
Großes Häschen 573
Growler 586
Grubenhund 214, 311
Gucky 311
Guido 275
Guinan 312
Guinefort 313, 666
Gundel Gaukeley 172, 315, 547
Gummiadler 117
Gummibärchen 314
Gustav Gans 174, 184, 316
Guy le Fort 314

Hachiko 307, 318
Hadbah 9
Hahn von Barcelos 319
Hai 320
Haimons-Kinder 68
Haiopeis 321
Halla 321, 472
Ham 12
Hamdaniyah 9
Hanks, Tom 355
Hannibals Elefanten 208, 327
Hanno 329
Hänschen 206
Hans Huckebein 330, 553, 576
Hansen, Vilhelm 364
Hanuman 332
Hapi 347
Harpyien 333, 642
Harun al-Raschid 15, 385
Harvey 334
Haselwurm 671
Hasengretchen 335
Hasenhans 335
Häßliches Entlein 336

Hatatitla 337
Hathor 347
Hatifnatten 339, 503
Hauptmann, Gerhart 597
Hedora 289
Heffalump 340, 585
Heidenreich, Elke 519
Heilige Hühner 163, 340
Heilige Kühe 341
Hein Blöd 342, 387
Heine, Heinrich 226
Heino 275 f.
Helena 432, 689
Hemule 343, 503
Hengst von Ravenna 234
Henning 599
Henriette Huhn 400
Henry 637, 718
Henry, Marguerite 115
Henson, Jim 87, 178 f., 392, 489,
   505 f., 536, 611
Herbie (Frosch) 274
Herbie (Käfer) 383
Hergé 663
Herkules 156 f., 356 f.
Herod 134
Herr Bozzi 343
Herr Fuchs 10
Herr Gebissig 561
Herr Nilsson 344
Herriman, George 408 f.
Heuwurm 671
Hey You 604
Higgins 80
Hinz(e) 362, 599
Hippety Hopper 667
Hitler, Adolf 104 f., 382, 479
Ho Chi Minh 164
Hobbes 345
Hobbes, Thomas 73, 345, 435 f.
Hobbyhorse 662
Hobgoblin 285

Hoffmann, E.T.A. 509 f.
Hoffmann, Heinrich 488
Holgersson, Nils 461 f.
Holmes, Sherlock 63 f.
Homer (Dichter) 34, 36
Homer (Spinne) 661, 689, 691
Honk 542
Hopps 346, 446, 700
Hornisse 680
Hortensia die Weinbergschnecke 468
Horus 190, 347
Howard 348
Hrodvitnir 232
Huaso 349
Huberta 349
Hubertushirsch 350
Hucky 352, 724
Huckleberry Hound 352, 724
Huey 675
Huginn 353
Hugo 177
Hummel 680
Humphrey 637
Hundejahre 130
Hunka Munka 561
Hustinettenbär 354
Huutsch 355
Hydra 356, 657

I-Ah 358, 386, 585
Idefix 358
Igelischen 561
Igelmann 360, 446
Ignatz Mouse 408
Igor 660
Ikea-Elch 360
Ilt 312
Iltschi 337
Incitatus 361
Indiana 152
Indiana-Goof 295 f.

Ingo Pien 321
Inky 231
Ionesco, Eugène 514
Ireni 563
Isegrimm 362, 599
Iwerks, Ub 477

Jabbar 117
Jabba-The-Hut 223, 363
Jack 364
Jackson, Michael 117 ff.
Jad-bal-ja 150
Jägermeisterhirsch 350
Jaguar 235, 364
Jake 252
Janosch 681
Jansson, Tove 503
Jaqueton 142, 365
Jason 333 f.
Jasper 684
Jeduah 57
Jellylorum 144
Jenny Haniver 63, 367, 532
Jeremy 116
Jerry 683
Jerry Lee 368
Jette 405
Jezebel 74
Jip 285
Jigg 134
Jim Knopf 448, 516 f.
Jiminy Grille 369
Jimmy das Gummipferd 370
Jinshin Uwo 371
Jip 181, 285, 371
Jojo 262
Jolly Jumper 372, 596
Jonathan (Maus) 116
Jonathan (Möwe) 373 ff.
Josephine, Kaiserin 255
JR 604
Judy 159

Judy Lee 375
Jum-Jum 110
Jumbo 376, 378, 640
Jumbo-Jet 377 f.
Jumbo Großherz 284
Junior (Kater) 668
Junior (Sehhund) 538

K-9-Hunde 368 f.
Kaa 193, 381, 399
Kaar 393
Käfer 382
Kafka, Franz 301
Kaksi von Nuolja 461
Kala 150
Kalif Storch 384
Känga 385 f., 585, 677
Kangmi 722
Kanik 637
Kaninchen 221, 385 f., 585
Kapitolinische Gänse 137
Kapitolinische Wölfin 138
Käpt'n Blaubär 342, 387, 468
Kara ben Nemsi 337 f., 601 f.
Karl der Große 15, 68 f., 125
Karl Kojote 122, 388
Kater Karlo 389, 477, 485
Katjes 390
Katz und Maus 130
Kauka, Rolf 241 f., 460
Kebehsenuef 347
Keiko 713
Kelaino 333
Kelpie 391
Kermit 87, 257, 392, 490, 506, 611
Kiki 393
Ki-Lin 204
Kimba 641
Kincsem 394
King Kong 286, 395
King Loui 381, 398

Kipling, Rudyard 47, 51 f., 192 ff., 381, 412, 461, 635 f.
Kit Kat 661
Klarabella Kuh 399, 486, 612
Klein Ruh 385 f., 585, 677
Kleine Meerjungfrau 532
Kleine Dame 419
Kleiner Eisbär 468
Kleiner Maulwurf 400, 468
Kleiner Onkel 344
Kleines Arschloch 388, 557
Klopfer 55
Kluger Hans 206, 401
Knautschke 404
Knothead 717
Knox 242, 406
Koch-Gotha, Fritz 335 f.
Kohl, Helmut 555
Kokomiko 460
Kolme 461
Kommissar Rex 600 f.
Kompaniekalb 665
Königstiger 680
Koola 94
Korneidechse 62
Körner, Peter René 719
Kosy 634
Krambambuli 406
Krazy Kat 230, 408, 477
Krebs 357
Kreiß(l) 715
Krokodil 409
Kröt 411, 545
Krümelmonster 87, 506
Kruse, Max 572, 625, 629, 703, 706, 720
Kuckuck 414, 540, 575
Kudrijawka 419
Kühlwalda 414
Kuhaylah 9
Kuhsphinx 658
Kuusi 461

La Fontaine, Jean de 38
Lacoste-Krokodil 416
Lada, Josef 482
Laddie 425
La Douce 394
Lady (Pferd) 207
Lady Wonder 207
Lagerlöf, Selma 462
Laika 11, 417
Lamborghini-Stier 235
Lamm Gottes 422
Lampe 362, 599
Lampedusa, Giuseppe Tomasi di 434
Landseer, Edwin 106, 440
Langri der Lahme 635
Lassie 85, 244, 249, 337, 422, 645, 729
Lath 285
Lau 155, 427
Laubfrosch 428
L. c. Smith 429
Leaf, Munro 233
Ledas Schwan 432
Lemmi 433
Leprince de Beaumont, Madame 88
Leo 476
Leo X. 330
Leonardo 527
Leopard (Panzer) 680
Leopard (Roman) 434
Lernäische Schlange 356
Leviathan 73, 435
Lila Kuh 483
Limontschik 419
Linda 419
Lindbergh, Charles 146, 231
Lindgren, Astrid 110, 344
Lindwurm 188, 436
Lindy 146
Lispel-Heimchen 370

Little Champ 145
Little Dino 178
Littlefoot 438
Liwjatan 435
Ljubik 439
Llewelyn 314
Lloyd 541
Locki 419
Lofting, Hugh 169, 180, 182, 662, 691, 703
Logos 13
Lolita (Katze) 259
Lolita (Wal) 714
Lone Ranger 639 f.
Löns, Hermann 54, 504
Lootie 439
Lotan 435
Louie 675
Louise 117
Lubo 443
Lucas, George 151 f., 223, 363, 438, 673
Lucas der Hirschkäfer 468
Luchs 680
Lucky (Haibaby) 440
Lucky (Kater) 21
Lucky Luke 372 f., 596
Lucy 580
Ludjen Flinkfoot 505
Ludwig von Drake 582
Lufthansa-Kranich 441
Luggel 441
Luise 442
Lukas 634
Lupinchen 242, 444, 536
Lupo 241, 443, 536
Lurchi 346, 360, 444, 469, 616, 688, 700
Luther, Martin 330
Luther King, Martin 101
Lux 67

Maa 42
Macavity 144
Mack 478
Macki 471
Maffay, Peter 669
Magica de Spell 315
Mahlzahn, Frau 448
Maja 449
Malteserfalke 451
Mammoth 453
Mammouth 453
Man O'War 453, 527
Man Ray 454
Mani 84
Mann, Thomas 66 ff.
Manta 455, 510
Mao Tse-tung 547
Marc, Franz 102 f.
March Hare 464
Marder 680
Marengo 457
Marie 36, 457
Markuslöwe 457
Marsupilami 459
Martin 461
Martinsgans 463
Mary 338
Mary Lou 160
Märzhase 307, 464
Maschurah 338
Matchem 286, 453
Mathilda Fieldmouse 478
Matthieu, Mireille 654
Mauerspechte 465
Maunz 488
Maunzerle 482
Maureen 375
MAUS 466
Maus (Cartoon) 208, 215, 387,
    468, 565
Maus (Panzer) 680
Mäusepiep 360, 446, 469

Maustoria 61
Maximilian 296
May, Karl 337 f., 601 f.
McCay, Winsor 277 f.
McGyver 252
Mecki 147, 360, 469
Meerfrau 530
Meerjungfrauen 530 ff.
Meermänner 531, 689
Meerweib 530
Meerwunder 530
Megan 183
Meikel Katzengreis 472
Meister Dachs 411, 545
Meister Lampe 362, 599
Melusine 532
Melville, Herman 252
Mermecolion 26
Merryl Sheep 506
Meteor 325, 472
MGM-Löwe 476
Michelangelo 527
Micki 470
Micky Maus 18, 147, 231, 295,
    390, 400, 470, 477, 485, 541,
    577, 608, 613
Midgardschlange 232, 480
Midnight 650
Miesmies 509
Migeyee 722
Mikesch 481
Millie 650
Milne, A.A. 221, 340, 358, 386,
    413, 585–588, 677
Milou 663
Milka-Kuh 483
Millenium-Falke 152
Mimoso 440
Minni Maus 399, 477, 485, 578
Minotaurus 486, 496
Minya 289
Minz 488

742

Miss Piggy 393, 489, 508, 611
Missy 72
Mitterand, François 49 f.
Mitzi 249
Mix, Tom 146, 685 ff.
Moby Dick 252, 491
Mocha Dick 491
Moers, Walter 388, 558
Mogwais 303
Mohammed 9, 501 f.
Mohrle 634
Moifaa 493
Mokéle-mbêmbe 91, 155, 428, 494
Mole 411
Moli 411, 545
Moloch 495
Mondkalb 497
Monroe, Marilyn 422, 635
Montgolfiere-Tiere 497
Mopsi 560
Morag 183
Morris 372
Mortimer (Mäuse-Onkel) 486
Mortimer (Ur-Micky-Maus) 477
Morty Fieldmouse 478
Moses (Biblische Gestalt) 202, 293
Moses (Seehund) 110
Mosura 289
Mothra 289
Motz 66
Mount Katahdin 499
Mousekovitz 228 ff.
Moustache 499
Möwe Jonathan 373
Mowgli 47 f., 52, 193 f., 381, 398 f., 635 f.
Mozart, Wolfgang Amadeus 94
Mr. Asta 39 f., 423
Mr. Badger 411
Mr. Ed 500

Mr. Toad of Toad Hall 411
Mrs. Brisby 230
Mrs. Goofy 296
Mrs. Plumster 111
Muck 478
Mucki 471
Muessa 501
Mufasa 640
Muhamed 206
Mumins 339, 343, 502
Mümmelmann 504
Muninn 353
Mungojerrie 144
Muppets 88, 256, 392, 393, 505, 611
Murbl 671
Murr (E.T.A.-Hoffmann-Kater) 509
Murr (Mecki-Kater) 470
Murray the Outlaw of Fala Hill 225
Murray, Bill 569
Murschetz, Luis 298
Muschrusch 643 f.
Muscles 118
Mussolini, Benito 237
Mustang 510
Mutter Urmel 702
Mutz 84

Nadine 274
Nāga 512
Nala 641
Nante 405
Napoleon 78, 113, 512, 591, 622
Napoleon I. 255 f., 457, 499
Nashorn 680
Nashörner, Die 514
NATO-Zebra 515
Naturemade Aphrodite 515
Negus 105
Nelson 105

Neljä 461
Nepomuk 210, 449, 516
Nermal 275
Nero 517
Nero Corleone 519
Nessie 91, 391, 520
Nessos 726
Neunschwänzige Katze 523
Nhil 49
Nibbles 684
Nickel 110
Nidhögg(r) 524
Niedersachsenroß 525
Nijinsky 526
Night Raid 567
Nimmermehr 316
Nina 262
Ningishzida 37
Ninja Turtles 178, 527
Nipper 529
Nixen 530, 642, 709
Nixon, Richard 148 f.
N'kima 150
Nobel 599
Normann 532
Nus 13
Nusper 561

Octoman 533
Odie 274
Odin 353 f., 646 f.
Odysseus 34 f.
Officer Bull Pup 408
O'Hara, Mary 243
Ohrwurm 534
Olala 620
Okypete 333
Old Billy 608
Old Blue 685
Old Deuteronomy 144
Old Joe 136
Old Shatterhand 337 f.

Olga 405
Olga da Polga 544
Oliver 716
Olivia 60
Olivier B. Bommel 683
Oma Duck 174, 534
Oma Ethel 179, 259, 535
Oma Eusebia 242, 443, 536
Omah 620
Omega 563
Onager 537
Ondine 530
Onkel Dagobert 176, 677
Onkel Fax 241, 536
Onkel Otto 537, 634
Opo 261
Orca 712
Orville 83
Orwell, George 78, 112, 512 ff.,
     591, 622
Osborne-Stier 538
Oskar 87, 506
Oskar der Familienvater 539
Osterfuchs 540
Osterhahn 540
Osterhase 197, 540
Osterhenne 540
Osterstorch 540
Oswald 541
Ottifanten 542

Paddington 544
Pal 423
Palermo 312
Pamado 142, 166
Pan 413, 545, 621
Panter (Pseudonym) 678
Panthera Bionda 103 f.
Panther (Panzer) 679
Panther (Schiff) 679
Panzerknacker AG 172, 316, 546
Papierpanther 548

Papiertiger 547
Paradiesschlange 548
Paschik 481
Paul, Jean 580
Paula 259
Paulchen Panther 550
Pauli 242, 312
Paulinchen 242
Pawlowscher Hund 551
Pax 21
Pechvogel 553
Pedro 553
Peg Leg Pete 389
Pegasus 154, 554
Peggy 108
Peking Peter 440
Peking Prince 440
Peking Princess 440
Pelikan-Pelikan 555
Pelle 564
Pelorus-Jack 261, 556
Peppi 557
Perceval 66
Percey 262
Perdi 579
Perdita 579
Perry Rhodan 311 f.
Pete (Kater) 389
Pete (Pelikan) 247
Pete (Pitbull) 558
Peter (Kaninchen) 560
Peter Alupka 559
Peter Hase 559
Peter Rabbit 559
Peter Schimmelpfennig 389
Petros 562
Petros II. 563
Petunia 627
Petzi 564
Peugeot-Löwe 236, 476
Pferdle 565
Pfingstochse 567

Phantom 639
Phar Lap 567
Phil 569
Phillis 21
Phönix 204, 570
Phronesis 13
Piaf, Edith 653 ff.
Picasso 528
Pickles 571
Pieps 469
Piglet 234
Ping Pinguin 572, 626, 702, 706
Pingo 564
Pink Panther 550
Pinkie 627
Pinocchio 369 f.
Pip 460
Pippi Langstrumpf 344 f.
Pirinçci, Akif 258 f.
Pittiplatsch 10
Playboy-Bunny 573
Pleitegeier 126, 575
Plisch 575
Plum 575
Plumster, Mrs. 111
Pluto 18, 478, 577
Pluto Jr. 578
Podarge 333
Pogonophoren 431
Pollock 528
Polynesia 169, 181, 579, 691
Pongo 579
Ponto 509, 580
Poppo 470
Porky Pig 170
Porsche-Pferd 235
Portley 413
Potter, Beatrix 560 f.
Pound Puppies 705
Praestigiar 581
Preußler, Otfried 13 f., 482
Primus von Quack 582

745

Prinsen 162
Professor Maikäfer 370
Provetie 582
Pu der Bär 221, 234, 340, 358,
    385 f., 584, 675, 677
Puck 589
Pumbaa 641
Punk-Hai 321
Putu 637
Putz 577
Pyraustra 617

Quack (Primus von) 582
Quak (Alfred J.) 22 f.
Queen Kong 398
Quetzalcoatl 590
Quijote, Don 609
Quieckschnauz 591, 623
Quietscheentchen 591

Rabbits 574
Rabe Rudi 593
Raben am Tower 593
Rabeneltern 594
Rabenkinder 594
Rabier, Benjamin 280
Radar 87
Radel 298
Radon 288
Rafiki 641
Rajah 595
Ralph Wolf 389
Rama, Prinz 332 f.
Rambo 595
Rancor 363
Rando von der hohen Erle 369
Rantanplan 595
Rap 676
Raphael 527
Rappen 596
Rasmus Klump 564
Rat(ty) 411

Ratatöskr 525
Ratten, Die 597
Rattenzahn 60 f.
Rättin, Die 130
Ratz 411, 545
Reagan, Ronald 108 f.
Rebel 145
Rechtsanwalt Wolf 390
Red Terror 568
Re'em 205
Regulus 286
Reichsadler 126, 187
Reine(c)ke Fuchs 241, 362, 598
Reinke Rotvoss 505
Remus 139
Revelation 600
Rex (Film-Hofhund) 43
Rex (TV-Polizeihund) 600
Rhawik 85
Rhedosaurus 70
Rhinoceros 196
Richfield 179
Richfield, B.P. 200
Ricki 701
Riesenkraken 631
Rih 338, 601
Rikki Tikki Tavi 193
Rin Tin Tin 425, 596, 602
Rin Tin Tin junior 603
Rip 676
Roadrunner 388
Robbie Sinclair 179, 605
Robin 393
Roch 605
Rock Bottom 231
Roger Rabbit 121, 201, 606, 627
Rogers, Roy 124 f., 145, 687 f.
Römer 608
Romulus 139
Roosevelt, Franklin D. 225
Roosevelt, Theodore 101, 673 f.
Roquefort 36

Rosa 519
Rosinante 609
Rotfrosch 217
Rover (Filmhund) 609
Rover (Royal Corgi) 610
Rover (Ur-Pluto) 577
Rowlf 257, 393, 508, 611
Roxana 285
Roy Hess 179, 200
Rudi 611 f.
Rudi Roß 295, 400, 612
Ruh 386
Rudi Rüssel 613
Rum Rum Tugger 144
Rup 676
Russischer Bär 614

Sabinchen 336
Sachmet 65
Sachsenroß 526
Salamander (Lurch) 616
Salamander (Schiff) 679
Salten, Felix 53 ff.
Sam der Adler 508
Sammy 617
Sampson 453
Sam Shepdog 389
Samson 507
Saqlawiyah 9
Sasquatch 91, 93, 620
Sassy 177
Satyrn 545, 621, 727
Scamp 666
Scar 641
Schiller, Karl 577
Schildkröte 204
Schlabbinsche 565
Schlümpfe 701
Schnatterinchen 10
Schnecke 130
Schneeball 513, 591, 622
Schnipps 238

Schnüferl 503, 623
Schnuffi 624
Schön Schwarzhärchen 98
Schopenhauer, Arthur 130 ff.,
   239 f.
Schuhu 13
Schulz, Charles M. 648
Schusch 572, 625, 702
Schwabbel 405
Schwalbe 484
Schwarze Katze 626
Schwarzes Schaf 627
Schweinchen Babe 42 f.
Schweinchen Dick 122, 170, 627
Schweinchen Schwapp 561
Scott, Ridley 24
Scrooge McDuck 171
Scylla 629
Seeah-tik 620
Seebär 565
Seejungfer 530
Seele-Fant 629, 702, 706
Seeschlange (Meeresungeheuer)
   630
Seeschlange (Schwindel) 214
Seeweib 530
Sehpferdchen 634
Senta 312
Sewell, Anna 97 f.
Shadsa 440
Sham 285
Shamu 714
Shaun 310
Shell-Muschel 147, 635
Shep 425
Shir Khan 47, 193 f., 635
Sieben Geißlein 111
sif 62
Siku 637
Silen 621
Silene 545, 621, 727
Silver 639

Simba 640
Simo 262
Simurgh 641
Sinclair 179
Sirenen 530, 642
Sirrusch 155, 494, 643
sit 62
Sitting Bull 163
Skimbleshanks 144
Skippy (Hund) 39
Skippy (Känguruh) 645
Sleipnir 646
Slimey 506
Slippers 274
Smirre 461
Smokey 75
Smuch 671
Snanaik 620
Snoopy 542, 648
Snork 503
Snork-Fräulein 339
Snowy 663
Socks 649
Soliman 651
Spatz vom Wallraffplatz 652
Spatz von Avignon 654
Spatz von Paris 653
Speckle 655
Speedy Gonzales 655, 667
Sphinx 656
Spiegelman, Art 466 f.
Spielberg, Steven 178, 220, 229 f.,
    438
Spike 684
Spinne in der Yucca-Palme 214,
    658
Splinter (Ratte) 528
Splinter (Specht) 717
Spot 659
Spray 247
Springwurm 671
Squeak 275

Squealer 591
St. Eustachius 351 f.
St. Guinefort 313 f.
St. Hubertus 351 f.
St. Martin 463 f.
Stalin, Josef 513 f.
Stasi 105
Steckenpferd 661
Steet-athls 620
Stewart, James 335
Stoffelkätzchen 561
Stollwurm 671
Stoßmich-Ziehdich 181, 662
Strangepork, Dr. Julius 490
Strauß, Franz Josef 577
Strelka 421
Strolch 665
Strolchi 666
Strongheart 602
Struppi 663
Struwwelpeter 488 f.
Superb 21
Sugriva 332
Sündenbock 664
Super-Goof(y) 295, 400
Surus 328
Susi 665
Suzy 250
Swadilfari 647
Sylvester 122, 323, 656, 667, 695
Sylvester Shyster 390, 478

Tabaluga 669
Tamba 109
Tantor 150
Tanzbären 315
Tappen 715
Tarantula 71, 254, 670
Tartar 134
Tarzan 104, 149 f., 192
Tasmanischer Teufel 122
Tatzelwurm 91, 671

Tauntauns 672
Taylor, Liz 271, 423, 425
Teddybär(en) 315, 585, 673
Telemiezen 85
Tezcatlipoca 590
Thekla 450
Thiedemann, Fritz 325, 472, 474 f.
Thing 661
Thoelke, Wim 717 f.
Thomas O'Malley 36
Thor 480 f.
Thunderhead 244
Thursday 544
Thysbe 17, 21
Thysbe II 17
Tibbs 117, 580
Tick 174, 184, 675
Tiefdruck 682
Tier (Muppet) 508
Tier (Schöne und das Biest) 88 ff.
Tiffy 507
Tiger (Panzer) 679
Tiger (Pseudonym) 678
Tiger (Schiff) 679
Tiger (Stofftier) 677
Tigerente 681
Tig(g)er 677
Tim 663 f.
Timmy 682
Timon 641
Timothy 196
Titus, Eve 60
Tjo 54
Toby (Pudel) 682
Toby (Schwein) 682
Toby (Terrier) 530
Toffee 693
Togo 50
Tom 683
Tom Puss 683
Tomasi di Lampedusa, Giuseppe 434

Tony (Karl-May-Pferd) 338
Tony (Tom-Mix-Pferd) 146, 685
Tony Jr. 686
Toots 423
Tornado 639
Toulouse 36
Tower-Raben 593
Towser 580
Track 174, 184, 675
Tramp 665 f.
Trick 174, 184, 675
Trigger 124, 145, 687
Trigger Jr. 688
Tritonen 689
Trine 688, 700
Trojanisches Pferd 487, 689
Trotzki, Leo 622
Tschi-Tschi 181, 284, 579, 691
Tuffi 692
Tuh-Tuh 181, 694
Tweety 667, 694
Tyke 684
Tze Hsi 439 f.

Uderzo, Albert 359
Ugly 696
Ulbricht, Walter 164
Uli-Stein-Maus 697
Uncle Tookie 117
Undine 530, 532
Ungeheuer aus der schwarzen Lagune 249, 533, 698
Unglücksrabe 553
Unglücksvogel 553
Unglückswurm 553
Unkerich 446, 689, 700
Unruh, Trude 299 f.
Upset 453
Uriel 701
Urmel 210, 572, 702, 721
Ustinov, Peter 344

Van Gogh 528
Vater Hopps 346
Veen, Herman van 22 f.
Veillantif 226
Victoria (Queen) 391
Viisi 461
Vizir 457

Waalkes, Otto 542 f.
Wagner, Richard 224, 299
Wahama 244
Waldi 336
Wallace 309 f.
Wallace, Edgar 395
Wally Walrus 717
Wampa-Eisungeheuer 672
Wanda 704
Wanze 704
War Admiral 454
Warhol 528
Wasdenn 60
Wasserjungfer 530
Watsch 470
Watschel Paddelherz 284
Wauzis 705
Wawa 572, 702, 706
Webber, Andrew L. 144
Wederfölnir 524
Wegman, William 454 f.
Weißer Hai 190, 706
Weißes Kaninchen 307, 464
Weissmüller, Johnny 150
Wellington, Herzog von 165
Wendelin 31, 717
Werwolf 112, 710
Wespe 680
Westfalenroß 526
Wie Bitte 625
Wiesel 680
Wiff-Waff 180
Wilbur 295
Willi 450

Willy 712
Winkler, Hans Günther 322–326, 472
Winnetou 337 f.
Winnie 587, 717
Wischel 340
Wolf 105
Wolfsmann 711
Wollschwanz 560
Wolpertinger 368, 715
Won Ton Ton 604
Woodstock 648, 716
Woody Woodpecker 716
Wuff-Wuff 659
Wum 31, 717
Wuschel 340, 719
Wutz 702, 720

Yaka 714
Yambo 95
Yeti 91, 153, 722
Ygramul 268
Yksi von Vassijaure 461
Yogi Bär 353, 724

Zaius 729
Zampano 705
Zarif 206
Zeitungsente 214
Zentaur(en) 658, 726
Zerberus 154, 657, 727
Zeus 36, 432
Zira 728
Zobel 679
Zorro 639
2988 730

Tiere sind auch nur Menschen

Michael Miersch
Das bizarre Sexualleben der Tiere
Ein populäres Lexikon von Aal bis Zebra
316 S. • geb. m. SU • DM 44,–
ISBN 3-8218-1519-1

Wußten Sie, daß Albatrosse vier Jahre lang um einen Partner werben, ehe sie sich in eine monogame, über zwanzigjährige Ehe wagen? Wußten Sie, daß männliche Beutelmäuse es tun, bis sie tot umfallen? Daß der männliche Schweinswal mit seinem Geschlechtsteil riechen kann und daß Elefanten mit dem Rüssel onanieren?

»Michael Miersch bringt ans Licht, was Zoologen bislang in ihren Giftschränken verbergen.« (Focus) Von Aal bis Zebra erzählt er von bizarren Balzritualen, skurrilen Genitalien und verblüffenden Tricks, mit denen die Geschöpfe zueinanderfinden. Man kann sich »nicht nur löwenköniglich amüsieren, sondern auch noch etwas lernen.« (Amica)

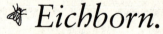

Kaiserstraße 66
60329 Frankfurt
Telefon: 069 / 25 60 03-0
Fax: 069 / 25 60 03-30
www.eichborn.de

Wir schicken Ihnen gern ein Verlagsverzeichnis.